本报告的出版得到
国家重点文物保护专项补助经费资助

宁夏文物考古研究所丛刊之十一

吴忠北郊北魏唐墓

宁夏文物考古研究所
吴忠市文物管理所 编著

文物出版社

封面设计　周小玮

责任印制　王少华

责任编辑　秦　彧

图书在版编目（CIP）数据

吴忠北郊北魏唐墓/宁夏文物考古研究所，吴忠市文物
管理所编. —北京：文物出版社，2009.1
ISBN 978-7-5010-2561-9

Ⅰ.吴… Ⅱ.①宁…②吴… Ⅲ.①墓葬（考古）－简介－
吴忠市②唐墓－简介－吴忠市　Ⅳ.K878.8

中国版本图书馆CIP数据核字（2008）第122556号

吴忠北郊北魏唐墓

宁夏文物考古研究所
　　　　　　　　　　　编著
吴忠市文物管理所

*

文 物 出 版 社 出 版 发 行

北京市东直门内北小街2号楼

邮政编码：100007

http：//www.wenwu.com

E-mail：web@wenwu.com

北京燕泰美术制版印刷有限责任公司　印制

新 华 书 店 经 销

889×1194　1/16　印张：25.75

2009年1月第1版　　2009年1月第1次印刷

ISBN　978-7-5010-2561-9　定价：300.00元

BEIWEI AND TANG TOMBS AT THE NORTHERN OUTSKIRTS OF WUZHONG CITY

(WITH AN ENGLISH ABSTRACT)

by

The Institute of Cultural Relics and Archaeology of Ningxia Hui Autonomous Region
Wuzhong City Administrative Office of Cultural Relics

Cultural Relics Press

目　录

插图目录

彩版目录

图版目录

第一章 绪 言

　　吴忠地处黄河中上游地区，位于宁夏回族自治区的中部，黄河从其西部蜿蜒流过。这里地形平坦，沟渠纵横，土地肥沃，西夏以前，是宁夏中、北部地区的政治、经济、军事和文化中心。由于黄河多次改道和河水的冲积、淤积，在今古城乡以东和吴忠市城区，形成地势较高的冲积平野，唐人墓志中称之为"迴乐县东原"，现主要属吴忠市城区、利通区古城乡和东塔寺乡管辖。由于这里地形较高，水位较低，适宜建造坟墓，吴忠北郊北魏唐代墓葬主要分布于这一"东原"上（图一；彩版一）。

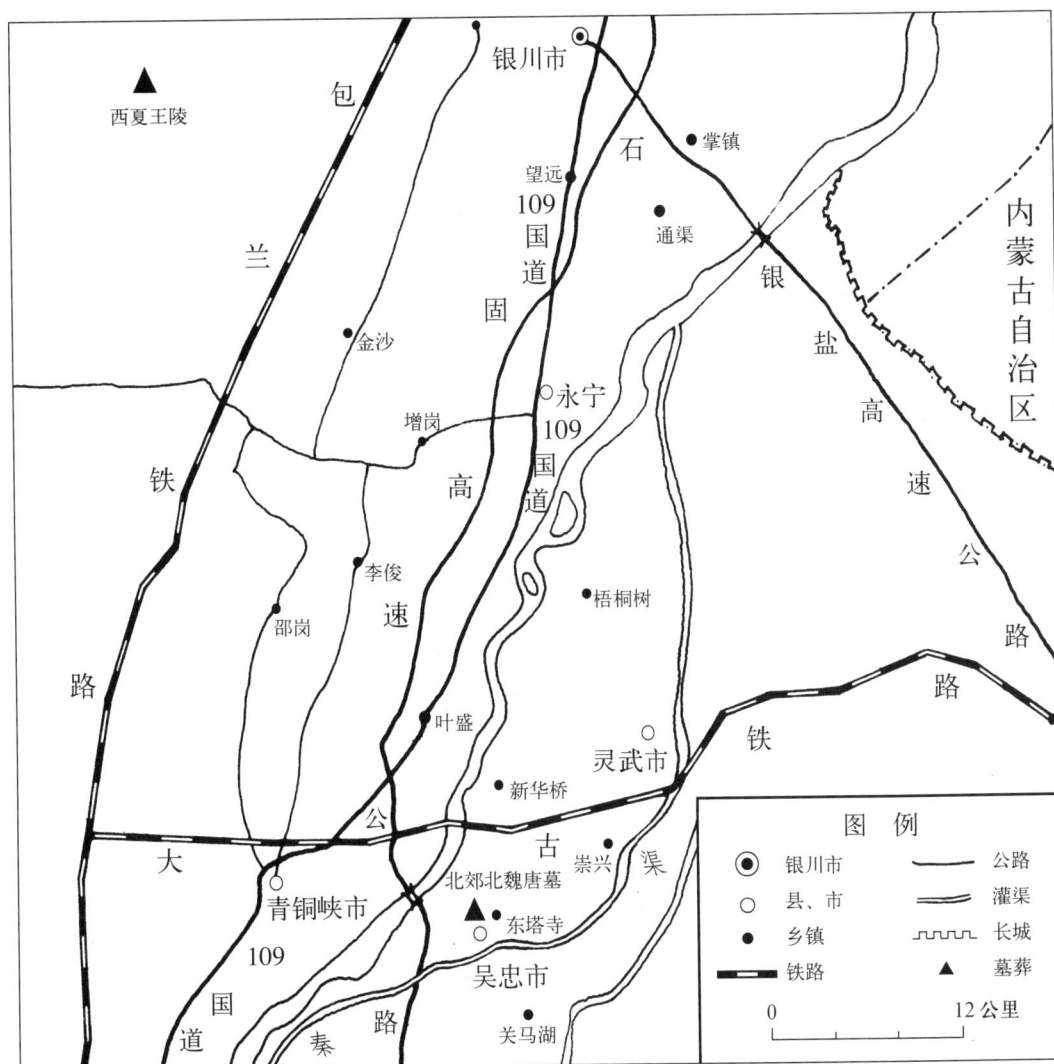

图一　吴忠北郊北魏唐墓位置示意图

第一节　发掘概况

吴忠北郊北魏唐墓2005年3月在城市建设中被发现，主要分布于建设中的吴忠市明珠公园人工湖和明珠花园商品楼建筑工地。自2005年3月至2006年11月，共清理北魏唐墓123座，分前后两次。第一次，2005年3月~10月，发掘清理明珠公园人工湖和明珠花园商品楼建筑工地内的墓葬111座，其中明珠公园人工湖内清理109座（图二），明珠花园建筑工地两个基坑内清理2座（图三）。第二次，2006年10月~11月，明珠花园西部文卫路下水道沟槽内清理唐墓12座（图三）。发掘工作由朱存世主持，参加发掘工作的有高雷、童文成、雷昊明、车建华、陈安位、张璟、马海涛、任淑芳、陈海英、吕建平等。

黄河出青铜峡后分为两枝，主枝向北，俗称"上河"，东枝向东北方，俗称"津枝"。津枝汉代还自流溉田，至北魏时已干涸[①]，其中津枝的东河床，始于吴忠市红旗乡早元村，经古城乡红星村西、左营、东塔寺乡五大队和十三大队进入灵武境，这一条明显高于西侧的河床当地村民称之为"河崖子"（或称"崖坡子"）。它和秦渠之间，东西长5000米，南北宽约3000米，地势明显高于东、西两侧，此即吕氏夫人墓志铭所记载的"迴乐县东原"，灵州墓群，主要分布于这一东原上。

因这里地形较高之故，明代吴忠选址于其上，演变为今天的吴忠市城区；也因早期建金积堡和今天城区改造之故，城区内的墓葬几乎破坏殆尽，唯西二环以东及东北部的墓葬保存较好。这次发掘的唐墓，主要分布于开元大道北部建设中的明珠公园人工湖和明珠花园建筑工地。

这次发掘地区原为居民区，现均已搬迁，这里地形平坦，海拔1120米。由于早期盗掘和村民修建居址及建筑挖掘基坑的破坏，唐墓上部均被毁，仅存底部，部分北魏墓葬保存较为完整的形制。出土了一批较为重要的文物，对研究北魏、唐代宁夏地区的墓葬形制、北魏和唐代吴忠地区政治、经济、军事和文化，以及确立唐灵州城的具体位置及历史沿革提供了较为重要的资料。

第二节　历史沿革

吴忠的历史建置，肇始于公元前214年秦代富平县城的设置，属北地郡。据《史记·秦始皇本纪》卷六载："三十三年（前214年）……西北斥逐匈奴。自榆中并河以东属之阳山以为三十四县。"[②]富平县，应始设于此时。至两汉时，今吴忠地区除富平县外，于汉惠帝四年（前191年）设置灵州县，《汉书·地理志下》载，"灵州，汉惠帝四年置。有河奇苑，号非苑，莽曰令周。"灵州之名的来历，由于城"在河之洲，随水之下，未尝沦没，故号灵州。"[③]灵州县的设置，开了以后历代命名此地城址的先河。但是，至两汉时，今吴忠地区据史书记载应有三座城址：富平城、富东故城和灵州县城。《水经注》卷三"河水"条载："（河水）又过北地富平县西。河侧有两山相对，水出其间，即上河峡也，世谓之青

---

① 王国维：《水经注校》卷三"河水"条，84页，上海人民出版社，1984年。

② 《史记·秦始皇本纪》，253页，中华书局标点本。

③ 《汉书·地理志下》，1616页，中华书局标点本。

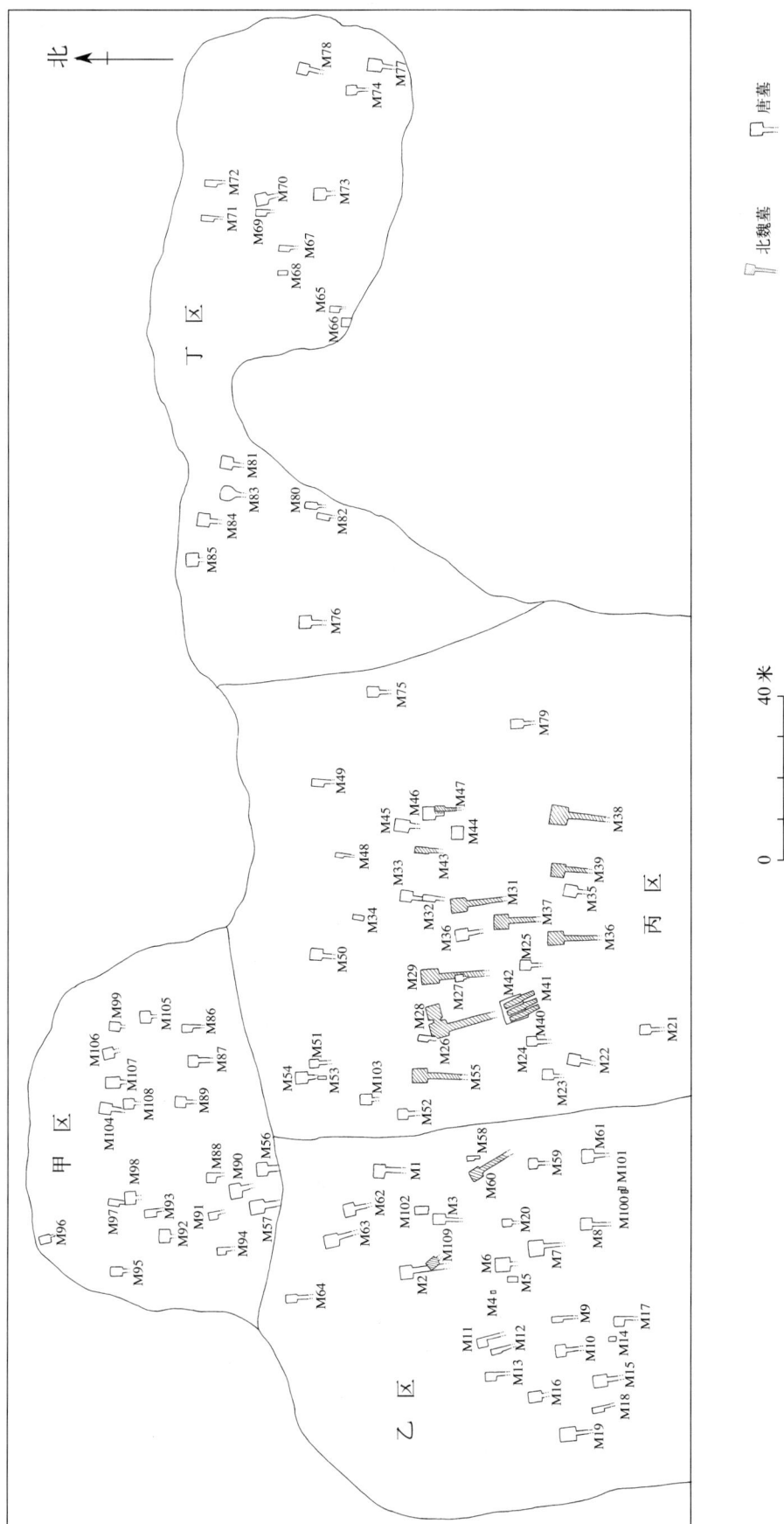

图二　明珠公园墓葬分布图

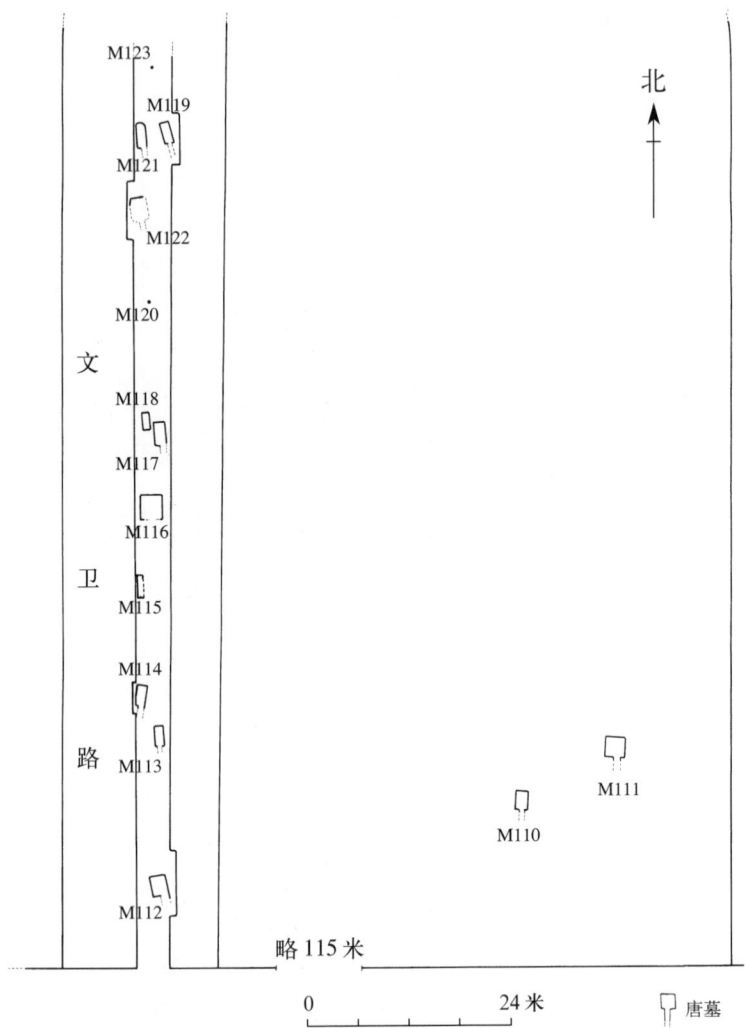

图三　明珠花园墓葬分布图

山峡。河水历峡北注，枝分东出。河水又迳富平县故城西。河水又北薄骨津镇城……河水又北与枝津合，水受大河。东北迳富平城，所在分裂，以溉田圃，北流入河，今无水。"①此明确告诉我们，在两汉时，今吴忠地区有富平城和富平故城，富平城位于南，在黄河东枝（津枝）的东北部，富平故城位于富平城的北部、"上河"和"津枝"之间的洲岛上。

　　三国、西晋时史籍对此地的记载阙如，建置不详。十六国时，匈奴族酋长赫连勃勃建立了大夏，占据了今宁夏全境，在今吴境市西境的州岛上建果园，因其骏马"白口骝"死于此，以马色名城，音转为"薄骨律"，其实是以驳马为图腾的"贺兰"部以其崇拜的图腾之名而命城址之名，白口骝实为"驳马骝"，与贺兰山之名的来源同。至北魏太延二年（436年）在果园置薄骨律镇，孝昌二年（526年），改为灵州，系北方的重要军镇之一②。北周仍为灵州，置总管府并置迴乐县，带普乐郡③，此为迴乐县设置之始。

　　公元581年，杨坚灭了北周，结束了自西晋以来300多年的分裂、战乱局面，建立隋朝，实现了

① 王国维：《水经注校》卷三"河水"条，84页，上海人民出版社，1984年。
② 《魏书·地形志上》，2504页，中华书局标点本。
③ 《隋书·地理志上》，813页，中华书局标点本。

全国统一，国内先实行州、县制，后又改为郡县制。隋大业元年（605年），罢北周的总管府，设为灵州；三年（607年）改为灵武郡，统领迴乐等六县①。灵武郡治仍设在迴乐县。

唐代建立后，于武德元年（618年）改灵武郡为灵州，并置总管府，七年（624年）改为都督府，贞观元年（627）属关内道，天宝元年（724年）改灵武郡，至德元年（756年），唐肃宗李亨在此即位，改大都督府，乾元元年（750年），复为灵州，先领迴乐等五县，后领迴乐等六县。灵州大都督府还管辖安置突厥、回纥等少数民族的"六胡州"。其中于开元九年（721年），在灵州置朔方节度使，统领七军府。唐代的灵州，因唐太宗李世民亲临招降突厥、铁勒等少数民族和唐肃宗李亨的登基而名垂青史，又因其地理位置成为宁夏中、北部的政治、经济、军事和文化中心。

五代时仍为灵州，并置朔方节度使（有时称灵州或灵武节度使），治所沿袭唐时，一直未变②。北宋沿袭唐、五代旧制，仍为灵州，是朔方节度使（或简称灵武节度使）的理所。宋天宝二年（969年）废节度使存州。初领迴乐等六县。太平兴国年间（976～984年）领迴乐1县，管清远等八镇③。宋咸平五年（1002年），李继迁大集蕃部，攻陷灵州，以为西平府。西夏建立后，废迴乐县，置灵州，系翔庆军司驻地④，元朝时，仍为灵州，先后属西夏中兴路行省和宁夏府路，辖地不详。

明朝建立后，于洪武三年（1370年）迁灵州官民和盘踞之残元蒙古于陕西内地，一度空其成。十六年（1363年），置灵州河口守御千户所，属陕西都司，治所在唐至元灵州城内⑤，十七年（1364年），其城被河水冲激崩塌，于故城北七里筑新城⑥，从而因河水之故拉开了灵州城迁移的序幕，经过三次迁徙，最终迁于今灵武市区，部分城墙犹存。

纵观灵州城的历史沿革，自汉至明洪武十六年，灵州城一直在今吴忠市西境，历时近1600年，洪武十七年后，由于黄河的东移，始引起了灵州州城的三次迁徙，最终迁于今灵武市区。

---

① 《隋书·地理志上》，813页，中华书局标点本。
② 《新五代史·职方考》，719页，中华书局标点本。
③ 《太平寰宇记》卷三十六"灵州"条，光绪元年金陵书局刻本。
④ 《宋史·夏国传上》，13988页，中华书局标点本。
⑤ 《明史·地理三》，1012页，中华书局标点本。
⑥ 《弘治宁夏新志》卷三。

第二章　明珠公园甲区

第一节　概述

　　甲区位于明珠公园人工湖的东北部，其南部为乙区和丙区。共发现唐墓21座，呈排状分布，从北向南分为八排（图四）。第一排1座：M96；第二排5座，自西向东（介绍墓葬均为自西向东；下同）分别为M95、M97、M104、M107、M106；第三排3座：M98、M108、M99；第四排3座：M92、M93、M105；第五排3座：M89、M87、M86；第六排3座：M94、M91、M88；第七排1座：M90；第八排2座：M57、M56。由于建筑施工，发掘前基坑已下挖2.50～3米深。基坑四周的剖面分为两层，上层为现代生活所形成的堆积层，下层土质胶结，似冲积沉积形成，厚2米左右。甲区墓葬残口即压于此层下。

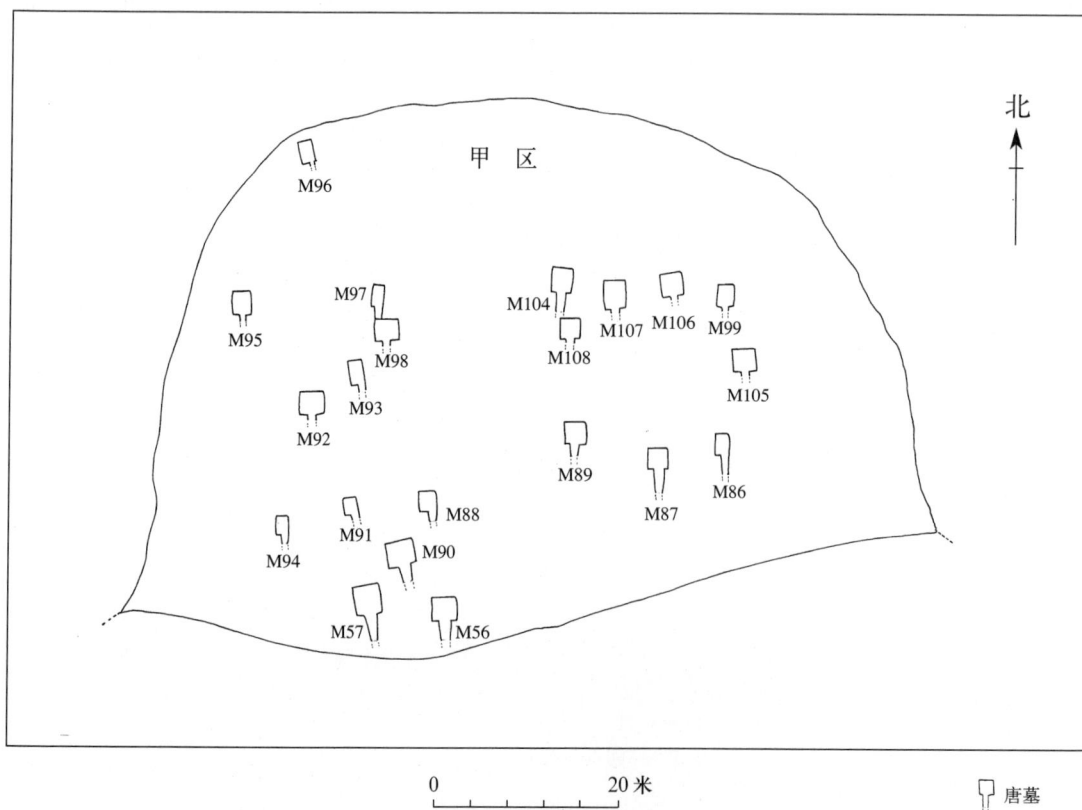

图四　明珠公园甲区墓葬分布图

第二节　唐墓

一　M96

M96 位于甲区西北部，紧临人工湖的北壁，其南部原有墓葬分布，挖湖时被毁。西南和东南部分别为第二排的 M95 和 M97。曾被盗和破坏，原开口层位不详。修筑方法是在挖掘的刀把形竖穴土圹内用条砖错缝平砌，砌砖之间用泥浆黏合；砌砖和土圹之间用土填充。

1. **形制**　M96 为倒凸字形单室砖室墓，南北向，方向172°。由墓道、甬道及墓室构成，墓室内砌棺床（图五）。

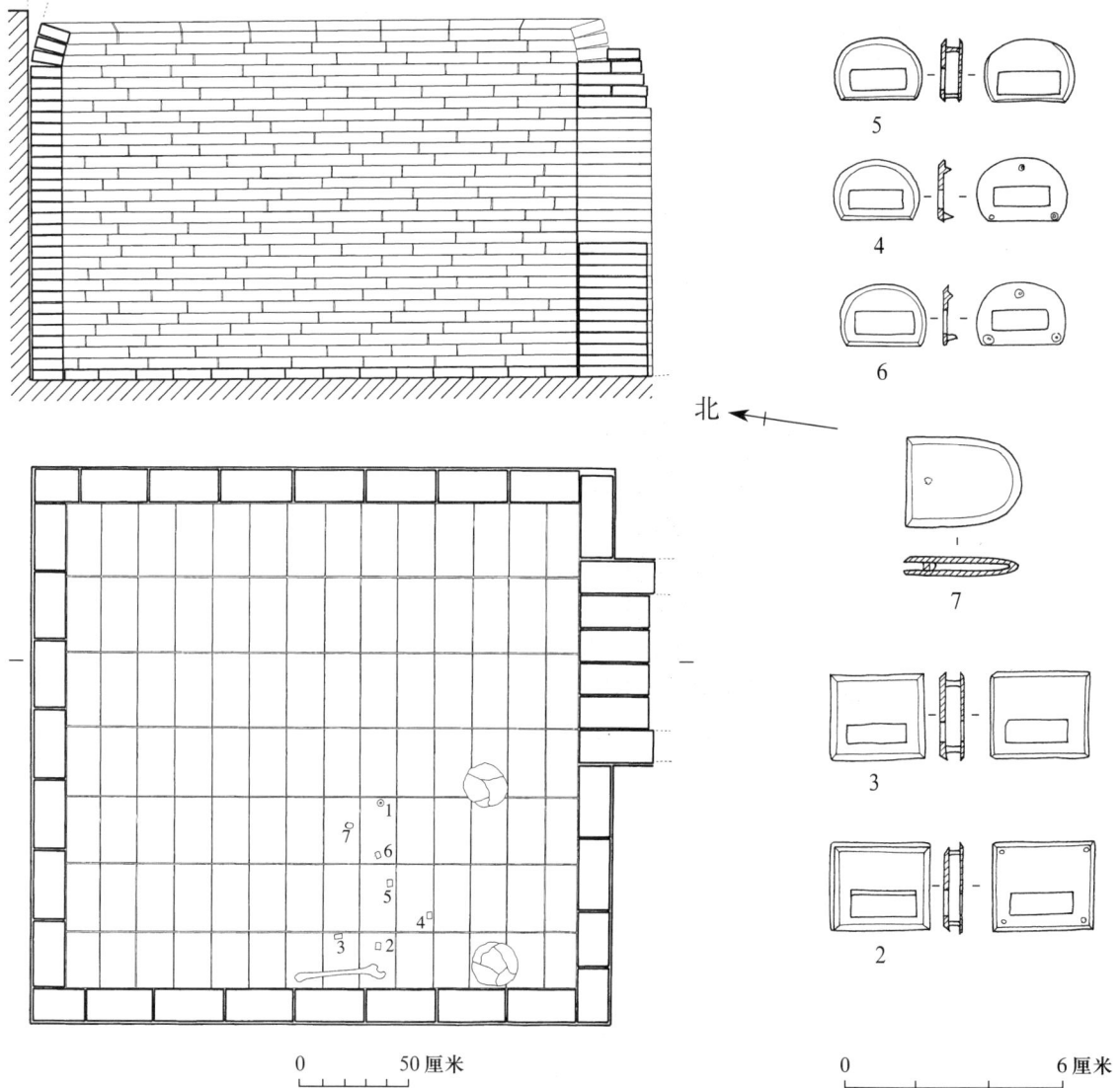

图五　M96 及出土遗物
1. 五铢　2~6. 铜铐饰　7. 铜铊尾

墓道　位于墓室南部偏东，大部分被现代坑所破坏，仅存局部。

甬道　底部平面呈长方形，平底未铺砖。东、西壁为直壁，用条砖纵向平砌。小平顶；甬道东、西壁0.85米高处逐渐叠压内收，顶部用条砖横向平压。甬道南北长0.35、东西宽0.60米，内高1.20米。从甬道内封门，残存中下部，用条砖纵向平砌。封门厚0.32、残高0.62米。

墓室　平面呈长方形，用条砖逐层错缝平砌于挖掘的长方形竖穴土坑内。墓室东、西壁用条砖纵向平砌，南、北壁用条砖横向平砌，残存壁面垂直；四壁相接处砌砖逐层错缝叠压。其中东壁底部砌砖与棺床面平，南、北壁西部底层砌砖与棺床面平，东部底层砌砖与墓室地面平。顶部残，但墓室四壁1.35米高处均开始起券、内收，形制不详。墓室南北长2.35、东西宽2.17米，残高1.60米。棺床位于墓室西部，与墓室北、西、南壁相接，东侧壁用条砖纵向平砌护壁，棺床面用条砖横向对缝平铺。由于护壁砌砖未与墓室南、北壁砌砖叠压，系单独砌筑。棺床南北长2.35、东西宽2.15、高0.22米。墓室地面呈长方形，用条砖平铺。

2.**遗物**　有铜带饰、五铢铜钱和墓砖。

铜带饰　6件，出土于棺床北部人体骸骨旁，没有一定的排列规律。有铜铊尾、方形铜铸饰和半圆形铜铸饰。

铜铊尾　1件。标本M96:7，平面呈圆头长方形，由上、下两部铆合而成。圆头端实心，方边端空心，原夹少许革带。上部正面周缘向下包合，直边端中部有一铜铆钉痕，系后来修理所留。下部周缘略向上包合，其底面二方角和直边中部各有一铜铆钉痕。长3.2、宽2.4、厚0.5厘米（图五；图版一，2右1）。

方形铜铸饰　2件，形制相同。标本M96:2，平面呈方形，由上、下部分件制作铆合而成，以夹革带，临长边一端有一长1.7、宽0.7厘米的长方形孔眼。上部正面四边略向下包合；下部平，略残，其底面四角各有一处铜铆钉痕。长2.6、宽2.3、厚0.5厘米（图五；图版一，2左1）。标本M96:3，形制、制法、大小与标本M96:2同（图五；图版一，2左2）。

半圆形铜铸饰　3件，形制相同，有的出土时分离为两半。标本M96:6，平面呈半圆形，由上、下部分件制作铆合，以夹革带；临直边一端有一个长1.6、宽0.7厘米的长方形孔眼。上部正面周缘略向下包合。下部平，其底面二角和圆头端各有一铜铆钉。长2.4、宽1.2、厚0.5厘米（图五；图版一，2左3）。标本M96:4出土时分离为上、下两半，形制与标本M96:6相同（图五；图版一，2左4）。标本M96:5，半圆形铸饰上部，正面形制、孔眼大小与标本M96:6上部同，其底面两方角和圆头端各残存半段铜铆钉（图五；图版一，2右2）。

五铢　1枚。标本M96:1，"五"字二交画弧交，左侧一穿廓。字迹较清晰。直径2.2、穿径0.9、廓宽0.2厘米，重2克（图版一，3）。

墓砖　为拉划纹条砖，模制较粗糙。拉划纹大多系多次拉划布满砖面。规格相同。长32.5、宽16.5、厚4.5厘米。

3.**葬式**　发现两具人体骸骨，均位于棺床之上，被严重扰乱。经鉴定，分别为成年男性和成年女性。属二人合葬墓，具体葬式不详。未发现葬具。

二　M95、M97、M104、M107、M106

M95、M97、M104、M107、M106位于甲区第二排，其中M95、M97位于西部，二者间距较大，M104、M107、M106位于东部，三者间距较小。

M95

M95位于第二排西部，与M97相距约10米。被盗和破坏，原开口层位不详；修筑方法为先挖好一例凹字形竖穴土圹，然后用条砖在土圹内砌墓室。甬道，砌砖和土圹之间填充。

1. **形制**　M95为倒凸字形单室砖室墓，南北向，方向176°。由墓道、甬道以及墓室三部分构成，墓室内砌棺床（图六A；图版一，1）。

墓道　位于墓室南部偏东，因故未清理。

甬道　平面呈长方形，底部为黄砂土，平底，东、西壁为直壁，用条砖纵向平砌，与墓室南壁砌砖逐层错缝叠压。拱形顶，甬道东、西壁0.65米高处起拱。甬道南北长0.35、东西宽0.80米，内高0.80米。封门位于甬道内北端，用条砖平砌，上部已被破坏。封门厚0.34、残高0.40米。

墓室　平面呈弧边长方形，用条砖逐层错缝叠压平砌于挖掘的长方形竖穴土圹内，残存中下部。墓室四壁略弧，东、西壁用条砖纵向平砌，南、北壁用条砖横向平砌，残存壁面垂直。四壁相接处砌砖逐层错缝叠压。但四壁的底层砌砖未在同一水平面上，东壁和南、北壁底层东部砌砖与墓室地面平，西壁和南、北壁东部底层砌砖与棺床面平。顶部被毁。墓室南北长2.35、东西最宽2.05米，四壁残高1.10米。棺床位于墓室西部，平面呈长方形，与墓室北、西、南壁相接，东侧壁用条砖纵向平砌护壁，护壁砌砖未与墓室南、北壁砌砖相互叠压，棺床面未铺砖。棺床高0.20米。墓室地面为黄砂土，平面呈长方形，未铺砖。

2. **遗物**　有陶器、铜带饰和墓砖。

陶器　均为残片，泥质，橘红色，可辨器形为一套塔形罐，出土于墓室西南部和墓室扰土中。其中盖、罐、底座形制不辨，可辨者仅兽面罐肩部贴饰的兽面。

兽面　1件。标本M95：7，平面呈圆形，模制。底面内凹，正面高凸。嘴呈仰月形，獠牙不明显；颧骨小而平；鼻弧边三角形，低平；粗眉；双耳较大，位于双眼两侧；双角高凸、平伸。嘴下部饰卷毛纹。径6.3～6.6、厚2厘米（图六B）。

铜带饰　9件，出土于人体骨盆附近，因盗扰没有一定的排列规律。有方形铜铸和拱形铜铸两种。

方形铜铸饰　4件，形制、制法、大小相同，其中两件出土时分离为上、下两部分。标本M95：1，平面呈方形，由上、下两部分件制作铆合而成。上部四边略微向下包合，临长边一侧有一个长1.8、宽0.6厘米的长方形孔眼；下部平，略残，孔眼与上部相对，大小相同，其底面四角各有一铜铆钉痕。上部正面右上部一铁铆钉，直穿底面，系后来加固所留。长2.6、宽2.3、厚0.7厘米（图六B；图版一，4左1）。标本M95：2，上部正面偏右一铁铆钉直穿下部，系后来修理所留（图六B；图版一，4左2）。标本M95：3、标本M95：4出土时分离成两半，后来修理铁铆钉分布于左、右两侧中部偏上（图六B；图版一，4左3、4）。

半圆形铜铸饰　5件，形制、制作方法相同，其中3件出土时分离为上下两半。标本M95：5，平面呈半圆形，由上下两部分件制作铆合而成。上部正面周缘略微向下斜刹，临直边有一长1.6、宽0.6

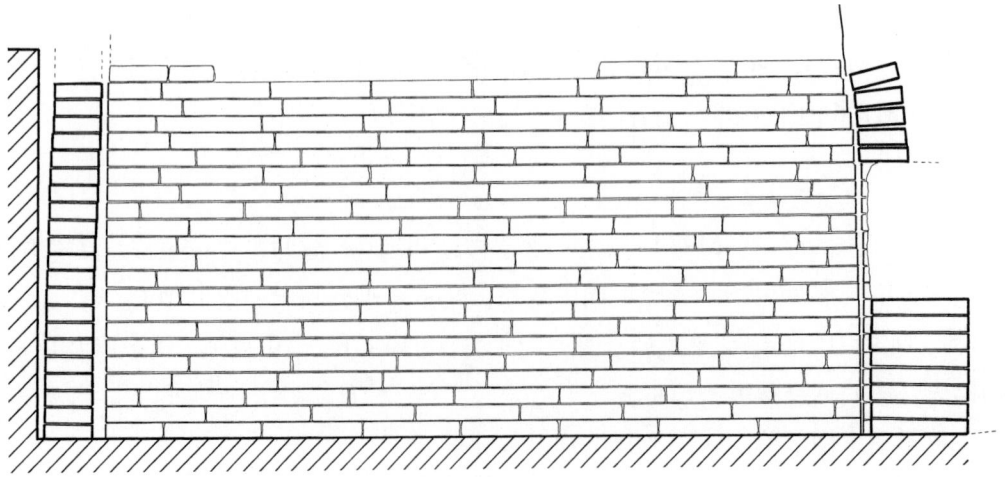

北 ←—┼———

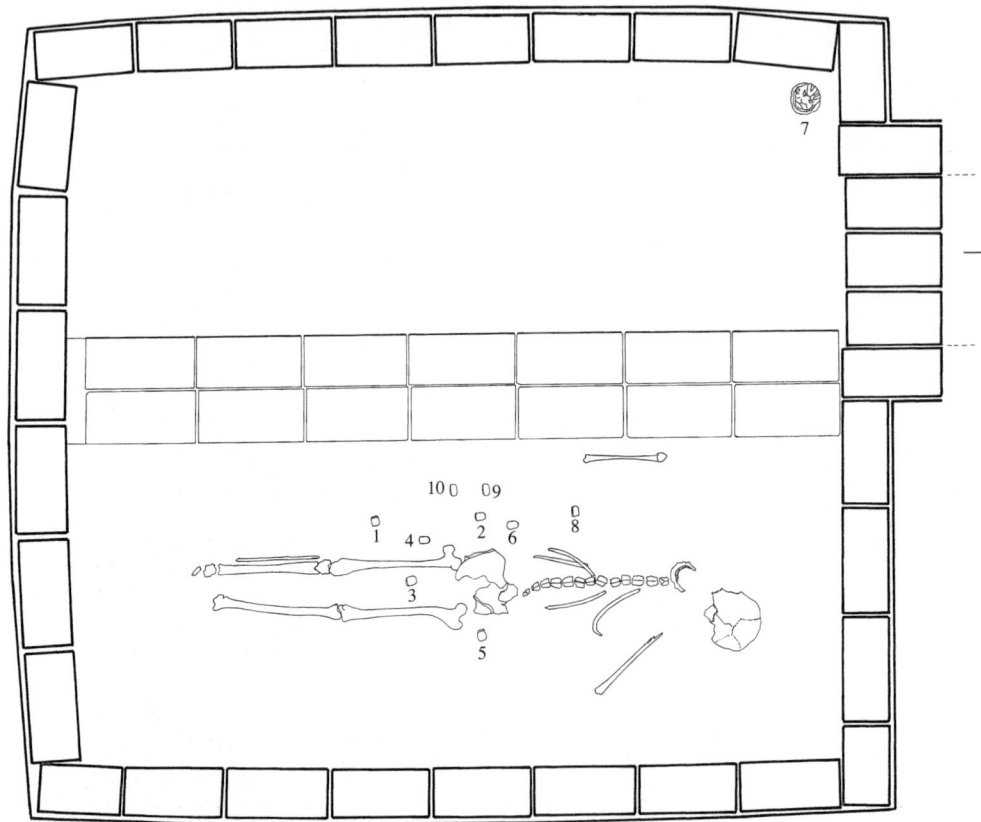

0　　　　　　　50厘米

图六A　M95平、剖面图

1~6、8~10. 铜铐饰　7. 兽面

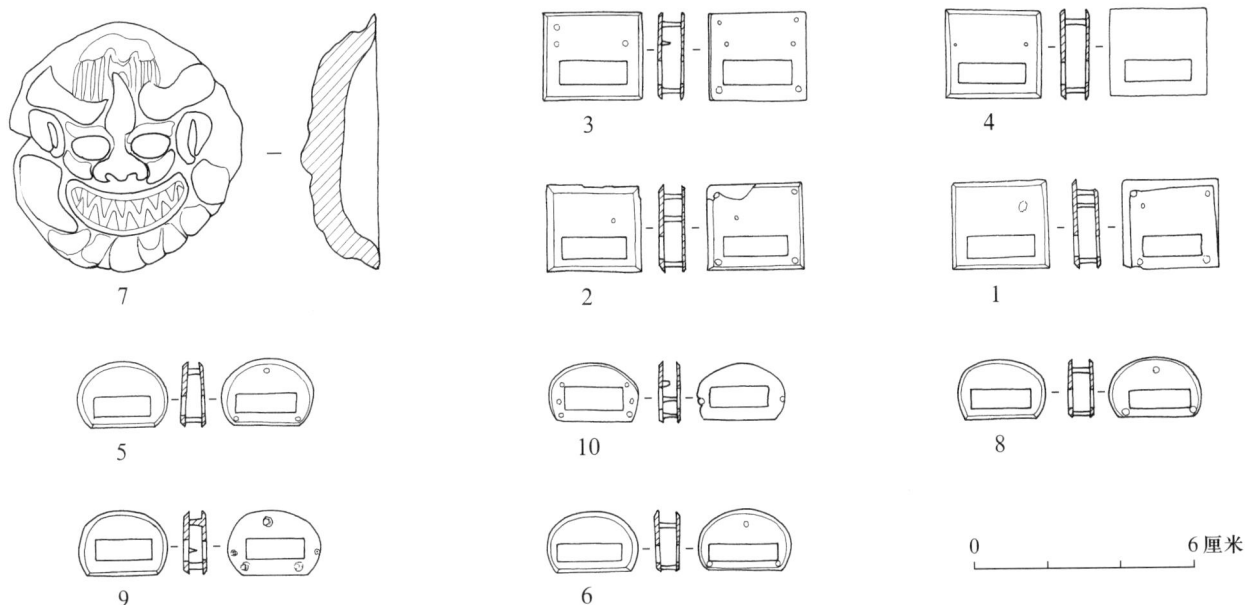

图六 B　M95 出土遗物

1~4. 方形铜铃饰　5、6、8~10. 半圆形铜铃饰　7. 兽面

厘米的长方形孔眼，其底面两圆角和圆弧端各一铜铆钉。下部平，孔眼与上部孔眼相对，其底面一圆角端有一铜铆钉痕，另一圆角和圆弧端各一直径 0.2 厘米的铆眼。长 2.4、宽 1.5、厚 0.7 厘米（图六 B；图版一，4 左 5）。标本 M95：6，长 2.5、宽 1.7、厚 0.7 厘米（图六 B；图版一，4 右 4）。标本 M95：8，长 2.5、宽 1.6、厚 0.7 厘米（图六 B；图版一，4 右 3）。标本 M95：9，长 2.5、宽 1.7、厚 0.7 厘米（图六 B；图版一，4 右 2）。标本 M95：10，长 2.5、宽 1.7、厚 0.7 厘米（图六 B；图版一，4 右 1）。

墓砖　为拉划纹条砖，模制。拉划纹大多细密，分多次拉划布满砖面。规格相同。长 31.5、宽 15.5、厚 4.5 厘米。

3. **葬式**　发现两具人体骸骨。一具位于棺床东部，保存较好，仅局部有扰动，呈仰身直肢，头向南，面向东。另外一具位于前者股骨西侧，被严重扰乱。经鉴定，前者为一成年男性，后者为一年龄大于 40 岁的女性，属二人合葬墓。未发现葬具。

M97

M97 位于第二排中西部，东距 M104 约 18 米；南为 M98，其中 M98 墓室土圹打破 M97 墓道。被盗和破坏，原开口层位不详。修筑方法与 M96 同。

1. **形制**　M97 为刀把形单室砖室墓，南北向，方向 182°。由墓道、甬道及墓室构成（图七；图版二，1）。

墓道　长方形斜坡式，位于墓室南部，其南端被 M98 墓室土圹打破。东壁与墓室东壁南北基本在同一直线上。残口平面呈长方形，东、西壁垂直，且修筑较整齐；底部呈斜坡，坡度约为 16°。填土为灰褐色花土，且含有一些小砖渣等等。墓道长 1.20、宽 0.80、深 0.35 米。

甬道　底部为黄砂土，平底，平面呈长方形。东、西壁用条砖纵向平砌，其中东壁为墓室东壁的

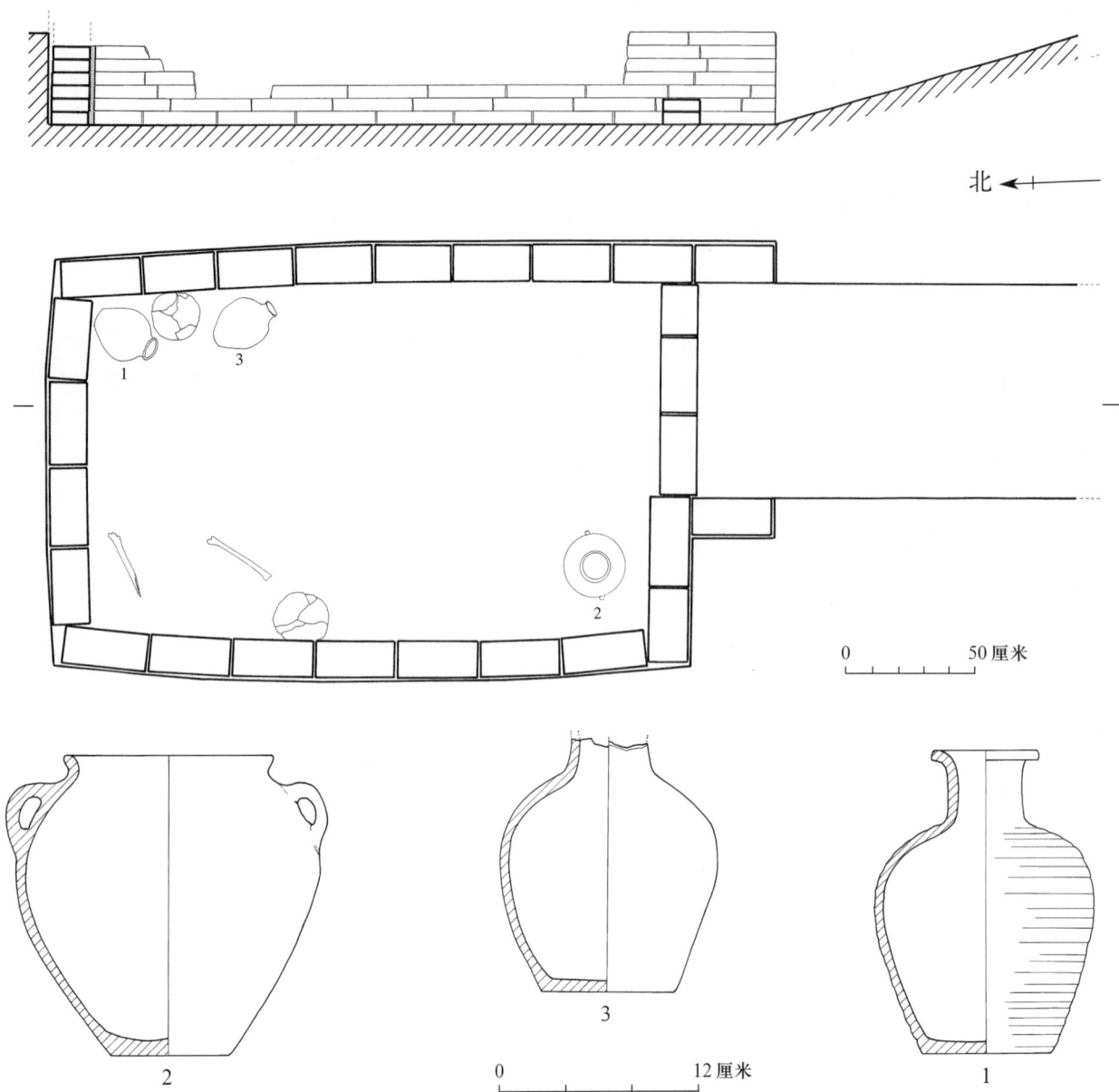

图七　M97 及出土遗物
1、3. 壶　2. 双耳罐

南伸，残存壁面垂直；西壁与墓室南壁砌砖逐层错缝叠压。顶部被破坏。甬道南北长 0.48、东西宽 0.80、残高 0.35 米。封门位于甬道内南端，用条砖横向平砌，残存底部二层。

墓室　平面呈长方形，用条砖逐层内收平砌于挖掘的长方形竖穴土圹内，残存底部。墓室东、西壁外弧，用条砖纵向平砌；北壁略弧，用条砖横向平砌；南壁较直，砌法与北壁同。四壁相接处砌砖逐层错缝叠压。顶部已被完全破坏。墓室南北长 2.22、东西宽 1.35 米，四壁残高 0.35 米。没有棺床，墓室地面为黄砂土。

2. **遗物**　有陶器和墓砖。

陶器　3 件。均为泥质，橘红色，轮制。出土时残碎，器形有壶和双耳罐。壶出土于墓室西南角和西北角，双耳罐出土于墓室东北部。

壶　2件。标本M97：1，敞口，卷沿，领部较低；圆肩，鼓腹，平底。腹下部有轮圈痕；底部有细密的弧圈纹，局部因抹压模糊不清。口径5、底径7.6、高17.6厘米（图七；图版二，2）。标本M97：3，口残失。圆肩，平底，底部有细密的弧圈纹。底径7.8、残高14.8厘米（图七）。

双耳罐　1件。标本M97：2，敞口，圆唇，圆肩，斜腹，平底。肩部和腹部有竖向刮、削修理痕，制作较为精细。肩部黏贴对称的双耳，耳面双侧上卷，中部较低，耳部器壁凹陷。口径11.2、底径6.8、高17.6厘米（图七；图版二，3）。

墓砖　均为拉划纹条砖，模制。拉划纹大多细而深，分多次拉划布满砖面。规格相同。长34、宽17、厚4.8厘米。

3.葬式　人体骸骨被严重扰乱且残存较少。经鉴定有两具，一具为年龄30～35岁的男性，另一具为老年个体，性别不详。未发现葬具，但在发掘过程中发现少量铁钉，上附朽木残迹，推测可能有木箱类随葬。

M104

M104位于第二排中东部，东距M107约2.4米。南部为M108，其中M104墓道打破M108墓室土圹。被盗和破坏，原开口层位不详。修筑方法与M95同。

1.形制　M104为倒凸字形单室砖室墓，南北向，方向175°。由墓道、甬道及墓室三部分构成，墓室内砌棺床（图八；图版二，4）。

墓道　长方形斜坡底，位于墓室南部，与墓室南北在同一中轴线上，其南端打破M108墓室土圹。残口平面呈长方形，东、西壁为直壁，底呈斜坡，坡度约为26°。填土为褐色花土，含有砖渣、石块等。墓道长1.65、宽0.65、深0.80米。

甬道　底部为平底，平面呈长方形。东、西壁用条砖纵向平砌，与墓室南壁砌砖相互叠压，残存壁面垂直。顶部被毁。甬道南北长0.53、东西宽0.65、残高0.80米。封门有二重，分别位于甬道南北两端，均用条砖横向平砌，残存底部三层。

墓室　平面呈长方形，用条砖逐层错缝平砌于挖掘的长方形竖穴土圹内，残存底部。东、西壁用条砖纵向平砌，南、北壁用条砖横向平砌，残存壁面垂直。四壁均受不同程度的破坏，西壁尤甚，仅残存底部四、五层砖。顶部被完全破坏。墓室南北长2.01、东西宽2.30米，四壁残高0.75米。棺床呈刀把形，与墓室东、北、西壁相接。西、南侧壁用条砖平砌护壁，棺床面用条砖纵向和横向交替平铺。棺床高0.32米。墓室地面呈长方形，用条砖平铺。墓室内填土较杂，为褐色花土，且含有大量条砖，应该为墓葬被破坏后形成。另在墓室底部铺有一层石灰粉，可能起防潮作用。

2.遗物　有陶器和墓砖。

陶器　均泥质，土红色，轮制。残碎，出土于墓室西部。器形有一套塔形罐和双耳罐。但塔形罐之兽面罐和底座仅存碎片，具体形制不详。器形清晰者有盖和双耳罐。

盖　1件。标本M104：2，盖盘覆碗状。残，敞口，窄平沿，弧腹较深，外底假圈足，中部黏贴盖纽，残失。外壁涂一层灰白色陶衣，其上饰黑彩或墨绘花纹，残存局部。底口径16.2、残高6厘米

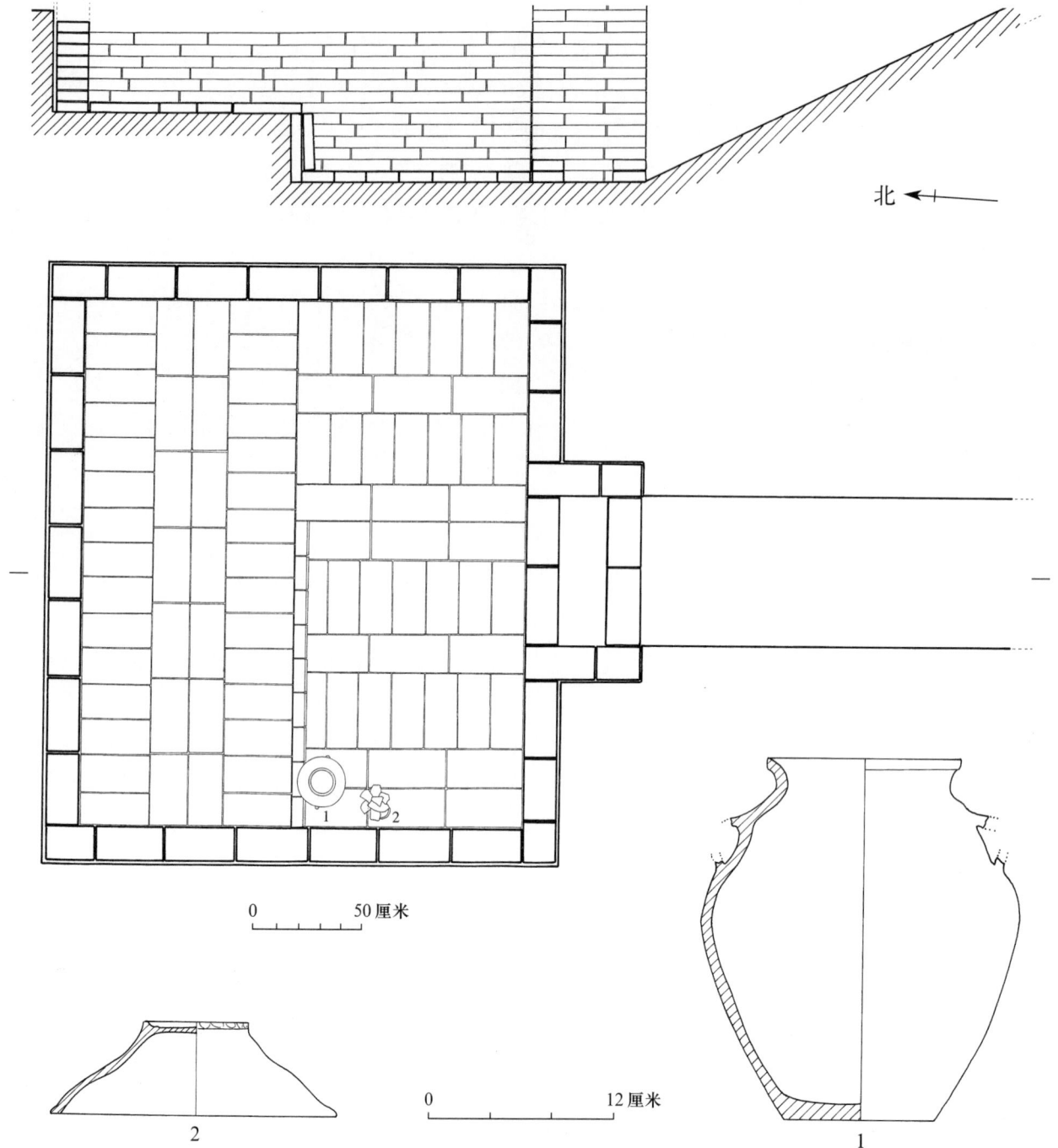

图八　M104 及出土遗物
1. 双耳罐　2. 盖

（图八；图版二，5）。

双耳罐　1件。标本M104：1，残。敞口，斜方唇，矮领，圆肩，斜腹，平底。双耳残失，耳下器壁凹陷。内外壁涂一层灰白色陶衣，局部脱落。口径12.4、底径8.8、高22.7厘米（图八 B）。

墓砖　为拉划纹条砖，模制较粗糙。拉划纹大多细密呈弧形布满砖面。长33、宽16、厚4.5厘米。

3. **葬式** 人体骸骨残存很少，仅在棺床北部发现一些少量的肢骨、肋骨等，未发现颅骨。经鉴定有一具人体骸骨，为35～45岁的男性。属单人葬，葬式不详。未发现葬具。

M107

M107位于第二排东部，东距M106约4米，西南为M108。被盗和破坏，原开口层位不详。修筑方法与M95同。

1. **形制** M107为倒凸字形单室砖室墓，南北向，方向178°。由墓道、甬道及封门三部分构成，墓室内砌棺床（图九A；图版三，1）。

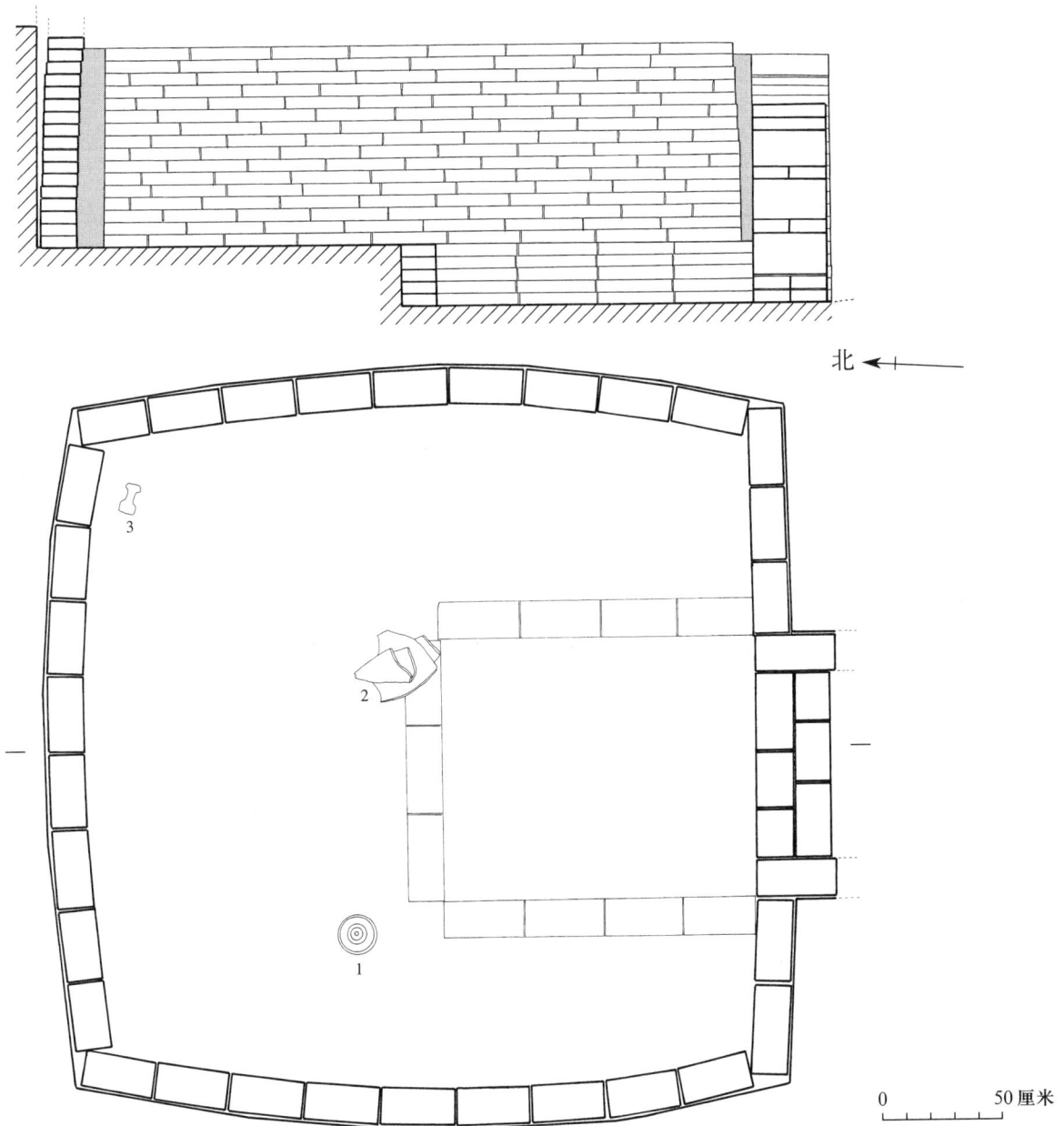

北 ←

0   50厘米

图九A M107平、剖面图
1. 盖 2. 罐 3. 灯台

墓道　位于墓室南部偏西，被严重破坏。

甬道　底部为黄砂土，平面呈长方形。东、西壁用条砖纵向平砌，与墓室南壁砌砖逐层错缝叠压，残存壁面垂直。拱形顶，甬道东、西壁0.64米高处起拱，残存东西两侧。甬道南北长0.35、东西宽0.75米，残高0.98米。封门位于甬道内，残存中下部。底部二层用条砖横向平砌，其上用一层条砖侧立一层条砖横向交替平砌。封门厚0.32、残高0.80米。

墓室　平面呈弧边方形，用条砖逐层内收平砌于弧边方形竖穴土圹内，残存中下部。东、西明显外弧，用条砖纵向平砌；北壁用条砖横向平砌，弧度较东、西壁小；南壁略外弧，砌法与北壁同。四壁相接处砌砖相互叠压。顶部残失。墓室南北最长2.78、东西最宽2.75米，残高1.05米。棺床呈倒凹字形，与墓室四壁相接，东、南、西侧壁用条砖平砌护壁，东、西护壁砌砖未与墓室南壁砌砖叠压。棺床面为黄砂土未铺砖。棺床高0.25米。中南部凹槽为墓室地面，平面呈长方形，连接甬道。凹槽南北长1.30、东西宽1.05米。

2．**遗物**　有陶器和墓砖。

陶器　泥质，灰陶，轮制。出土时残碎，分布于棺床西北部和东北部。器形有一套塔形罐和灯台等，其中塔形罐之底座仅存残片形制不详。

盖　1件。标本M107：1，盖盘覆碗状。敞口，圆唇，弧腹，腹部外壁近纽处贴一周泥条向上卷压成花瓣状。内尖底，外平底，黏接盖纽。纽略呈锥体形，顶部有一直径0.6厘米的孔眼，可能系插刹顶之用。外壁涂一层灰白色陶衣，上饰黑彩，残存局部。底口径18.4、高10厘米（图九B；图版三，2）。

罐　1件。标本M107：2，敛口，卷沿，矮领，鼓腹，平底。腹部拉划三周阴弦纹，近底部有刮、

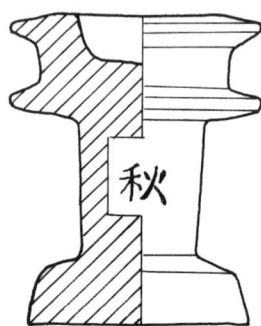

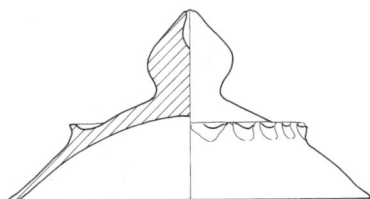

图九B　M107出土遗物
1．盖　3．灯台　4．灯台铭文拓片

抹和修理痕。底中部略凹，外缘有拉划断续的圆圈纹。外壁用黑色和橘红色绘制图案，模糊不清。口径 15、底径 13.4、高 33.4 厘米。

灯台　1 件。标本 M107：3，台座圆台形，制作粗糙，有刀削痕，底部刻一五角星纹。柄圆柱形，上面阴刻"千秋万岁"四字，其中秋字略残。灯碗圆筒形，直腹较深，宽平沿，其上刻一"千"字。灯碗底部出檐，与宽平沿同。底径 11.6、灯碗口径 9、高 16.6 厘米（图九 B；图版三，3、4）。

墓砖　为素面和拉划纹条砖，模制较粗糙。拉划纹有粗疏和细密两种，大多布满砖面。规格有长 30、宽 15、厚 5 厘米和长 33、宽 16、厚 5 厘米两种。

3．**葬式**　仅发现少量的人体骸骨，性别、年龄、葬式不详。未发现葬具。

M106

M106 位于第二排东部，东距 M99 约 3.8 米，西距 M107 约 4 米。被盗和破坏，原开口层位不详。修筑方法与 M95 同。

1．**形制**　M106 为倒凸字形单室砖室墓，南北向，方向 172°。由墓道、甬道、墓室构成，墓室内砌棺床（图一〇；图版三，5）。

墓道　位于墓室南部中间，被破坏严重。

甬道　底部黄砂土，平底，平面呈长方形。东、西壁为直壁，用条砖纵向平砌，与墓室南壁砌砖逐层相互叠压。拱形顶残存南段，甬道东、西壁 0.73 米高处起拱。甬道南北长 0.32、东西宽 0.95 米，高 0.95 米。封门位于甬道内，底部两层用条砖侧立成"人"字形，其上用条砖纵向平砌。封门厚 0.32、高 0.80 米。

墓室　平面呈弧方形，是在一弧边方形竖穴土坑内用条砖逐层内收平砌，残存中下部。东、西壁外弧，用条砖纵向平砌；北壁略外弧，用条砖横向平砌；南壁较直，砌法与北壁同。四壁相接处砌砖相互叠压。顶部残，形制不详。墓室南北长 2.42、东西宽 2.50 米，四壁残高 1 米。棺床呈倒凹字形，与墓室四壁相接，东、南、西侧壁用条砖平砌护壁，但东、西护壁砌砖未与墓室南壁砌砖叠压；棺床面为黄砂土。棺床高 0.20 米。中南部凹槽为墓室地面，平面呈长方形，连接甬道。凹槽南北长 1.03、东西宽 1 米。

2．**遗物**　有陶器和墓砖。

陶器　均为泥质，浅灰色，轮制。残碎，分布于墓室地面西北部和棺床中南部。器形有一套塔形罐等，其中塔形罐的盖仅存残片，形制不辨。

罐　1 件。标本 M106：2，敛口，卷沿，矮领，腹上部圆鼓，下部粗矮，平底。底部不平，中部有清晰的弧圈纹，外壁饰淡黑彩，局部脱落。器形粗矮，最大径在腹上部。口径 20、底径 18、高 38 厘米（图一〇；图版三，6 上）。

底座　1 件。标本 M106：1，由上部和下部分件制作套接而成。下部浅覆盆状，轮制。敞口，宽平沿，浅腹，脱底。上部唾盂形，轮制。侈口，圆唇，微鼓腹，脱底。套接部束腰，器壁较厚，内壁留存套接痕。外壁原饰黑彩，仅存局部。上口沿 13.2、底口径 23.2、高 11.4 厘米（图一〇；图版三，6 下）。

兽面　2 件，形制相同。M106：3，手制。平面略呈圆角长方形，底面内凹，留存手指捏痕；正面

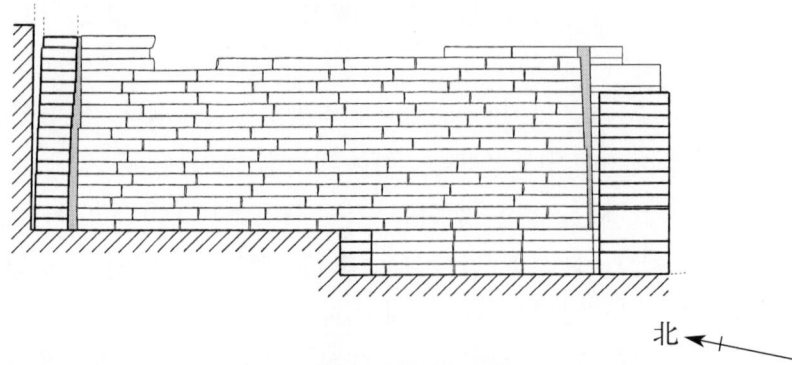

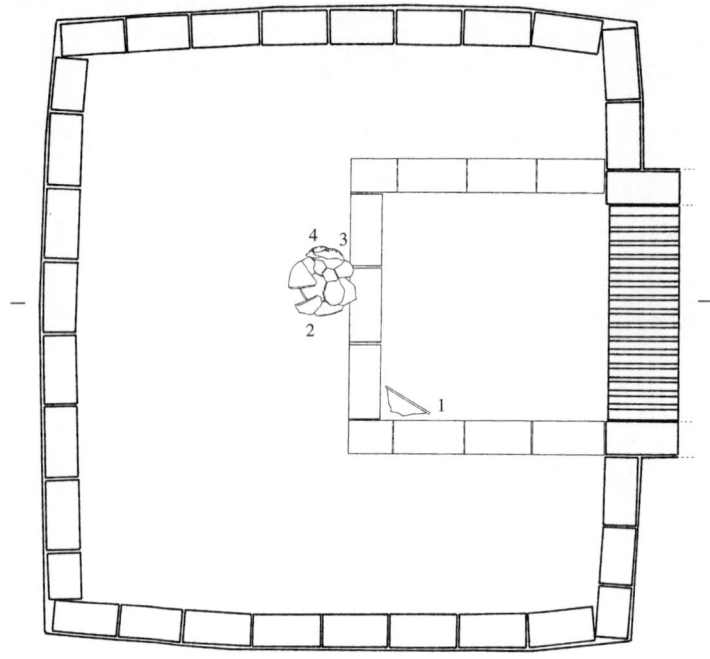

0　　　　50厘米

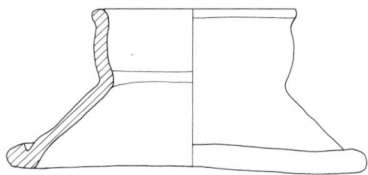

1

0　　　　18厘米

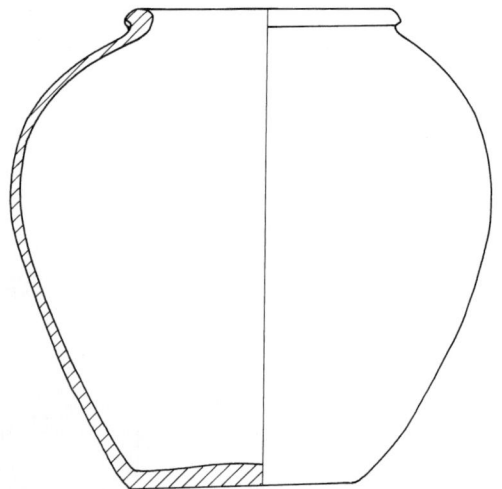

2

图一〇　M106 及出土遗物

1. 底座　2. 罐　3、4. 兽面

圆突，饰一兽面。兽面圆眼，突睛，眉倒八字形，略凸，皱鼻，三角形，略凸，有手指抵压痕。颧骨未表现。咧嘴，上唇和上牙清晰。双眉之间刻划竖毛纹。长8.2、宽6厘米（图一〇）。标本M106∶4，形制、制法与前者同，右上部略残，上部戳一直径0.20米的穿孔。长8.8、宽6.2、厚3厘米（图一〇）。

墓砖　为拉划纹条砖，模制较粗糙。拉划纹较粗疏，大多布满砖面。规格相同。长32、宽16、厚5厘米。

3. **葬式**　未发现人体骸骨和葬具。

三　M98、M108、M99

M98、M108、M99位于甲区第三排，三者间距较大，但南北与第二排有些墓葬相距较近。其中M98位于M97的南部，并打破M97的墓道；M108位于M104的南部，其墓圹被M104墓道打破；M99位于M106东南部，相距较近。

M98

M98位于第三排西部，东距M108约17.6米。西南为M93，北为M97，其中M98墓室土圹打破M97墓道南端。被盗和破坏，原开口层位不详。修筑方法与M95同。

1. **形制**　M98为倒凸字形单室砖室墓，南北向，方向178°。由墓道、墓门及墓室构成，墓室内砌棺床（图一一；彩版一，1）。

墓道　位于墓室南部，因故未清理。

墓门　墓门位于墓室南壁中部，叠涩尖顶，甬道东、西壁0.70米高处砌砖逐层内收，其上用条砖横向平压。东西宽0.60米，内高0.96米。沿墓门封门，残存中下部，底部二层用条砖横向平砌，中部二层用条砖侧立，顶部残，用条砖横向平砌，残存一层。封门厚0.16、残高0.55米。

墓室　平面呈横长方形，用条砖逐层错缝叠压平砌于挖掘的长方形竖穴土坑内，残存中下部。墓室东、西壁用条砖纵向平砌，南、北壁用条砖横向平砌，残存壁面垂直，四壁相接处砌砖逐层错缝叠压。但墓室四壁底层砌砖未在同一水平面上，南壁和东、西壁南部底层砌砖与墓室地面平，北壁和东、西壁北部底层砌砖与棺床面平。顶部被毁。墓室南北长1.60、东西宽2.45米，四壁残高1.08米。棺床位于墓室北部，呈长方形，与墓室东、北、西三壁相接。南侧壁用条砖横向平砌护壁，棺床面用条砖平铺。但护壁砌砖未与墓室东、西壁砌砖相互叠压。棺床东西长2.45、南北宽1.13、高0.25米。墓室地面为黄砂土，平面呈横长方形，未铺砖。墓室内填土为深褐色花土，其中含有少量的砖块等，可能为墓葬被破坏后形成。

2. **遗物**　有铜镜、开元通宝铜钱和墓砖。

铜镜　1面，出土于棺床中部。标本M98∶1，飞鸟花枝镜，平面圆形，分为缘区、内区和外区三部分。外缘略高，为一细窄的凸棱；内缘略呈平台，低于外缘，饰一周蔓草纹。内、外区由双圈纹分隔，外区等距离间隔饰六只展翅飞翔的鸟，其间饰花草纹；内区绕圆形纽饰四只等距离间隔的鸟，其间饰花草纹。镜面完整，制作精细，略锈蚀。直径9厘米（图一一；彩版一，2）。

开元通宝　1枚，铜钱出土于棺床北部人体骸骨旁。标本M98∶2，字迹略模糊。"开"字二竖画明显外撇；"元"字上画长，次画左上挑；"通"字之走字旁三逗点相连，"甬"字旁上笔开口小；"宝"

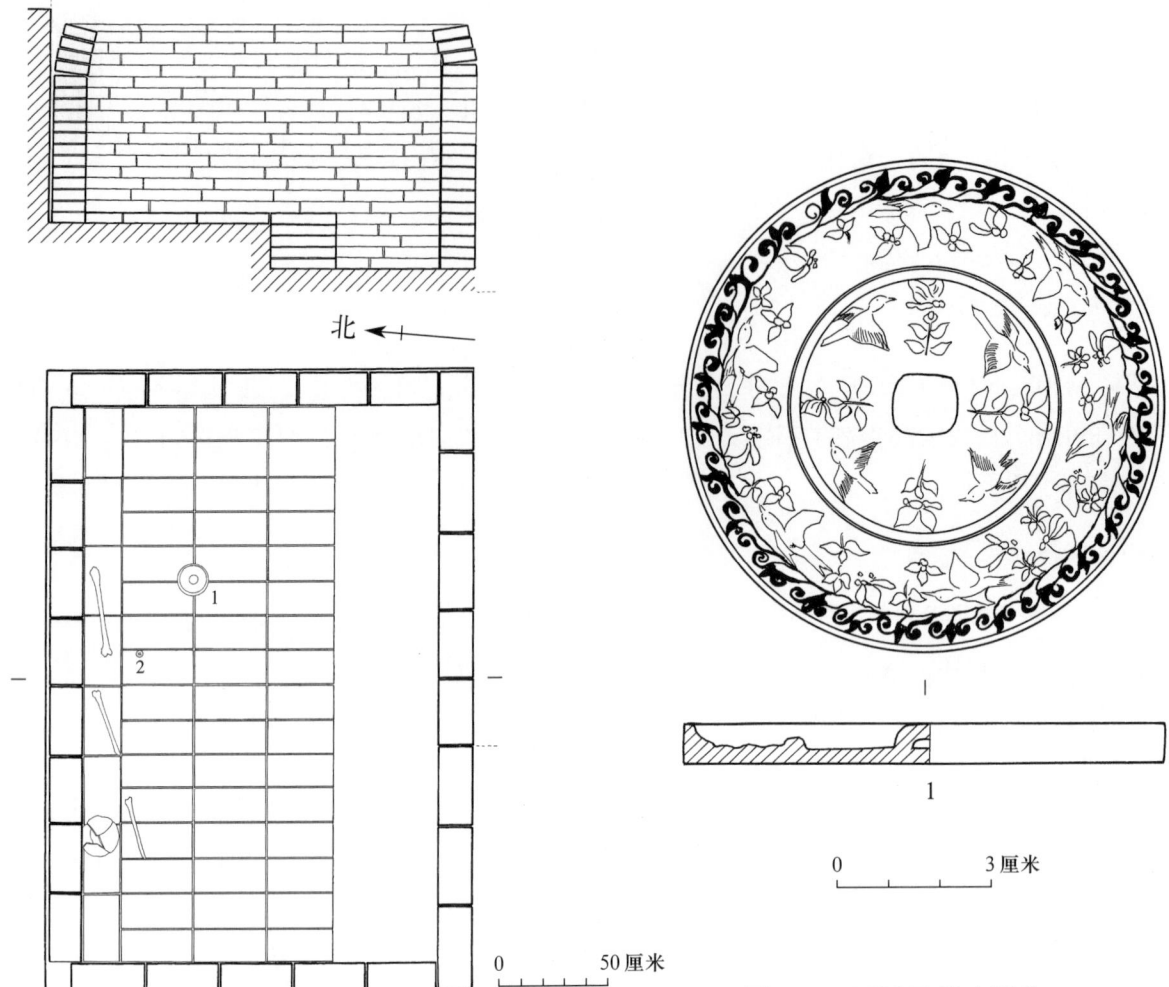

图一一　M98及出土遗物
1. 铜镜　2. 开元通宝

字下部"贝"字二横画与左右竖画相连。背面穿上部一新月纹。直径2.4、穿径0.7、廓宽0.2厘米，重3.2克（彩版一，3）。

墓砖　有素面和拉划纹条砖，模制。拉划纹大多分多次拉划呈弧形布满砖面。规格有长29、宽14.5、厚4.5厘米和长30、宽15、厚5厘米两种。

3. **葬式**　棺床北部发现两具人体骸骨，均被扰乱。经鉴定，一具为年龄18～20岁的女性，另一具性别年龄不辨。属二人合葬，具体葬式不详。未发现葬具。

M108

M108位于第三排东部，北为M104，东北为M107，其中M104墓道打破M108墓室土圹北部。被盗和破坏，原开口层位不详；残口层位和修筑方法与M95同。

1. **形制**　M108为倒凸字形单室砖室墓，南北向，方向180°。由墓道、甬道及墓室构成，墓室内砌棺床（图一二；彩版一，4）。

墓道　位于墓室南部，被破坏。

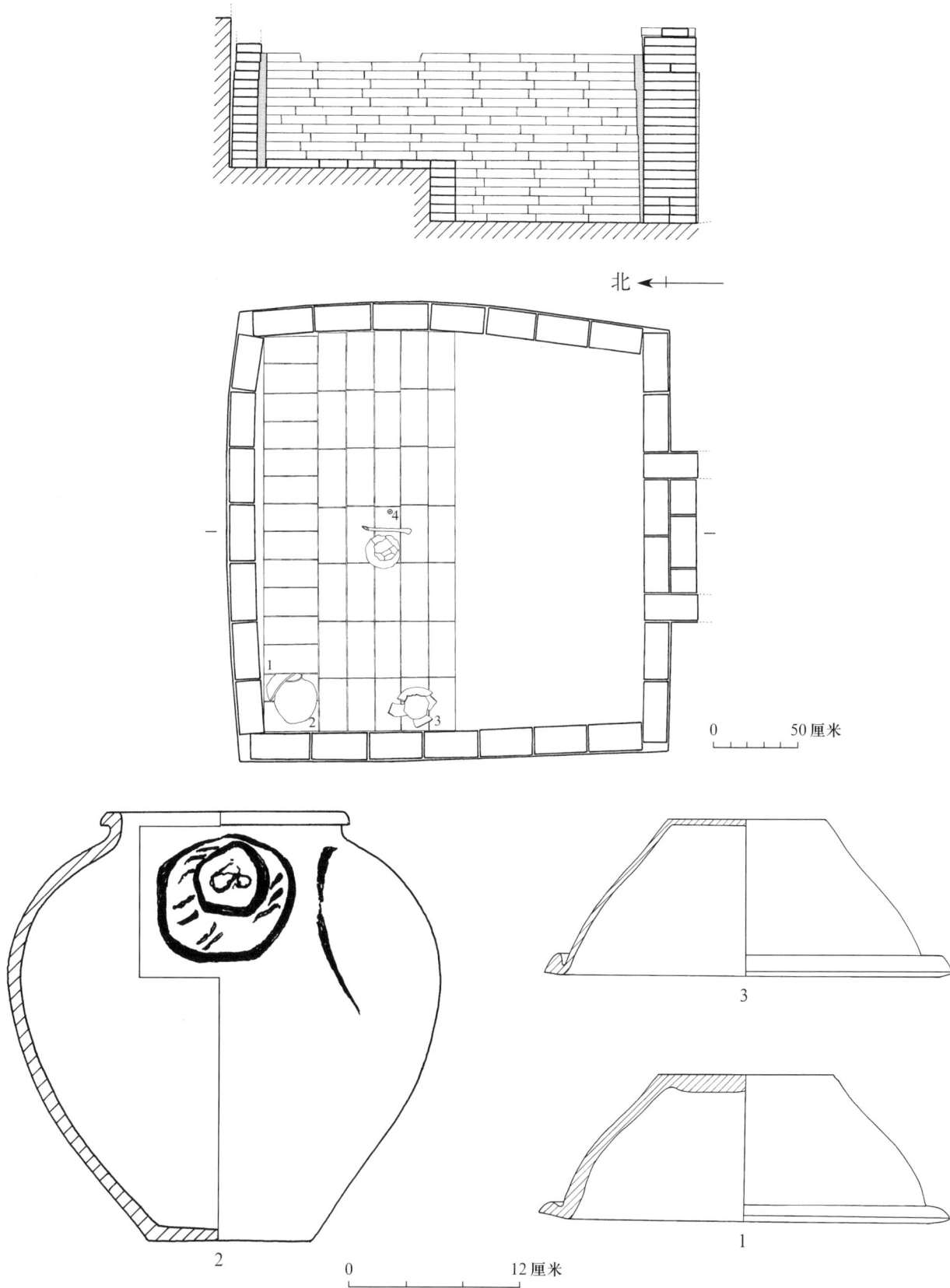

北 ←

0 ____ 50厘米

0 ____ 12厘米

图一二　M108及出土遗物

1、3. 底座　2. 罐　4. 铜钱

甬道 甬道位于墓室南部，残存北部。底部为黄砂土，平底，平面呈长方形。东、西壁为直壁，用条砖纵向平砌，与墓室南壁相接处砌砖相互叠压。甬道南北长0.32、东西宽0.64米，残高1.12米。封门位于甬道，用条砖平砌。封门厚0.32、残高1.10米。

墓室 平面略呈弧边方形，用条砖砌筑于方形竖穴土圹内，残存中下部。东、西壁用条砖纵向平砌，南、北壁用条砖横向平砌，残存壁面垂直；四壁相接处砌砖相互叠压。但墓室四壁底层砌砖未在同一水平面上，南壁和东、西壁南部底层砌砖与墓室地面平，北壁和东、西壁北部底层砌砖与棺床面平。顶部残。墓室南北长2.25、北部东西宽2.25、南部东西宽2.10米，四壁残高0.65～0.93米。棺床位于墓室北部，平面略呈长方形，与墓室东、北、西壁相接，南侧壁用条砖横向平砌护壁，护壁砌砖未与墓室东、西壁砌砖相互叠压；棺床面用条砖平铺，北部一排条砖纵向平铺，其南条砖横向对缝平铺。棺床东西长2.26、南北宽1.15米，高0.35米。墓室地面为黄砂土，平面略呈梯形，与甬道相连。

2. 遗物 遗物有陶器、铜钱和墓砖。

陶器 均泥质，灰色，轮制。残碎，分布于棺床西北部和南部，器形有盖、底座和罐等。其中盖仅存盖盘残片，形制不辨，底座有两件，说明可能用两套塔形罐随葬。

底座 2件，覆盆状。标本M108：1，敞口，卷宽平沿，弧腹较深，平底。底部有细密的弧圈纹。口径24、底径12.2、高10厘米（图一二）。标本M108：3，略敛口，宽平沿，微鼓腹，腹部较深。外底略凹，周缘有抹压痕，弧圈纹粗疏、清晰。底口径25.6、底径10.8、高10.4厘米（图一二）。

罐 1件。标本M108：2，敛口，卷沿，矮领，圆肩，斜腹，平底。肩、腹之间圆鼓，器形之间较浑圆，肩部和腹部打磨光滑，制作精细。肩部墨线图案，其一为扁圆圈纹，另一扁重圈纹内书一"女"字，重圈之间饰点状纹。底周缘有抹痕，中心略凹，弧圈纹细密、清晰。口径14.1、底径11.6、高29.2厘米（图一二；彩版一，5）。

铜钱 1枚。出土于棺床中部，严重锈蚀字迹不清。

墓砖 为拉划纹条砖，模制较粗糙。拉划纹有粗疏和细密两种，大多布满砖面。规格相同。长32、宽16.5、厚5厘米。

3. 葬式 发现一具人体骸骨，仅存少部骨骼，性别、年龄、葬式不详。未发现葬具。

M99

M99位于第三排东部，东南为M105。被盗和破坏。修筑方法与M95同。

1. 形制 M99为倒凸字形单室砖室墓，南北向，方向174°。由墓道、甬道以及墓室三部分构成，墓室内砌棺床（图一三；图版四，1）。

墓道 位于墓室南部中间，因故未清理。

甬道 底部为黄砂土，平底，平面呈长方形。东、西壁为直壁，用条砖纵向平砌，与墓室南壁砌砖逐层错缝叠压。顶部为拱形，残存南段。甬道东、西壁0.75米处起拱。甬道南北长0.34、东西宽0.90米，高0.96米。从甬道内封门，残存底部。底部四层用条砖纵向平砌，其上用条砖侧立。封门厚0.32、残高0.36米。

墓室 平面呈弧边方形，用条砖逐层内收平砌于挖掘的弧边方形竖穴土坑内，残存中下部。墓室

北 ←

0 _____ 24 厘米

0 _____ 50 厘米

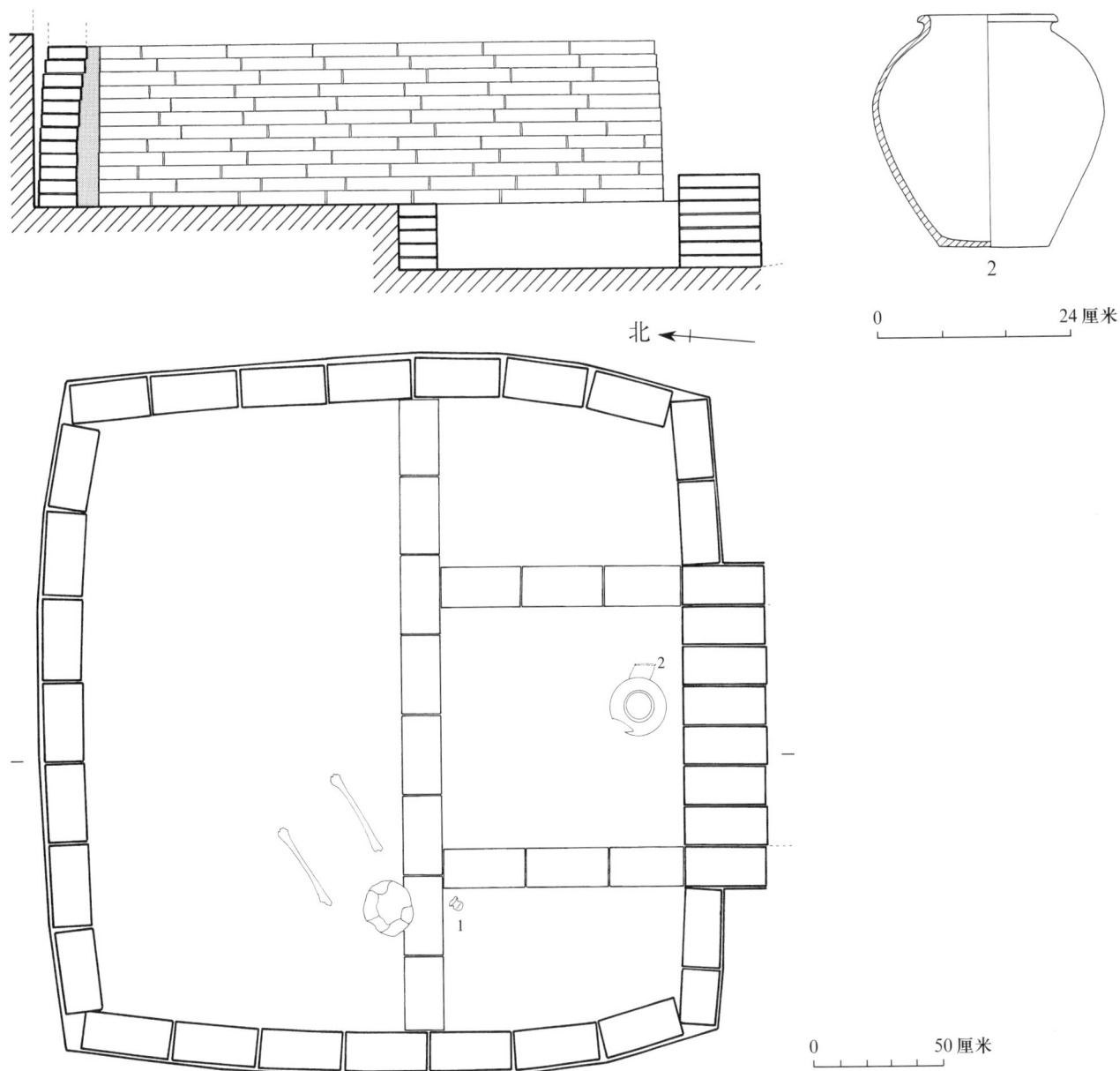

图一三　M99 及出土遗物
1. 盖纽　2. 罐

东、西壁明显外弧，用条砖纵向平砌；北壁外弧较东、西壁小，用条砖横向平砌；南壁较直，砌法与北壁同；四壁相接处砌砖相互叠压。顶部被破坏。墓室南北最长 2.32、东西最宽 2.35 米，残高 0.60 米。棺床呈长方形，位于墓室北部，与墓室北、东、西壁相接，南侧壁用条砖横向平砌护壁，砌砖未与墓室东、西壁砌砖相互叠压。棺床面为黄砂土未铺砖。棺床高 0.26 米。棺床东南和西南部，有低于棺床面的平台，平台的西、东侧壁用条砖纵向平砌护壁。棺床和平台间的凹槽为墓室地面，平面呈长方形，连接甬道，也为黄砂土未铺砖。凹槽南北长 0.93、东西宽 0.90 米。墓室内填土主要为褐色花土，以及淤土，应为墓葬被破坏后进水形成。

2. **遗物**　遗物有陶器和墓砖。

陶器　泥质，深灰色，轮制。出土时残碎，器形有盖纽、罐、底座等。底座仅存残片，器形不辨。说明用一套塔形罐随葬。在棺床中北部发现动物骨骼，可能作为随葬之用。

盖纽　1件。标本 M99：1，底圆饼形，黏连部分器壁；中部束腰；纽扁圆球状，中心有一乳突。底径 6～6.2、高 6.5 厘米。

罐　1件。标本 M99：2，敛口，卷沿，矮领，鼓腹，平底。口内侧一道阴弦纹，腹下部与器底之间留存黏接痕，底部有顺时针方向的弧圈纹，肩部饰淡黑色，留存局部。器形较粗矮，最大径在腹上部。口径 14.4、底径 13.6、高 28.2 厘米（图一三）。

墓砖　为拉划纹条砖，模制。拉划纹大多细宽、疏，分多次拉划布满砖面。规格相同。长 30、宽 14.5、厚 4.5 厘米。

3. **葬式**　发现一具人体骸骨，位于棺床北部，仅残存头骨、上肢骨、肋骨、脊椎骨以及骨盆，未见下肢骨。从残存的状况看，呈仰身，头向西。经鉴定，为 18～20 岁的女性。未发现葬具。

四　M92、M93、M105

M92、M93、M105 位于甲区第四排，其中 M92、M93 位于第四排西部，二者相距较近，南北略错位；M105 位于第四排东部，与前两墓相距较大。

M92

M92 位于第四排西部，与 M93 相邻，二者相距约 2.9 米，南北略错位。墓葬被盗和破坏，原开口层位不详；残口层位和修筑方法与 M1 同。

1. **形制**　M92 为倒凸字形单室砖室墓，南北向，方向 176°。由墓道、甬道及墓室构成，墓室内砌棺床（图一四；图版四，2）。

墓道　位于墓室南部中间，因故未清理。

甬道　平面呈长方形。东、西壁用条砖纵向平砌，与墓室南壁砌砖相互叠压；残存壁面垂直。叠涩尖顶，甬道东、西壁 0.65 米高处逐层叠压内收形成。甬道南北长 0.48、东西宽 0.60 米，高 0.80 米。封门位于甬道内北部，残存下部。底部用条砖侧立，其上用条砖一层横向一层纵向交替平砌。封门厚 0.32、残高 0.35 米。

墓室　平面呈方形，用条砖逐层错缝平砌于挖掘的长 2.93、宽 2.84 米的长方形竖穴土坑内，残存中下部。东、西壁用条砖纵向平砌；南、北壁用条砖横向平砌；残存壁面垂直；四壁相接处砌砖相互叠压。顶部残，但墓室四壁在 0.95 米高处均开始起券内收，推测可能为穹隆顶。墓室南北长 2.50、东西宽 2.60 米，四壁残高 1.20 米。棺床呈刀把形，与墓室东、北、西壁相接；侧壁用条砖平砌；棺床面用条砖平铺，或纵向或横向，没有一定的规律。棺床高 0.12、北宽 1.20、南宽 0.95 米。墓室地面用条砖平铺，以横向平铺为主。

2. **遗物**　有陶器、乾元重宝铜钱和墓砖。

陶器　均泥质，红褐色。由于盗扰均残碎，分布于墓室西南部，器形有一套塔形罐等。

盖　1件。标本 M92：2，残，盖盘覆碗状，轮制。敞口，圆唇，浅腹。口径 12、残高 6 厘米。

乾元重宝　1枚。标本 M92：1，字迹较为清晰。直径 2.9、穿径 0.7、廓宽 0.2 厘米，重 7 克（图一四）。

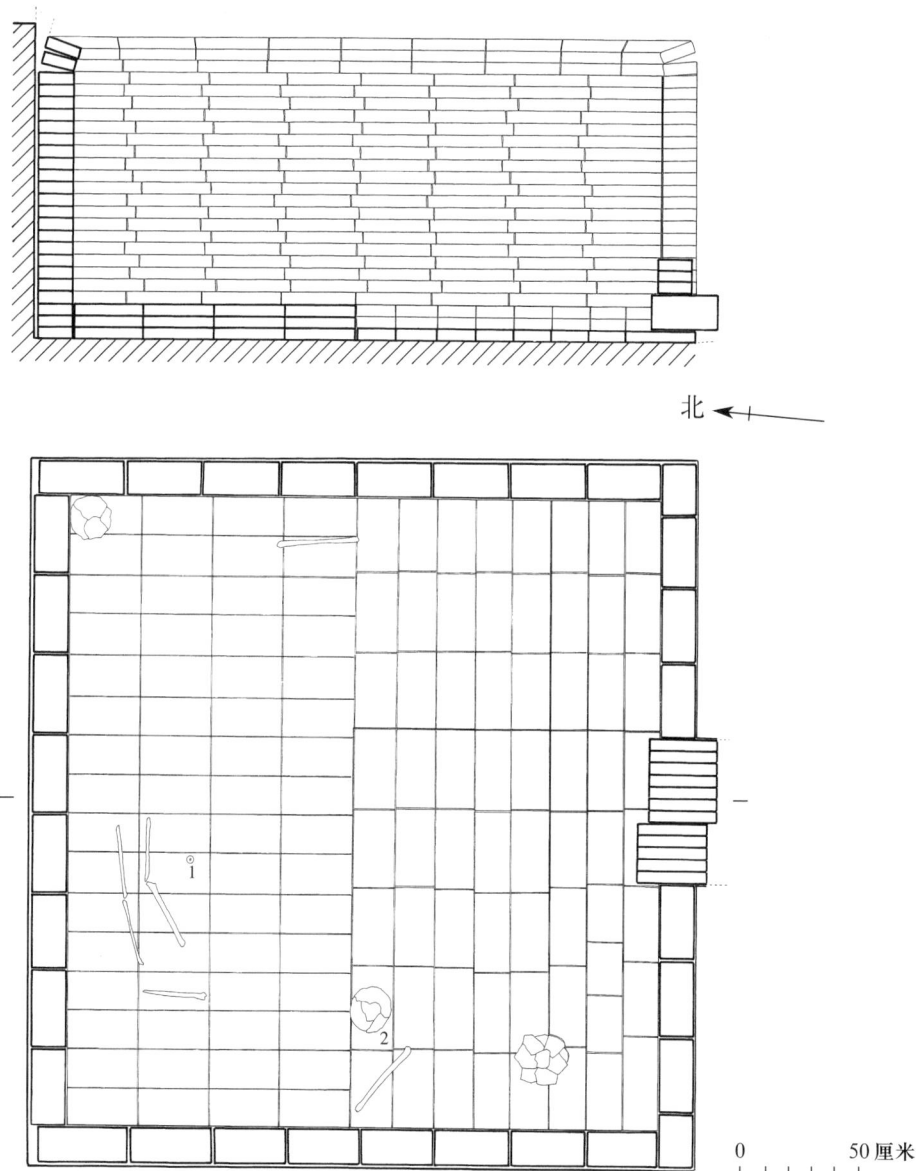

图一四　M92平、剖面图
1. 乾元重宝　2. 盖残片

墓砖　为拉划纹条砖，模制。拉划纹大多细密，分多次拉划布满砖面。规格相同。长31、宽15.5、厚5厘米。

3. **葬式**　人体骸骨被严重扰乱，经鉴定有两具。一具为年龄30～40岁的男性，一具为年龄35～45岁的女性。属二人合葬墓，具体葬式不详。未发现葬具。

M93

M93位于第四排西部，东距M105约40米。被盗和破坏，原开口层位不详。修筑方法与M96同。

1. **形制**　M93为刀把形单室砖室墓，南北向，方向172°。由墓道、甬道及墓室三部分构成，墓室内砌棺床（图一五；图版四，3）。

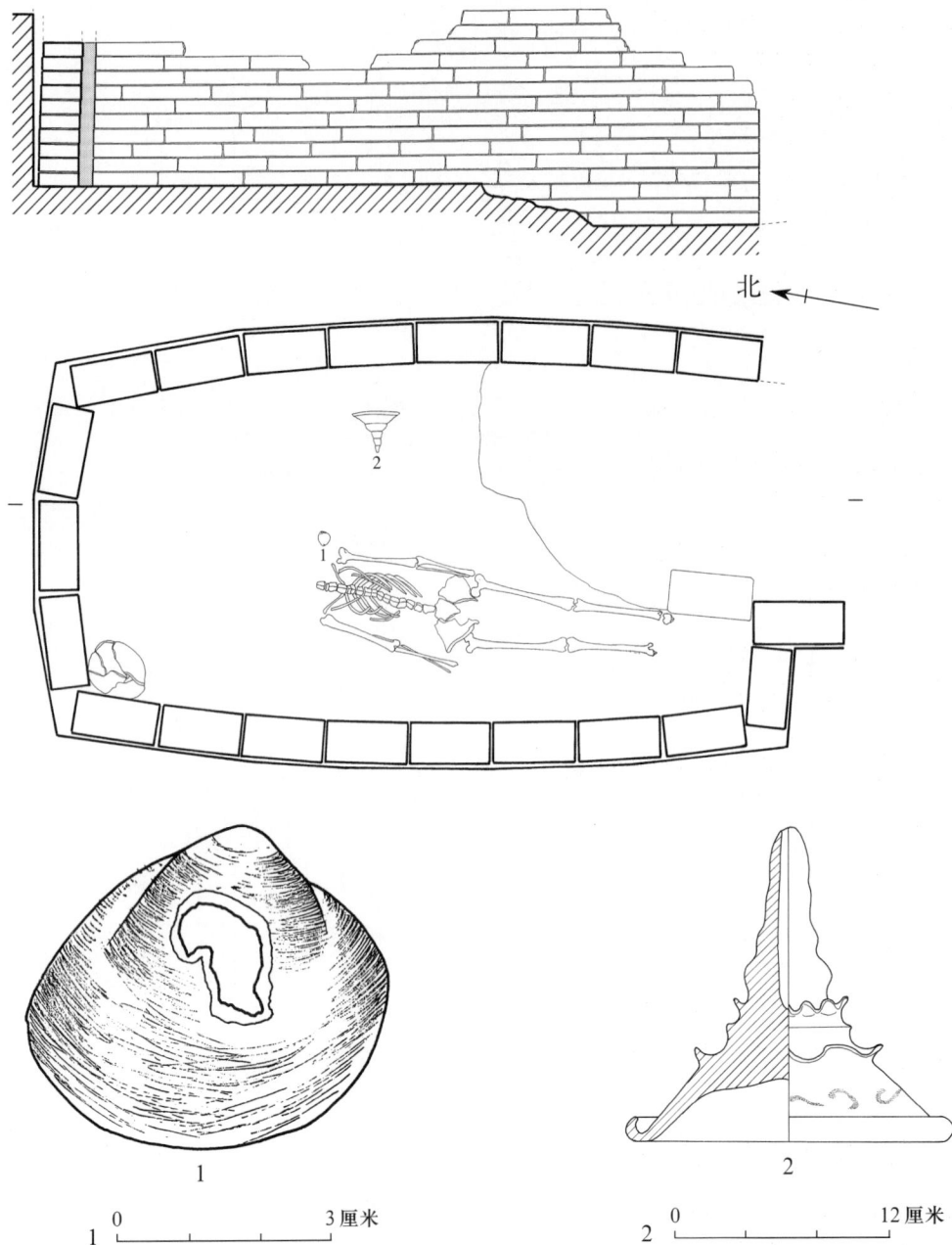

图一五　M93 及出土遗物
1. 蚌壳　2. 盖

　　墓道　位于墓室南部偏东，被现代扰坑所破坏。

　　甬道　底部为黄砂土，平面呈长方形。西壁用条砖纵向平砌，与墓室南壁砌砖相互叠压，东壁残；残存壁面垂直。顶部被破坏。甬道南北长 0.34、东西宽 0.75 米，残高 0.50 米。未见封门，但在清理甬道时，发现甬道底部填土中有大量条砖，可能为被破坏的封门用砖。

　　墓室　平面呈弧边长方形，用条砖逐层内收平砌于挖掘的长方形竖穴土坑内，残存中下部。东、西壁外弧 0.12 米，用平砖纵向平砌；北壁较窄，弧度较小，用平砖横向平砌；南壁较直。四壁相接处砌砖相互叠压。顶部已被完全破坏。墓室南北最长 2.46、东西最宽 1.25 米，四壁残高 0.26～0.65 米。

棺床呈反刀把形，与墓室四壁相接，侧壁原用条砖平砌护壁，被毁；棺床面为黄砂土面，未铺砖。棺床高 0.15 米。东南部凹槽为墓室地面，连接甬道，未铺砖。凹槽南北长 1、北部东西宽 0.45、南部东西宽 0.80 米。

2．遗物　有陶器、蚌壳和墓砖。

陶器　由于盗扰陶器仅存塔形罐盖。

盖　1 件。标本 M93：2，由盖盘和盖纽分件制作黏接而成。盖盘覆盘状，敞口，卷沿，浅腹，内小平底，外平底较大，周缘饰一周花瓣状的附加堆纹，中部黏接盖纽。纽塔状，顶部一直径 0.6 厘米的孔眼，可能插塔刹之用。内、外壁通体涂一层灰白色陶衣，其中外壁陶衣上通体饰黑彩，盖盘外壁黑彩上用红色颜料绘花纹。底口径 14.2、高 17 厘米（图一五；图版四，5）。

蚌壳　1 件。出土于墓室北部。标本 M93：1，天然贝壳一半，较小，中部残失，上部有细小的红色斑纹。宽 4.5、高 4.3 厘米（图一五；图版四，4）。

墓砖　为拉划纹条砖，模制。拉划纹大多细密模糊，分多次拉划布满砖面。规格相同。长 29.5、宽 14.5、厚 4.5 厘米。

3．葬式　发现一具人体骸骨，位于棺床西侧。除头骨被扰至棺床西北角外，其余骨架保存完好，呈仰身直肢，头北足南。经鉴定为年龄 20～25 岁的男性。未发现葬具。

M105

M105 位于第四排东部，北距 M99 约 1.2 米，西南距 M86 约 4.5 米。被盗和破坏，原开口层位不详。修筑方法与 M95 同。

1．形制　M105 为倒凸字形单室砖室墓，南北向，方向 176°。由墓道、甬道、墓室三部分构成，墓室内有砂质棺床（图一六）。

墓道　位于墓室南部中间，因故未清理。

甬道　底部为黄砂土，平底，平面呈长方形。东、西壁为直壁，用条砖纵向平砌，与墓室南壁砌砖逐层错缝叠压。拱形顶，甬道东、西壁 0.58 米高处起拱，残存南段。甬道南北长 0.33、东西宽 0.80 米，高 0.85 米。封门位于甬道内北端，用条砖横向错缝平砌。厚 0.16、高 0.85 米。

墓室　平面呈弧边方形，用条砖逐层内收平砌于挖掘的弧边方形土圹内，残存中下部。东、西壁外弧，用条砖纵向平砌；北壁略外弧，用条砖横向平砌；南壁较直，砌法同北壁。顶部残，形制不详。墓室南北最长 2.40、东西最宽 2.60 米，四壁残高 0.80 米。棺床呈倒凹字形，与墓室四壁相接，东、南、西侧壁未砌护壁，棺床面为黄砂土未铺砖。棺床高 0.25 米。中南部凹槽为墓室地面，平面呈较小的长方形，连接甬道，为黄砂土未铺砖。凹槽南北长 1.23、东西宽 1.02 米。

2．遗物　有陶器和墓砖。

陶器　泥质，土红色。均残碎，分布于棺床西南部，器形有一套塔形罐等。除底座外，盖和罐因残甚具体形制不辨。

底座　1 件。标本 M105：1，由上部和下部分件制作黏接而成。下部覆盆状，轮制。敛口，卷宽平缘，微鼓腹，腹部较深，脱底。上部唾盂形，轮制。敞口，圆唇，竖颈，鼓腹，脱底；腹部压印

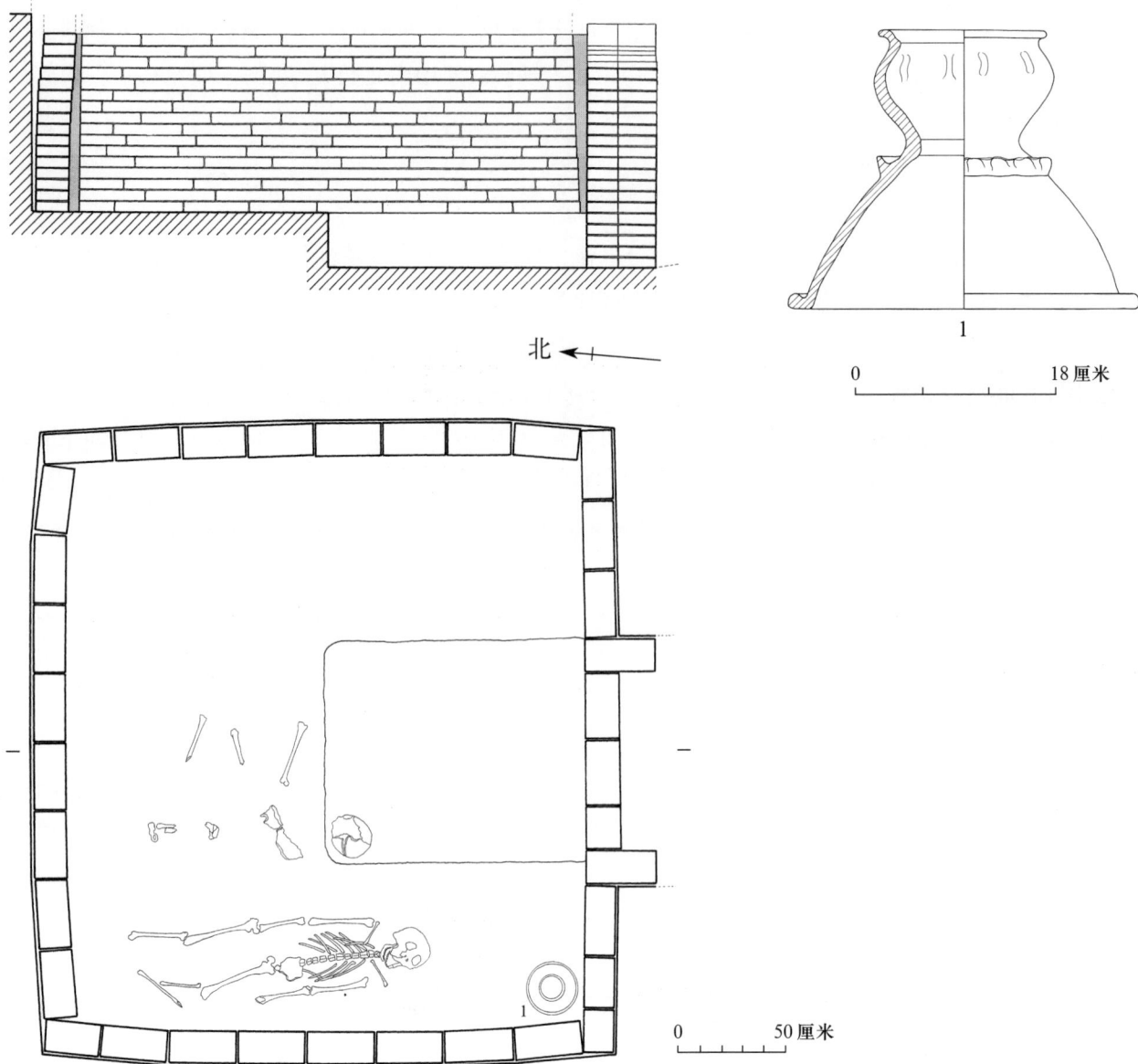

图一六　M105及出土底座

1.2厘米宽、间距基本相同的七道竖槽。套接部束腰，器壁较厚。束腰略下贴一周泥饼向上卷压成花瓣状。内、外壁涂一层灰白色陶衣，外壁陶衣上饰黑彩，残存局部。上口径13.4、底口径26.8、高24.2厘米（图一六）。

墓砖　为拉划纹条砖，模制较粗糙。拉划纹有粗疏和细密两种，大多布满砖面。规格相同。长33、宽16.5、厚5厘米。

3.**葬式**　发现两具人体骸骨。其中一具位于棺床西部，保存较好，仅右下肢骨微有扰动，呈仰身直肢，头向南，面向上；另外一具位于棺床北部，被扰乱。经鉴定，前者是年龄40～45岁的女性，后者年龄、性别不详。未发现葬具。

五 M89、M87、M86

M89、M87、M86 位于甲区第五排，三者相距较近，南北略微错位。第五排位于甲区东部，其南北较近距离内未见墓葬分布。

M89

M89 位于第五排西部，东距 M87 约 6 米。曾被盗和破坏。修筑方法与 M95 同。

1. **形制** M89 为倒凸字形单室砖室墓，南北向，方向 180°。由墓道、甬道及墓室构成，墓室内砌棺床（图一七）。

墓道 长方形阶梯式，位于墓室南部中间。残口平面呈梯形，东、西壁略直，底部为阶梯。由于土质较松软，多数台阶已被踩踏成斜坡，仅南端残留一台阶较为明显，台阶宽 0.37、高 0.40 米。墓道残长 1.30、北端宽 0.90、南端宽 0.40 米，深 0.70 米。

甬道 底部为平底，平面呈长方形。东、西用条砖纵向平砌，与墓室南壁砌砖相互叠压；残存壁面垂直。顶部被毁。甬道东、西壁 0.74 米高起拱。甬道南北长 0.32、东西宽 0.72 米，残高 0.85 米。从

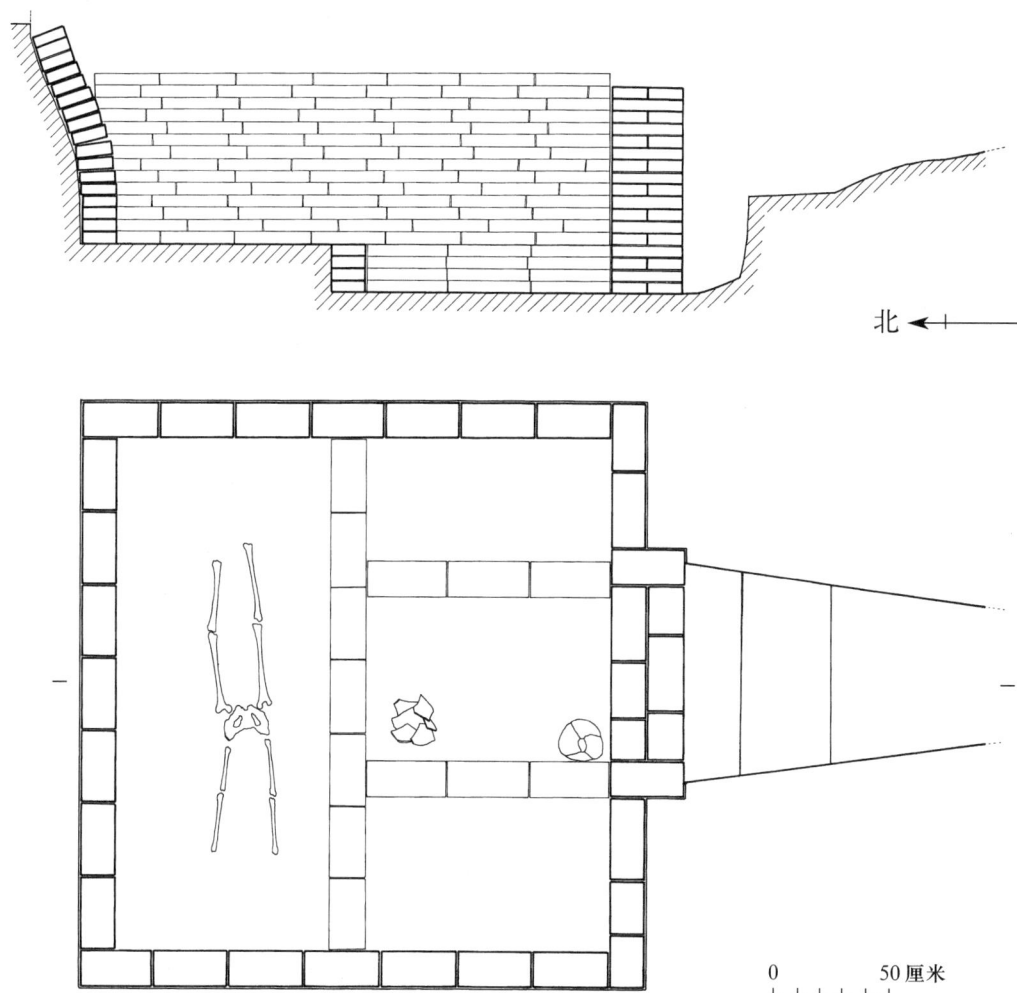

图一七 M89平、剖面图

甬道内封门，顶部残。用条砖一层横向、一层纵向交替平砌。封门厚0.32、高0.84米。

墓室　平面呈方形，用条砖逐层错缝平砌于挖掘的方形竖穴土坑内，残存中下部。东、西壁用条砖纵向平砌；南北壁用条砖横向平砌；北壁略向外倾斜。顶部被完全破坏。墓室南北长2.10、东西宽2.10米，四壁残高0.70～0.98米。棺床呈倒凹字形，与墓室四壁相接，东、南、西侧壁用条砖平砌护壁，东、西护壁砌砖未与墓室南壁砌砖叠压；棺床面为黄砂土，未铺砖。棺床高0.22米。中南部凹槽为墓室地面，平面呈长方形，连接甬道。凹槽南北长1.04、东西宽0.67米。

2. **遗物**　仅存墓砖。另在凹槽北端发现一些罐残片，形制不详。

墓砖　为拉划纹条砖，模制。拉划纹大多较粗疏，分布于砖面的中部。规格相同。长30、宽15、厚5厘米。

3. **葬式**　发现一具人体骸骨。头骨被置于棺床下，四肢骨、骨盆等分布于棺床北部，局部被扰，但整体上呈仰身直肢，头西足东。经鉴定，为15～25岁的男性。属单人葬，葬式可能为仰身直肢。未发现葬具。

M87

M87位于第五排中部，东距M86约3.6米，西距M89约6米。曾被盗和破坏，原开口层位不详。修筑方法与M95同。

1. **形制**　M87为倒凸字形单室砖室墓，南北向，方向174°。由墓道、甬道及墓室构成，墓室内有砂质棺床（图一八；图版五，1）。

墓道　长方形阶梯式，位于墓室南部，与墓室南北在同一中轴线上。残口平面呈长方形，东、西壁为直壁，底部北端较平整，南端为阶梯，但仅残存两个台阶。由上而下，第一台阶宽0.20、高0.46米；第二台阶宽0.50、高0.30米，其中，台阶与台阶相接处为斜坡。填土为褐色花土，内含有砖渣、石块等。残长2.10、宽0.90、深1米。

甬道　底部为黄砂土，平底，平面呈长方形。东、西壁用条砖纵向平砌，与墓室南壁砌砖相互叠压。拱形顶，残存东、西两侧券砖。甬道东、西壁0.60米高处起拱。甬道南北长0.33、东西宽0.90、残高0.80米。封门位于甬道内，中、下部用条砖横向平砌，顶部用条砖纵向平砌。封门厚0.16、高0.95米。

墓室　墓室平面呈弧边方形，用条砖逐层内收平砌于挖掘的弧边方形竖穴土圹内，残存中下部。东、西壁外弧约0.11米，用条砖纵向平砌；北壁外弧较东、西壁略小，用条砖横向平砌；南壁较直，砌法与北壁同。顶部被完全破坏。墓室南北最长2.60、东西最宽2.57米，四壁残高0.85米。棺床呈倒凹字形，与墓室四壁相接；未用条砖平砌护壁，棺床面为黄砂土未铺砖。棺床高0.25米。中南部凹槽为墓室地面，平面呈长方形，连接甬道。凹槽南北长1.15米、东西宽1.05米。

2. **遗物**　有陶器、铜钱和墓砖。

陶器　均为泥质，土灰色，轮制。大多残碎，出土于棺床北部。可辨器形有一套塔形罐和执壶，其中罐仅存腹部残片，形制不详。

盖　1件。标本M87∶2，盖盘覆碗状。敞口，圆唇，腹部较深，外壁近纽座处贴一周泥条，摁压成花瓣状，内尖底，外平底，中部黏贴盖纽。纽塔状，中空，三层，平顶，中部有一个扁圆形穿孔。外

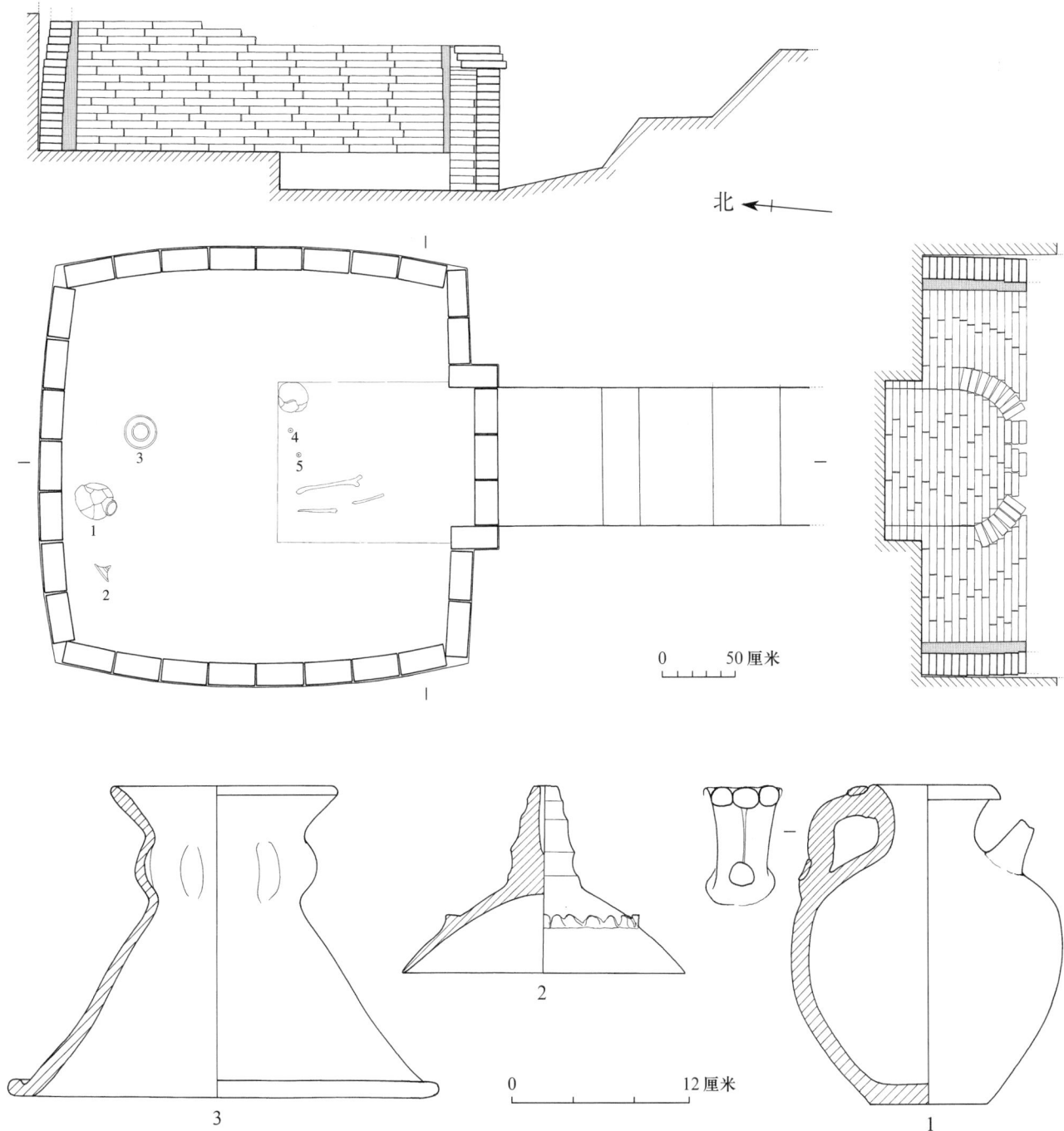

图一八　M87 及出土遗物

1. 执壶　2. 盖　3. 底座　4、5. 铜钱

壁通体涂一层灰白色陶衣，其上饰黑彩，大部脱落。底口径 17.6、高 11.6 厘米（图一八；图版五，2）。

底座　1 件。标本 M87：3，由上部和下部分件制作套接而成。下部喇叭筒状，轮制，敞口，卷宽平沿，深斜腹，脱底。上部唾盂形，侈口，圆唇，束颈，鼓腹，腹部等距离压印 1.6 厘米宽的五道凹槽，脱底。套接部束腰，器壁较厚，内壁留存明显的套接痕。外壁和口径内壁涂一层灰白色陶衣，其上饰黑彩，大部脱落。上口径14、底口径24.2、高20厘米（图一八B；图版五，3）。

执壶 1件。标本M87：1，残复，敞口，卷沿，颈部较高，鼓腹，平底。肩部和口沿间黏贴一把手，上饰乳钉文。与其相对的一侧黏一流。底略扁，器形稍显浑圆。口径6.4、底径7.5~8、高20.4厘米（图一八；图版五，6）。

铜钱 2枚，开元通宝和乾元重宝各1枚，出土于人体颅骨附近。

开元通宝 1枚。标本M87：4，"开"字宽扁，二竖画外撇；"元"字上画短，次画略上挑；"通"字之"走"旁三逗点不相连，"甬"旁上笔开口略大；"宝"字下旁"贝"字宽扁，二横画与左右竖画不相连。有使用痕。直径2.5、穿径0.7、廓宽0.2厘米，重3.6克（图版五，4）。

乾元重宝 1枚。标本M87：5，字迹较为清晰。直径2.5、穿径0.7、廓宽0.2厘米，重3.4克（图版五，5）。

墓砖 为拉划纹条砖，模制。拉划纹大多粗疏，分布于砖面一断或一侧。规格相同。长30、宽14~14.5、厚4.5厘米。

3．**葬式** 发现一具人体骸骨，被严重扰乱，分布在棺床下凹槽内，葬式不详。经鉴定为年龄18~22岁的男性。未发现葬具。

M86

M86位于第五排东部，西距M87约3.6米，北距M105约4米。曾被盗和破坏，原开口层位不详。修筑方法与M95同。

1．**形制** M86为刀把形单室砖室墓，南北向，方向180°。由墓道、甬道及墓室三部分构成（图一九；图版六，1、2）。

墓道 长方形斜坡底，位于墓室南部偏东。残口平面呈长方形，东、西壁垂直，修筑较为整齐；底斜坡，坡度约为17°。填土为褐色花土，土质较松软，且含有砖块等。墓道残长1.95、宽0.73、深0.70米。

甬道 底部为黄砂土，平底，平面呈长方形。西壁用条砖纵向平砌，与墓室南壁砌砖相互叠压；东壁是墓室东壁的向南延伸；壁面垂直。顶部呈拱形，甬道东、西壁0.53米高处起拱。甬道南北长0.33、东西宽0.72米，内高0.71米。封门位于甬道内，用一层条砖侧立、一层条砖横向平砌交替砌封，共二层侧立砖，其上用条砖横向平砌。厚0.33、高0.70米。

墓室 平面呈长方形，用条砖逐层错缝内收平砌于挖掘的长方形土圹内，残存中下部。东、西壁略弧，用条砖纵向平砌；北壁稍弧，用条砖横向平砌；南壁较直，砌法同北壁。顶部已被破坏。墓室南北最长2.20、东西最宽1.40米，残高0.75米。棺床位于墓室西部，平面略呈长方形，棺床面与墓室地面平，系在墓室中部用条砖南北向砌0.15米高的墙而成，棺床面未铺砖。墓室内填土为花土和淤积土两种。其中淤积土位于墓室底部，厚0.30~0.40米，可能为进水后形成。花土位于淤土之上，土质较杂，且含有一些砖块，可能为墓葬被破坏后形成。

2．**遗物** 仅存陶器和墓砖。

陶器 泥质，浅灰色，轮制。残碎，出土于棺床北部和墓室扰土中，器形为一套塔形罐，其盖和

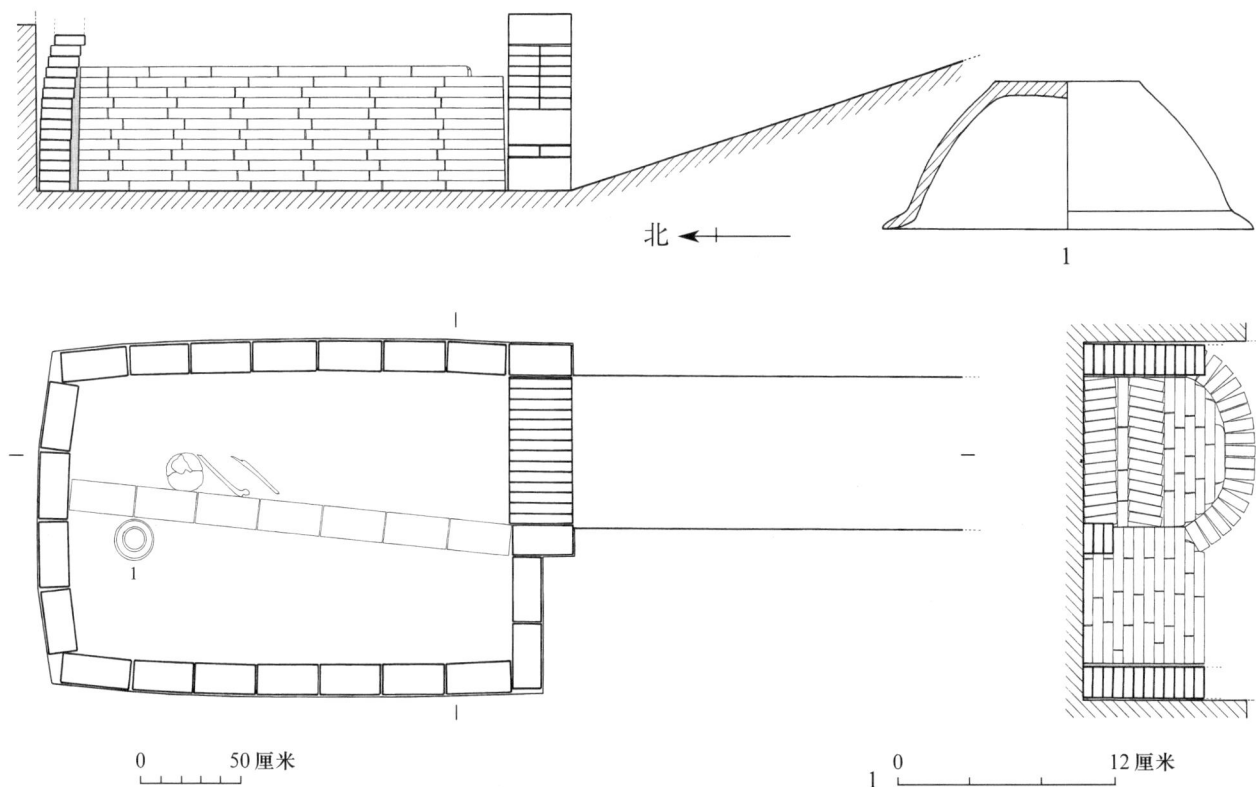

图一九　M86及出土底座

罐仅存残片，具体形制不辨。

　　底座　1件。标本M86:1，覆盆状。敞口，宽平沿，略鼓腹，腹部较深；平底。外壁原饰黑彩，大部脱落，残存局部。口径17.5、底径7.5、高7.7厘米（图一九）。

　　墓砖　为素面和拉划纹条砖，模制。拉划纹大多细密布满砖面，规格相同。长29、宽14.5、厚5厘米。

　　3. **葬式**　发现一具人体骸骨，均已扰乱，葬式不详。经鉴定可能是13岁左右的男性。未发现葬具。

六　M94、M91、M88

　　M94、M91、M88位于甲区第六排，相距较近。第六排位于甲区西部，与第四排和第七排相距较近。

M94

　　M94位于第六排西部，东距M91约5.8米。被盗和破坏，原开口层位不详。修筑方法与M96同。

　　1. **形制**　M94为刀把形单室砖室墓，南北向，方向176°。由墓道、甬道及墓室构成，墓室内砌棺床（图二〇；彩版二，1、2）。

　　墓道　位于墓室南部偏东，被破坏。

　　甬道　底部为黄砂土，平底，平面呈长方形。东、西壁为直壁，用条砖纵向平砌，其中东壁是墓室东壁的南伸。叠涩尖顶，甬道东、西壁0.70米高处逐层叠压内收，顶部用条砖平压。甬道南北长0.35、东西宽0.56米，内高0.88米。封门位于甬道内南端，用条砖横向错缝平砌。封门厚0.16、高 0.90 米。

墓室　平面呈长方形，用条砖逐层错缝平砌于挖掘的长方形竖穴土坑内，残存中下部。东、西壁用条砖纵向平砌；南、北壁用条砖横向平砌；四壁相接处砌砖相互叠压，残存壁面垂直。但四壁砌砖未在同一水平面上，东壁和北、南壁东段底层砌砖与墓室地面平，西壁和北、南壁西段底层砌砖与棺床面平。顶部残，墓室四壁在 1 米高处开始起拱、内收，可能为拱形。墓室南北长 1.95、东西宽 1.20 米，四壁高 0.95 米。棺床位于墓室西部，呈长方形，与墓室北、西、南壁相接；东侧壁用条砖平砌护壁；棺床面为黄砂土未铺砖。棺床南北长 1.95、东西宽 0.90、高 0.16 米。墓室地面为黄砂土，未铺砖。

2. **遗物**　有铜合页、铜带饰、铜钱、铁带饰和墓砖。

铜合页　1 件。标本 M94：2，两半平面呈长方形，由铁轴相连。其正面黏合于一起，底面中部各有一个三角形分布的铜铆钉，有的铆钉端存残圆形垫片。长 2.7、宽 2.3 厘米（图二〇；图版二，3 左 1）。

铜带饰　3 件，有铜铊尾和半圆形铜銙饰。

铜铊尾　1 件。标本 M94：5，平面呈圆头长方形，由上、下部分件制作铆合而成。上部正面圆头端向下包合；底面平，两方角各有一处铜铆钉痕。长 2.6、宽 2.5、厚 0.5 厘米（图二〇；彩版二，

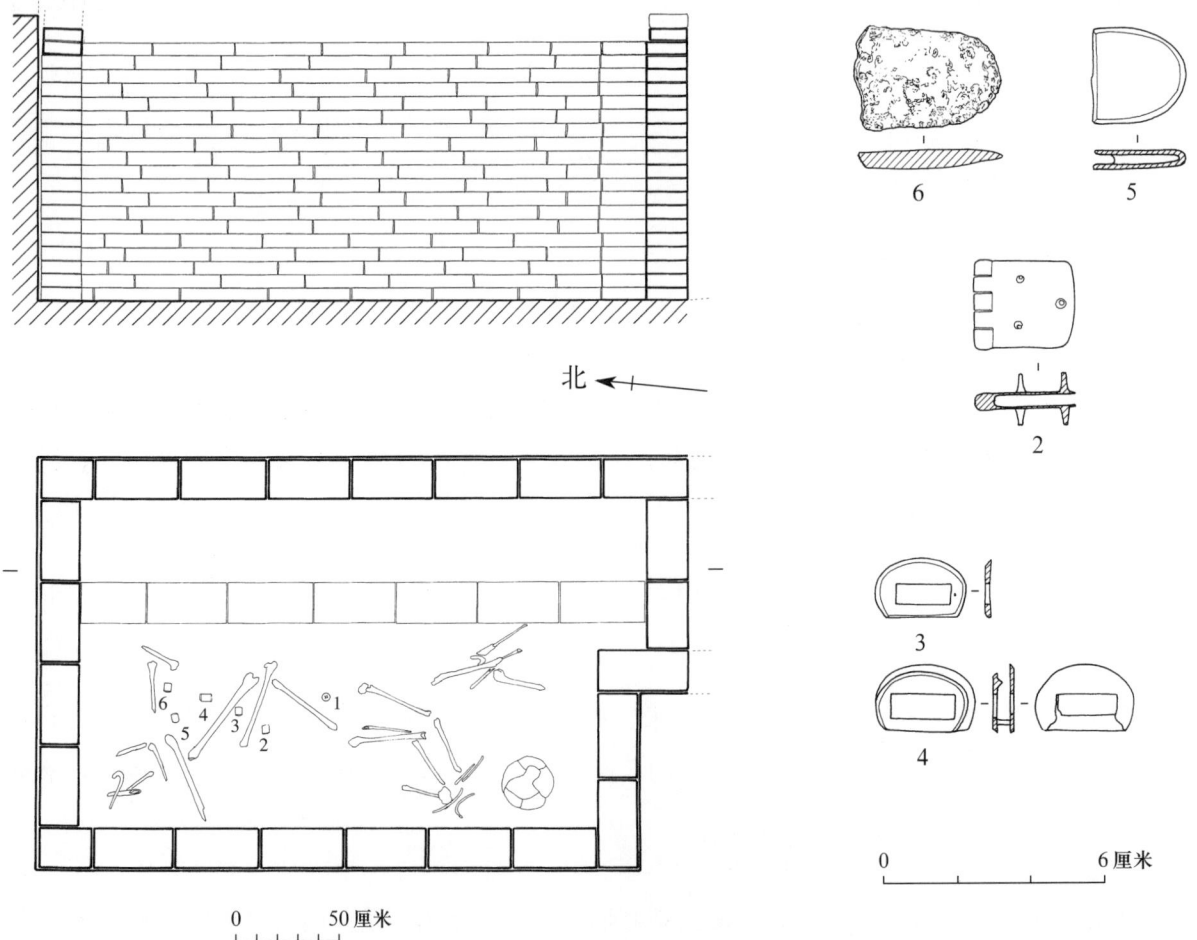

图二〇　M94 及出土遗物

1. 开元通宝　2. 铜合页　3、4. 半圆形铜銙饰　5. 铜铊尾　6. 铁铊尾

3 右 1）。

半圆形铜铐饰　2 件。标本 M94：3，平面呈半圆形，残存上部。正面周缘斜杀，临直边有一处长 1.5 厘米、宽 0.5 厘米的长方形孔眼；一侧中部有一处铁铆钉痕。底面略凹，两角和圆弧端各一残存底部的铜铆钉，一侧中部有一处铁铆钉痕。长 2.4、宽 1.6 厘米（图二〇；彩版二，3 左 2）。标本 M94：4，平面呈圆头长方形，由上部和下部分件制作铆合而成，上部小于下部，临直边一长 1.7 厘米、宽 0.7 厘米的长方形孔眼。上部正面周缘略向下包合，其两侧中部各有一处铆钉痕；下部较平，其底面两角、两侧中部和圆弧端各有一处铆钉痕；直边残失。上部长 2.5、宽 1.5 厘米；下部长 2.6、宽 1.8 厘米；厚 0.5 厘米（图二〇；彩版二，3 右 2）。

开元通宝　1 枚。标本 M94：1，“开”字宽扁，二竖画外撇；“元”字上画短，次画上挑；“通”字之“走”旁三逗点不相连，“甬”旁上笔开口略大；“宝”字下旁“贝”字宽扁，二横画与左右竖画不相连。字迹清晰。直径 2.4、穿径 0.7、廓宽 0.1～0.2 厘米，重 4.3 克（图二〇；彩版一二，5）。

铁带饰　大多残碎，出土于棺床北部人体骸骨旁和墓室扰土中，可辨形制仅铁铊尾。标本 M94：6，平面呈圆头长方形，残存一半。正面黏连细密的丝绸纹，底面锈蚀。长 4、宽 2.7、厚 0.5 厘米（图二〇；彩版二，4）。

墓砖　为素面和拉划纹条砖，模制。拉划纹大多粗疏，分多次拉划布满砖面。规格有长 29.5、宽 14.5、厚 4.5 厘米和长 31、宽 15、厚 5 厘米两种。

3．**葬式**　发现三具人体骸骨，均置于棺床之上，且已扰乱，堆积于一起。经鉴定，一具为年龄 45～55 岁的男性，一具为年龄大于 25 岁的女性，另一具为年龄 25～30 岁的女性；属三人合葬墓，具体葬式不详。未发现葬具。

M91

M91 位于第六排中部，东距 M98 约 8 米。被盗和破坏，原开口层位不详。修筑方法与 M96 同。

1．**形制**　M91 为刀把形单室砖室墓，南北向，方向 172°。由墓道、甬道及墓室构成，墓室内砌棺床（图二一 A；图版七，1）。

墓道　位于墓室南部偏东，因故未清理。

甬道　底部平底，平面呈长方形。东壁为墓室东壁的南伸；西壁用条砖纵向平砌，与墓室南壁砌砖相互叠压；残存壁面垂直。顶部被破坏。甬道南北长 0.32、东西宽 0.52 米，残高 0.76 米。封门被毁。

墓室　平面呈长方形，用条砖逐层错缝平砌于挖掘的长 2.35 米、宽 1.80 米的长方形竖穴土圹内，残存中下部。东、西壁用条砖纵向平砌；南、北壁用条砖横向平砌；残存壁面垂直；四壁相接处砌砖相互叠压。但墓室四壁底层砌砖未在同一水平面上，东壁和南、北壁东部底层砌砖与墓室地面平，西壁和南、北壁的西部底层砌砖与棺床面平。顶部被毁。墓室南北长 1.95、东西宽 1.40 米，四壁残高 0.48～0.65 米。棺床位于墓室西部，呈长方形，与墓室北、西、南三壁相接。是在一生土台东侧壁用条砖平砌护壁、台面用条砖平铺。但护壁砌砖未与墓室南、北壁砌砖叠压。棺床南北长 1.95、东西宽 0.90 米，高 0.25 米。墓室地面长方形，也用条砖平铺。

2．**遗物**　有陶器、铜带饰和墓砖。

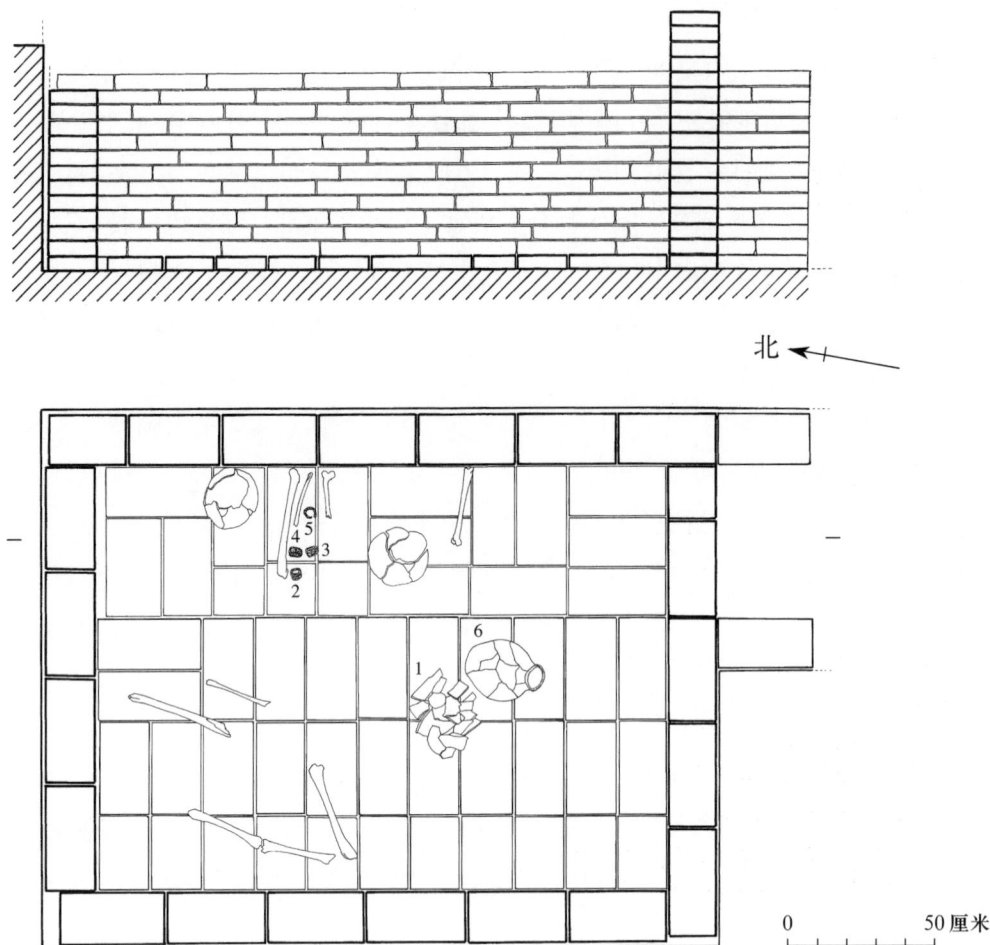

图二一 A　M91 平、剖面图

1、6. 双耳壶　2. 铜带扣　3、4. 铜铊尾　5. 铜带环

陶器　均为残片，出土于棺床中部。可辨器形有双耳壶。

双耳壶　2件。标本 M91：1，残，泥质，红褐色，轮制，残存肩部以下。肩部和腹上部略显圆鼓，平底。外壁通体饰一层灰白色陶衣；耳部器壁凹陷。底径11、残高24厘米（图二一 B）。标本 M91：6，泥质，土灰色，轮制。敞口，平沿，颈部较高；圆肩，弧腹，小平底。腹、底之间有明显的黏接痕；耳下器壁凹陷。通体饰一层灰白色陶衣。口径6.8、底径8.8、高28厘米（图二一 B）。

铜带饰　4件，出土于墓室东部人体骨骼间。有铜带扣、铜铊尾和带环等。

铜带扣　1件。标本 M91：2，由扣柄、扣环、扣轴和扣针组成，出土时扣柄和扣环分离，扣柄也分离成上、下两半。扣柄呈圆头长方形，上部正面圆头端向下包合，临直边两个铁铆钉痕；其底面内凹，圆头端残存两个铜铆钉。下部平，其底面临直边有2个0.1厘米的铆钉孔。扣环呈扁圆形，由铁扣轴与扣针相连，因锈蚀难以转动。长5.6、口环宽3.9厘米（图二一 B）。

铜铊尾　2件。标本 M91：3，小带铊，略残。平面呈圆头长方形，由上、下部分件制作铆合，以夹革带。上部正面周缘略呈斜刹；下部平，其底面临直边有两个铜铆钉痕。长1.3、宽1.3、厚0.4厘米

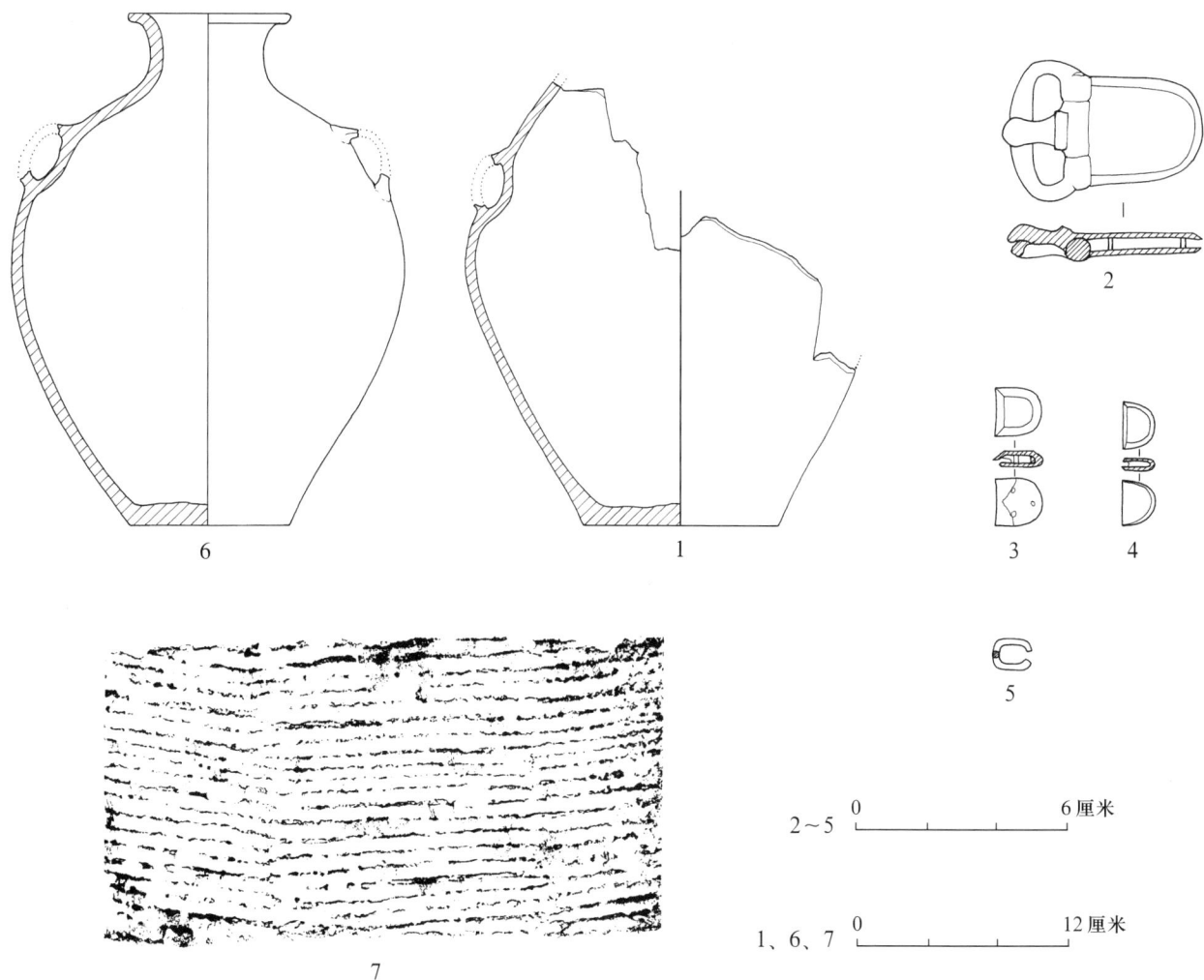

图二一B　M91出土遗物

1、6. 双耳壶　2. 铜带扣　3、4. 铜铊尾　5. 铜带环　7. 墓砖拓片

（图二一B）。标本M91：4较标本M91：3还小，平面呈圆头长方形。上部正面周缘略呈斜刹；下部底面平，临直边有两个铆钉痕。长0.9、宽1.3、厚0.3厘米（图二一B）。

　　铜带环　1件。标本M91：5，平面呈圆角方形，略残。长1、宽0.8厘米（图二一B）。

　　墓砖　为拉划纹条砖，模制。拉划纹大多宽而细密，分多次拉划布满砖面。规格相同。标本M91：7，长32、宽16、厚5厘米（图二一B）。

　　3. 葬式　人体骸骨被严重扰乱，经鉴定有两具。一具为年龄20～22岁的男性，一具为年龄18～22岁的女性。属二人合葬墓，具体葬式不详。未发现葬具。

M88

　　M88位于第六排西部，西南距M90约2米。被盗和破坏，原开口层位不详。修筑方法与M96同。

1．**形制**　M88为刀把形单室砖室墓，南北向，方向185°。由墓道、甬道及墓室三部分构成；墓室内砌棺床（图二二；图版七，2）。

墓道　位于墓室南部偏东，因故未清理。

甬道　底部为黄砂土，平底，平面呈长方形。东壁为墓室东壁的南伸；西壁用条砖纵向平砌，与墓室南壁砌砖相互叠压；残存壁面垂直。顶部被完全破坏。甬道南北长0.35、东西宽0.85米，两壁残高0.90米。从甬道内封门，用条砖横向错缝平砌，残存中下部。封门厚0.16、残高0.90米。

墓室　平面呈长方形，用条砖逐层错缝平砌于长方形竖穴土圹内，残存中下部。东、西壁用条砖纵向错缝平砌；南北壁用条砖横向错缝平砌；四壁相接处砌砖相互叠压；残存壁面垂直。但墓室四壁底层砌砖未在同一水平面上，东壁和南、北壁东部底层砌砖与墓室地面平，西壁和南、北壁的西部底层砌砖与棺床面平。顶部被毁。墓室南北长2.05、东西宽1.75米，四壁残高0.90米。棺床位于墓室西部，呈长方形，与墓室北、西、南壁相接；东侧壁用条砖平砌护壁，护壁砌砖未与墓室南、北壁砌砖相互叠压。棺床面用条砖横向平铺。棺床南北长2.05、东西宽0.95、高0.25米。墓室地面呈长方形，为

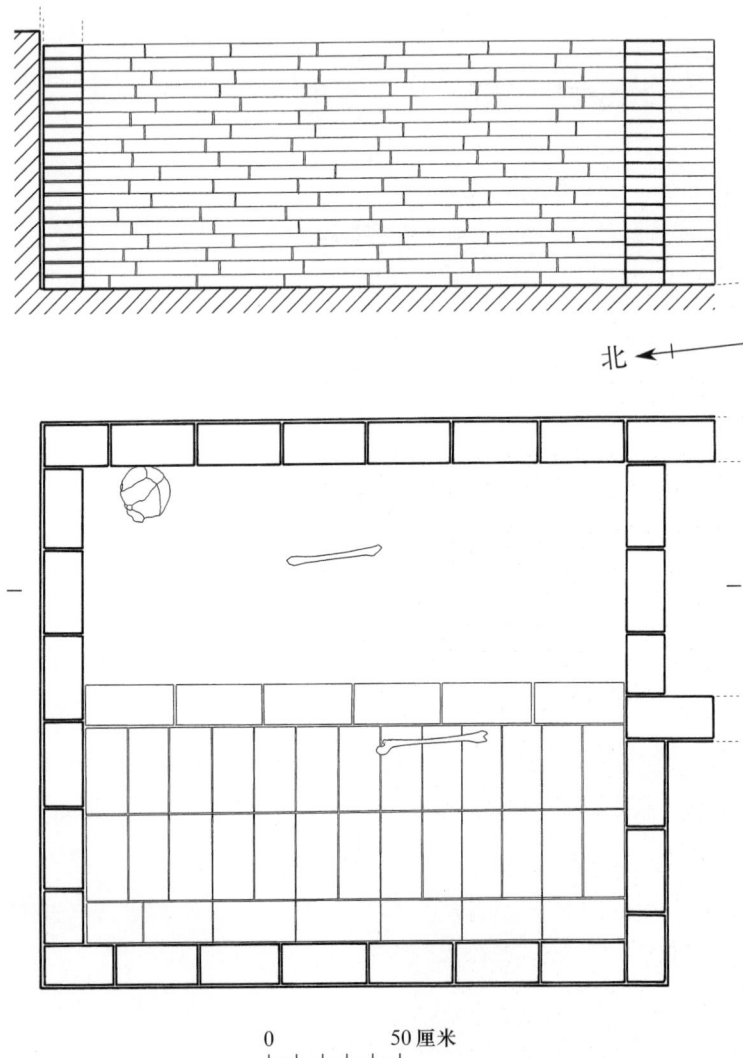

图二二　M88平、剖面图

黄砂土，未铺砖。

2．**遗物** 墓室被严重盗扰，遗物仅存墓砖。

墓砖 有素面和拉划纹条砖两种。前者薄而规整，长31、宽15.5、厚3.5厘米。后者较粗糙，拉划纹大多布满砖面。长32、宽16、厚4.5厘米。

3．**葬式** 共发现一具人体骸骨，被扰乱骨骼残存较少，葬式不详。经鉴定，为年龄20～25岁的男性。未发现葬具。

七 M90

M90位于甲区西南部，单独成排，处于第六排和第七排墓葬之间且间距较近。东北距M88约2米，西北距M91约3.2米，西南和东南分别为M57、M56。发掘前墓葬已被破坏，原开口层位不详。

1．**形制** M90为倒凸字形单室砖室墓，南北向，方向168°。由墓道、甬道及墓室三部分构成；墓室内砌棺床（图二三A；图版八，1）。

墓道 梯形阶斜坡底，位于墓室南部，与墓室南北在同一中轴线上。残口平面呈梯形，东、西壁为直壁；底斜坡。填土灰黄色，较疏松，含较多的砂砾。墓道长1.85、北端宽0.90、南端宽0.62米，深0.86米。

甬道 底部平面呈长方形，原可能为铺砖，现已被破坏。东、西壁用条砖纵向平砌，与墓室南壁

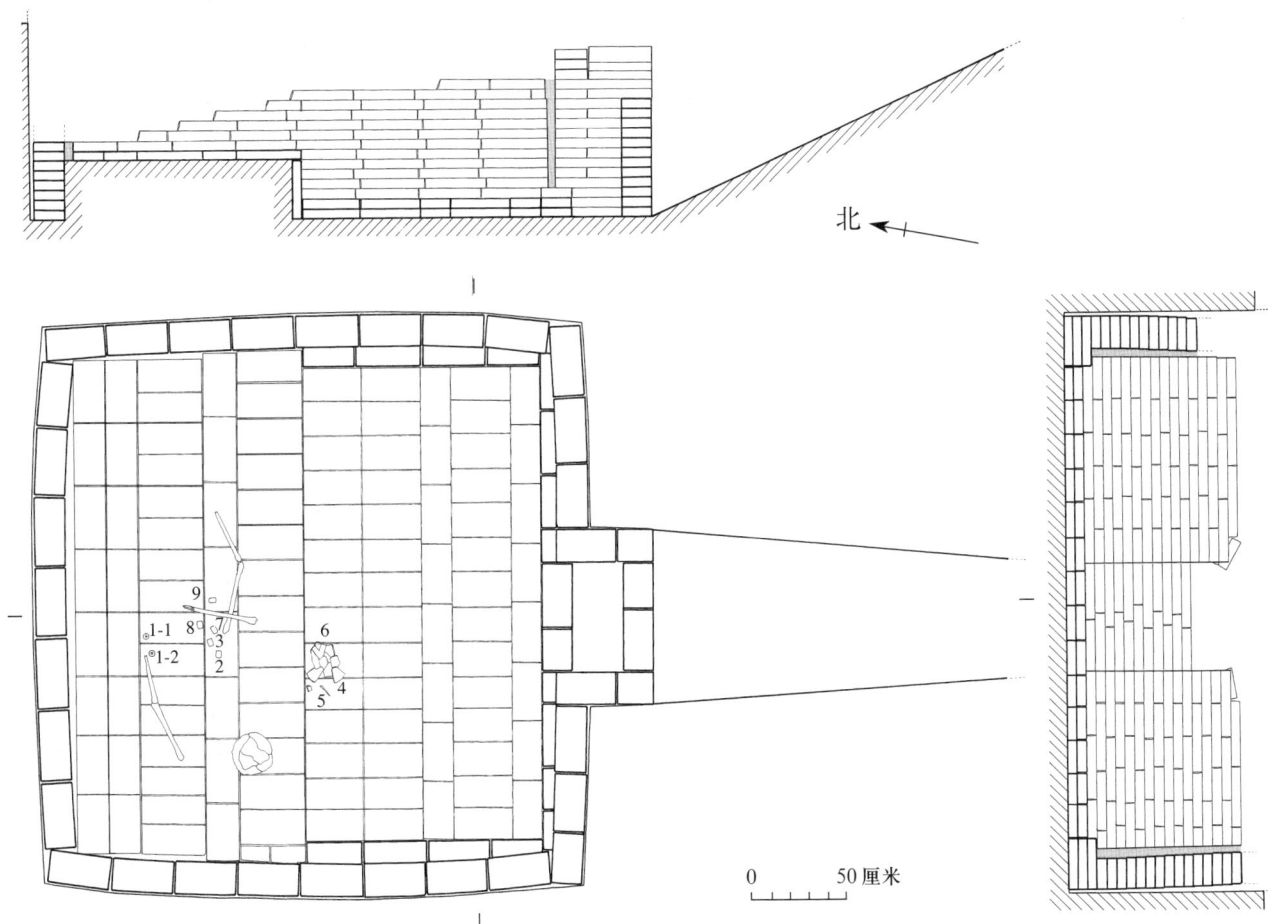

图二三A M90平、剖面图

1–1、1–2．开元通宝 2．铜带扣 3、7～9．方形铜铃饰 4．双耳壶 5．铜钗 6．盖

砌砖相互叠压；残存壁面垂直。拱形顶，残存东西两侧拱砖。甬道东、西壁0.70米高处起拱。甬道南北长0.58、东西宽0.50米，两壁残高0.86米。从甬道南端封门，残存中下部。用条砖一层横向一层纵向交替平砌。封门厚0.32、残高0.61米。

墓室　平面呈弧边方形，用条砖平砌于方形竖穴土坑内，残存底部。南壁和东、西壁底部砌二层平直的基砖，然后在其上砌外弧的四壁。东、西壁稍外弧，用条砖纵向平砌；北壁略外弧，用条砖横向平砌；南壁较直，砌法与北壁同。四壁均受不同程度的破坏。其中北壁及东、西壁北端几乎破坏到底，顶部被完全破坏。墓室南北长2.58、东西宽2.62米，残高1米。棺床位于墓室北部，呈长方形，与墓室北、东、西壁相接，是在一生土台上用条砖平砌护壁、台面用条砖一排纵向平铺一排横向平铺交替铺成，护壁砌砖与墓室东西壁砌砖相互叠压。棺床东西长2.62、南北宽1.23米，高0.32米。墓室地面也用条砖一排横向一排纵向交替平铺。

2. **遗物**　有陶器、铜带饰、铜钗、铜钱和墓砖。

陶器　泥质，土红色，轮制，残碎；出土于棺床南部墓室地面。可辨器形有盖、双耳壶。

盖　1件，由圜底器的底部加工而成。标本M90：6，敞口，斜方唇，浅腹，内小平底，外圆底。唇面系刮、削、磨原残存器壁而成，不规整，内、外壁涂一层灰白色陶衣，其中外壁陶衣较内壁略厚，局部有火烧痕。口径17.2、高4厘米（图二三B；图版八，6）。

双耳壶　1件。标本M90：4，敞口，宽沿，圆唇，颈部较高，腹上部圆鼓，平底。肩部原贴对称的双耳，现存脱落痕和黏贴痕；耳部器壁凹陷。内、外壁涂一层灰白色陶衣。口径8.4、底径9.6、高29厘米（图二三B；图版八，2）。

铜带饰　5件，出土于人体骨盆处，有铜带扣和方形铜銙饰。

铜带扣　1件。标本M90：2，由扣柄、扣环、扣针经扣轴相连组合而成。扣柄呈长方形，一端略弧，正面略斜刹；底面平，圆弧端有三个铜铆钉痕。扣环扁环形；扣针方座，圆秃头；扣轴铁质，因锈蚀难以转动。扣环和扣针相连，略上翘。长4.5、宽2.7~3.7厘米（图二三B；图版八，7左1）。

方形铜銙饰　4件，形制相同，由上、下部分件制作铆合，以夹革带，临一侧均为一长1.8厘米、宽0.7厘米左右的长方形孔眼。标本M90：3，上部模制，平面呈方形，四周略向下包合，其底面内凹，四角各一铜铆钉。下部较平，其底面四角各一铜铆钉痕。长3.2、宽2.9、厚0.6厘米（图二三B；图版八，7左2）。标本M90：7，形制、大小、制法与M90：3同，长方形孔眼略窄，宽0.5厘米（图二三B；图版八，7左3）。标本M90：8，出土时上、下部分离，形制与M90：3的上、下部同（图二三B；图版八，7右2）。标本M90：9，形制、大小、制法与M90：3同（图二三B；图版八，7右1）。

铜钗　1件。标本M90：5，残存后段，双股，断面呈圆形，严重锈蚀。残长7.4厘米（图二三B；图版八，3）。

开元通宝　2枚，出土于人骨骨盆处。标本M90：1-1，"开"字宽扁，二竖画外撇；"元"字上画短，次画略弧；"通"字之"走"旁三逗点不相连，"甬"旁上笔开口略大；"宝"字下旁"贝"字宽扁，二横画与左右竖画不相连。有使用痕。直径2.4、穿径0.8、廓宽0.2厘米，重3.9克（图二三B；图版八，4）。标本M90：1-2，"开"字宽扁，"元"字上画长，次画左上挑；"通"、"宝"二字字迹较模糊。背错范。直径2.4、穿径0.6、廓宽0.3厘米，重3.9克（图二三B；图版八，5）。

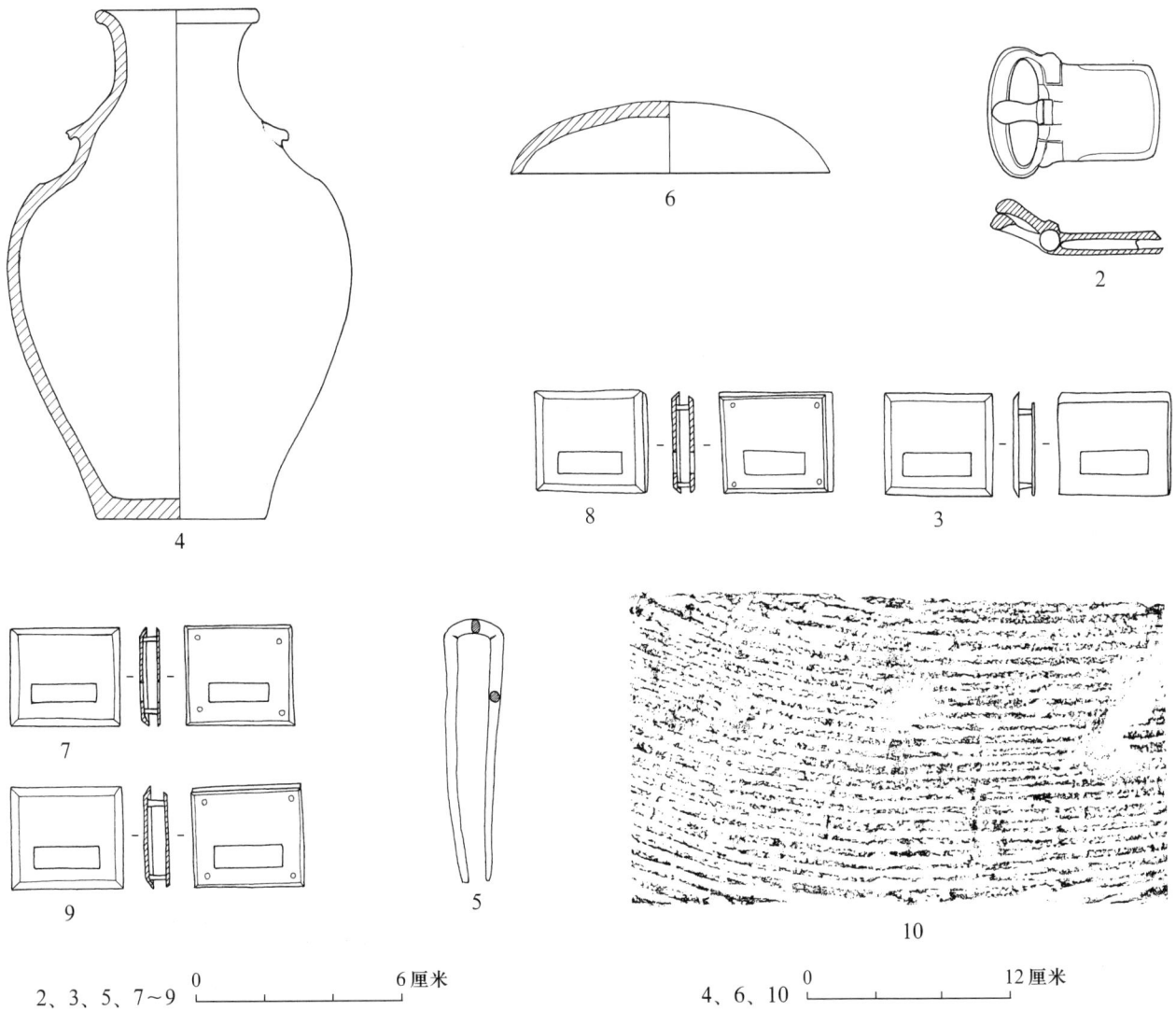

图二三 B　M90 出土遗物

1. 铜带扣　3、7~9. 方形铜铐饰　4. 双耳壶　5. 铜钗　6. 盖　10. 墓砖拓片

墓砖　为拉划纹条砖，模制，砖体厚而规整。拉划纹大多系多次拉划，呈弧形布满砖面。规格相同。标本 M90：10，长 35、宽 17.5、厚 5.5 厘米（图二三 B）。

3. **葬式**　棺床人体骸骨凌乱，葬式不详。经鉴定有人体骸骨一具，可能是年龄 30~35 岁的男性。未发现葬具。

八　M57、M56

M57、M56 位于甲区第八排，二者相距较近。第八排位于甲区西南部，其东、西、南较近的范围未发现墓葬。

M57

M57 位于第八排西部，东距 M56 约 5 米。被盗和破坏，原开口层位不详。修筑方法与 M95 同。

　　1. 形制　M57为倒凸字形单室砖室墓,南北向,方向170°。由墓道、甬道及墓室构成,墓室内砌棺床(图二四A;彩版三,1、3)。

　　墓道　长方形斜坡底,位于墓室南部。残口平面呈长方形,东、西壁为直壁,修筑较为整齐,底部为斜坡,坡度为28°。底部中间较低,两端较高,呈凹槽状,可能为被踩踏所致。填土为花土,颜色较深,土质较为松软。南北长2.72、东西宽0.71、深1.46米。

　　甬道　底部为平底,平面呈长方形。东、西壁较墓室四壁宽,用条砖纵向和横向逐层错缝平砌,与墓室南壁砌砖相互叠压,残存壁面垂直。顶部为拱形,甬道东、西壁1.10米高处起拱。顶部南端用条砖横向出头平砌形成出檐,残存一层;北端被破坏。甬道南北长0.64、东西宽0.70米,内高1.30米。封门位于甬道内,较厚,残存下部。最低一层用条砖横向平砌,共四排;其上用条砖侧立一层;又用条砖横向平砌一层。封门厚0.65、残高0.48米。

　　墓室　平面略呈方形,用条砖逐层错缝平砌于挖掘的长2.94、宽2.80米的长方形竖穴土圹内,残存中下部。四壁均为直壁。东、西壁用条砖纵向平砌,南、北壁用条砖横向平砌;四壁相接处砌砖相互叠压。但四壁底层砌砖未在同一水平面上,南壁和东、西壁南部底层砌砖与墓室地面平,北壁和东、西壁北部底层砌砖与棺床面平。顶部已残,形制不详。墓室南北长2.45、东西宽2.60米,残高1.24米。棺床位于墓室北部,平面呈长方形,与墓室东、北、西三壁相接。南侧壁用条砖横向平

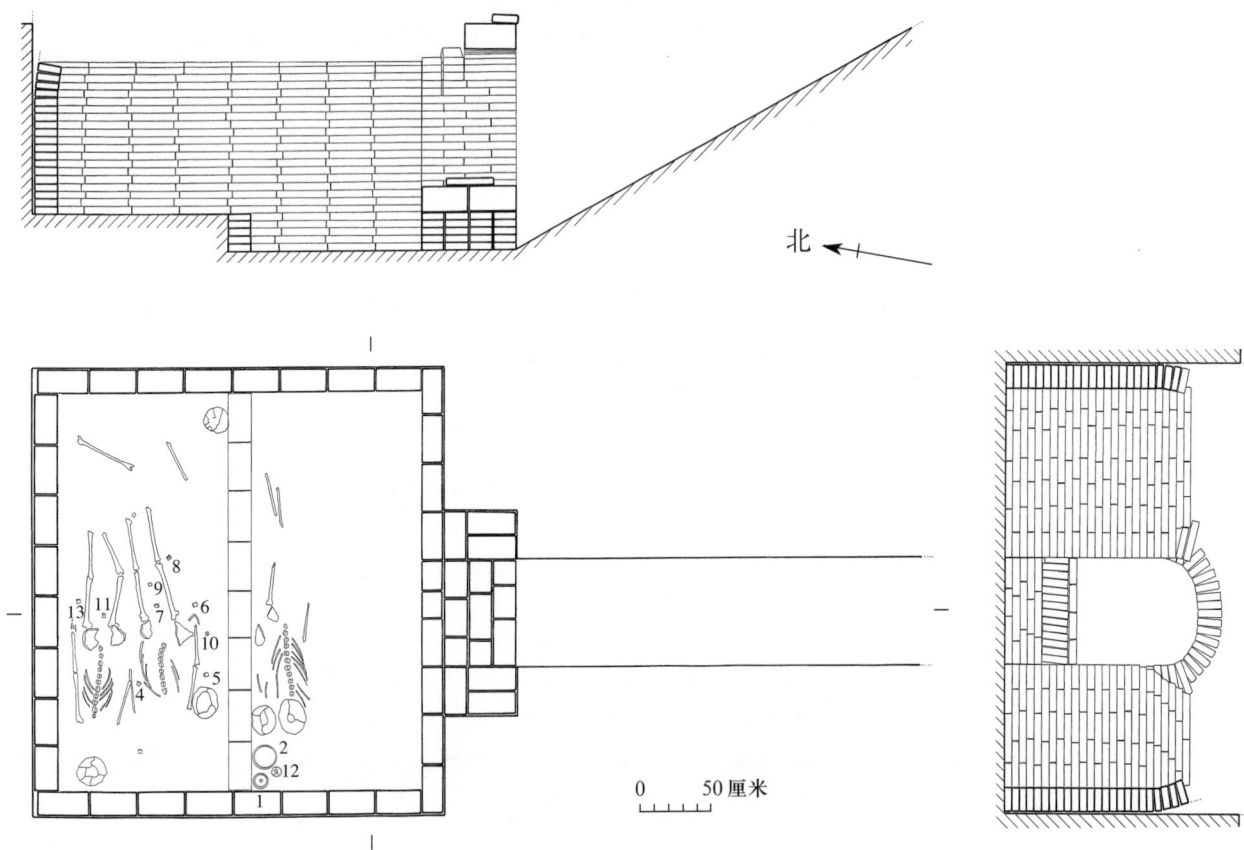

图二四A　M57平、剖面图

1. 铜镜　2. 铜盘　3. 铜带扣　4~8、11. 铜铃饰　9. 蚌壳　10. 开元通宝　12. 三彩器盖　13. 铁铃饰

砌护壁，护壁砌砖未与墓室东、西壁砌砖相互叠压。棺床面用条砖纵向平铺，共四排。棺床东西长2.60、南北宽1.30米，高0.24米。墓室地面用条砖平铺一层，与棺床面铺砖同。墓室内填土为花土，土质较杂，颜色较深，且含有一些条砖残块，可能为被破坏后形成。

2. **遗物**　三彩器、铜器、铁带饰、贝壳等。主要出土墓室西南部和骨骼旁。

三彩器　器盖1件。标本M57：12，胎白色，细腻。釉为黄、绿、蓝三种，局部脱落。直径3.8、高2.2厘米（图二四B；彩版三，4、5）。

铜器　铜器有铜镜、铜盘、铜带饰、铜钱等。

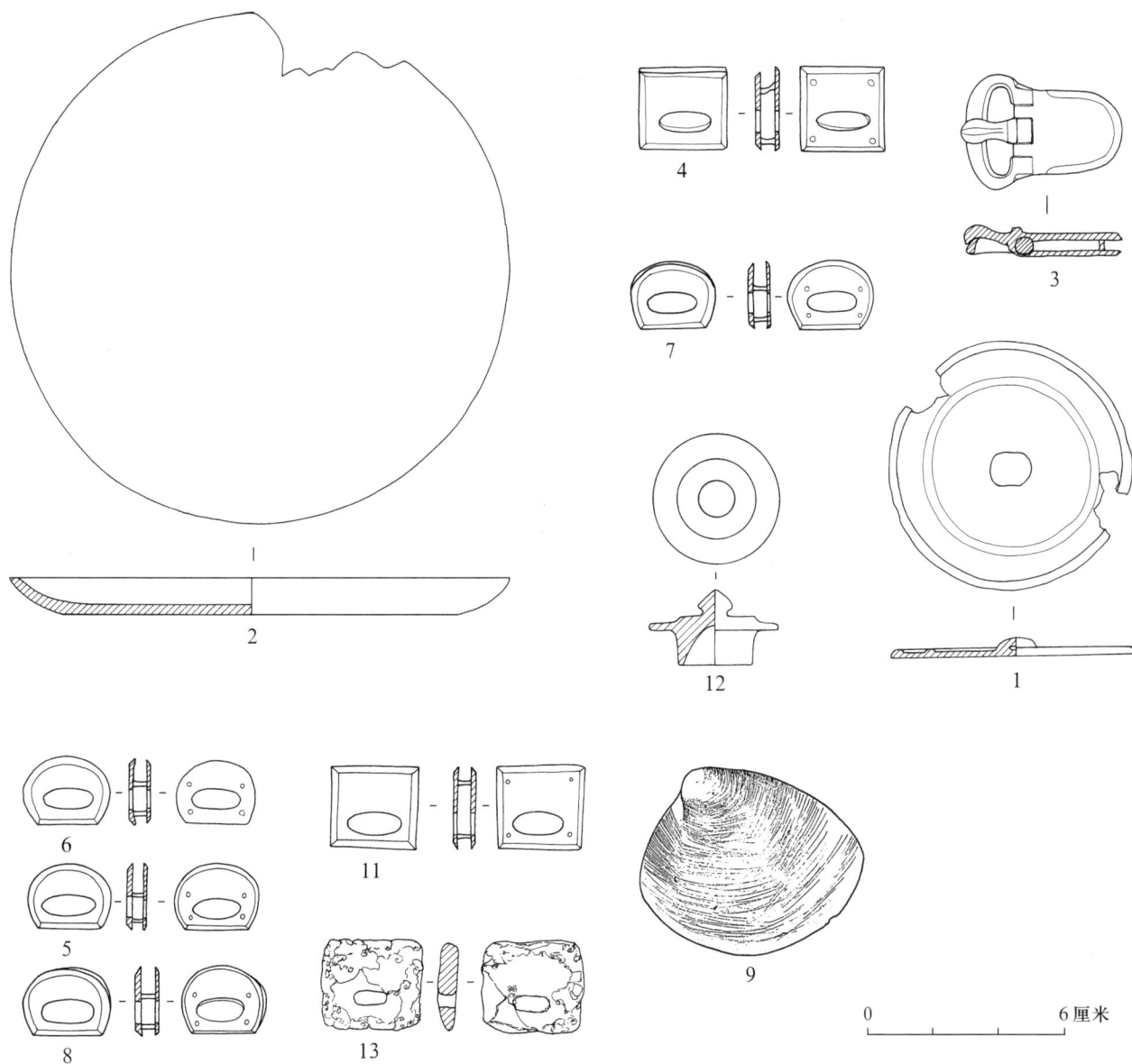

图二四 B　M57 出土遗物

1. 铜镜　2. 铜盘　3. 铜带扣　4~8、11. 铜銙饰　9. 蚌壳　12. 三彩器盖　13. 方形铁銙饰

铜镜　1枚。标本M57：1，圆形，素面略残。窄凸缘；内、外区为一细窄的凸棱相隔，外区较窄；圆形纽，周围饰柿蒂纹。较薄，严重锈蚀。直径7.2厘米（图二四B；彩版四，1）。

铜盘　1件。标本M57：2，圆形，略残。圆唇，浅腹，平底。口径15.1、高1.2厘米（图二四B；彩版四，2）。

铜带饰　7件，有铜带扣、半圆形铜铐饰和方形铜铐饰。

铜带扣　1件。标本M57：3，残，由扣柄和扣环经扣轴相连制成，扣柄呈圆头长方形，正面平，周缘略向下包合；中空；圆头端有两个铜铆钉，底面露出铆钉痕。扣环扁圆形，上黏一扣针。扣柄、扣环和扣针由铁扣轴相连，因锈蚀难以转动。长4.8、宽2.5～3.4厘米（图二四B；彩版四，3左1）。

半圆形铜铐饰　4件，形制相同，由正面和底面分件制作铆合而成。标本M57：7，半圆形，一端直边，一端圆头，临直边一端一扁圆形孔眼。正面周缘斜抹，孔眼两端各一个铜铆钉。底面周缘略斜刹，孔眼两端各有两个铜铆钉痕。长2.5、宽2、厚0.7厘米（图二四B；彩版四，3右1）。标本M57：5（图二四B；彩版彩版四，4）、标本M57：6（图二四B；彩版四，3右2）、标本M57：8（图二四B）形制与其相同，唯标本M57：6出土时分离为两半。

方形铜铐饰　2件，形制相同。标本M57：4，正面略呈方形，临长边一端有一扁圆形孔眼。正面周缘有略宽的斜刹；底面周缘稍斜刹；正面底四角各有一铜铆钉，底面四角各有一铜铆钉痕。长2.6、宽2.4、厚0.7厘米（图二四B；彩版四，3左2）。标本M57：11的形制、制法与其相同（图二四B）。

开元通宝　1枚，标本M57：10，严重锈蚀。直径2.5、穿径0.7、廓宽0.2厘米，重3.6克。

方形铁铐饰　1件，为方形铁铐饰的一半。标本M57：13，平面呈方形，一端有一椭圆形孔眼，严重锈蚀。长3、宽2.6、厚0.5厘米（图二四B）。

贝壳　1件。标本M57：9，天然贝壳一半，表面有黄色条状斑纹。宽6.2、高5.2厘米（图二四B；彩版四，5）。

墓砖　均为拉划纹条砖，模制，规格相同。拉划纹系多次拉划满布砖面，宽窄疏密不一。长33、宽16.5、厚5厘米。

3．**葬式**　该墓葬共发现五具人体骸骨，其中四具位于棺床之上。另外一具位于棺床南墓室地面，人骨下均铺有草木灰。位于棺床北部两具骸骨保存较好，呈仰身直肢，头向西。但头骨均已被扰动，面向不详。棺床南部发现一些脊椎骨及四肢骨，但已扰乱，葬式不详。棺床东部发现一具人骨，骨骼少而乱。另外，在棺床南沿下人骨保存较好，仅下肢骨有扰动，但整体呈仰身直肢，头向西，面向上。在其旁发现另外一个头骨，以及肋骨、盆骨等，可能为棺床南端人骨扰乱后落在其旁。经鉴定，两具为男性，年龄分别为20～30岁和25岁左右；两具为女性，年龄分别为30～40岁和14～18岁；另一具可能为儿童，属五人合葬墓。没有发现葬具。

M56

M56位于第八排东部，西距M57约5米。发掘前已被盗和破坏，原开口层位不详。修筑方法与M95同。

1．**形制**　M56为倒凸字形单室砖室墓，南北向，方向185°。由墓道、甬道及墓室构成，墓室内砌棺床（图二五A；彩版三，2）。

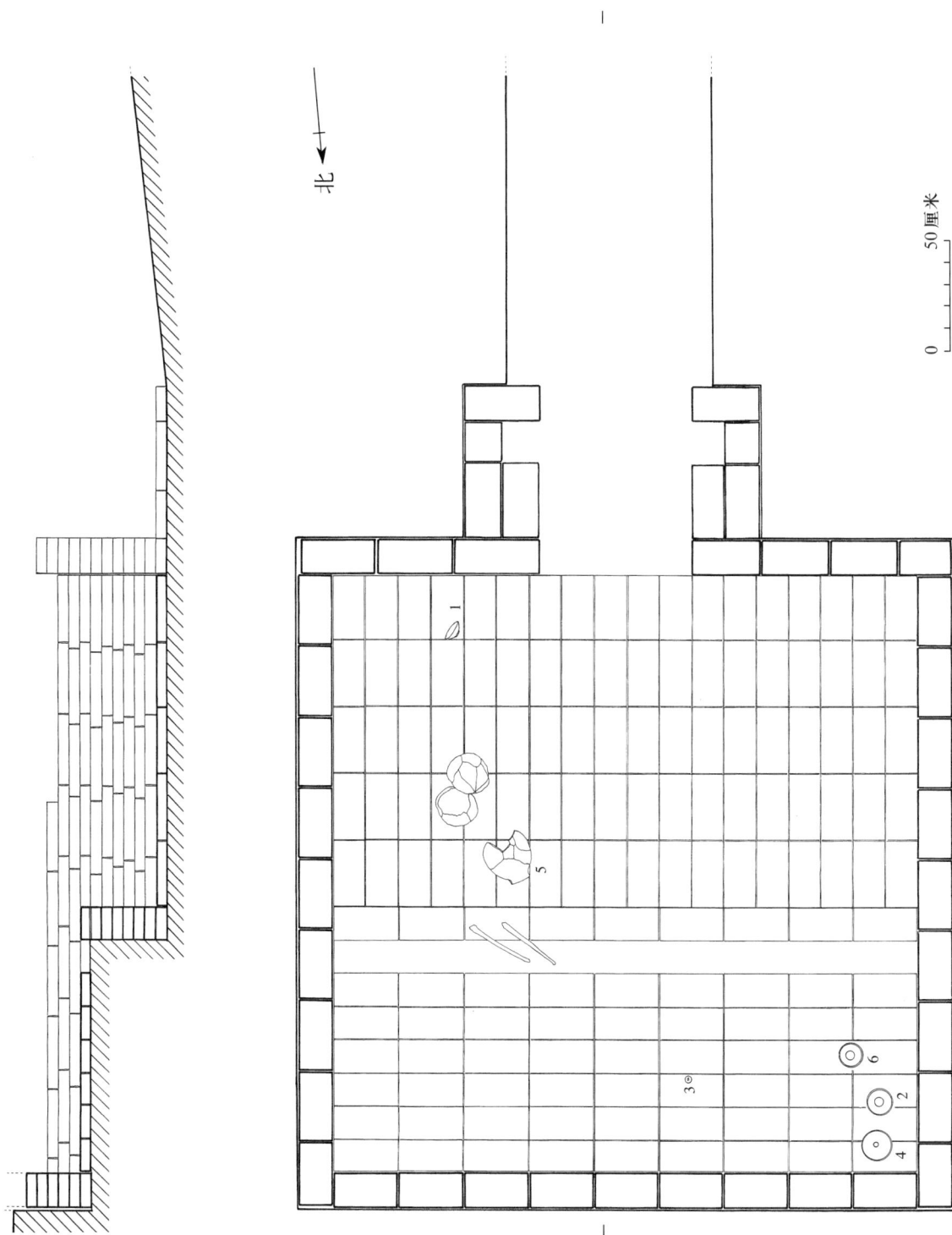

图二五 A　M56 平、剖面图

1、2、6. 小陶碗　3. 五铢　4. 铜镜　5. 罐

墓道　长方形斜坡底，位于墓室南部，东向偏离中轴线。残口平面呈长方形，东、西壁为直壁，底部斜坡，坡度为23°。填土为褐色花土，颜色较深，土质坚硬，且含有大量的砖块等。残长1.40、宽0.95、深0.60米。

甬道　底部为平底，用条砖纵向平铺。东、西壁为直壁，残存底部。用条砖平砌，两壁中间距墓室南壁0.32米处各砌一略大于条砖的封门凹槽。顶部被毁。甬道南北长0.85、东西宽0.72米，残高0.10米。凹槽南北长0.32、东西宽0.16米。从封门槽内封门，破坏严重，仅存底部一层。

墓室　平面呈方形，用条砖平砌于挖掘的长方形土圹内，残存中下部。东、西壁用条砖纵向逐层错缝平砌；南、北壁用条砖横向逐层错缝平砌；四壁残存壁面垂直。四壁相接处砌砖相互叠压。但四壁底层砌砖未在同一水平面上，南壁和东、西壁南部底层砌砖与墓室地面平，北壁和东、西壁北部底层砌砖与棺床面平。顶部被毁。墓室南北长2.70、东西宽2.70米，四壁残高0.50米。棺床位于墓室北部，平面呈长方形，与墓室东、北、西三壁相接。是在一预留的生土台砌护壁、台面铺砖而成。护壁用条砖横向平砌，与墓室东、西壁无叠压关系。棺床面用条砖平铺，局部被毁。东西长2.70、南北宽1.20米，高0.35米。墓室地面为长方形，也用条砖平铺。墓室内填土为花土，土质较杂，且含有大量的砖块等，可能为被破坏后形成。

2. **遗物**　有陶器、铜镜、铜钱和墓砖等。

陶器　泥质，灰陶，轮制。残碎，出土于墓室西南部和西北部。可辨器形有罐和碗。

罐　1件。标本M56：5，残，敛口，重唇，内唇低平，外唇较高，二者间为一凹槽。肩部和腹上部圆鼓，下部斜收，平底较大。器形粗矮，制作较为精细。口径11.6、底径14.2、高21.6厘米（图二五B；彩版四，7）。

小陶碗　3件。标本M56：2，敞口，浅腹，小平底，底部有细密的弧圈纹。口沿一侧有较浓的烟煤痕。口沿一侧有较浓的烟煤痕。口径9.6、底径4.7、高3.3厘米（图二五B；彩版四，6）。标本M56：6，敛口，圆唇，微鼓腹，腹部较浅，平底，底部表皮脱落粗糙不平。口径10.2、足径6.2、高3.8厘米（图二五B；彩版四，6）。标本M56：1，敞口，斜沿，斜腹较浅，小平底。腹内、外器壁表皮脱落，底粗糙不平。口径9.8、底径5.4、高4.2厘米（图二五B）。

铜镜　1枚，出土于棺床西北角。标本M56：4，四神镜。圆形，分为内区和外区两部分。缘三棱形，较高。外区高于内区，低于缘，为一平台，二重圈纹内饰水波纹，其外饰竖线纹。内区从外向内有一周竖线纹、一周凸弦纹和铭文带、一周凸弦纹和四神纹。纽圆形，较高。锈蚀较重，纹饰略残。直径11.1厘米（图二五B；彩版四，8）。

五铢　1枚。标本M56：3，字迹清晰。"朱"字上笔方折，口略大；五字二交画直。直径2.2、穿径0.8、廓宽0.2厘米，重2.2克（图二五B；彩版四，4）。

墓砖　均为拉划纹条砖，模制，规格相同。标本M56：7，拉划纹细密匀称，满布砖面。长33、宽16、厚5厘米（图二五B）。

3. **葬式**　发现两具人体骸骨，被严重扰乱，且已朽为粉末。经鉴定，一具可能为成年男性；另一具年龄、性别不详。属二人合葬墓，具体葬式不详。未发现葬具。

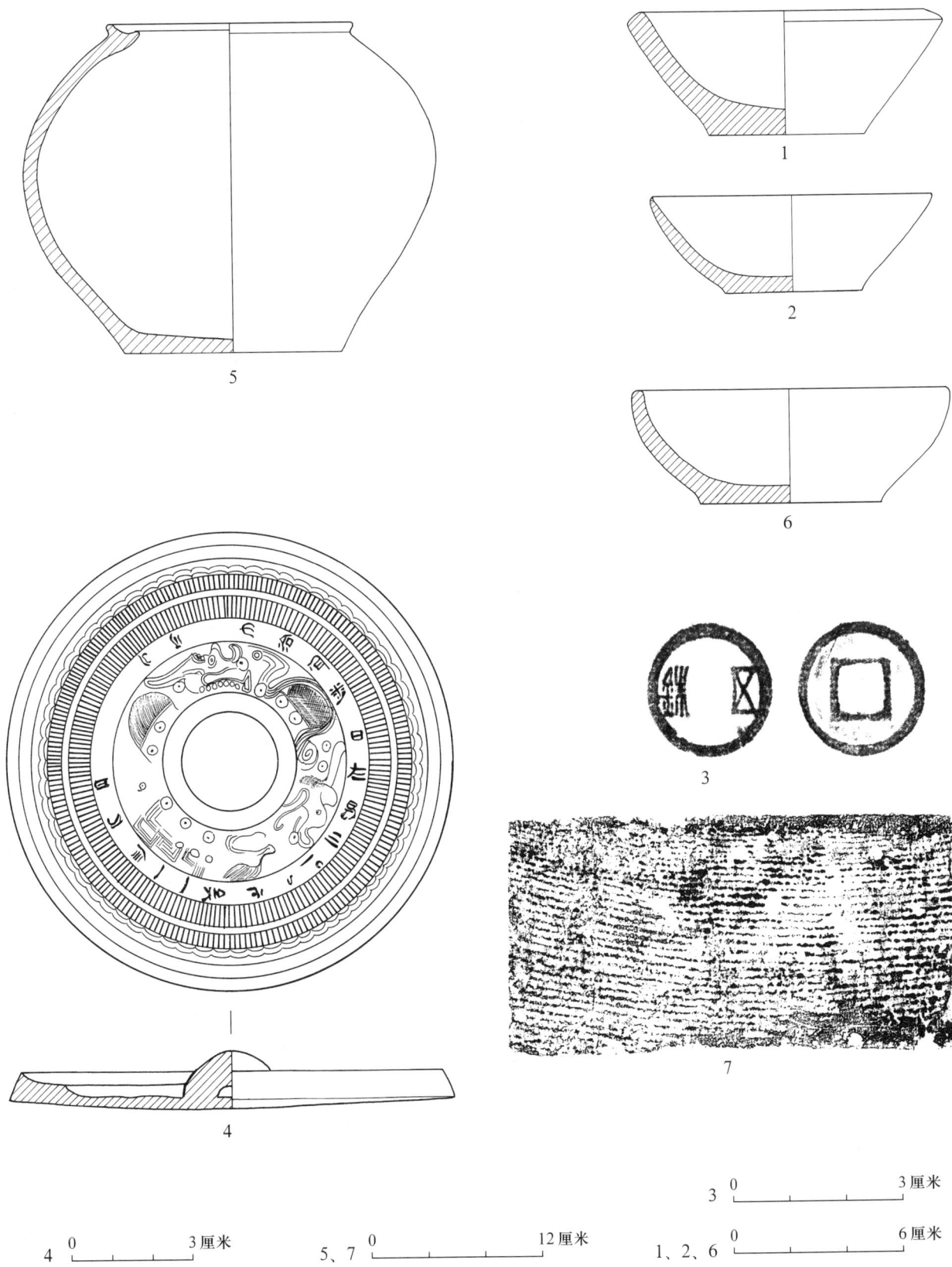

图二五 B　M56 出土遗物

1、2、6. 小陶碗　3. 五铢　4. 铜镜　5. 罐　7. 墓砖拓片

第三章　明珠公园乙区

第一节　概述

乙区位于明珠公园人工湖西部，北部为甲区，东隔乡村小道与丙区相邻。共发现北魏、唐墓31座（图二六）。其中北魏墓葬3座，唐墓28座。由于挖掘人工湖，墓葬的上部堆积均被挖去，并毁及大部分墓室。湖壁地层剖面分为二层，第一层为近现代生活堆积，第二层厚2米左右，土质黏结，似冲积沉积形成，墓葬残口即为此层所压。

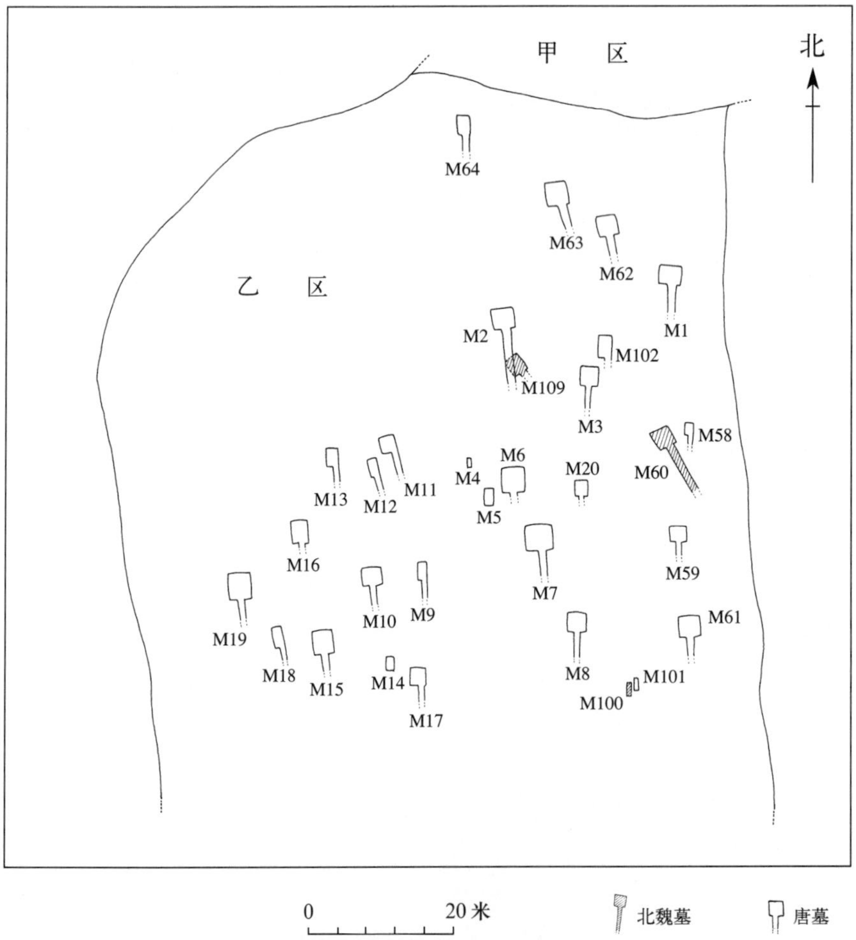

图二六　明珠公园乙区墓葬分布图

第二节　北魏墓

北魏墓葬发现 3 座，分布较为分散，自北向南分别为 M109、M60、M100。

一　M109

M109 位于乙区中部偏北。东为唐墓 M3，北为唐墓 M2，墓室被 M2 墓道打破。墓葬在发掘前已被盗和破坏，原开口层位不详。修筑方法与 M95 同。

1. **形制**　M109 为倒凸字形单室砖室墓，坐北朝南，方向 147°，由墓道、甬道及墓室组成（图二七 A；彩版五，1）。

墓道　位于墓室南部正中。由于墓道上方堆积大量的挖掘土，未清理。

甬道　底部为平底，平面呈长方形，用条砖平铺呈"人"字形。东、西壁垂直，用四层条砖纵向平砌、一层条砖横向侧立的方法交替砌筑，与墓室南壁砌砖相互叠压。拱形顶，甬道东、西壁 1 米处

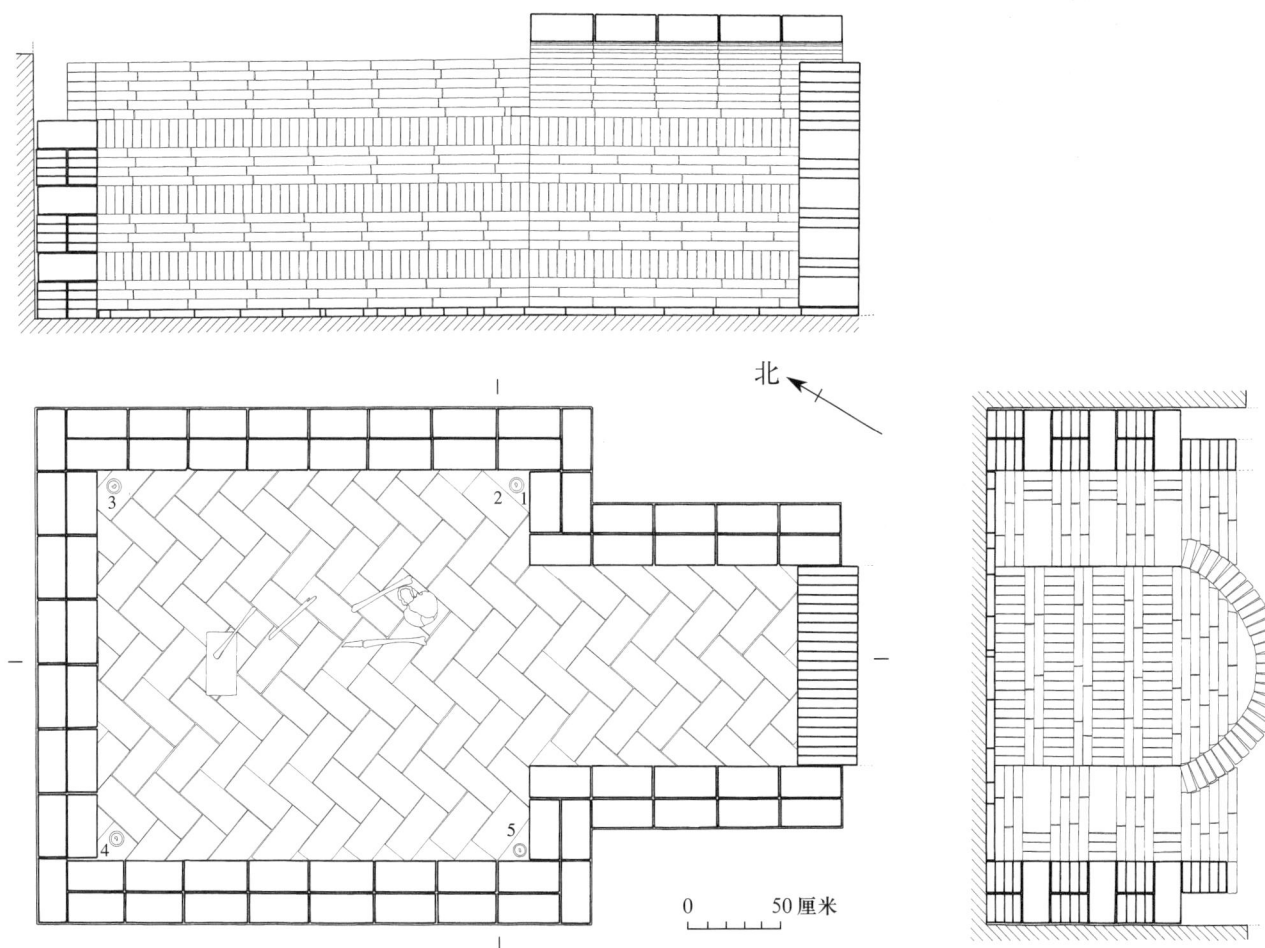

北

0　　　50 厘米

图二七 A　M109 平、剖面图

1. 罐　2~5. 灯碗

开始起券，内收成拱形。甬道东西宽1.05、进深1.70、内高1.40米。封门墙位于甬道南端，用一层条砖纵向侧立、二层条砖横向平砌的方法交替砌筑，共四层侧立砖，其上用条砖平砌。封门墙南北厚0.32、高1.30米。

墓室　平面呈长方形，用条砖砌筑于长方形竖穴土坑内。四壁为直壁，用四层条砖平砌、一层条砖侧立的方式交替砌筑，共三层侧立砌砖，其上用条砖平砌。墓室四角各一灯台，系四角距墓室地面1米处用一块条砖斜砌而成。顶残，但墓室四壁1.05米处起券内收而成，推测可能为四角攒尖顶。墓室地面用条砖平铺呈"人"字形。无棺床。墓室南北长2.35、东西宽2.05、残高1.50米。

2. 遗物　较少，有陶器、砖坯加工的灯碗和墓砖。

陶器　罐1件。标本M109：1，出土于墓室西南部。灰色，夹细砂，轮制。侈口，尖圆唇，口内侧刮抹略低，颈较高，中部略凸，鼓腹，平底。口径17.2、底径12、高21厘米（图二七B；彩版五，2）。

灯碗　4件，出土于墓室四角。由烧制的条砖残块敲凿、刮、磨而成，制作粗糙，灰黄色，夹细砂，均残。标本M109：2，敞口，平沿，沿宽窄不一，浅腹，小平底。外壁不光整。口径6、底径5.2、高5.3厘米（彩版五，3左1）。标本M109：3，敞口略残，窄平沿，浅腹，平底。制作粗糙。口径6、高5厘米（彩版五，3左2）。标本M109：4，敞口，平沿，浅腹，底不规则。内壁留存竖向敲击的凹槽，外壁凸凹不平。口径6.8、高

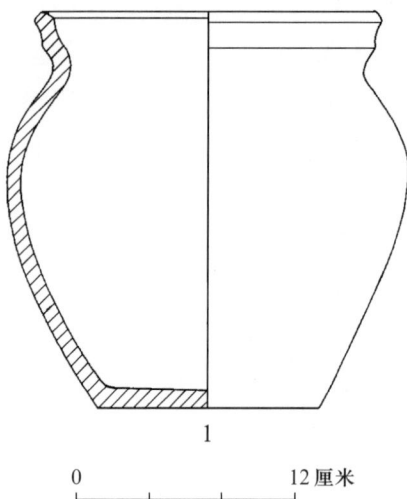

图二七B　M109出土陶罐

4.6厘米（彩版五，3右2）。标本M109：5，敞口略残，平沿，浅腹，底略呈三角形。内、外壁不平整。口径7、高5厘米（彩版五，3右1）。

墓砖　为素面条砖，模制较为规整，砖体较薄，规格相同。长32、宽16、厚4厘米。

3. 葬式　发现一具人体骸骨，位于墓室中部，已扰乱。头骨堆于脊椎之上，骨盆及下肢骨堆于一起，具体葬式不详。经鉴定为35～45岁的男性。未发现葬具。

二　M60

M60位于乙区中西部，东距唐墓M58约1.2米。发掘前已被盗和破坏，原开口层位不详。修筑方法与M95同。

1. 形制　M60为倒凸字形单室砖室墓，南北向，方向153°。坐北朝南，由墓道、过洞、甬道以及墓室构成（图二八；彩版五，4、5）。

墓道　长方形斜坡底，位于墓室南部，与墓室在同一中轴线上。残口平面呈梯形，北端较宽。东、

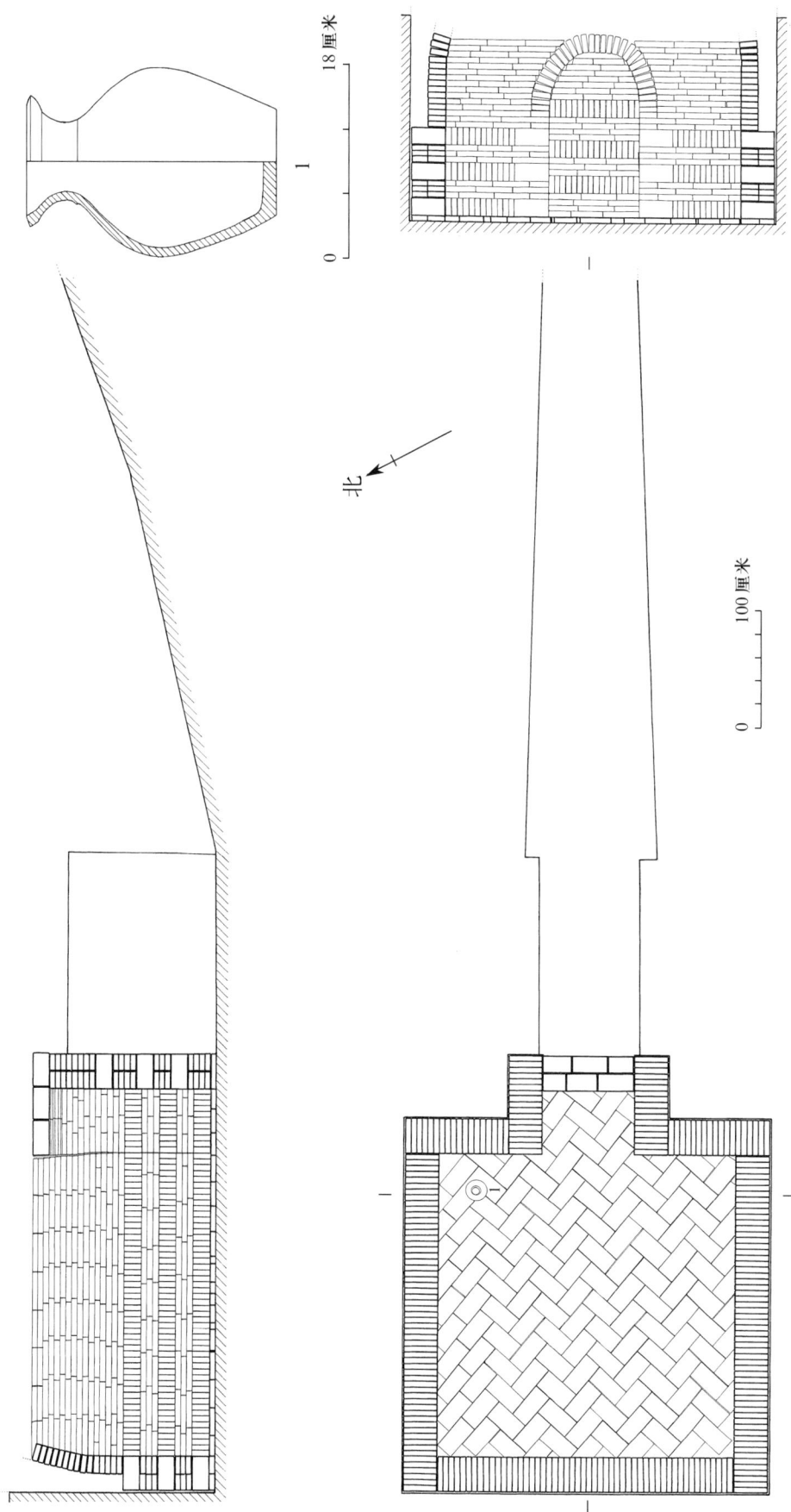

图二八　M60 及出土遗物

1. 罐

西壁为直壁，壁面修筑整齐；底部为斜坡，且南端较陡，北端较为平缓。墓道内填土为花土，土质较杂。墓道长 4.90、北端宽 1.13、南端宽 0.82 米，深 1.83 米。

过洞 位于墓道及甬道之间，底部为长方形，平底。东、西壁倾斜，壁面修筑整齐，拱形顶。南北长 1.67、东西宽 0.88 米，内高 1.30 米。

甬道 平面呈长方形，地面用条砖平铺一层，呈"人"字形。东、西壁垂直，用一层条砖横向侧立、三层条砖平砌的方式交替砌筑。顶部为拱形，甬道东、西壁 0.90 米处起拱。甬道南北长 0.85、宽 0.80 米，内高 1.40 米。封门位于甬道内南端，用条砖平砌和侧立砌封。封门厚 0.32、高 1.40 米。

墓室 墓室平面呈方形，用条砖砌筑于挖掘的边长 3.50 米的方形竖穴土圹内。墓室地面用条砖平铺一层，呈"人"字形。四壁为直壁；东、西壁用一层条状横向侧立、三层条砖平砌的方法交替砌筑；南、北壁用一层条砖纵向侧立、三层条砖平砌的方法交替砌筑；四壁相接处砌砖相互叠压。顶部残，但墓室四壁 1 米高处内收起券，推测为四角攒尖顶。墓室四角各有一灯台，是在四角起券出斜砌一块条砖而成。灯台距墓室地面高 1 米。墓室南北长 2.60、东西宽 2.60、残高 1.55 米。

2. **遗物** 有陶罐 1 件和墓砖。

罐 1 件。标本 M60:1，泥质，微夹细砂，灰青色，轮制。盘口，平沿，颈部较高，溜肩，鼓腹，平底。颈、肩之间饰一道阴弦纹，肩部有修补痕。底粗糙不平。口径 10、底径 10、高 25 厘米（图二八）。

墓砖 为拉划纹条砖，模制较规整，规格相同。拉划纹大多间距大，分布于部分砖面。长 32、宽 16.5、厚 5 厘米。

3. **葬式** 发现一具人体骸骨，但已被扰乱，年龄、性别和葬式不详。发现有木棺痕迹，呈梯形，长 1.80、北宽 0.38、南端宽 0.60、板厚 0.05 米。

三 M100

M100 位于乙区西南部，东为 M101。被盗和破坏，原开口层位不详。

1. **形制** M100 为小型竖穴砖室墓，南北向，方向为 182°（图二九）。

墓室 平面呈梯形，先挖好一梯形竖穴土坑，在土坑内用条砖砌墓室。墓室平底，用条砖横向平铺；四壁均为直壁，用条砖逐层错缝叠压平砌。顶部被毁，形制不详。墓室南北长 1.62、东西宽 0.40~0.50 米，四壁残高 0.40 米。

2. **遗物** 有陶罐和墓砖。

罐 1 件，位于人体头骨西部。标本 M100:1，泥质，灰青色，轮制。盘口，窄平沿，颈部较高，圆肩，鼓腹，平底。肩部和腹上部浑圆，器形略显粗矮。口径 9.2、底径 8、高 24 厘米（图二九）。

墓砖 为拉划纹条砖和斜面砖，模制。拉划纹大多细密模糊，分多次拉划布满砖面。规格相同。标本 M100:2，条砖的正、底面加工成斜面，其正面用梳齿状的工具拉划。长 31.5、宽 16.5、厚 3~5.5 厘米（图二九）。

3. **葬式** 发现一具人体骸骨，保存尚好，呈仰身直肢，头向南，面向上。经鉴定为年龄 35 岁左右的女性。未发现葬具。

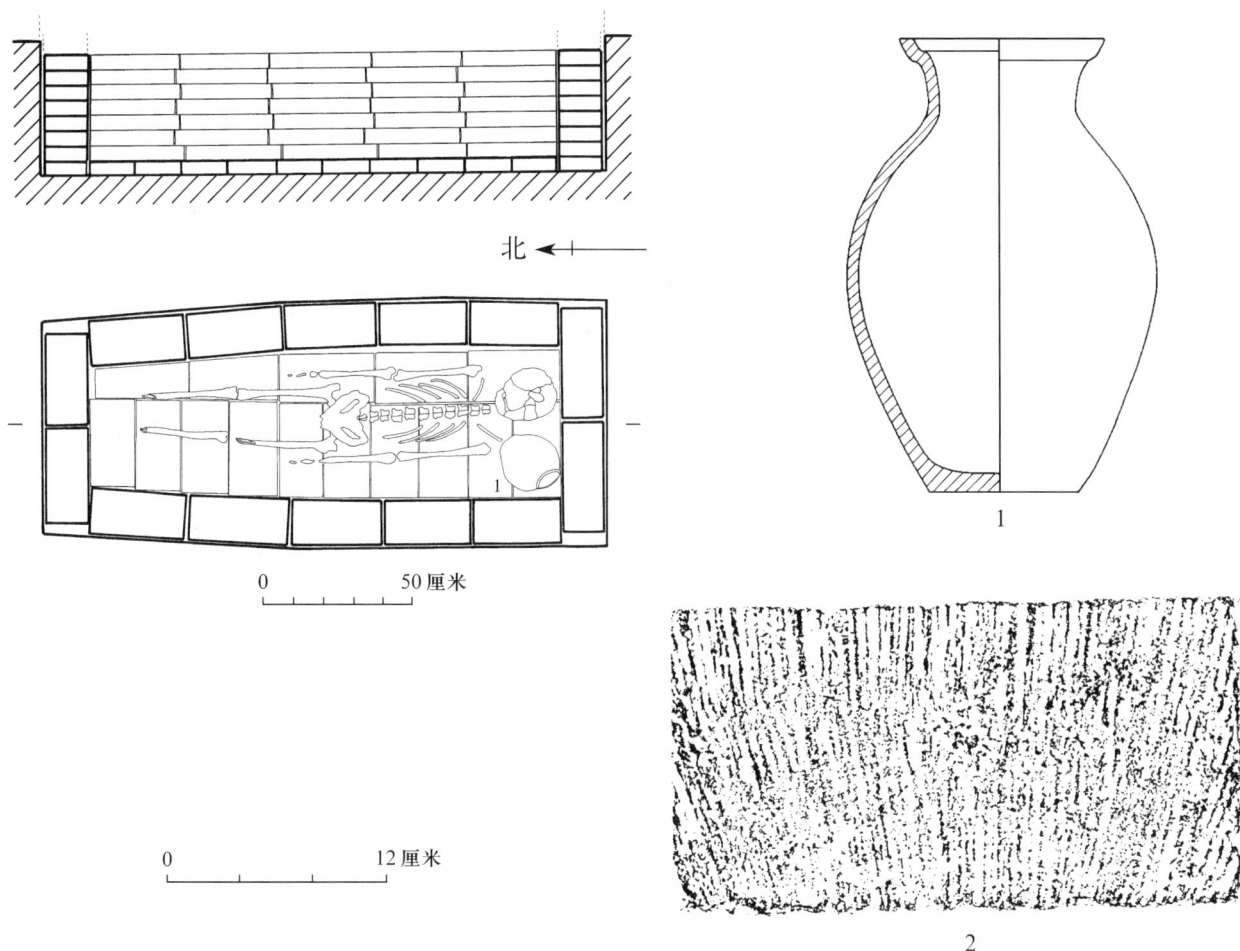

图二九　M100及出土遗物
1. 罐　2. 墓砖

第三节　唐墓

　　乙区唐墓共发现28座，具有局部集中，东西（第一排除外）呈排状分布特点，同一排的墓葬南北略有差异，从北向南分为七排。第一排4座，呈西北—东南向分布，分别为M64、M63、M62、M1；第二排3座：M2、M102、M3；第三排8座：M13、M12、M11、M4、M5、M6、M20、M58；第四排3座：M16、M7、M59；第五排3座：M19、M10、M9；第六排4座：M18、M15、M8、M61；第七排3座：M14、M17、M101。

一　M64、M63、M62、M1

　　M64、M63、M62和M61位于乙区第一排，呈西北—东南向分布。其中M62和M63相距较近，似有某种关联的一组；M64和M1位于两端，距M62和M63相对较远。

M64

M64 位于第一排西北部，东南距 M63 约 10 米。墓葬被盗和破坏，原开口层位不详。修筑方法与 M95 同。

1. 形制　M64 是准刀把形单室砖室墓，南北向，方向 178°。由墓道、甬道以及墓室构成；墓室内砌棺床（图三〇；图版九，1、2）。

墓道　长方形斜坡底，位于墓室南部偏东。残口平面呈长方形，东、西壁土质为砂土，局部坍塌。底斜坡，坡度 33°。填土为褐色花土，颜色稍深，土质坚硬。墓道长 2.15、宽 0.60、深 1.10 米。

甬道　连接墓道与墓室。底部为黄砂土，平面呈长方形。东、西壁为直壁，用条砖纵向逐层错缝平砌。顶部北端为小尖顶，甬道东、西壁 0.70 米高处逐层内收叠压而成；南部平顶，甬道东、西壁 0.70 米高处先用条砖纵向内收平砌，后在其上用条砖横向平砌所成。南端用条砖横向出沿平砌，残存四层。甬道南北长 0.64、东西宽 0.60 米，内高 0.90 米。封门位于甬道内北端，用条砖一层横向、一层纵向交替平砌，顶部残失。封门厚 0.32、高 0.90 米。

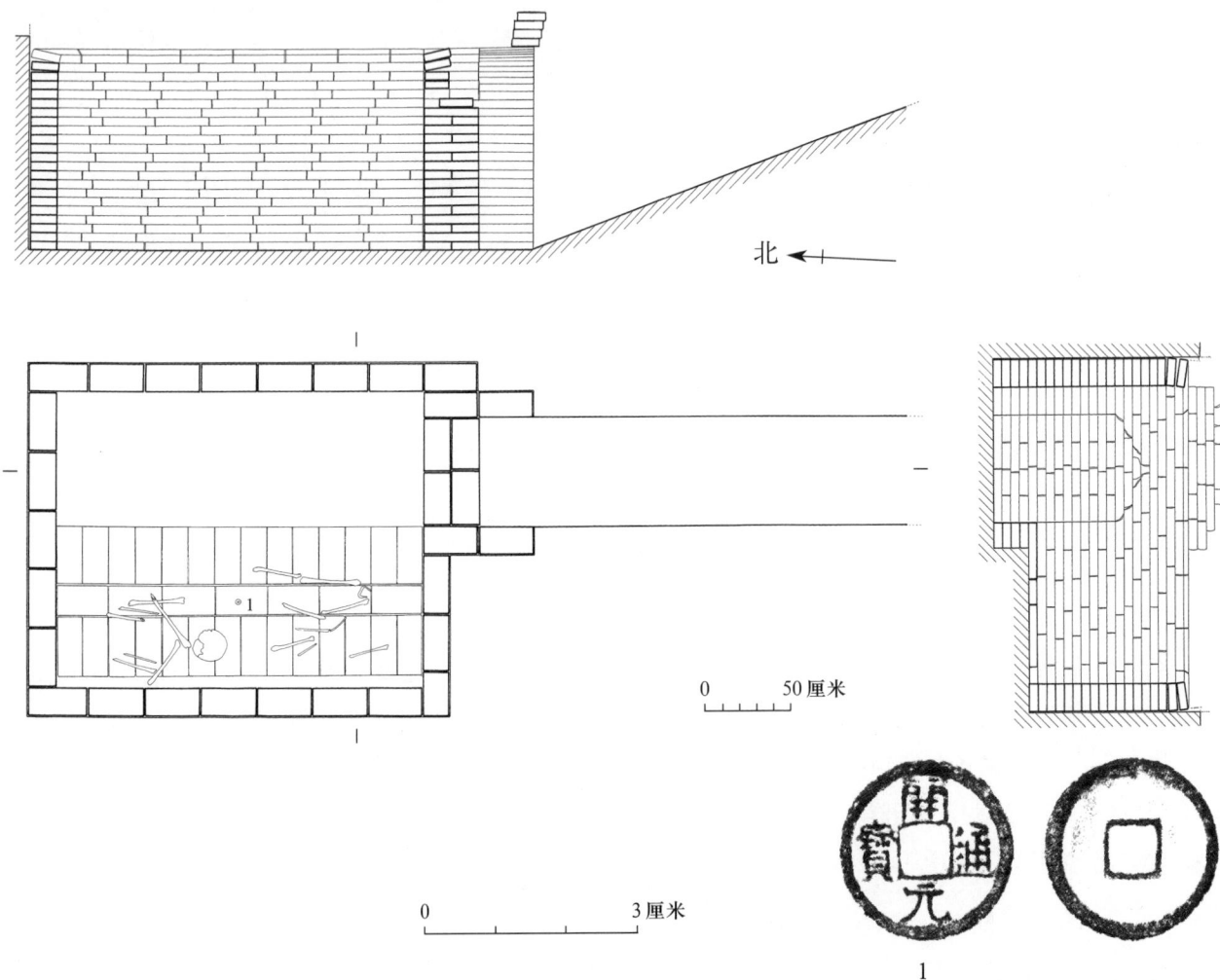

图三〇　M64 及出土遗物

1. 开元通宝

墓室 平面呈长方形，用条砖逐层错缝叠压平砌于挖掘的长方形竖穴土圹内。东、西壁用条砖纵向平砌，南、北壁用条砖横向平砌；壁面垂直。四壁相接处砌砖相互叠压。但四壁砌砖未在同一水平面上，东壁和南、北壁东部底层砌砖与墓室地面平，西壁和南、北壁西部底层砌砖与棺床面平。顶部被毁。墓室南北长2.10、东西宽1.65米，四壁残高1.13米。棺床位于墓室西部，平面呈长方形，与墓室北、西、南三壁相接，是在一生土台上平铺一层条砖并砌护壁而成。护壁用条砖纵向平砌，未与墓室南、北壁砌砖相互叠压；床面用条砖一排横向一排纵向交替平铺。棺床南北长2.10、东西宽0.90米，高0.25米。墓室底部为黄砂土，未铺砖。墓室内填土为花土，颜色较深，土质稍显松软，且含有大量的砖块，应该为墓葬被破坏后形成。

2. **遗物** 仅存开元通宝铜钱和墓砖。

开元通宝 1枚，出土于棺床中东部。标本M64：1，"开"字宽扁，二竖画外撇；"元"字上画短，次画上挑；"通"字之"走"旁三逗点不相连，"甬"旁上笔开口略大；"宝"字下旁"贝"字宽扁，二横画与左右竖画不相连。有使用痕。直径2.4、穿径0.8、廓宽0.2厘米，重3.6克（图三〇；图版九，3）。

墓砖 为拉划纹条砖，模制。拉划纹大多系多次拉划呈弧形满布砖面，规格相同。长32、宽16、厚5厘米。

3. **葬式** 发现一具人体骸骨，分布较凌乱。但棺床南部分布的上肢骨、肋骨及脊椎骨尚未扰动，呈仰身直肢。经鉴定，为年龄35~40岁的男性。没有发现葬具。

M63

M63位于第一排中部，东南距M62约3.6米。被盗和破坏，原开口层位不详。修筑方法与M95同。

1. **形制** M63是倒凸字形单室砖室墓，南北向，方向167°。由墓道、甬道及封门、墓室构成，墓室内砌棺床（图三一；彩版六，1）。

墓道 墓道呈长方形斜坡底，位于墓室南部偏东。残口平面呈长方形，东、西壁为直壁，壁面修筑较为齐整。底部斜坡，坡度25°。填土较杂，为褐色花土，颜色稍深，土质较硬，且含有大量的砖渣等。残长2.50、宽0.77、深1.10米。

甬道 连接墓道与墓室。底部为平底，平面呈长方形。东、西壁为直壁，用条砖纵向逐层错缝叠压平砌。拱形顶，甬道东、西壁1.10米高处用条砖纵向内收起券，残存东侧券砖，后来可能被毁或塌毁，埋葬时在封门砖墙上用条砖横向平压一层，其上用条砖纵向出沿平砌，残存二层。甬道南北长1.20、东西宽0.75米，内高1.25米。从甬道内中部封门，用条砖平砌，与甬道壁相接处用立砖楔牢。封门宽0.50、高1.25米。

墓室 平面呈方形，用条砖逐层错缝叠压平砌于挖掘的长3.10、宽2.93米竖穴土圹内，残存中下部；四壁残存壁面垂直。东、西壁用条砖纵向平砌，南、北壁用条砖横向平砌，四壁砌砖相互叠压。但四壁砌砖未在同一水平面上，东壁和南、北壁东部底层砌砖与墓室地面平，西壁和南、北壁西部底层砌砖与棺床面平。顶部被毁。墓室南北长2.70、东西宽2.55米，残高1.30米。棺床位于墓室西部，平面呈长方形，与墓室北、西、南三壁相接。东侧壁用条砖纵向平砌护壁，先在铺地砖上纵向平砌一层，

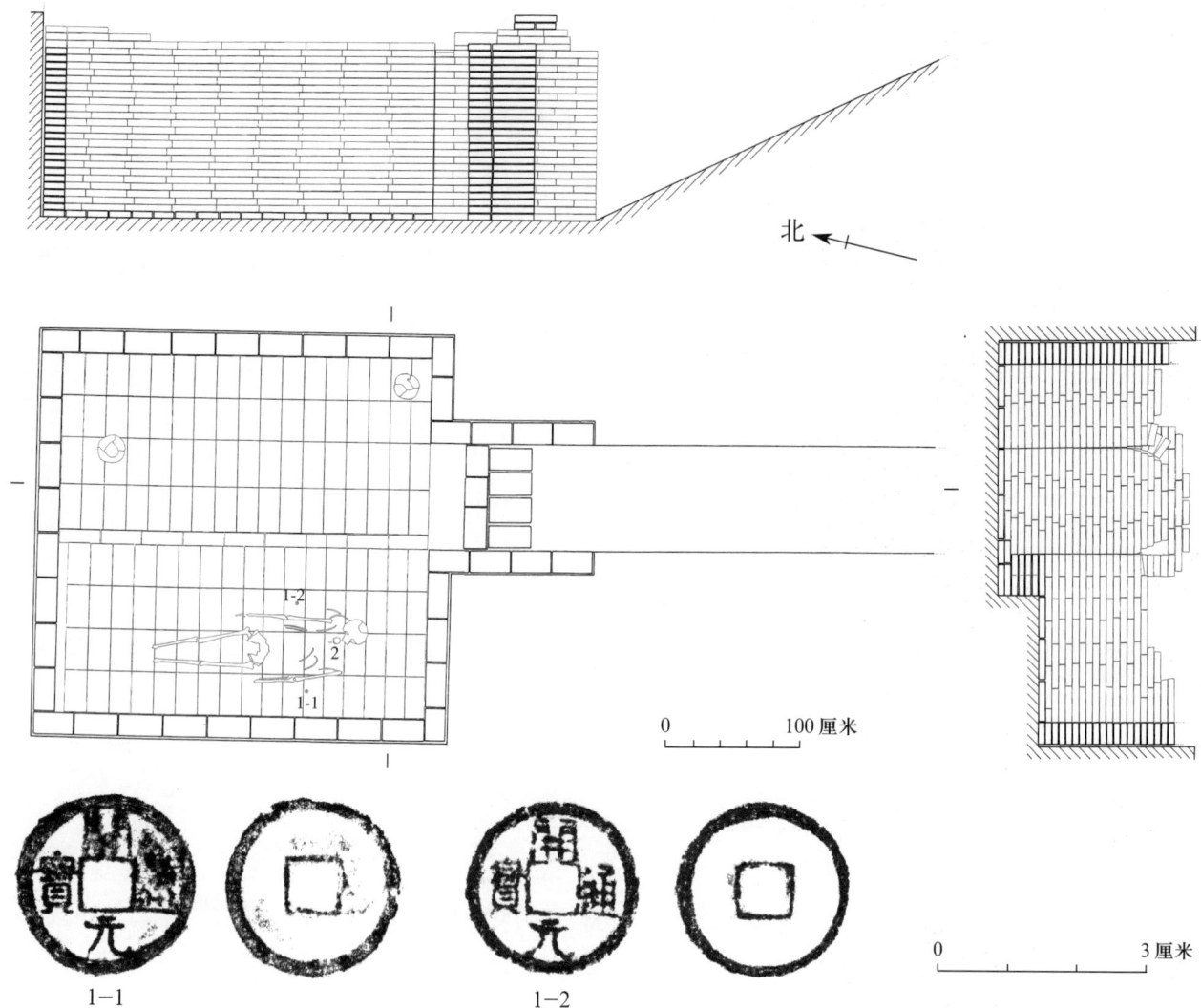

图三一　M63 及出土遗物
1-1、1-2. 开元通宝　2. 石器

其上西移 0.10 米砌护壁，护壁砌砖未与墓室南、北壁砌砖相互叠压。棺床面用条砖横向对缝平铺。棺床东西长 1.30、南北宽 2.70 米，高 0.30 米。墓室地面平铺有一层条砖，以横向平铺为主。墓室内填土为五花土，土质较杂，堆积较为松软。颜色稍深，且含有大量残块，可能为墓室被破坏或盗掘后形成。

2. **遗物**　有开元通宝铜钱、石器和墓砖。

开元通宝　2 枚，形制相同，出土于棺床人骨下。标本 M63：1-1，"开"字宽扁，二竖画外撇，字迹模糊；"元"字上画短，次画上挑；"通"模糊；"宝"字下旁"贝"字宽扁，二横画与左右竖画不相连。有使用痕。直径 2.4、穿径 0.7、廓宽 0.2 厘米，重 4 克（图三一）。标本 M63：1-2，直径 2.4、穿径 0.8、廓宽 0.2 厘米，重 3.5 克（图三一）。

石器　1 件，出土于棺床人骨颅骨下，似小石枕。标本 M63：2，白色，呈长方体，通体打磨光滑，制作规整。长 9.5、宽 7.6、厚 4.8 厘米（彩版六，2）。

墓砖　为拉划纹条砖，模制较规整。拉划纹系多次拉划满布砖面。规格有长32、宽16、厚5厘米和长33、宽16.5、厚4厘米两种。

3. 葬式　发现三具人体骸骨。其中一具位于棺床之上，头骨及肋骨微有扰动，但四肢骨及盆骨保存完整，呈仰身直肢，头向南，面向东。另两具被严重扰乱，残缺不全。经鉴定，两具为男性，年龄分别为25~30岁、16~18岁，另一具为年龄不大于18岁的女性，属三人合葬。未发现葬具。

M62

M62位于第一排中部，东南距M1约6米。被盗和破坏，原开口层位不详。修筑方法与M95同。

1. 形制　M62是倒凸字形单室砖室墓，南北向，方向171°。由墓道、甬道及墓室构成，墓室内砌棺床（图三二A；彩版六，3、4）。

墓道　长方形斜坡底，位于墓室南部，与墓室在同一中轴线上。东、西壁为直壁，壁面修筑较齐整，底部斜坡，坡度24°。填土较杂，为褐色五花土，土质较硬，且含有一些小砖块等。墓道长2.10、宽0.66、深1米。

甬道　底部平面呈长方形，用条砖纵向平铺一层。东、西壁用条砖纵向错缝平砌，与墓室南壁砌砖相互叠压；残存壁面垂直。顶部被毁。甬道南北长0.96、东西宽0.66米，两壁残高1米。封门位于甬道中部，残存中下部。主要用一层条砖纵向、一层条砖横向交替平砌，其间夹一层侧立条砖。封门厚0.32、高0.70米。

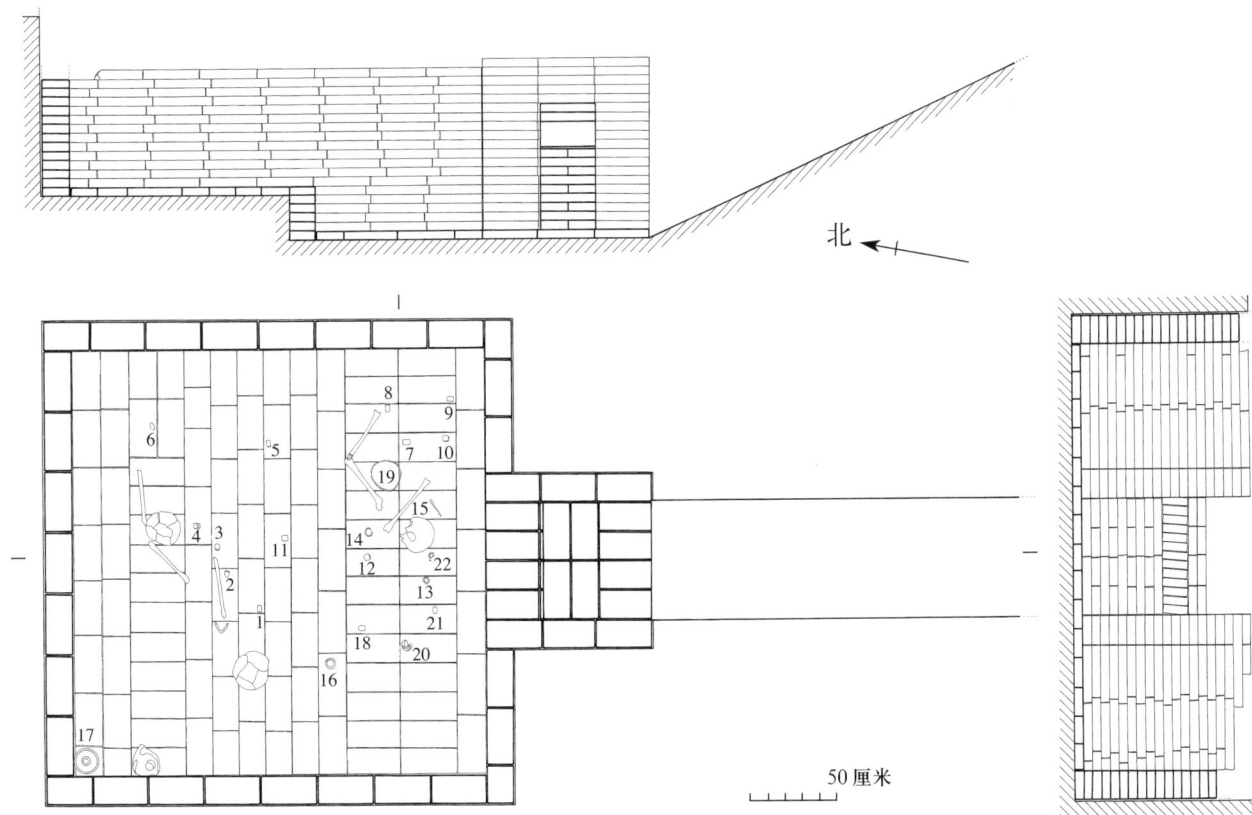

图三二A　M62平、剖面图

1、4~9. 铜銙饰　2、3、10. 铜铊尾　11、12、21. 铜带扣　13、14、22. 铜带环　15. 铜钗　16. 瓷盘　17. 铜镜
18. 铜饰　19. 陶三足鼎　20. 海螺

墓室　平面平面呈方形，用条砖逐层错缝叠压平砌于方形土圹内，残存中下部。东、西壁用条砖纵向平砌，南、北壁用条砖横向平砌，残存壁面垂直。但四壁未在同一水平面上，南壁和东、西壁南部底层砌砖与墓室地面平，北壁和东、西壁北部底层砌砖与棺床面平。顶部被毁。墓室南北长2.35、东西宽2.35米，四壁残高1米。棺床位于墓室北部，平面呈长方形，与墓室东、北、西三壁相接；南侧壁用条砖横向平砌护壁，护壁砌砖未与墓室东、西壁砌砖相互叠压；棺床面用条砖平铺。棺床东西长2.35、南北宽1.40米，高0.25米。墓室也用条砖平铺。墓室内填土较杂，为五花土，土质较为松软，且含有大量的残砖，可能为墓葬被破坏后形成。

2. 遗物　遗物较丰富，有陶器、瓷器、铜器、骨器，分布较乱。陶器出土三足鼎1件，位于墓室东南部。瓷器出土瓷盘1件，位于墓室中部。

三足鼎　1件。标本M62：19，泥质，灰青色，轮制，残复。微敛口，卷沿；鼓腹较深；环底，周缘黏贴三个鬼脸实心足，鬼脸因挤压较模糊、略变形；腹部破裂处两侧各有一0.6厘米的穿孔，可能为破裂修补痕。口径18.4、高7.6厘米（图三二B；彩版七，1）。

瓷盘　1件。标本M62：16，圆角方唇，浅腹，平底。腹外侧饰多足，部分残失。胎白色，较细腻，黄绿色釉，内底露胎。内壁、底部残留绿色颜料。口径5.2、高1.5厘米（图三二B；彩版七，2、3）。

铜器　铜器有铜镜、铜带饰和饰件。铜镜出土于棺床西北部；带饰出土于人体骸骨旁。铜带饰有铜带扣、铜铊尾、方形铜铐饰、半圆形铜铐饰和铜带环等。

铜镜　1枚。标本M62：17，十二生肖镜。圆形，宽凸缘断面呈梯形，圆形纽。镜面纹饰由两周凸弦纹分为外、中、内三区。外区较窄，饰一周三角形纹饰。中区分为十二部分，饰十二生肖；内区绕纽饰青龙、白虎、朱雀、玄武四神。严重锈蚀。直径16.8厘米（图三二B；彩版七，8）。

铜带扣　3件，分为大、小两种。大带扣1件。标本M62：21，由扣柄、扣环、扣轴和扣针组成。扣柄呈圆头长方形；扣环扁圆形；扣针上黏带一直径1.2厘米的铜扣眼；扣轴因锈蚀难以转动；扣环略上翘。长5.7、宽3厘米；扣柄厚0.7厘米（图三二B；彩版七，4）。小带扣2件，形制相同。标本M62：11，由扣柄、扣环、扣针经扣轴组合而成。扣柄圆头长方形，正面和底面圆头端均略斜刹，从正面向底面铆钉，两面均存三角形分布的铆钉痕。扣环扁圆形；扣针较锐，略翘；因锈蚀扣轴难以转动。长2.6、宽1.5厘米；扣柄厚0.6厘米（图三二B；彩版七，5左）。标本M62：12的形制与标本M62：11同，长2.5、宽1.5厘米；扣柄厚0.6厘米（图三二B；彩版七，5右）。

铜铊尾　3件，分为大、小两种。大铜铊尾1件。标本M62：2，平面略呈圆头长方形，由上、下部分件制作铆合，以夹革带。上部正面周缘斜刹，其圆头端向下呈直角包合。下部较平，其底面周缘略斜刹，二方角各有一铜铆钉痕。长3.2、宽3、厚0.7厘米（图三二B；彩版七，7右1）。

小铜铊尾　2件，形制略异。标本M62：3，平面呈半圆形；上部正面斜刹。下部较平，其底面有三个三角形的铜铆钉痕。从正面铆钉，钉帽鎏金。直径1.7、厚0.4厘米（图三二B；彩版七，6左）。标本M62：10，平面呈圆头长方形，由上、下部分件制作铆合。上部正面周缘斜刹；下部较平，底面有三个铜铆钉痕。从正面铆钉，钉帽鎏金。长1.4、宽1.2、厚0.4厘米（图三二B；彩版七，6右）。

方形铜铐饰　2件，形制相同。标本M62：6，平面呈方形，由上、下部分件制作铆合，以夹革带，一侧有一长1.8厘米、宽0.7厘米的长方形孔眼。上部正面周缘斜刹，底面略凹，长方形孔眼周缘略凸。

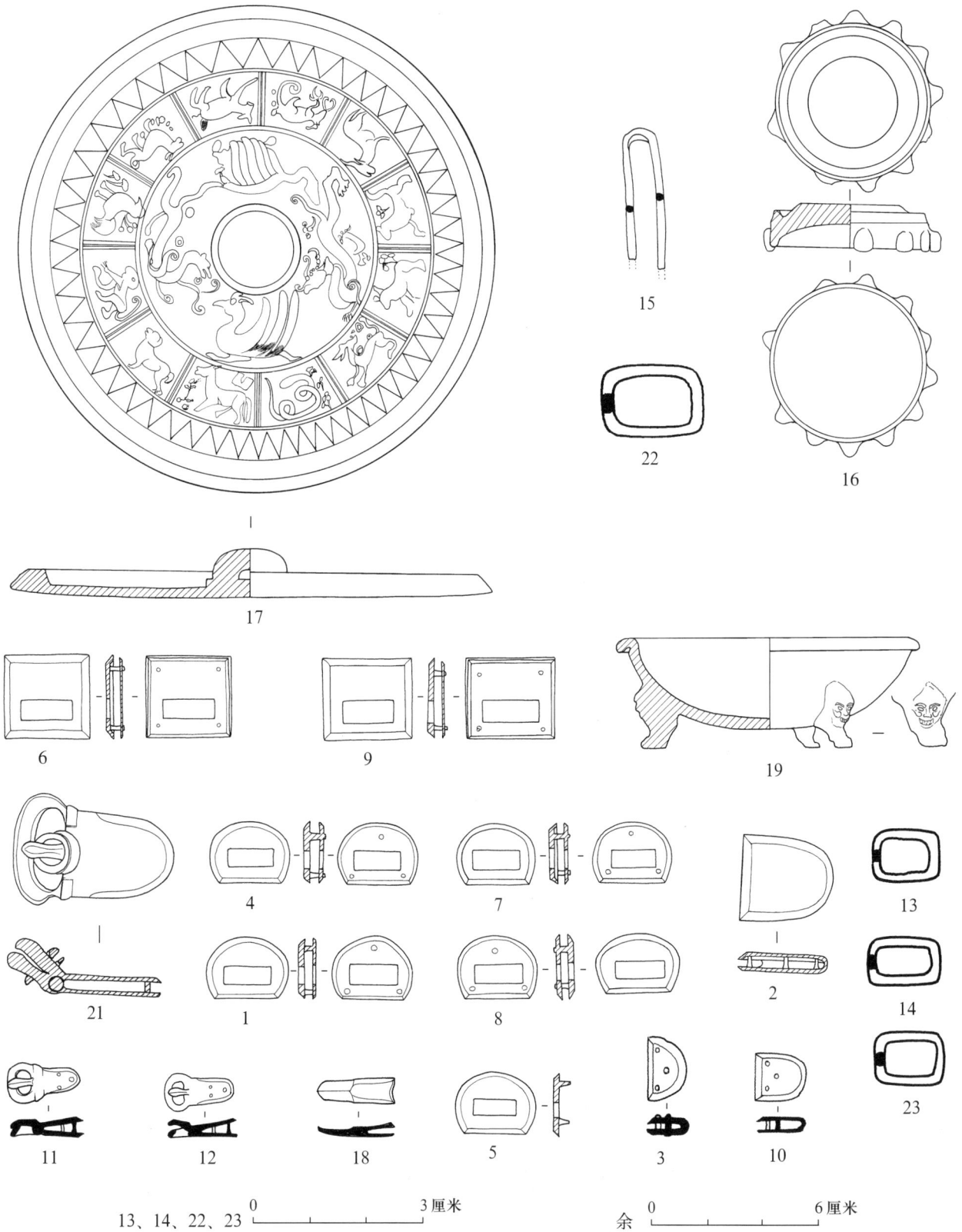

图三二 B　M62 出土遗物

13、14、22、23 ｜0————————3厘米
余 ｜0————————6厘米

1、4～9.铜铐饰　2、3、10.铜铊尾　11、12、21.铜带扣　13、14、22、23.铜带环　15.铜钗　16.瓷盘　17.铜镜
18.铜饰　19.陶三足鼎

下部平，其底面略斜刹，四角各有一铜铆钉痕。长3、宽2.9、厚0.5厘米（图三二B；彩版七，7左1）。标本M62：9，形制、制法与M62：6同，长3.1、宽2.8、厚0.5厘米（图三二B；彩版七，7左2）。

　　半圆形铜铐饰　5件，形制、制法相同，由上、下部分件模制铆合，以夹革带。中部有一长1.6厘米、宽0.7厘米的长方形孔眼。标本M62：1，平面略呈半圆形；上部正面周缘斜刹；底面略凹，孔眼周围略凸。下部平，底面周缘略斜刹，角部和圆头端各有一铜铆钉痕。长2.8、宽2.2、厚0.6厘米（图三二B；彩版七，7左3）。标本M62：5，长2.8、宽2.2、厚0.6厘米（图三二B；彩版七，7右4）。标本M62：8，长2.8、宽2.2、厚0.6厘米（图三二B；彩版七，7右2）。标本M62：7，长2.8、宽2.1、厚0.6厘米（图三二B；彩版七，7右3）。标本M62：4残存上部，其底面方角和圆头端各有一铜铆钉；中部有一直径0.1厘米的孔眼，系后来修理所为（图三二B；彩版七，7左4）。

　　铜带环　4件，分为大、小两种。大带环1件。标本M62：22，平面呈弧角长方形；环体断面呈扁圆形。长1.8、宽1.1厘米（图三二B；彩版七，13左）。小带环3件。标本M62：13，平面略呈方形，环体断面呈三角形。长1.2、宽0.9厘米（图三二B；彩版七，13右）。标本M62：14（图三二B；彩版七，12左）、标本M62：23（图三二B；彩版七，12右）形制、大小与标本M62：13同。

　　铜钗　1件。标本M62：15，双股，残存后段，钗股断面呈圆形。残长4.5厘米（图三二B；彩版七，10）。

　　铜饰　1件。标本M62：18，柄端有一较深的凹槽，模制。长2.8厘米（图三二B；彩版七，11）。

　　海螺　1件。标本M62：20，形体较大，残存顶部，外表呈深绿色。高8.6厘米（图版七，9）。

　　墓砖　为拉划纹条砖，模制。拉划纹系多次拉划满布砖面。规格有长32、宽16、厚5厘米和长33、宽16.5、厚4厘米两种。

　　3.**葬式**　墓葬被盗扰，骨骼凌乱。经鉴定，有四具人体骸骨，一具为年龄35~45的男性、两具为成年女性，另一具为成年个体，性别不详。属四人合葬墓。没有发现葬具。

M1

　　M1位于第一排东南部。发掘前，由于建筑施工的需要，基坑已下挖2.50~3米深。基坑四周的剖面分为二层，上层为现代生活所形成的堆积层，下层土质胶结，似冲积沉积形成，厚2米左右，M1残口即压于这层下。曾被盗，原开口层位不详。

　　1.**形制**　M1为倒凸字形砖室墓，由墓道、甬道及墓室构成。南北向，方向180°。其建造方法为：先挖好一倒凸字形的竖穴土圹，然后用条砖在竖穴土圹内砌墓室、甬道，砌砖和土圹之间用土填充（图三三）。

　　墓道　长方形斜坡底，位于墓室南部，与墓室在同一中轴线上。残口平面呈长方形，东、西壁均为直壁；底斜坡，坡度为12°。填土为花土，较疏松。残长6.50、宽0.80米、深0.84米。

　　甬道　底部平面呈长方形，顶部残。东西宽0.74、南北长0.83、残高0.78米。东、西壁较墓室四壁宽，用条砖纵向和横向叠压平砌，残存壁面垂直。两壁中间砌一个对称的封门凹槽。凹槽南北长0.34、宽0.16米，略大于封门条砖。封门墙未沿封门槽砌砖，而采用两排条砖在甬道纵向平砌，残存下部。封门墙南北宽0.66、残高0.26米。

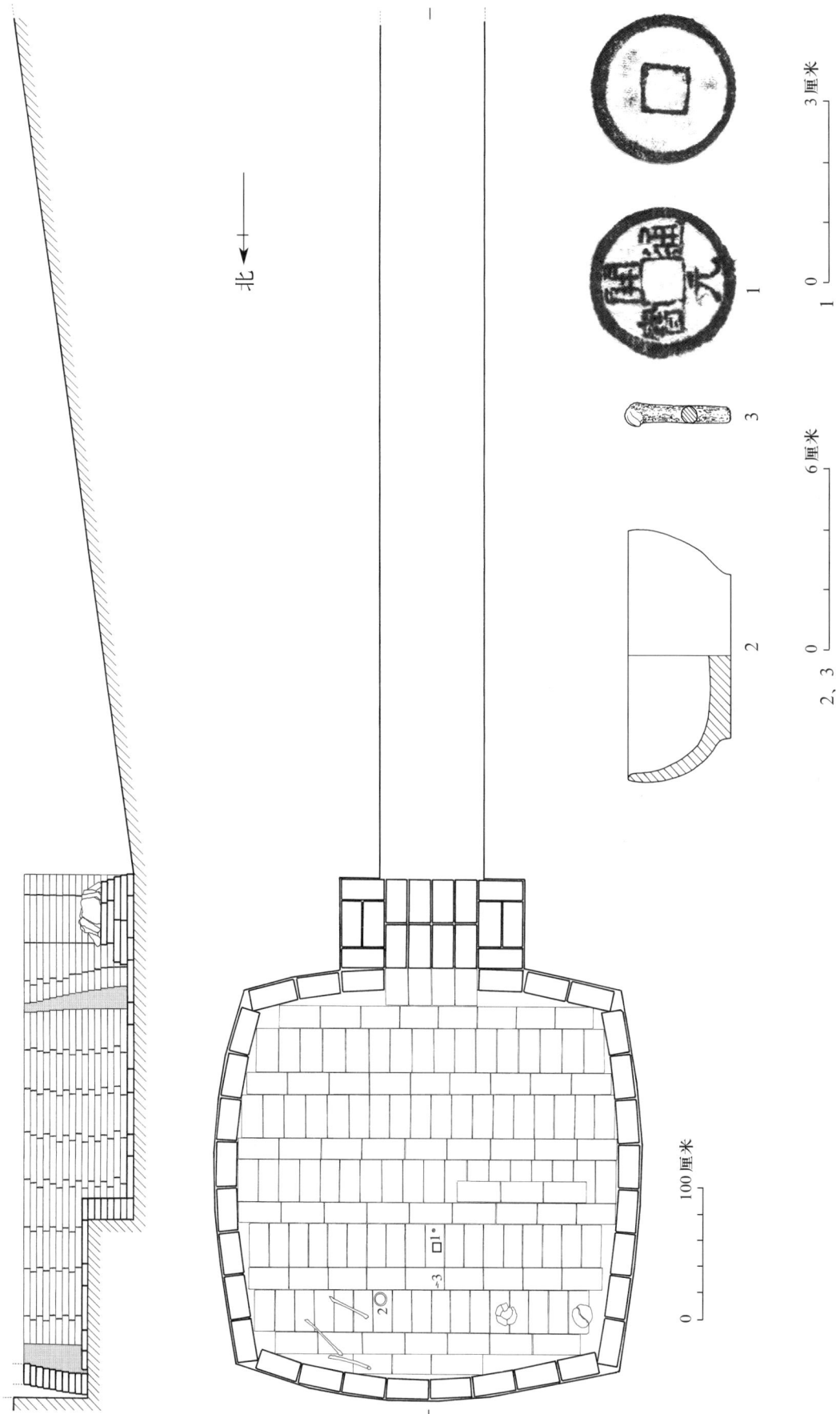

图三三　M1及出土遗物
1. 开元通宝　2. 碗　3. 铁钉

墓室 平面呈弧边方形，用条砖错缝叠压平砌于挖掘的弧边方形墓圹中。东、西壁用条砖纵向错缝平砌；南北壁用条砖横向平砌，四角砌砖逐层叠压。四壁砌砖未在同一水平面上，南壁和东、西壁南部砌砖与墓室地面平，北壁和东、西壁北部砌砖与棺床面平。顶部被毁。墓室南北最长2.92米，北部东西宽2.60、南部东西宽2.64、东西最宽2.90米，残高0.86米。棺床位于墓室北部，与墓室东、北、西壁相接，略呈梯形。南侧壁用条砖横向平砌护壁。由于未与墓室东西壁砌砖叠压，系墓室砌成后所砌。棺床面用条砖一排纵向、一排横向交替平铺。北部东西长2.65、南部东西长2.90米，南北宽1.45、高0.40米。墓室底部也用条砖一排纵向，一排横向交替平铺。墓室内的填土较杂，且含有大量的从顶部坍塌的砖块。

2．遗物 有陶器、开元通宝铜钱和铁钉。

陶器 灯碗1件。标本M1：2，泥制，浅灰色，轮制。敛口，圆唇，弧腹，假圈足。口沿内侧有一圈烟熏的灰黑色。底略扁，上有弧圈纹，部分脱落。口径8、底径5.3、高3.6厘米（图三三）。

开元通宝 1枚。标本M1：1，"开"字宽扁，二竖画外撇；"元"字上画短，次画上挑；"通"字之"走"旁三逗点不相连，"甬"旁上笔开口略大；"宝"字下旁"贝"字宽扁，二横画与左右竖画不相连。有使用痕。直径2.5、穿径0.8、廓宽0.2厘米，重3.8克（图三三）。

铁钉 1枚。标本M1：3。残存上段，铁帽残失；断面圆形，严重锈蚀。残长3.7厘米（图三三）。

墓砖 墓砖均为浅灰色夹细砂条砖，模制，粗糙不平。有拉划纹和素面两种，以拉划纹为主。规格有长29、宽14.5、厚5厘米和长31、宽16、厚5.5厘米两种。

3．葬式 人体骸骨被严重扰乱。棺床西部发现颅骨两个，棺床东部发现一些股骨、肋骨、脊椎骨等骨骼残块，保存状况不好。经鉴定分别为30～35岁的男性和大于35岁的女性（系中国社会科学院考古研究所韩康信先生鉴定，下同。见附表）。由于颅骨分布于棺床西部，其他骨骼主要分布于棺床东部，据此判断头向可能朝西。其余葬式难以判断。但在棺床发现有少量的铁钉残段，上附有一些朽木残块，系木箱、木盒类所用铁钉。因此用木箱、木盒类随葬（由于铁钉短小，非木棺所用，而且吴忠地区发现有棺床的墓葬多不用木棺）。

二 M2、M102、M3

M2、M102、M3位于乙区第二排，南北略错位。M2位于西部，M102和M3相距很近呈南北向排列，位于第二排东部。

M2

M2位于第二排西部，东为M102，墓道打破M109墓室。曾被盗和破坏，原开口层位不详。修筑方法与M95同。

1．形制 M2为倒凸字形单室砖室墓，南北向，方向171°。由墓道、甬道、小龛以及墓室构成，墓室内砌棺床（图三四A；彩版八，1～4）。

墓道 长方形斜坡底，位于墓室南部，略东向偏离墓室中轴线，打破M109墓室西北部。残口平面呈长方形，东、西壁均为直壁。底部呈斜坡，坡度为18°。填土为褐色花土，土质较硬。残长4.64、宽0.74、深1.85米。

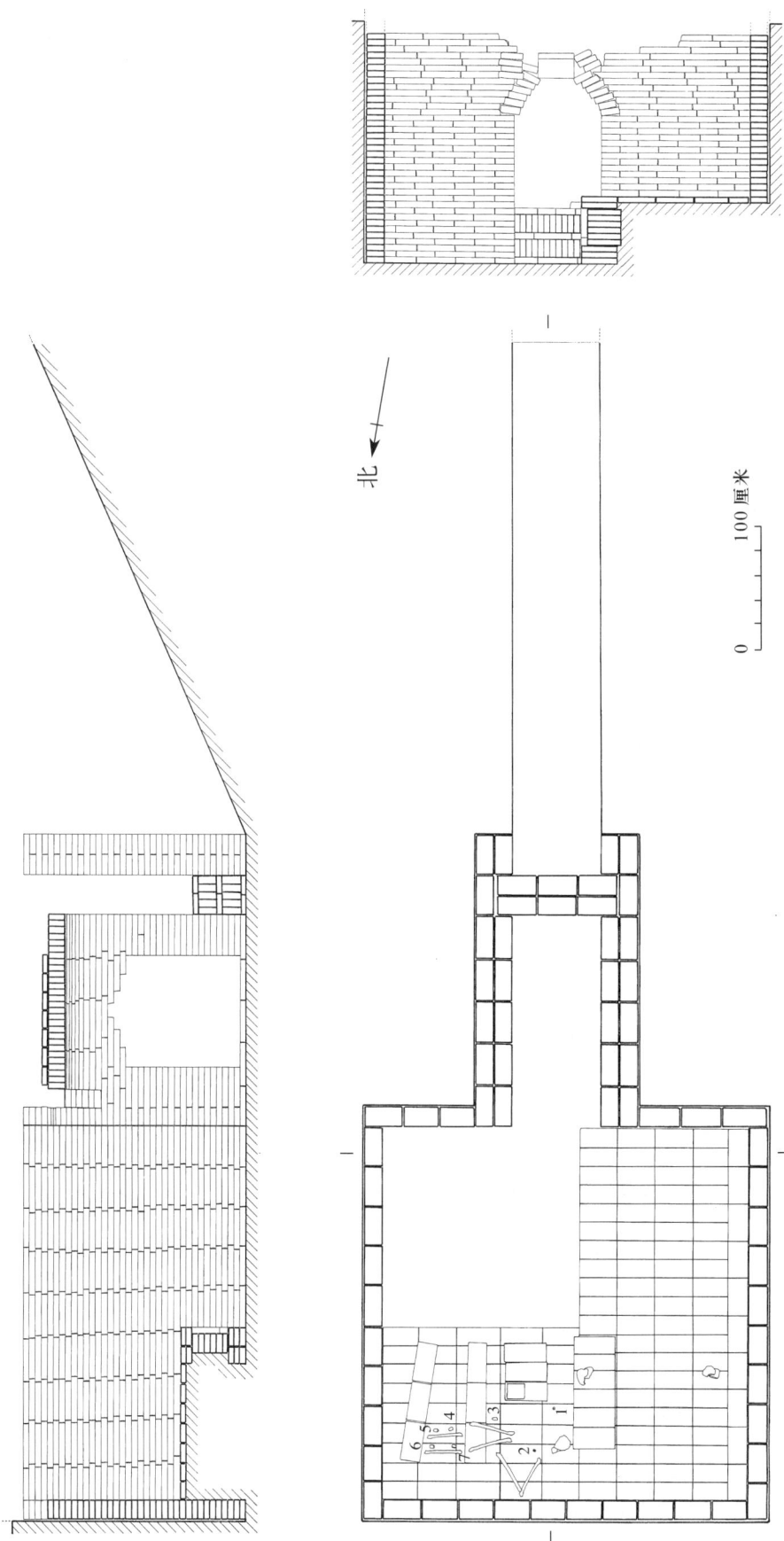

图三四 A　M2 平、剖面图

1-1、2-2. 开元通宝　2. 铜纽扣　3～6. 铜铃饰　7. 铜铊尾

甬道　底部平面呈长方形，用条砖纵向平铺。东、西壁为直壁，用条砖一层纵向、一层横向交替平砌，与墓室南壁砌砖错缝叠压。甬道南门为拱形顶，弧度较小；北门和甬道主体顶部为小平顶，西甬道东、西壁1.20米高处砌券砖，用条砖横向侧立一层而成，其上用条砖横向平压，残存一层。甬道南部沿墓道东、西壁砌0.66米长的一段砖墙，留置略大于条砖的封门槽；甬道南北长1.70、东西宽0.73米，内高1.50米。从甬道南部封门槽内封门，残存下部。用二排条砖横向、一层条砖纵向侧立交替平砌。封门厚0.32、残高0.45米。甬道东、西壁中部各有一个小龛，相互对称，大小、形制相同。叠涩尖顶，系小龛南、北壁1米高出处砌砖逐层叠压内收形成。小龛南北宽0.90、东西深0.32米，高1.14米。

墓室　平面为方形，用条砖错缝叠压平砌于方形竖穴土坑中，残存中下部。东、西壁用条砖纵向平砌，南北壁用条砖横向平砌，四壁相接处砌砖错缝叠压，残存壁面垂直，但东壁因受压略向内凸。顶部已被毁，形制不详。墓室南北长3.05、东西宽3.05米，四壁高1.85米。棺床呈反刀把形，与墓室四壁相接，东、南侧壁用条砖平砌护壁，壁面贴砖饰。棺床面用条砖横向对缝平铺。棺床北部从东向西依次用平砖砌起四个间隔0.12～0.25米的小平台。棺床高0.55米。墓室东南部凹槽为墓室地面，平面呈方形，用条砖平铺成。墓室内填土较杂，主要为淤积土以及花土，且含有大量的条砖。

2. **遗物**　有铜带饰、铜纽扣、铜钱和墓砖。铜带饰5件，出土于棺床北部人骨附近。有铜铊尾、方形铜铐饰和半圆形铜铐饰。

铜铊尾　1件。标本M2：7，平面略呈圆头长方形，一端方角，一端圆头；圆头端较方角端窄、小。正面周缘呈斜抹，底面方角端各有一铜铆钉痕。长3.2、宽3、厚0.6厘米（图三四B；彩版九，3右1）。

方形铜铐饰　1件。标本M2：5，平面呈方形，由上、下部分件制作铆钉，以夹革带；一侧有长1.9、宽0.7厘米的长方形孔眼，其中上部孔眼略宽于下部孔眼。上部模制，周缘向下包合；其底面内凹，四角各有一铜铆钉。下部平，模制，底面四角各有一铜铆钉痕。长2.6、宽3、厚0.7厘米（图三四B；彩版九，3左1）。

半圆形铜铐饰　3件，形制相同。标本M2：3，平面略呈半圆形，由上、下部分件制作然后铆钉，以夹革带，中部一长1.6、宽0.6厘米的长方形孔眼。上部正面周缘向下包合，其底面略凹，二角和圆弧端各一铜铆钉。下部较平，其底面周缘微向上包合，二角和圆弧部各一铜铆钉痕。长2、宽2.7、厚0.5厘米（图三四B；彩版九，3左2）。标本M2：4（图三四B；彩版九，3左3）、标本M2：6（图三四B；彩版九，3右2）的形制、大小、制法均与标本M2：3同。

铜纽扣　1件。标本M2：2，呈半圆球状，正面饰一兽面，底面一横轴。直径1.5、高0.5厘米（图三四B；彩版九，2）。

开元通宝　2枚，出土于棺床北部人骨旁，分A、B二型。

A型　1枚。"开"字宽扁，二竖画外撇；"元"字上画短，次画略上挑；"通"字之"走"旁三逗点不相连，"甬"旁上笔开口略大；"宝"字下旁"贝"字宽扁，二横画与左右竖画不相连。有使用痕。标本M2：1－1，直径2.4、穿径0.4、廓宽0.2厘米，重3.8克（图三四B；彩版九，5）。

B型　1枚。"开"字二竖画明显外撇；"元"字上画长，次画略弧；"通"字之走字旁三逗点相连，"甬"字旁上笔开口小；"宝"字下部"贝"字二横画与左右竖画相连。标本M2：1－2，直径2.5、穿径 0.7、廓宽 0.2 厘米，重 3.9 克（图三四 B）。

　　墓砖　均为灰色夹细砂拉划纹条砖，模制，较粗糙。拉划纹系用梳齿状的工具在砖面多次拉划而成，规格基本一致。标本 M2∶8－1，拉划纹条砖，用梳齿状的工具拉划的凹槽呈宽而深的弧形。长 32、宽 16.5、厚 5 厘米。标本 M2∶8－2，拉划纹弧形砖，用拉划纹条砖沿一侧边打制成弧形缺口。长 32、宽 16.5、厚 4.5 厘米。

　　3．葬式　人体骸骨被严重扰乱，残存较少。经鉴定有两具，分别为一中老年男性和中老年女性，属二人合葬墓，具体葬式不详。未发现葬具。

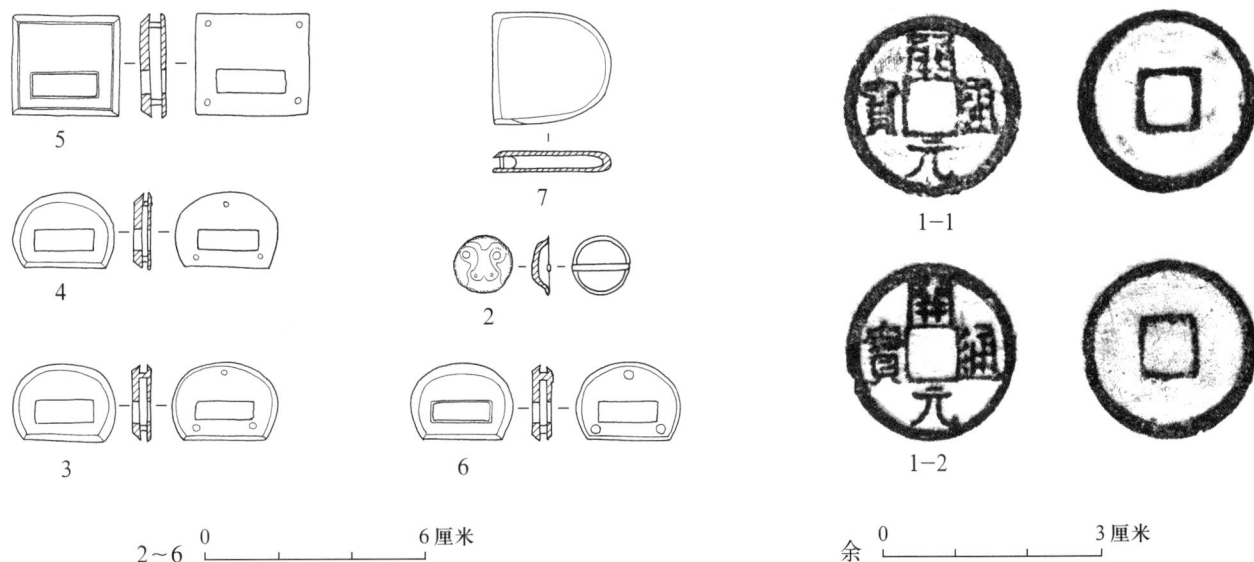

图三四 B　M2 出土遗物
1-1、1-2．开元通宝　2．铜纽扣　3、4、6．半圆形铜铸饰　5．方形铜铸饰　7．铜铊尾

M102

　　M102 位于第二排东部，其西南部为 M3。墓葬在发掘前已被破坏，仅残存墓室底部，原开口层位不详。修筑方法与 M96 同。

　　1．形制　M102 为刀把形单室砖室墓，南北向，方向 180°。由墓道、甬道及墓室三部分构成，墓室内砌棺床（图三五；图版一〇，1）。

　　墓道　位于墓室南部偏东，已被一现代坑破坏。

　　甬道　底部为黄砂土，平底，平面呈长方形。西壁用条砖纵向平砌，与墓室南壁砌砖逐层叠压；东壁为墓室东壁的南伸；残存壁面垂直。顶部被完全破坏。甬道南北长 0.35、东西宽 0.58 米，残高 0.40 米。

　　墓室　平面呈长方形，用条砖逐层错缝平砌于挖掘的长方形竖穴土圹内，残存底部。东、西壁用条砖纵向平砌，南、北壁用条砖横向平砌，残存壁面垂直。四壁相接处砌砖相互叠压，但四壁未在同一水平面上，东壁和南、北壁东部底层砌砖与墓室地面平，西壁和南、北壁西部砌砖与棺床面平。顶

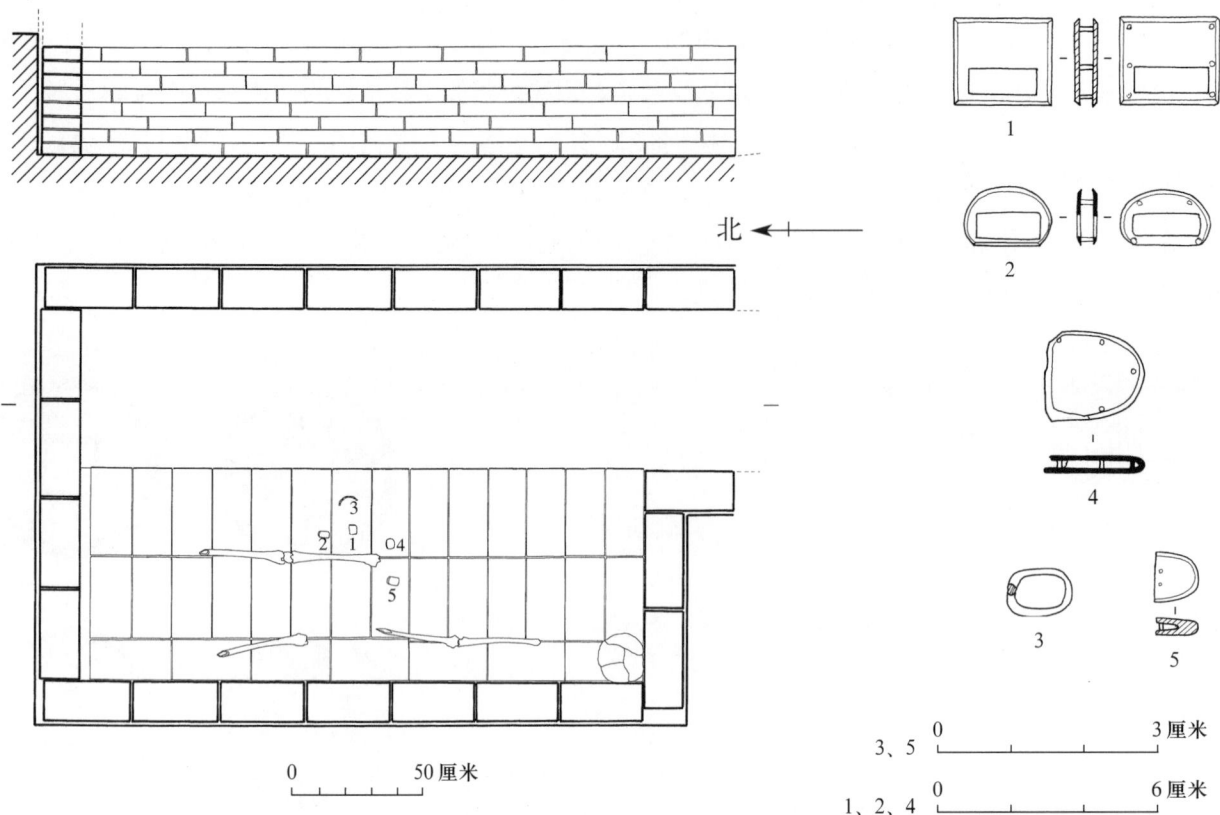

图三五　M102 及出土遗物
1、2. 铜镑饰　3. 铜带环　4、5. 铜铊尾

部被毁。墓室南北长 2.15、东西宽 1.36 米，四壁残高 0.40 米。棺床位于墓室西部，平面呈长方形，与墓室北、西、南壁相接，东侧壁用条砖纵向平砌护壁，但护壁砌砖未与墓室南、北壁砌砖相互叠压；棺床面用条砖平铺。棺床南北长 2.15、东西宽 0.80 米，高 0.20 米。墓室地面为黄砂土，平面呈长方形，未铺砖。墓室内填土较杂，为褐色花土，且含有大量条砖。

2. **遗物**　有陶器、铜带饰和墓砖。陶器均为泥质灰陶残片，可辨器形有罐和壶等。铜带饰有大、小两种，出土于人体骸骨周围，因盗扰排列方式不详。

大型铜带饰　2 件。有铜铊尾和方形铜镑饰。

铜铊尾　1 件。标本 M102：4，残，平面略呈圆头长方形，残存柄部，夹少许革带。残长 2.7、宽 2.4、厚 0.5 厘米（图三五；图版一〇，4 右 1）。

方形铜镑饰　1 件。标本 M102：1，由上部和下部分件制作铆合而成。平面呈方形，临长边一端一长 1.9、宽 0.8 厘米的长方形孔眼。上部正面四边略微向下包合；下部底面四边略微向上包合，底面四角和两侧边中部各有一处铜铆钉痕。长 2.6、宽 2.3、厚 0.6 厘米（图三五；图版一〇，4 左 1）。

小型铜带饰　3 件。有铜铊尾、半圆形铜镑饰和带环。

铜铊尾　1 件。标本 M102：5，平面呈圆头长方形。方角端中空，原夹少许革带，现脱落；圆头端实芯。长 1.2、宽 1.3、厚 0.4 厘米（图三五；图版一〇，5 左）。

半圆形铜铐饰　1件。标本102：2，半圆形，由上部和下部分件制作铆合而成，临直边有一长1.8、宽0.6厘米的长方形孔眼。上部正面周缘略微向下包合，下部底面周缘略微向上包合；其底面两角各有一个铆钉痕、圆弧端各有两个铆钉痕。长2.4、宽1.6、厚0.5厘米（图三五；图版一○，4中）。

铜带环　1件。标本102：3，平面略呈圆角长方形；环体断面呈扁圆形。长1.8、宽1.2厘米（图三五；图版一○，5右）。

墓砖　为拉划纹条砖，模制较粗糙。拉划纹大多粗疏，多次拉划布面砖面。规格相同。长30、宽15、厚5厘米。

3.**葬式**　人体骸骨被严重扰乱。经鉴定有两具，一具为成年男性，一具可能为成年女性。未发现葬具。

M3

M3位于第二排M102的西南部，与M102相邻。被严重盗扰和破坏，原开口层位不详。修筑方法与M95同。

1.**形制**　M3为倒凸字形单室砖室墓，南北向，方向190°。由墓道、甬道及墓室三部分组成，墓室内砌棺床（图三六；图版一○，2、3）。

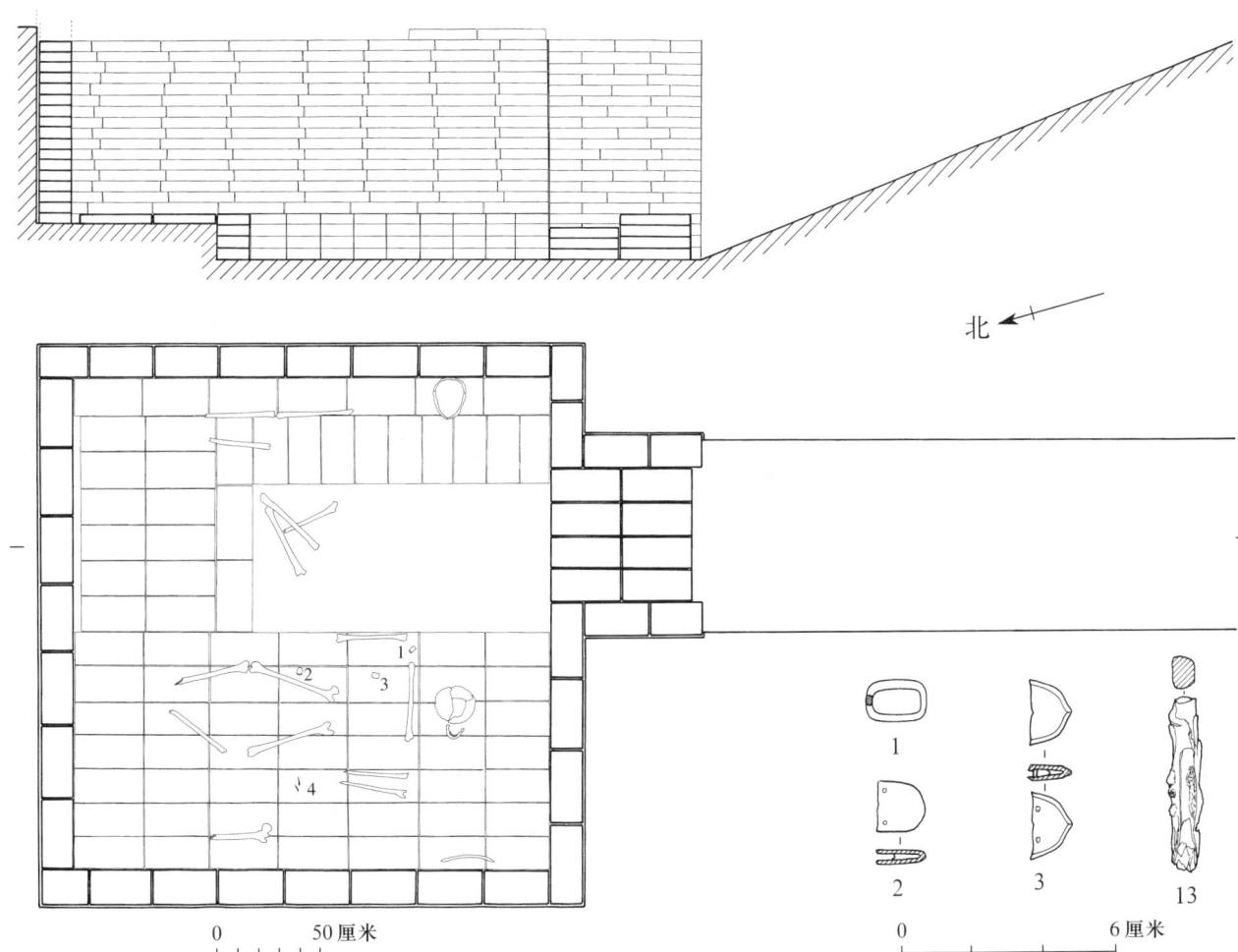

图三六　M3及出土遗物
1. 铜带环　2、3. 铜铊尾　4. 铁钉

墓道　位于墓室南部偏东，长方形斜坡底。残口平面呈长方形。东、西壁均为直壁；底斜坡，坡度21°。填土灰黄色，含细砂，较疏松。残长2.60、宽0.90米、深1.04米。

甬道　位于墓室南壁中部偏东，底部长方形。东、西壁均为直壁，用条砖纵向错缝叠压平砌，与墓室南壁砌砖错缝叠压。顶部残，但甬道东、西壁0.90米处开始起券内收，推测顶部可能为拱形。南北长0.73、东西宽0.63、残高1.04米。封门墙砌于甬道内，由两排条砖纵向平砌，残存底部。封门墙南北宽0.32、残高0.21米。

墓室　平面呈方形，用条砖错缝平砌于挖掘的方形竖穴墓圹中，顶部残。墓室四壁均为直壁，东、西壁用条砖纵向平砌，南、北壁用条砖横向平砌，四壁相接处砌砖逐层错缝叠压。墓室南北长2.32、东西宽2.32、残高1.08米。棺床呈倒凹字形，与墓室四壁相接。东、西、南三侧壁用条砖平砌护壁，砌砖未与墓室东、西壁和南壁叠压，系墓室砌成后所砌。棺床面用条砖平铺。棺床高0.22米。中间凹槽为墓室地面，较小，平面略呈梯形，与甬道口相接。凹槽南北长1.43、南部东西宽0.80米；北部东西宽0.70米。墓室内堆积土分为两种：一为花土，厚约0.20～0.30米，土质较杂，且含有大量的黑土；二为淤积土，厚约0.40～0.50米，可分为四层，内含扰乱的人骨及部分遗物，推测可能为盗扰后多次进水后淤积形成。

2. **遗物**　有陶器、铜带饰、铁钉和墓砖。出土于墓室地面。陶器出土少量泥质陶片，器形有底座和盖等。铜带饰3件，出土于墓室地面，因盗扰排列方式不详。有铜铊尾和铜扣环等（图三六）。

铜铊尾　2件，均为小铜铊尾，形制略有差异。标本M3：2，平面呈圆头长方形，一端方角，一端圆头，其中部尖圆。正面周缘略斜抹，底面平。正面中部一凸棱，底面有两铆钉痕。长1.4、宽1.3、厚0.4厘米（图三六；图版一〇，6左）。标本M3：3，平面略呈半圆形，其中圆弧端中部呈尖角。正面中部一凸棱，周缘略斜抹。底面周缘微斜抹，直角端有两铜铆钉痕。长1、宽1.8、厚0.4厘米（图三六；图版一〇，6中）。

铜带环　1件。标本M3：1，平面呈圆角长方形，断体断面略呈三角形。长1.7、宽1.1厘米（图三六；图版一〇，6右）。

铁钉　1枚。标本M3：4，残存中段。断面略呈长方形；严重锈蚀，黏连朽木。残长4.6厘米（图三六）。

墓砖　墓砖均为灰色夹细砂拉划纹条砖，模制较粗糙。规格有长29、宽14.5、厚5.5厘米，长30、宽15.5、厚5厘米和长31、宽16、厚5厘米三种。同一规格的砖厚度大多不一。

3. **葬式**　发现人体骸骨两具，分置于棺床之东、西两侧，多已扰乱，但下肢骨尚未扰动。从其残存的状况分析，应为仰身直肢葬，头南足北。经鉴定，棺床西部者为一位30～35岁的男性，棺床东部者为一位成年女性。没有发现葬具，但出少量的铁钉残段，上附有一些朽木残迹。可能用木箱、木盒随葬。

三　M13、M12、M11、M4、M5、M6、M20、M58

M13、M12、M11、M4、M5、M6、M20、M58位于乙区第三排，南北错落，部分墓葬分布相对集中。M13、M12、M11间距小，分布较集中；M4、M5、M6和M20分布较集中；M58位于第三排东北部，与 M20 间距相对较大。

M13

M13 位于第三排西部，东为 M12 和 M11，三者集中分布且 M12 略南移。发掘前已被破坏，原开口层位不详。修筑方法与 M96 同。

1. **形制**　M13 为刀把形单室砖室墓，南北向，方向 175°。由墓道、甬道及墓室组成，墓室内砌棺床（图三七 A；图版一一，1）。

墓道　长方形斜坡底，位于墓室南部，其东壁与墓室东壁南北在同一直线上，平面呈长方形，底斜坡，坡度为 22°。填土较杂，包含较多的砖块。墓道残长 2.60、宽 0.90、深 1.30 米。

甬道　底呈长方形，东、西壁较墓室四壁宽，用条砖纵向平砌，与墓室南壁相接处砌砖相互叠压。顶为拱形，东、西两壁 0.67 米处起拱。其南部用条砖纵向出头平砌形成门檐，残存四层。南北长 1、东西宽 0.55、高 0.95 米。封门位于甬道南部，用条砖纵向侧立。封门高 0.91、厚 0.32 米。

墓室　平面呈长方形，用条砖错缝平砌于挖掘的长方形竖穴土圹中，四壁相接处砌砖逐层错缝叠压，残存中下部。东、西壁用条砖纵向平砌，北、南壁用条砖横向平砌；残存壁面垂直，但四壁砌砖未在同一水平面上，东壁和南、北壁东部底层砌砖与墓室地面平，西壁和南、北壁西部底层砌砖与棺床面平。四壁均遭不同程度的破坏，东壁南部尤其，仅存两层砌砖。顶部残。墓室南北长 2.35、东西宽 1.75、四壁残存最高 0.75 米。棺床位于墓室西部，与墓室北、西、南三壁相接。其砌筑方法为：先

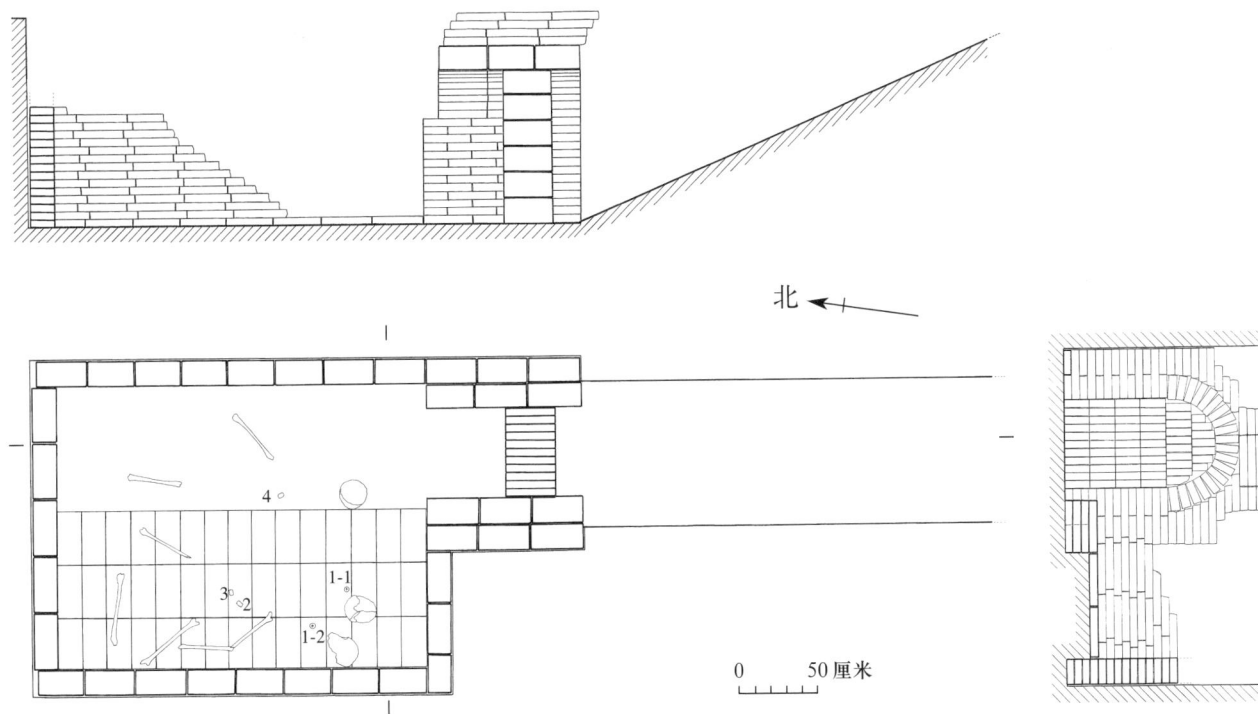

图三七 A　M13 平、剖面图

1-1、1-2. 开元通宝　2. 铜铊尾　3、4. 半圆形铜铸饰

留好一生土台，东侧壁用条砖砌护壁，棺床面用一层条砖平铺。护壁砌砖未与墓室南、北壁砌砖相互叠压。棺床南北长 2.30、东西宽 0.98、高 0.18 米。

2. **遗物**　有铜带饰和铜钱等。另在棺床发现有羊头骨，可能作为陪葬之用。铜带饰 3 件，出土于人体骨骼处，有铜铊尾和半圆形铜铐饰。

铜铊尾　1 件。标本 M13:2，平面略呈半圆头长方形，一端方角，一端圆头。上部正面周缘斜抹，其中圆头端周缘向下包合；方角端有四个直径 0.1 厘米的铆钉孔。下部方角端底面略斜抹，四角各一残断的铜铆钉；圆头端周围略向上包合。长 3.3、宽 2.5 厘米（图三七 B）。

半圆形铜铐饰　2 件，形制相同。标本 M13:3，平面呈半圆形，由上、下部分件制作铆合，以夹革带；中部一长 1.6、宽 0.6 厘米的长方形孔眼。上部正面周缘略向下包合，二角和圆头端各一铜铆钉痕。下部较平，二角和圆头端各一铜铆钉。长 1.6、宽 2.3 厘米（图三七 B）。标本 M13:4 出土时分离成上、下两半，形制、大小与 M13:3 同。但其上部正面两侧中部、孔眼两侧各一铆钉痕。有的钉帽尚存，系后来加固修理所致（图三七 B）。

开元通宝　2 枚，形制相同。"开"字宽扁，二竖画外撇；"元"字上画短，次画上挑；"通"字之"走"旁三逗点不相连，"甬"旁上笔开口略大；"宝"字下旁"贝"字宽扁，二横画与左右竖画不相连。有使用痕。标本 M13:1 - 1，直径 2.3、穿径 0.6、廓宽 0.2 厘米，重 2.1 克（图三七 B）。标本 M13:1 - 2，直径 2.4、穿径 0.7、廓宽 0.2 厘米，重 3.3 克（图三七 B）。

墓砖　墓砖均为拉划纹条砖，模制较粗糙。规格有长 29、宽 14、厚 5 厘米和长 32.2、宽 15.5、厚 4.5 厘米两种；拉划纹大多满布砖面，系用梳齿状的工具多次拉划。

3. **葬式**　人体骸骨均已扰乱，葬式不详。发现三具人体颅骨，分别置于棺床之南及棺床之东南部。其他骨骼大多堆于棺床之西。经鉴定分别为 20～25 岁、35～45 岁的男性及大于 40 岁的女性。没有发现葬具。

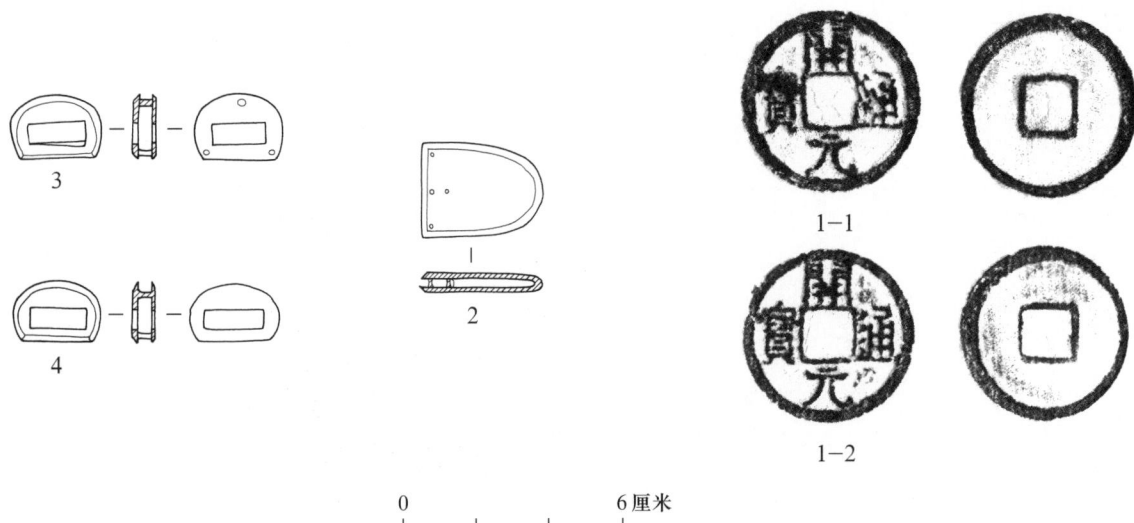

0　　　　　　　　6 厘米

图三七 B　M13 出土遗物

1-1、1-2. 开元通宝　2. 铜铊尾　3、4. 半圆形铜铐饰

M12

M12位于第三排西部，东距M11约2.3米，西距M13约2.8米。发掘前已被破坏，开口层位不详，修筑方法与M96同。

1. **形制**　M12为刀把形单室砖室墓，南北向，方向174°。由墓道、墓门、墓室三部分构成，墓室内砌棺床（图三八A；图版一一，2、4）。

墓道　长方形斜坡底，位于墓室南部。东壁与墓室东壁南北几乎在同一直线上。残口呈长方形；东、西壁为直壁；底呈斜坡，坡度为22°。填土为黄色粉砂土和黄土。另外，在墓道靠近墓门位置的填土中发现有一些陶器残片。残长2.20、宽0.70米。

墓门　位于墓道北端，东、西壁斜内收，在东、西壁0.60米高处用条砖逐层出头叠压成叠涩尖顶，其上用条砖纵向逐层向南出头平砌。墓门底宽0.55、券顶处宽0.50、内高0.75米。在墓门内封门，用条砖横向错缝平砌。南北宽0.18、高0.75米。

墓室　平面呈长方形，东、西壁用条砖纵向平砌，北、南壁用条砖横向平砌，残存壁面垂直，但四壁砌砖未在同一水平面上，东壁和南、北壁东部底层砌砖与墓室地面平，西壁和南、北壁西部底层砌砖与棺床面平。顶部被破坏，形制不详。墓室南北长1.90、东西宽1.25、残高1.05米。棺床位于墓室西部，是在一生土台东侧壁立条砖为护壁而成，棺床面未铺砖。棺床南北长1.90、东西宽0.65、高0.17米。墓室内的填土主要为黄砂土和粉砂土混合成的花土，但其中夹杂有不少的条砖。从其大小、形状来看，与该墓室所用条砖相当，应为盗扰后形成。

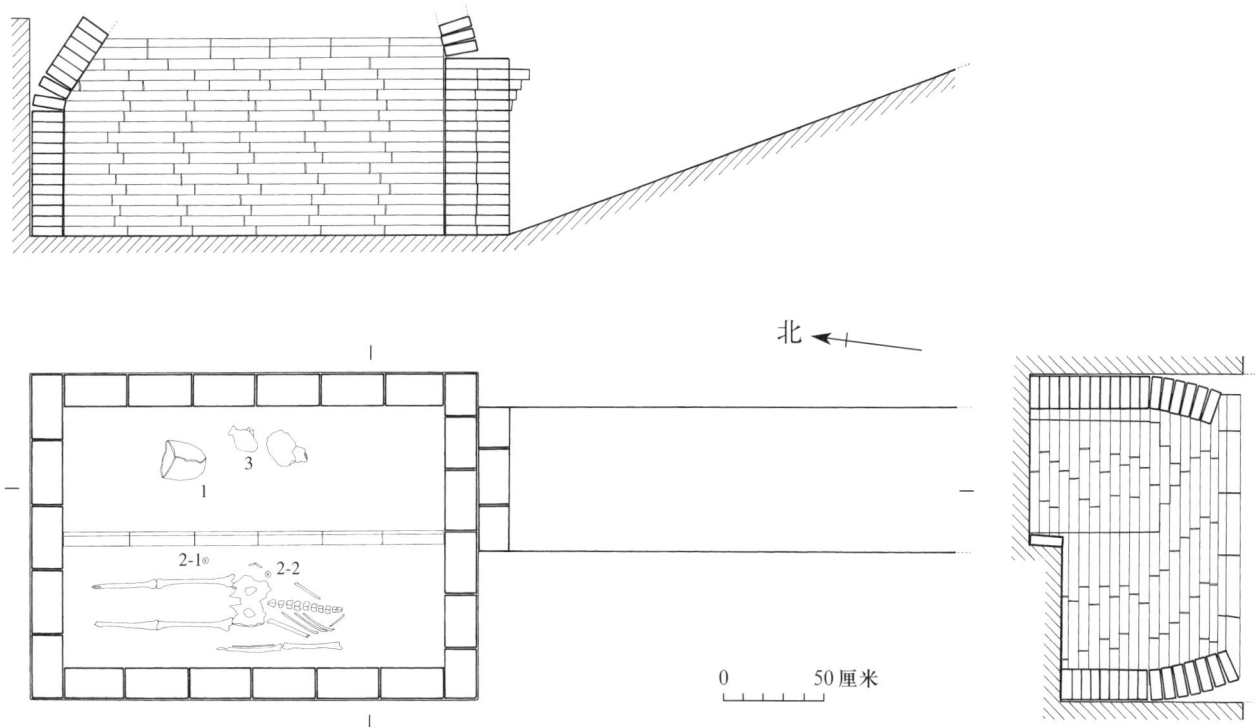

图三八A　M12平、剖面图
1. 罐　2-1、2-2. 开元通宝　3. 壶

2．遗物　有陶器、铜钱和墓砖等。

陶器　泥质，土红色，轮制。均残碎，出土于墓室东部和墓道填土中。器形有壶和罐等。

壶　1件。标本M12：3，残，敞口，卷沿，细颈较高，圆肩，略垂腹，平底。颈部以下浑圆，略呈球形。外壁饰一层灰白色陶衣，局部脱落。口径5.4、底径7、高13.3厘米（图三八B；图版一一，3）。

罐　1件。标本M12：1，泥质，土灰色，轮制，残存腹下部，似双耳罐残件。腹上部圆鼓，下部较纵长，小平底略扁。外壁涂一层灰白色陶衣。腹、底之间留存较明显的黏接痕。底径8~8.6、残高23厘米。

开元通宝　2枚。铜钱出土于人体骸骨旁，形制相同。"开"字宽扁，二竖画外撇；"元"字上画短，次画上挑；"通"字之"走"旁三逗点不相连，"甬"旁上笔开口略大；"宝"字下旁"贝"字宽扁，二横画与左右竖画不相连。有使用痕。标本M12：2-1，直径2.5、穿径0.7、廓宽0.2厘米，重4.2克（图三八B）。标本M12：2-2，直径2.5、穿径0.7、廓宽0.2厘米，重4.1克（图三八B）。

墓砖　墓砖均为拉划纹条砖，模制。规格有长30、宽15、厚5厘米和长33、宽16.5、厚4.5厘米两种；拉划纹大多满布砖面，系用梳齿状的工具多次拉划。

3．葬式　发现人体骸骨一具。头部已被扰至墓室东部，但多数骨骼仍保留在棺床之上，呈头南足北、仰身直肢。经鉴定为18~22岁的女性。没有发现葬具。

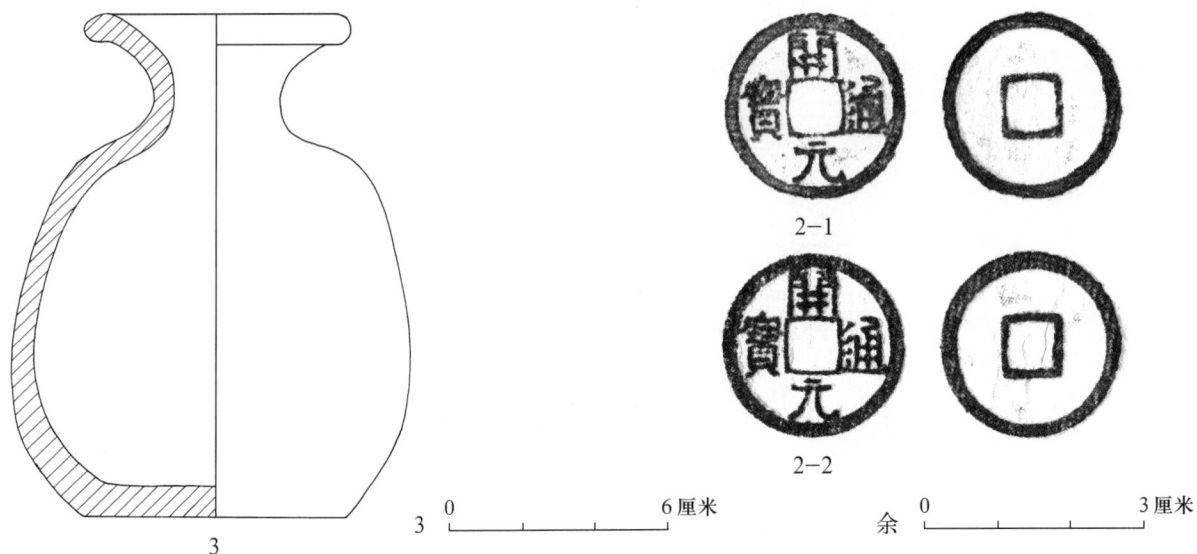

图三八B　M12出土遗物
2-1、2-2. 开元通宝　3. 壶

M11

M11位于第三排西部，西距M11约2.30米。被盗毁，开口层位不详，残口层位与M95同。修筑方法与M1相似。

1．形制　M11为刀把形单室砖室墓，南北向，方向170°。由墓道、甬道及墓室四部分构成，墓室内砌棺床（图三九；图版一二，1、2）。

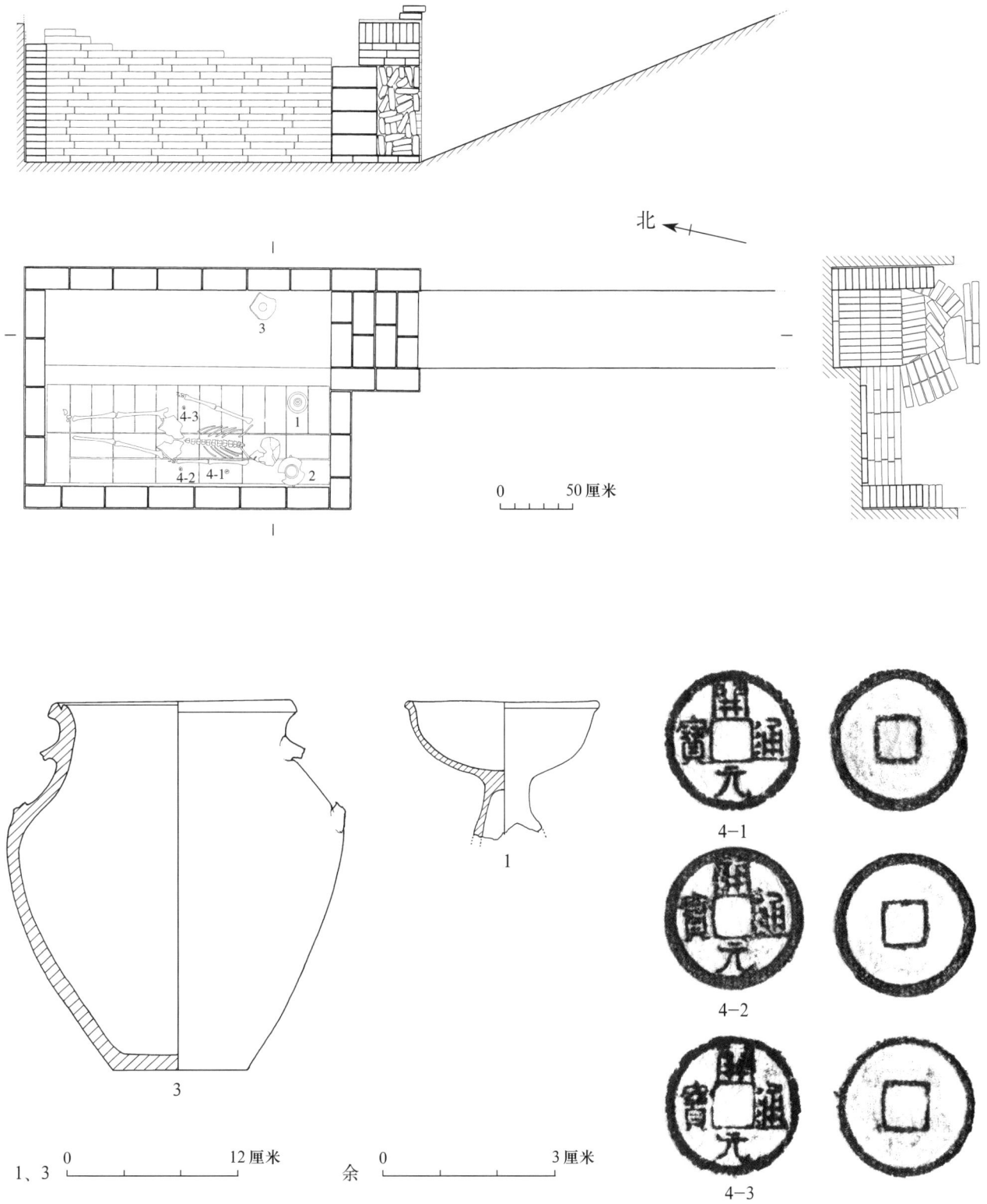

图三九 M11 及出土遗物
1. 豆 2. 罐 3. 双耳罐 4-1~3. 开元通宝

墓道　长方形斜坡底，位于墓室南部，其东壁与墓室东壁南北几乎在同一直线上。残口平面呈长方形；东、西壁均为直壁；底为斜坡，坡度23°。墓道内填土较杂，但主要为黄土和粉砂土，另外含有少量的红粉土。残长2.65、宽0.55、深1.12米。

甬道　底部呈长方形。东、西壁为直壁，用条砖纵向错缝平砌，东壁为墓室东壁的南伸。小平顶，甬道东、西壁0.50米高处起券内收，顶部用条砖横向侧压，南半部分被破坏，残存北部。南北长0.67、东西宽0.55、内高0.84米。其南部用条砖横向外伸平砌，形成出檐，残存二层。从甬道内封门，有南北两重，北部封门用条砖纵向平砌，共为五层；南部封门则用乱砖堆砌。封门南北宽0.60、高0.80米。

墓室　平面呈纵长方形，用条砖错缝平砌于挖掘的长方形土圹内，其四壁均有不同程度的破坏，西壁尤甚。东、西壁用条砖纵向平砌，北、南壁用条砖横向平砌；残存壁面垂直；四壁折角处砌砖错缝叠压，但四壁砌砖未在同一水平面上，东壁和南、北壁东部底层砌砖与墓室地面平，西壁和南、北壁西部底层砌砖与棺床面平。顶部被破坏。墓室南北长2.10、东西宽1.40、残高0.95米。棺床位于墓室西部，与墓室北、西、南三壁相接，是在一生土台之上平铺一层条砖而成，东侧壁未砌护壁。棺床南北长2.10、东西宽0.88、高0.20米。墓室内填土主要分为两种，一种为淤积土，位于墓室底部，有层理结构，当为盗扰后进水淤积而成，厚0.40~0.50米。另外一种为花土，土质较杂，当为墓室被破坏后形成，厚0.30~0.40米。

2．**遗物**　有陶器、铜钱和墓砖。

陶器　均泥质，土灰色，轮制。均残碎，主要出土于墓室西南角。器形有双耳罐、罐、盖、底座和豆等，其中豆内残留灰烬。盖和底座残甚，形制不详。

双耳罐　1件。标本M11：3，敞口，双耳残失，重唇，内尖唇，略低，外圆唇，略高，二者间为一周阴弦纹。束颈，鼓腹，小平底。肩部原黏贴对称的双耳，现存黏接痕和断裂痕，耳部器壁凹陷。外壁涂一薄层灰白色陶衣，局部脱落。口径14、底径8.4、高25厘米（图三九；图版一二，3）。

罐　1件。标本M11：2，残存底部，似兽面罐底部。底径8.2、残高9.4厘米。

豆　1件，残存豆盘和柄部。标本M11：1，微敞口，卷沿，浅腹，细颈较低，呈喇叭筒状。内外壁涂一层灰白色陶衣。口径12.4、残高9.6厘米（图三九；图版一二，4）。

开元通宝　3枚，形制相同，出土于人体骸骨旁。"开"字宽扁，二竖画撇；"元"字上画短，次画上挑；"通"字之"走"旁三逗点不相连，"甬"旁上笔开口略大；"宝"字下旁"贝"字宽扁，二横画与左右竖画不相连。有使用痕。标本M11：4－1，直径2.4、穿径0.7、廓宽0.2厘米，重3.3克（图三九）。标本M11：4－2，直径2.4、穿径0.7、廓宽0.2厘米，重3.3克（图三九）。标本M11：4－3，直径2.4、穿径0.6、廓宽0.2厘米，重3.1克（图三九）。

墓砖　墓砖均为拉划纹条砖，模制较粗糙，规格有长31、宽15.5、厚5.5厘米一种。拉划纹大多用梳齿状工具多次拉划而成，满布砖面。

3．**葬式**　发现一具人体骸骨，置于棺床之上，呈仰身直肢，头南足北。由于墓室内多次进水，人骨保存状况欠佳，多数已变得酥软。经鉴定为20~22岁的女性。没有发现葬具。

M4

M4 位于第三排中部，其东南部分别为 M5 和 M6。三者集中分布且略错位。曾被盗，原开口层位不详。修筑方法与 M95 同。

1. **形制**　M4 为小型竖穴砖室墓，南北向，方向 198°（图四〇；图版一三，1）。

墓室　平面呈长方形，残存底部。其建造方法为：先挖好一竖穴土坑，然后沿土坑四壁用条砖砌墓室。东、西壁紧贴土圹用条砖纵向侧立，南、北壁用一条砖横向侧立；底部用条砖横向平铺；顶部被破坏。墓室南北长 2.45、东西宽 0.68 米，残高 0.10 米。

2. **遗物**　有开元通宝铜钱和墓砖。

开元通宝　2 枚，出土于人骨两手间，字迹相同，有使用痕。"开"字宽扁，二竖画外撇；"元"字上画短，次画上挑；"通"字之"走"旁三逗点不相连，"甬"旁上笔开口略大；"宝"字下高旁"贝"字宽扁，二横画不相连。标本 M4：1－1，直径 2.5、穿径 0.7、廓宽 0.2 厘米，重 4.2 克（图四〇；图版一三，2）。标本 M4：4－2，直径 2.4、穿径 0.6、廓宽 0.2 厘米，重 3.9 克（图四〇；图版一三，3）。

墓砖　墓砖均为灰色夹细砂拉划纹条砖，模制较粗糙，规格有两种。同一规格的砖厚薄不一。标本 M4：2－1，拉划纹较粗疏，系三次拉划而成。长 31.5、宽 15.5、厚 5 厘米。标本 M4：2－2，拉划纹较直、宽、深，系四次拉划而成。长 32、宽 16、厚 4.5 厘米。

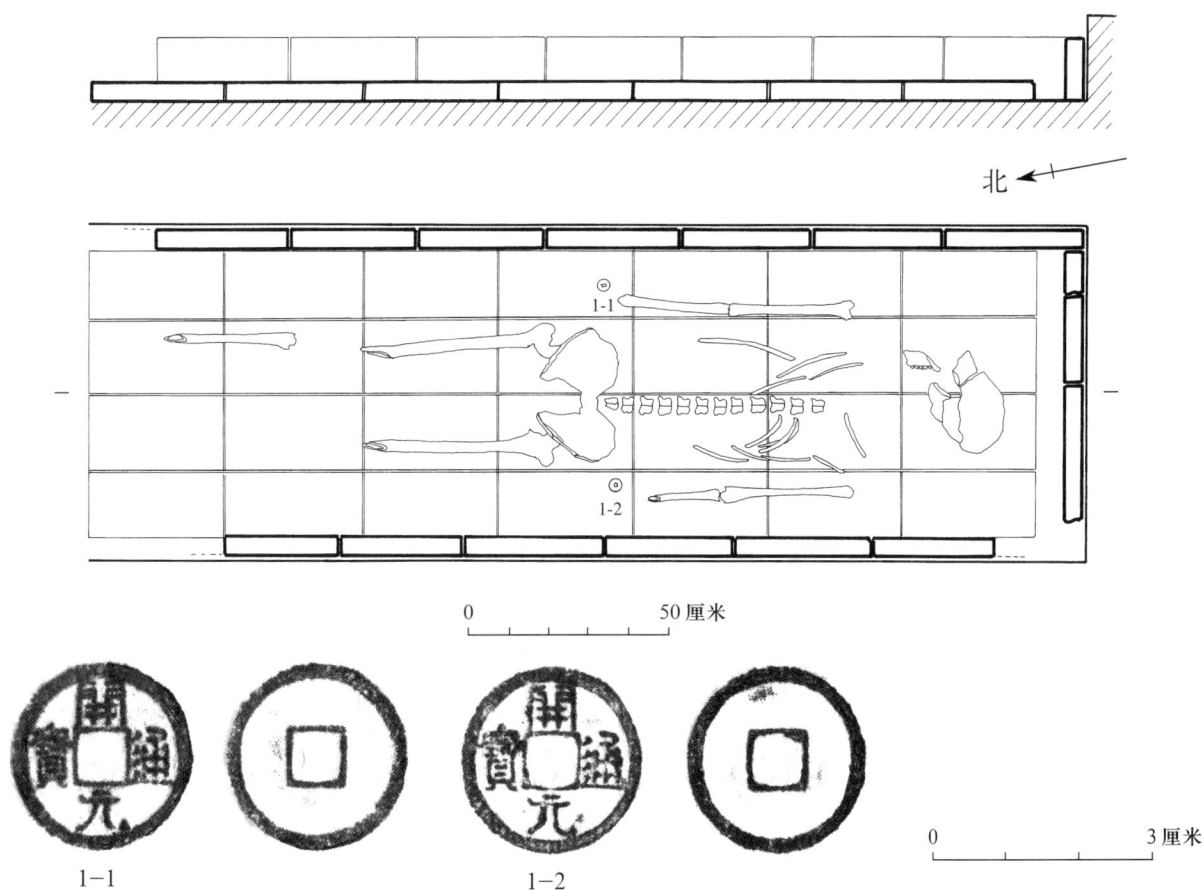

图四〇　M4 及出土开元通宝

3．**葬式**　发现一具人体骸骨，保存状况较差，头骨已破坏，仅存其碎片。从其残存的状况分析，为仰身直肢，头南足北，面向不明。经鉴定为一位3岁左右的儿童。未发现葬具。

M5

M5位于第三排中部，东1.3米处为M6。发掘前已被破坏，原开口层面不详；残口层位和修筑方法与M1同。

1．**形制**　该墓为小型竖穴砖室墓，南北向，方向184°（图四一；图版一三，4）。

墓室　平面呈长方形，用条砖平砌于长方形的竖穴土坑内，残存底部局部砌砖。东、西壁用条砖纵向平砌，南、北壁用条砖横向平砌，残存壁面垂直。顶部残存西北、东北角券砖，推测应为拱形顶。墓室（土坑）南北长2.02、东西宽1.01、残高0.44米。

2．**遗物**　有开元通宝铜钱、蚌壳和墓砖等。

开元通宝　1枚，出土于人体骸骨下，另1枚锈蚀字迹不辨。标本M5：1－1，"开"字宽扁，二竖画外撇；"元"字上画短，略呈弧形，次画左上挑；"通"字之"走"旁三逗点不相连，"甬"旁上笔开口较大；"宝"字下旁"贝"字宽扁，二横画与左右竖画不相连。直径2.4、穿径0.6、廓宽0.2厘米，重2.6克（图四一）。

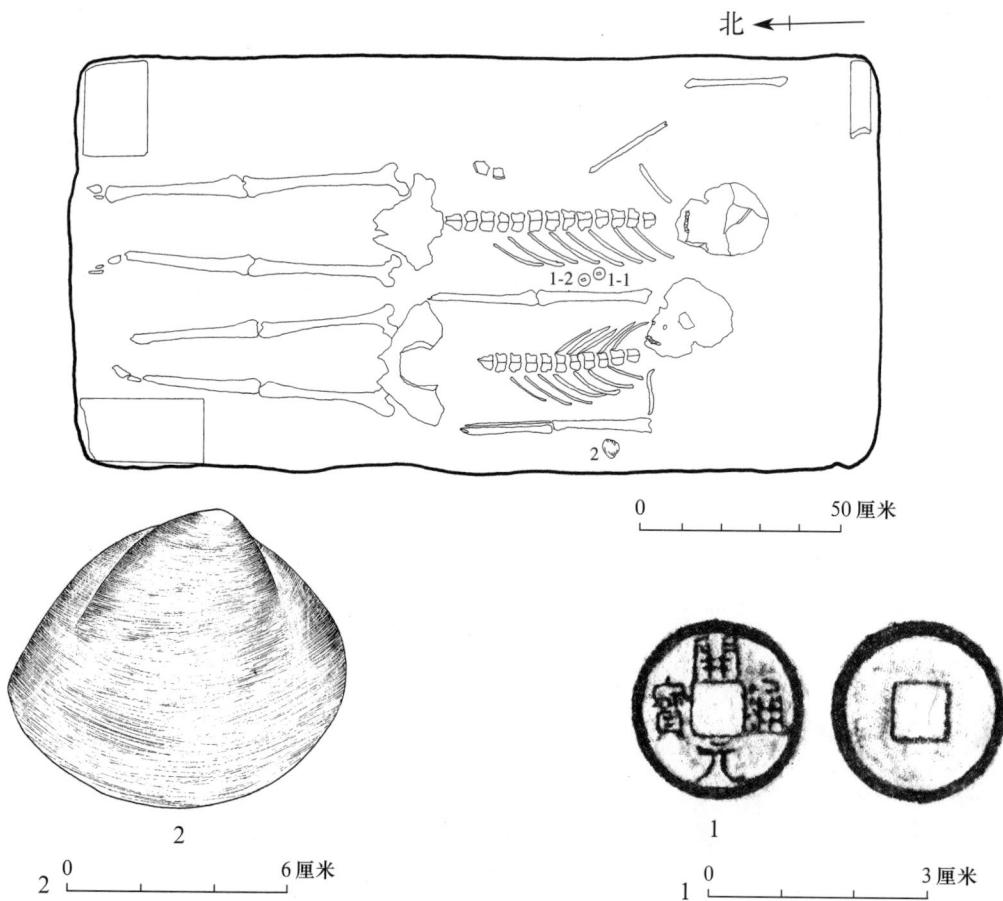

图四一　M5及出土遗物
1．开元通宝　2．蚌壳

蚌壳　1件，蚌壳出土于东部人骨旁。标本 M5：2，天然蚌壳一半，头部有红色条状斑纹。宽9.2、高7.8厘米（图四一；图版一三，5）。

墓砖　墓砖均为夹细砂条砖，有拉划纹和素面两种。规格有长30、宽15、厚5厘米和长32、宽15.5、厚5厘米两种，同一规格的砖厚薄不一。

3. 葬式　发现人体骸骨两具，保存状况较好，分别位于墓室东西两侧，均头向南，面向上，仰身直肢。其中，东侧骨骼较大，西侧骨骼较小。经鉴定，前者为16～18岁的男性，后者为16～18岁的女性，属男女合葬。没有发现葬具。

M6

M6位于第三排中部，东6.40米为M20。发掘前已被破坏，原开口层位不详。修筑方法与M95同。

1. 形制　M6为倒凸字形单室砖室墓，南北向，方向178°。由墓道、甬道及墓室构成，墓室内砌棺床（图四二A；图版一四，1）。

墓道　其大部分已被一近现代坑所破坏。

甬道　底部呈长方形；东、西壁为直壁，用条砖纵向错缝叠压平砌。顶部残，但甬道东、西壁1.08米高处起拱，推测可能为拱形。甬道南北长1.40、东西宽0.60、残高1.38米。封门位于甬道南端，用条砖或横向或纵向平砌，顶部残。封门墙南北宽0.52、高1.24米。

墓室　平面略呈方形，用条砖错缝平砌于挖掘的方形竖穴土圹中，四壁大部分被破坏，仅存墓室西壁南段及南壁。从残存情况分析，用条砖平砌。墓室南北长3、东西宽3、残高1.20米。棺床位于墓室北部，呈长方形，与东、北、西三壁相接。应是先留好一生土台，再在生土台上铺砖而砌成。被严重破坏，仅存局部条砖。棺床东西长3、南北宽1.45、高0.18米。

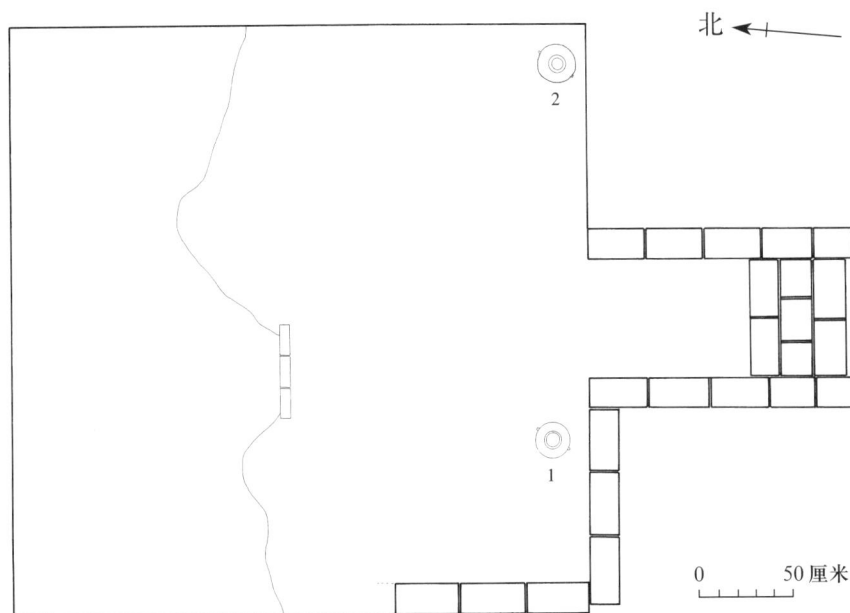

图四二A　M6平面图
1、2. 双耳罐

2. 遗物 有陶器和墓砖。

陶器 泥质，浅灰色，轮制。器形有双耳罐，出土于墓室西南角和东南角。

双耳罐 2件。标本M6：1，敞口，卷沿，矮颈，鼓腹，平底。双耳残失，耳部器壁凹陷。腹下部因挤压略变形。底扁圆形，有疏淡的弧圈纹，上有磨痕。外壁涂一层灰白色陶衣，局部脱落。口径13.2、底径9～10.6、高26.6厘米（图四二B；图版一四，2）。标本M6：2，敞口，斜方唇，唇内侧饰一周阴弦纹；束颈，肩略圆，鼓腹；腹下部急收，小平底。双耳残失，耳部器壁凹陷。底部有疏朗的弧圈纹。外壁涂一层灰白色陶衣，局部脱落。口沿稍扁，制作略显粗糙。口径13.2、底径8.8～9.2、高26.7厘米（图四二B；图版一四，3）。

墓砖 墓砖均为拉划纹条砖，模制较规整。规格有长32、宽15、厚4.5厘米和长33.5、宽16.5、厚5厘米两种。

3. 葬式 人体骸骨多已朽为粉末状，仅零星发现一些肋骨及脊椎骨等骨骼，经鉴定为一成年个体，性别、葬式不详。未发现葬具。

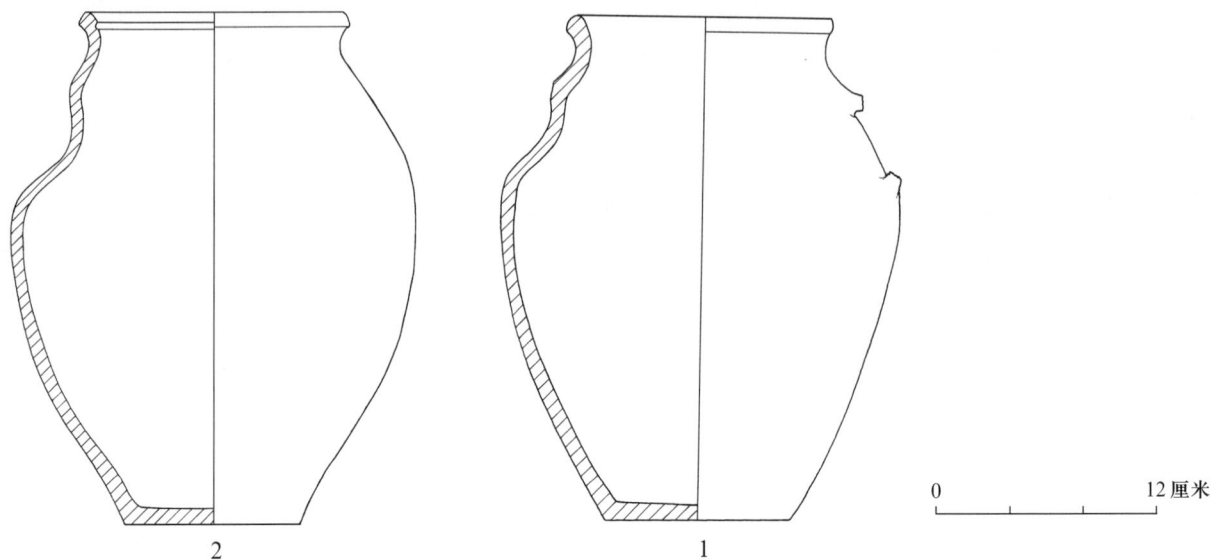

图四二B M6出土双耳罐

M20

M20位于第三排中部偏西，东距M6约6.40米。发掘前已被破坏，原开口层位不详。修筑方法与M95同。

1. 形制 M20为砖室单室墓，南北向，方向185°。墓道和甬道等被毁，仅存墓室大部（图四三；图版一四，4）。

墓室 平面呈方形，用条砖砌筑于挖掘的方形土圹内。东、西壁用条砖纵向平砌，南、北壁用条砖横向错缝平砌，残存壁面垂直，但四壁砌砖未在同一水平面上，南壁和东、西壁南部底层砌砖与墓室地面平，北壁和东、西壁北部底层砌砖与棺床面平。墓室南北长2.10、东西宽2.20米，四壁残存最高

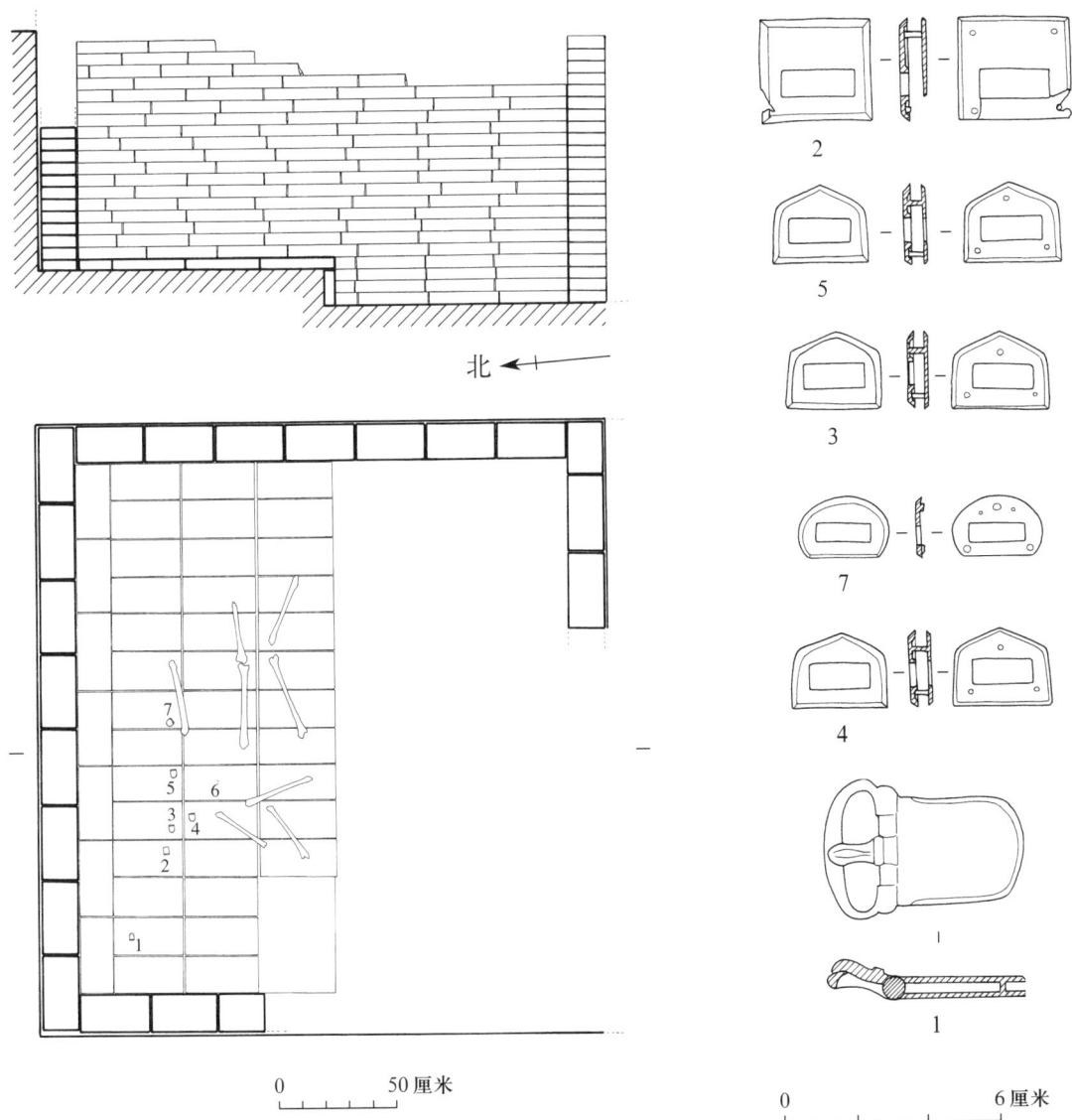

图四三　M20及出土遗物

1. 铜带扣　2~5、7. 铜铐饰　6. 开元通宝

1.10米。棺床位于墓室北部，与墓室北、东、西壁相接。其建造方法为：先留好一生土台，其南侧壁用条砖横向平砌护壁，台面平铺一层条砖。棺床东西长2.20、南北宽1.10米，高0.20米。

2. **遗物**　有陶器、铜铐饰、铜钱和墓砖。

陶器　均为泥质红陶片，器形有双耳罐和壶等，具体形制不详。

铜铐饰　6件，出土于棺床。有带扣、半圆形铜铐饰和方形铜铐饰。

铜带扣　1件。标本M20∶1，由扣柄、扣环、扣针组成。扣柄呈圆头长方形，中空，内夹少许革带；其正面圆头端中部有一铁钉痕，底面圆头端有两铜铆钉痕和一铁铆钉痕，铁铆钉可能是后来修钉所为。扣环扁圆形；扣针方座，头圆秃。三者由扣轴相连，由于锈蚀难以转动。长5.5、宽2.8~3.7、厚0.4厘米（图四三；图版一四，5左1）。

半圆形铜铐饰　4件，由上、下部分件制作铆合，以夹革带。部分出土时分离为上、下两半。标本 M20：3，一端方角，一端尖圆角，中部一长 1.8 厘米、宽 0.7 厘米的长方形孔眼。上部正面周缘略向下包合；下底底面周缘略向上包合，三角部各一个铜铆钉痕。长 2.2、宽 2、厚 0.6 厘米（图四三；图版四一，2 左 3）。标本 M20：4（图四三；图版一四，5 右 3）、标本 M20：5（图四三；图版一四，5 右 2）与标本 M20：2 同。标本 M20：7，半圆形铐饰上部，形制与前三件有别。一端直边，一端圆头，中部有一长 1.6、宽 0.6 厘米的长方形孔眼。正面两侧各有一铁铆钉痕，圆头端两个直径 0.1 厘米的铆钉痕；底面二角和圆头中部各一铁钉，残存根部。长 2.4、宽 1.6 厘米（图版一四，5 右 1）。

方形铜铐饰　1件。标本 M20：2，平面呈方形，出土时分离为上、下两半。上部模铸，正面周缘向下包合，临长边一侧有一长 2、宽 0.8 厘米的长方形孔眼。其底面内凹，孔眼周缘略凸，四角各残存少段铜铆钉，其中有孔眼处的铆钉仅存根部，说明系断裂后从正面修补过。下部较平，略残，方角处各一铆钉痕或铆钉孔眼。长 3、宽 2.7、厚 0.7 厘米（图四三；图版一四，5 左 2）。

开元通宝　1枚，出土于人体骸骨下。标本 M20：6，“开”字宽扁，二竖画外撇；“元”字上画短，略呈弧形，次画左上挑；“通”字之“走”旁三逗点不相连，“甬”旁上笔开口较大；“宝”字下旁“贝”字宽扁，二横画与左右竖画不相连。直径 2.4、穿径 0.6、廓宽 0.2 厘米，重 2.6 克。

墓砖　墓砖为拉画纹条砖，模制较粗糙。规格长 32、宽 16.5、厚 5 厘米；拉画纹系用梳齿状工具拉划，大多较宽满布砖面。

3．**葬式**　人体骸骨被严重扰乱，葬式不详。经鉴定有人体骨骼三具，分别为一位年龄 35～45 岁的男性，一位年龄大于 30 岁的女性和年龄大于 45 岁的女性。没有发现葬具。

M58

M58 位于第三排西部，其西部 1.60 米为北魏墓 M60。发掘前被盗和破坏，原开口层位不详。修筑方法与 M96 同。

1．**形制**　M58 为准刀把形单室砖室墓，南北向，方向 182°。由墓道、甬道、墓室构成，墓室内砌棺床（图四四；图版一五，1）。

墓道　长方形斜坡底，位于南部偏东。残口平面呈长方形。东、西壁为直壁，底斜坡。填土为褐色花土，土质较硬。残长 0.46、宽 0.63、深 0.35 米。

甬道　平面呈长方形。西壁用条砖纵向错缝平砌，东壁为墓室东壁的向南延伸；残存壁面垂直。西壁与墓室南壁相接砌砖相互叠压。底部为黄色粉砂土，未铺砖。顶部被毁。南北长 0.32、东西宽 0.63 米，残高 0.35 米。封门位于甬道内，残存下部。用一层条砖纵向、一层条砖横向交替平砌，残存底部。封门厚 0.32、残高 0.30 米。

墓室　平面呈长方形，用条砖逐层错缝平砌于挖掘的长方形土圹内，残存底部；四壁残存壁面垂直。东、西壁用条砖纵向平砌，南、北壁用条砖横向平砌，四壁相接处砌砖相互叠压，但四壁砌砖未在同一水平面上，东壁和南、北壁东部底层砌砖与墓室地面平，西壁和东、西壁西部底层砌砖与棺床面平。顶部被毁。墓室南北长 2、东西宽 1.60 米，四壁残高 0.30 米。棺床位于墓室西，呈长方形，与墓室北、西、南三壁相接；东侧壁用条砖纵向平砌护壁，护壁砌砖未与墓室南、北壁砌砖相互叠压；棺

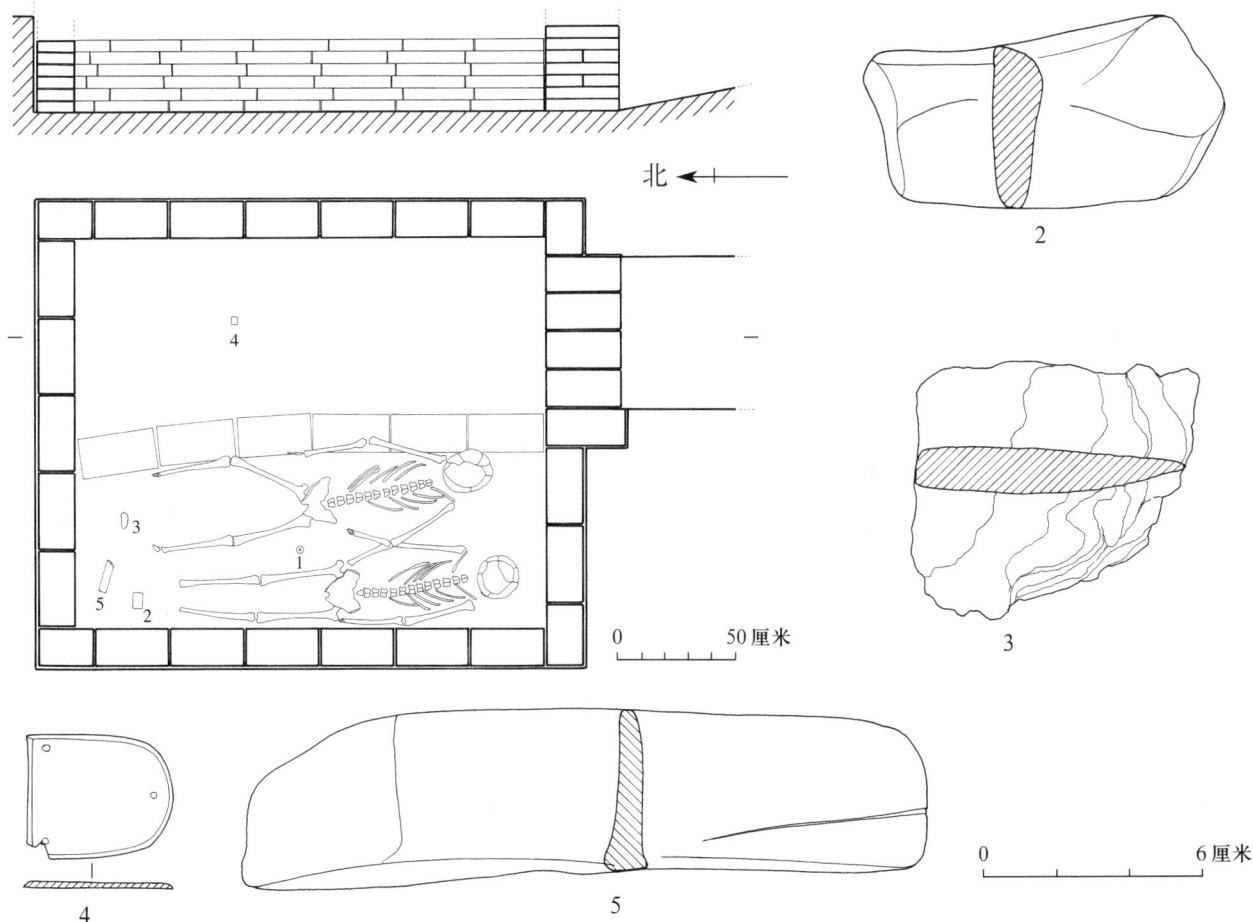

图四四　M58 及出土遗物

1. 开元通宝　2、5. 砺石　3. 铁器　4. 铜铊尾

床面为黄砂层面，未铺砖。棺床南北长 2、东西宽 0.72 米，高 0.15 米。墓室地面为黄砂土，未铺砖。

2. **遗物**　有陶器、铜铊尾、铜钱、铁器、砺石等（陶器均为泥质灰陶片，器形不辨）。

铜铊尾　1 件，出土于墓室北部。标本 M58：4，带铊下部，平面略呈圆头长方形，一端圆头，一端方角，其底面周缘略呈斜刹，两方角和圆头端各一直径 0.2 厘米的铆钉孔眼。长 4、宽 3.3 厘米（土四四；图版一五，4）。

开元通宝　1 枚，出土于人体骸骨下，标本 M58：1，严重锈蚀，仅辨字迹。

铁器　1 件，出土于棺床西北部。标本 M58：3，似铁刀一角，严重锈蚀。残长 7.7、残宽 6.8 厘米（图四四）。

砺石　2 件，出土于棺床西北部。标本 M58：2，略呈长方形，砂岩。正面光滑，背面是岩石的自然剥离面，凸凹不平。长 9.4、宽 4.8、厚 2 厘米（图四四；图版一五，3）。标本 M58：5，略呈长方形，一端正面略残。灰青色，岩质细腻。正面光滑，中部略凹；一侧面光滑，另一侧面有切割痕；底面略打磨。长 18.6、宽 4.4、厚 1 厘米（图四四；图版一五，2）。

墓砖　均为条砖，模制较粗糙，有素面和拉划纹两种。拉划纹系多次拉划，有的满布砖面。长 32、宽 16、厚 5 厘米。

3．葬式　发现两具人体骸骨，均置于棺床之上。棺床西侧人体颅骨稍有扰动，但主体骨骼呈仰身直肢，头向南。棺床东侧人骨也为仰身直肢，头向南。经鉴定分别为一位年龄30～35岁的男性和一位年龄20～25岁的女性。没有发现葬具。

四　M16、M7、M59

M16、M7、M59位于乙区第四排，三者东西间距较大。

M16

M16位于第四排西部，东距M7约19.20米。发掘前已被破坏，原开口层位不详。修筑方法与M95同。

1．形制　M16为倒凸字形单室砖室墓，南北向，方向184°。由墓道、甬道以及墓室构成，墓室内砌棺床（图四五；图版一六，1）。

墓道　长方形斜坡底，位于墓室南部，与墓室南北在同一中轴线上。残口平面呈长方形，东、西壁为直壁；底斜坡，坡度为24°。填土为褐色花土，土质较硬。墓道南北长2.69、东西宽0.90、深1.18米。

甬道　底部呈长方形，东、西壁为直壁，用条砖纵向平砌，与墓室南壁相接处砌砖逐层错缝叠压。顶部残。南北长0.31、东西宽1.05、残高0.42米。封门位于甬道内，用条砖横向、纵向交替平砌，残存下部。封门厚0.31、残高0.40米。

墓室　平面呈倒梯形，用条砖错缝平砌于挖掘的长2.86、宽2.70米竖穴土圹内，被严重破坏。东、西壁稍外弧，用条砖纵向平砌，仅残存底部3～4层砌砖；墓室北壁已完全被毁；南壁较直，条砖横砌，也严重破坏，残高0.40米。顶部被毁。墓室南北长2.70米、北部东西宽2.40、南部东西宽1.95、四壁残高0.05～0.40米。土圹残高1.18米。棺床呈倒凹字形，与墓室四壁相接，东、南、西侧壁未砌护壁，棺床面为黄砂土。棺床高0.15米。中南部凹槽为墓室地面，连接甬道，为黄色砂土未铺砖。凹槽南北长1.06、东西宽0.80米。

2．遗物　有陶器、铜合页、贝壳、墓砖等。

陶器　均为泥质，橘红色，轮制。残碎，出土于棺床东部，可辨器形有一套塔形罐，由盖、兽面罐、底座组成，但盖残小形制不详。

兽面罐　1件，残。标本M16：1，敛口，卷沿，矮领，圆肩，腹部较深，平底。肩部贴饰四个兽面，残存三个，形制、造型相同。兽面模制，半圆球形，面部特征较为温和。颧骨、鼻、眉、眼略凸；嘴略张，扁月形，獠牙不明显；无左、右耳。内壁下部较厚；外壁腹部有刮划痕。外壁涂一层灰白色陶衣。底部周缘不平，中部留存近平行的弧线纹。底径14.4、高30.8厘米（图四五；图版一六，2上）。

底座　1件。标本M16：2，由上、下部分件制作套接而成。下部覆盆状。敞口，卷平沿，斜腹，脱底。上部钵状，敞口，斜方唇，脱底。内外壁饰一层灰白色陶衣。上口径15、底径26、高16.4厘米（图四五；图版一六，2下）。

铜合页　1件。标本M16：4，残存一半，平面略呈半圆形。正面周缘斜抹，中部有一直径0.1厘米的铆钉孔。底面内凹，中部有三个三角形分布的铜铆钉。长、宽各2.4厘米（图四五；图版一六，3）。

蚌壳　1件，贝壳出土于北部人体骸骨上肢骨旁。标本M16：3，天然贝壳的一半，头部有红褐色

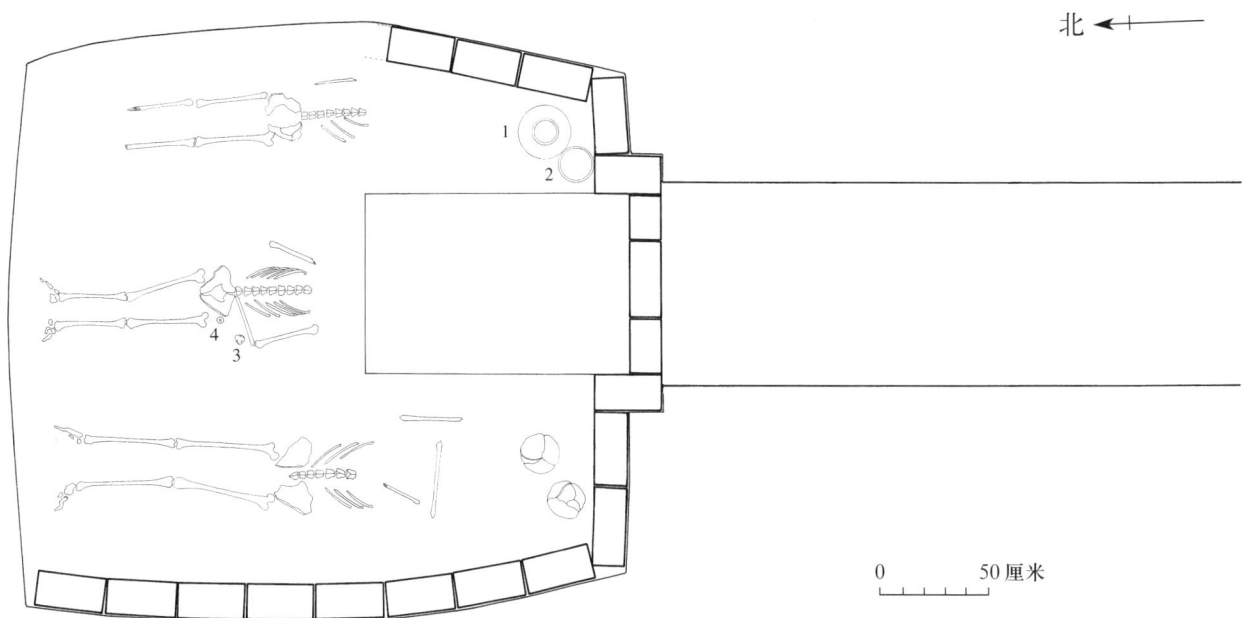

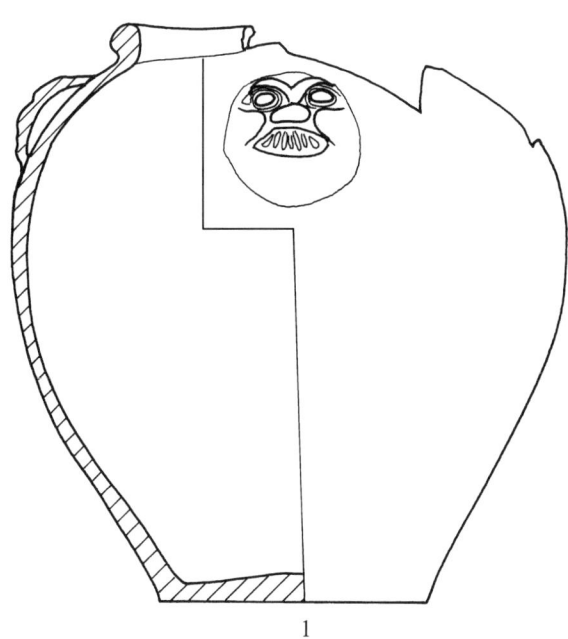

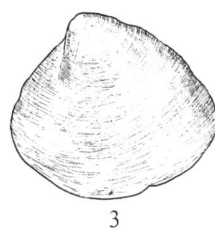

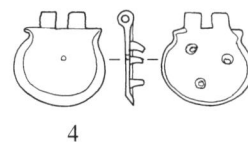

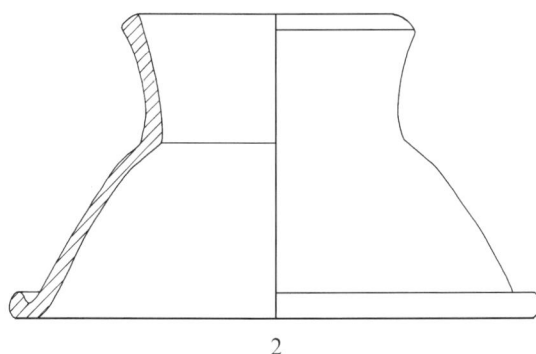

北 ←

0　　　50厘米

3

4

1

0　　　　12厘米
1、2

余　　0　　　　6厘米

2

图四五　M16 及出土遗物
1. 罐　2. 底座　3. 蚌壳　4. 铜合页

条状斑纹。宽5.4、高4.6厘米（图四五；图版一六，4）。

墓砖　墓砖均为拉划纹条砖，模制较粗糙。规格有长30、宽14.5、厚5厘米和长32、宽15、厚5厘米两种。拉划纹用梳齿状的工具拉划，有的满布砖面，有的仅布半面。

3. **葬式**　发现三具人体骸骨，分别位于棺床东、西、北端。保存尚好，但其头骨均已被扰动，其中两个位于墓室西南部，另一个在墓室东南角一残陶器底内。但从其保存状况来看，三具人骨均为仰身直肢，头向南，面向不明。经鉴定，分别为一位20～30岁的男性、一位25～28岁的女性，另一位性别不详，年龄16～20岁。属三人合葬墓。没有发现葬具。

M7

M7位于第四排中部，东距M59约16米。发掘前已被破坏，原开口层位不详。修筑方法与M95同。

1. **形制**　M7为倒凸字形单室砖室墓，南北向，方向190°。总长6.71米，由墓道、甬道、小龛及墓室组成，墓室内砌棺床（图四六；图版一七，1、2）。

墓道　位于墓室南部，长方形斜坡底，与墓室南北在同一中轴线上。残口呈长方形，东、西壁为垂直；底斜坡，坡度为26°；填土为褐色花土，土质较松软。残长2.40、宽0.77、最深0.77米。

甬道　连接墓道与墓室。底部呈长方形，东、西壁较墓室四壁宽，用条砖纵向和横向平砌；顶部已残，但甬道东、西壁1.06米处开始起拱内收，推测可能为拱形。甬道内填土较杂，为褐色淤土，堆积较为松散，且含有少量的砖块等。甬道南北长1.45、东西宽0.77、残高1.20米。甬道东、西壁中部距甬道南端0.32米处各砌一小龛，叠涩尖顶。东龛宽0.34、进深0.16、高0.90米，西龛宽0.34、进深0.16、高0.80米。从甬道南部封门，用条砖砌成，顶部残。封门南北宽0.32、残高1.10米。另外，在甬道北部有一层横向砌砖与墓室南壁相连。

墓室　平面呈方形，用条砖错缝平砌于挖掘的竖穴土圹中，残存中下部。东、西壁用条砖纵向平砌，被毁较为严重；南、北壁用条砖横向平砌；残存壁面垂直，但四壁未在同一水平面上，南壁和东、西壁南部底层砌砖与墓室地面平，北壁和东、西壁北部底层砌砖与棺床面平。顶部被毁。墓室南北长2.70、东西宽3、残高0.75米。棺床位于墓室北部，呈长方形，与墓室东、西、北三壁相接。其修筑方法为：先留好一生土台，用条砖在生土台南侧壁砌护壁。由于此砌砖与墓室东西壁无叠压关系，系墓室砌好后所砌。棺床面用条砖平铺。棺床东西长3、南北宽1.27、高0.35米。墓室地面为黄色粉砂土，未铺砖。

2. **遗物**　有陶器、铜带饰、铜钱、墓砖等。

陶器　泥质，土红色，轮制。残碎，出土于棺床南部，可辨器形有双耳罐和壶等。

双耳罐　1件。标本M7：1，双耳残失。敞口，圆唇，矮领，圆肩，深腹，平底。口内侧饰一道凹弦纹。耳部器壁凹陷。底部有细密的弧圈纹。内、外壁涂一层灰白色陶衣，外壁陶衣略厚。口径12.8、底径10、高26.1厘米（图四六；图版一七，3）。

铜带饰　2件，分别为铜带扣和长方形铜铐饰，出土于人体骸骨附近。

铜带扣　1件。标本M7：3，由扣柄、扣环、扣针经扣轴相连组成。扣柄长方形，一端略弧；正面周缘略抹，底面平，两角和临扣环处各一铆钉痕，其中后者从正面穿孔铆钉，系后来修理所为。扣

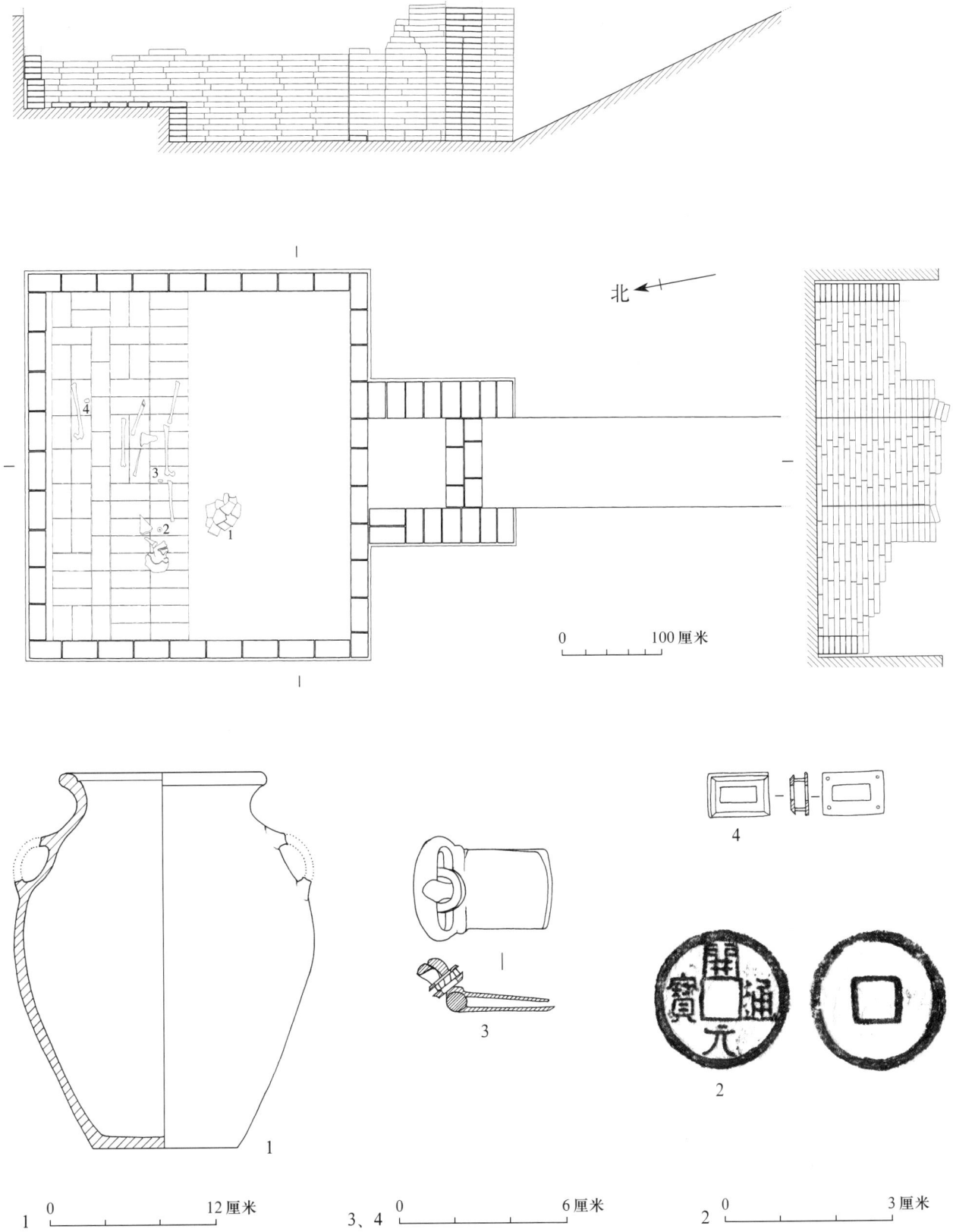

北

0　　　　　　100厘米

1

4

3

2

0　　　　　　12厘米

3、4　0　　　　　　6厘米

2　0　　　　　　3厘米

图四六　M7及出土遗物
1. 罐　2. 开元通宝　3. 铜带扣　4. 长方形铜铐饰

环扁环形。扣针方座，针头圆秃，其上套圆形铜带孔眼。扣轴铁质，因锈蚀难转动。扣环略翘。长 4.5、扣柄宽2.8、厚0.4~0.7厘米（图四六；图版一七，4左）。

长方形铜铐饰 1件。标本M7：4，平面呈长方形，由上、下部分件制作铆合，以夹革带，中部一长1.4厘米、宽0.6厘米的长方形孔眼。上部正面周缘斜抹，其底面略凹，四角各一铜铆钉。下部平，底面四角各一铜铆钉痕。长2.2、宽1.5、厚0.6厘米（图四六；图版一七，4右）。

开元通宝 1枚，出土于人体骸骨旁。标本M7：2，字迹较清晰。"开"字宽扁，二竖画外撇；"元"字上画短，略呈弧形，次画左上挑；"通"字之"走"旁三逗点不相连，"甬"旁上笔开口较大；"宝"字下旁"贝"字宽扁，二横画与左右竖画不相连。直径2.4、穿径0.6、廓宽0.2厘米，重4.1克（图四六）。

墓砖 墓砖均为拉划纹条砖，模制较粗糙。规格有长30、宽14、厚5厘米和长32、宽15.5、厚5厘米两种，同一规格的砖厚薄不一。拉划纹均为纵向，系多次拉划而成。

3. **葬式** 发现两具人体骸骨。位于棺床南部的人骨尚保存略好，呈头西足东面向南。棺床北端骸骨未发现头骨，扰乱严重，葬式不详。经鉴定，前者可能为25~30岁的女性，后者年龄、性别不详。未发现葬具。

M59

M59位于第四排东部，北距M60墓道约4米，南距M61约8.8米。发掘前已被破坏，原开口层位不详。修筑方法与M95同。

1. **形制** M59为倒凸字形单室砖室墓，南北向，方向182°。由墓道、甬道及墓室构成，墓室内砌棺床（图四七；图版一八，1、2）。

墓道 长方形斜坡底，位于墓室南部，西向偏离中轴线。残口平面呈长方形，东、西壁为直壁；底斜坡，坡度为37°。填土为五花土，较疏松。墓道长0.99、0.55、深0.75米。

甬道 平面呈长方形，平底用条砖纵向平铺。东、西壁为直壁，用条砖纵向逐层错缝平砌，与墓室南壁相接处砌砖相互叠压。小平顶，甬道东、西壁0.80米处开始内收三层，其上用条砖横向侧立，北部被毁。顶部南端用条砖横向出沿叠压平砌，残存三层。甬道底南北长0.66、东西宽0.55米，内高0.85米。封门位于甬道内，用一层条砖纵向、一层条砖横向交替平砌，顶部被毁。封门厚0.32、残高0.80米。

墓室 平面略呈方形，用条砖逐层错缝叠压平砌于挖掘的长方形土圹内，残存中下部，残存壁面垂直。东、西壁用条砖纵向平砌，南、北壁用条砖横向平砌，四壁相接处砌砖相互叠压，但四壁未在同一水平面上，南壁和东、西壁南部底层砌砖与墓室地面平，北壁和东、西壁北部底层砌砖与棺床面平。顶部被毁。墓室南北长1.90、东西宽1.95米，残高0.95米。棺床位于墓室北部，呈长方形，与墓室东、北、西三壁相接。南侧壁用条砖平砌护壁，护壁砌砖未与东、西壁砌砖相互叠压；棺床面用条砖平铺。棺床东西长1.95、南北宽1.15米，高0.30米。墓室地面呈长方形，也用条砖平铺。

2. **遗物** 有陶器、铜带饰、铜钱和墓砖等。

陶器 均为泥质，红陶片，出土于棺床西部，器形有双耳罐、壶等。

双耳罐 1件。标本M59：6，残存腹部以下。鼓腹，平底，腹部器壁很薄，仅0.30厘米，向底部

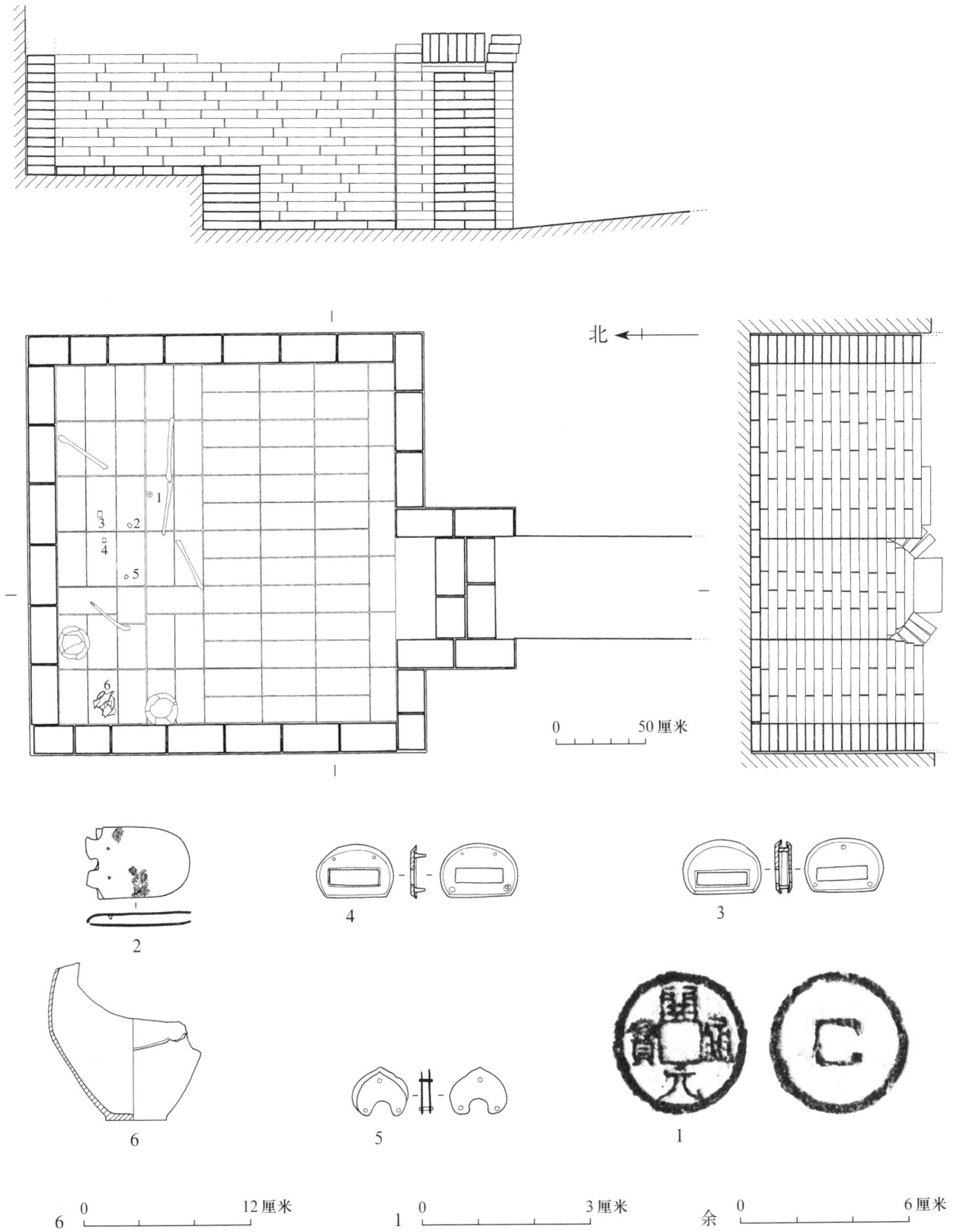

图四七　M59 及出土遗物

1. 开元通宝　2. 铜带扣　3、4. 铜铐饰　5. 铜垫伏　6. 双耳罐

逐渐增厚。腹下部因挤压略变形；腹底之间留存黏接痕。底部弧圈纹较平行，清晰，外壁涂一层灰白色陶衣，局部脱落。底径8.2、残高22.4厘米（图四七）。

铜带饰　3件，有铜带扣和半圆形铜铸饰，出土于棺床东北部。

铜带扣　1件。标本M59：2，残存扣柄，出土时分离为上、下两半，扣环和扣轴残失。平面呈圆头长方形，圆头端有二铜铆钉。长3.7、宽2.5、厚0.5厘米（图四七；图版一八，3下右）。

半圆形铜铸饰　2件。标本M59：3，平面呈半圆形，由上、下部分件制作铆合而成；临直边有一长1.8、宽0.6厘米的长方形孔眼，上部孔眼略大于下部孔眼。上部正面周缘有较窄的斜刹；下部平，其底面方角和圆头端各一铜铆钉痕。长2.8、宽1.8、厚0.5厘米（图四七；图版一八，3上右）。标本M59：4，平面呈半圆形，残存上部，临直边有一长1.9、宽0.6厘米的长方形孔眼。正面周缘略向下包合；底面略凹，两角和圆头端各有一铜铆钉；圆头端两侧各一径0.1厘米的穿孔。长2.8、宽1.8厘米（图四七；图版一八，3下左）。

铜垫伏　1件。标本M59：5，平面呈桃形；上、下部形制相同，从两侧底端和圆头端铆钉，均留存铆痕。长2、宽1.6、厚0.3厘米（图四七；图版一八，3上左）。

开元通宝　1枚，出土于人体骸骨旁。标本M59：1，"开"字宽扁，二竖画外撇；"元"字上画短，次画上挑；"通"字之"走"旁三逗点不相连，"甬"旁上笔开口略大；"宝"字下旁"贝"字宽扁，二横画与左右竖画不相连，上部模糊。有使用痕。直径2.5、穿径0.7、廓宽0.2厘米，重3.6克（图四七；图版四六，4）。

墓砖　均为拉划纹条砖，模制较为粗糙，规格相同。拉划纹大多粗疏。长30、宽15、厚4.5厘米。

3．**葬式**　墓室被严重盗扰，骸骨非常凌乱。经鉴定，有人体骸骨三具。两具为男性，年龄分别为35～45岁、45～55岁；一具为年龄45～55岁的女性。属三人合葬，具体葬式不详。没有发现葬具。

五　M19、M10、M9

M19、M10、M9位于第五排。M19与第六排M18相距较近，较M10距离略远。M10与M9东西并列，间距较小。

M19

M19位于第五排西部，东距M10约17.20米，东南为M18。墓葬在发掘前已被破坏，原开口层位不详。修筑方法与M95同。

1．**形制**　M19是倒凸字形单室砖室墓，南北向，方向170°。由墓道、墓门、甬道及墓室四部分构成，墓室内砌棺床（图四八；图版一九，1）。

墓道　长方形斜坡底，位于甬道南部，与墓室南北在同一中轴线上。残口平面呈长方形，东、西壁残存壁面垂直；底为斜坡，坡度为23°。填土为花土，疏松。长2.70、宽0.78、深1.05米。

甬道　底部平面呈长方形，剖面呈梯形。东、西壁用条砖纵向逐层内收平砌，与墓室南壁相接砌砖错缝叠压。顶部被毁，形制不详。甬道东、西壁0.80米高处始起拱。甬道底部南北长0.60、东西宽0.65、起拱处宽0.53米，残高1.05米。封门位于甬道内南端，用平砖横向平砌，残高0.55米。

墓室　平面呈方形，用条砖错缝平砌于挖掘的方形土圹内，残存中下部。东、西壁用条砖纵向平

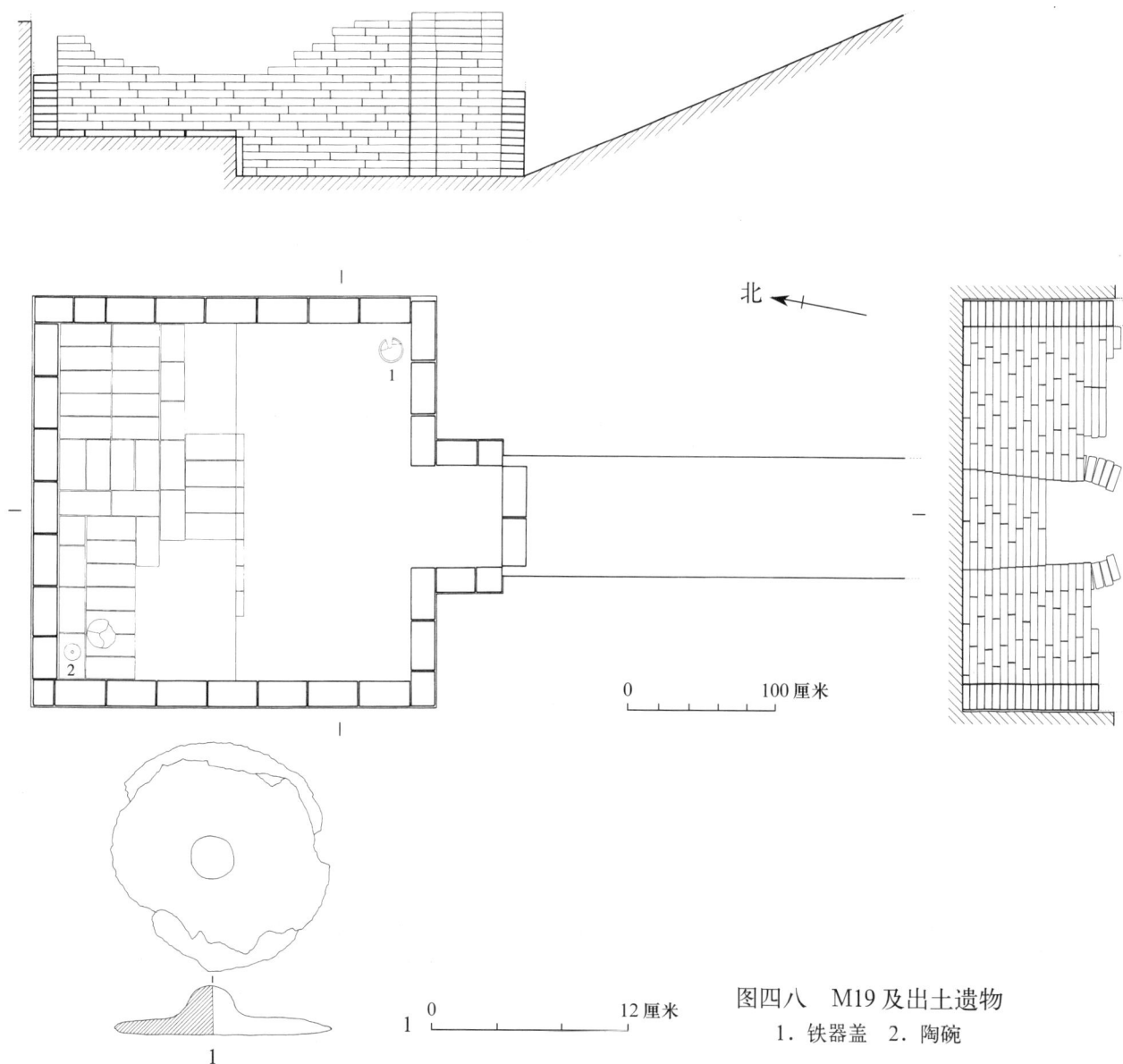

图四八　M19 及出土遗物
1. 铁器盖　2. 陶碗

砌，但严重破坏，东壁北端尤甚，仅存五、六层砖；北、南壁用条砖横向平砌；残存壁面垂直，但四壁未在同一水平面上，南壁和东、西壁南部底层砌砖与墓室地面平，北壁和东、西壁北部底层砌砖与棺床面平。顶部被毁。墓室南北长2.35、东西宽2.30米，四壁最高处残高1米。棺床位于墓室北部，与墓室东、北、南壁相接，呈横长方形。其建造方法为先留好一生土台，南侧壁用条砖竖立护壁、其上平铺一层条砖而成，但护壁砌砖仅存中部，东、西部被毁；棺床面铺砖东南和西南部被毁。棺床东西长2.30、南北宽1.20、高0.25米。墓室地面也用条砖平铺。墓室内填土较杂，含有大量的条砖，可能为墓室被破坏后形成的。

2. **遗物**　有陶器、铁器盖和墓砖等。

陶器　均为泥质灰陶片，出土于棺床东北部，器形有罐和碗等。

碗　1件。标本M19：2，泥质，灰陶，轮制，口残。假圈足，足底有较疏的弧圈纹。足径5.2、高4.5厘米。

铁器盖　1件，位于棺床西北部。标本 M19：1，平面呈圆形，略残。正面中部有一球状纽，底面黏连部分朽木。严重锈蚀。直径 14 厘米（图四八）。

墓砖　墓砖均为拉划纹条砖，模制较粗糙。规格长 30、宽 15.5、厚 5 厘米；拉划纹用宽、窄两种梳齿状的工具多次拉划满布砖面。

3. **葬式**　发现一具人体骸骨，严重扰乱、残朽。经鉴定是一成年个体，性别不详。没有发现葬具，但发现有少量的小铁钉残断，上附朽木残块，属箱、盒类用钉，可能用箱、盒类随葬。

M10

M10 位于第五排中西部，东距 M9 约 4.80 米，与 M9 东西并列。发掘前已被破坏，原开口层位不详。修筑方法与 M95 同。

1. **形制**　M10 为倒凸字形单室砖室墓，南北向，方向 177°。由墓道、甬道及封门、墓室构成，墓室内砌棺床（图四九；图版二〇，1、2）。

墓道　长方形斜坡底，位于墓室南部，与墓室在同一中轴线上。残口平面呈长方形，东、西壁较直；底斜坡，坡度为 28°。填土为疏松的黑褐色花土，包含少量的残砖块。墓道长 2.80、宽 0.65、深 1.50 米。

甬道　底部平面呈长方形，平底，土质为黄色粉砂土。东、西二壁垂直，用条砖纵向错缝平砌，与墓室南壁相接处砌砖错缝叠压。顶部为拱形，甬道东、西两壁 0.80 米高处内收起拱。顶部南端用条砖横向逐层出头平砌形成出沿。甬道南北长 1.20、东西宽 0.65 米，内高 0.80 米。从甬道内封门，中下部用条砖纵向平砌三排，其上用条砖横向平砌。南北厚 0.86、高 0.80 米。

墓室　平面呈方形，用条砖错缝平砌于挖掘的方形竖穴土圹中，残存中下部。东、西壁用条砖纵向平砌，南、北壁用条砖横向平砌，四壁残存壁面垂直，但四壁未在同一水平面上，南壁和东、西壁南部底层砌砖与墓室地面平，北壁和东、西壁北部底层砌砖与棺床面平。顶部被毁，形制不详。墓室南北长 2.52、东西宽 2.55、残高 1.50 米。棺床位于墓室北部，呈长方形，与墓室东、北、西三壁相接，是在一生土台上砌护壁、台面铺砖而成。护壁用条砖竖立，仅残留中间二立砖；棺床面铺砖仅存东北部。墓室地面也用条砖平铺。

2. **遗物**　有陶器、铜钱、石器和墓砖等。另外，在棺床北端发现一些动物头骨，可能为随葬之用。

陶器　泥质，土红色，轮制。均为残片，出土于墓室东南角，器形有双耳壶、罐等。

双耳壶　1件，残复。标本 M10：1，敞口，平沿，圆唇，矮领，溜肩，腹上部圆鼓，腹下部稍纵长，小平底。肩部原黏贴对称的双耳，残失，现存黏接痕。耳部器壁凹陷。底略扁，有清晰的弧圈纹。外壁涂一层灰白色陶衣。口径 5.6、底径 8、高 26.6 厘米（图四九；图版二〇，3）。

开元通宝　2枚，出土于棺床。标本 M10：2－1，"开"字宽扁，二竖画外撇；"元"字上画短，略呈弧形，次画左上挑；"通"字之"走"旁三逗点不相连，"甬"旁上笔开口较大；"宝"字下旁"贝"字宽扁，二横画与左右竖画不相连。直径 2.5、穿径 0.7、廓宽 0.2 厘米，重 3.5 克（图四九）。标本 M10：2－2，钱纹模糊，字迹不清晰。直径 2.5、穿径 0.6、廓宽 0.2 厘米，重 3.4 克（图四九）。

石器　1件。标本 M10：3，形制呈船形，由卵石破裂、磨制而成，打磨平整、光滑。长 6.4、宽 3

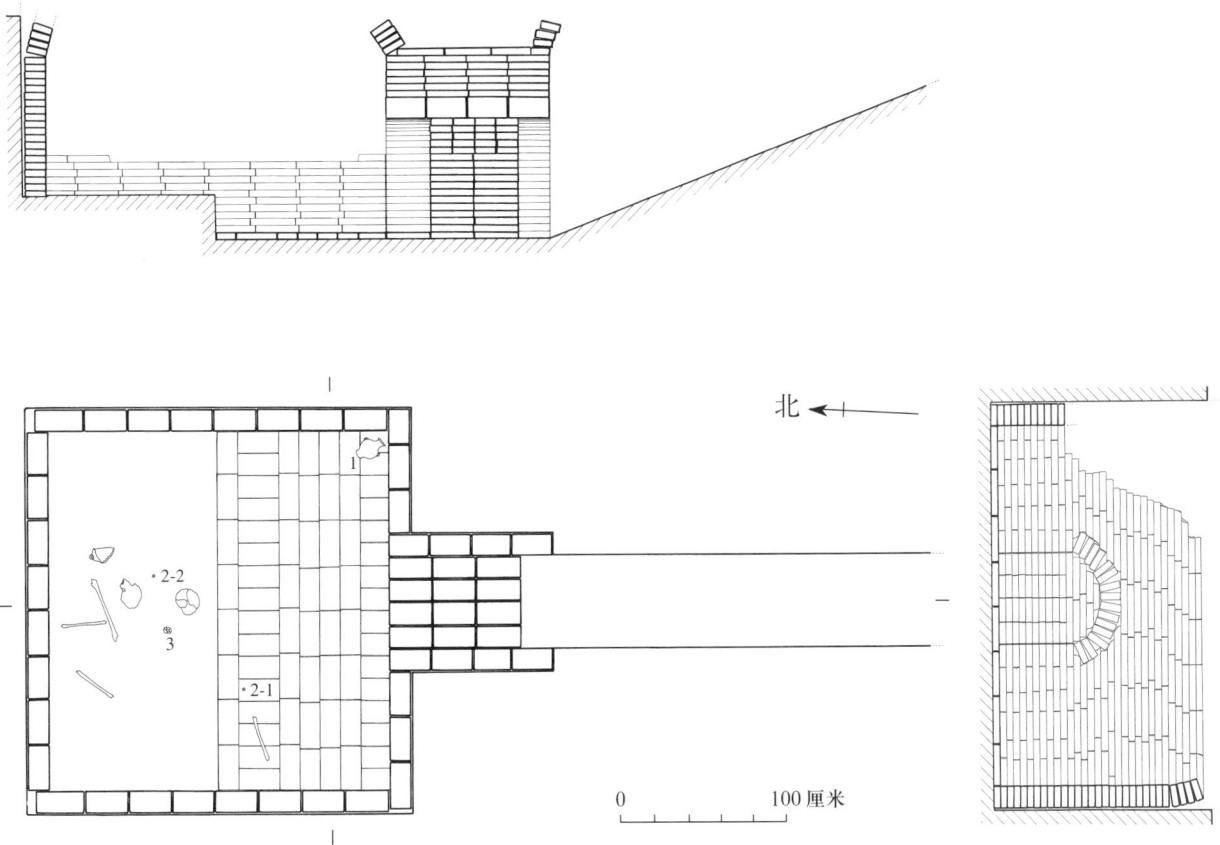

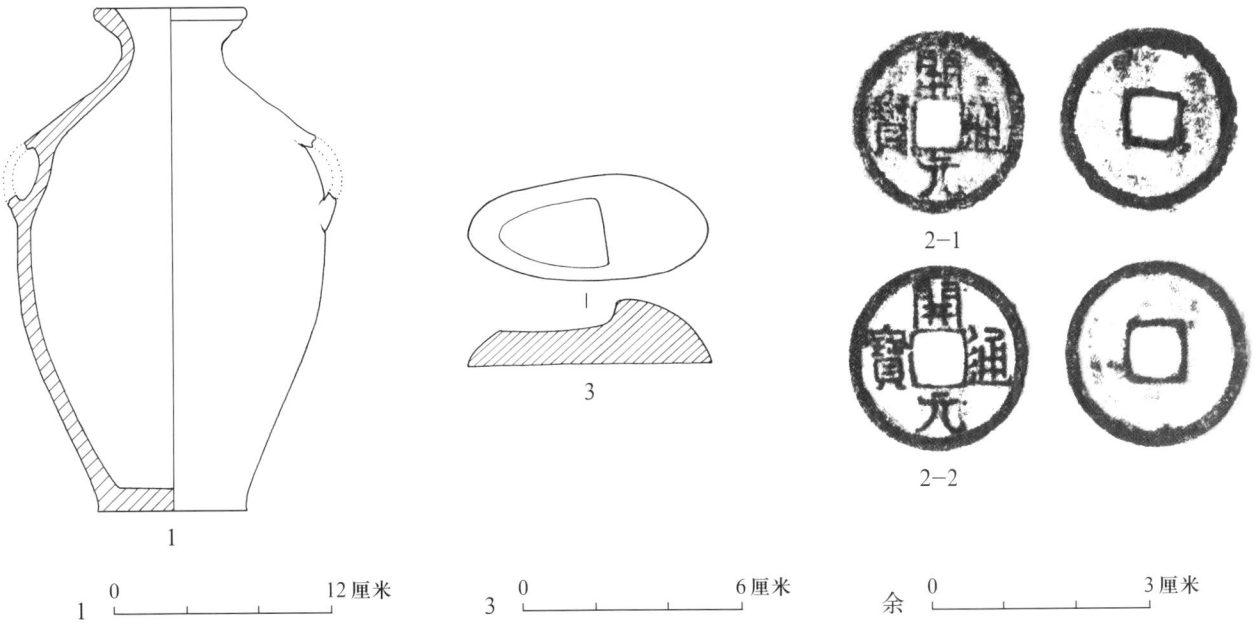

图四九 M10及出土遗物

1. 双耳罐 2-1、2-2. 开元通宝 3. 石器

厘米（图四九；图版二〇，4）。

墓砖　墓砖均为拉划纹条砖，模制。规格有长27.5、宽13.5、厚4.5厘米和长30、宽15、厚5厘米两种。拉划纹较密满布砖面。

3．葬式　发现两具人体骸骨，均被扰乱。头骨被置于棺床中间，大量的四肢骨、肋骨及脊椎骨等分布于棺床及墓室地面。经鉴定分别为40～50岁的男性和45～55岁的女性。属二人合葬，具体葬式不详。未发现葬具。

M9

M9位于第五排东部，西距M10约6米，南距M17约9米。发掘前已被破坏，原开口层位不详。修筑方法与M95同。

1．形制　M9为刀把形单室砖室墓，南北向，方向175°。由墓道、甬道及墓室组成（图五〇；图版一九，2、3）。

墓道　长方形斜坡底，位于墓室南部，其东壁与墓室东墓圹南北几乎在同一直线上。平面呈长方形，东、西壁垂直；底斜坡，坡度为23°。填土为褐色花土，土质较为松软，且含有少量的砖块。残长1.96、宽0.83、深0.80米。

甬道　平面呈长方形，东、西壁垂直，用条砖纵向错缝平砌，与墓室南壁砌砖错缝叠压。拱形顶，甬道东、西壁0.45米处开始起拱。顶部用条砖纵向出沿平砌，残存二层。甬道南北长0.34、东西宽0.58、残高0.80米。封门位于甬道内，用条砖纵向侧立二层，其上用条砖平砌。封门南北宽0.34、高0.55米。

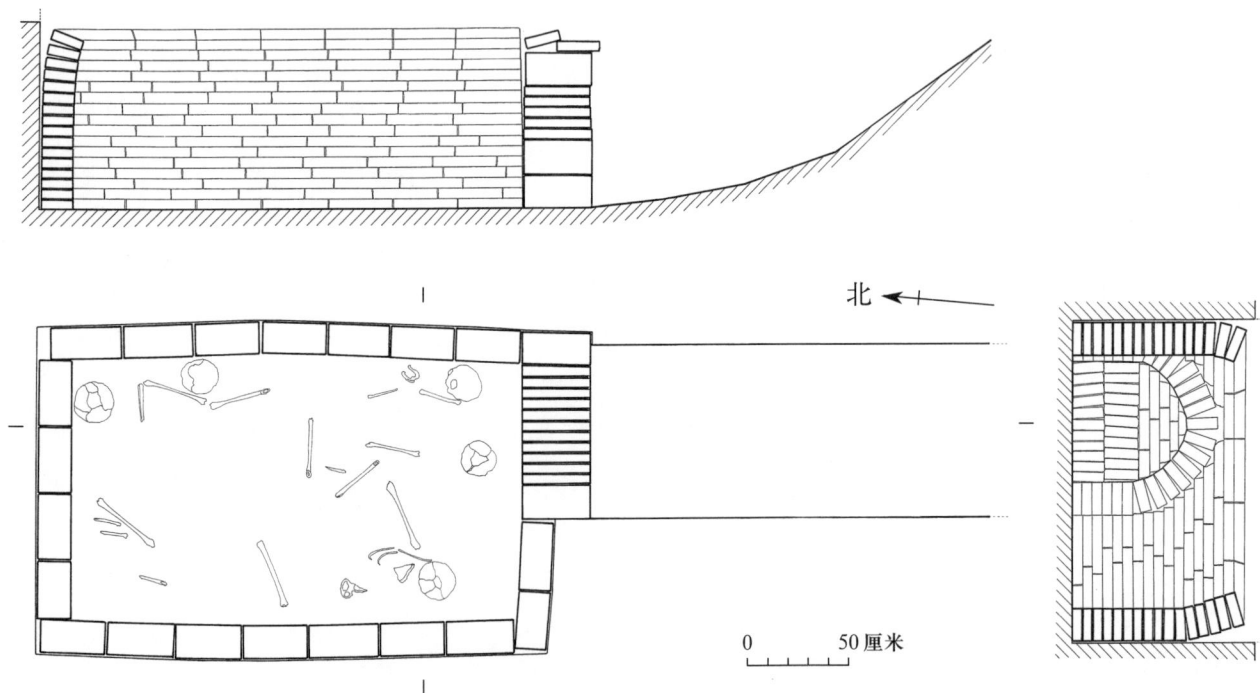

图五〇　M9平、剖面图

墓室　平面呈长方形，用条砖逐层错缝平砌于挖掘的竖穴土圹中，残存中下部，砌砖之间用泥浆黏合。东、西壁略外弧，用条砖纵向逐层内收平砌；北壁和南壁用条砖横向内收平砌；残存壁面垂直。顶部被毁。墓室南北长2.20、北部东西宽1.20、中间东西宽1.30、残高0.86米。没有棺床。墓室地面为生土面。

2. **遗物**　仅存墓砖。

墓砖　均为拉划纹条砖，规格长32.5、宽16.5、厚5厘米，大多制作相当粗糙。拉划纹有用梳齿状的工具和片状工具拉划两种。后者为0.8厘米左右的片状工具，在砖面随意拉划，凹槽宽而间距大。

3. **葬式**　发现五具人体骸骨，均已扰乱，具体葬式不详。在墓室东南部发现颅骨2个，近封门处发现颅骨1个，墓室东北部发现颅骨2个，其中1个残碎。此外，发现有大量的四肢骨、肋骨及脊椎骨等，相互叠压交错。经鉴定墓室东南部二颅骨分别为40～50岁和可能为20～25岁的男性，封门处颅骨为40～45岁的男性，东北部为30～50岁的女性和一位成年个体。应为五人合葬。未发现葬具。

六　M18、M15、M8、M61

M18、M15、M8、M61位于第六排。M18和M15位于第六排西部，二者相距较近，南北略错位；M8和M61位于第六排东部，东西并列。

M18

M18位于第六排西部，东距M15约4.2米。发掘前已被破坏，开口层位不详。修筑方法与M96同。

1. **形制**　M18为刀把形砖室单室墓，南北向，方向176°。由墓道、甬道、墓室三部分构成（图五一A；图版二一，1）。

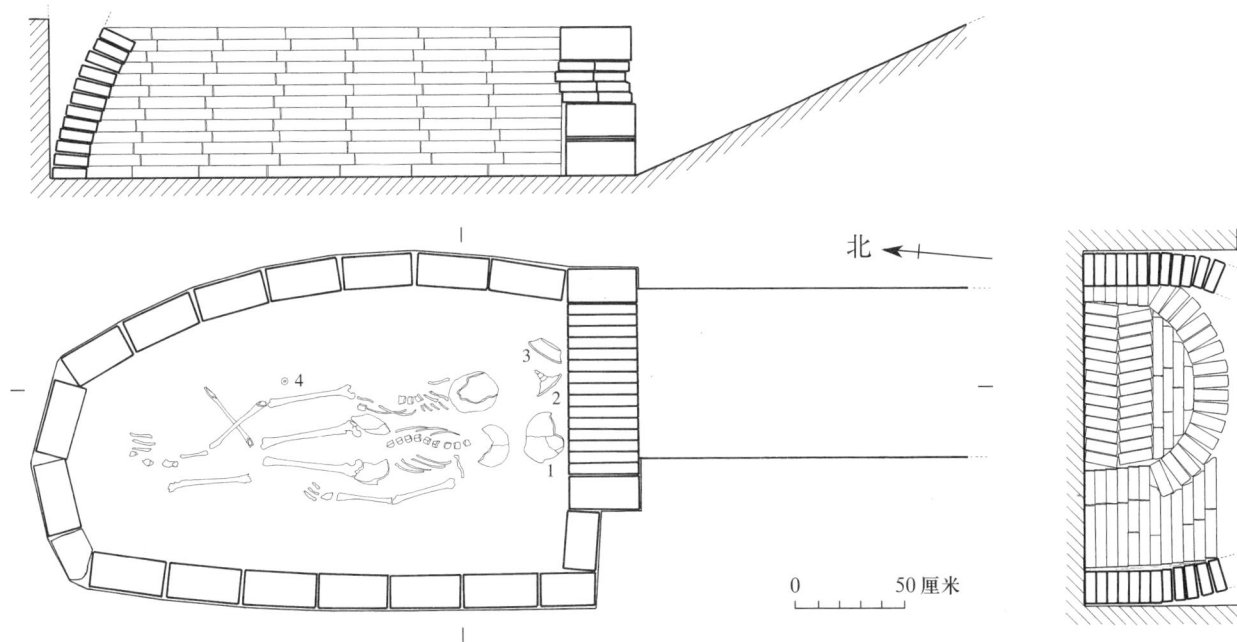

图五一A　M18平、剖面图
1. 罐　2. 盖　3. 底座　4. 铜钱

墓道 长方形斜坡底，位于墓室南部偏东。残口平面呈长方形，东、西壁较直；底斜坡，坡度为24°。填土灰黄色，较疏松，包含砂砾和碎砖块等。残长1.50、宽0.75米、深0.65米。

甬道 位于墓室南部，连接墓道与墓室。东、西壁砌砖从底层起逐层内收；拱形顶，东、西壁0.30米高处起拱。底宽0.75、券顶处宽0.70、南北长0.32、内高0.50米。从墓门内封门，用条砖侧立二层，呈人字形，其上用条砖平砌。封门墙高0.50、厚0.32米。

墓室 平面呈弧边梯形，用条砖错缝平砌于挖掘的长方形梯形土圹内，残存中下部。东、西壁外弧，条砖纵向内收平砌，其中东壁外弧较大；北壁较窄且弧，用条砖横向逐层内收平砌；南壁较短，砌法同北壁。四壁相接处砌砖错缝叠压。券顶，残。墓室四壁0.45米高处始起券。墓室南北最长2.30、北部东西宽0.70、南部东西宽1.20米，四壁残高0.65米。没有棺床。

2. 遗物 有陶器、铜钱和墓砖。

陶器 均为泥质，红色，轮制。为一套塔形罐，由盖、兽面罐、底座组成，出土于墓室南部靠近墓门处。

盖 1件。标本M18：2，盖盘覆碗状。敞口，卷沿，斜腹，腹部较浅；内尖底，外平底，中部黏接盖纽。纽呈塔状，尖锥形，中空，五层，逐层窄小，层与层之间为一凹槽；顶部有一直径0.6厘米的孔眼。内、外壁涂一层灰白色陶衣，外壁陶衣较内壁厚、匀。底径17、高12.8厘米（图五一B；图版二一，2上）。

兽面罐 1件。标本M18：1，敛口，卷沿，矮领，圆肩，平底。肩部等距离贴饰三个模制兽面，一个残失，留存直径8厘米的兽面脱落痕。兽面形制、造型基本相同，面部特征极度夸张，狰狞可怖。平面略呈圆角三角形，正面高凸，饰一兽面。兽面咧嘴，上唇高凸，左右分开，略错位，獠牙清晰；鼻根凹陷，鼻翼高隆；两颧骨低平，不甚明显；细眉，凸眼，呈柱状；双耳圆丘状，其中右耳较左耳略高；双角倒"八"字形，高凸；双角之间凹陷，饰一"王"字；颧骨双侧对穿一直径0.6厘米的穿孔；兽面周缘和器壁间有黏贴时的抹痕。底略内凹，有细密的弧圈纹，内、外壁涂一层灰白色陶衣；外壁陶衣较内壁略厚，一侧近底部露原陶色。器形较粗矮，最大径在腹上部。口径16.4、底径14.2、高28.6厘米（图五一B；图版二一，2中、3）。

底座 1件。标本M18：3，由上部和下部分件制作套接而成。下部覆盆状。敛口，卷平沿，弧腹，腹部较深，脱底。上部钵状，口部略扁。敛口，圆唇，鼓腹，腹部较浅，脱底。套接部束腰，器壁较厚，内壁留存明显的套接痕。内、外壁涂一层灰白色陶衣，局部脱落。上口径17、底口径26.4、高17.5厘米（图五一B；图版二一，2下）。

塔形罐由底座、罐、盖相叠而成，通体高56.4厘米（图五一B；图版二一，2）。

铜钱 1枚，出土于墓室中部偏北，严重锈蚀，字迹不辨。

墓砖 墓砖均为拉划纹条砖，模制较粗糙。规格有长29.5、宽14.5、厚5厘米和长31、宽15、厚5厘米两种；拉划纹用梳齿状的工具多次拉划，较随意。

3. 葬式 发现两具人体骸骨，位于墓室中部。均被扰动，但整体呈仰身直肢，头向南。经鉴定位于西部者为年龄25～30岁的男性，东部者为年龄30岁左右的女性。没有发现葬具，但发现有少量的小铁钉，上有朽木残迹，属木箱、盒类用钉，可能用木箱、盒类随葬。

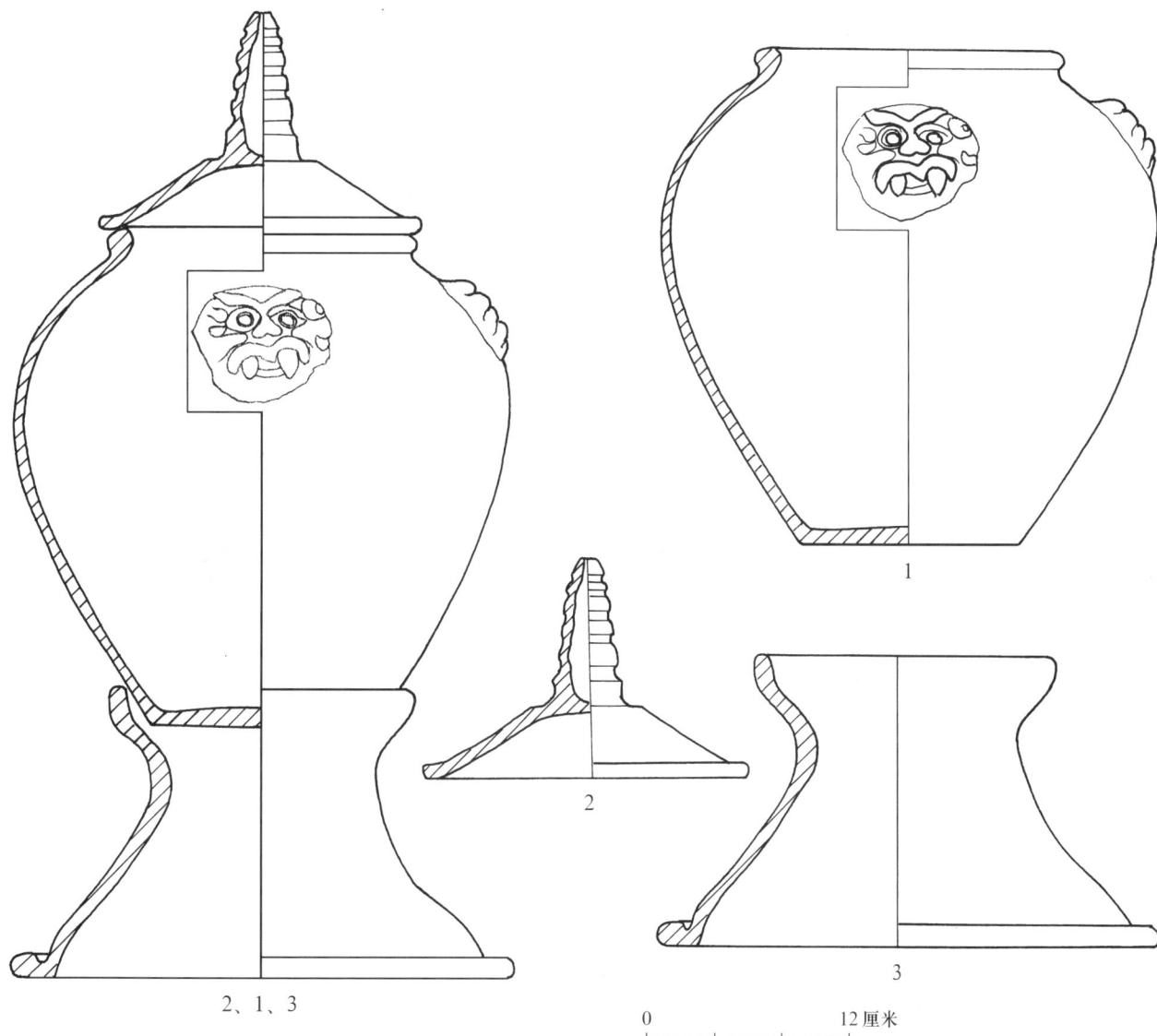

图五一 B　M18 出土遗物
1. 罐　2. 盖　3. 底座

M15

M15 位于第六排西部，西距 M18 约 4.2 米。发掘前已被破坏，原开口层位不详。修筑方法与 M95 同。

1. **形制**　M15 为倒凸字形砖室单室墓，南北向，方向 180°。由墓道、甬道及墓室构成，墓室内有棺床（图五二 A；彩版一〇，1、2）。

墓道　长方形斜坡底，位于墓室南部稍偏东。残口平面呈长方形，由于东、西壁均为黄色粉砂土，土质较软，因此有坍塌现象，东壁尤甚。底部斜坡，坡度为 27°。墓道内填土为粉砂土、胶泥土以及黄土混合成的花土，较坚硬。残长 1.70、宽 1、深 1 米。

甬道　底部呈长方形；东、西壁用条砖纵向错缝内收平砌，剖面呈梯形。拱形顶，残。甬道东、西壁在 0.70 米高处起拱。甬道底宽 0.90、肩宽 0.75、南北长 1.15 米，残高 0.75 米。封门位于甬道南部，用条砖横向错缝平砌，顶部残。封门厚0.18、残高1.10米。

墓室　平面呈弧边方形，用条砖平砌于挖掘的弧边方形土圹内，残存中下部。四壁均外弧，其中西壁南段急内收。东、西壁用两排条砖纵向与一条砖横向交替内收平砌；南、北壁用两排条砖横向一排条砖纵向交替内收平砌；四壁相接处砌砖相互叠压。顶部被毁。墓室南北最长2.60、东西最宽2.70米，四壁厚0.32米、残高1.70米。棺床呈侧凹字形，与墓室四壁相接，未砌护壁，棺床面平铺一层厚约0.11米包含白僵土粒的红胶土。棺床东边较窄，西边较宽。东部宽0.51、西部宽1.10米，高0.15米。中南部凹槽为墓室地面，与甬道连接；地面为黄砂土，平铺一层厚约0.11包含白僵土粒的红胶土，以加固墓室面。凹槽南北长1.20、东西宽1米。墓室内填土主要可分为二层：最底层为淤土层，厚0.40~0.50米，层层淤积，达5层之多，当为多次进水后形成；其上为花土层，厚0.50~0.60米，土质较杂，且含有大量的砖块，可能为墓葬被破坏后形成。

2. **遗物**　有陶器、铜带饰、铜钱、铁带饰和墓砖等。

陶器　均为泥质，土红色，轮制。有一套塔式罐和壶。其中底座、盖出土于棺床西南部，兽面罐出土于距墓底0.30米的填土中。另外发现三只小壶，分别置于墓室西南、东南角。

盖　1件。标本M15：5，盖盘覆碗状。敞口，卷沿，斜腹较深；内尖底并戳一孔眼与纽相通；外底假圈足，外缘捏、压成花瓣状，中部黏一盖纽。纽塔状，中空，三层，第三层略残，为一方形孔眼，可能曾插刹顶。内、外壁涂一层灰白色陶衣，外壁陶衣上涂黑彩，局部脱落。底口径17.6、高21.6厘米（图五二B；彩版一一，1上）。

兽面罐　1件，残复。标本M15：8，敛口，卷沿，矮领，圆肩，鼓腹，平底。肩部贴饰四个模制兽面，两个脱落，留存直径8厘米的脱落痕；两个残存上半部，眉、鼻、眼高凸，双角间饰一“王”字。兽面周围的器壁划拉成细毛纹。肩部和腹部有刮、划痕。腹下部因挤压凹凸不平；底部有疏朗的弧圈纹。外壁饰黑彩，残存腹下部。口径17、底径13、高28厘米（彩版一一，1中）。

底座　1件。标本M15：4，由上部和下部分件制作套接而成。下部覆盆状，轮制。敞口，卷平沿，斜腹，腹部较深，脱底；外壁贴一周泥条向左上卷压成花瓣状，有的上面残存指轮痕。上部唾盂形，轮制。敞口，内圆唇，外花唇；束颈，鼓腹，脱底。套接部束腰，器壁较厚，内壁留存套接痕。上口径16、底口径24.4、高27.5厘米（图五二B；彩版一一，1下）。

塔形罐由底座、兽面罐、塔状纽盖相叠而成，通高74.5厘米（图五二B；彩版一一，1）。

壶　3件。标本M15：3，敞口，斜沿，沿内侧略高，低矮领，肩部和腹上部圆鼓，腹下部略收，小平底。腹下部有刮、划痕；外壁和口沿内侧涂一层灰白色陶衣，大部分脱落。底颈部有细密的弧圈纹。口径8.8、底径10.2、高24.6厘米（图五二B；彩版一一，2）。标本M15：6，敞口，卷沿，沿内侧略高；圆唇，领较高；肩部和腹上部圆鼓；腹下部斜收，平底。器表有刮、划痕和垫压痕；底部有清晰的弧圈纹。外壁和口沿内壁涂一层灰白色陶衣，肩部脱落。口径8.8、底径11、高25.2厘米（图五二B；彩版一一，3）。标本M15：7，敞口，斜沿，沿内侧略高；领较高；圆肩，鼓腹，平底。肩部一侧因受压略瘪。外壁涂一层灰白色陶衣，局部脱落。口径9.2、底径9.8、高24厘米（图五二B）。

铜带饰　有大、中、小三套，出土于人体骸骨旁或骸骨下，由于盗扰排列方式不详。

大型铜带饰　出土铜铊尾1件。标本M15：13，铜铊头下部，由薄铜片打制而成。呈圆头长方形，

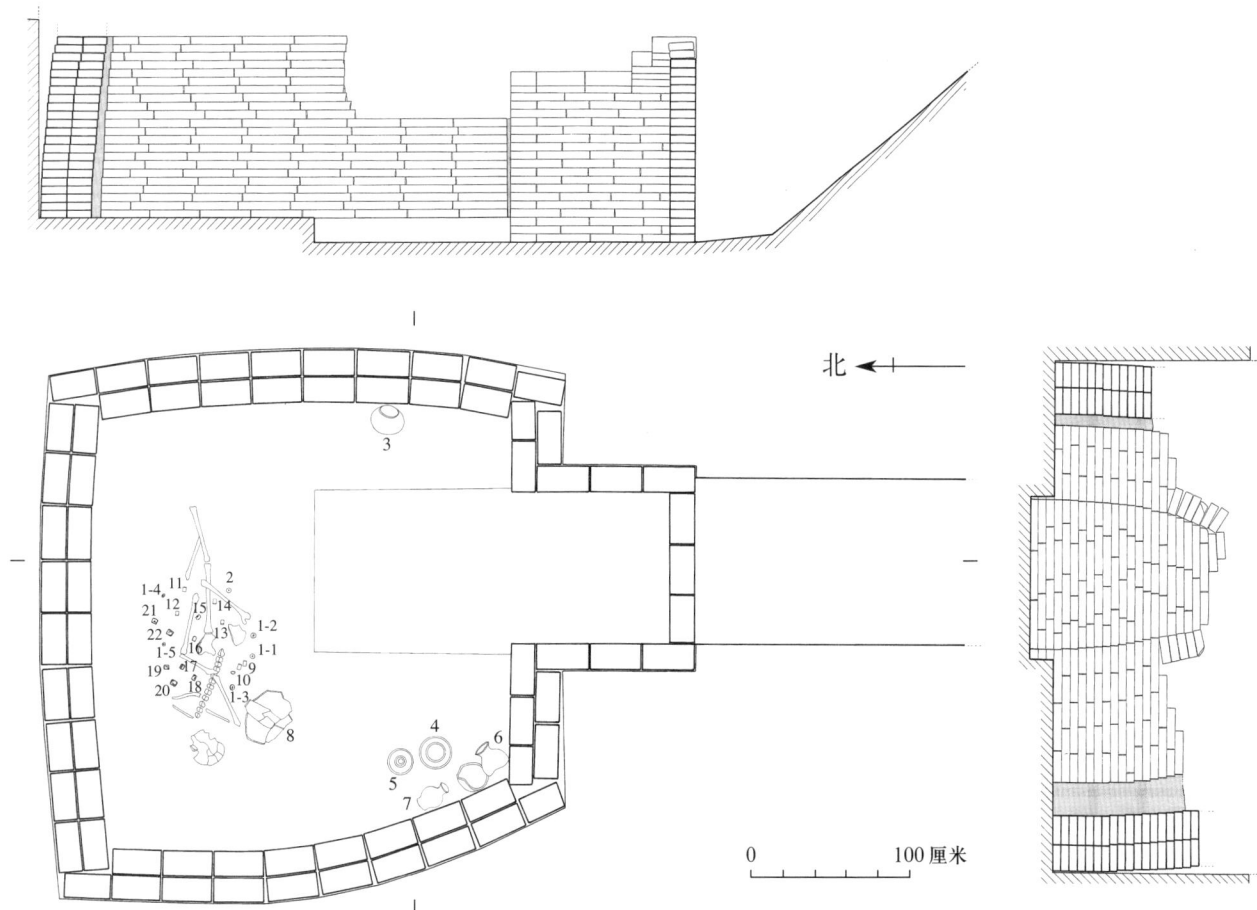

图五二 A　M15平、剖面图

1-1~5. 开元通宝　2. 乾元重宝　3、6、7. 壶　4. 底座　5. 盖　8. 罐　9~11、15. 铜铐饰
12、13. 铜铊尾　14. 铜带扣　17~22. 铁铐饰

一端方角，一端圆角。二方角、中部两侧和圆头端各一直径0.2厘米的铆钉孔。长8.4、宽4.2厘米（图五二 B；图版一一，4）。

中型铜带饰　4件，有铜铊尾和方形铜铐饰。

铜铊尾　1件。标本M15：12，残存底面，由薄铜片打制而成。一端方角，一端圆角。两方角和圆头部各有一直径0.2厘米的铆钉孔。长6、宽3.7厘米（图五二 B；彩版一一，5右1）。

方形铜铐饰　3件，均为下部，由薄铜片加工而成。标本M15：10，平面呈方形，一端有一长1.7厘米、宽0.3厘米的长方形孔眼。四角各有一直径0.1~0.3厘米的铆钉孔。长3.8、宽3.6厘米（图五二 B；彩版一一，5左1）。标本M15：9大小形制与M15：10同，唯锈蚀较重（图五二 B；彩版一一，5左2）。标本M15：15，一角残失，大小、制法与M15：10相同（图五二 B；彩版一一，5右2）。

小型铜带饰　2件，有带扣和半圆形铜铐饰。

铜带扣　1件，残。标本M15：14，残存扣柄部，并存少段铁扣轴和铜扣针。扣柄略为圆头长方形，圆头段窄小于方角端。上部正面周缘略斜抹；下部底面圆头端有三个铜铆钉痕，其中中间从上部正面直接铆钉，系后来加固修理所为。残扣针方座，针头圆秃。残长4.7、宽2.5、厚0.6厘米（图五二 B；彩版一一，6左）。

半圆形铜铐饰　1件。标本M15：11，残存底部，平面略呈半圆形，较平，中部有一长1.6厘米、宽0.7厘米的孔眼，较大；其底面周缘略斜抹。两角和圆头端各一铜铆钉痕。长2.5、宽1.6厘米（图五二B；彩版一一，6右）。

铜钱　6枚，有开元通宝和乾元重宝两种，出土于棺床。

开元通宝　5枚，分为A、B两型。

A型　2枚，"开"字宽扁，二竖画外撇；"元"字上画短，次画上挑；"通"字之"走"旁三逗点不相连，"甬"旁上笔开口略大；"宝"字下旁"贝"字宽扁，二横画与左右竖画不相连。有使用痕。标本M15：1－2，直径2.4、穿径0.7、廓宽0.1厘米，重3.4克（图五二C）。标本M15：1－3，直径2.4、穿径0.7、廓宽0.2厘米，重2.9克（图五二C）。

B型　3枚。"开"字二竖画明显外撇；"元"字上画长，次画左上挑；"通"字之走字旁三逗点相连，"甬"字旁上笔开口小；"宝"字下部"贝"字二横画与左右竖画相连。标本M15：1－4，直径2.5、穿径0.7、廓宽0.2厘米，重2.8克（图五二C）。标本M15：1－5，直径2.4、穿径0.7、廓宽0.2厘米，重3.8克（图五二C；彩版一〇，4）。标本M15：1－1，直径2.3、穿径0.7、廓宽0.1厘米，重2.1克（图五二C）。

乾元重宝　1枚。钱质轻薄，字迹较模糊。标本M15：2，直径2.3、穿径0.7、廓宽0.2厘米，重3.8克（图五二C；彩版一〇，3）。

铁铐饰　7件。有铁铊尾、方形铁铐饰和半圆形铁铐饰，出土于棺床人体骸骨旁，没有一定的排列规律。

铁铊尾　1件。标本M15：16，残存圆头端，因锈蚀严重剥落，一面黏连粗布纹。残长5.8、宽4.8、厚1.2厘米（图五二C；彩版一一，7右1）。

方形铁铐饰　3件。标本M15：17，平面呈方形，由生铁打制，残存一半，因锈蚀呈层状脱落。一面四方角各有一铜铆钉痕。长4.7、宽4.5、残厚1.3厘米（图五二B；彩版一一，7左1）。标本M15：18，平面方形，由生铁制成。因锈蚀表面层状脱落。长4.8、宽4.2、厚1.5厘米（图五二B；彩版一一，7左2）。标本M15：19，平面呈方形，生铁制作。侧面因锈蚀剥落。一方角露出一铜铆钉痕，并黏连丝绸纹。长5、宽4.5、厚1.1厘米（图五二B；彩版一一，7左3）。

半圆形铁铐饰　3件。标本M15：20，平面呈半圆形，生铁制作，严重锈蚀，并剥离。一面黏连丝绸纹。长4.5、宽4.4、厚1厘米（图五二B；彩版一一，7右2）。标本M15：21，平面呈半圆形，严重锈蚀、剥落。一面黏连粗布纹；另一面露出一铜铆钉痕。长4、宽5.2、厚1.4厘米（图五二B；彩版一一，7右3）。标本M15：22，平面呈半圆形，略残。严重锈蚀并剥落。长5、残宽4.5、厚1.5厘米（图五二B；彩版一一，7右4）。

墓砖　墓砖均为条砖，模制，有素面和手印纹两种，制作较粗糙。标本M15：23－1，砖面压印两个重叠的右手印。长30.5、宽15、厚4.5厘米（图五二C）。标本M15：23－2，砖面压印一左手印。长28、宽13、厚5厘米（图五二C）。

3．**葬式**　发现一具人体骸骨，位于棺床北部，稍有扰动，但从其现存状况来分析，呈头西足东，面向北，可能为仰身直肢葬。经鉴定为一位30～35岁的男性。没有发现葬具。

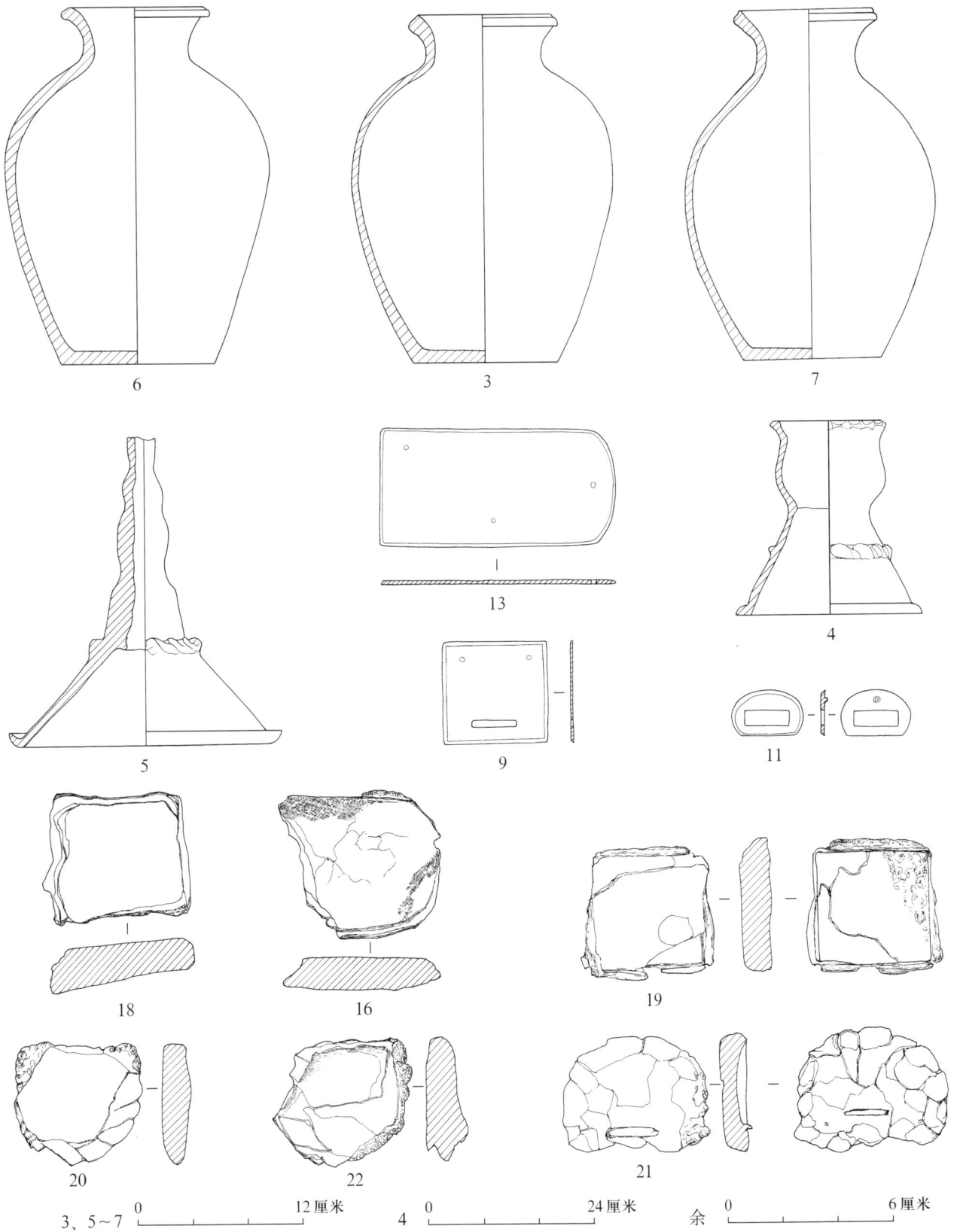

图五二 B　M15 出土遗物

3、6、7. 壶　4. 底座　5. 盖　9. 方形铜铐饰　11. 半圆形铜铐饰　13. 铜铊尾　16. 铁铊尾
18、19. 方形铁铐饰　20～22. 半圆形铁铐饰

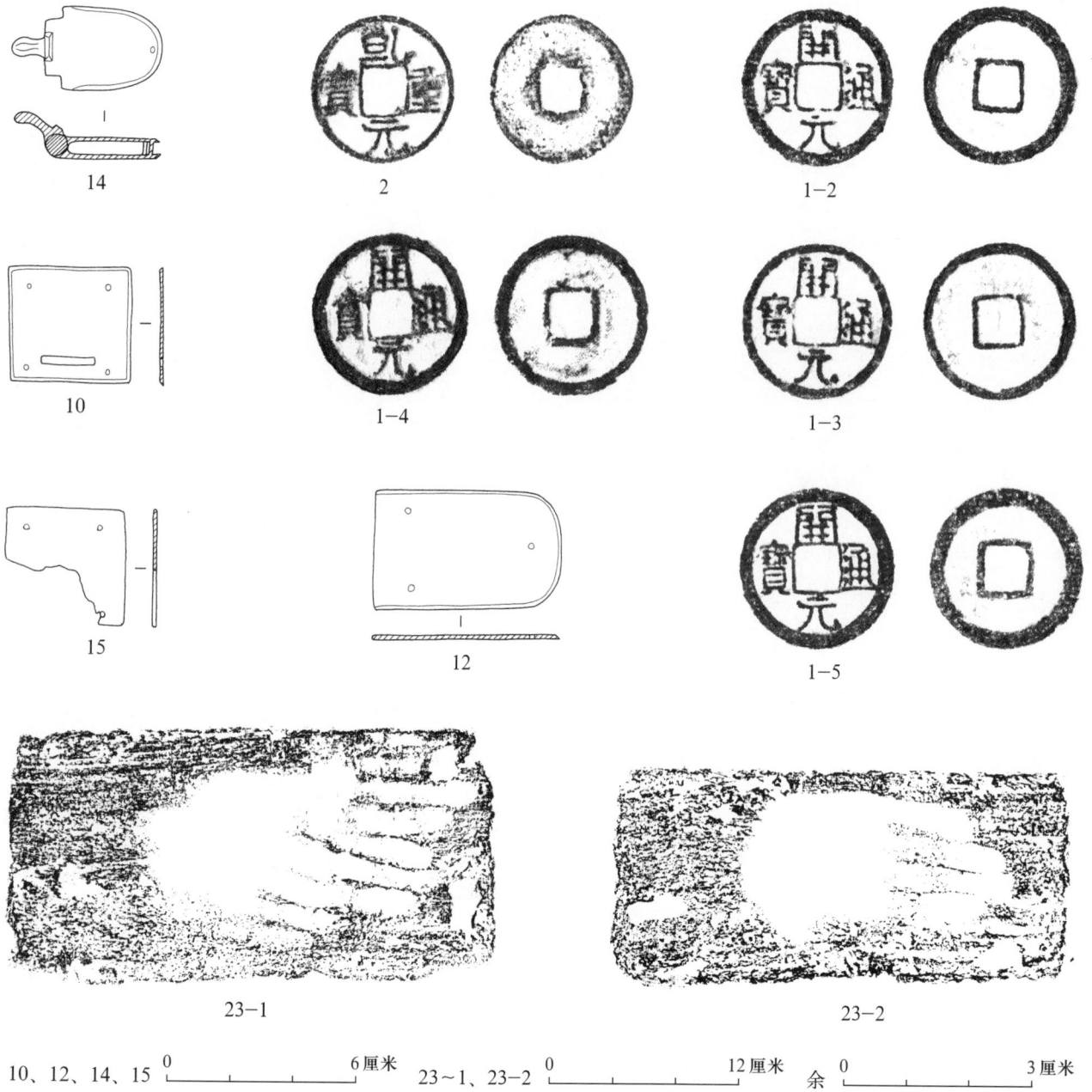

图五二 C M15 出土遗物

1-2~5. 开元通宝 2. 乾元重宝 10、15. 方形铜铐饰 12. 铜铊尾 14. 铜带扣 23-1、23-2. 手印纹墓砖拓片

M8

M8 位于第六排中西部，东距 M61 约 12 米。被严重破坏，原开口层位不详。修筑方法与 M95 同。

1. 形制 M8 为倒凸字形单室砖室墓，南北向，方向 180°。由墓道、甬道、墓室构成，墓室内有棺床（图五三 A；图版二二，1、2）。

墓道 长方形斜坡底，位于墓室南部，与墓室在同一中轴线上。残口平面呈长方形；东、西壁垂直，东壁中部被一现代坑破坏；底斜坡，坡度为14°，填土黄灰色，较疏松。残长2.80、宽1.05、深0.90米。

甬道 东、西壁用条砖纵向平砌，0.50米高处砌砖逐层内收，其上被毁。南北长0.32、东西宽0.80、残高0.95米。从甬道南部封门，用条砖横向平砌，残存中下部。封门墙南北宽0.17、残高0.73米。

墓室 平面呈弧方形，用条砖砌筑于挖掘的弧方形土圹内，残存中下部。东、西壁用条砖纵向逐层内收平砌，南、北壁用条砖横向逐层内收平砌。顶部被毁。墓室南北长2.45、东西宽2.60、残高0.70米。棺床呈倒凹字形，与墓室四壁相接，东、南、西侧壁未砌护壁，棺床面未铺砖。棺床高0.18米。中南部凹槽为墓室地面，较小，与墓门相通。凹槽东西宽1、南北长1.37米。墓室内的填土为黄砂土及红黏土混合而成的花土，且夹杂大量的残砖，可能为盗扰后或破坏后所形成。

2. **遗物** 遗物有陶器、铜钱和墓砖。

陶器 均为泥质，红陶，轮制。器形为一套塔形罐，出土于棺床东部。

盖 1件。标本M8：3，盖盘浅腹覆碗状。敞口，卷沿，沿和外壁间形成一凹槽。腹部较浅。内尖底，外平底，饰两周阴弦纹，中部黏一纽。纽低矮，扁圆球状，中空，顶部一直径0.6~0.8厘米的竖孔。外壁通体饰一层灰白色陶衣，上饰浅黑色，仅存局部。盘径18、高8.8厘米（图五三B；图版二二，3上）。

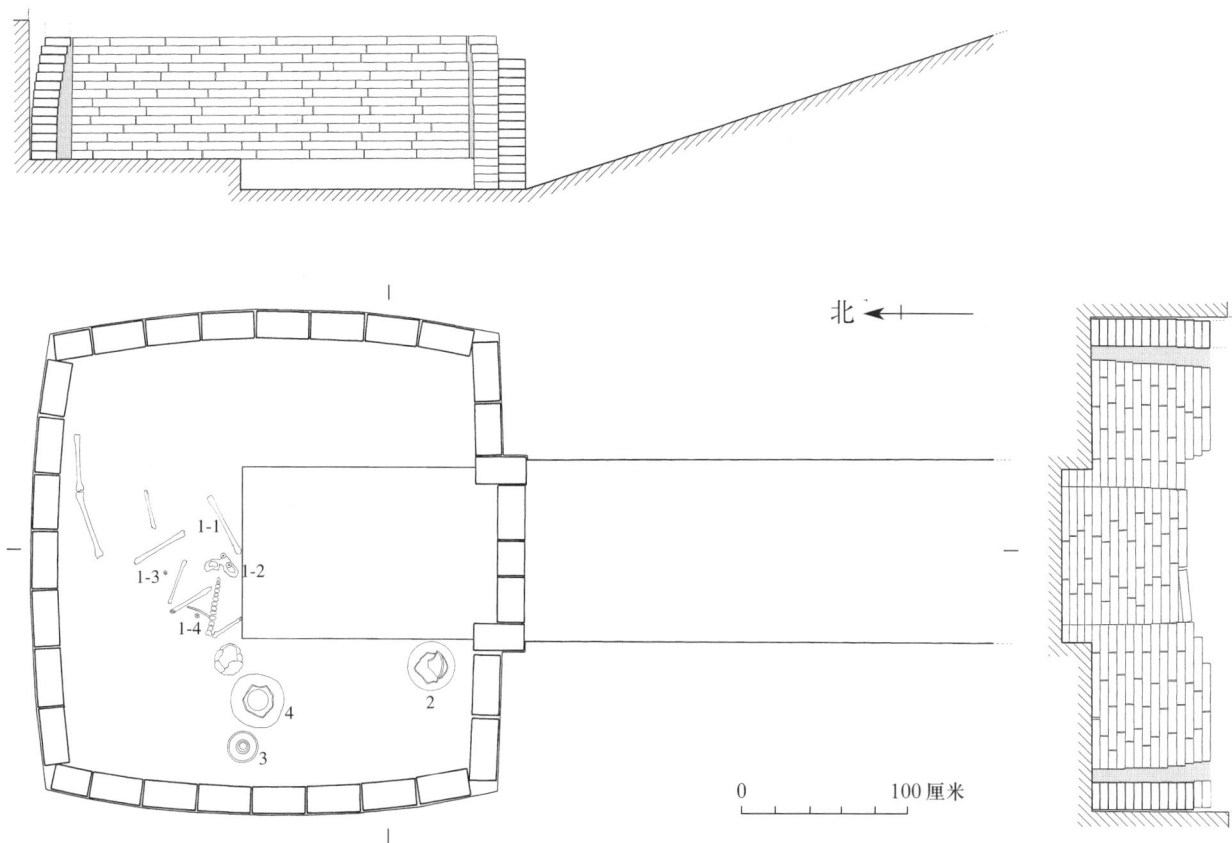

图五三A M8平、剖面图
1-1~4. 开元通宝 2. 罐 3. 盖 4. 底座

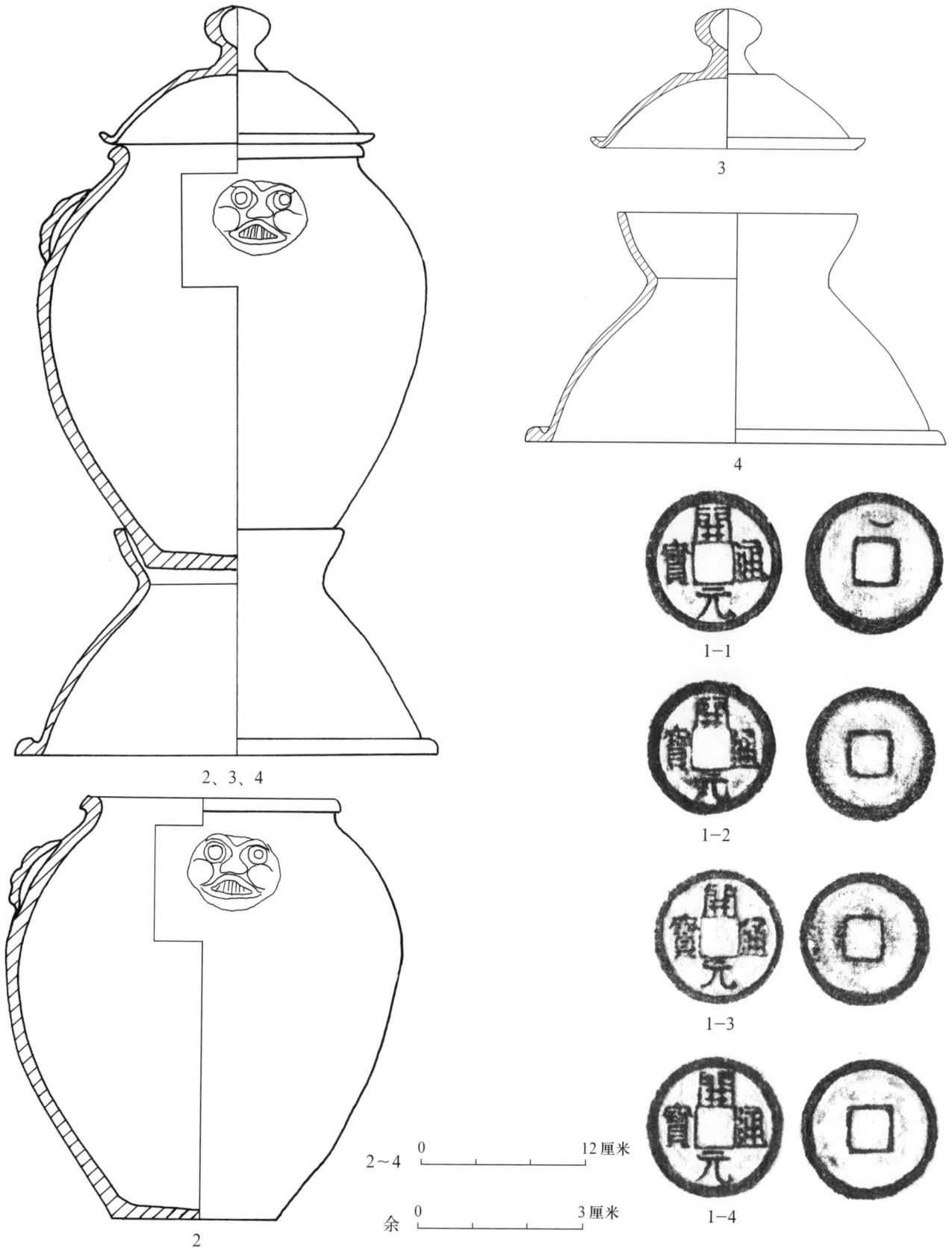

2～4 ├─────────┤ 0   12厘米

余 ├─────────┤ 0   3厘米

图五三B　M8出土遗物

1-1～4. 开元通宝　2. 罐　3. 盖　4. 底座

兽面罐　1件。标本 M8∶2，残；敛口，卷沿，矮领，腹上部圆鼓，下部略粗，平底。肩部贴饰四个模制兽面，一个残失，留存直径7.6厘米的脱落痕。兽面泥质，红色，模制，圆丘状，面部特征较为夸张。嘴略张，低平，眉倒"八"字形，高凸，眉、鼻、颧骨圆丘状，高凸。上部戳一直径0.5厘米的穿孔。外壁涂一层灰白色陶衣，肩部饰黑彩或绘制图案，模糊不清。外壁下部有刀削修理痕。底部有细密的弧圈纹。口径15.8、底径12、高30厘米（图五三 B；图版三三，3中）。

底座　1件。标本 M8∶4，残；由上、下部分件制作套接而成。下部覆盆状。敛口，宽平沿，卷圆唇，微鼓腹，脱底。上部钵状。敞口，方唇，斜腹，腹部较浅；脱底。套接部束腰，器壁较厚。外壁通体饰一层灰白色陶衣，其上饰淡黑彩，残存局部。上口径16.4、底口径26.6、高16.2厘米（图五三 B；图版二二，3下）。

塔形罐由底座、兽面罐、盖相叠而成，通高53.4厘米（图五三 B；图版二二，3下）。

铜钱　开元通宝4枚，出土于人体骸骨旁和棺床。根据字体笔画分为 A、B 两型。

A型　1枚。"开"字宽扁，二竖画外撇；"元"字上画短，略呈弧形，次画左上挑；"通"字之"走"旁三逗点不相连，"甬"旁上笔开口较大；"宝"字下旁"贝"字宽扁，二横画与左右竖画不相连。标本 M8∶1－3，直径2.4、穿径0.7、廓宽0.2厘米，重2.4克（图五三 B）。

B型　3枚。"开"字二竖画明显外撇；"元"字上画长，次画左上挑；"通"字之走字旁三逗点相连，"甬"字旁上笔开口小；"宝"字下部"贝"字二横画与左右竖画相连。标本 M8∶1－1，背面穿上部一新月纹，钱纹清晰。直径2.4、穿径0.7、廓宽0.2厘米，重4.2克（图五三 B）。标本 M8∶1－2，直径2.5、穿径0.7、廓宽0.2厘米，重3.7克（图五三 B）。标本 M8∶1∶4，直径2.5、穿径0.7、廓宽0.2厘米，重3.5克（图五三 B）。

墓砖　墓砖均为拉划纹条砖，模制。规格为长32、宽16、厚4厘米，大多凸凹不平，制作粗糙。

3．**葬式**　发现两具人体骸骨，被盗扰。一具颅骨位于棺床东部边缘，一具颅骨残失。大量的肋骨、上肢骨及脊椎骨、下肢骨等分布在凹槽中间，摆放相对整齐，可能是盗扰移动所致。经鉴定前者是40～50岁的男性，后者是成年女性。未发现葬具。

M61

M61 位于第六排西部。北距 M59 约8米。被盗和破坏，原开口层位不详。修筑方法与 M95 同。

1．**形制**　M61 是倒凸字形单室砖室墓，南北向，方向172°。由墓道、甬道、小龛、墓室构成，墓室内砌棺床（图五四 A；图版二三，1、2）。

墓道　长方形斜坡底，位于墓室南部稍偏东。残口平面呈长方形，东、西壁为直壁；底斜坡，坡度约17°。填土为褐色花土，土质较硬，颜色略深，且含有大量的砖块等。残长3.40、宽0.95、深1米。

甬道　平面呈长方形，底部为黄砂土，平底。东、西壁垂直，用两排条砖逐层错缝平砌，中部各砌一小龛。顶部残，但甬道东、西壁0.85米高处起拱、内收，推测为拱形顶。甬道南北长1.34、东西宽0.92米，残高1米。小龛位于甬道东、西壁中部，形制、大小相同。顶残。但小龛南、北壁0.50米高处砌砖逐层叠压内收，应为叠涩尖顶。龛南北宽0.34、高0.70米，进深0.16米。封门位于甬道南端，南、北二排，上部残。南排用条砖横向错缝平砌，北排用条砖纵向侧立，呈"人"字形。封门厚0.50、残高0.95米（图版二三，3）。

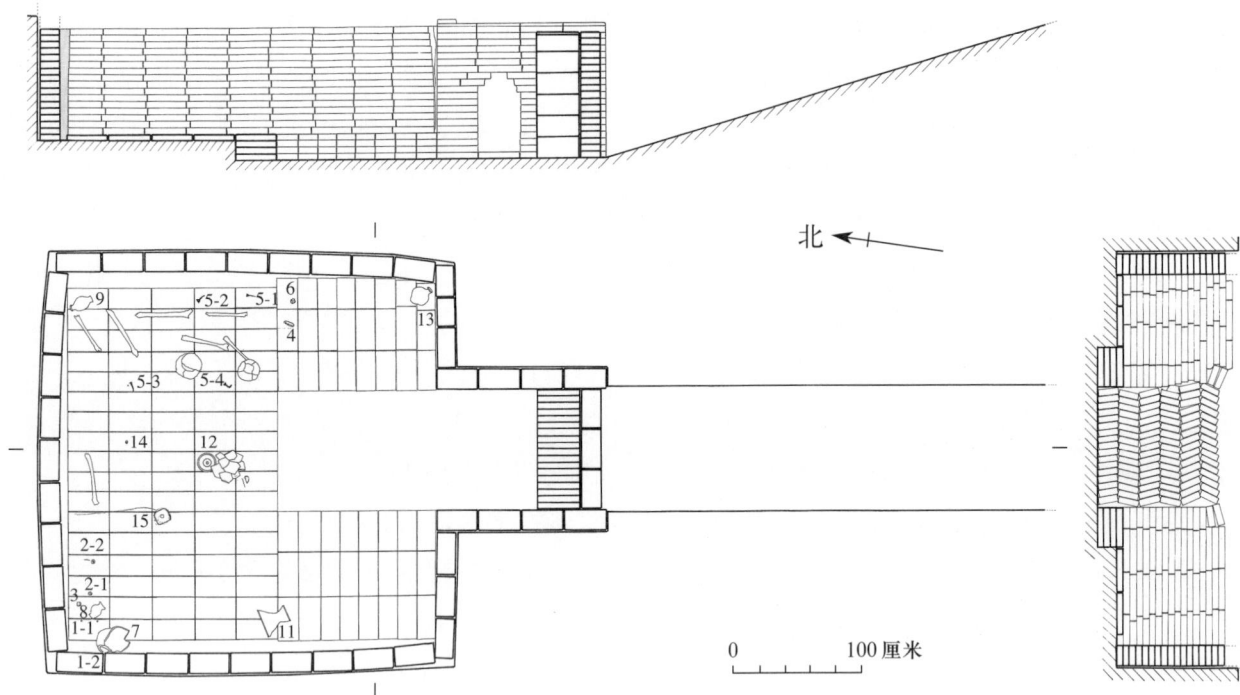

图五四 A　M61平、剖面图

1. 玛瑙珠　2. 开元通宝　3. 铜铸饰　4. 骨梳　5. 铁钉　6. 铁刀　7~9、13. 壶　10. 罐　11. 底座
12. 盖　14. 骨珠　15. 铜镜

墓室　平面呈弧边方形，用条砖逐层错缝叠压平砌于挖掘的方形土圹内，残存中下部。东、西壁外弧，用条砖纵向内收平砌；北壁略外弧，用条砖横向内收平砌；南壁较直，砌法与北壁同。四壁相接处砌砌砖相互叠压。顶部被毁。墓室南北最长2.85、东西最宽3米，四壁残高1米。棺床呈倒凹字形，与墓室四壁相接，东、南、西侧壁用条砖平砌护壁，东、西护壁砌砖未与墓室南壁砌砖相互叠压；棺床面用条砖平铺，北部用条砖纵向平铺，东、西两侧用条砖横向平铺，高0.20米。由于护壁砌砖未与墓室四壁砌砖形成叠压，系墓室砌成后所砌。中南部凹槽为墓室地面，较小，平面呈长方形，连接甬道。凹槽南北长1.25、东西宽0.92米。

2. **遗物**　遗物有陶器、铜器、铁器、玛瑙珠、骨器和墓砖等。

陶器　均泥质，土红色，轮制。残碎，器形有壶、塔形罐等。壶出土于棺床东南、东北和西北角，塔形罐出土于棺床中部和西南部。

盖　1件。标本M61：12，盖盘覆碗状。敞口，圆唇，弧腹，腹部较深，内底内凹，外平底，黏一塔状钮。钮呈尖锥形，计五层，逐层窄小；塔刹残，顶部为一直径为0.6厘米的竖孔。内、外壁均涂一层灰白色陶衣，外壁陶衣略厚；盖盘外壁涂黑彩，局部脱落，塔状钮饰橘红色，残存局部。底口径16.8、高17厘米（图五四 B；彩版一二，1上）。

兽面罐　1件。标本M61：10，敛口，卷沿，矮领，鼓腹，平底。肩部原贴饰三个兽面，现存三个直径8厘米的脱落痕。外壁腹部有3厘米宽的模具刮划痕；底部有较模糊的弧圈纹。外壁涂一层灰白色陶衣，其上饰黑彩，局部脱落。口径17、底径12.8、高32厘米（彩版一二，1中）。

底座　1件。标本M61：11，由上部、下部分件制作套接而成。下部覆盆状。敛口，卷平沿，深腹；

脱底。上部唾盂形。敞口，平沿，沿外侧随意向上提压成花唇，较模糊；鼓腹，腹部压印间距不一的1.6厘米宽的五道浅竖槽；脱底。套接部器壁较厚，内壁有明显的套接痕。外壁贴一周附加堆纹。内、外壁均涂一层灰白色陶衣，外壁陶衣上饰黑彩，局部脱落。上口径16、底口径24.8、高28厘米（图五四B；彩版一二，1下）。

塔形罐由底座、兽面罐、盖相叠而成，通体高74厘米。

壶 4件。标本M61：7，敞口，卷沿，颈部较直、较高；圆肩，斜直腹，平底略扁。外壁和口沿部涂一层灰白色陶衣。口径5.2、底径7.6~7.8、高19.6厘米（图五四B；彩版一二，3）。标本M61：8，

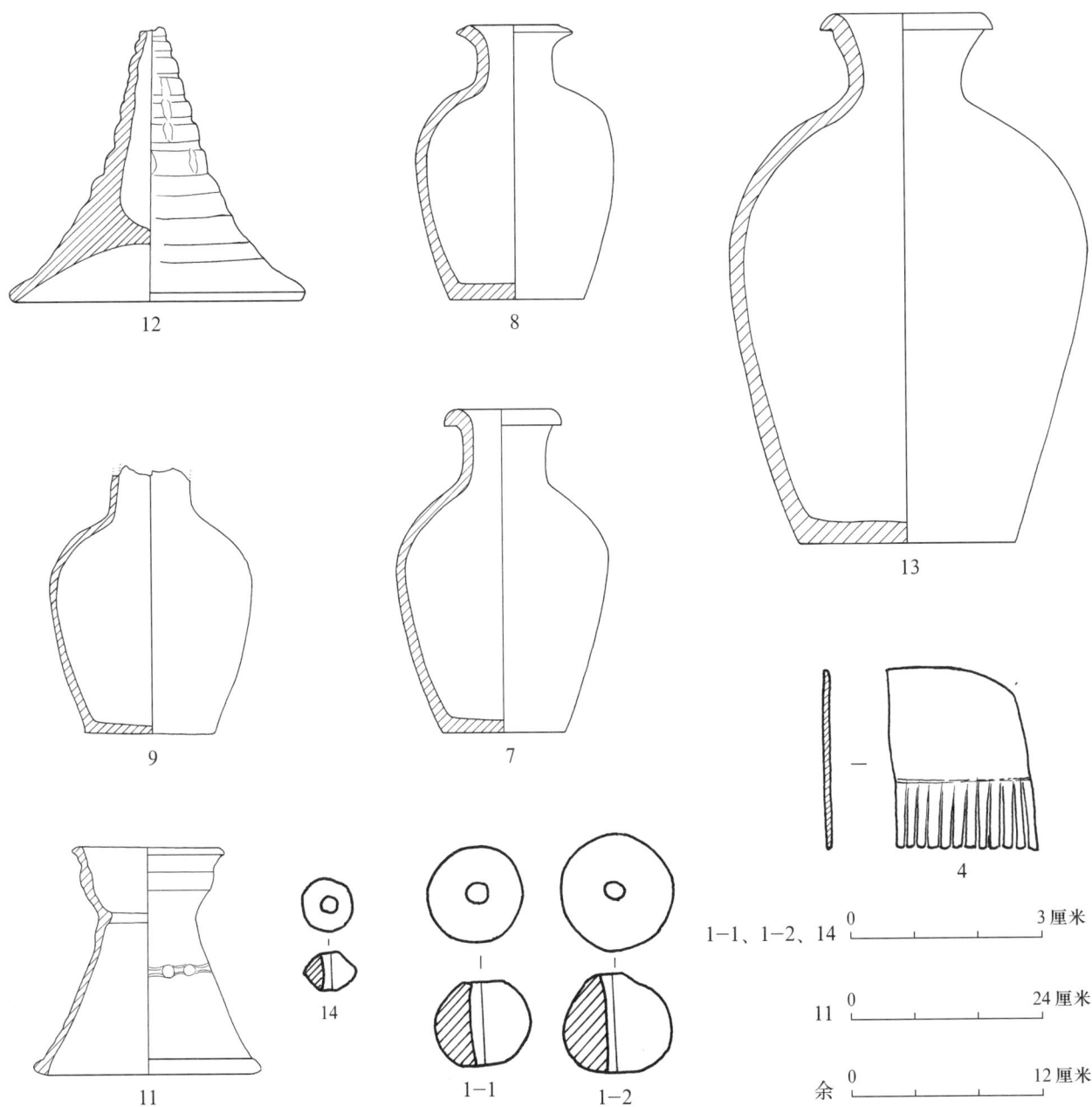

图五四B M61出土遗物

1-1、1-2. 玛瑙珠 4. 骨梳 7~9、13. 壶 11. 底座 12. 盖 14. 骨珠

敞口，卷斜沿，领较高直，圆肩，微鼓腹，平底。腹下部器形不规整，有戳、抹、压痕；底部有细密的弧圈纹。外壁涂一薄层灰白色陶衣，一侧脱落。口径5.2、底径8.2、高17.6厘米（图五四B）。标本M61：9，颈部以上残失。圆肩，斜弧腹，平底。底径8、残高16.4厘米（图五四B）。 标本M61：13，敞口，卷斜沿，颈部较细高，圆肩，鼓腹，平底。腹下部有明显的刮、抹痕，腹、底之间有黏接痕，底略残，有清晰的弧圈纹。口径8.4、底径13.4、高32厘米（图五四B）。

铜器　有铜镜、半圆形铜铸饰、铜钱等。

铜镜　1面，出土于棺床西北部。标本M61：15，素面镜，平面呈圆角方形；宽缘，呈梯形；圆形钮。长、宽15.2厘米（图五四C；彩版一二，2）。

半圆形铜铸饰　1件。标本M61：3，半圆形铜铸上部，表面鎏金。一端直边，一端圆头，临直边一端有一长方形孔眼；周缘向下包合。底面圆头端一铜铆钉。长3.3、宽2.5厘米（图五四C；彩版一二，5）。

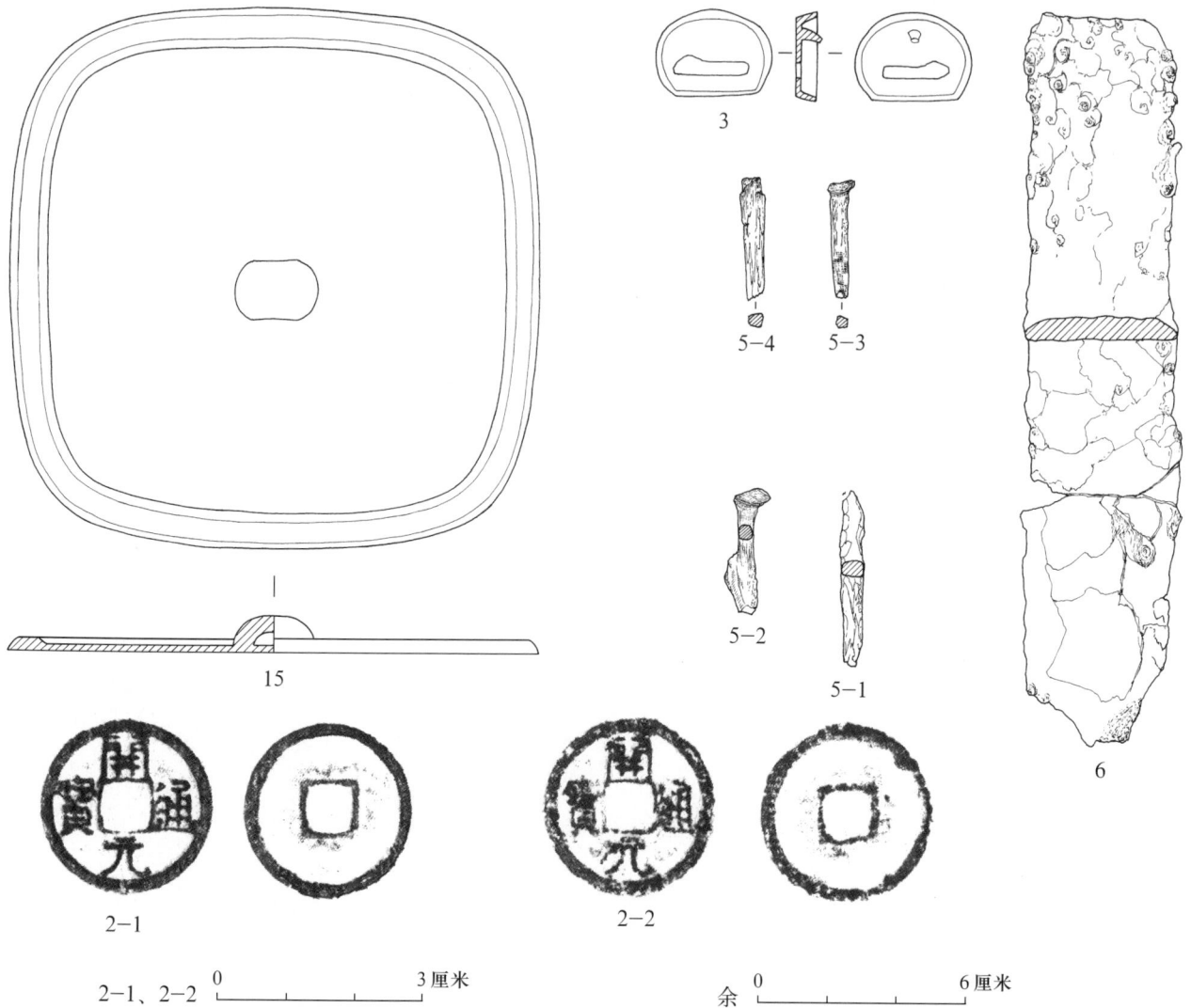

图五四C　M61出土遗物

2-1、2-2. 开元通宝　3. 铜铸饰　5. 铁钉　6. 铁刀

铜钱　开元通宝2枚，锈蚀，字迹较模糊。标本M61：2－1，直径2.5、穿径0.7、廓宽0.2厘米，重3.4克。标本M61：2：2，直径2.5、穿径0.7、廓宽0.2厘米，重3.6克。

铁器　有铁刀、铁钉。

铁刀　1件，残。标本M61：6，尖部残失，一面黏连朽木痕，严重锈蚀。宽4.5、残长20.5厘米（图五四C；图版六〇，5）。

铁钉　出土4枚，较短，似箱盒之类用钉。标本M61：5－1：钉帽，尖残失；断面圆角长方形，严重锈蚀。残长4.8厘米（图五四C）。标本M61：5－2，钉帽圆形，残存一半；钉尖残失；断面圆角方形。上段黏连1.3厘米长的竖向朽木，下段黏连1.5厘米长的横向朽木。残长3.5厘米（图五四C）。标本M61：5－3，钉帽残失，断面方形；黏连横向朽木；残长3厘米（图五四C）。标本M61：5－4，残存中段，断面方形；黏连竖向朽木。残长3.4厘米（图五四C）。

玛瑙珠　2颗。标本M61：1－1，棕红色，圆球形，中间一径0.3厘米的竖孔，一端微残。直径1.7厘米（图五四B；图版二三，6中）。标本M61：1－2，棕红色，略泛黑色，圆球形；中间一径0.2厘米的竖孔。直径1.5厘米（图五四B；彩版一二，6右）。

骨器　有骨珠、骨梳。

骨珠　1件。标本M61：14，呈现代算盘珠形，中间一径0.3厘米的竖孔。直径0.7、高0.5厘米（图五四B；彩版一二，6左）。

骨梳　1件。标本M61：4，残。用薄骨片加工制成，梳齿方形；1厘米宽又梳齿6个。长2.6、残宽2厘米（图五四B）。

墓砖　为拉划纹条砖，模制，规格相同。拉划纹大多仅分布于砖的半面。长31.5、宽15、厚4厘米。

3．**葬式**　人体骸骨被严重扰乱。头骨均位于棺床东北部。在棺床东北部及棺床北部，发现大量的四肢骨、肋骨、两个骨盆、脊椎骨等，葬式不详。经鉴定有人体骸骨三具，两具为男性，年龄分别为35～45岁、45～55岁；一具为年龄不大于4岁的儿童，属三人合葬墓。未发现葬具，但出土木箱、盒类用钉，可能用木箱、盒类随葬。

七　M14、M17、M101

M14、M17、M101位于第七排，其南部为人工湖南坑壁。M14和M17位于第七排西部，相距较近；M101位于第七排东部，距M17相对较远。

M14

M14位于第七排西部，东距M17约2米。发掘前已被破坏，原开口层位不详。与M95同。

1．**形制**　M14为小型竖穴砖室墓。南北向，方向173°（图五五；图版二四，1）。

墓室　平面呈长方形，用条砖砌筑于挖掘的长2.2、宽1.27米的竖穴土圹内，残存中下部。东、西壁用条砖纵向平砌，南、北壁用条砖横向平砌，四壁相接处砌砖逐层错缝叠压。拱形顶，残；东、西两壁0.35米高处开始起拱。墓室底部用条砖纵向平铺一层条砖。墓室南北长1.88、东西宽0.95、四壁残高0.77米。墓室内填土较杂，为黄褐色花土，土质较硬，且含有大量的砖块。

2．**遗物**　仅存墓砖。

墓砖　均为拉划纹条砖，长32、宽16、厚5厘米。拉划纹用梳齿状的工具拉划而成，满布砖面。

3.**葬式**　发现一具人体骸骨，位于墓室西侧，呈仰身直肢葬，头向南，面向西。经鉴定为45～60岁的男性。未发现葬具。

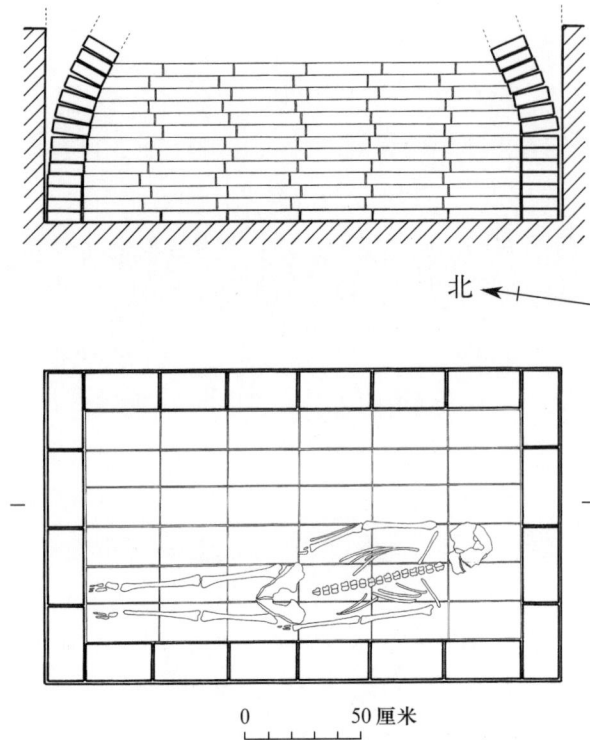

北 ←

0　　　　　　　50厘米

图五五　M14平、剖面图

M17

M17位于第七排西部，西距M14约2米。发掘前已被破坏，原开口层位不详。筑方法与M96同。

1.**形制**　M17为准刀把形砖室单室墓，南北向，方向184°，由墓道、甬道、墓室构成，墓室内砌棺床（图五六；图版二四，2；二五，1）。

墓道　长方形斜坡底，位于墓室南部，其东壁与墓室东壁南北几乎在同一直线上。残口平面呈长方形，东、西壁为直壁；底部斜坡，坡度为31°。填土较杂，为黄褐色花土，土质较硬。墓道残长2.05、宽0.80、深1.23米。

甬道　甬道底部为长方形，平底。东、西壁用条砖纵向逐层错缝平砌，壁面垂直。叠涩尖顶，东、西两壁距底0.65米高处逐层叠压内收而成。甬道顶南部用条砖出沿平砌，残存四层。甬道底南北长0.34、东西宽0.66、内高0.85米。封门位于甬道内，用条砖侧立四层，其上用条砖平砌。厚0.32、高0.85米。

墓室　平面呈长方形，用条砖错缝平砌于挖掘的长方形竖穴土圹内，残存中下部。东、西壁用条砖纵向平砌；北、南壁用条砖横向平砌，但北壁被严重破坏，仅残存底部5～6层砌砖。四壁相接处逐层错缝叠压；残存壁面垂直，但四壁砌砖未在同一水平面上，东壁和南、北壁东部底层砌砖与墓室地面平，西壁和南、北壁西部底层砌砖与棺床面平。顶部被毁。墓室南北长2.35、东西宽1.90米，四壁

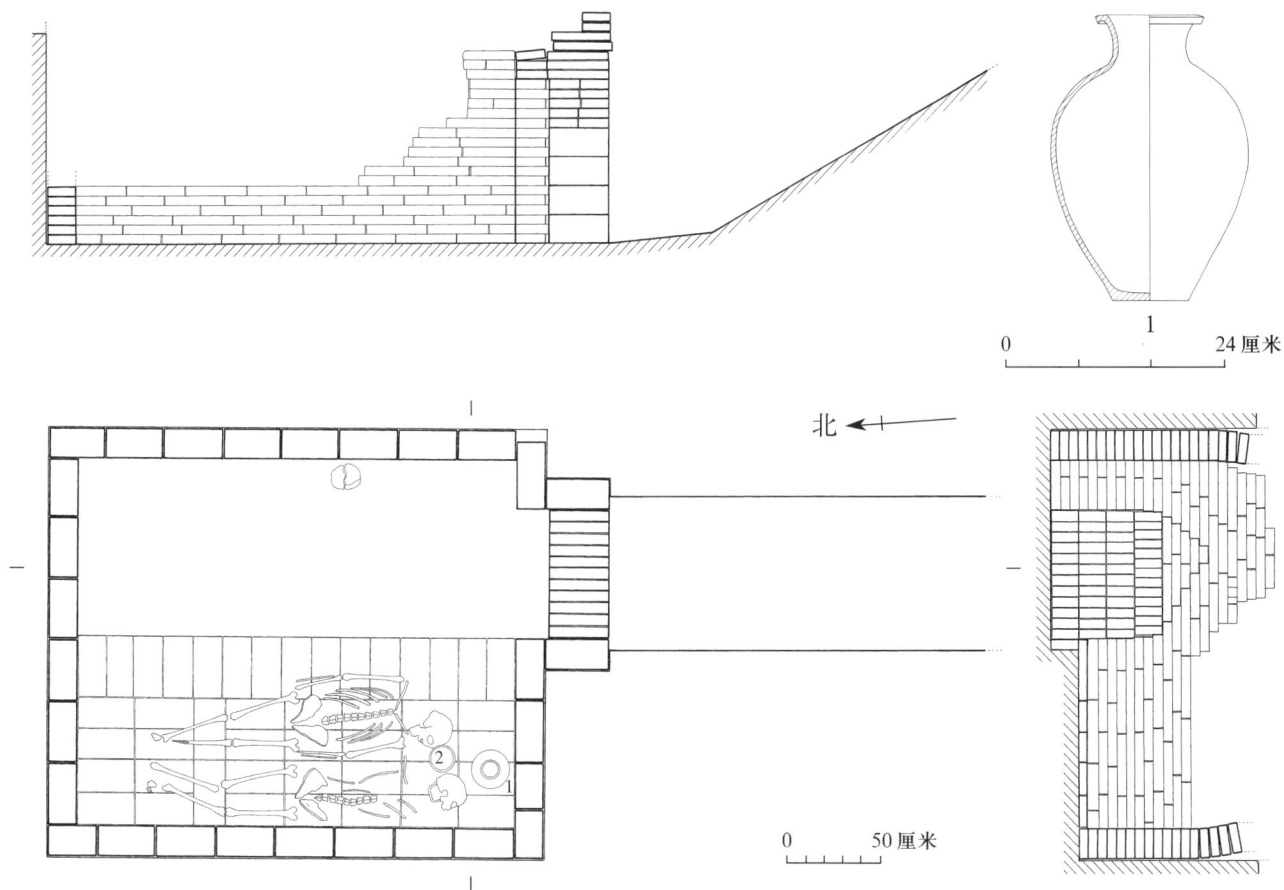

图五六　M17及出土遗物
1. 壶　2.漆器残迹

残高1米。棺床位于墓室西部，与墓室北、西、南三壁相接。棺床是先留好一生土台，其东侧壁用条砖侧立，台面用条砖平铺而成。棺床南北长2.35、东西宽0.98米，高0.20米。墓室底部为黄色粉砂土，未铺砖。

2. **遗物**　有陶器和墓砖。另外在棺床中南部发现漆器残片，器形不辨。

陶器　均为泥质红陶，轮制。器形有壶和罐等，罐因残形制不详。

壶　1件。标本M17：1，敞口，宽平沿，斜方唇，领部较高，圆肩，鼓腹，小平底。肩部和腹上部浑圆，器形较纵长，最大径在腹上部。底中部有较模糊的弧圈纹。外壁涂一层灰白色陶衣，局部脱落。口径7.2、底径8.2、高30.4厘米（图五六；图版二五，3）。

墓砖　均为拉划纹条砖，模制较粗糙。砖的长度有29、31和33厘米三种，同一长度的砖宽相同，厚薄不一。拉划纹用梳齿状的工具拉划，较随意。

3. **葬式**　发现两具人体骸骨，保存较为完整，分别位于棺床之东、西部。其中东部人骨呈仰身直肢，头南足北，面向西；西侧人骨被扰，大致呈侧身直肢，头向南，面向不明。经鉴定，前者为一位年龄40~50岁的女性，后者为一位年龄40~50岁的男性，属二人合葬墓，头向南（图版二五，2）。未发现葬具。

M101

M101 位于第七排东部，其西部为北魏墓 M100，东北为 M61。发掘前已被破坏，仅残存其底部，原开口层位不详。

1. **形制** M101 是一座小型竖穴砖室墓，方向 5°（图五七）。

墓室 平面呈梯形，用条砖砌筑于挖掘的梯形竖穴土圹内，残存底部。四壁原用条砖侧立，仅存西墙中南段。顶部已被完全破坏，形制不详。墓室南北长 1.90、东西宽 0.50~0.66 米，残高 0.15 米。墓室底部为黄砂土，未铺砖。

2. **遗物** 有陶双耳罐 1 件、铁带饰和墓砖。

双耳罐 1 件，位于颅骨南部。标本 M101：1，泥质，土灰色，火候不高，轮制，残。敞口，斜方唇，矮领，圆肩，斜腹，平底。器形粗矮，最大径在肩部。肩部黏贴竖耳，耳面两侧上卷，中部内凹，耳下器壁凹陷。底部呈灰青色，陶质较腹部细腻。底部外缘有抹痕，中部弧圈纹细密、清晰。外壁涂一层灰白色陶衣，局部脱落。口径 14.4 厘米，底径 11.4、高 20.6 厘米（图五七）。

铁带饰 2 件，有铁铊尾和半圆形铁铐饰，由生铁制成，严重锈蚀，出土于人骨骨盆处。

铁铊尾 1 件。标本 M101：2，铊头上部，平面圆头长方形，略残。一端圆角，底面内凹，正面黏连少许丝绸。残长 5.2、宽 3.8 厘米（图五七）。

半圆形铁铐饰 1 件。标本 101：3，平面略呈圆头长方形，一端方角，一端圆头。锈蚀，严重剥落。长 4.4、宽 3.8 厘米。

墓砖 为拉划纹条砖，模制较粗糙。拉划纹大多细密而匀称布面砖面。规格相同。长 32、宽 16、厚 5 厘米。

3. **葬式** 发现一具人体骸骨，被扰动。呈仰身直肢，头向北。经鉴定为年龄 16~18 岁的男性。未发现葬具。

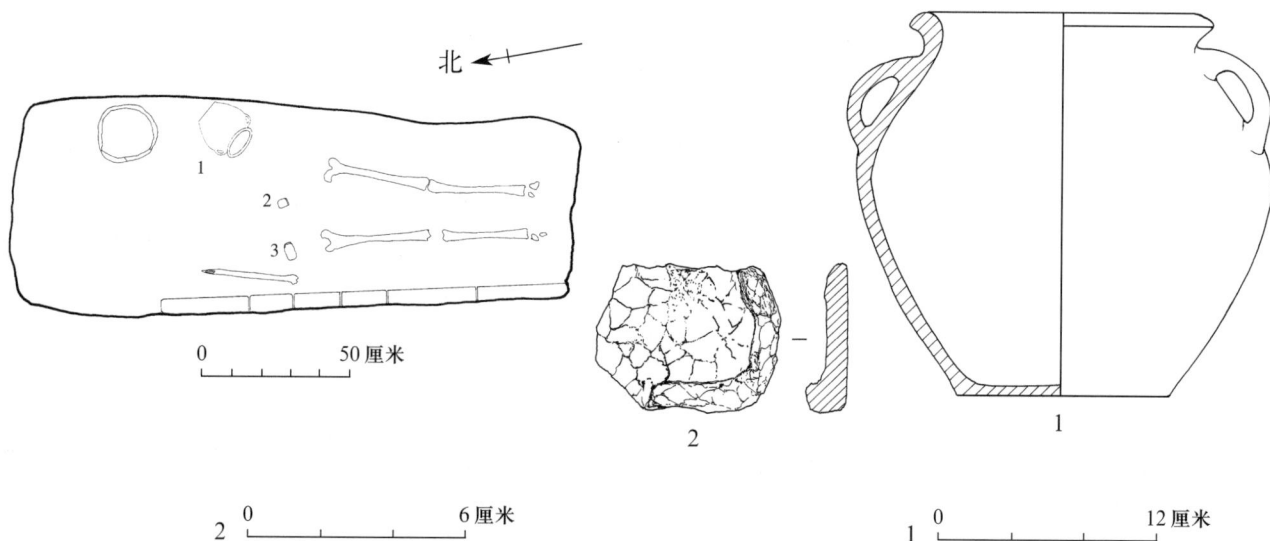

图五七 M101 及出土遗物
1. 双耳罐 2、3. 半圆形铁铐饰

第四章　明珠公园丙区

第一节　概述

丙区位于明珠公园人工湖中部，其西北部和西部分别为甲区和乙区墓葬分布区，东部为丁区墓葬分布区（图五八）。共发现墓葬38座，其中北魏墓葬13座，唐代墓葬25座，是北魏墓葬的主要分布区。由于挖掘人工湖，墓葬上部地层堆积被挖毁，并毁部分墓葬。挖掘的人工湖地层分为二层，第一层是近现代生活堆积，第二层是冲积沉积堆积，土质黏结，厚2米左右，墓葬残口为此层所压。

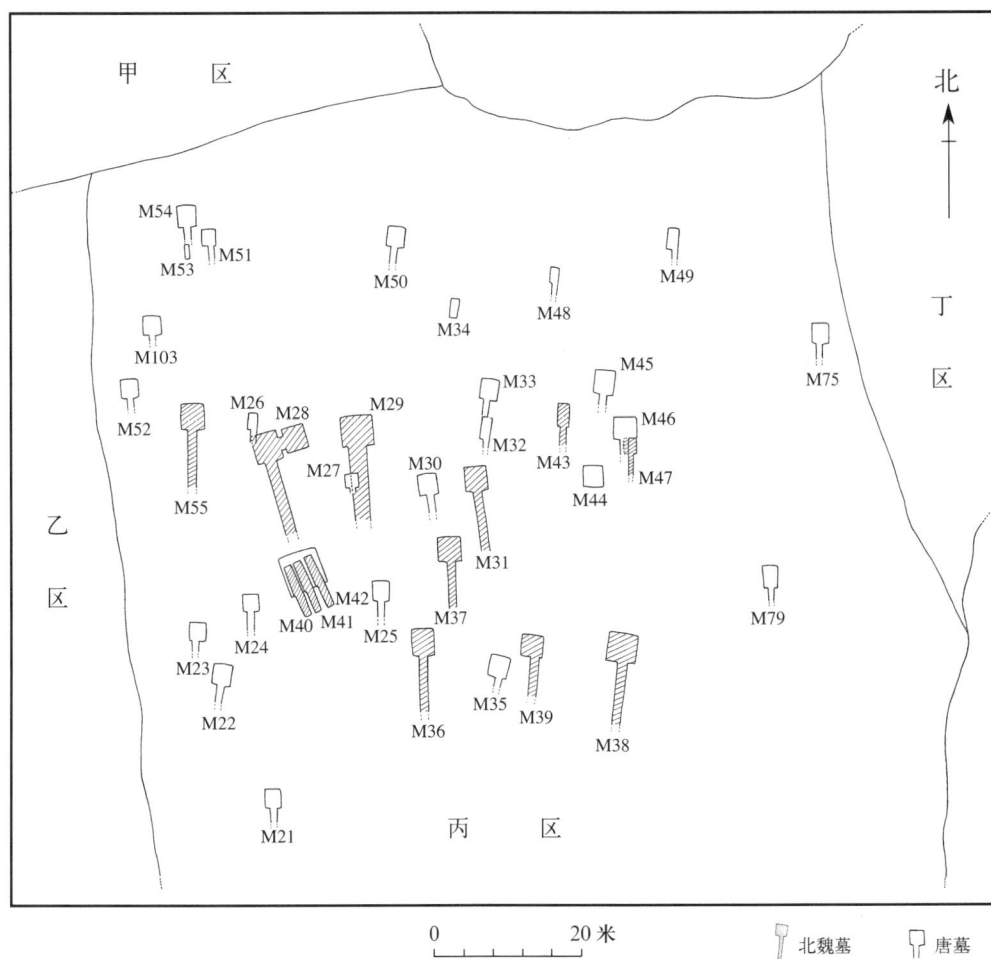

图五八　明珠公园丙区墓葬分布图

第二节 北魏墓

丙区发现北魏墓葬13座，略呈排状分布，从北向南分为七排。第一排4座：M55、M28、M29、M43；第二排2座：M31、M47；第三排4座：M40、M41、M42、M37；第四排3座：M36、M39、M38。

一 M55、M28、M29、M43

M55、M28、M29、M43从西向东呈排状排列，M55略靠北；M28、M29东西并列，比M55略南移一个墓室；M43靠西，与M29的距离较大。

M55

M55位于第一排西部，东距M28约8米，西距M52约6米。发掘前已被盗和破坏，原开口层位不详。修筑方法与M95同。

1. **形制** M55为倒凸字形单室砖室墓，南北向，方向180°。由墓道、甬道及墓室构成（图五九；图版二六，1）。

墓道 长方形斜坡底，位于墓室南部略偏东。残口平面呈长方形，东、西壁修筑较为齐整，均为直壁。然在墓道北端距甬道口1.30米处，两壁外扩约0.16米，可能是坍塌的过洞。墓道底部呈斜坡凹槽状，中间较深，两侧较高，可能为踩踏所致。墓道残长6.70、北端宽0.90、南端宽1.20米，深1.95米。

甬道 平面呈长方形，底部用条砖平铺成"人"字形。东、西壁垂直，用条砖纵向逐层错缝平砌，与墓室南壁砌砖相互叠压。顶部拱形，甬道东、西壁0.90米高处起拱。甬道南北长1.96、东西宽0.88米，内高1.55、顶长2.28米。封门位于甬道内南端。底层用条砖侧立，其上用一层条砖纵向、一层条砖横向交替平砌，残存中下部。封门厚0.32、残高0.62米。

墓室 平面呈长方形，用条砖砌筑于挖掘的长3.30、宽3.48米的竖穴土圹内。墓室底部用条砖平铺成"人"字形。四壁为直壁，东、西壁用一层条砖横向侧立、三层条砖纵向错缝平砌的方式交替砌筑，其中纵向平砌系二条砖并排；南、北壁用一层条砖纵向侧立、三层条砖横向平砌的方式交替砌筑，其中横向平砌系二条砖并排。墓室四角均有灯台，系距墓室底部1.40米处斜砌一块条砖而成。顶部已残；但四壁1.40米高处均起拱内收，推测可能是四角攒尖顶。墓室南北长2.42、东西宽2.80米，残高2.30米。

2. **遗物** 墓室被严重盗扰，遗物仅存墓砖。

墓砖 均为灰色素面条砖，模制较为规整。砖体较薄，规格相同。长30、宽15、厚4厘米。

3. **葬式** 发现一具人体骸骨，较凌乱。头骨位于墓室东部，四肢骨、肋骨及脊椎骨等乱置于墓室底部。经鉴定为一年龄30～35岁的女性。没有发现葬具。

M28

M28位于第二排中部，与M29东西相对，南北平齐。东距M29约4.40米，墓圹西北角被唐墓M26

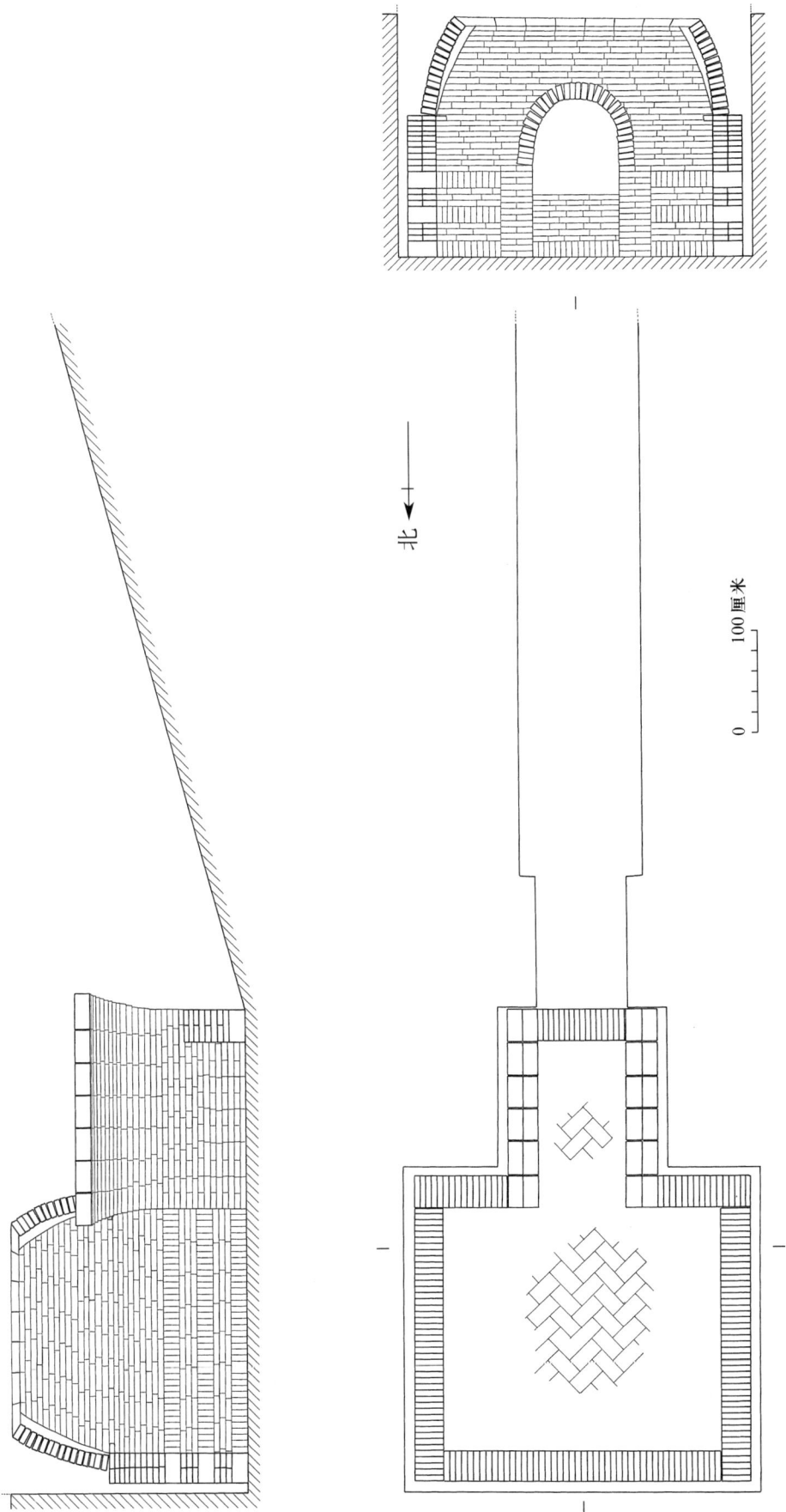

图五九　M55 平、剖面图

墓道打破。发掘前被盗和破坏，原开口层位不详。修筑方法与 M95 基本相同。

1. **形制** M28 为双室砖室墓，南北向，方向 161°，由墓道、过洞、甬道、正室及侧室构成（图六〇；图版二六，2、二七，1、2）。

墓道 长方形斜坡底，位于正室南部，与正室南北在同一中轴线上。上口平面呈梯形，北窄南宽，但由于南段土质较为松软，使其南段西壁局部塌落。东、西壁均为直壁，依土质、土色由上至下依次可分为四层：最上一层为红胶土层，厚 0.20~0.30 米，土质坚硬。第二层为黄色粉砂土层，砂质较纯，较厚，厚 0.60~0.80 米，土质松软。第三层为红色黏土层，厚 0.30~0.40 米土质坚硬，有黏性。第四层为黄色砂土层，未见底，土质松软，含有一不连贯的薄黄土夹层。墓道底部为斜坡，坡度约为 19°。墓道填土为"花土"，较疏松。发现盗洞二处，一处位于墓道北部靠近甬道，呈椭圆形；另一处位于墓道中段，呈不规则形。墓道长 8.10、北宽 1.20、南宽 1.50 米，深 2.80 米。

过洞 过洞有两个。第一个位于墓道北端，连接墓道和甬道。东、西壁较直；拱形顶，系在挖掘墓圹时专门掏挖留置。底宽 1.12、南北进深 1、内高 1.35 米。第二个位于正室和侧室间，底部呈长方形，平铺一层"人"字形条砖。东、西壁为直壁，砌筑方法与甬道同。顶为拱形，东、西壁 0.87 米高处开始内收起拱。南北宽 1、东西长 1.38 米，内高 1.20、顶长 1.68 米。

甬道 连接墓门与正室，底呈长方形，东、西壁垂直，采用一层条砖横向侧立、三层条砖纵向平砌的方式交替砌成。顶部拱形，甬道东、西壁 1.05 米处开始逐渐内收起拱。南北长 1.65、东西宽 1.12 米，内高 1.35 米。从甬道南端封门，残存中下部。底层用条砖纵向侧立，其上采用一层条砖纵向、一层条砖横向平砌的方式交替砌封。残高 1.10、厚 0.35 米。

正室 平方呈方形，建造方法为先挖长 3.80、宽 3.70 米方形竖穴土圹，在土圹内用条砖砌筑墓室，四壁与土圹间用含大量红黏土的花土填充。墓室底部平铺一层条砖，呈"人"字形。墓室四壁均为直壁，东、西壁用一层条砖横向侧立、三层条砖横向平砌的方式交替砌成；南、北壁用一层条砖纵向侧立、三层条砖纵向平砌的方法交替砌成。四壁相接处砌砖相互叠压。四角攒尖顶，墓室四壁 1.05 米处起券内收，用一层条砖横向、一层纵向交替起券，其中纵向券砖在内壁与横向条砖平齐，外部出头；券砖相接处尤其弧角处用楔子形小砖块楔实。墓室四角均设灯台，系四角距墓室底部 1.05 米高处斜砌一块条砖而成。南北长 2.60、东西宽 2.57 米，四壁高 1.20、内高 2.30 米。

侧室 位于正室东部，平面呈方形，其建造方法与正室同，在挖掘的长 3.10、宽 3.20 米土圹内用条砖砌筑墓室，四壁与土圹间用土填充。墓室地面平铺一层相互成"人"字形的条砖。四壁均为直壁，砌法与正室同。顶部为四角攒尖顶，四壁 0.93 米高处开始内收、起券，方法与正室同。墓室西北角、东南角各设一灯台，是在起券处用一块条砖斜砌而成。墓室南北长 2.60、东西宽 2.55 米，内高 2.10 米。

盗洞 2 个。盗洞 1 位于墓道北部，平面呈东西向的椭圆形。开口于扰土层，两壁较直，直通甬道顶部，并揭掉封门上部条砖进入墓室。盗洞内填土颜色较深，且多为黑色黏土，为后期回填形成。盗洞东西径 1.20、南北径 0.90 米，深 1.60 米。盗洞 2 位于墓道中段，盗洞 1 南 0.30 米处，平面呈椭圆形，开口于扰土层，斜通向墓门。填土与盗洞 1 大致相同，长半径 1.50、短半径 1.25 米，深 0.25 米。

2. **遗物** 墓室被盗，仅存墓砖。

墓砖 均为素面条砖，规格一致。模制，制作规整。长 32、宽 16、厚 5 厘米。

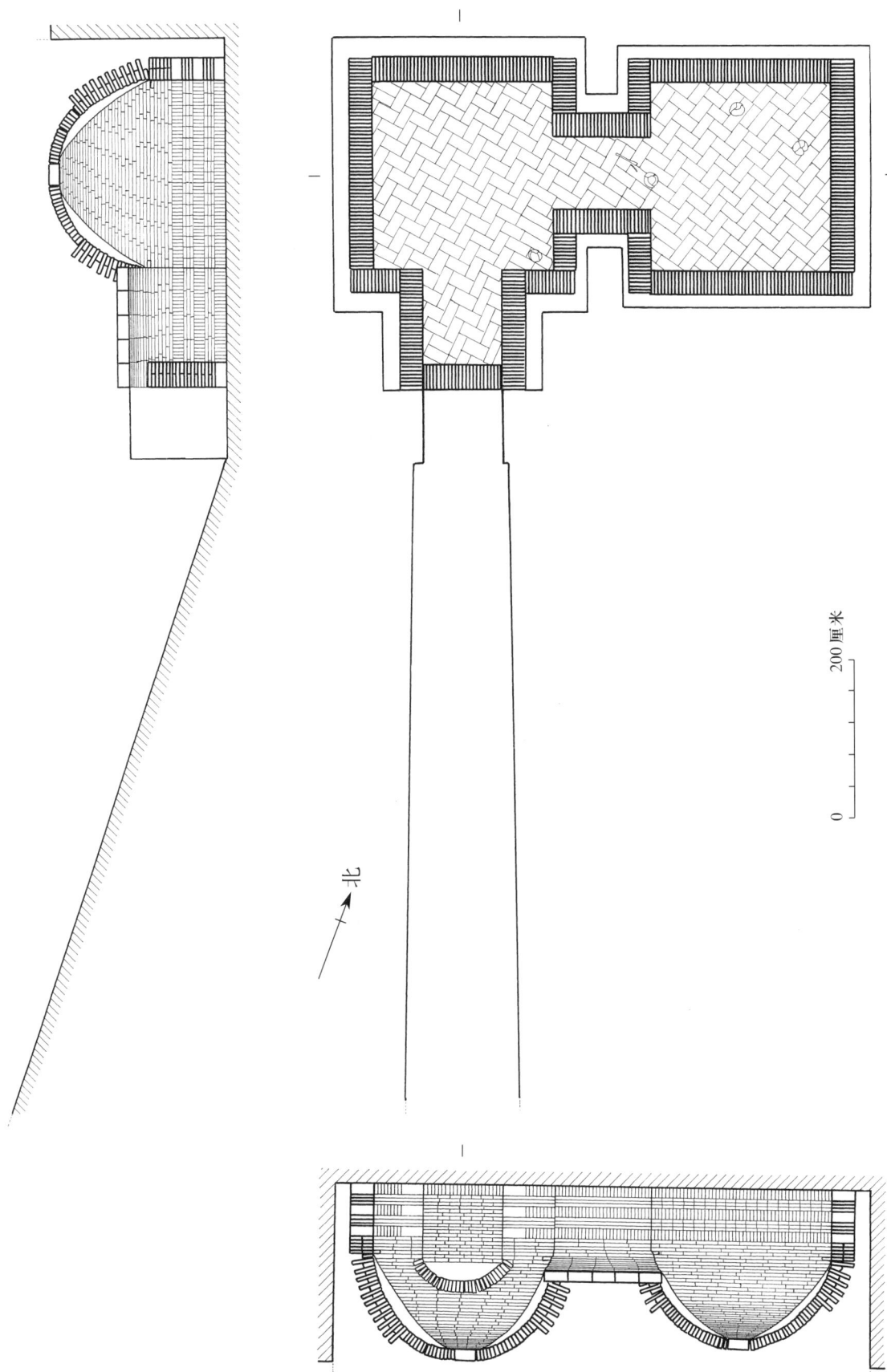

图六〇　M28 平、剖面图

3. 葬式　人体骸骨被严重扰乱，葬式不详。发现四个颅骨，分别位于正室东南角、过洞东部以及侧室东北部，其他人骨均已扰乱，多置于正室东部、过洞间以及侧室东北部。经鉴定，有人体骸骨五具，其中三具为男性，年龄分别为40～45岁、40岁左右和25～30岁；一具为女性，年龄50～60岁；另一具为未成年人，性别不详。没有发现葬具。

M29

M29位于第一排中部，墓道东距M30墓室7.20米，南距M25墓室8米。其墓道被唐墓M27打破；发掘前已被盗和破坏，原开口层位不详。修筑方法与M95同。

1. 形制　M29为倒凸字形单室砖室墓，南北向，方向174°，由墓道、甬道、墓室构成（图六一；彩版一三，1、2）。

墓道　长方形斜坡底，位于墓室南部，平面呈长方形，东、西壁为直壁；底斜坡，坡度约为28°。填土为五花土，含有红胶泥土块。墓道长6.85、宽0.97、深3.10米。

甬道　平面呈长方形，底部为平底，平铺一层"人"字形条砖。东、西壁为直壁，用一层条砖横向侧立、三层条砖平砌的方法交替砌筑。顶为拱形，甬道东、西壁1.36米处开始内收起拱。南北长1.70、东西宽0.88米，内高1.52米。封门位于甬道内南端，残存中下部。用一层条砖纵向侧立、一层条砖横向平砌的方法交替砌成。厚0.32、残高0.72米。

墓室　平面呈方形，建造方法与M28同。底部为平底，平铺一层相互成"人"字形的条砖。四壁均垂直；东、西壁用一层条砖横向侧立、三层条砖平砌的方法交替砌筑；南、北壁用一层条砖纵向侧立、三层条砖平砌的方法交替砌筑。墓室四角各设一灯台，是在四角距基底0.95米处砌一条砖而成。四角攒尖顶，墓室四壁0.95米高处开始内收形成，券砌方法与M28的顶部同。南北长2.72、东西宽2.80、内高2.15米。

2. 遗物　墓室被盗，未见随葬品，遗物仅存墓砖。

墓砖　均为素面灰色条砖，模制；规格一致，制作规整。长32、宽16、厚5厘米。

3. 葬式　人体骸骨被严重扰乱，保存较差，葬式、人体骸骨的数量及年龄、性别等均不详。没有发现葬具。

M43

M43位于第一排东部，其周围分别有唐代墓葬M32、M33、M45、M46、M47、M44分布。东距M46约6米，西距M33约8.4米，东南距M44约2.8米。修筑方法与M95同。

1. 形制　M43为倒凸字形单室砖室墓，南北向，方向180°。由墓道、甬道、墓室构成（图六二；彩版一四，1、2）。

墓道　长方形斜坡底，位于墓室南部。残口平面呈长方形，东、西壁为直壁；底斜坡，坡度为29°。填土为花土，较疏松。残长1.95、宽0.80、深0.95米。

甬道　底呈长方形，用条砖平铺呈"人"字形。东、西壁为直壁，用三层条砖平砌、一层条砖横向侧立的方式交替砌筑；其中平砌条砖为二条砖纵向并排错缝平砌。拱形顶，甬道东、西壁0.60米高处起拱，有二层，外一层已被破坏。甬道南北长0.35、东西宽0.80、内高0.80米。封门位于甬道内南

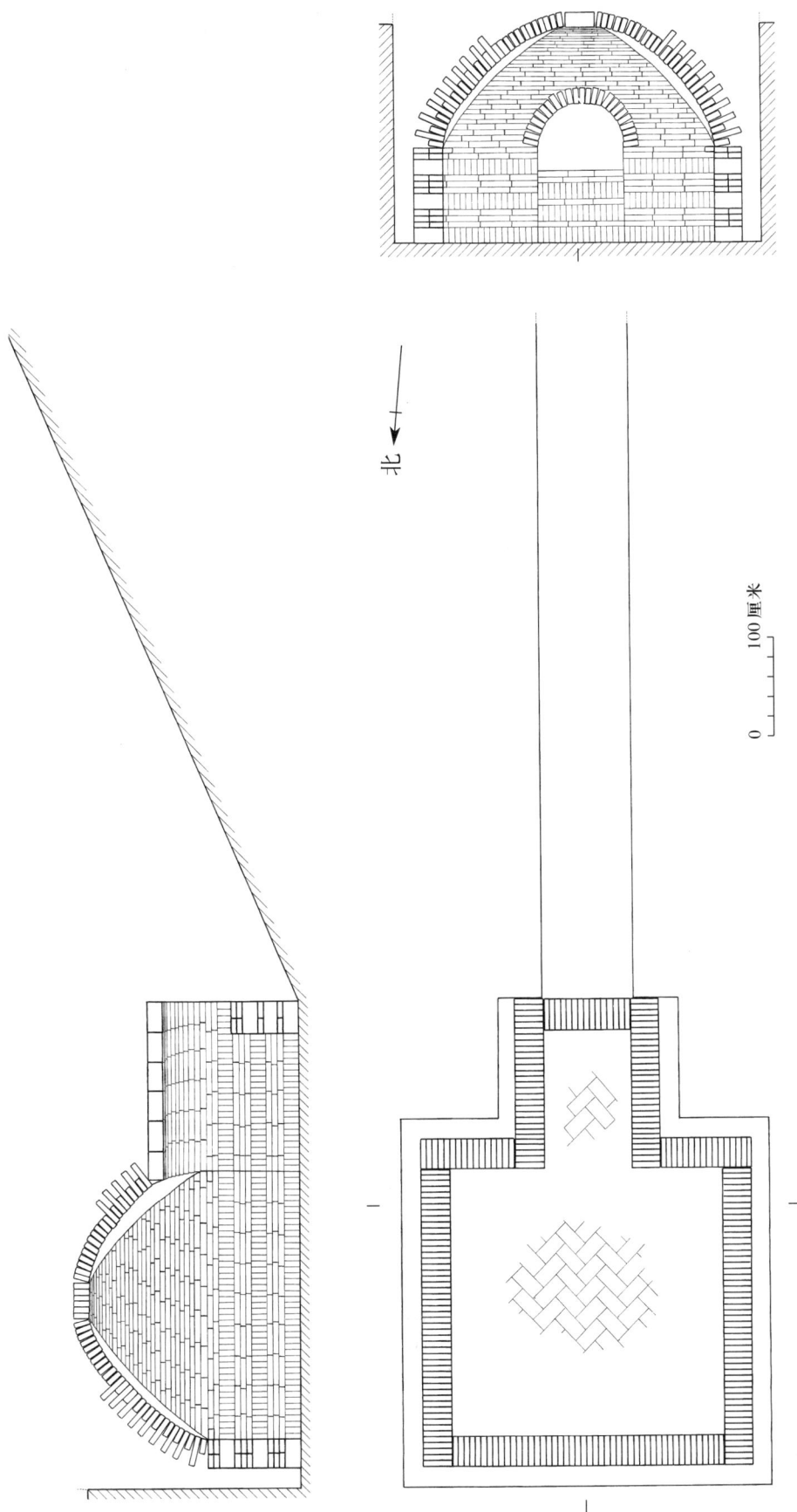

图六一　M29 平、剖面图

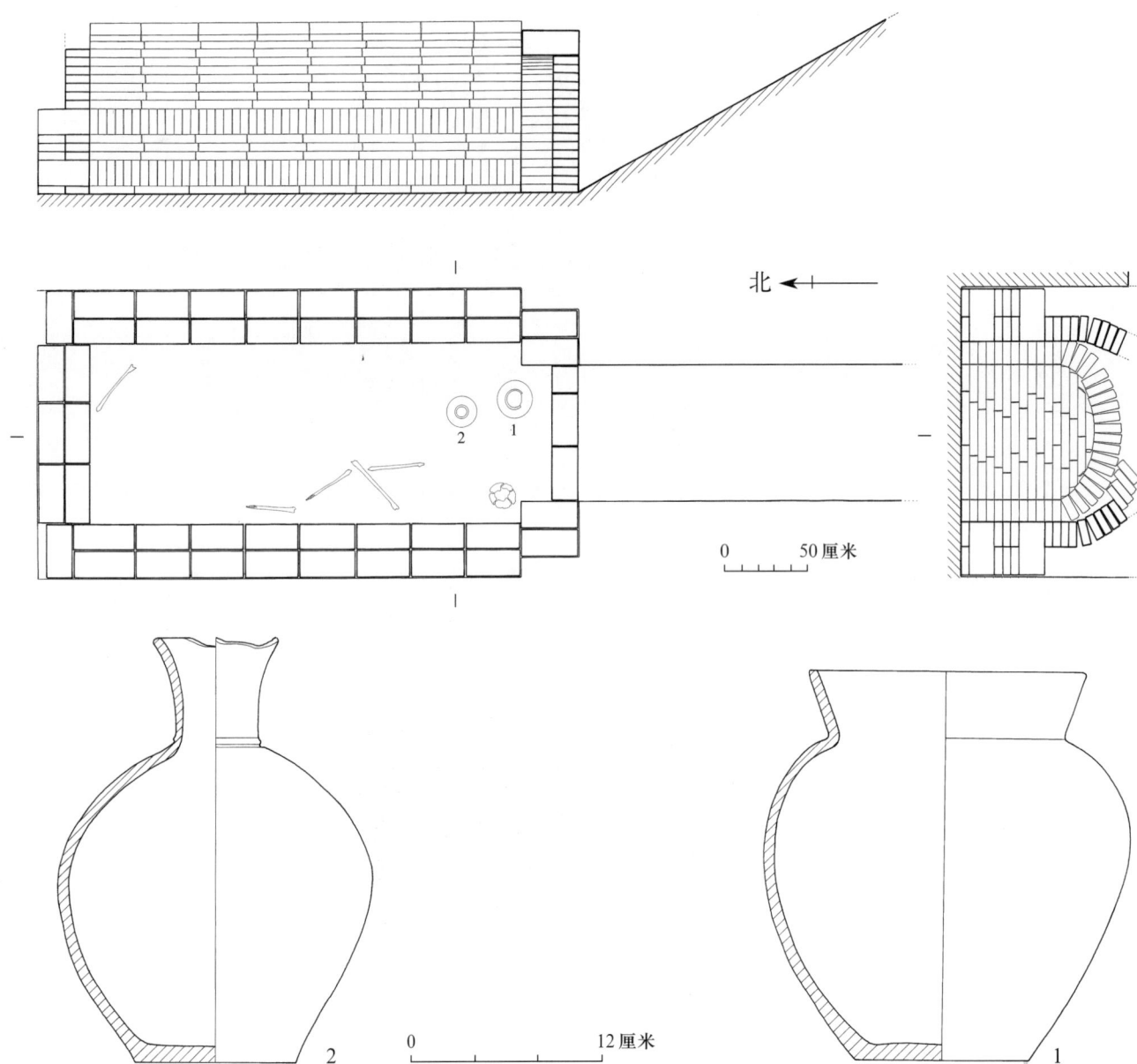

图六二　M43 及出土遗物
1. 罐　2. 壶

端，用条砖错缝横砌。封门厚 0.16、高 0.80 米 。

墓室　平面呈长方形，用条砖砌筑于挖掘的长方形竖穴土坑中，顶部略残。墓室底部用条砖平铺，呈"人"字形。四壁垂直；用三层条砖纵向平砌、一层条砖侧立的方式交替砌筑，其中东、西壁条砖横向，南、北壁条砖纵向。四壁相接处和甬道与南壁相接处砌砖逐层相互叠压。顶部残，墓室四壁 0.70 米高处起券内收，推测可能为拱形。墓室南北长 2.60、东西宽 1.05、残高 1 米 。墓室内填土有两种：第一种淤积土，位于墓室底部，厚 0.40～0.50 米，可分为四层，厚度 0.10～0.20 米不等，应为墓室内多次进水后淤积形成。第二种为花土，厚 0.50～0.60 米 ，土质较杂，应为墓葬被盗或破坏后形成。

2．**遗物**　有陶器和墓砖。

陶器　均泥质，青灰色，轮制。器形有罐和壶，出土于墓室南部。

罐　1件。标本M43：1，侈口，方唇，圆肩，鼓腹，平底略扁。肩部饰三道断续、较浅的阴弦纹。口径15.6、底径10.6～11、高23.2厘米（图六二；彩版一四，3）。

壶　1件，口沿部残失。标本M43：2，细颈较高，圆肩，平底。肩部饰数道断续的阴弦纹。颈部和肩部黏接处饰两道阴弦纹和一道凸弦纹，腹部和肩部有打磨痕，局部表皮脱落。底径9.4～9.8、残高25.5厘米（图六二；彩版一四，4）。

墓砖　均为素面灰色条砖，模制，制作规整。长31、宽15.5、厚5厘米。

3．**葬式**　发现一具人体骸骨，已扰乱，头骨位于墓室南部，另发现一些四肢骨及肋骨等斜散置于墓室西部。经鉴定可能是一年龄18～20岁的女性。没有发现葬具。

二　M31、M47

M31、M47自西向东分布，南北略错位，与乙区北魏墓M60基本在同一排上。

M31

M31位于M29东南部、M37东北部，东、北、西分别为唐墓M44、M32和M30。东距M29墓道13.20米，墓道西距M37墓室2.40米。发掘前已被破坏，原开口层位不详，修筑方法与M95同。

1．**形制**　M31为倒凸字形砖室单室墓，南北向，方向180°。由墓道、甬道以及墓室构成（图六三；彩版一五，1、2）。

墓道　长方形斜坡底，位于墓室南部，西向偏离中轴线。残口平面呈长方形，东、西壁较为齐整。底斜坡，坡度为14°。填土为褐色花土，内含有大量的砖块等。残长6.90、宽0.85米，坡长7.2米，深1.50米。填土颜色较深，为深褐色花土。

甬道　底呈方形，平铺一层"人"字形条砖。东、西壁用条砖纵向逐层错缝叠压平砌。拱形顶，甬道东、西壁1.10米高处开始起拱。甬道底部南北长1、东西宽1米，内高1.50、顶长1.15米。封门位于甬道内中段，平面形状呈"V"形。底层用条砖侧立一层，其上用条砖横向平砌。上部被毁。封门厚0.30、残高0.90米。

墓室　平面呈方形，用条砖砌筑于挖掘的方形土圹内，顶部残。墓室东、西壁垂直，用五层条砖平砌加二层条砖斜向平砌的方式交替砌筑，且斜砌条砖仅凸出一角，并与整个墙体持平。墓室南、北壁砌法与东、西壁同。顶部已被破坏，但墓室四壁1.10米高处均开始内收起券，推测可能为四角攒尖顶。墓室地面用条砖平铺，呈"人"字形。墓室南北长2.90、东西宽2.90、残高1.60米。墓室内的填土均为淤积土，系多次进水后形成。

2．**遗物**　墓室被盗，未见随葬品，仅存墓砖。

墓砖　为素面灰色条砖，模制，制作规整，规格一致。长32、宽16、厚5厘米。

3．**葬式**　发现两具人体颅骨，分别位于墓室西南角及墓室北部。另外发现极少的肋骨和脊椎骨。但均被扰到墓室底部填土中。经鉴定可能为一年龄35～40岁的女性和一年轻女性个体。没有发现葬具。

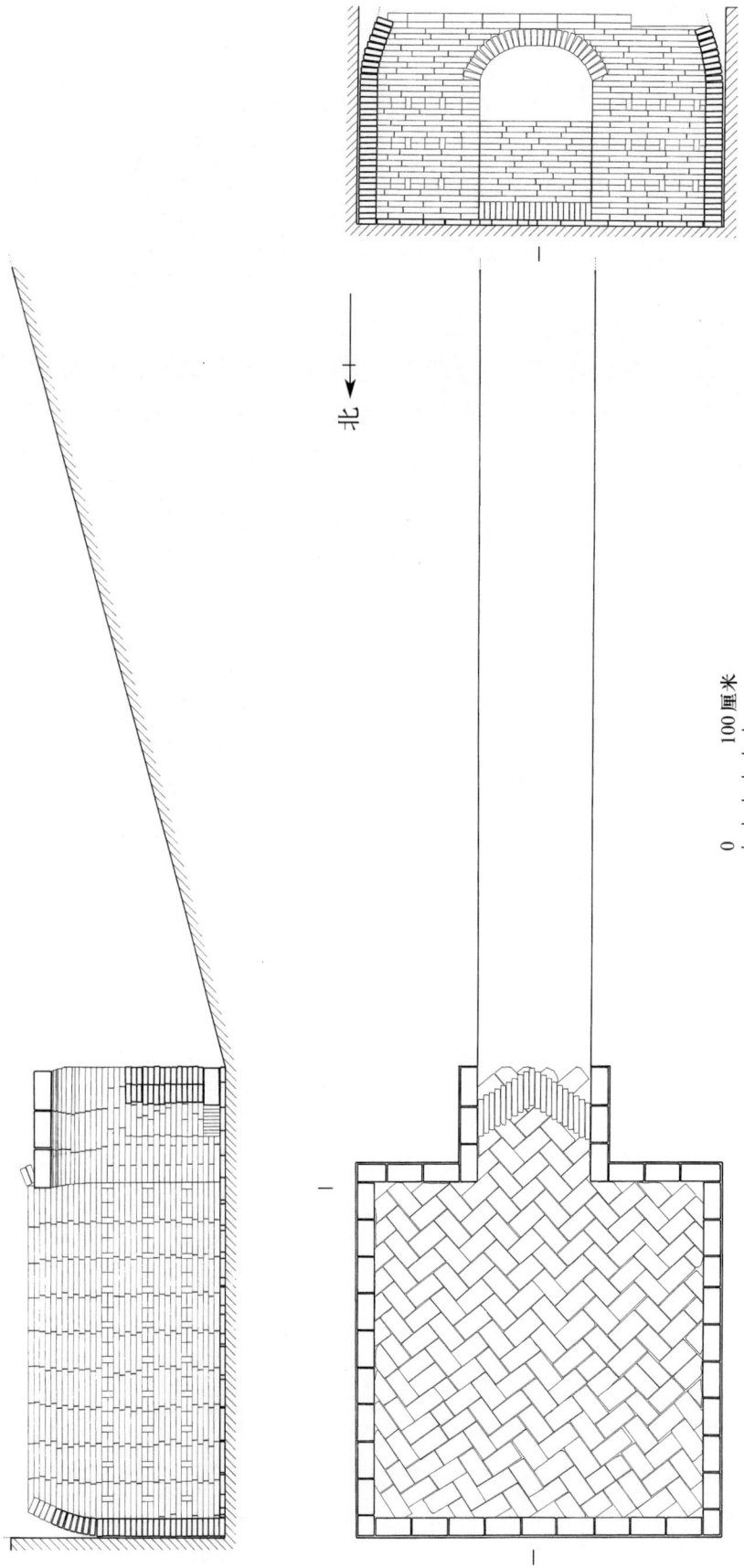

图六三 M31 平、剖面图

M47

M47位于第二排东部，墓室西北部被唐墓M46墓道打破。被盗和破坏，原开口层位不详。修筑方法与M95同。

1. 形制　M47为倒凸字形单室砖室墓，南北向，方向185°。由墓道、甬道及墓室构成（图六四A；图版二八，1）。

墓道　长方形斜坡底，位于墓室南部偏东部，被深约0.30米的不规则形现代坑所打破。残口平面呈长方形，东、西壁为直壁，底斜坡，坡度为25°。填土为五花土，颜色较深，且含有大量的砖块。残长2.70、宽0.65、深1.20米。

甬道　底部为黄色粉砂土，平底，平面呈长方形。东、西壁为直壁，采用三层条砖纵向平砌、一层条砖横向侧立的方法交替砌筑，其中侧立砖二层。拱形顶，甬道东、西壁0.70米高处起拱。甬道南北长0.70、东西宽0.65米，内高1米。封门位于甬道南端外侧，用条砖错缝横向平砌。但大部分被毁，仅存底部。封门厚0.16、残高0.27米。

墓室　平面呈长方形，用条砖砌筑于挖掘的长方形圹内。四壁均为直壁；东、西壁砌法与甬道同；北、南壁用三层条砖横向平、一层条砖纵向侧立的方法交替砌成，共二层侧立砖；墓室四角砌砖相互叠压。顶部被毁，但墓室四壁0.75米高处开始起券内收，推测顶部可能为拱形。墓室南北长1.95、东西宽1.45、残高1.10米。棺床位于墓室西部，呈长方形，与墓室北、西、南壁相接，是在墓室底部平铺一层砖而成，其中棺床沿为二层条砖纵向平砌，略高于棺床面。棺床南北长1.95、东西宽0.65米，沿

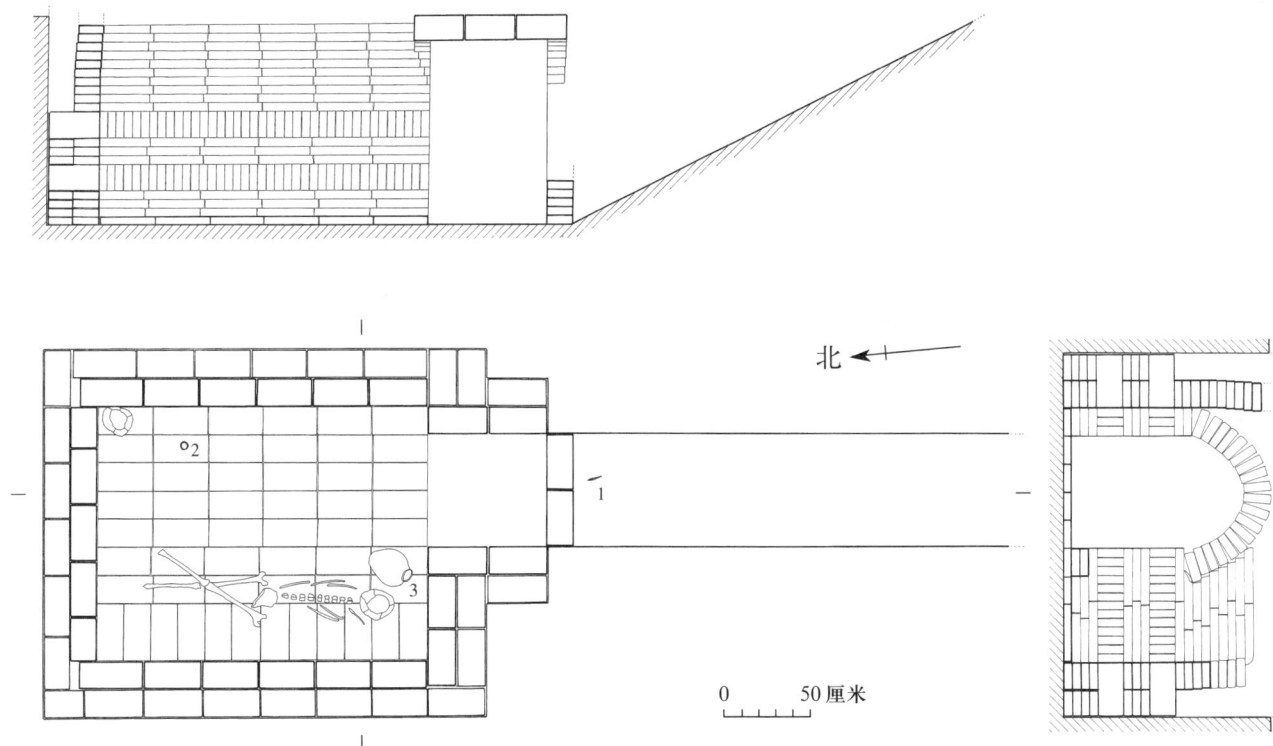

北 ←

0　　50厘米

图六四A　M47平、剖面图
1. 铁锥　2. 铁环　3. 罐

高0.10米。棺床东部为墓室地面，用条砖平铺，或横或顺，没有一定的规律。墓室内填土较杂，为黄褐色花土，可能为被破坏后形成。

2．**遗物**　有陶器、铁器和墓砖。

陶器　泥质，土灰色，轮制。器形有罐和壶，出土于棺床东南部。其中壶仅存陶片。

罐　1件。标本M47：3，侈口，方唇，束颈，溜肩，鼓腹，平底。器形粗矮，底部有一"口"字形方框。口径9.6、底径9.6、高17.6厘米（图六四B；图版二八，2）。

铁器　有铁锥、铁环，铁器出土于墓室和墓道填土内。

铁锥　1件。标本M47：1，平面呈条形，由生铁打制。残断，锈蚀严重、剥离。残长11.6厘米。

铁环　1件。标本M47：2，平面呈圆形，残断，断面呈椭圆形，似棺环，锈蚀严重。直径8.2厘米（图六四B；图版二八，3）。

墓砖　均为灰色素面条砖，制作规整，规格相同。长31、宽15～15.5、厚4.5厘米。

3．**葬式**　发现两具人体骸骨。一具位于棺床之上，局部扰乱，但头骨、骨盆、脊椎骨及左下肢骨尚未扰动，呈仰身直肢，头向南，面向西。一具在墓室东北角距墓底0.40米的填土中，均已扰乱，且所有人骨堆积于一角。经鉴定，前者为一年龄25～30岁的男性，后者年龄25～30岁，性别不详。没有发现葬具，但在发掘时发现有带铁钉的铁环，可能为棺环，应有木棺等葬具。

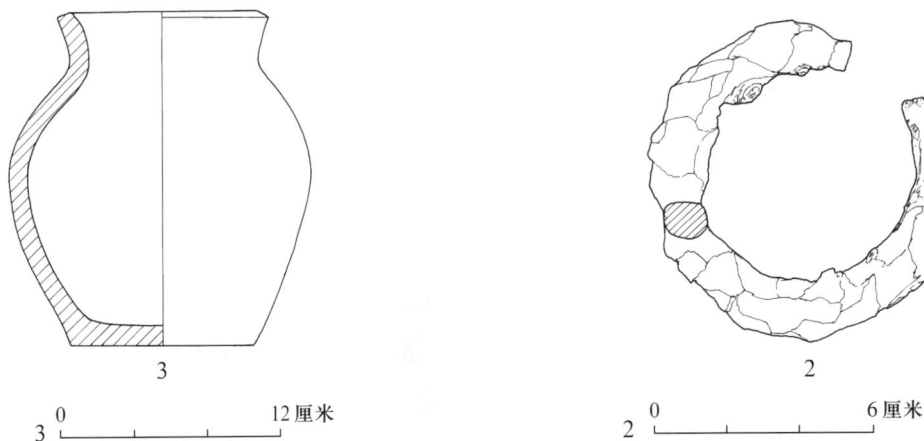

图六四B　M47及出土遗物
2. 铁环　3. 罐

三　M40、M41、M42、M37

M40、M41、M42属同圹异穴墓（彩版一六，1），位于第三排西部、M28南部，北距M28墓道约2.40米，东、西两侧分别为唐墓M25、M24；M37位于第三排的东部，与M40、M41、M42东西基本呈排状分布。

M40

M40与M41、M42均建在一长方形土圹内，但分别有不同的墓道和墓室。其建造方法为先挖一长5、宽4.80米的土圹，在土圹内用条砖分别砌M40、M41、M42的墓室，土圹与墓室之间、墓室与墓室之间用土填充。因此，此三座墓可能是同一家庭（或家族）的墓葬。发掘前已被破坏，原开口层位不详。

1. **形制**　M40 为双室砖室墓，南北向，方向 162°。由墓道、前室、后室构成（图六五 A；图版二八，5；彩版一六，2）。

墓道　长方形阶梯式，位于墓室南部。残口平面呈长方形，两壁为直壁，且修筑较为齐整。在墓道南端残留有三个台阶，自上而下第一台阶宽 0.15、高 0.25 米；第二台阶宽 0.25、高 0.15 米；第三台阶较宽，为 0.45 米，高 0.10 米。由于土质为砂土，阶梯中间均被踩踏成斜坡状。墓道长 2.88、宽 1.15、残高 1 米。

前室　平面呈梯形，北窄南宽。底部为平底，用条砖平铺，呈"人"字形。东、西壁为直壁，用一层条砖横向侧立与三层条砖平砌的方式交替砌筑。顶部为拱形，墓室东、西壁在 0.64 米高处开始起拱。前室南北长 2.65、北部东西宽 0.88、南部东西宽 1.15 米，内高 1.05 米。从前室南部封门，采用平砖顺砌，相互错缝叠压而成。封门厚 0.16、高 0.60 米。

后室　位于前室北部，较小，直接连通前室。平面呈梯形，北窄南宽，与前室相同。墓室地面用条砖平铺，呈"人"字形。东、西、北三壁为直壁，用条砖错缝叠压平砌。顶部为拱形，墓室东、西壁在 0.50 米高处开始起拱。后室南北长 1.75、北部东西宽 0.50、南部东西宽 0.84 米，内高 0.90 米。

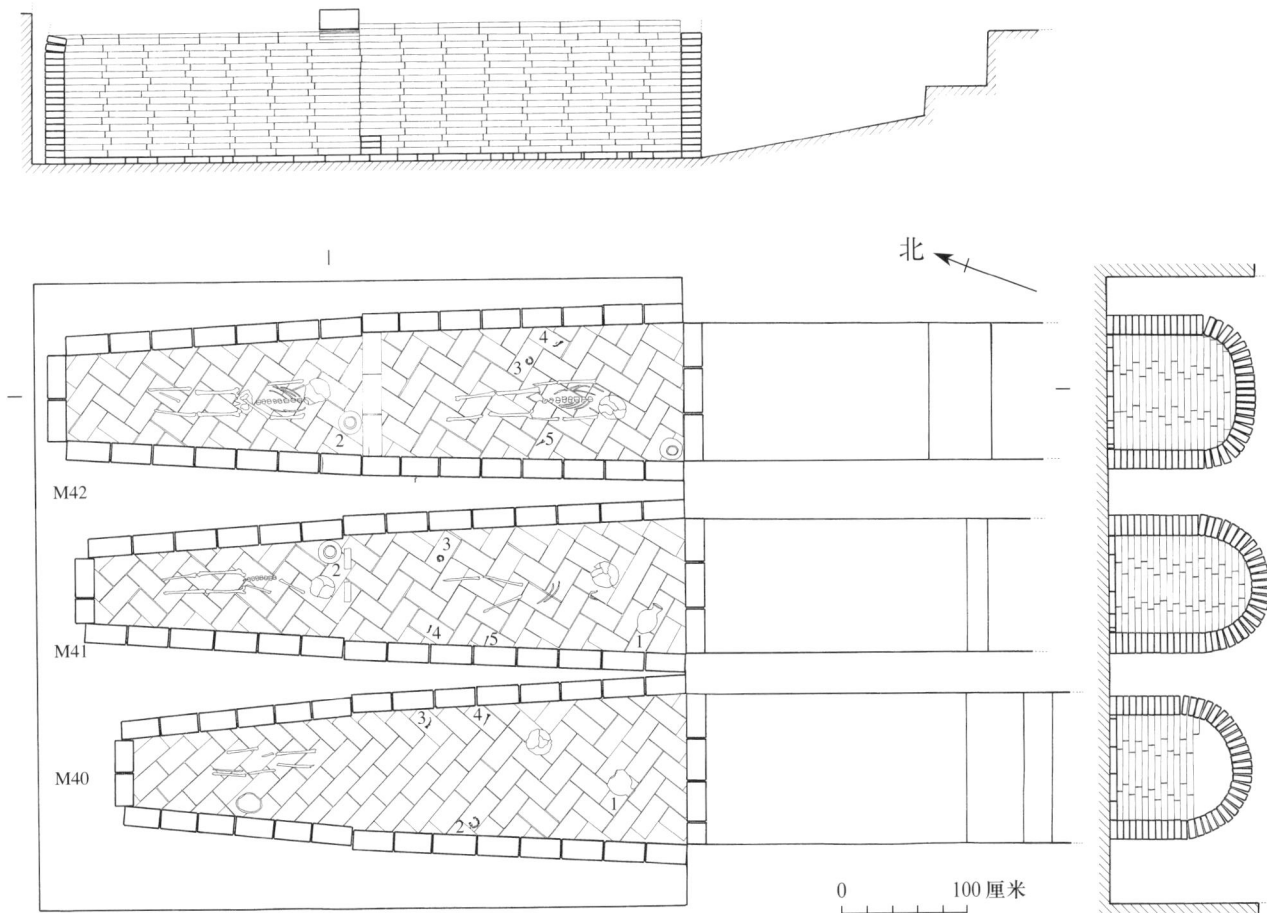

图六五 A　M40、M41、M42 平、剖面图

M40：1. 壶　2. 铁棺环　3、4. 铁棺钉　　M41：1、2. 罐　3. 铁棺环　4、5. 铁棺钉

M42：1、2. 罐　3. 铁棺环　4、5. 铁棺钉

2．**遗物**　有陶器和铁器。

陶器　泥质，灰青色，轮制。器形有壶，出土于前室南部。

壶　1件，残。标本 M40：1，肩部和腹上部圆鼓，平底，外壁有二周断续的阴弦纹。底径 11.6 厘米，残高 12 厘米。

铁器　铁器有棺环和棺钉等，大多为残段，完整者较少，出土于墓室两侧。

铁棺环　1件。标本 M40：2，圆形，较粗，锈蚀严重。直径 9 厘米（图六五 B；图版二八，4）。

铁棺钉　2件。标本 M40：3，铁帽残失，较粗，断面呈方形，锈蚀严重。残长 8.6 厘米（图六五 B）。标本 M40：4，棺钉铁帽残失，锈蚀严重。残长 6.5 厘米（图六五 B）。

墓砖　均为素面灰色条砖，模制，制作规整。长 29.8、宽 14.2、厚 4.5 厘米。

3．**葬式**　墓室被盗，人体骨骼凌乱、残碎，分布于前、后室。经鉴定，有人体骨骼三具，可能为一老年男性、一年龄 6～8 岁的儿童和一年龄 12～13 岁的儿童。发现棺环和较粗大的棺钉，应有木棺葬具。

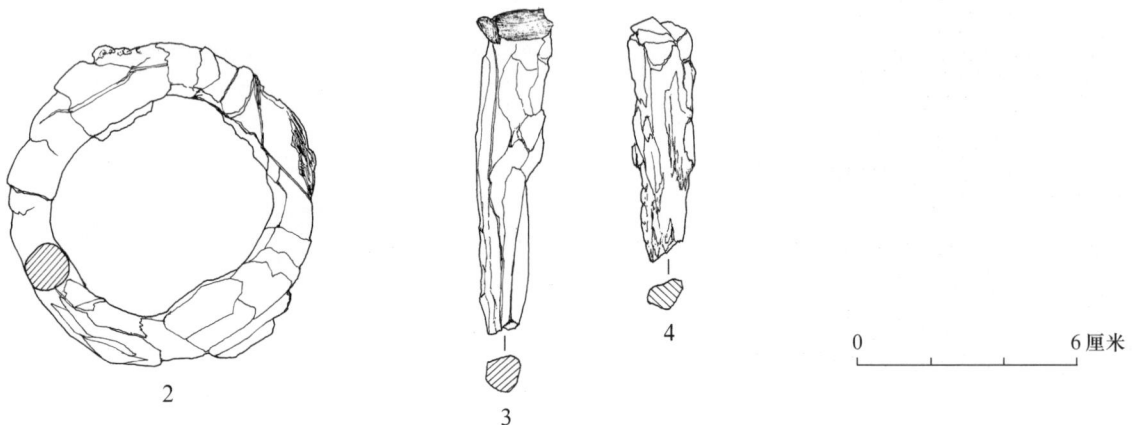

图六五 B　M40 出土遗物
2. 铁棺环　3、4. 铁棺钉

M41

M41 位于 M40 东部，与 M40、M42 共同建在同一长方形土圹内。曾被盗，残口层位与修筑方法和 M40 同。

1．**形制**　M41 为砖室双室墓，南北向，方向 162°。由墓道、前室、封门及后室组成（图六五 A；彩版一七，1、2，一八，1、2）。

墓道　长方形阶梯式，位于前室南部。残口平面呈长方形，东、西壁为直壁；台阶由于踩踏仅残存底部一个，宽 0.15、高 0.30 米。墓道残长 2.60、宽 1.05、深 0.95 米。

前室　前室平面呈梯形，北窄南宽。墓室地面用条砖平铺，呈"人"字形。东、西壁为直壁，用条砖纵向逐层错缝叠压平砌；北壁用条砖横向逐层错缝平砌。顶部为拱形，墓室东、西壁 0.70 米高处开始起拱，但南部已被破坏。前室南北长 2.75、北部东西宽 0.80、南部东西宽 1.05 米，内高 1.15 米。封门位于前室与墓道之间，用条砖错缝叠压横向平砌。封门厚 0.16、高 1.10 米。

后室　位于前室北部，且与前室相通，略小于前室。平面呈梯形，地面用条砖平铺呈"人"字形。墓室东、西、北三壁为直壁，其中东、西壁用条砖纵向逐层错缝叠压平砌，北壁用条砖横向逐层错缝叠压平砌。三壁相接处砌相互叠压。顶为拱形，墓室东、西壁0.65米高处开始起拱。后室南北长1.95、北部东西宽0.50、南部东西宽0.75米，内高1.05米。

前、后室填土大致相同，分两种：一种为淤积土，位于墓室底部，厚0.40～0.50米，呈层状，可能为进水后淤积形成；一种为五花土，位于墓室上部，土质较杂，厚0.50～0.60米，可能为墓葬被盗形成。

2.**遗物**　有陶器、铁器和墓砖。

陶器　均泥质，灰青色，轮制。器型有罐，出土于前、后室南部。

罐　2件，形制相同。标本M41：1，敞口，平沿，斜方唇，高领，圆肩，腹上部较鼓，平底。口径12.4、底径11、高29厘米（图六六；彩版一七，3）。标本M41：2，敞口，平沿，方唇，高领，圆肩，腹上部较鼓，平底略扁。器形厚重，略显纵长。口径12.8、底径10.2～10.5、高30厘米（图六六；彩版一七，4）。

铁器　有铁棺环与棺钉，大多为残段，完整者较少，出土于墓室填土中。

铁棺环　1件。标本M41：3，圆形，断裂，较粗，黏连半段扁形铁钉，其上黏连朽木。锈蚀严重。直径8.2厘米（图六六；彩版一八，3）。

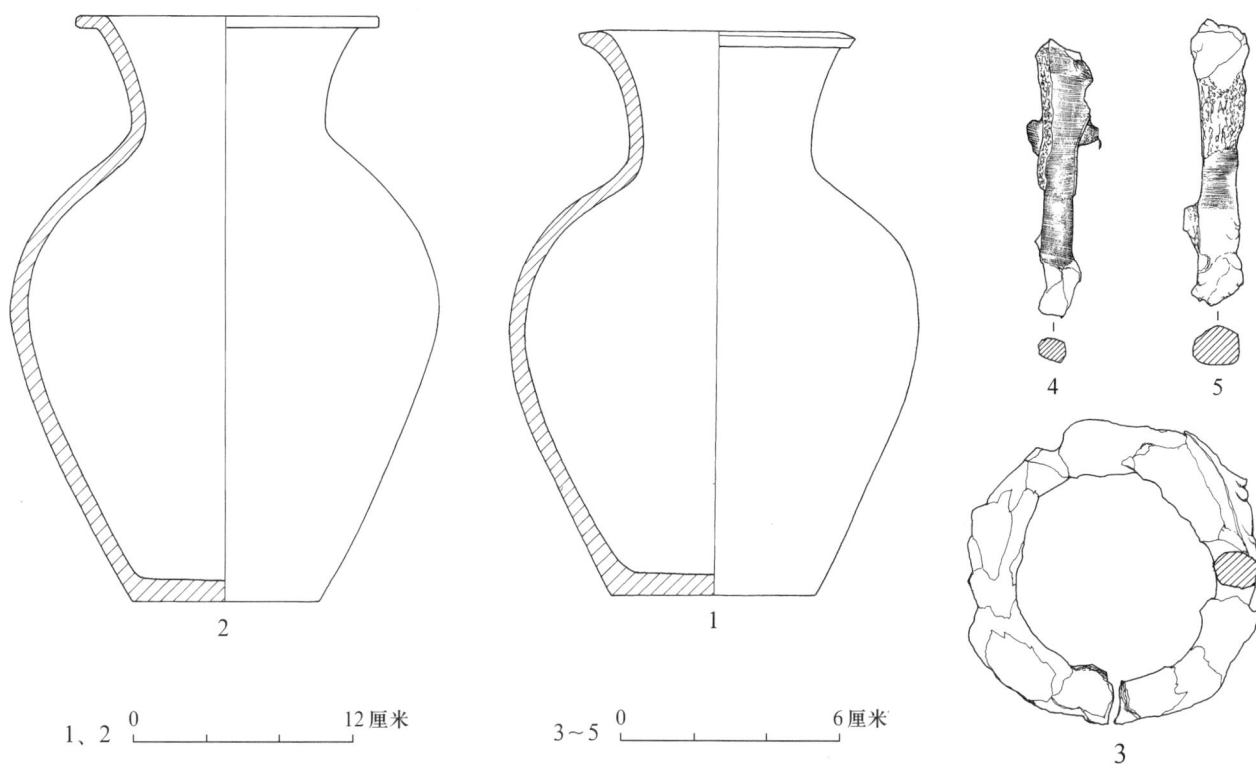

1、2　0　　　　　　　　12厘米

3～5　0　　　　　　6厘米

图六六　M41出土遗物

1、2.罐　3.铁棺环　4、5.铁棺钉

铁棺钉 2件。标本 M41：4，残存下段，断面呈圆角长方形，锈蚀严重，上部黏连残长 3 厘米的竖向朽木。残长 7.3 厘米（图六六；彩版一八，4 右）。标本 M41：5，钉帽残失，残存上半段，断面呈方形。严重锈蚀。残长 7.4 厘米（图六六；彩版一八，4 左）。

墓砖 均为素面灰色条砖，模制，制作规整。长 31.5、宽 15.2、厚 5 厘米。

3. **葬式** M41 墓室内共发现两具人体骸骨，分别位于前室与后室。其中前室骸骨已扰乱，但从整体尚保持头南足北状；后室骸骨也有扰动，但从下肢骨保存状况分析，可能为仰身直肢。经鉴定前室为年龄 37～50 岁的女性，后室可能是一位女性，年龄 12～14 岁。葬具为木棺，但均已残朽。从朽痕分析，前室木棺长 1.70、宽约 0.05 米。后室木棺长 1.70、南端宽 0.52、北端宽 0.35 米，木板厚约 0.04 米。

M42

M42 位于 M41 东部，与 M40、M41 墓室共同建在同一长方形土圹内。曾被盗。残口层位和修筑方法与 M40、M41 同。

1. **形制** M42 是一座小型的砖室墓，南北向，方向 162°。由墓道、前室、封门及后室组成（图六五 A；图版二九，1、2；三〇，1、2）。

墓道 长方形阶梯式，位于前室南部。残口平面呈长方形，东、西壁为直壁，底部南端为阶梯，北端较为平缓。由于粉砂土松软和踩踏破坏，仅残存二阶。第一台阶宽 0.40、高 0.40 米；第二台阶宽 0.50 米，高 0.20 米。墓道内填土为花土，土质较为松散。残长 2.70、宽 1、深 1.05 米。

墓室 平面大致呈梯形，分为前室和后室。其中，前室较大，且与后室相连，中间用封门相隔。前室南端也有封门。

前室 前室位于后室南端，平面呈梯形，北窄南宽。墓室地面用条砖平铺，呈"人"字形。东、西壁为直壁，用条砖纵向逐层错缝叠压平砌。顶拱形，墓室东、西壁 0.80 米高处开始起拱，南端已被破坏。墓室南北长 2.56、北部东西宽 0.93、南部东西宽 1.05 米，内高 1.10 米。封门位于前室南端，用条砖错缝横砌。上部被破坏，封门厚 0.16、残高 0.90 米。

后室 后室形制与前室大体相同。平面呈梯形，北窄南宽，且与前室相通。墓室地面用条砖平铺，呈"人"字形。东、西、北三壁为直壁，砌法与 M41 后室同。拱形顶，墓室东、西壁 0.70 米高处起拱。墓室南北长 2.24、北部宽 0.65、南部东西宽 0.90 米，内高 0.95 米。后室南部也有封门。用条砖横砌，上部被破坏，仅残存底部三层砖。封门厚 0.16、残高 0.15 米。

2. **遗物** 有陶器、铁器和墓砖。

陶器 均为泥质，灰青色，轮制。器型有低领罐和高领罐，出土于前、后室人体头骨南部。

低领罐 1件。标本 M42：1，敞口，宽平沿，方唇，低领，圆肩，鼓腹，平底。肩部留存 1.5 厘米宽的刮磨痕。底略扁，稍内凹。器形粗矮厚重。口径 12、底径 7.6、高 19.2 厘米（图六七；图版二九，3）。

高领罐 1件。标本 M42：2，敞口，宽平沿略下折，方唇，高领，溜肩，鼓腹，平底。领、肩之间饰一道阴弦纹；腹下部一侧因摁压而凸凹不平。器型最大径在腹中部。口径 10.5、底径 7.8、高 18.6 厘米（图六七；图版二九，4）。

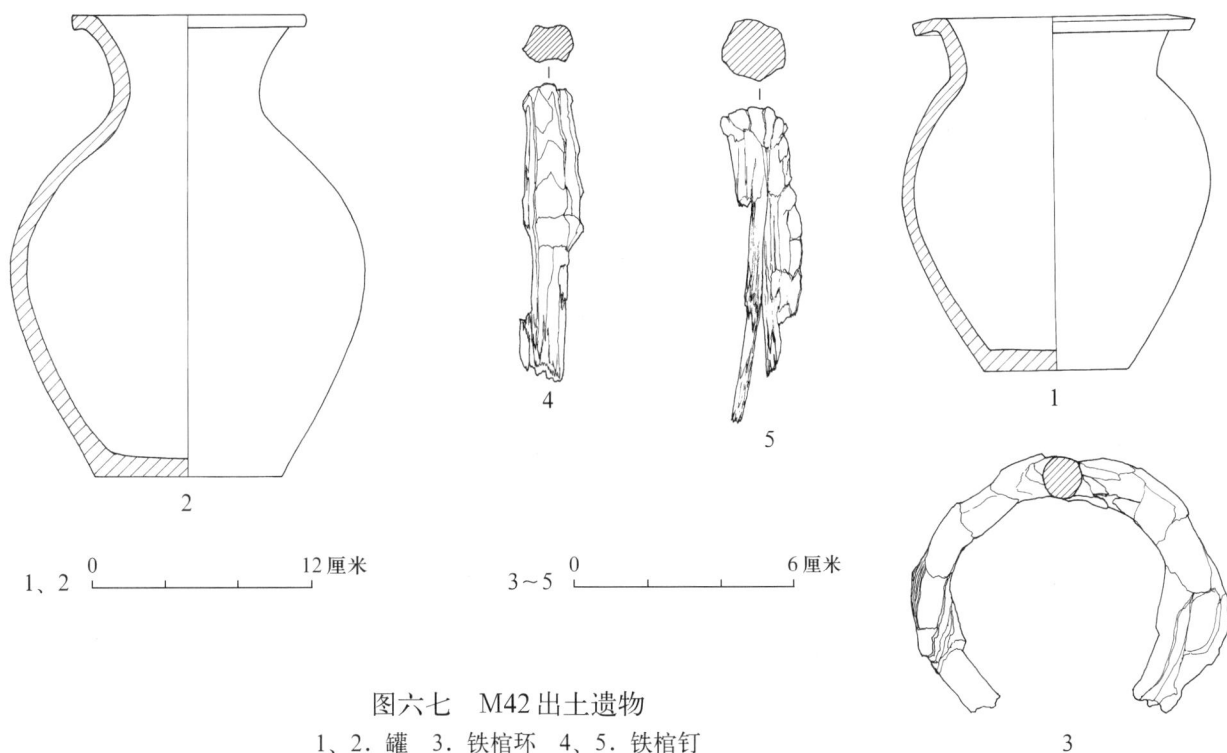

图六七　M42 出土遗物

1、2. 罐　3. 铁棺环　4、5. 铁棺钉

铁器　铁器有铁棺环与铁钉，大多残断，出土于前、后室东、西两侧。

铁棺环　1件。标本 M42：3，圆形，残，环体较粗，锈蚀严重。直径 8.2 厘米（图六七；图版三〇，3）。

铁棺钉　2件。标本 M42：4 残存中下段，锈蚀严重。残长 8.4 厘米（图六七 B；图版三〇，4 左）。标本 M42：5，钉帽、尖部残失，断面呈方形，锈蚀严重。残长 8.4 厘米（图六七；图版三〇，4 右）。

墓砖　均为素面灰色条砖，模制，制作规整。长 31、宽 15.5、厚 5 厘米。

3. **葬式**　发现两具人体骸骨，分别位于墓室前、后室。前室骸骨保存较差，呈仰身直肢，头向南，面向上。后室骸骨保存状况较好，呈仰身直肢，头向南，面向上。该墓葬为二人合葬墓，葬式为仰身直肢。经鉴定前室为一年龄 45～55 岁的女性，后室可能为一年龄 18 岁左右的女性。前室发现有棺木痕迹。呈梯形，南北长 1.86、北部东西宽 0.43、南部东西宽 0.66 米，板厚 0.05 米。后室未发现葬具。

M37

M37 位于第三排东部、M31 的西南部，东距 M31 墓道约 2.4 米，西距 M40、M42、M42 墓圹 16 米，北部和西部分别为唐墓 M30、M25。发掘前已被破坏，原开口层位不详，修筑方法与 M95 同。

1. **形制**　M37 为倒凸字形单室砖室墓，南北向，方向 180°。由墓道、甬道、墓室构成（图六八；彩版一九，1、2）。

墓道　长方形斜坡底，位于墓室南部，与墓室南北在同一中轴线上。残口平面呈长方形，东、西壁为直壁。底呈斜坡，坡度为 18°。填土为五花土，土质较硬，颜色略深，且含有一些砖块等。墓道残长 5.04、宽 0.85、深 1.45 米。

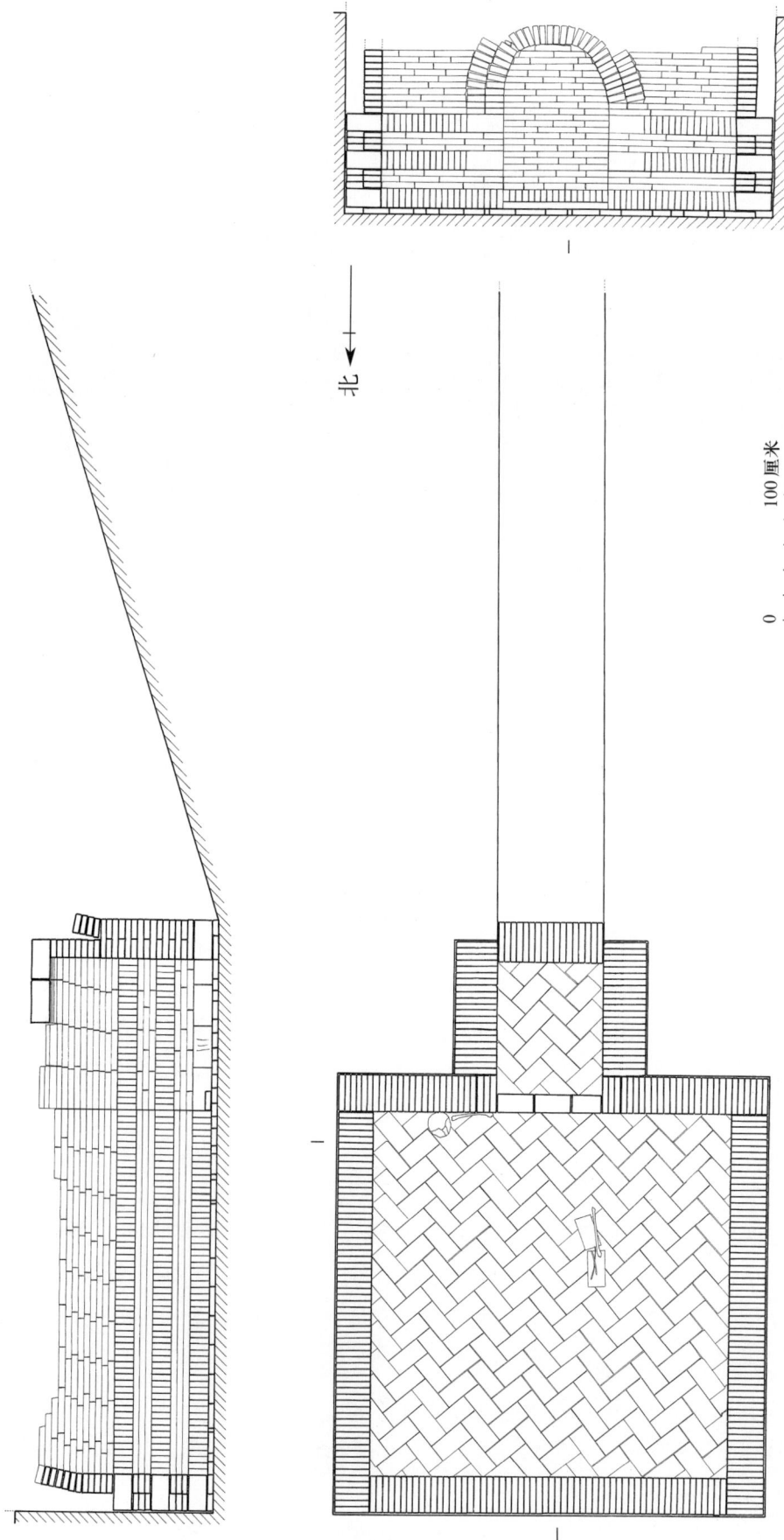

图六八 M37 平、剖面图

0 ___ 100厘米

北

甬道　连接墓道与墓室。底呈长方形，平底，平铺一层条砖，呈"人"字形。东、西壁为直壁，用一层条砖横向侧立加三层条砖平砌的方法交替砌筑，砌砖与墓室南壁相接处相互叠压。顶部为拱形，甬道东、西壁0.90米高处起券内收。顶南部用条砖逐层出头平砌，残存四层。甬道南北长1.35、东西宽0.85、内高1.36米。封门共有内、外两重封门，分别位于墓室北端及南端。南端封门保存较为完整，底层采用条砖侧立，其上为一层条砖纵向、一层条砖横向交替平砌。厚0.32、高1.28米。北端封门大部分被破坏，仅残存底部一层，用条砖横向平砌。

墓室　平面呈方形，用条砖砌筑于挖掘的边长3.60米的方形竖穴土圹内。四壁为直壁，用一层条砖侧立、三层条砖平砌的方式交替砌筑，其中东、西壁砌砖横向，南、北壁砌砖纵向；四壁相接处砌逐层相互叠压。墓室四角设有灯台，是在墓室四角距墓室地面1.03米处斜砌一块条砖而形成。顶部已残，形制不详。墓室地面平铺一层条砖，呈"人"字形。墓室南北长2.90、东西宽2.90米，四壁残高1.20～1.45米。

2．**遗物**　墓室被盗，未见随葬品，遗物仅存墓砖。

墓砖　素面灰色条砖，规格一致，模制，制作规整。长32、宽16、厚5厘米。

3．**葬式**　人体骸骨被严重扰乱。经鉴定有两具，分别是一成年男性和一年龄25～30岁的女性。属二人合葬墓，具体葬式不详。没有发现葬具。

四　M36、M39、M38

M36、M39、M38自西向东呈排状分布，其间分布唐墓M35。三座墓葬方向基本一致，墓室也基本平齐。

M36

M36位于第四排西部、M37南部偏西，东距M39约12米，东北距M37墓道2.80米。发掘前已被盗和破坏，原开口层位不详。修筑方法与M95同。

1．**形制**　M36为倒凸字形单室砖室墓，南北向，方向182°。由墓道、过洞、甬道及墓室构成（图六九A；图版三一，1、2；三二，1）。

墓道　长方形斜坡底，位于墓室南部，与墓室南北在同一中轴线上。残口平面呈梯形，北端较窄，南端较宽。东、西壁为直壁。底斜坡，坡度24°。填土为花土，疏松。残长5、北端宽1.10、南端宽1.20、深1.70米。

过洞　位于墓道和甬道间，平面成长方形，较墓道窄，顶部和西壁塌毁。南北长1.40、残宽1.05米。

甬道　底部呈长方形，平铺一层"人"字形条砖。东、西壁为直壁，用一层条砖横向侧立、三层条砖纵向平砌的方式交替砌成。拱形顶，甬道东、西壁0.90米高处开始起拱，且北部砌砖依次向墓室内倾，使其北端呈弧形。甬道南北长1.60、东西宽1.05米，内高1.25。封门内、外两层。内层位于甬道北端，底层用条砖纵向侧立，其上为一层条砖纵向、一层条砖横向交替平砌，但顶部未见砌砖。外层封门位于甬道南端。其砌法与内层封门同。两层封门厚度均为0.33米，内层封门高1.06米，外层封门高1.25米。

墓室　平面呈方形，用条砖砌筑于方形竖穴土圹内，顶部残。四壁为直壁，东、西壁砌法与甬道

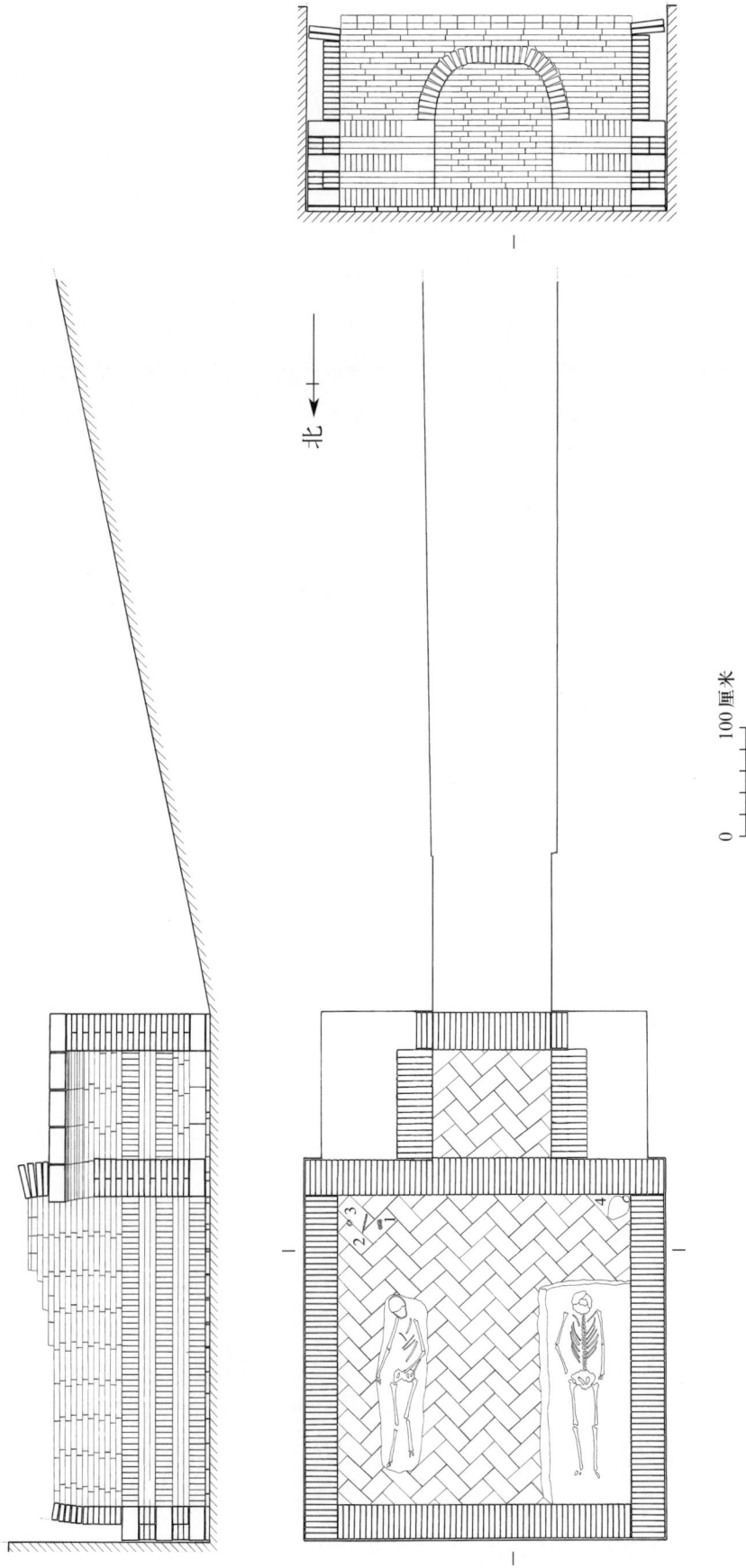

图六九 LA M36 平、剖面图

1. 铁斧 2. 铁铧 3. 铁环 4. 壶

东、西壁同，采用一层条砖横向侧立加三层条砖纵向平砌的方式交替砌成，南、北壁用一层条砖纵向侧立、三层条砖横向平砌的方法交替砌筑。四壁相接处砌砖逐层错缝叠压。顶部已残，形制不详。在墓室四角均有灯台，是在四角起券处斜搭一块条砖而成。墓室地面平铺一层"人"字形条砖。墓室南北长2.70、东西宽2.60、残高1.75米。灯台距墓室地面高1.05米。墓室内的填土主要可以分为两种，一种为淤积土，位于墓室底部，厚0.50~0.60米，淤积而成，可分为6层，厚度0.10米~0.20米不等，从其淤积情况来看，当为多次进水后淤积形成。淤积土之上为花土，厚约1.10米，为多种土质混合而成，可能为墓葬被盗掘后形成。

2．**遗物**　有陶器、铁器和墓砖等。

陶器　泥质，灰青色，轮制。器型有壶，出土于墓室西南部。另外有动物骨头随葬。

壶　1件，口沿残失。标本M36：4，高领，圆肩，斜腹，平底。领、肩之间饰一周阳弦纹；肩部压印二周网格纹，局部因刮抹不清。底径7.8、残高19.2厘米（图六九B；图版三二，2）。

铁器　3件。有铁斧、铁锛、铁环等。土于墓室东南部距墓室地面约1.10米的填土中。

铁斧　1件。标本M36：1，由生铁打制而成。銎略呈圆锥形，双面刃，锈蚀严重。刃宽5.5、长9.8厘米（图六九B；图版三二，3、4）。

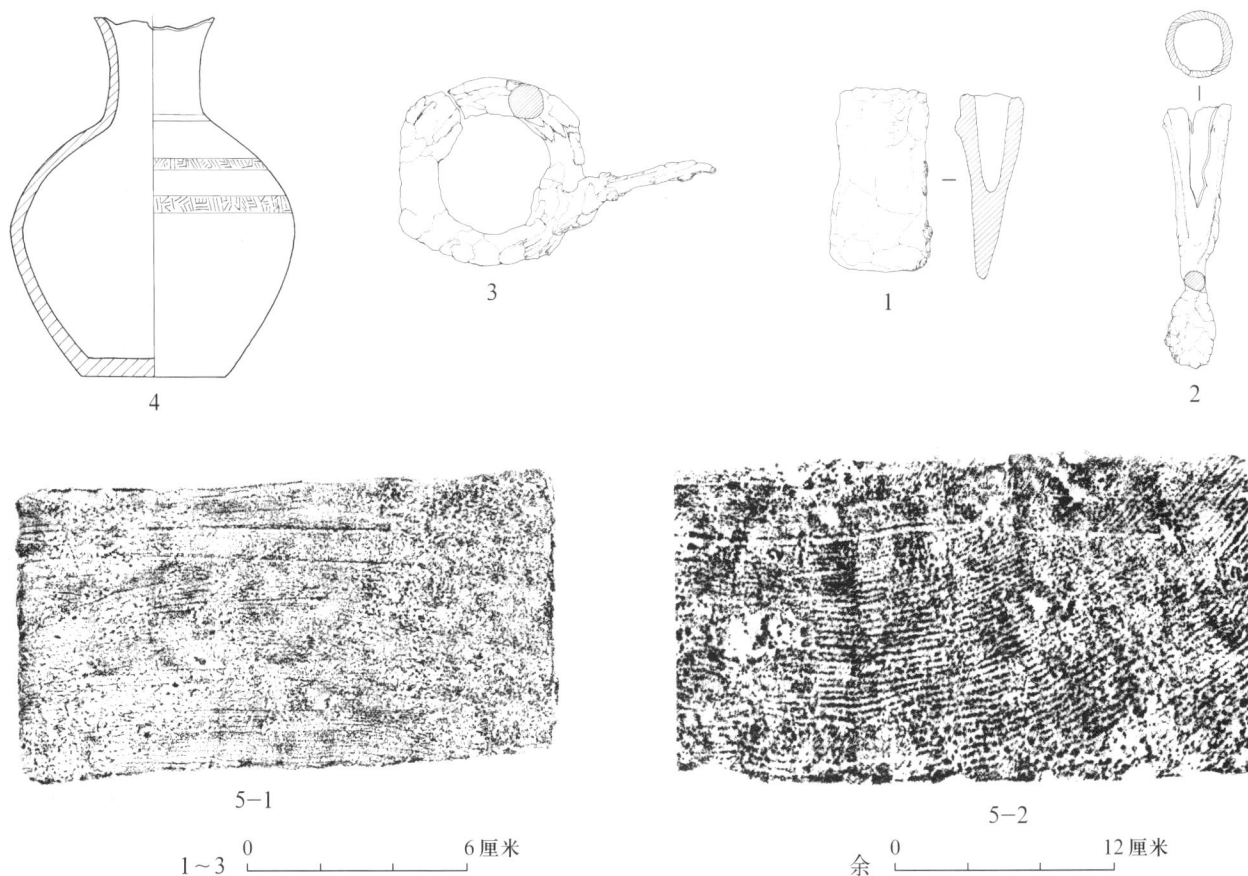

图六九 B　M36 出土遗物

1．铁斧　2．铁锛　3．铁环　4．壶　5-1、5-2．墓砖拓片铁锛　1件。标本M36：2，由生铁打制而成。銎尖锥型，略残，刃部锈蚀严重，且剥落。残长14厘米（图六九B；图版三二，5）。

铁环　1件。标本M36：3，圆形，并带半段铁扣。环体较粗，锈蚀严重。似棺环。直径9.8厘米（图六九B；图版三二，6）。

墓砖　均为条砖，模制，有素面和拉划纹二种。规格有29.5厘米和33厘米长两种。标本M36：5－1，素面条砖，长29.5、宽15.5、厚5厘米。标本M36：5－2，拉划纹条砖，砖坯从一端向另一端渐薄，系制作时有意刮抹形成，以用于券砌墓室顶部。拉划纹细密。长33、宽17.5、厚3.8～5厘米（图六九B）。

3. **葬式**　发现两具人体骸骨，一具位于墓室西侧，保存状况良好，呈仰身直肢葬，头南足北，面向上。在其头部发现有草木灰。但人骨发现于距墓室地面0.58米高处的淤土层上。根据人骨保存情况及墓底淤土情况来看，可能是后来葬入。另外一具人骨位于墓室东部，局部扰动，呈仰身直肢，头南足北，面向上，且人骨距墓室地面0.24米（图版七六，3）。经鉴定分别为一位年龄35～45岁的男性和一位年龄30～40岁的女性。在西侧的人骨周围发现有一周朽木残迹，大致呈梯形，南宽北窄。北端宽0.50、南端宽0.70、长1.90米，厚约0.05米。应是木棺葬具。

M39

M39位于第四排中部，东距M38约8米，西南部为唐墓M35，西北为M37。发掘前已被盗和破坏。修筑方法与M95同。

1. **形制**　M39为倒凸字形单室砖室墓，南北向，方向192°。由墓道、过洞、甬道、墓室构成（图七○；彩版二○，1、2）。

墓道　长方形斜坡底，位于墓室南部，与墓室南北在同一中轴线上。残口平面呈凸字形，北端较窄，南端较宽，在中间两壁均向外扩。底部斜坡，坡度22°。填土为花土，疏松。墓道残长3、宽1米，深1.46米。

过洞　过洞位于甬道和墓道间，较墓道窄，顶部塌毁。南北长0.90、东西宽0.90、残高1.46米。

甬道　底呈长方形，平铺一层"人"字形条砖。东、西壁为直壁，采用三层条砖平砌加一层条砖横向侧立的方式交替砌筑，与墓室南壁相接处砌砖逐层错缝叠压。顶为拱形，甬道东、西壁在0.90米高处开始起券内收成。甬道南北长1、东西宽0.90米，内高1.32米。封门共有内外两层。内层封门位于甬道北端，底部用条砖平砌四层，其上条砖侧立一层，然后条砖横向平砌。高1.30、厚0.32米。外层封门位于过洞中部，用条砖横向平砌。高1.05、厚0.15米。

墓室　平面呈方形，用条砖砌筑于挖掘的竖穴土圹内。四壁为直壁；东、西壁用三层条砖平砌，一层条砖横向侧立的方式交替砌筑，南、北壁用三层条砖平砌、一层条砖纵向侧立的方式交替砌筑，共三层，其上用条砖平砌。四壁相接处砌砖相互叠压。顶部被毁。墓室地面用条砖平铺，呈"人"字形。墓室南北长2.50、东西宽2.50米，四壁残高1.35米。墓室内填土较杂，且含有大量的砖块，可能为被破坏后或被盗掘后所形成。

2. **遗物**　有方形铜铸饰和墓砖。

方形铜铸饰　1件。出土于距墓底1.05米的填土中。标本M39：1，平面呈方形，由上部和下部分

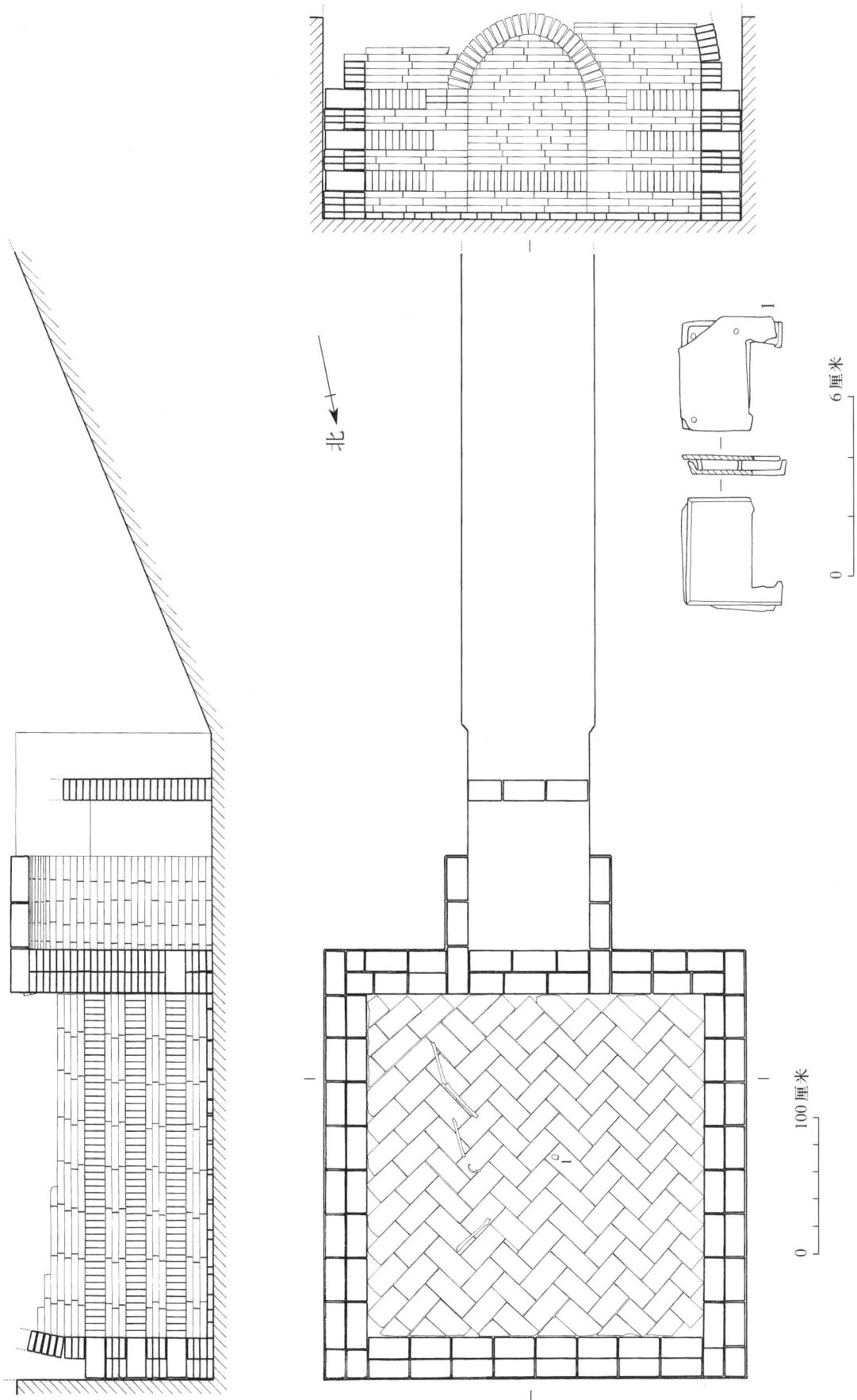

图七〇 M39 及出土遗物
1. 方形铜饰

6厘米

0

100厘米

0

北

件制作铆合，以夹革带；一方角残失。上部周缘向下呈直角包合，一侧一长方形孔眼。其正面和侧面鎏金。下部较平。长 3.8、宽 3.3、厚 0.9 厘米（图七〇；彩版二〇，3）。

墓砖　均为素面灰色条砖，模制，制作规整。长 32、宽 16、厚 5 厘米。

3．**葬式**　发现一具人体骸骨，均已扰乱，骨骼残碎，年龄、性别不详。没有发现葬具。

M38

M38 位于第四排东部，东北 18 米处为唐墓 M79。发掘前已被盗和破坏，原开口层位不详。修筑方法与 M95 同。

1．**形制**　M38 为倒凸字形单室砖室墓，南北向，方向 188°。由墓道、甬道、墓室构成；墓室内砌棺床（图七一；彩版二一，1、3、4）。

墓道　长方形斜坡底，位于墓室南部，与墓室南北在同一中轴线上。残口平面呈长方形；东、西壁为直壁，底呈斜坡。填土为五花土，颜色较深，土质较硬，且含有大量的砖块等。墓道残长 5.6、宽 1.10、深 2.45 米。

甬道　底部为平底，平面呈长方形，用条砖平铺，呈"人"字形。东、西壁为直壁，采用三层条砖平砌加一层条砖横向侧立的方式交替砌筑。顶部为拱形，甬道东、西壁 0.90 米高处起拱内收。甬道底南北长 1.88、东西宽 1.10 米，高 1.32 米。另外，在顶部南端用条砖横向出沿平砌砖墙，似门楼。砖墙残高 0.85、宽 0.15 米。封门有内、外二重，分别位于甬道北端、南端。甬道北端封门用条砖纵向侧立呈"人"字形。南端封门下部与北端封门同；上部用条砖错缝横向平砌。两重封门厚、高同。厚 0.32、高 1.32 米。

墓室　平面呈正方形，用条砖砌筑于挖掘的边长约 3.50 米的方形竖穴土坑内。四壁为直壁；东、西壁用一层条砖横向侧立加三层条砖平砌的方式交替砌筑；南、北壁用一层条砖纵向侧立、三层条砖平砌的方式交替砌筑；四壁相接处砌砖逐层相互叠压。四角攒尖顶，顶正中被毁；墓室四壁 1 米高处开始起券内收。墓室内四角均有灯台，是在起券处斜砌一块条砖而砌成。墓室南北长 2.90、东西宽 2.90 米，内高 2.40 米。棺床位于墓室西部，呈长方形，与墓室北、西、南壁相接。是先留好一生土台，其东侧壁用条砖砌护壁，台面用条砖平铺而成。棺床面的铺砖较乱，没有一定的规律性。棺床南北长 2.90、东西宽 0.93、高 0.30 米。东部为墓室地面，用条砖平铺，呈"人"字形。墓室内填土为淤泥土，呈层状，系多次进水后形成。

2．**遗物**　遗物有陶壶和墓砖。

壶　1 件。标本 M38∶1，泥质，土灰色，局部土红色，火候不高，轮制，颈部以上残失。肩、腹之间圆鼓，腹下部斜收，平底略扁，外壁涂一层灰白色陶衣。底径 5.8～6.2、残高 14 厘米（图七一；彩版二一，2）。

墓砖　均为素面灰色条砖，模制，制作规整。长 32、宽 16、厚 5 厘米。

3．**葬式**　棺床之上发现两具人体骸骨，保存尚好，均为仰身直肢葬，头向南，面向西。另在墓室地面发现人体骨骼，较乱。经鉴定，棺床骨骼分别为一年龄 25～45 的男性和一成年女性。墓室地面骨骼可能为一年龄大于 50 岁的女性。没有发现葬具。

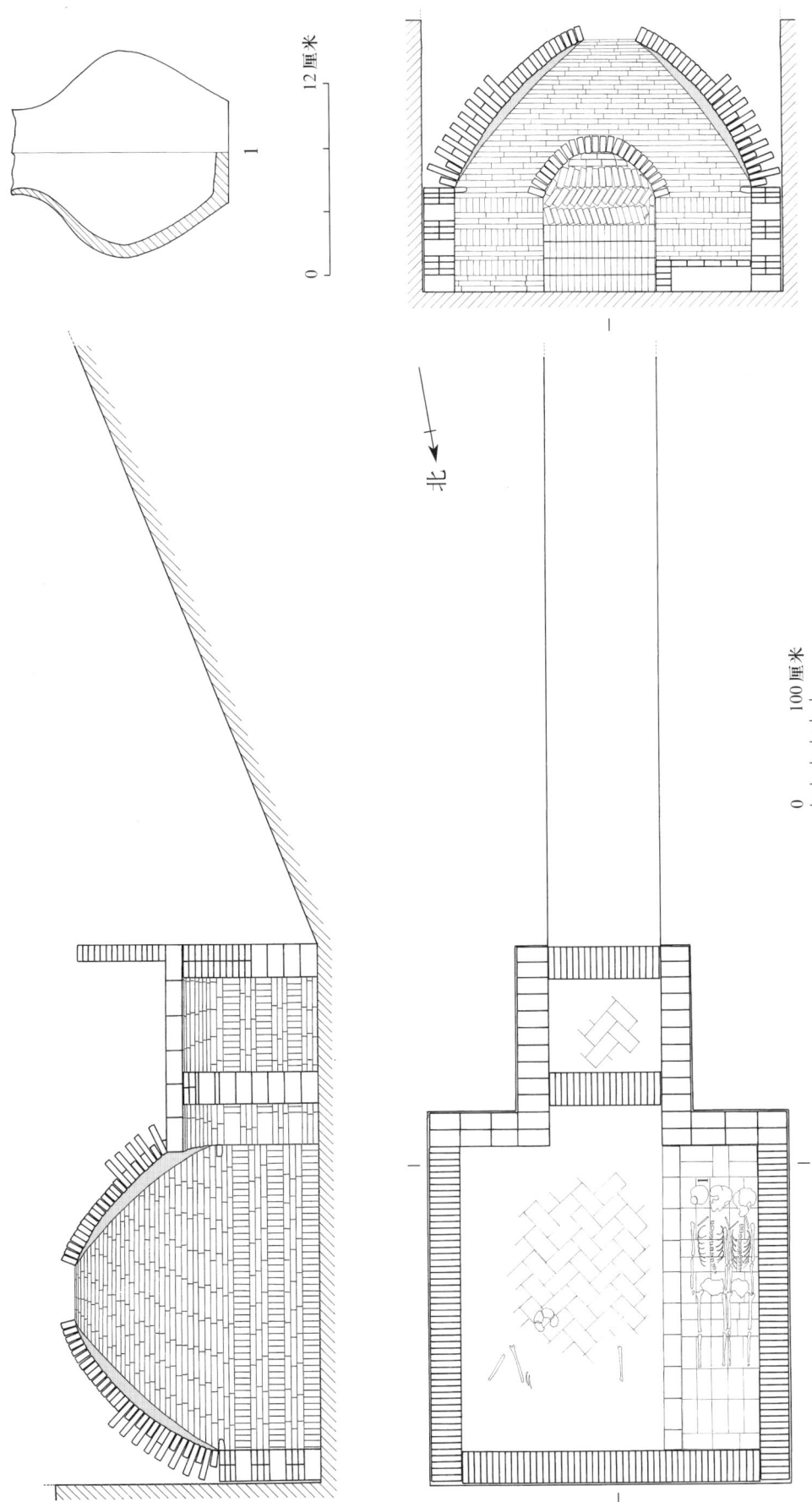

北

12厘米

0

100厘米

0

图七一　M38及出土遗物
1. 壶

第二节　唐墓

丙区发现唐代墓葬25座，大多分布于北魏墓葬周围及其间，大多分散，局部集中；略呈排状分布，从北向南分为八排。第一排5座：M54、M53、M51、M50、M49；第二排4座：M103、M34、M48、M75；第三排3座：M52、M33、M45；第四排3座：M26、M32、M46；第五排3座：M27、M30、M44；第六排4座：M23、M24、M25、M79；第七排2座：M22、M45；第八排1座：M21。

一　M54、M53、M51、M50、M49

M54、M53、M51、M50、M49位于第一排，其中M54、M53、M51间距较近，呈三角形集中分布；M50、M49分别位于第一排中部和东部，间距相对较大。

M54

M54位于第一排西部，南为M53，东邻M51，与M53、M51呈三角形集中分布。其中M54墓道打破M53墓室土圹。墓葬在发掘前已被破坏，原开口层位不详。修筑方法与M95同。

1．**形制**　M54为倒凸字形单室砖室墓，南北向，方向177°。由墓道、甬道以及墓室构成（图七二；图版三三，1上、4）。

墓道　长方形阶梯式，位于南部稍偏东。残口平面呈长方形，东、西壁为直壁，底部阶梯，残存四个台阶，其中底端两个为残砖垒砌，其上两个均为土台阶。自上而下，第一台阶宽0.25、高0.30米；第二台阶宽0.32、高0.13米；第三个台阶宽0.16、高0.10米；第四个台阶宽0.15、高0.41米。残长0.89、宽1.05、深0.95米。

甬道　平面呈长方形，底部为黄砂土，未铺砖。东、西壁用条砖错缝顺砌，且逐层内收；剖面呈梯形，上窄下宽。顶部残，但甬道东、西壁0.93米高处开始起拱，可能为拱形。甬道南北长0.98、东西宽1米，残高0.96米。封门位于甬道内南端，用前后两排条砖错缝横向平砌，残存下部。封门厚0.16、残高0.30米。

墓室　平面为弧边方形，用条砖逐层错缝平砌于挖掘的边长约3.40米的圆角方形竖穴土坑内，残存中下部。东、西壁外弧约0.08米，用条砖纵向逐层内收平砌；北壁略外弧，用条砖横向逐层内收平砌；南壁较直，砌法与北壁同。四壁相接处砌砖相互叠压。顶部被毁。墓室地面为黄砂土，未铺砖。墓室东、西部南北长2.85、中部南北长2.96米，南、北部东西宽2.90、中部东西宽3米，四壁残高1.20米。没有棺床。墓室内填土较杂，可分为两种。一种为淤积土，位于墓室底部，厚约0.40~0.50米，为厚度0.05~0.10米不等的淤积层，可能系墓室多次进水后形成；一种为褐色花土，土质较杂，堆积较为松散，厚约0.70~0.80米，含有大量的砖块，可能为被破坏或盗扰后形成。

2．**遗物**　墓室被盗，仅存墓砖。

墓砖　均为拉划纹条砖，制作较为规整，规格相同。拉划纹大多用宽9.8厘米的梳齿状的工具在砖面二次拉划。长32、宽15、厚4.5厘米。

3．**葬式**　发现一具人体骸骨，位于墓葬北部0.15米厚的淤积土层上，局部扰动，但整体呈仰身直

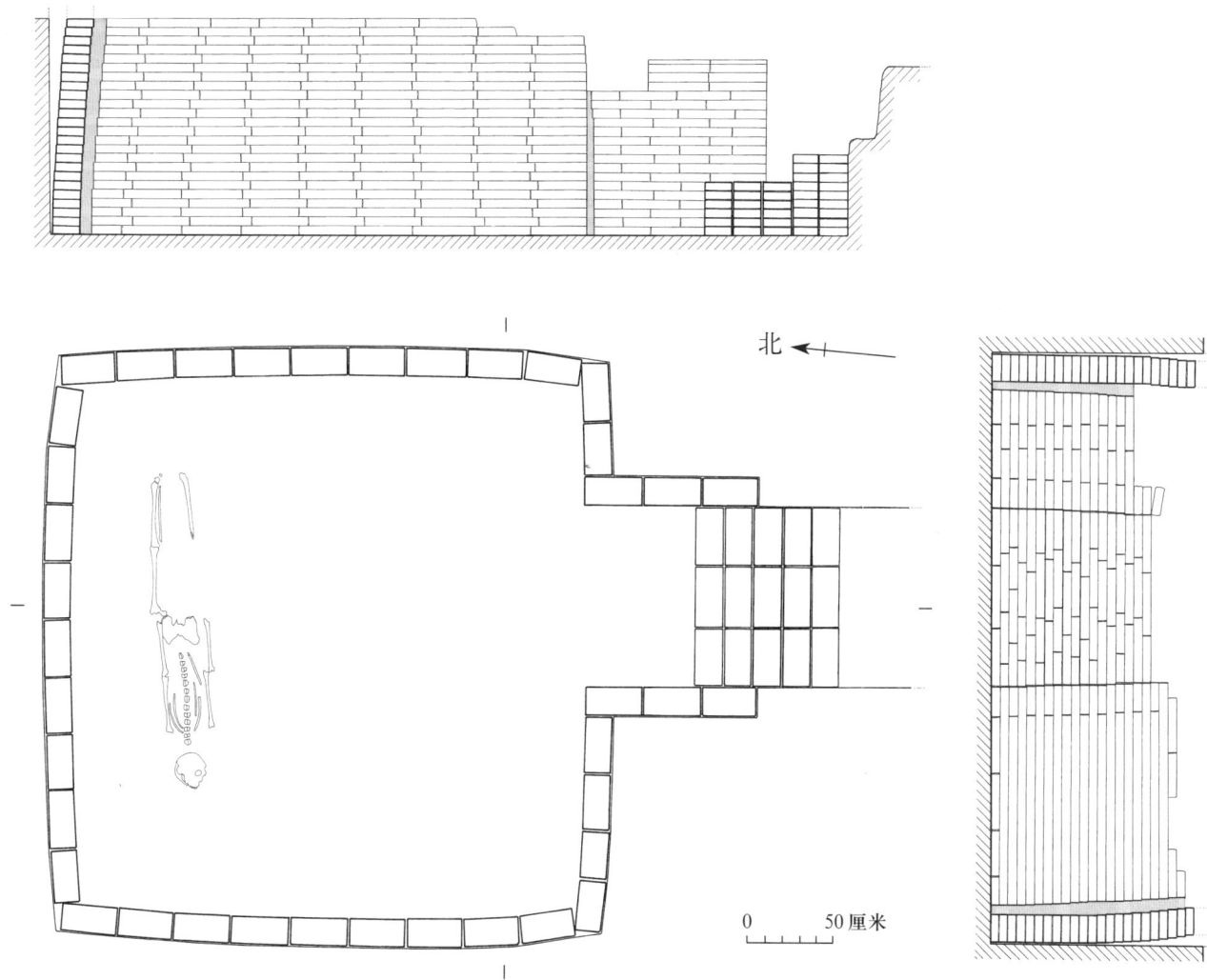

图七二 M54平、剖面图

肢，头向西，面向不明。经鉴定为一年龄45~50岁的男性。未发现葬具。

M53

M53位于第一排西部，北为M54，东距M51约2米，被M54打破。发掘前已被盗和破坏，原开口层位不详。

1. **形制** M53为竖穴砖室墓。南北向，方向3°（图七三A；图版三三，1下）。

墓室 平面呈弧边长方形，用条砖砌筑于挖掘的长方形竖穴土坑内。东、西壁外弧约0.08米，用条砖纵向逐层错缝平砌，其中东壁北部未砌砖，留置空间以放置随葬品；南、北壁稍弧，条砖横向逐层错缝平砌。顶部被毁。墓室地面为黄砂土，未铺砖。墓室东西部南北长2.20、南北最长2.24米，北部东西宽0.72、南部东西宽0.65米，东西最宽0.82米，四壁残高0.15米。

2. **遗物** 有陶器、铜钱和墓砖。

陶器 均泥质，淡红色，轮制。残碎，为一套塔形罐，由盖、罐和底座组成，出土于墓室东北部。

盖 1件。标本M53：1，盖盘覆碗状。敞口，圆唇，斜腹，内尖底，外底假圈足，中部黏一组。纽扁圆球形，顶部一乳突。外壁通体涂一层灰白色陶衣，其上饰黑彩或黑绘图案，残存局部。底口径22.4、高12.8厘米（图七三B；图版三三，2上）。

罐　1件。标本M53：3，敛口，卷沿，沿内侧饰一阴弦纹。圆肩，腹上部圆鼓，平底。器形略显粗矮，最大径在腹上部。内、外壁留存刮抹痕和轮圈痕；底部有疏朗的弧圈纹。外壁饰一层灰白色陶衣。口径18.4、底径15.6、高30厘米（图七三B；图版三三，2中）。

底座　1件。标本M53：2，覆盆状。敞口，卷斜沿，斜腹较深，平底。外壁涂一层灰白色陶衣，局部脱落。口径26.8、底径15.4、高9.8厘米（图七三B；图版三三，2下）。

塔形罐由底座、罐和盖相叠而成，通高52厘米（图七三B；图版三三，2）。

开元通宝　2枚。"开"字二竖画明显外撇；"元"字上画长，次画左上挑；"通"字之走字旁三逗点相连，"甬"字旁上笔开口小；"宝"字之"贝"字二横画与左右竖画相连。标本M53：4－1，锈蚀；直径2.4、穿径06、廓宽0.2厘米，重3.5克（图七三A；图版三三，3左）。标本M53：4－2，直径2.5、穿径0.6、廓宽0.2厘米，重4.1克（图七三A；图版三三，3右）。

墓砖　均为条砖，制作粗糙，有素面和拉划纹两种，规格相同。长30、宽15、厚5厘米。

3. **葬式**　发现一具人体骸骨，保存尚好，呈仰身直肢，头向北，面向西。经鉴定可能为一年龄30～35岁的男性。没有发现葬具。

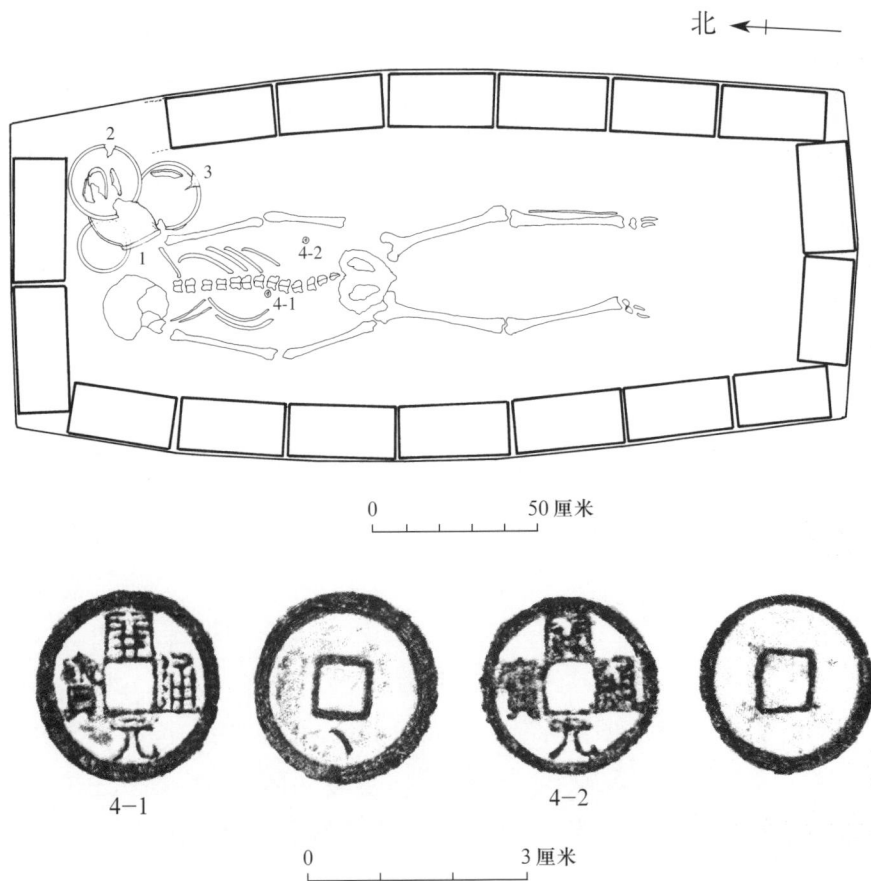

北　←

0　　　　　　50厘米

4-1　　　　　　　　4-2

0　　　　　3厘米

图七三A　M53及出土遗物

1. 盖　2. 底座　3. 罐　4-1、4-2. 开元通宝

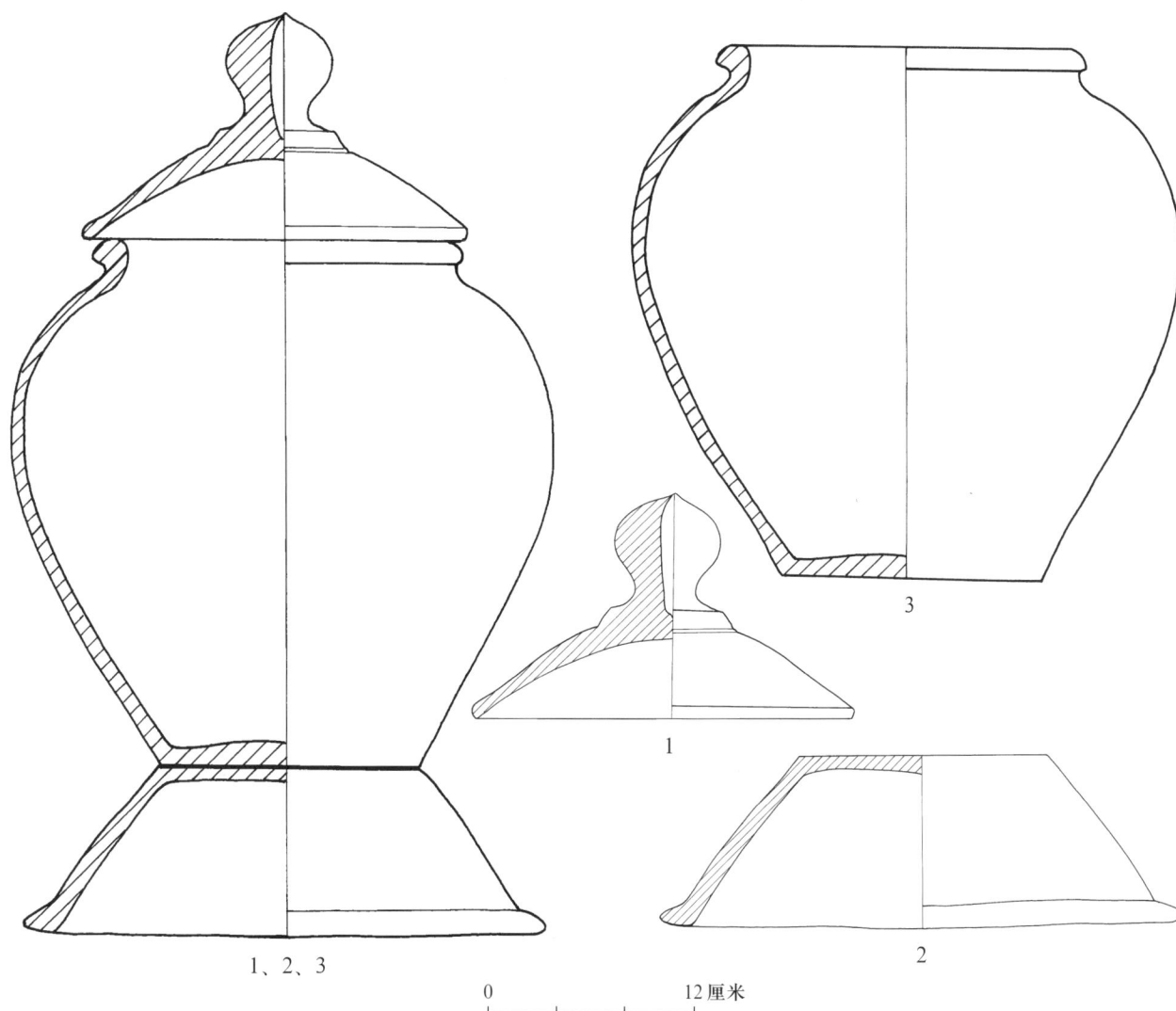

图七三 B　M53 出土遗物
1. 盖　2. 底座　3. 罐

M51

M51 位于第一排西部，与 M54、M53 呈三角形集中分布；东距 M50 约 23.20 米。被盗和破坏，原开口层位不详修筑方法与 M95 同。

1. 形制　M51 是倒凸字形单室砖室墓，南北向，方向 177°。由墓道、甬道、墓室构成（图七四A；图版三四，1、2）。

墓道　长方形斜坡底，位于墓室南部稍偏东。残口平面呈长方形，东、西壁为直壁，底斜坡，坡度为 24°。填土为五花土，土质较松散。墓道长 1.94、宽 1.10、深 0.88 米。

甬道　底部为黄砂土，平底，平面呈长方形。东、西壁为直壁，用条砖纵向错缝叠压平砌，与墓室南壁砌砖相互叠压。顶部残，但甬道东、西壁 0.70 米高处有二层券砖，推测可能为拱形。甬道南北长 0.34、东西宽 0.80、残高 0.88 米。从甬道南部封门，用条砖横向平砌，残存中下部。封门厚 0.32、高 0.75 米。

墓室　平面为弧边方形,用条砖逐层错缝平砌于挖掘的边长2.70米的圆角方形竖穴土圹内,残存中下部。东、西壁外弧,用条砖逐层纵向内收平砌;北壁略外弧,用条砖逐层横向内收平砌;南壁较直,砌法与北壁同。顶部被毁。墓室南北最长2.43、东西最宽2.40米,四壁残高0.85米。墓室地面为黄砂土,未铺砖。墓室内填土可分为二种:一种位于墓室底部,厚0.30米~0.40米,为淤积土,土质较纯,有层理结构,可能为多次进水后形成。一种为褐色花土,土质较杂,颜色较深,厚0.40~0.50米,可能为墓葬被破坏或盗扰后形成。

2. **遗物**　有陶器、骨器和墓砖。

陶器　均泥质,土红色,轮制。有一套塔形罐,由盖、罐和底座组成,出土于墓室中南部。

盖纽　1件。标本M51:2,塔状,平面呈圆形,中空,残存三层。外壁涂一层灰白色的陶衣,其上饰黑彩,残存局部。残高16.6厘米(图七四B)。

底座　1件。标本M51:1,由上部和下部分件制作套接而成。套接部束腰,器壁较厚。下部覆盆状,轮制;敞口,卷平沿,深腹,腹外壁贴一周花瓣状的附加堆纹;脱底。上部唾盂形,轮制;敞口,卷沿,沿外侧随意间隔向上提压成花唇;束颈,微鼓腹,脱底。外壁通体饰一层灰白色陶衣,其上饰

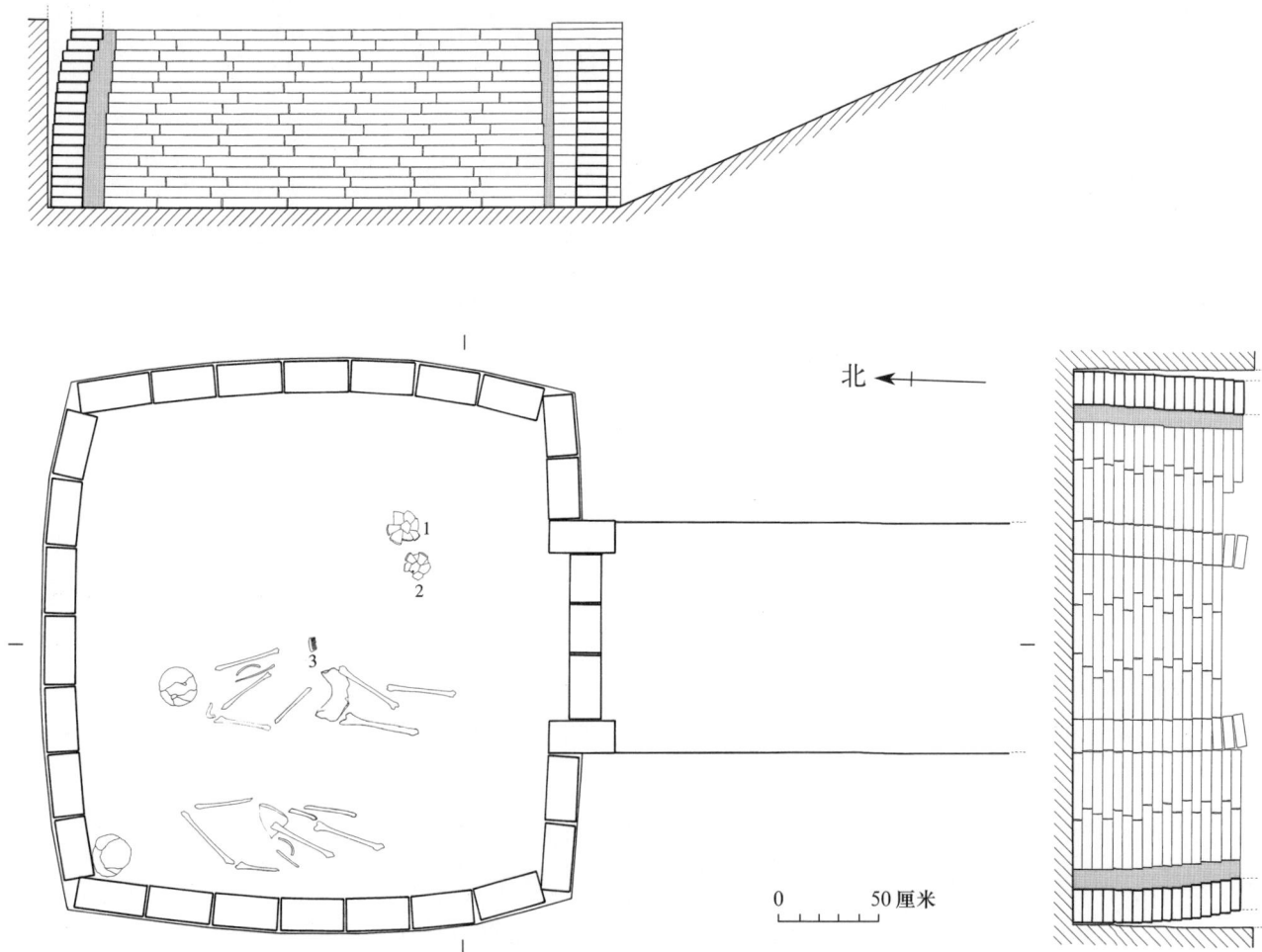

北 ←

0　　　50厘米

图七四A　M51平、剖面图
1. 底座　2. 盖纽　3. 骨器

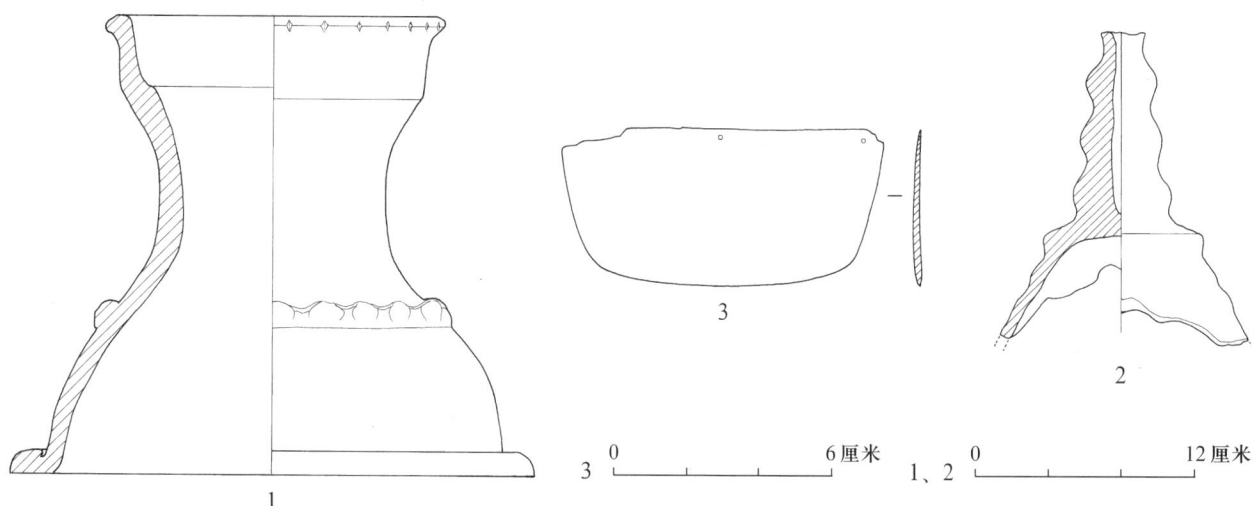

图七四 B　M51 出土遗物
1. 底座　2. 盖纽　3. 骨器

黑彩，大部脱落。上口径 14.4、底口径 24、高 24.4 厘米（图七四 B；图版三四，3）。

骨器　1 件，出土于骨骼下。标本 M51：3，由薄骨片刮磨而成，较光滑，平面略呈弧角梯形，一边有两个 0.1 厘米的穿孔。长 8.8、宽 4.2 厘米（图七四 B；图版三四，4）。

墓砖　均为拉划纹条砖，模制较为粗糙，规格相同。拉划纹大多稀疏，分三次拉划满布砖面。长 31、宽 15.5、厚 5 厘米。

3. **葬式**　发现两具人体骸骨。一具位于西壁之下，扰乱严重，但右腓骨尚未扰动，呈仰身直肢，头北足南。其东侧人骨局部扰乱，呈仰身直肢，头向北。经鉴定为一年龄 25～30 岁的男性和一年龄 40～45 岁的女性。属二人合葬墓，葬式很可能为仰身直肢，且头北足南。没有发现葬具。

M50

M50 位于第一排中部，东距 M49 约 35.20 米。被盗和破坏，原开口层位不详，修筑方法与 M95 同。

1. **形制**　M50 为倒凸字形单室砖室墓，南北向，方向 189°。由墓道、甬道、墓室构成，墓室内留置棺床（图七五 A；图版三五，1）。

墓道　长方形斜坡底，位于墓室南部偏东。残口平面呈长方形，东、西壁为直壁，修筑较为齐整。底斜坡，坡度 26°。填土为褐色花土，颜色较深，土质坚硬。墓道残长 2、宽 1、深 0.95 米。

甬道　底部为黄砂土，平底，平面呈长方形。东、西壁为直壁，用条砖纵向错缝平砌。顶部残，但甬道东、西壁 0.80 米高处有内收起拱的迹象，推测顶部可能为拱形顶。甬道南北长 0.32、东西宽 0.80、残高 0.90 米。封门位于甬道内，用条砖侧立，呈"人"字形，上部被毁。厚 0.32、残高 0.88 米。

墓室　平面呈弧边方形，用条砖逐层错缝叠压平砌于挖掘的弧边方形竖穴土圹内，残存中下部。东、西壁外弧，用条砖纵向逐层内收平砌；北壁略外弧，用条砖横向逐层内收平砌；南壁较直，砌法与北壁同。顶部被毁。墓室南北最长 2.40、东西最宽 2.45 米，四壁残高 0.80 米。棺床呈道凹字形，与墓

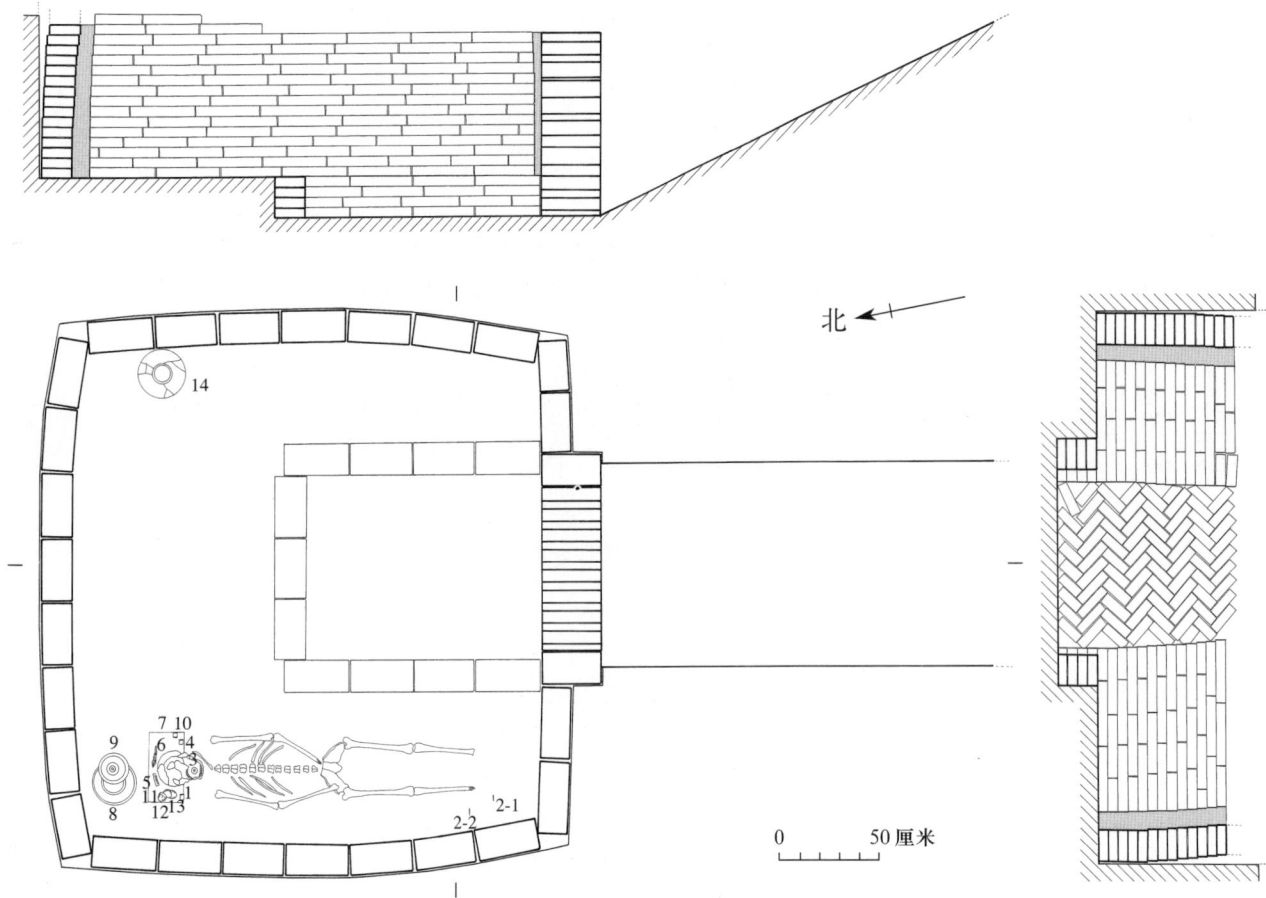

图七五 A　M50平、剖面图

1、4、10. 铜合页　2-1、-2. 铁钉　3. 开元通宝　5. 骨梳　6. 铁剪　7. 漆盒　8. 底座　9. 盖　11~13. 蚌壳　14. 罐

室四壁相接，东、西、南侧壁用条砖平砌护壁，棺床面未铺砖，但床面铺一层约0.01~0.02米的红色黏土。棺床高0.20米。中南部凹槽为墓室地面，平面呈长方形，连接甬道，为黄砂土平铺一层约0.01~0.02米的红色黏土。凹槽南北长1.20、东西宽0.90米。

2. **遗物**　有陶器、铜器、钱币、铁器、骨器以及墓砖等。在头骨下发现一漆盒，内装铁剪、骨梳、化妆盒、贝壳等。

陶器　均泥质，轮制。有盖、罐、底座等，为一套塔形罐，出土于人体骸骨北部和棺床东北部。其中盖、罐为红陶，底座灰陶。

盖　1件。标本M50:9，盖盘浅盘状。侈口，尖唇，浅腹；内底弧形，外平底，中部黏一纽。纽扁圆球形，中空，顶部一直径0.8厘米的穿孔。外壁灰白色陶衣，其上饰淡黑色，大部脱落。盘径17.6、高7.2厘米（图七五B；图版三五，3）。

兽面罐　1件，残复。标本M50:14，敛口，卷沿，矮领，肩部圆鼓，平底。肩部贴饰四个模制兽面，其中两个略残。兽面较小，半圆球状，形制相同。眉倒"八"字形，高凸，眼圆球状，略低，鼻、颧骨高凸，呈圆球状。嘴低平，牙齿较模糊，左、右两侧对穿直径0.2厘米的穿孔。底略内凹，器形粗矮，最大径在腹上部。口径15.6、底径12.4、高29.5厘米（图七五B；图版三五，5）。

底座　1件。标本M50∶8，由上、下部分件制作黏接而成。下部覆盆状，轮制。敞口，卷平沿，微鼓腹，脱底，腹部较深。上部钵状。敞口，尖圆唇，浅斜腹，脱底。套接部束腰，器壁较厚，内壁有套接痕。外壁饰一层灰白色陶衣，其上饰淡黑彩，大部脱落。上口径16.4、底口径26、高12.8厘米（图七五B；图版三五，4）。

铜器　有铜合页和铜钱。铜合页系漆盒构件。

铜合页　3件，根据形制分为2式。

Ⅰ式　"8"字形，2件。标本M50∶1，平面呈"8"字形，中间用铁轴相连。正面周缘斜刹；底面略凹，各有三个三角形分布的铜铆钉。长4.7、宽2.4厘米（图七五C；彩版二二，2右）。标本M50∶10，平面形制与前者同；锈蚀较重，一端底面铆钉2段残失。长4.4、宽2.4厘米（图七五C，彩版二二，2左）。

Ⅱ式　蝴蝶形，1件。标本M50∶4，平面呈蝴蝶形，中部用铁轴相连；正面鎏金，两侧底面各3

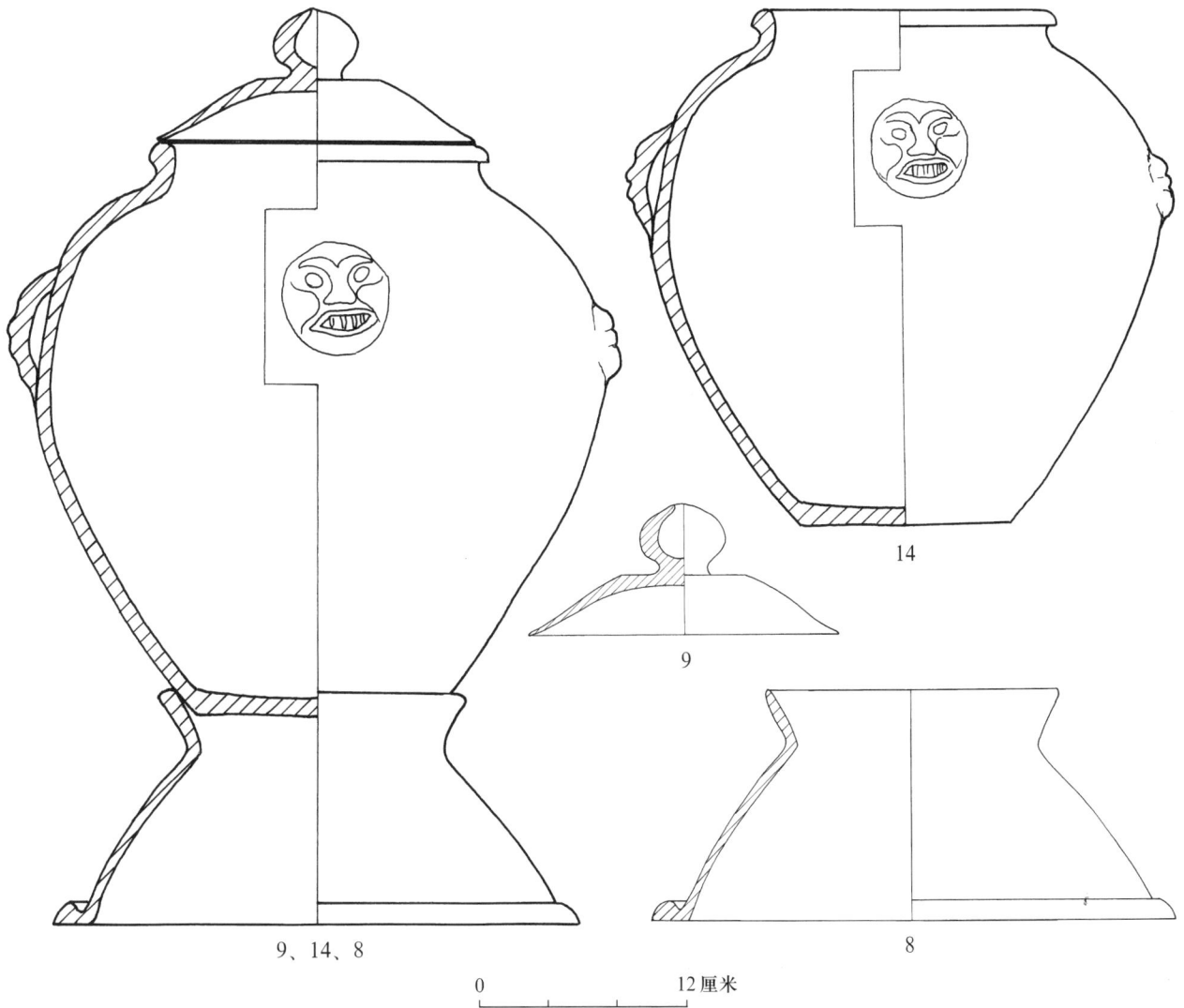

图七五B　M50出土遗物
1.盖　14.罐　8.底座

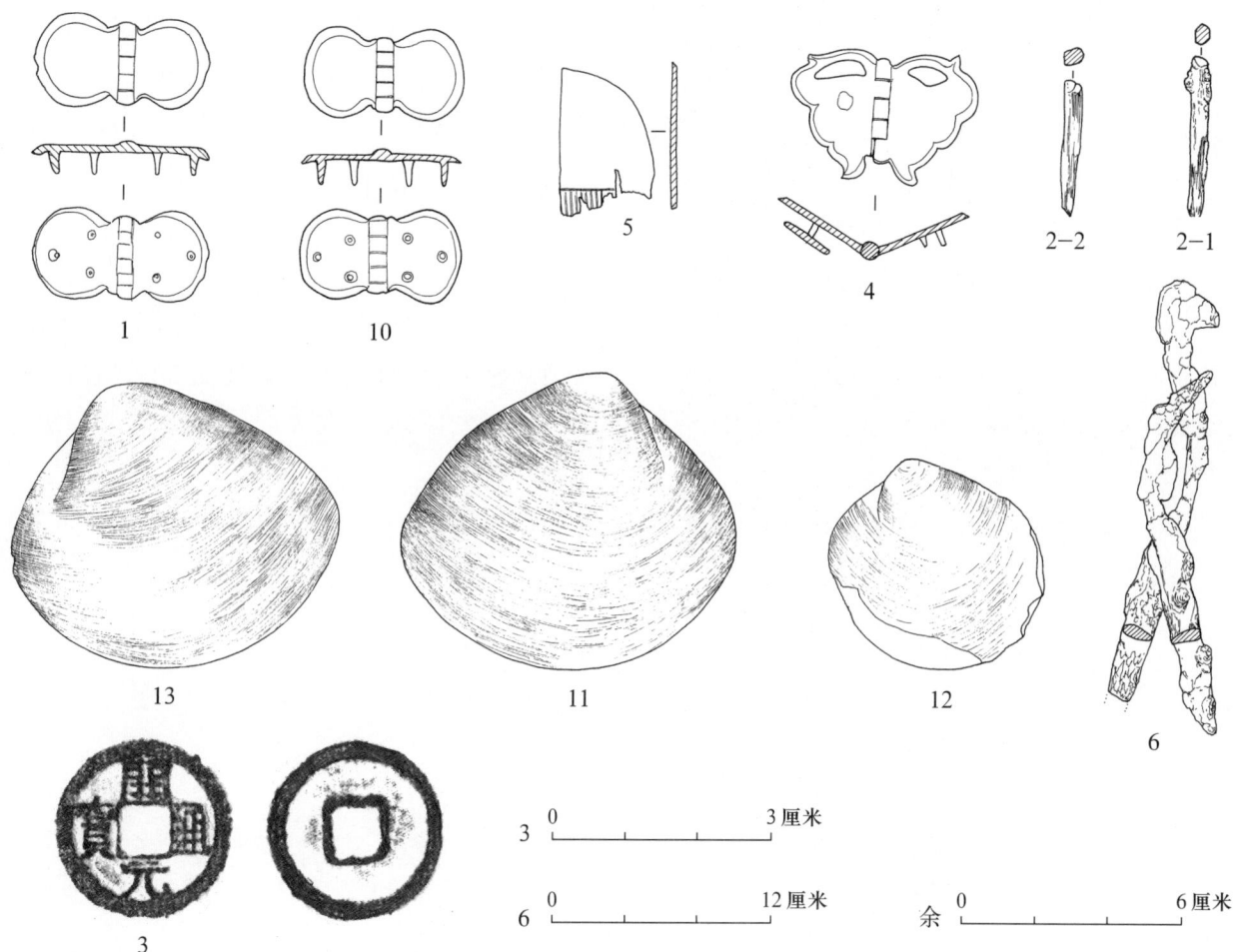

图七五 C　M50 出土遗物

1、4、10. 铜合页　2-1、2-2. 铁钉　3. 开元通宝　5. 骨梳　6. 铁剪　11~13. 蚌壳

个三角形分布的铜铆钉。宽5、高3.5厘米（图七五 C；彩版二二，3）。

开元通宝　1枚，出土于人体下颌骨内。标本 M50∶3，严重锈蚀直径2.4、穿径0.7、廓宽0.2厘米，重3.4克（图七五 C）。

铁器　有铁钉和铁剪。

铁钉　2枚，较细，较短，应为盒、箱类用钉。标本 M50∶2-1，残存下段，断面呈扁圆形；黏连竖向朽木。残长4.2厘米（图七五 C）。标本 M50∶2-2，残存下段，断面方形，锈蚀，体侧黏连竖向朽木。残长3.5厘米（图七五 C）。

铁剪　1件，残。M50∶6，柄和刃端残失，锈蚀严重。残长24厘米（图七五 C）。

骨梳　1件。标本 M50∶5，由薄骨片制成，残存一侧。梳柄弧角，打磨光滑；梳齿方形，细密，残存根部；1厘米宽有梳齿8根。残长3.8、残宽2.6厘米（图七五 C；彩版二二，4）。

贝壳　3件，大小不一。标本 M50∶11，天然贝壳的一半，正面有黑褐色斑纹。宽8.8、高7.8厘米（图七五 B；彩版二二，5）。标本 M50∶12，天然贝壳一半，底缘略残，正面有红褐色竖条纹。残宽5.7、高5.1厘米（图七五 C；彩版二二，6）。标本 M50∶13，天然贝壳一半，正面用红色和黑色绘制图案，漫漶不清。宽 8.8、高 7.6 厘米（图七五 C；彩版二二，7）。

墓砖　均为素面条砖，制作规整，砖体较薄，规格相同。长 31、宽 15、厚 5 厘米。

3．**葬式**　发现一具人体骸骨，位于棺床西部。保存尚好，呈仰身直肢，头向北，面向上，且头部枕有一漆盒，漆盒内装有骨梳、化妆盒等日常用具（彩版二二，1；图版三五，2）。经鉴定为一年龄 30～40 岁的女性。未发现葬具。

M49

M49 位于第一排东部，西南距 M48 约 14 米。被盗和破坏，原开口层位不详。修筑方法与 M96 同。

1．**形制**　M49 为刀把形单室砖室墓，南北向，方向 180°。由墓道、甬道、墓室构成（图七六 A；彩版二三，1、2）。

墓道　长方形斜坡底，位于墓室南部偏东。残口平面呈长方形，东、西壁为直壁，底斜坡，坡度为 38°。墓道长 1.29、宽 0.90、深 0.95 米。

甬道　底部平面呈长方形，为黄色粉砂土，未铺砖。东、西壁为直壁，用条砖逐层错缝纵向平砌，其中东壁是墓室东壁的向南延伸。顶部被毁。甬道南北长 0.34、东西宽 0.90 米，残高 0.65 米。封门位于甬道内，用两排条砖错缝横向平砌，残存中下部。封门厚 0.32 米、高 0.55 米。

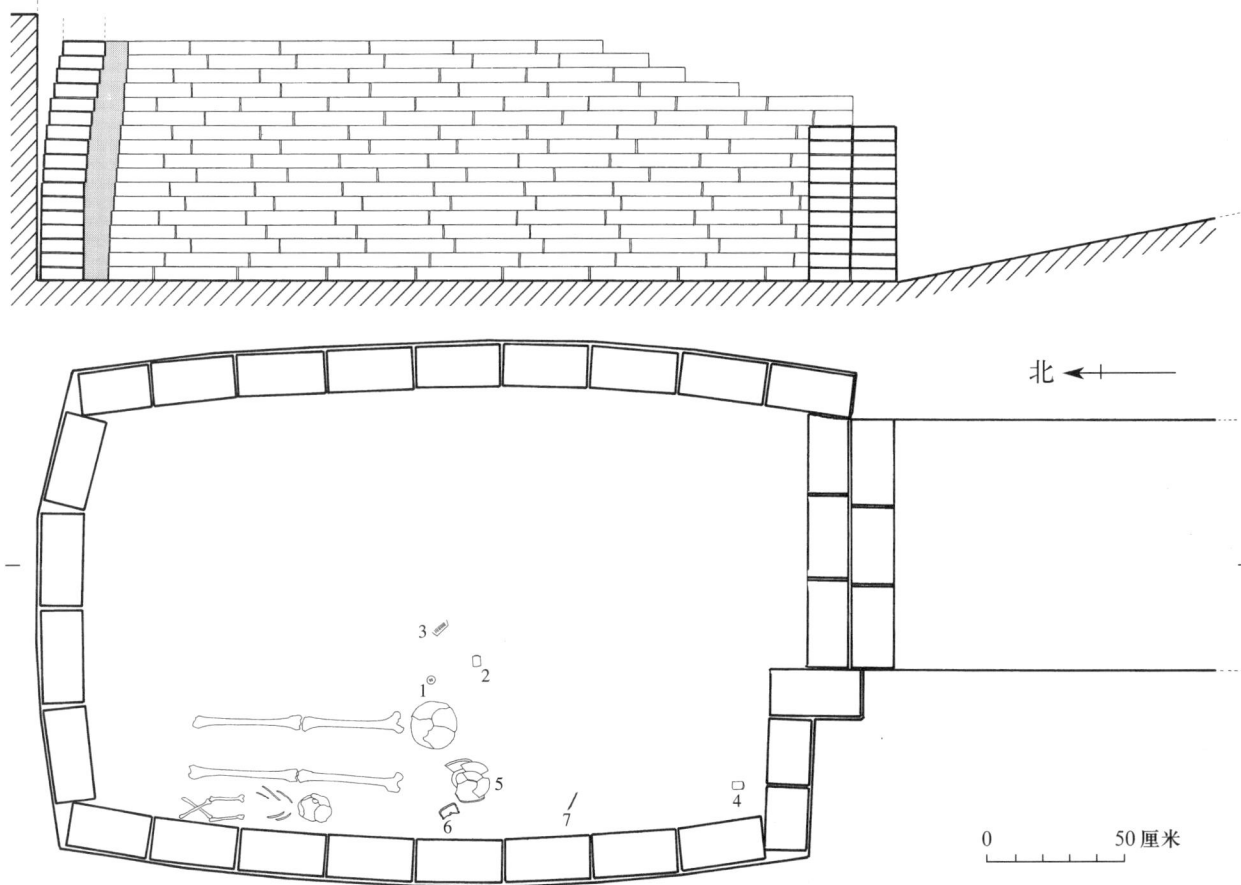

图七六 A　M49 平、剖面图

1．开元通宝　2、3．骨梳　4．半圆形铜铐饰　6．铜镜　7．铁剪刀

墓室　平面呈弧边长方形，用条砖逐层错缝叠压平砌于挖掘的长方形竖穴土圹内，残存中下部。东、西壁明显外弧，用条砖纵向平砌，略内收；北壁略外弧，用条砖横向平砌，逐层明显内收；南壁较直，砌法与北壁同。顶部被毁。没有棺床；墓室地面为黄色粉砂土，未铺砖。墓室南北最长2.52、东西最宽1.60米，四壁残高0.86米。

　　2. **遗物**　有陶器、铜器、铁器、骨器和墓砖。

陶器　均为泥质红陶片，器形有罐、壶等，出土于墓室西部。罐残存底部，壶仅存颈部碎片。

罐　1件，残存底部。标本M49：5，腹下部有刮、划痕，底部一侧有抹压痕，弧圈纹疏淡，较模糊。底径10.2、残高9厘米。

铜器　有半圆形铜铐饰、铜镜和铜钱，出土于人骸骨骨盆旁。

半圆形铜铐饰　1件。标本M49：4，半圆形铐饰上部，一方角残失。长方形孔眼较窄，四周呈直角向下包合；底面一方角和圆头端各一铜铆钉。正面和侧面鎏金。长3.1、宽3.8、厚0.5厘米（图七六B）。

铜镜　1枚，残。标本M49：6，花草连珠纹镜，平面呈方形，宽缘，圆形纽低、小。二周连珠纹

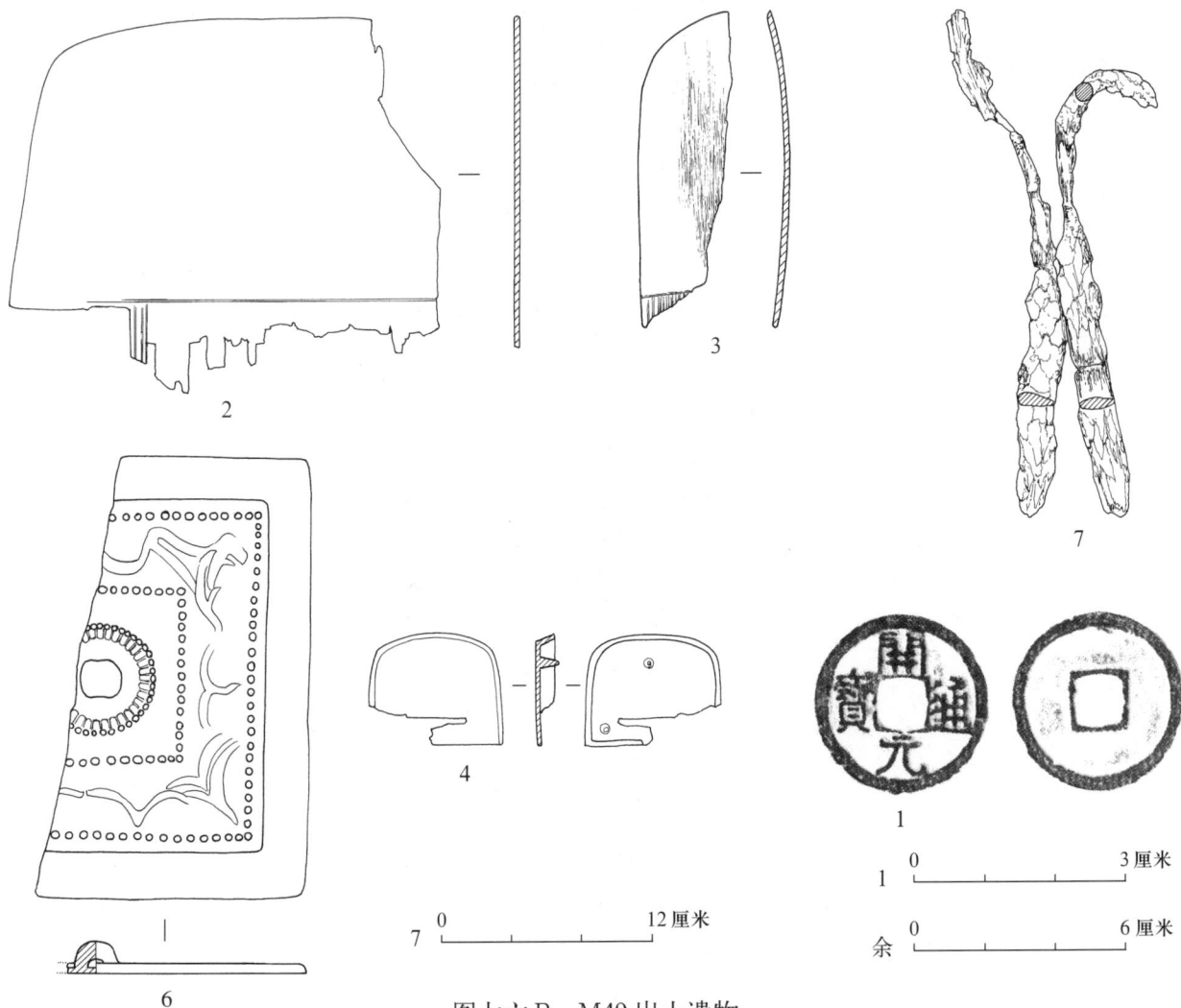

图七六B　M49出土遗物

1. 开元通宝　2、3. 骨梳　4. 半圆形铜铐饰　6. 铜镜　7. 铁剪

间饰蔓草纹；纽周围饰一周连珠纹。锈蚀较严重。长12.2、残宽7.5厘米（图七六B；彩版二三，3）。

开元通宝　1枚。标本M49∶1，"开"字宽扁，二竖画外撇；"元"字上画短，次画上挑；"通"字之"走"旁三逗点不相连，"甬"旁上笔开口略大；"宝"字下旁"贝"字宽扁，二横画与左右竖画不相连。有使用痕。直径2.4、穿径0.7、廓宽0.2厘米，重3.4克（图七六B）。

铁器　铁剪1件。标本M49∶7，残，锈蚀严重。残长28厘米（图七六B；彩版二三，4）。

骨梳　2件，均残，出土于骸骨骨盆旁。标本M49∶2，由薄骨片制作而成，残。梳柄较薄、不平，梳齿方形，残断。破裂面中部一铁铆钉痕。残长12.2、残宽10.2厘米（图七六B）。标本M49∶3，由骨片制作而成，残存一侧，梳齿残存根部。梳柄弧角，较薄，弯曲，两面打磨光滑。残长8.6、残宽2.5厘米（图七六B）。

墓砖　均为条砖，有素面和手印纹两种，规格相同。长31.5、宽14.5、厚4.5厘米。

3．**葬式**　共发现两具人体骸骨。其中一具位于墓室西侧，上肢骨、肋骨及头骨均已扰乱，堆积于墓室西侧中间，但下肢骨尚未扰动，呈头南足北。另外一具位于下肢骨的西侧，为小孩骨骸，呈侧身曲肢。经鉴定前者为一年龄20～22岁的女性。葬具为木棺，但已朽为残痕，两具人骨均置于棺内。棺长1.88、北端宽0.42、南端宽0.48米，厚约0.03米。

二　M103、M34、M48、M75

M103、M34、M48、M75位于第二排，三者间距较大。

M103

M103位于第二排西部，东距M43约38.80米。被盗和破坏，原开口层位不详。修筑方法与M95同。

1．**形制**　M103为倒凸字形单室砖室墓，南北向，方向178°，由墓道、甬道及墓室三部分构成，墓室内留置棺床（图七七A）。

墓道　位于墓室南部中间，被破坏。

甬道　底部为黄砂土，平底，平面呈长方形。东、西用条砖纵向平砌，与墓室南壁砌砖相互叠压，残存壁面垂直。顶部被破坏。甬道南北长0.34、东西宽0.85米，两壁残高0.50米。从甬道内封门，残存下部。用条砖一层横向、一层纵向侧立交替平砌，残存下部。封门厚0.32、残高0.50米。

墓室　墓室平面呈弧方形，用条砖逐层内收平砌于方形竖穴土坑内，残存底部。墓室东、西壁外弧，用条砖纵向平砌；北壁略外弧，用条砖横向平砌；南壁较直，砌法与北壁同。顶部被破坏。墓室南北最长2.52、东西宽2.47米，四壁残高0.55米。棺床呈倒凹字形，与墓室四壁相接，未砌护壁，棺床面为黄砂土也未铺砖。棺床高0.16米。中南部凹槽为墓室地面，平面呈倒梯形，连接甬道。凹槽南北长1.18、东西宽0.85～1米。

2．**遗物**　有陶器和墓砖。

陶器　均泥质，浅灰色，轮制。残碎，为一套塔形罐，由盖、兽面罐和底座组成，出土于墓室地面和棺床中东部。

盖　1件。标本M103∶3，底盘子母口状，腹部较浅。纽周围贴一周泥条捏成花瓣状。纽残失。外壁曾墨绘图案或饰黑彩，模糊不清。底口径18.8、残高5厘米（图七七B；彩版二四，1上）。

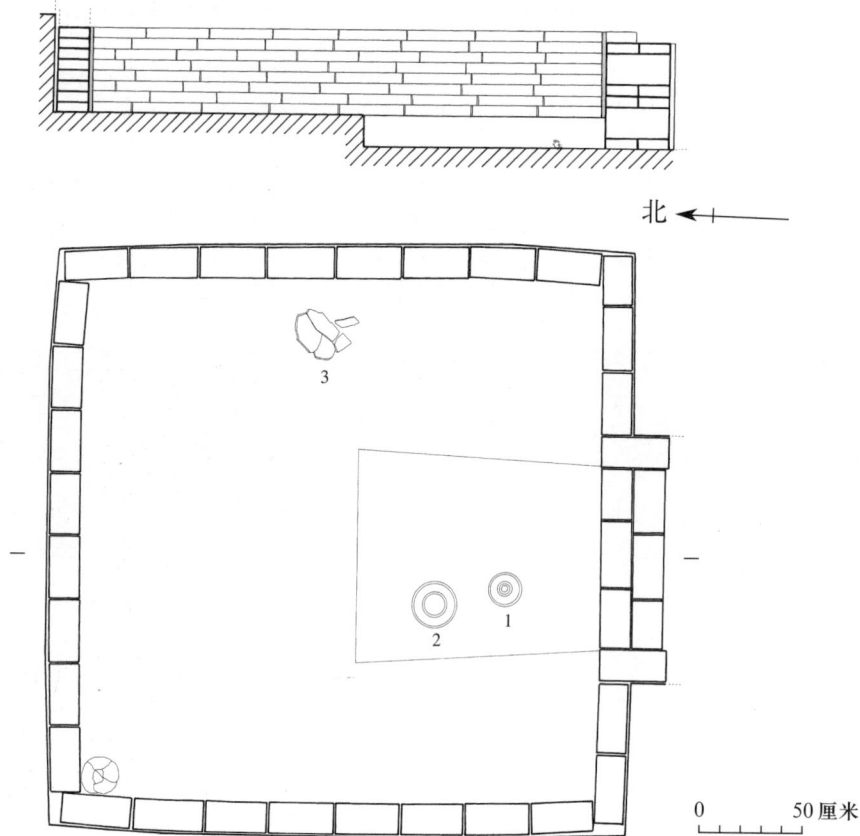

图七七 A　M103 平、剖面图
1. 罐　2. 底座　3. 盖

　　兽面罐　1 件。标本 M103：1，敛口，卷沿，矮领，圆肩，腹下部急收，小平底。器形较浑圆，最大径在腹上部。肩部等距离贴饰四个兽面，形制、造型相同。兽面模制，半圆形，正面高凸。咧嘴，獠牙明显，鼻高凸，两颧骨略低平，扁环状眼，低平，眉高突，呈倒"八"字形，上饰竖毛纹，环状耳，左耳较右耳略高；两眉之间和嘴下部饰竖毛纹，嘴部对穿一直径 0.8 厘米的穿孔。外壁腹下部有刮划痕，底不平，粗糙。外壁涂一层灰白色陶衣，肩部兽面间饰黑彩或墨绘图案，模糊不清。口径 14、底径 12、高 31 厘米（图七七 B；彩版二四，1 中、2）。

　　底座　1 件。标本 M103：2，由上、下部分件制作套接而成。下部覆盆状，轮制；侈口，卷平沿，斜腹较深，脱底。上部唾盂形，侈口，折颈，腹部向外压印成五个圆球，上贴薄泥饼手制兽面，一个残失，留存泥饼脱落痕。兽面造型基本相同，扁嘴，颧骨低平，鼻略凸，扁环状眼，双眉成倒"八"字形，略凸，上饰竖毛纹。套接部在兽面稍下，束腰，器壁厚，内外壁有明显的套接痕。外壁贴一周花瓣状的附加堆纹。内、外壁饰一层灰白色陶衣，其上饰黑彩或墨绘图案，模糊不清。上口径 14.6、底口径 21、高 21.2 厘米（图七七 B；彩版二四，1 下、3）。

　　塔形罐由盖、兽面罐和底座相叠而成，通体残高 56 厘米（图七七 B；彩版二四，1）。

　　墓砖　为拉划纹条砖，模制较粗糙。拉划纹有用片状工具和梳齿状的工具拉划两种；规格也有大小两种。标本 M103：4 - 1，砖面用 0.5 厘米宽的片状工具拉划粗疏的纵向凹槽。长 28、宽 15、厚 5.5

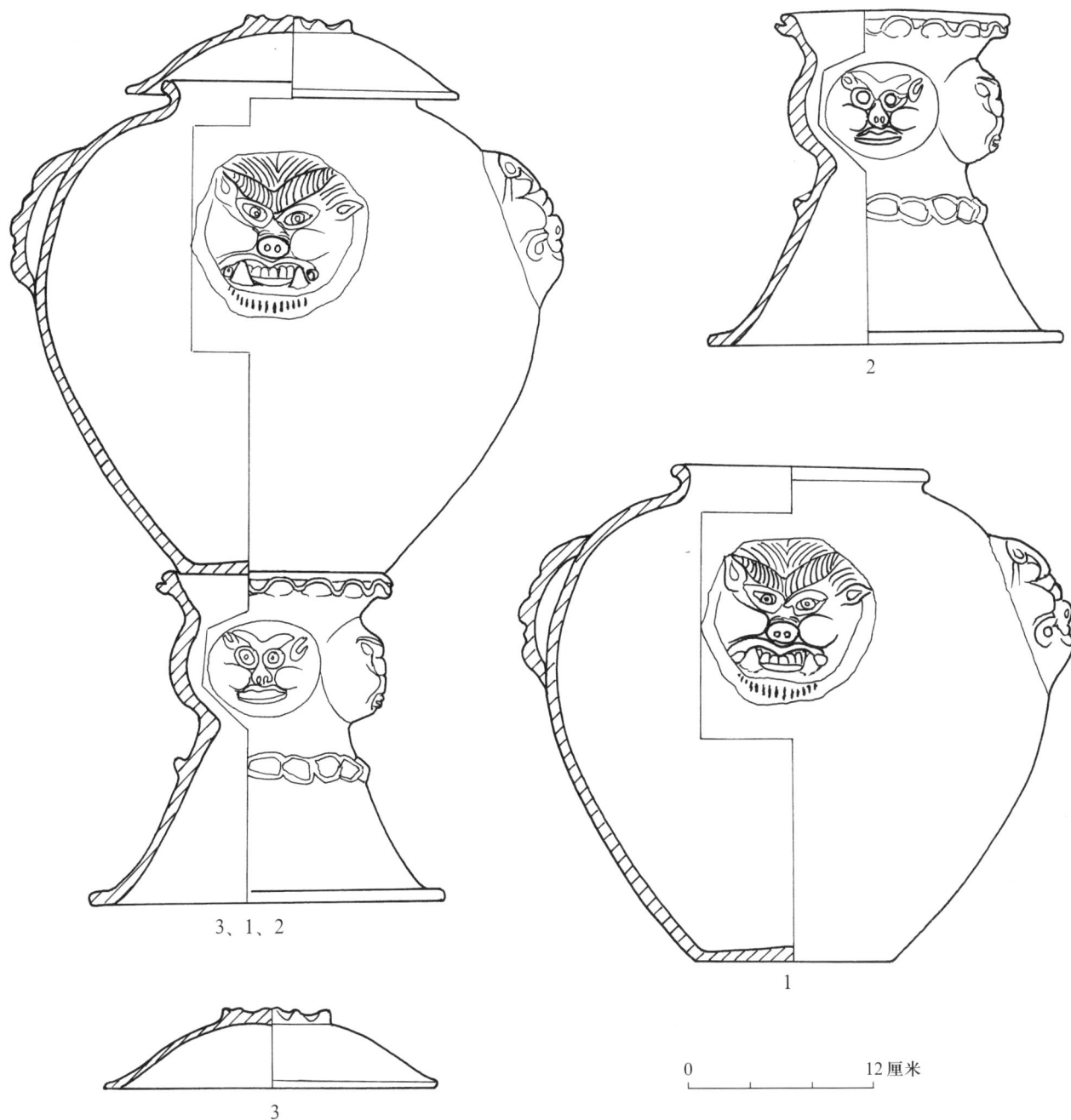

图七七 B　M103 出土遗物

1. 罐　2. 底座　3. 盖

厘米。标本 M103∶4－2，砖面用梳齿状的工具纵向拉划细密的凹槽。长 32、宽 15.5～16.5、厚 5.5 厘米。

3. **葬式**　发现一具人体骸骨，均已扰乱，且均朽为粉末状，年龄、性别、葬式不详。未发现葬具。

M34

M34 位于第二排中部，东距 M48 约 14 米。发掘前已被破坏，原开口层位不详。

1. **形制**　M34 为长方形竖穴砖室墓，南北向，方向为 9°（图七八；彩版二四，4）。

墓室　平面呈长方形，用条砖砌筑于挖掘的长 2.90、宽 1.30 米的竖穴土圹内。东、西壁用一层条

北

0　　　　　50 厘米

2-1

2-2

2-3

0　　　12 厘米
1

0　　　6 厘米
3

0　　　3 厘米
余

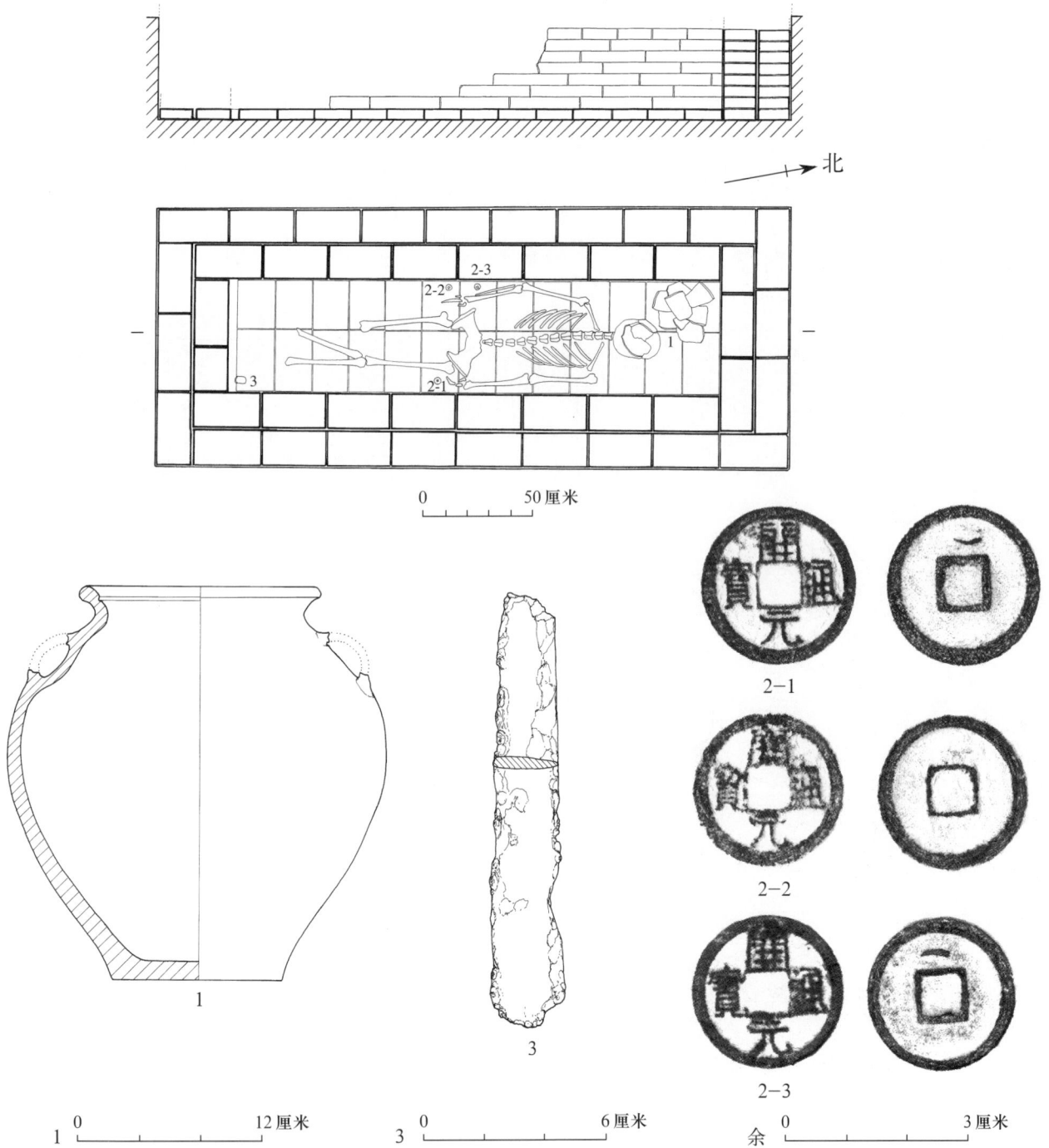

图七八　M34 及出土遗物
1. 双耳罐　2-1～3. 开元通宝　3. 铁剪

砖纵向平砌、一层条砖横向平砌的方式交替砌筑，但破坏较为严重，南段尤甚，仅残存底部一层砌砖；南、北壁砌法与东、西壁相同；残存壁面垂直。顶部被完全破坏。墓室底部为长方形，平底，平铺一层条砖。墓室南北长 2.25、东西宽 0.50 米，残高 0.35 米。

2. **遗物**　有陶器、铜钱、铁剪、漆器、墓砖等。

陶器　均为泥质，灰陶，轮制。出土时大多残碎，分布于墓室北部。器形有一套塔形罐和双耳罐等。其中塔形罐之盖和底座仅存残片，形制不详。

双耳罐　1件。标本M34：1，敞口，圆唇，唇内侧饰一道阴弦纹，矮领，圆肩，腹上部圆鼓，下部急收成小平底，肩部原黏贴对称的双耳，现存断裂和黏接痕，耳部器壁凹陷。底部不平，粗糙，有较密的弧圈纹。口径14、底径10.6、高25厘米（图七八；彩版二四，5）。

兽面罐　1件，残。标本M34：4，腹上部较鼓，平底。底部有细密的弧圈纹。底径12、残高24厘米。另出土兽面罐肩部贴的兽面4件，形制相同。M34：4-1，模制，黏带少量器壁。兽面形制成竖向椭圆形，高凸，咧嘴，獠牙不明显，鼻呈等腰三角形，颧骨低平，睛略突，左耳因挤压变形；双角呈倒"八"字形，高凸。顶部一竖向穿孔。长6、宽7.6、高4厘米。

开元通宝　3枚，形制基本相同。出土于人体骨骼旁。"开"字二竖画明显外撇；"元"字上画长，次画左上挑；"通"字之走字旁三逗点相连，"甬"字旁上笔开口小；"宝"字下部"贝"字二横画与左右竖画相连。标本M34：2-1，字迹清晰，背面穿上部一仰月纹。直径2.5、穿径0.6、廓宽0.2厘米，重4克（图七八）。标本M34：2-2，字迹较模糊。直径2.4、穿径0.7、廓宽0.2厘米，重2.8克（图七八）。标本M34：2-3，字迹较模糊，背面穿上部一仰月纹。直径2.5、穿径0.7、廓宽0.2厘米，重3.9克（图七八）。

铁剪　1件，出土于墓室东南部，残存刃部。标本M34：3，断面略呈等腰三角形，锈蚀严重。残长14、宽1.8～2.4厘米（图七八）。

漆器　出土于骨骼上肢旁，仅存漆皮，器形不辨。

墓砖　均为素面条砖，制作规整，规格一致。长33、宽16.5、厚5.5厘米。

3．**葬式**　发现一具人体骸骨，仅下肢骨微有扰动，呈仰身直肢，头向北，面向上。经鉴定为一年龄17～20岁的男性。没有发现葬具。

M48

M48位于第二排中部偏东北，东距M75约34米。被盗和破坏，原开口层位不详。修筑方法与M96同。

1．**形制**　M48为刀把形单室砖室墓，南北向，方向185°。由墓道、甬道及封门、墓室构成（图七九；图版三六，1）。

墓道　长方形斜坡底，位于墓室南部偏东。残口平面呈长方形，两壁为直壁，修筑较齐整。底斜坡，坡度为14°。填土为花土，颜色较深，土质较硬。墓道长1.18、宽0.62、深0.30米。

甬道　底为黄色粉砂土，平底，平面呈长方形，西壁用条砖纵向错缝平砌，东壁是墓室东壁的向南延伸，残存壁面垂直。顶部被毁。甬道南北长0.34、东西宽0.32、残高0.40米。封门位于甬道内，用条砖错缝横向平砌，残存下部。封门厚0.16、残高0.30米。

墓室　平面呈弧长方形，用条砖逐层错缝平砌于挖掘的长方形竖穴土圹内，残存底部。东、西壁明显外弧，用条砖横向逐层内收平砌；北壁外弧较小，用条砖横向逐层内收平砌。顶部被毁。墓室底部为黄色粉砂土，未铺砖也无棺床。墓室南北最长1.88、东西最大为0.95米，四壁残高0.30米。

2．**遗物**　有陶器、铜带饰、铜钱和墓砖。

陶器　均为泥质，灰陶残片，出土于墓室填土中，器形不辨。

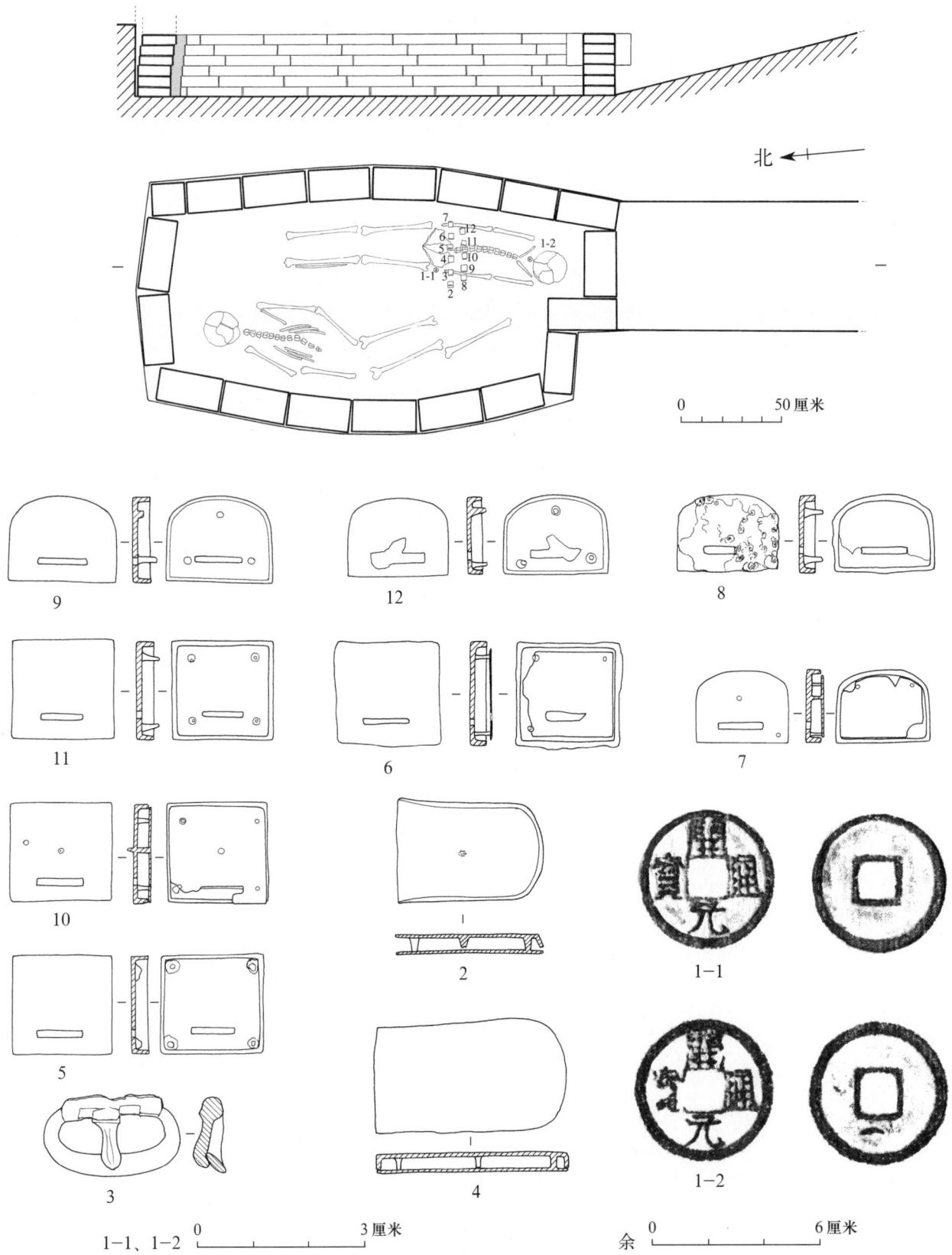

图七九　M48及出土遗物

1-1、1-2. 开元通宝　2、4. 铜铊尾　3. 铜带扣　4. 银钗　5、6、10、11. 方形铜铐饰　7~9、12. 半圆形铜铐饰

铜带饰　有铜铊尾、带扣、方形铜铐饰和半圆形铜铐饰，出土于东侧人骨骨盆处（彩版二五，1、2）。

铜铊尾　2件，形制略有差异。标本 M48：2，平面呈圆头长方形，上、下两侧略弧并窄于两端，由上、下部分件制作然后铆合，以夹革带。上部除方角端外，其他三角呈直角或近直角向下包合；下部平，其底面两方角、圆头端和中部各一铆钉痕，其中前二者为铜、后者为铁质，从上部正面直接铆钉，系后修理所为。长5.2、宽0.34～3.6、厚0.7厘米（图七九；彩版二五，5下右1）。标本 M48：4，平面呈圆头长方形，一端圆弧，一端方角，圆弧端略大。上部模制，其周边向下呈直角包合；下部较平，两方角、中部两侧和圆头端各一铜铆钉痕。长6.8、宽3.6～3.9、厚0.7厘米（图七九；彩版二五，5上右1）。

铜带扣　1件。标本 M48：3，残存扣环部分。扣环扁环形，扣针方座，大秃头；扣轴铁质。残长2.8、宽4.8厘米（图七九；彩版二五，5上左1）。

方形铜铐饰　4件，形制、制作方法相同，由上、下部分件制作铆合，上部模制。有的出土时仅存上部。标本 M48：5，平面方形；长方形孔眼窄、短，长0.9、宽0.2厘米。上部周边向下呈直角包合。下部由薄铜片打制，小于上部，孔眼较上部之略短、略宽；四角各一铜铆钉痕。长3.5、宽3.4、厚0.8厘米（图七九；彩版二五，5上左2）。标本 M48：6，长3.6、宽3.6、厚0.8厘米（图七九；彩版二五，5上左3）。标本 M48：10，下部打制，小于上部，孔眼较上部孔眼小且错位，略残；其底面四角和中部各一铜铆钉痕；其中中部铆钉直穿上部。长3.5、宽3.4、厚0.7厘米（图七九；彩版二五，5下左2）。标本 M48：11，下部孔眼小于上部。长3.5、宽3.4、厚0.6厘米（图七九；彩版二五，5下左1）。

半圆形铜铐饰　4件。标本 M48：9，残存上部，平面呈圆头长方形，一端方角，一端弧角；模制。方角一端有一长1.7、宽0.3厘米的长方形孔眼；周边呈直角向下包合；其底面两方角和圆头端各存一铜铆钉。长3.7、宽2.9、厚0.6厘米（图七九；彩版二五，5上右2）。标本 M48：12，孔眼处略残。长3.6、宽2.7、厚0.5厘米（图七九；彩版二五，5右3）。标本 M48：7，一端方角，一端圆角。上部周边向下呈直角包合，直角端一长1.6、宽0.2厘米的长方形孔眼，二方角、圆头处和中部各一铆钉痕或铆钉孔。长3.3、宽2.5、厚0.6厘米（图七九；彩版二五，5下右3）。标本 M48：8，出土时上、下部分离，下部略残，且有长方形孔眼；锈蚀较重。长3.6、宽2.7、厚0.6厘米（图七九；彩版二五，5下右2）。

开元通宝　2枚。出土于东侧人骨手指处头和下颌骨处，可能系口含和手握之用。标本 M48：1－1，"开"字二竖画明显外撇；"元"字上画长，次画左上挑；"通"字之走字旁三逗点相连，"甬"字旁上笔开口小；"宝"字二横画与左右竖画相连。直径2.4、穿径0.7、廓宽0.2厘米，重3.5克（图七九；彩版二五，3）。标本 M48：1－2，"开"、"宝"字模糊；"通"、"元"字与前者同。背面穿下一新月纹。直径2.5、穿径0.7、廓宽0.2厘米，重3.2克（图七九；彩版二五，4）。

墓砖　均为拉划纹条砖，制作较粗糙，规格相同。拉划纹大多细密，多次拉划满布砖面。长29、宽14、厚5厘米。

3.葬式　发现两具人体骸骨，分别位于墓室东、西两侧，保存尚好。其中东侧人骨呈仰身直肢，头向南，面向西；西侧人骨呈仰身直肢，头向北（图版八九，2）。经鉴定分别为一成年男性和一年龄20～30岁的男性。未发现葬具。

M75

M75位于第二排东部，东北为M76，西北为M49。被盗和破坏，原开口层位不详。修筑方法与M95同。

1. 形制　M75为倒凸字形单室砖室墓，南北向，方向185°。由墓道、甬道以及墓室构成，墓室内留置棺床（图八〇A；图版三七，1）。

墓道　长方形斜坡底，位于墓室南部中间稍偏东。残口平面呈长方形，东、西壁为直壁；底部呈斜坡，坡度19°。填土为五花土，疏松。墓道残长1.56米、宽0.93、深0.45米。

甬道　平面呈长方形；底部为黄砂土，平底。东、西壁为直壁，用条砖纵向错缝平砌，残存底部。顶部被完全破坏。甬道底南北长0.63、东西宽0.90米，两壁残高0.30米。封门位于甬道内，仅残存底部一层侧立砖。封门厚0.32、高0.16米。

墓室　平面呈弧边方形，用条砖逐层内收平砌于挖掘的弧边方形竖穴土圹内，残存下部。东、西壁外弧0.12米，残存底部，用条砖纵向平砌；南、北壁外弧较东、西壁小，用条砖横向平砌；四壁相接处砌砖相互叠压。顶部被完全破坏。墓室南北最长2.65、东西最宽2.65米，残高0.35米。棺床呈倒

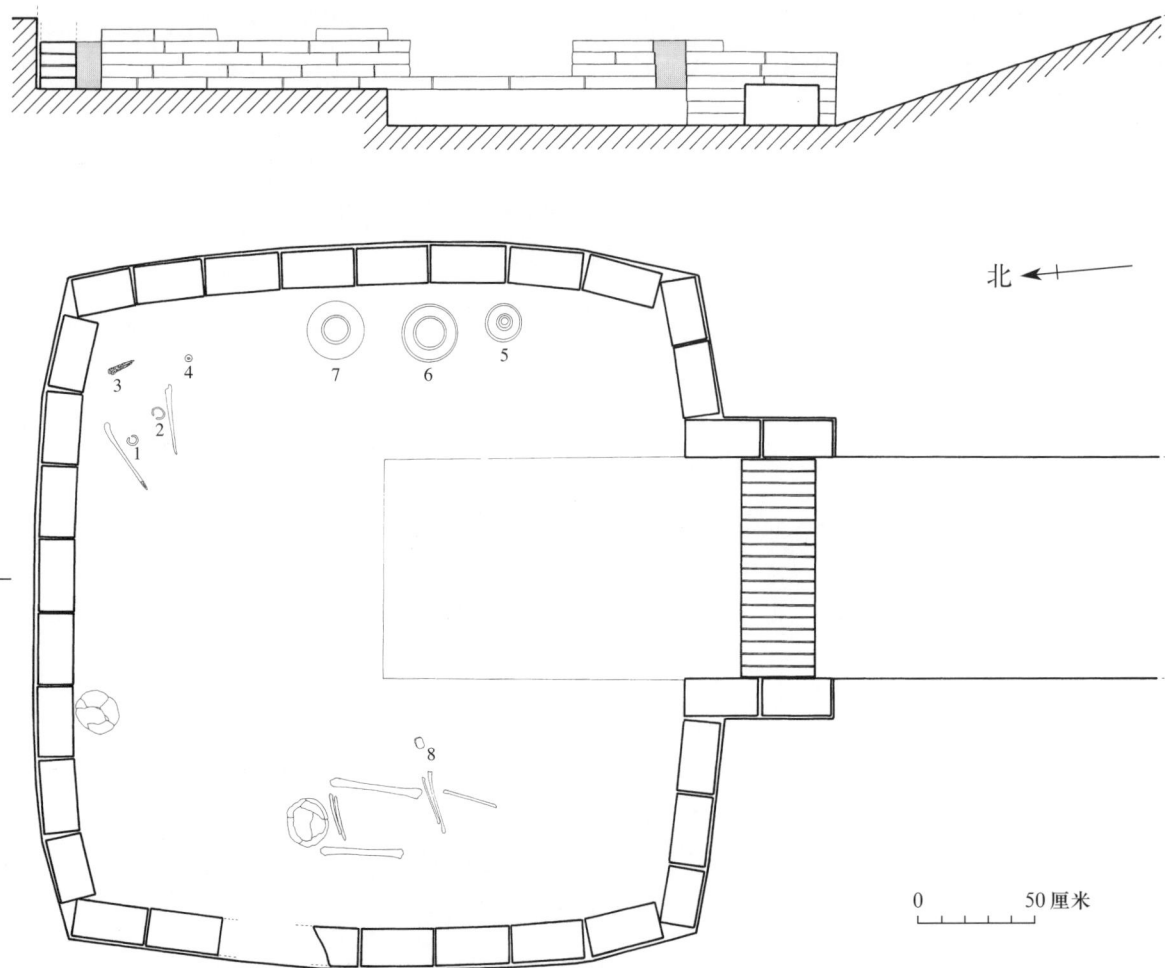

图八〇A　M75平、剖面图

1、2. 铜手镯　3、8. 铁剪　4. 开元通宝　5. 盖　6. 底座　7. 罐

凹字形，与墓室四壁相接，未砌护壁，棺床面在黄砂土上铺一层厚0.01～0.02米的红色黏土。棺床高0.15米。中南部凹槽为墓室地面，平面呈长方形，连接甬道，地面用厚0.01～0.02米的红色黏土平铺。凹槽南北长1.30米、东西宽0.90米。

2. **遗物**　有陶器、铜手镯、铁剪、墓砖等。

陶器　泥质，灰褐色，轮制。残碎，为一套塔形罐，由盖、兽面罐和底座组成，出土于棺床东部。

盖　1件。标本M75∶5，盖盘覆碗状。侈口，卷沿，弧腹，腹部较浅；内尖底，中部一直径0.8厘米的孔穴与盖纽相通；外平底，中部黏接盖纽。纽塔状，中空，三层，层与层之间为一"U"形槽；顶残，中部为一直径1厘米的竖孔，内外壁涂一层灰白色陶衣，外壁通体饰红彩，大部分脱落。底口径16.4、高14.6厘米（图八〇B；图版三七，2上）。

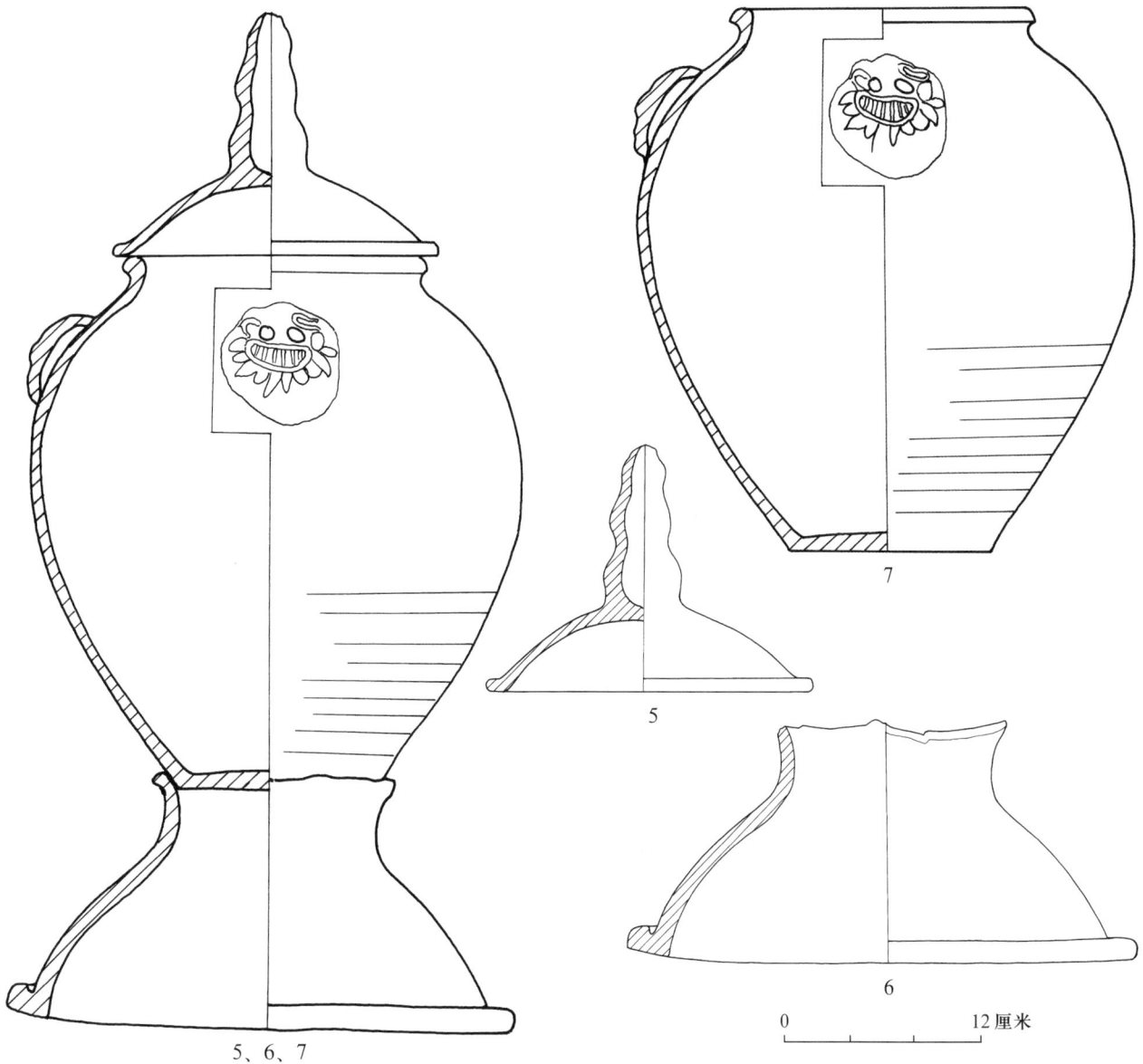

图八〇B　M75出土遗物
5. 盖　6. 底座　7. 罐

兽面罐　1件。标本M75：7，敛口，卷沿，矮领，圆肩，鼓腹，小平底。肩部贴饰三个模制兽面，形制、造型相同。兽面半圆球状，嘴呈仰月形，未表现獠牙；鼻大而平，呈弧线三角形，环眼，粗眉，双耳位于眼两侧，略大而突，双耳平伸，宽而高，双耳之间和嘴下部饰卷毛纹，两侧各戳一直径0.6厘米的穿孔，兽面下部器壁戳一直径0.3厘米的细孔，周缘和器壁之间有一圈抹痕。外壁涂一层灰白色陶衣，其上饰红彩，大部脱落。口径16、底径12.4、高31.6厘米（图八〇B；图版三七，2中、3）。

底座　1件。标本M75：6，残存底部和颈部。下部腹盆状；敛口，卷平沿，微鼓腹较深，脱底。内、外壁涂一层灰白色陶衣，外壁陶衣上饰红色，大部脱落，仅存局部。底口径26.6、残高14.4厘米（图八〇B；图版三七，2下）。

塔形罐由盖、罐、底座相叠而成，通高59.2厘米（图八〇B；图版三七，2）

铜手镯　2件，套于棺床东北角人骨上肢骨上，其中1件略残。标本M75：2，圆环形，打制，镯体断面扁圆形，正面等距离饰四个凸棱。直径6.6厘米（图八〇C；图版三七，4左）。标本M75：1，一端残失，打制；形制与M75：2同，外侧饰四道等距离的凸棱纹，似与M75：2为一副手镯。直径6.2厘米（图八〇C；图版三七，4右）。

开元通宝　1枚。标本M75：4，严重锈蚀。

铁剪　2件，出土于棺床北部。标本M75：3，生铁打制，残存部分刃和柄部。锈蚀严重，二刃部黏合于一起；柄部断面圆柱形；刃部断面略呈等腰三角形。刃部一面黏连丝绸纹。残长15.6厘米（图八〇C）。标本M75：8，残存一股刃部和柄部，锈蚀严重，表面剥离、脱落。残长15.5厘米（图八〇C）。

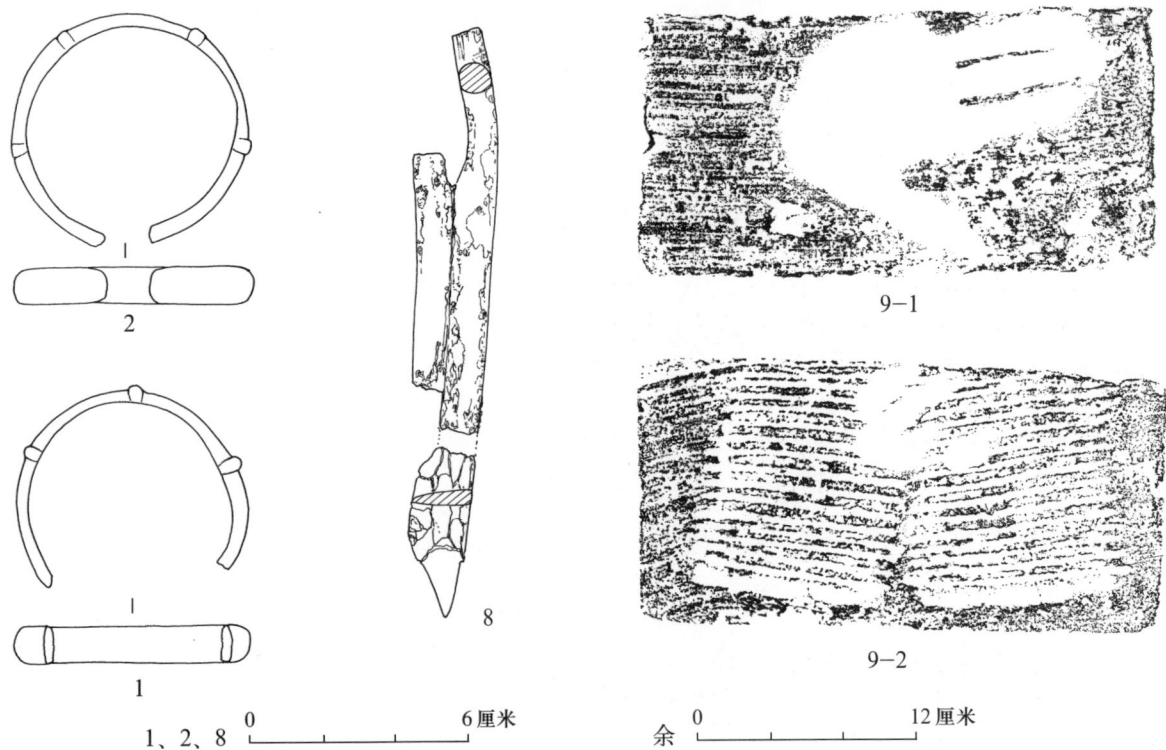

图八〇C　M75出土遗物

1、2. 铜手镯　8. 铁剪　9-1、9-2. 墓砖拓片

墓砖 为拉划纹和手印纹条砖，模制较粗糙。规格有两种。标本 M75：8－1，砖面中部印一左手印。长27.5、宽13.5、厚5厘米（图八〇C）。标本 M75：8－2，用宽15.5厘米的梳齿状工具两次拉划。长29、宽14、厚5厘米（图八〇C）。

3．**葬式** 发现两具人体骸骨，严重扰乱。棺床东北部发现一头骨、上肢骨以及一些肋骨，均已扰乱，但在上肢骨上各套一铜手镯；棺床西部发现下肢骨、骨盆、肋骨及脊椎骨，摆放整齐，呈足南状，但未见上肢骨，头骨已扰至棺床北部。经鉴定一具为成年男性，一具为年龄25～30岁的女性。属二人合葬墓，具体葬式不详。未发现葬具。

三 M52、M33、M45

M52、M33、M45位于第三排，间距较大，分布分散。

M52

M52位于第三排西部，东距 M33约42米。发掘前已被盗和破坏，原开口层位不详。修筑方法与M95同。

1．**形制** M52为倒凸字形单室砖室墓，南北向，方向180°。由墓道、甬道以及墓室构成（图八一；图版三八，1）。

墓道 长方形斜坡底，位于墓室南部稍偏东。原开口层位已被破坏。残口平面呈长方形，东、西壁为直壁；底斜坡，坡度22°。填土为褐色花土，疏松。残长0.84、宽0.95、深0.36米。

甬道 底部为黄色粉砂土，平面呈长方形。东、西壁为直壁，用条砖纵向逐层错缝平砌，与墓室南壁砌砖相互叠压。顶部被毁。甬道南北长0.80、东西宽0.95、残高0.35米。封门位于甬道内南端，用条砖错缝横向平砌，残存下部。南北厚0.16、残高0.36米。

墓室 平面呈弧边方形，用条砖逐层错缝平砌于挖掘的边长约3米的弧边方形竖穴土圹内，残存下部。墓室东、西壁明显外弧形，外弧约0.13米，用条砖纵向逐层内收平砌；南、北壁外弧较东、西壁小，用条砖横向逐层内收平砌；四宝壁相接处砌砖相互叠压。顶部被毁。墓室底部为平底，平铺一层条砖，中南部被毁。墓室南北最长2.66、东西最宽2.68米，四壁残高0.36米。

2．**遗物** 仅存陶器和墓砖。

陶器 泥质，土红色，轮制。均残，器形有一套塔形罐，由盖、罐和底座组成。其中罐和底座仅存碎片，出土与墓室扰土中。

盖 1件。标本 M52：1，盖盘覆碗状，微敞口，宽平斜沿，上腹略鼓，腹部较深，内、外壁留存较为清晰的轮圈痕，内尖圆底，中部戳一直径1.2厘米的穿孔，外底假圈足，周缘贴一周泥条向上撅、压成花瓣状；中部原黏贴盖纽，残失，留存黏接痕。腹部戳一直径0.6厘米的孔眼。外壁涂一层灰白色陶衣，上饰淡黑色，大部脱落，残存局部。口径18、残高7.8厘米（图八一；图版三八，2）。

墓砖 均为拉划纹条砖，模制较为粗糙，规格相同。拉划纹大多稀疏，分三次拉划满布砖面。长31、宽15.5、厚4.5厘米。

3．**葬式** 发现三具人体骸骨。除墓室东南部的下肢骨尚未扰动，摆放较整齐，呈头南足北状外，其他骨骼被严重扰乱，三个头骨分别被扰于墓室西南部和西北角，保存状况较差。经鉴定，有一年龄

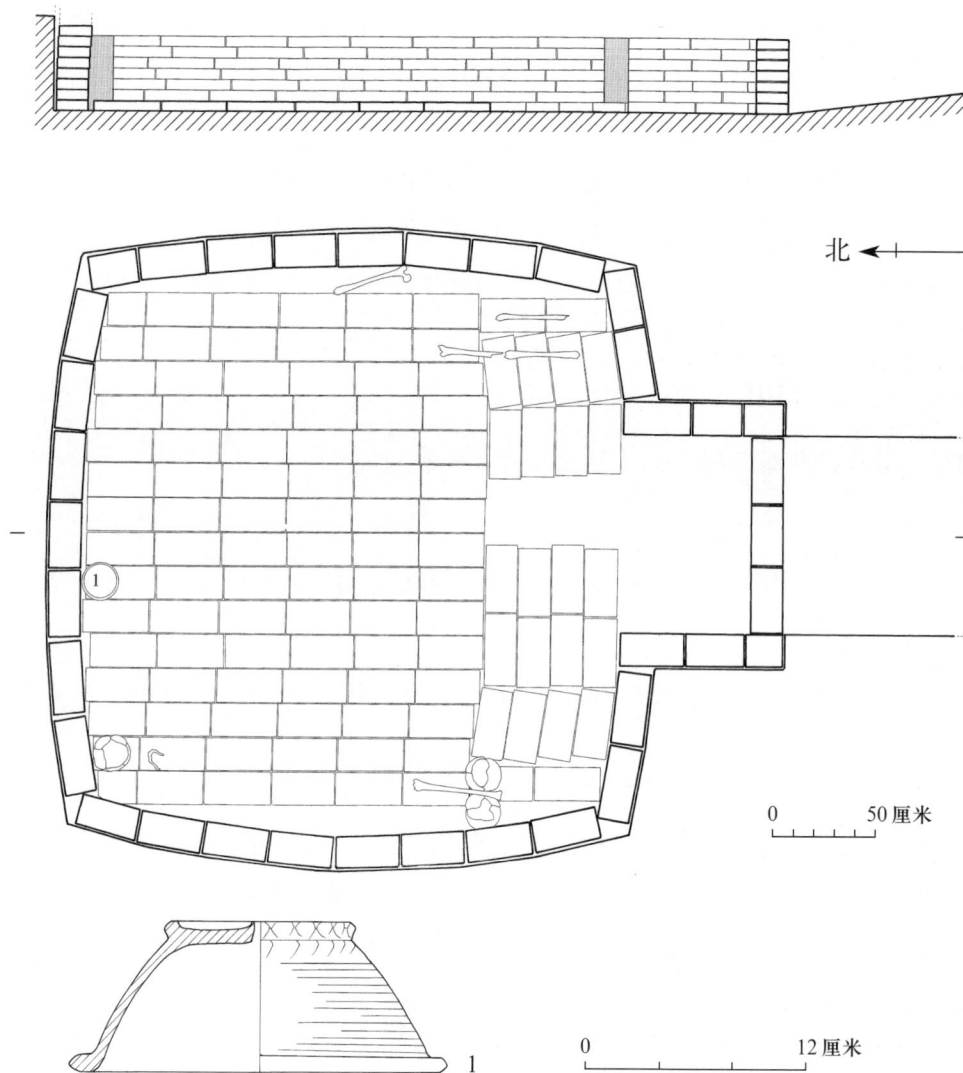

图八一　M52 及出土遗物
1. 盖

35～45 岁的男性、一年龄 20 岁左右的女性和一可能为 13～14 岁的女性。该墓葬为三人合葬墓，具体葬式不详。没有发现葬具。

M33

M33 位于第三排中部，东距 M45 约 12.40 米，南为 M32，其墓道被 M32 墓室土圹打破。发掘前已被破坏，原开口层位不详。修筑方法与 M95 同。

1. **形制**　M33 为倒凸字形单室砖室墓，南北向，方向 192°。由墓道、甬道、墓室构成，墓室内留置棺床（图八二 A；图版三八，3）。

墓道　长方形斜坡底，位于墓室南部。残口平面呈长方形，东、西壁较直。底斜坡，坡度 15°。填土为五花土，颜色较深，土质较硬。墓道残长 1.84、宽 0.80、深 0.42 米。

甬道　底部为黄色粉砂土，平底，平面呈长方形。东、西壁用条砖纵向错缝平砌，，与墓室南壁砌

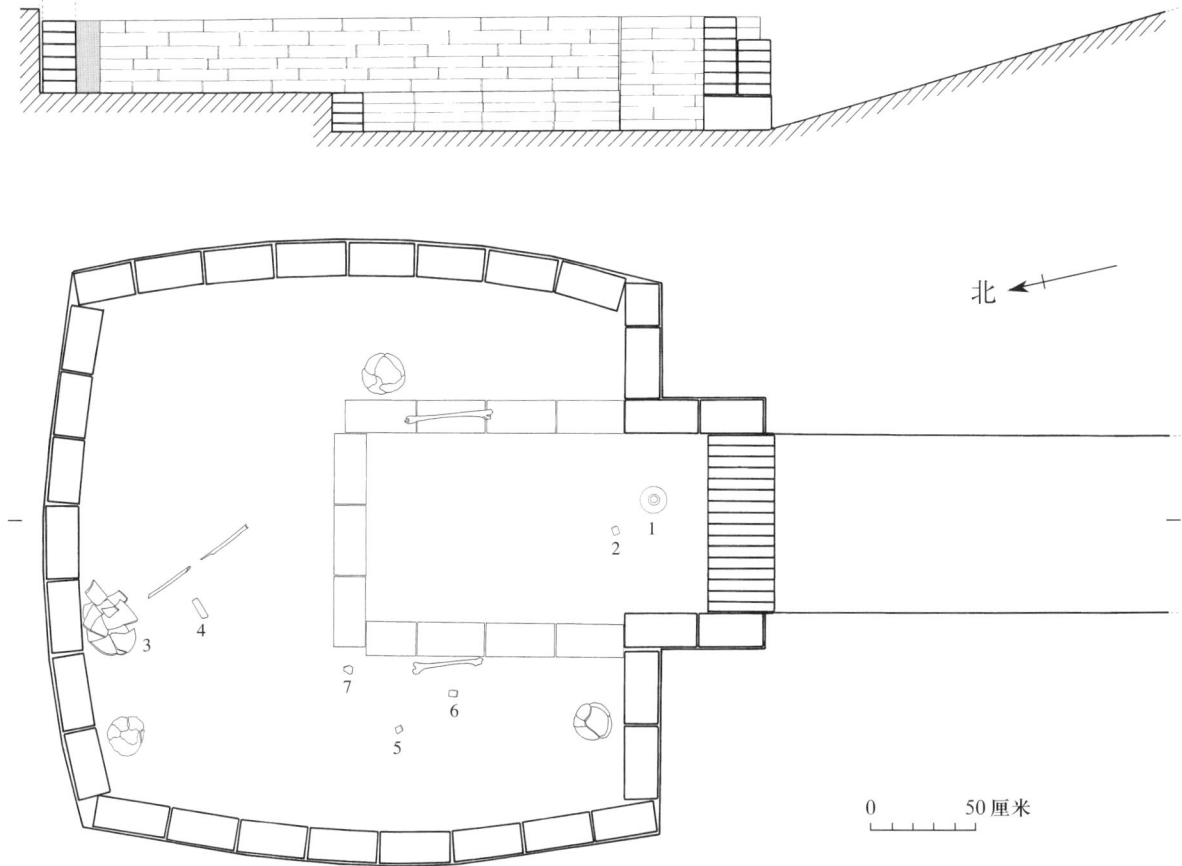

图八二 A　M33 平、剖面图
1. 小瓷罐　2. 方形铁铐饰　3. 罐　4. 骨饰件　5. 方形铜铐饰　6. 铁铊尾　7. 半圆形铁铐饰

砖相互叠压；残存壁面垂直。顶部已被完全破坏。甬道南北长 0.65、东西宽 0.80、东西壁残高 0.51 米。封门位于甬道内南端，残存中下部。底层用条砖侧立，其上用条砖横向平砌。封门厚 0.32 米、残高 0.51 米。

墓室　平面呈弧边方形，用条砖错缝平砌于挖掘的弧边方形竖穴土圹内，残存底部。东、西壁外弧，用条砖纵向平砌。北壁外弧略大，约 0.13 米，用条砖横向平砌。南壁较直，砌法与北壁同。顶部已被完全破坏。墓室南北最长 2.53、东西最宽 2.48 米，四壁残高 0.33 米。棺床呈倒凹字形，与墓室四壁相接，东、南、西侧壁用条砖平砌护壁，东、西护壁砌砖未与墓室南壁砌砖相互叠压，棺床面未铺砖，但在黄色粉砂土上铺垫一层厚约 0.01～0.02 米的红色黏土。棺床高 0.18 米。中南部凹槽为墓室地面，平面呈长方形，连接甬道，也在黄色粉砂土上垫一层厚约 0.01～0.02 米的红色黏土。凹槽南北长 1.20、东西宽 0.85 米。

2. **遗物**　有陶器、瓷器、铜带饰、铁带饰、骨饰件、墓砖等。

陶器　泥质，灰色，轮制。残碎，器形为一套塔形罐，由盖、兽面罐和底座组成，残片出土于棺床北部。其中盖和底座残甚具体形制不详。

兽面罐　1 件。标本 M33∶3，敛口，卷沿，矮领，肩部和腹上部圆鼓，平底。肩部等距离贴饰四个模制兽面，仅存三个，形制、造型相同，仅黏贴时因挤压局部略有变形。兽面平面略呈扁圆形，底面内凹，正面高凸。咧嘴，突出獠牙，颧骨低、小，鼻高凸，根部低凹，圆眼，低、细、窄眉，双角倒"八"字形，短而圆凸，双耳扁丘状，位于角两侧，其中左耳较右耳大、高。嘴两侧对穿一直径0.6厘米的穿孔，双角上部向下戳一直径0.6厘米的穿孔。兽面周缘及其器壁用梳齿状的工具拉划出细毛纹。双角之间饰一"王"字，较模糊。一个兽面上饰红色。外壁涂一层灰白色陶衣，局部脱落。口径14.4、底径15.2、高32厘米（图八二B；彩版二六，1）。

瓷器　青釉小瓷罐1件，出土于甬道口。标本M33：1，敛口，卷沿，矮领，圆肩，弧腹，假圈足。胎灰青色，细腻。腹部以上挂青釉，局部有黑釉斑纹。圈足中部略内凹。口径2.4、底径4.2、高6.2厘米（图八二B；彩版二六，2）。

方形铜銙饰　1件，出土于棺床西部。标本M33：5，方形銙饰下部，平面呈方形，由薄铜片加工而成。一侧有一长1.7、宽0.4厘米的长方形孔眼。四方角和上、下两侧中部各一铆钉孔或铜铆钉痕。长4、宽3.7厘米（图八二B；彩版二六，3）。

铁带饰　3件，有铁铊尾、半圆形铁銙饰和方形铁銙饰，出土于棺床西部。

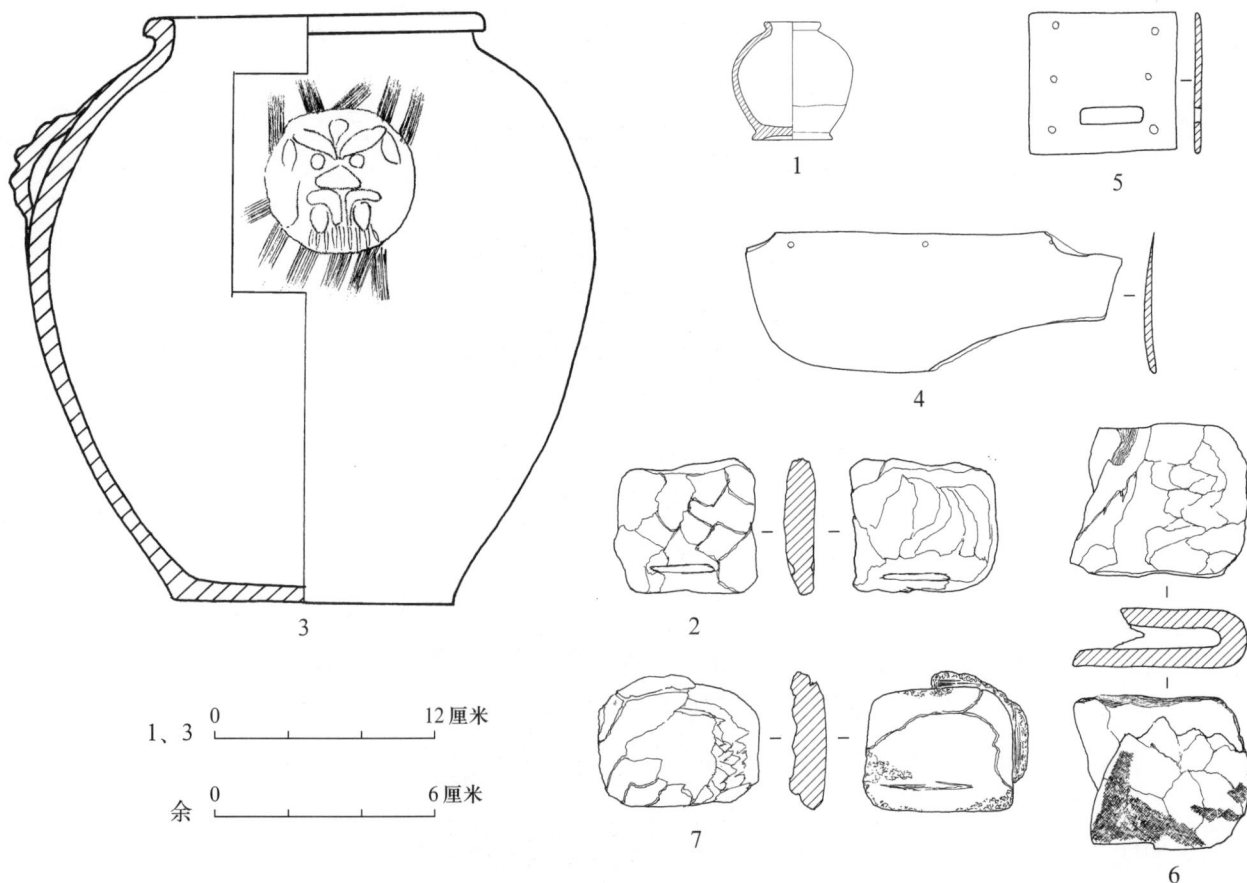

图八二B　M33出土遗物
1. 小瓷罐　2. 方形铁銙饰　3. 罐　4. 骨饰件　5. 方形铜銙饰　6. 铁铊尾　7. 半圆形铁銙饰

铁钺尾 1件。标本 M33：6，残存圆头端，生铁制成。中空，锈蚀严重；一面黏连粗布纹。残长4.6、宽4.1、厚1.5厘米（图八二 B；彩版二六，4右）。

半圆形铁铐饰 1件。标本 M33：7，平面呈半圆形，生铁制作，锈蚀严重并剥落；一面露出2枚铜铆钉。长4、宽3.4、厚0.8厘米（图八二 B；彩版二六，4中）。

方形铁铐饰 1件。标本 M33：2，平面呈方形，由生铁加工而成，严重锈蚀。一面黏连部分朽木。长方形孔眼因锈蚀黏连在一起。长3.7厘米，宽3.4厘米，厚0.8厘米（图八二 B；彩版二六，4右）。

骨饰件 1件。标本 M33：4，平面略呈弧角长方形，由骨片加工而成，略残。两面较光滑；略弯曲。从弧边向直边逐渐变薄，直边有2个直径0.1厘米的孔眼。长10、宽3.6厘米（图八二 B；彩版二六，5）。

墓砖 均为拉划纹条砖，模制较粗糙，规格有长29.4、宽14、厚4.4厘米和长31、宽15.5、厚5厘米两种。拉划纹多粗、疏，分布于砖面的中部。

3. **葬式** 墓室内发现三具人体骸骨，严重扰乱。颅骨分别出土于棺床的东北部、西北角和西南部，且残碎；上肢及下肢骨、肋骨、脊椎骨等乱置于棺床。经鉴定，有一成年男性和成年女性，另一年龄、性别不详。该墓为三人合葬墓，具体葬式不明。未发现葬具。

M45

M45 位于第三排东部，西南距 M43 约4米。被盗和破坏，原开口层位不详。修筑方法与 M95 同。

1. **形制** M45 为倒凸字形单室砖室墓，南北向，方向188°。由墓道、甬道及墓室构成，墓室内留置棺床（图八三；彩版二七，1、2）。

墓道 长方形斜坡底，位于墓室南部，与墓室南北在同一中轴线上。残口平面呈长方形；东、西壁为直壁，土质分为两层，上层为红胶土，下层为粉砂土层。底为斜坡，坡度为39°。残长1.10、宽0.92、深0.80米。

甬道 底呈长方形，东、西壁用条砖纵向错缝叠压平砌，中间各砌一小龛。顶部被毁。甬道南北长1.05、东西宽0.90、残高0.60米。小龛分别砌于甬道两壁中部，大小、形制相同，被封门所遮掩。顶部被毁。龛宽0.31、进深0.16、残高0.36米，距甬道底0.15米。封门位于甬道内南端，底层用三层条砖横向错缝平砌，其上用条砖侧立一层，上部残。在封门南部，在三层平砌砖上用条砖直立。厚0.50、残高0.34米。

墓室 平面呈弧边方形。用条砖逐层错缝叠压平砌于挖掘的方形竖穴土坑内，残存中下部。东、西壁明显外弧内收，底层用条砖横向平铺一层，其上用条砖纵向外移0.10米逐层内收平砌。北壁略外弧且内收，底层用条砖纵向平铺一层，其上用条砖横向外移0.10米逐层内收平砌。南壁较直且内收，砌法与北壁同。顶部被毁。墓室南北最长2.70、东西最宽2.58米，残高0.60米。棺床呈倒凹字形，与墓室四壁相接，未砌护壁；棺床面未铺砖，在黄色粉砂土上平铺一层厚0.01～0.02米的红胶土。棺床高0.15米。中南部凹槽为墓室地面，平面呈长方形，连接甬道。凹槽南北长1.25、东西宽0.90米。墓室内填土为花土，内含有大量的砖块，可能为墓葬被破坏或被盗后形成。

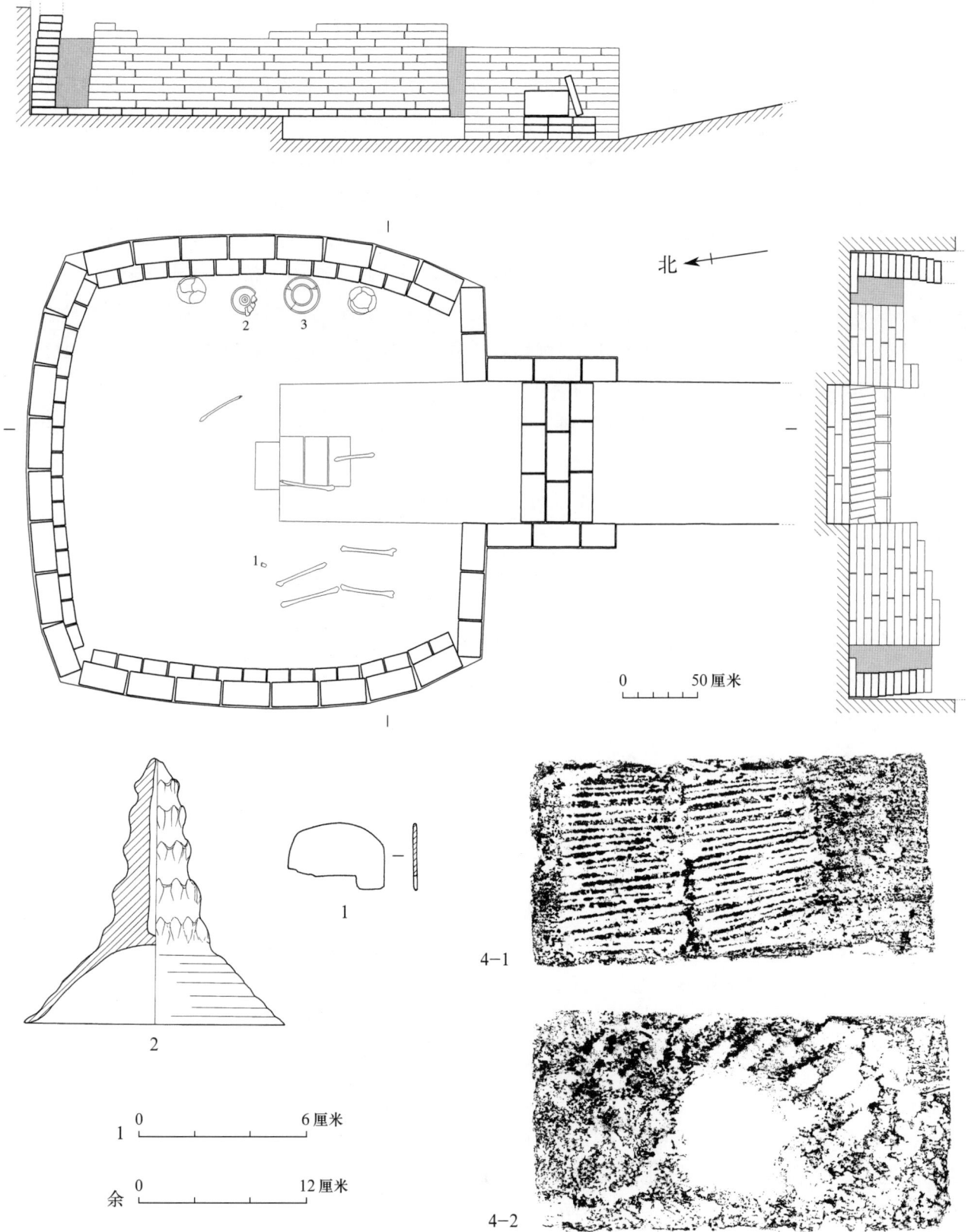

图八三　M45 及出土遗物

1. 半圆形铜铐饰　2. 盖　3. 底座　4-1、4-2. 墓砖拓片

2．**遗物**　有陶器、铜带饰和墓砖。陶器均残碎，出土于棺床中西部。铜带饰出土于棺床北部。

陶器　均泥质，土红色，轮制。残碎，有一套塔形罐，由盖、罐和底座组成。其中罐仅存残片。

盖　1件。标本 M45∶2，由盖盘和塔状纽分件制作黏接而成。盖盘覆碗状。敞口，卷沿，斜腹较深。内尖圆底，外底假圈足，周缘向上卷压或刻划成花瓣状，中部黏接塔状纽。塔状纽五层，中空，每层向上卷压成花瓣状；顶锥体形，中部有一个 0.6 厘米的孔眼，可能插塔刹之用。内、外壁涂一层灰白色陶衣，盖盘外壁陶衣上饰淡黑色，残存局部，塔状纽层与层之间饰红色，局部脱落。底口径 16.4、高 18.8 厘米（图八三；彩版二七，3）。

底座　1件，残。标本 M45∶3，覆盆状。腹部较深，平底。外壁涂一层灰白色陶衣，其上饰黑彩，局部脱落。底径 14、残高 10.6 厘米。

半圆形铜铸饰　1件。标本 M45∶1，半圆形铜铸饰下部，残。一端圆角，一端方角，方角端有一长 1.7 的长方形孔眼。长 3.4、残宽 2.4 厘米（图八三）。

墓砖　均为条砖，模制。有拉划纹和手印纹两种；规格也有长 28.5 和 30 厘米长两种。标本 M45∶4－1，拉划纹条砖，用宽 12.4 厘米的梳齿状工具在砖面二次拉划。长 28.5、宽 14、厚 5 厘米（图八三）。标本 M45∶4－2，手印纹条砖，砖面近中部印一右手印。长 30、宽 15、厚 4.5 厘米（图八三）。

3．**葬式**　发现两具人体骸骨，较乱。两头骨分别位于棺床东侧南部、北部，但棺床东部下肢骨摆放齐整，足向南。经鉴定分别为一年龄 30～40 岁的男性和一年龄 25～30 岁的女性，为二人合葬，可能头北足南。没有发现葬具。

四　M26、M32、M46

M26、M32、M46 位于第四排，间距较大，分布于北魏墓葬之间。

M26

M26 位于第四排西部，西距北魏 M55 约 6.0 米，东距北魏 M29 约 12.4 米，南为北魏 M28。其墓道南段打破 M28 墓室正室土圹西北角。发掘前已被破坏，原开口层位不详。修筑方法与 M96 同。

1．**形制**　M26 为刀把形砖室单室墓，南北向，方向 188°，由墓道、墓门及墓室三部分构成，墓室内留置棺床（图八四；图版三九，1）。

墓道　长方形斜坡底，位于墓室南部，与墓室东壁南北基本在同一直线上。残口平面呈长方形；东、西残存壁面较直；底斜坡，坡度为 25°。填土为粉砂土和黄土混合而成的花土，较为坚硬。墓道残长 1.35、宽 0.65、深 0.60 米。

墓门　没有甬道。墓门位于墓道北端，东、西两侧较直，顶部残，但东、西两侧砌砖 0.50 米高处内收、起券，推测顶部可能为拱形。墓门底宽 0.68、残高 0.56 米。沿墓门封门，用条砖横砌，残存下部。封门厚 0.18、残高 0.55 米。

墓室　平面呈长方形，用条砖错缝平砌于挖掘的长方形竖穴土圹内，残存中下部。东、西壁外弧，用条砖纵向逐层内收平砌。但其北段已被一现代坑所破坏，西壁尤甚。北壁已被完全破坏。墓室南北长 2、南部东西宽 1.15、中部东西宽 1.30 米，四壁残高 0.50 米。棺床呈反刀把形，位于墓室西部，与墓室四壁相接，系在留存的黄色粉砂台上垫一层厚 0.01～0.02 米的红胶土而成，未砌护壁。棺床高 0.10 米。

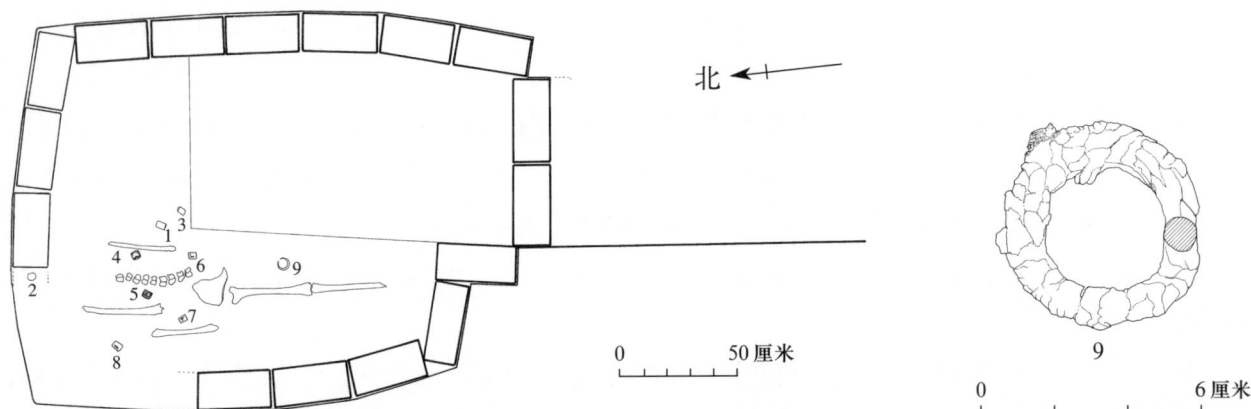

图八四　M26 及出土遗物

1～3. 方形铁铐饰　4、5. 半圆形铁铐饰　6、7. 方形铜铐饰　8. 半圆形铜铐饰　9. 铁环

棺床东的凹槽为墓室地面，平面呈梯形，北窄南宽，较低，与墓门相连，也为粉砂层，其上垫一层厚 0.01～0.02 米的红胶土。凹槽南北长 1.05、北部东西宽 0.70、南部东西宽 0.75 米。

2. **遗物**　仅有铜带饰、铁带饰和墓砖等。

铜带饰　3 件，有方形饰和拱形饰。

方形铜铐饰　2 件。标本 M26：6，平面方形，较薄，略不平；长方形孔眼较窄、短，长 1.4、宽 0.4 厘米。四方角各一铆钉孔或铆钉痕。长 2.4、宽 2.6 厘米（图版三九，2 左）。标本 M26：7，形制、大小与 M26：6 同（图版三九，2 中）。

半圆形铜铐饰　1 件。标本 M26：8，半圆形铐饰下部，方角端略残。一端方角，一端圆头；薄，较平；孔眼较短、窄；二方角和圆头端各一铆钉孔。长 2.4、宽 3.4 厘米（图版三九，2 右）。

铁带饰　5 件，有方形铁铐饰和半圆形铁铐饰。

方形铁铐饰　3 件。标本 M26：1，由生铁制成，两面剥落，残存中层。平面呈方形，严重锈蚀。长 4.2、宽 3.8、厚 1 厘米（图版三九，3 左 2）。标本 M26：2，平面呈方形，由生铁制成；严重锈蚀。长 4.2、宽 4、厚 1.2 厘米（图版三九，3 左 3）。标本 M26：3，平面呈方形，由生铁制成，残存一半；严重锈蚀，一面黏连重叠的丝绸纹。长 4.6、宽 4、厚 0.7 厘米（图版三九，3 右 2）。

半圆形铁铐饰　2 件。标本 M26：4，平面略呈半圆形，一端方角，一端圆角；由生铁制成，严重锈蚀、剥离。长 4.2、宽 4、厚 1.5 厘米（图版三九，3 右 1）。标本 M26：5，残存圆角端，锈蚀严重；断裂一侧有二铜铆钉；黏连少部布纹。残长 3.4、宽 4.4、厚 1.2 厘米（图版三九，3 左 1）。

铁环　1 件。标本 M26：9，由生铁打制而成，圆形，环体较宽，呈扁圆形。锈蚀严重，且剥落。直径 11.5 厘米（图八四；图版三九，4）。

墓砖　墓砖为拉划纹条砖，模制。规格有长 29、宽 14.5、厚 5 厘米和长 31、宽 14.5、厚 5 厘米两种。拉划纹用梳齿状的工具多次拉划满布砖面。

3. **葬式**　发现有一具人体骸骨，位于棺床东部，局部被扰。未发现头骨，但脊椎骨、骨盆以及右下肢骨尚未扰动，呈头南足北状，年龄、性别不详。发现木箱朽痕，长约 0.90、宽 0.45、厚 0.05 米。未发现葬具。

M32

M32 位于第四排中部，南距北魏 M31 约 3.2 米；北为 M33，其中 M32 墓室土圹打破 M33 墓道。发掘前已被破坏，原开口层位不详。修筑方法与 M96 同。

1. **形制**　M32 为刀把形单室砖室墓，南北向，方向 192°。由墓道、甬道、墓室构成，墓室内留置棺床（图八五；图版四〇，1）。

墓道　长方形斜坡底，位于墓室南部偏东。大部分已被破坏，仅残存其底部很小一段。残口平面呈长方形，东、西壁较直。底为斜坡。残长 0.40、宽 0.65、深 0.32 米。

甬道　底为黄色粉砂土，平面呈梯形。东、西壁用条砖纵向错缝平砌，被严重破坏，仅残存底部几层，残存壁面垂直。顶部已被完全破坏。甬道南北长 0.32、南部东西宽 0.63、北部东西宽 0.71 米，东、西壁残高 0.30 米。封门被破坏。

墓室　墓室平面呈长方形，用条砖错缝平砌于挖掘的长方形竖穴土圹内，残存底部。东、西壁明显外弧，用条砖纵向平砌，其中东壁弧度较大，约为 0.27 米；西壁弧度略小，为 0.11 米。北、南壁较直，用条砖横向平砌。顶部已被完全破坏。墓室南北最长 2.66、东西最宽 1.35 米，四壁残高 0.20 米。棺床平面呈长方形，位于墓室西部，与墓室北、西、南壁相接，棺床面用条砖平铺。棺床高 0.07 米。

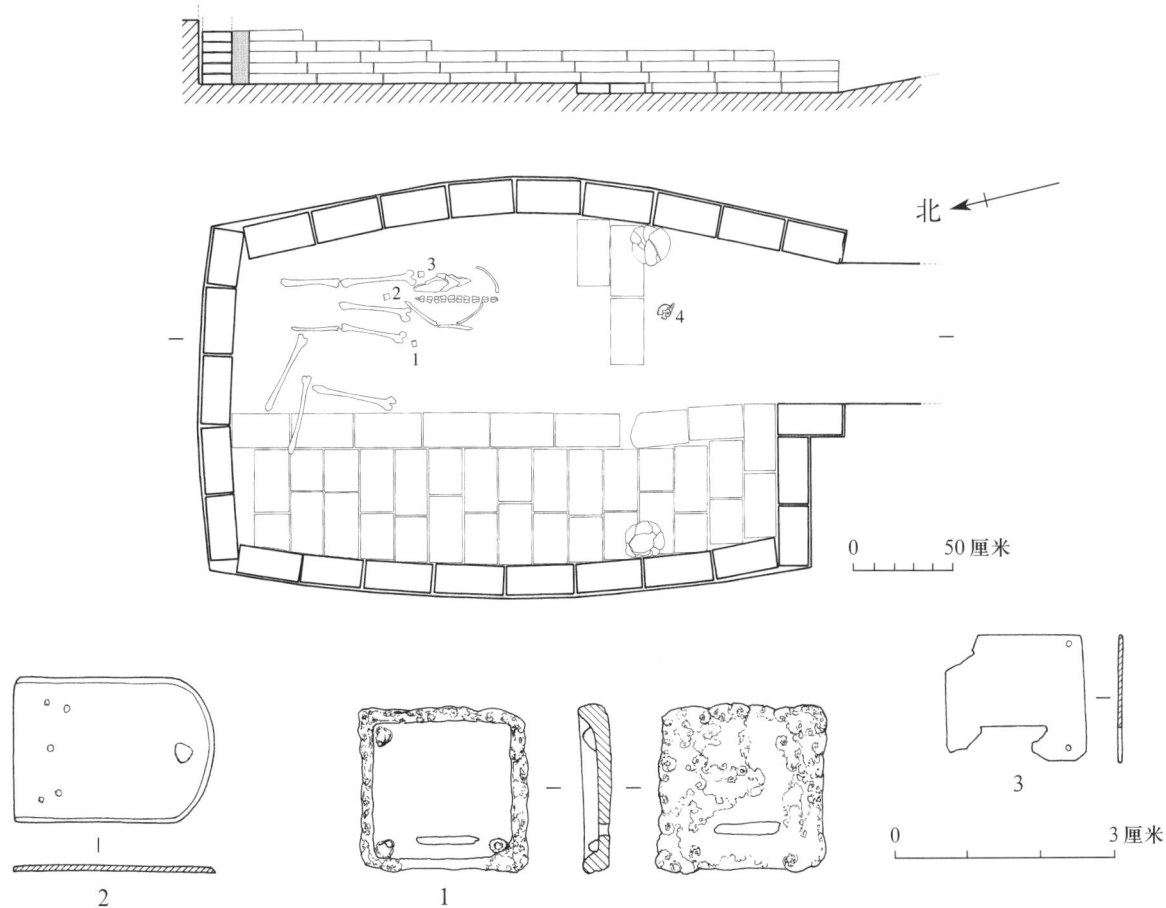

图八五　M32 及出土遗物
1. 方形铁铧饰　2. 铜铊尾　3. 铁剪刀　4. 盖

东部凹槽为墓室地面，平面呈长方形，连接甬道，未铺砖。

2．**遗物**　有陶器、铜带饰、铁带饰和墓砖等。

陶器　均为泥质，红陶，残片，轮制。器形有一套塔形罐，由盖、罐、底座组成。其中罐和底座残甚，难以复原。

盖　1件。标本M32：4，由盖盘和盖纽分件制作黏接而成，略残。盖盘浅腹覆碗状，纽束腰，中部圆球形，尖顶。因残而具体形制和大小不详。

铜带饰　2件。有铜铊尾和方形铜铐饰。

铜铊尾　1件。标本M32：2，铜铊尾下部，呈圆头长方形，较薄。一端方角，一端圆头。方角端有四个、圆头端有一个铆钉孔。长5.5、宽3.8厘米（图八五；图版四〇，3右）。

方形铜铐饰　1件。标本M32：3，方形铜铐饰下部，残。残存二角各有一铆钉孔。长3.4、宽3.7厘米（图八五；图版四〇，3左）。

方形铁铐饰　1件。标本M32：1，方形铁铐饰上部，平面方形，一侧一长方形孔眼。正面因锈蚀不平，四周呈直角向下包合。底面内凹，四角各一铁铆钉，残存根部。长4.5、宽4.4、厚0.8厘米（图八五；图版四〇，4）。

墓砖　均为素面条砖，规格一致，制作粗糙。长29.4、宽14.2、厚4厘米。

3．**葬式**　发现有两具人体骸骨，保存状况较差，且均已扰乱。经鉴定，均为成年个体，其一为男性，另一性别不详。没有发现葬具。

M46

M46位于第四排东部，西北距M45约2.4米；南为M47。其墓道打破M47墓室西北部。被盗和破坏，原开口层位不详。修筑方法与M95同。

1．**形制**　倒凸字形单室砖室墓，南北向，方向174°。由墓道、甬道及墓室构成，墓室内砌棺床（图八六；图版四〇，2）。

墓道　长方形斜坡底，位于墓室南部，与墓室南北在同一中轴线上。东、西壁均为直壁。其中墓道东壁打破M47。墓道西壁土质可分为二层。上层为红胶土，较硬；下层为粉砂土，较为松软。而东壁为M47墓道内填土，土质较杂，且夹杂少量的砖块，砖块上有被工具打击的痕迹。底斜坡，坡度28°。墓道内填土较杂，呈黑灰状，且夹杂少量的M47墓室砖块。墓道长1.35、宽0.80、深0.65米。

甬道　底呈长方形，底部西半边为黄色粉砂土，东半部为M47墓室西壁及土圹。东、西壁为直壁，其中，西壁距底部0.32米为黄色粉砂土，其上条砖纵向平砌；东壁距底部0.32米为M47墓室填土，内含M47墓室残砖块，其上也用条砖纵向平砌。甬道顶部被毁。甬道南北长0.65、东西宽0.80、残高0.25米。从甬道南部封门，部分封门墙砌于墓道内，用条砖横向平砌，残存中下部。封门墙南北厚0.33、残高0.25米。

墓室　平面呈弧边方形。用条砖逐层内收错缝叠压平砌于挖掘的弧边方形竖穴土坑内，残存中下部。四壁大部在距墓底0.20米的黄色粉砂土上砌砖，仅东、南壁是在M47墓室北壁上另砌。东、西壁

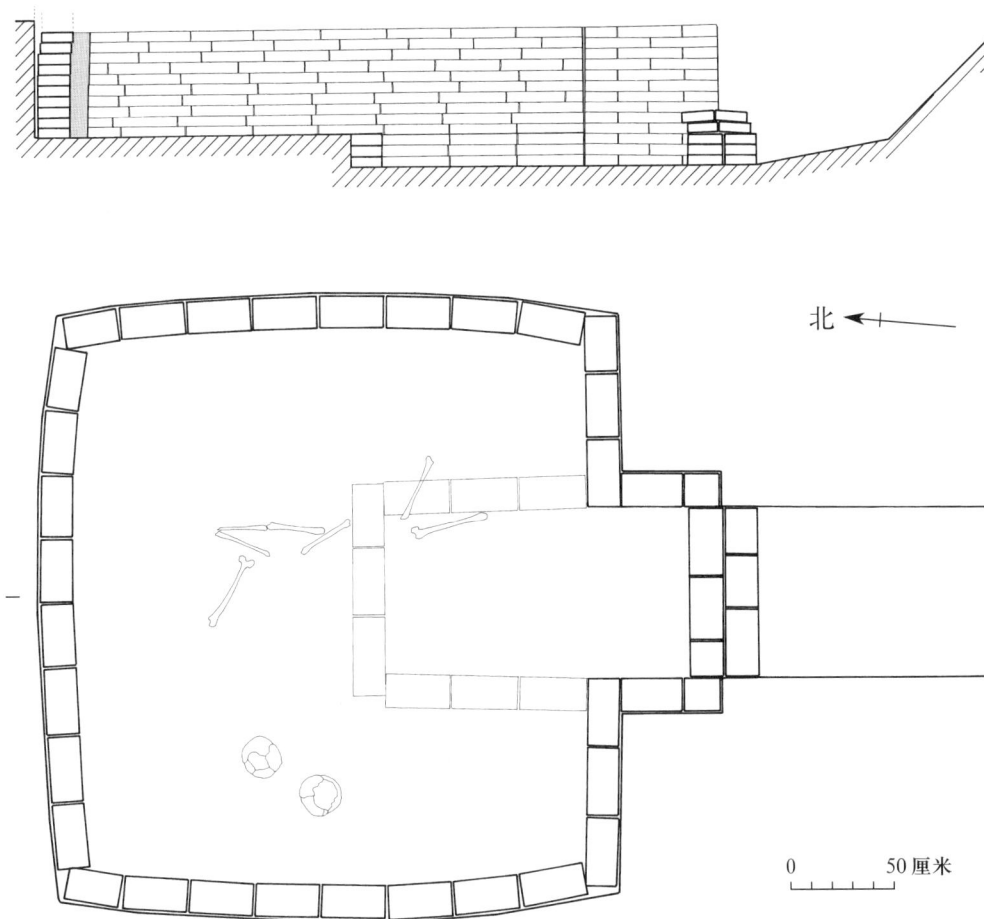

图八六　M46平、剖面图

外弧，用条砖纵向平砌；北壁略弧，用条砖横向平砌；南壁较直，砌法与北壁同。四壁相接处砌砖相叠压。顶部被毁。墓室南北长2.52、东西宽2.60米，四壁残高0.50米。棺床呈倒凹字形，与墓室四壁相接，东、南、西侧壁用条砖平砌护壁，但东、西护壁砌砖未与墓室南壁砌砖相互叠压。棺床面为黄砂土，未铺砖。棺床高0.16米。中南部凹槽为墓室地面，较小，平面为梯形，南接甬道，为黄砂，未铺砖。凹槽南北长1、北部东西宽0.75、南部东西宽0.80米。

2. **遗物**　仅存墓砖。

墓砖　均为拉划纹条砖，制作粗糙。规格有长29、宽14.4、厚5厘米和长31、宽15.5、厚5厘米两种。拉划纹系用梳齿状的工具多次拉划而成，大多满布砖面。

3. **葬式**　发现两具人体骸骨，其中头骨均位于棺床西北部，另外在棺床北部偏东及凹槽东北部人体肢骨、肋骨、脊椎骨以及盆骨，均已扰乱。经鉴定分别为一年龄35～45岁的男性和一年龄40～50岁的女性，属两人合葬墓，具体葬式不明。未发现葬具。

五 M27、M30、M44

M27、M30、M44位于第五排，间距较大，分布于北魏墓葬之间。

M27

M27位于第五排西部并打破M29墓道，东距M30约6.8米。发掘前墓道、甬道和墓室的的西半部分已被完全破坏，仅存墓室东半部分。

1. **形制** 墓室残存东壁和北壁，呈弧形。墓室南北残长2.60、东西残宽0.76米，东壁残高0.25米（图八七）。

2. **遗物** 仅存墓砖。

墓砖 均为条砖，有拉划纹和素面两种，模制较粗糙。规格有长29、宽14、厚5厘米和长31、宽15、厚5厘米两种。拉划纹系用梳齿状的工具拉划，较为粗疏。

3. **葬式** 由于被严重破坏，仅在墓室底部发现零星的下肢骨，年龄、性别和葬式等不详。未发现葬具。

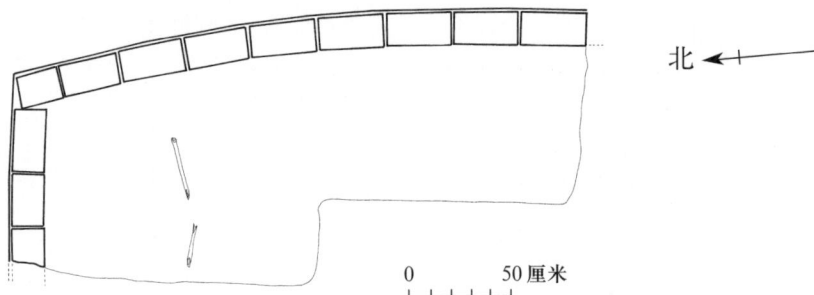

北 ←

0   50厘米

图八七 M27平面图

M30

M30位于第五排中部，东距北魏M31约4米。发掘前已被破坏，仅剩其墓室四壁及墓道底部。因此，原开口层位不详，修筑方法与M95同。

1. **形制** M30为倒凸字形单室砖室墓，南北向，方向172°。由墓道、甬道及封门、墓室构成，墓室内砌棺床（图八八；图版四一，1）。

墓道 长方形斜坡底，位于墓室南部，与墓室南北在同一中轴线上。残口平面呈长方形，东、西壁为红胶土，土质较坚硬，残存壁面垂直。底斜坡，坡度为14°。墓道内填土为黄土、粉砂土及红胶土混合而成的花土，较疏松。墓道残长2.01、宽0.85、深0.45米。

甬道 平面呈长方形，底为黄砂土，未铺砖。东、西壁用条砖纵向错缝平砌，残存壁面垂直。顶部被毁。甬道底南北长0.48、东西宽0.81米，残高0.45米。从甬道封门，用条砖侧立呈"人"字形，残存底部。封门残高0.45、厚0.30米。

墓室 平面呈弧边方形，用条砖错缝平砌于挖掘的竖穴土坑内，残存中下部。东、西壁外弧，用条砖逐纵向逐层内收平砌。北、南壁稍外弧，用条砖横向逐层内收平砌。四壁相接处砌砖相互叠压。顶

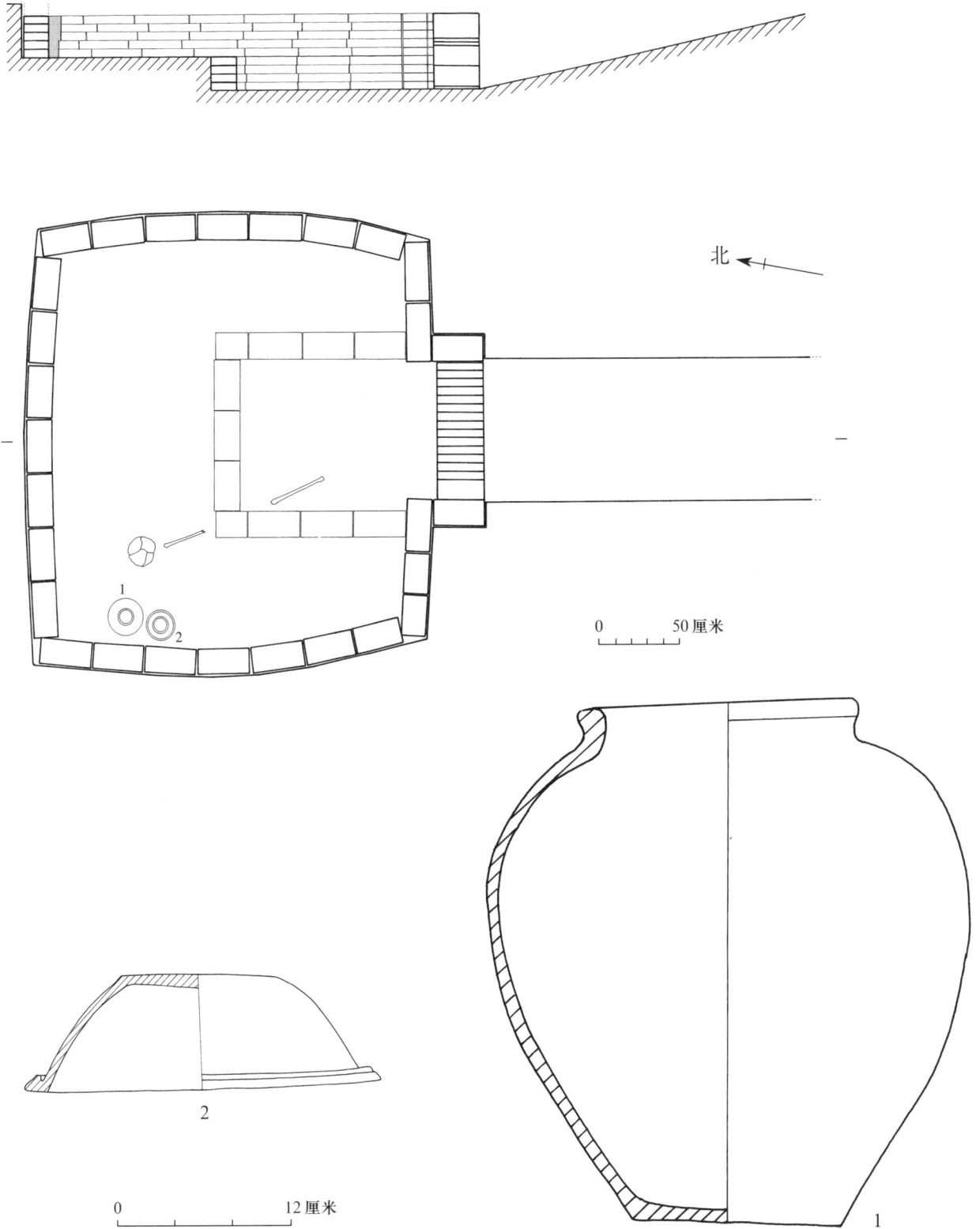

北

0　　　　　50厘米

0　　　　　12厘米

2

1

图八八　M30 及出土遗物

1. 罐　2. 底座

部被毁。墓室南北最长2.20米，东西最宽2.43米，四壁残高0.45米。棺床呈倒凹字形，与墓室四壁相接，东、南、西侧壁用条砖砌护壁，但东、西护壁未与墓室南壁砌砖相互叠压；棺床面为黄砂土，未铺砖。棺床高0.20米。中南部凹槽为墓室地面，较小，与甬道相连，未铺砖。凹槽南北长1.02、东西宽0.90米。

2．遗物 有陶器和墓砖。

陶器 泥质，浅灰色，轮制。器形有一套塔形罐，由盖、罐和底座组成，出土于棺床西北部。其中盖仅存碎片难以复原。

罐 1件。标本M30：1，残，敛口，卷沿，矮领，鼓腹，小平底。器形略高，最大径在腹部。外壁饰黑彩，残存局部。腹下部留存腹部和底部的黏接痕。底部有清晰的弧圈纹。口径17.6、底径14.4、高35.2厘米（图八八；图版四一，2上）。

底座 1件，残复。标本M30：2，覆盆状。敞口，宽平沿，腹部较浅，平底。外壁饰黑彩，残存局部。口径21.4、底径10.4、高8.7厘米（图八八；图版四一，2下）。

墓砖 均为灰色模制条砖，制作粗糙，有素面和拉划纹两种。规格有29、30和31厘米长三种，同一长度的砖宽度基本同，厚薄不一。拉划纹用梳齿状的工具拉划，大多满布砖面。

3．葬式 发现一具人体骸骨，位于棺床之北及凹槽间，均扰乱且残朽。经鉴定可能为一年龄大于35岁的女性。没有发现葬具。

M44

M44位于第五排西部，北距M45约8.4米，东距M47约3.6米。发掘前被盗和破坏，原开口层位不详。

1．形制 M44墓道和甬道被破坏，仅存墓室。从形制分析应为倒凸字形，南北向，方向193°，墓室内砌棺床（图八九）。

墓室 呈弧边方形，用条砖逐层错缝平砌于挖掘的弧边方形竖穴土坑内，残存中下部。墓室东、西壁明显外弧，用条砖纵向内收平砌。北壁外弧略小，南壁较直，用条砖横向内收平砌。四壁相接处砌砖逐层相互叠压。顶部被毁。墓室南北最长2.70、东西最宽2.77米，四壁残高0.80米。棺床呈倒凹字形，南侧壁用条砖平砌护壁；棺床面为粉砂土，未铺砖。高0.20米。中南部凹槽为墓室地面，较小，平面呈梯形，北宽南窄，连接甬道；未铺砖。凹槽南北长1.30、北部东西宽1.25、南宽1米。

2．遗物 遗物有陶器、铜器、铁器等。

陶器 均为泥质红陶残片，出土于墓室西北部。器型有一套塔形罐，由盖、罐和底座组成。其中罐和底座仅存碎片难以复原。

盖 1件。标本M44：3，残。盖盘覆碗状，敞口，卷沿，弧腹，腹部较浅。内尖圆底。外底黏接盖纽，留存脱落痕。底径16、残高5.8厘米（图八九；图版四一，4）。

铜器 2件，有铜合页和垫伏，出土于棺床和凹槽内。

铜合页 1件。标本M44：1－1，铜合页一半，略残。正面周缘略呈斜刹，底面中部略凹，有三枚三角形分布的铜铆钉。残长4.2、宽2.8厘米（图版四一，3右）。

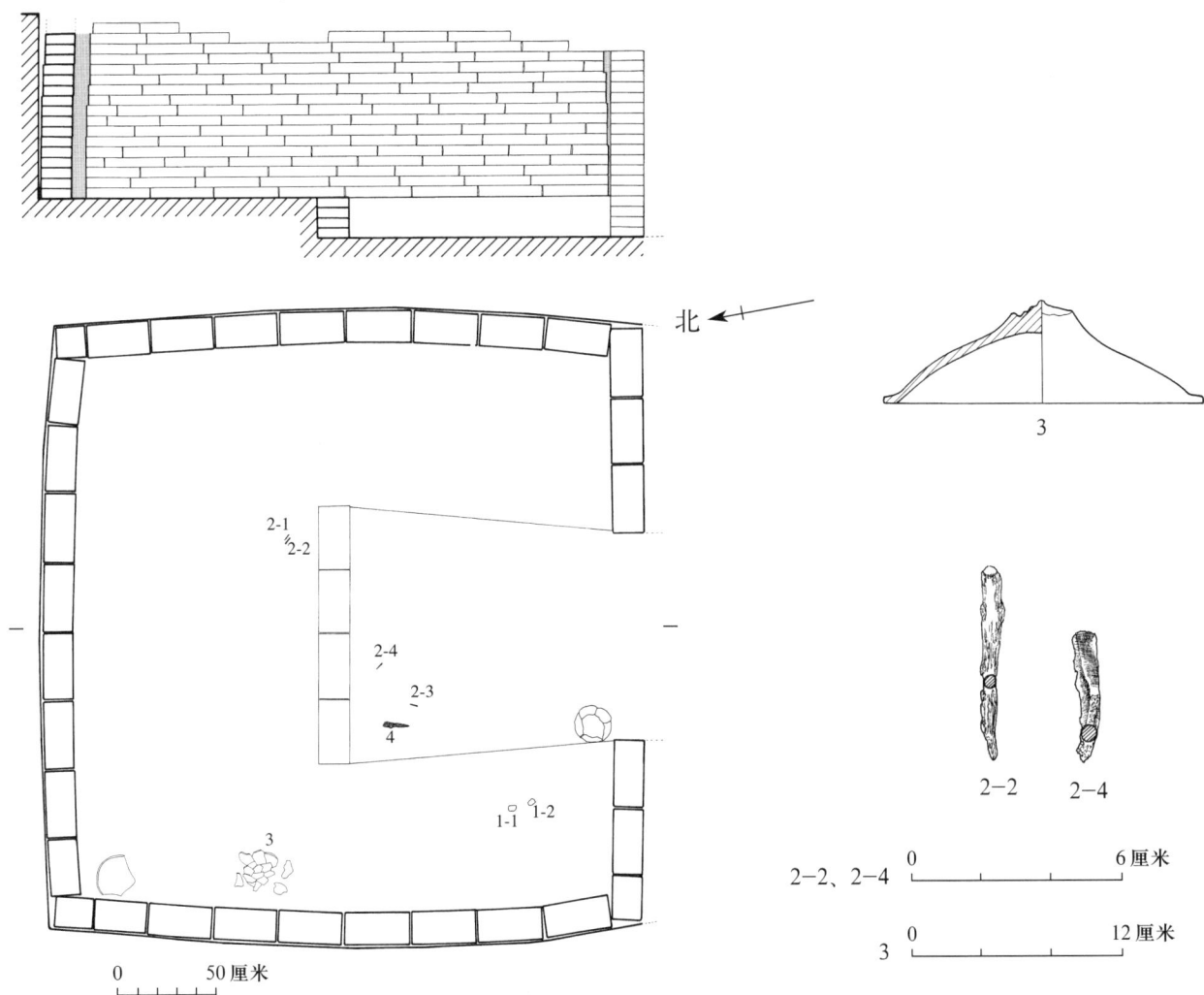

图八九　M44 及出土遗物

1-1. 铜合页　1-2. 铜垫伏　2-1～4. 铁钉　3. 盖　4. 铁剪

铜垫伏　1件。标本 M44：1-2，桃形，正面周缘略呈斜刹，中间有三个三角形分布的铜铆钉痕，与 M44：1-1 的铆钉相对，应属同一配件。长 2.4、宽 1.3 厘米（图版四一，3 左）。

铁器　5件，有铁剪和铁钉，出土于棺床和凹槽内。

铁剪　1件。标本 M44：4，残存刃部，因锈蚀黏合于一起。一面黏连部分丝绸纹。残长 12.2 厘米。

铁钉　4件。标本 M44：2-1，钉帽残失，上端略弯，较锐，断面方形。下段黏连 3 厘米长的竖向朽木，上段黏连 2.1 厘米长的横向朽木。残长 5.1 厘米（图版四一，5 左 1）。标本 M44：2-2，钉帽残失，断面呈扁圆形，严重锈蚀。残长 5.2 厘米（图八九；图版四一，5 左 2）。标本 M44：2-3，残存下段，断面方形，锈蚀，体侧黏连竖向朽木。残长 3.4 厘米（图版四一，5 右 2）。标本 M44：2-4，残存下段，锈蚀，体侧黏连横向朽木。残长 3.6 厘米（图八九；图版四一，5 右 1）。

墓砖　均为拉划纹条砖，模制较粗糙，规格一致。拉划纹大多宽而密，多次拉划满布砖面。长 29、宽 15.5、厚 5 厘米。

3. 葬式　发现有一具人体骸骨，且大多已朽为粉末状，均已扰乱。头骨被置于墓室底凹槽西南角，已破碎为若干小片。经鉴定为一成年个体，性别、葬式不详。没有发现葬具。

六　M23、M24、M25、M79

M23、M24、M25、M29 位于第六排，南北略错位，分布较分散。M23、M24、M25 位于第六排西部，M29 位于第六排东部。

M23

M23 位于第六排西部，东距 M24 约 6 米。发掘前已被破坏，原开口层位不详。修筑方法与 M95 同。

1. 形制　M23 为倒凸字形单室砖室墓，南北向，方向 169°。由墓道、甬道及墓室构成，墓室内砌棺床（图九○；图版四二，1）。

墓道　长方形斜坡底，位于墓室南部，与墓室南北在同一中轴线上。残口平面呈长方形，东、西壁为直壁。底部为斜坡，坡度为 31°。填土为褐色花土，含有少量的砖块等。残长 0.74、宽 0.96 米、深 0.45 米。

甬道　位于墓道与墓室之间，底部为黄色粉砂土，平底，平面呈长方形。东、西壁用条砖纵向错缝平砌，与墓室南壁砌砖逐层相互叠压；残存壁面垂直。顶部被毁。南北长 0.62、东西宽 0.91 米，东、西壁残高 0.60 米。封门位于甬道内，用条砖侧立呈"人"字形，残存底部。封门厚 0.32、残高 0.34 米。

墓室　平面为弧边方形，用条砖错缝平砌于挖掘的弧边方形土圹内，残存中下部。东、西壁外弧，用条砖纵向内收平砌；北壁外弧较东、西壁小，用条状横向内收平砌；南壁较直，砌法同北壁。四壁相接处砌砖相互叠压。顶部被毁。墓室南北最长 2.50、东西最宽 2.62 米，残高 0.90 米。棺床呈倒凹字形，与墓室四壁相接，东、南、西侧壁用条砖平砌护壁，但东、西护壁砌砖未与墓室南壁砌砖相互叠压；棺床用条砖横向和纵向交替平铺。东北部被毁。棺床高 0.15 米。中南部凹槽为墓室地面，较小，平面呈长方形，连接甬道，为黄色粉砂土，未铺砖。凹槽南北长 0.73、东西宽 0.92 米。

2. 遗物　有陶器、铜带饰和墓砖。

陶器　泥质，橘红色，轮制。均为残片，出土于墓室西南部。器形有一套塔形罐，由盖、兽面罐和底座组成。其中盖仅存塔状纽，底座残甚难以复原。

塔状纽　1 件。标本 M23∶2，泥质，土灰色，轮制，残。底面内凹，黏接部分盖盘顶部，中部有一直径 2 厘米的孔眼与纽相通。纽座周缘贴一周泥条向上卷压成花瓣状，残存半圈；塔残存五层，逐层窄小；中空，残口为一直径 2.2 厘米的竖孔。残高 7.2 厘米（图九○）。

兽面罐　1 件，残复。标本 M23∶1，敛口，花唇，矮领，圆肩，鼓腹，平底。肩部等距离贴饰四个模制兽面，形制、造型基本相同，仅黏贴时局部因抹、压略变形。平面略呈圆形，面部表现极为夸张、恐怖。上唇断裂而高凸；獠牙呈圆丘状；颧骨、鼻、眼、双耳均高凸，呈圆丘形；眉细、低；双角呈侧"八"字形高凸，其间饰一"王"字；周缘和器壁间有黏贴时的抹痕。兽面下的器壁从外向内戳一直径 1.6 厘米的扁圆形孔眼。外壁涂一层灰白色陶衣，其上和兽面均饰黑彩，大部脱落，仅存局部。腹部贴一周泥条，用手指向右上卷压成花瓣状，部分花瓣上留存指轮纹。底部弧圈纹模糊不清。口径 12、底径 9.6~10.2、高 25.2 厘米（图九○；图版四二，3、4）。

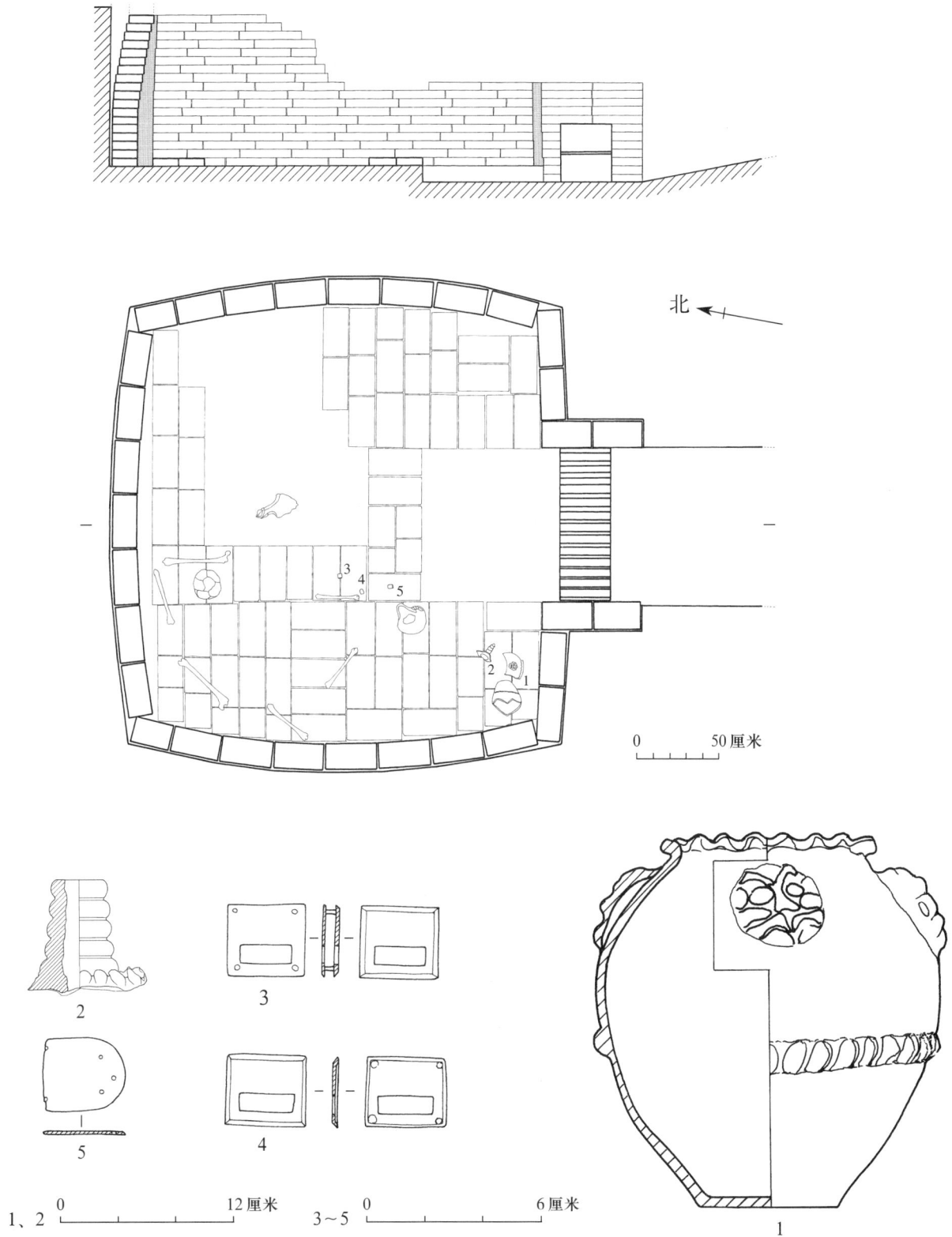

图九○　M23 及出土遗物
1. 罐　2. 塔状纽　3、4. 方形铜铐饰　5. 铜铊尾

铜带饰　3件，有铜铊尾和方形铜铐饰，出土于棺床，由于盗扰排列规律不详。

铜铊尾　1件。标本M23：5，铜铊尾下部，残存圆头部；较平、薄，其上有5个铆钉孔或铆钉痕。残长2.9、宽2.4厘米（图九〇；图版四二，2右）。

方形铜铐饰　2件。标本M23：3，平面呈方形，出土时分离为上下两半。上半正面周围斜抹，一侧有一长1.7、宽0.6厘米的长方形孔眼；其底面较平，四周各一残断的铜铆钉。下部长方形孔眼与上部同，四角各一铆钉孔。长2.4、宽2.7厘米（图九〇；图版四二，2左）。标本M23：4，平面呈方形，残存上部，一侧有一长2、宽0.6厘米的长方形孔眼。正面周缘向下包合，一对角各一铁铆钉痕。底面内凹，四角各一残断的铜铆钉痕。长2.4、宽2.7厘米（图九〇；图版四二，2中）。

墓砖　墓转为素面条砖，模制粗糙不平，规格一致，较薄。长32、宽15、厚4厘米。

3．**葬式**　发现两具人体骸骨，被严重扰乱。经鉴定分别为年龄40～45岁的男性和女性，为两人合葬墓，具体葬式不详。没有发现葬具。

M24

M24位于第六排西部，东距北魏M40约4.1米。发掘前墓葬已被破坏，仅存其墓室四壁及墓道一部分。原开口层位不详。修筑方法与M95同。

1．**形制**　M24为倒凸字形单室砖室墓，南北向，方向178°。由墓道、墓门、甬道及墓室四部分构成，墓室内砌棺床（图九一；图版四三，1、2）。

墓道　长方形斜坡底，位于墓室南部，与墓室南北在同一中轴线上。残口平面呈长方形，东、西壁为直壁，均为粉砂土，土质较软，东壁微有塌落现象。斜坡底，坡度为26°。填土为花土，较疏松。残长2、宽0.80、深0.95米。

甬道　平面呈长方形；东、西壁用条砖纵向逐层内收平砌，剖面成梯形；与墓室南壁相接处砌砖相互叠压。顶部被毁。甬道底南北长0.60、东西宽0.75米，两壁残高0.82米。从甬道南端封门。封门用条砖纵向平砌，残存底部。封门厚0.33、残高0.85米。

墓室　平面呈方形，用条砖错缝平砌于挖掘的方形土圹内，残存中西部。东、西壁用条砖纵向内收平砌，收幅较小。北壁和南壁用条砖横向内收平砌。顶部被毁。墓室南北长2.08、东西宽2.15米，四壁残高0.95米。棺床呈倒凹字形，与墓室四壁相接，东、南、西侧壁用条砖砌护壁，但东、西护壁砌砖未与墓室南壁砌砖相互叠压；棺床面在黄砂土上平铺一层厚0.10～0.02米的红胶土。棺床高0.10米。中南部凹槽为墓室地面，较小，连接甬道，也在黄砂土上平铺一层厚0.10～0.02米的红胶土。凹槽南北长0.75、东西宽0.75米。墓室内填土较杂，主要为黄土、粉砂土及红胶土混合而成的花土，另夹杂有大量的砖块，当为墓葬被盗扰或破坏后所形成。

2．**遗物**　有陶器和墓砖。

陶器　散见于棺床东南部和墓室地面。器形有执壶和一套塔形罐等。底座出土于棺床东南部，兽面罐出土于墓室地面，盖和执壶出土于棺床北部。

执壶　1件，把和流残。标本M24：4，敞口，卷沿，低矮领，鼓腹，平底。肩部黏贴相对的流和壶把。腹下部有刀削修理痕。外壁和口沿内壁涂一层灰白色陶衣，局部脱落。口径8、底径8、高17.6

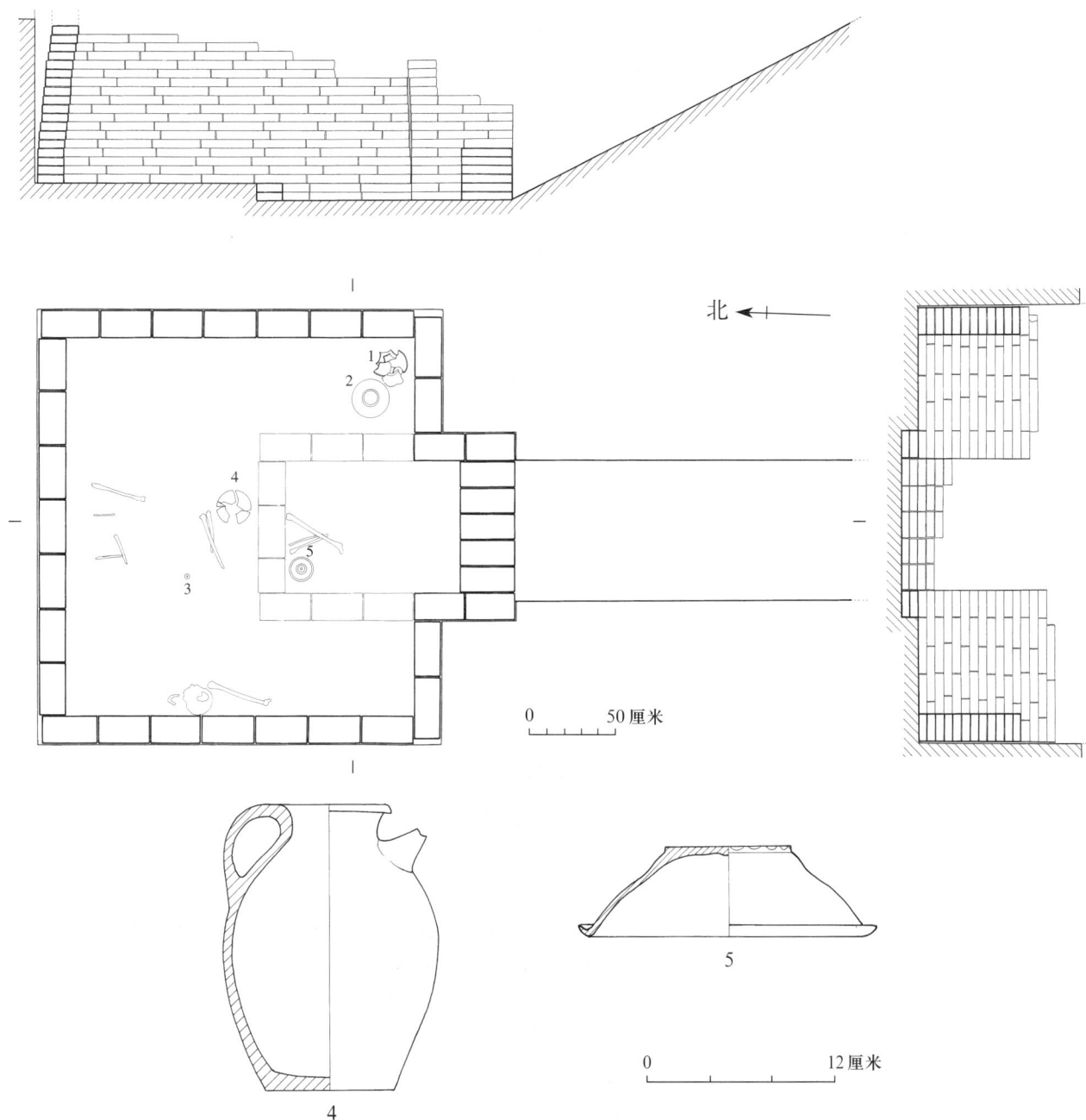

图九一　M24 及出土遗物
1. 底座　2. 罐　3. 铜钱　4. 执壶　5. 盖

厘米（图九一；图版四三，3）。

盖　1件。标本 M24：5，残存盘盖部分。覆碗状，敞口，卷沿，弧腹，腹部较深，外底假圈足，周缘向上摁压成花瓣状，中部原黏贴盖纽，残失。外壁涂一层灰白色陶衣，大部脱落。底口径17.2、残高5.2 厘米（图九一）。

兽面罐　1件。标本 M24：2，残，敛口，卷沿，矮领，圆肩，斜腹，小平底，器形最大径在腹上部。肩部贴饰四个兽面，间距不尽相同。兽面模制，形制、造型相同，仅与器壁黏贴时有抹、刮、压痕，局部略有变异。平面呈圆形，中部高凸，表现面部特征，周缘低平，饰竖毛纹。嘴极度夸张抽象化，颧骨高凸，鼻长而高，鼻根伸到额际，环眼、凸睛，眉呈倒"八"字形，高凸，双耳浅穴状，低平。眼、嘴部用红色勾描。内壁腹下部有清晰的轮圈痕，外壁下部有刮、抹痕，不甚规整。底部弧圈纹较模糊。外壁涂一层灰白色陶衣，局部脱落。口径17.4、底径12.8、高31.6厘米。

另出土铜钱1枚，标本M24：3，锈蚀严重。

墓砖　墓砖为拉划纹条砖，模制。规格有长28.5、宽13.5、厚4厘米和长30、宽15、厚5厘米两种；拉划纹用梳齿状的工具拉划，较随意。

3．葬式　发现两具人体骸骨，被严重扰乱。经鉴定分别为年龄50～55岁的男性和女性，属两人合葬，具体葬式不详。没有发现葬具，但发现有少量的铁钉，上附有一些朽木残块，可能用木箱等随葬。

M25

M25位于第六排中部偏西，东距北魏M37约8米。发掘前已被破坏，原开口层位不详。修筑方法与M95同。

1．形制　M25为倒凸字形单室砖室墓，南北向，方向185°。由墓道、甬道及墓室三部分组成，墓室内砌棺床（图九二A；彩版二八，1、2）。

墓道　长方形斜坡底，位于墓室南部，与墓室南北在同一中轴线上。残口平面呈长方形，东、西壁为黄色粉砂土，较直；底呈斜坡，坡度为32°。填土为花土，较疏松。墓道长1.20、宽0.85、深0.75米。

甬道　底呈长方形；东、西壁用条砖纵向逐层内收平砌，剖面呈梯形，与墓室南壁砌砖相互叠压。顶部被毁。甬道底南北长0.55、东西宽0.85、残口宽0.70米。封门位于甬道内中段，残存底部。最底一层用条砖侧立，其上为两排用条砖横砌，其上被破坏。封门残高0.45、厚0.35米。

墓室　平面呈方形，用条砖错缝平砌于挖掘的方形竖穴土圹内，残存中下部。东、西壁用条砖纵向平砌，南、北壁用条砖横向平砌，四壁相接处砌砖逐层相互叠压；残存壁面垂直。顶部被毁。墓室南北长2.60、东西宽2.63、四壁残高0.45米。棺床呈侧凹字形，与墓室四壁相接，东、南、西侧壁用条砖砌护壁，但南侧壁局部被毁，西侧壁大部被毁；棺床面在黄砂土上平铺一层厚0.01～0.02米的红胶土。棺床高0.25米。中南部凹槽为墓室地面，与甬道相连，也在黄色砂土上铺一层厚0.01～0.02米的红胶土。凹槽南北长1.10、东西宽1.05米。

2．遗物　有陶器和墓砖。

陶器　泥质，土红色或土灰色，轮制。为成套塔形罐，共发现三个器盖，两个器底座和两个罐，属于三套塔形罐，其中两套完整，一套仅存盖。另出土一小壶。但均已残且扰乱，散置于墓室底部、棺床中部和西南部。

第一套塔形罐由盖、罐和底座相叠而成。

盖　1件，标本M25：1，残，盖盘覆碗状。敞口，宽平折沿，圆唇，弧腹，腹部较深，内尖顶，外平底，中部黏一组。组圆球状，中空，顶部略残，露出直径0.5厘米的穿孔，侧面戳一直径0.3厘米的穿孔。外壁腹部黏一周泥条，用手指向右上卷压成花瓣状，内、外壁涂一层灰白色陶衣，外壁陶衣

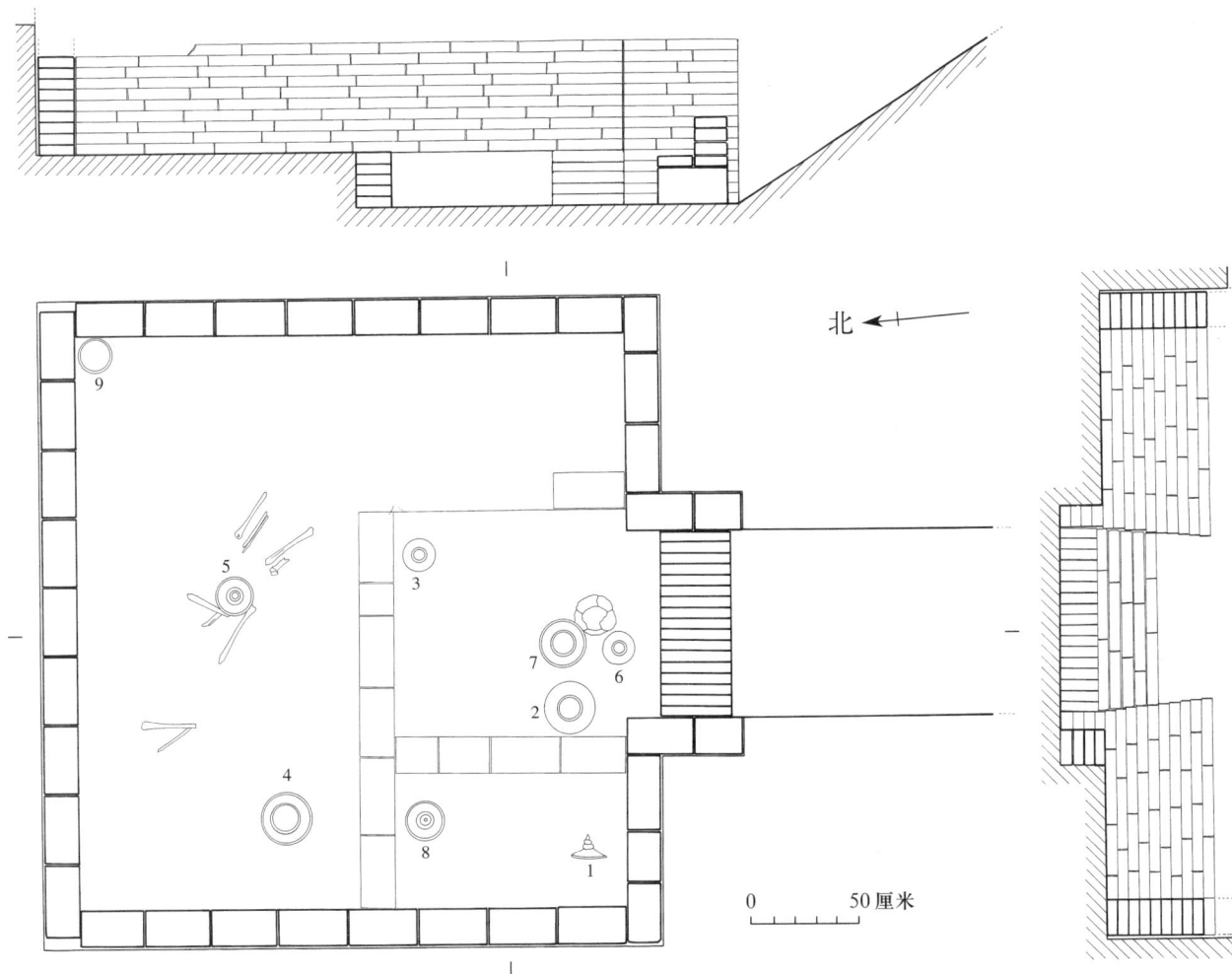

图九二 A　M25 平、剖面图
1、5、8. 盖　2、3. 罐　4、7. 底座　6. 壶　9. 碗

较内壁略厚，纽座和盘腹部涂黑彩，残存局部。口径 18.2、高 14 厘米（图九二 B；彩版二八，3 上）。

兽面罐　1 件。标本 M25：3，残，敛口，卷沿，圆肩，弧腹，小平底。肩部贴饰三个模制兽面，形制、造型相同。兽面略呈圆饼形，凸起程度较弱，眉、眼、鼻、颧骨突出，呈圆丘状，嘴较平，獠牙不明显。器形最大径在腹上部。外壁涂灰白色陶衣，大部脱落。口径 16.8、底径 13.6、高 30.5 厘米（图九二 B；彩版二八，3 中）。

底座　1 件，标本 M25：7，残，由上、下部分件制作套接而成。下部腹盆状，轮制，敞口，卷平沿，深弧腹，脱底。上部唾盂形，轮制，束颈，鼓腹，脱底，腹部压印 1.6 厘米宽的八道竖槽。套接部器壁较厚，内壁留存明显的套接痕。器表涂一层灰白色陶衣，其上墨绘花纹，模糊不清。上口径 14、底口径 28.4、高 27.5 厘米（图九二 B；彩版二八，3 下）。

塔形罐由底座、兽面罐、盖套接而成，通体残高 71.2 厘米（图九二 B；彩版二八，3）。

第二套塔形罐由盖、罐和底座相叠而成。

盖　1 件。标本 M25：8，残，盖盘覆碗状。敞口，圆唇，浅腹；外底假圈足，中部略凹，黏扁

图九二 B　M25 出土遗物
1、5. 盖　3. 罐　7. 底座

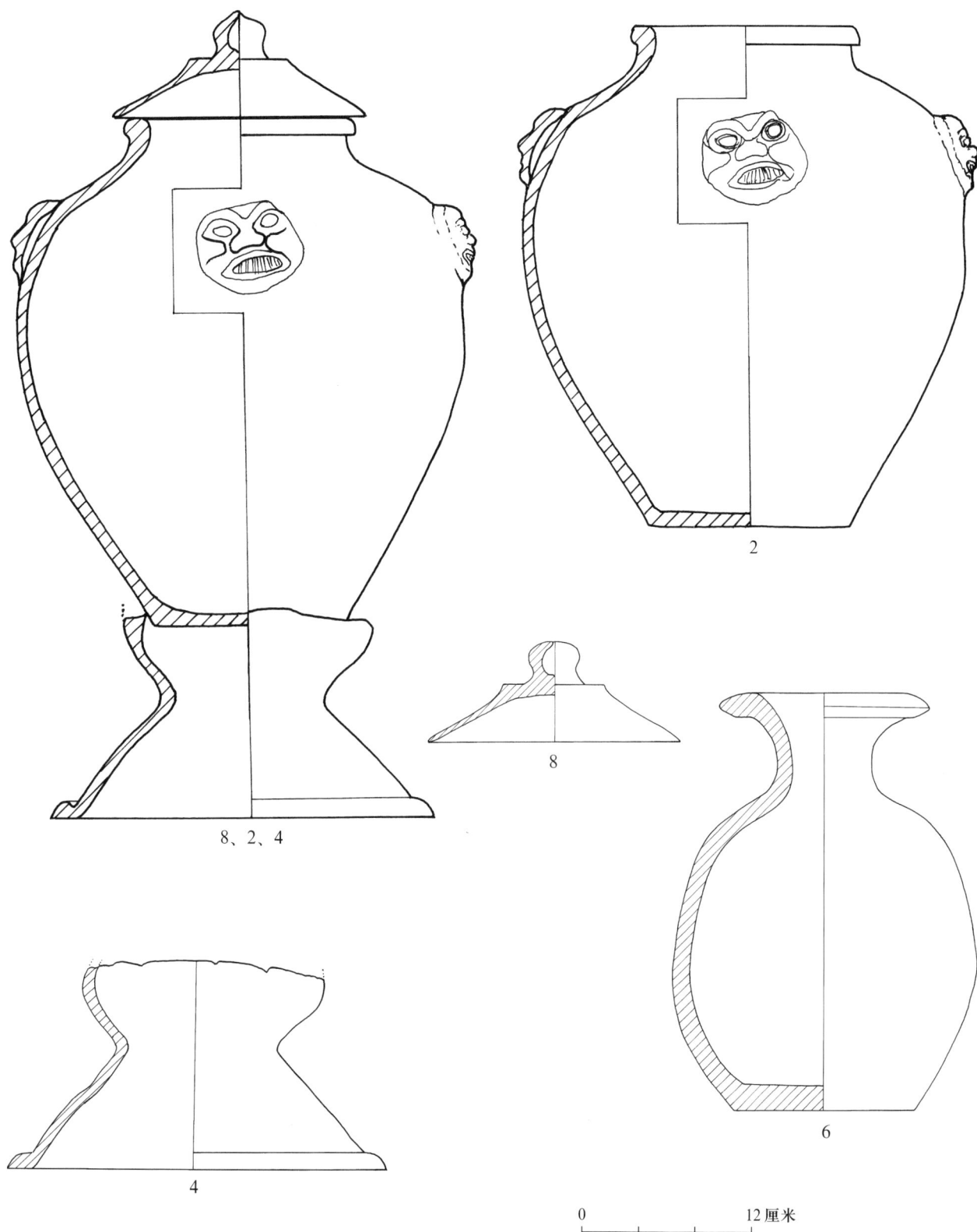

图九二 C M25 出土遗物

2. 罐 4. 底座 6. 壶 8. 罐

球形盖纽，较低矮。内、外壁涂一薄层灰白色陶衣。底口径16.8、高6.7厘米（图九二C；彩版二八，4上）。

兽面罐　1件。标本M25：2，残，敛口，卷沿，矮颈，圆肩，鼓腹，平底。肩部贴饰四个模制兽面，形制、造型相同。兽面嘴低平，呈扁月状，獠牙不明显；颧骨、鼻圆丘状，高凸，环眼，睛较凸，眉呈倒"八"字形，细而高凸，未表现双耳。颧骨两侧对穿一直径0.6厘米的穿孔。外壁下部刮划断续的阴弦纹。外壁涂一层灰白色陶衣，局部脱落。口径13.2、底径14、高34厘米（图九二C；彩版二八，4中）。

底座　1件。标本M25：4，略残，由上、下部分件制作套接而成。下部腹盆状，轮制，敞口，卷平沿，弧腹，腹部较深，脱底。上部钵状，轮制；口残，微鼓腹，脱底。套接部束腰，内壁有明显的套接痕。内、外壁涂一层灰白色陶衣，局部脱落。底口径22.4、高14.2厘米（图九二C；彩版二八，4下）。

塔形罐由底座、兽面罐、盖相叠而成，通高55厘米（图九二C；彩版二八，4）。

壶　1件，标本M25：6，残，敞口，卷沿，细径，颈部较高；圆肩，腹部略鼓，平底。底部弧圈纹较模糊。外壁和口沿部涂一层灰白色陶衣，局部脱落。口径5.5、底径6.3、高14.2厘米（图九二C）。

盖　1件。标本M25：5，由盖盘和盖纽分件制作黏接而成。盖盘腹碗状，轮制；侈口，尖圆唇，浅腹，外底假圈足，周缘向上提捏成花瓣状，中部黏接盖纽。纽中部束腰，上部锥体形。盖盘内、外壁留存明显的轮圈痕，外壁通体涂一层灰白色陶衣，花瓣和纽座周围饰黑彩，局部脱落。底口径20、高8.6厘米（图九二B）。

墓砖　墓砖为拉划纹条砖，模制。规格有长32、宽16.5、厚5厘米和长30、宽15、厚5厘米两种；拉划纹用梳齿状的工具多次拉划满布砖面，较随意。

3. **葬式**　发现两具骸骨，被严重扰乱，且多数已朽为粉末状。经鉴定可能为一成年男性和成年女性，属墓葬为二人合葬墓，具体葬式不明。没有发现葬具，但零星出土残铁钉，上有木块残迹，属木箱等用钉，可能用木箱类随葬。

M79

M79位于第六排东部，与其他墓葬相距较远。被盗和破坏。修筑方法与M95同。

1. **形制**　M79为倒凸字形单室砖室墓，南北向，方向190°。由墓道、甬道、墓室构成，墓室内留置棺床（图九三A；彩版二九，1）。

墓道　长方形斜坡底，位于墓室南部，与墓室南北在同一中轴线上。残口平面呈长方形；东、西壁为直壁；底呈斜坡，坡度约为23°。填土为五花土，含有一些砖渣、石块等。墓道长1.50、宽1、深0.70米。

甬道　平面呈长方形，底部为黄砂土。东、西用条砖纵向平砌，与墓室南壁砌砖相互叠压；残存壁面垂直。顶部被毁。甬道南北长0.34、东西宽1米，残高0.71米。封门位于甬道内南端，上部被毁。底部四层用条砖横向平砌，其上用条砖纵向侧立，呈"人"字形，封门墙南部用条砖斜立。封门墙厚0.16、高0.64米。

墓室　平面呈弧边方形，用条砖逐层内收平砌于弧边方形竖穴土圹内，残存中下部。东、西壁略

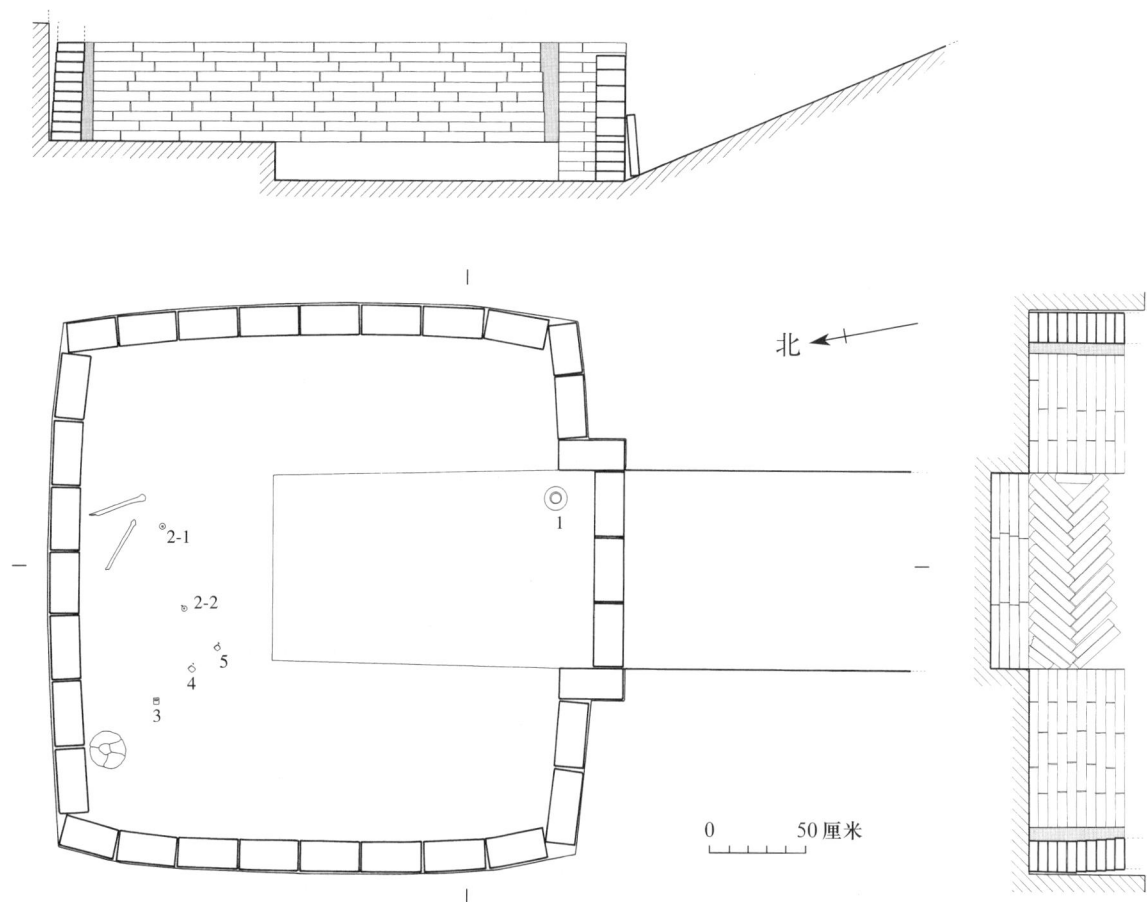

图九三 A　M79 平、剖面图
1. 执壶　2-1、2-2. 开元通宝　3. 铁带扣　4、5. 半圆形铁铐饰

弧，外弧约0.08米，用条砖纵向内收平砌；北壁稍弧，外弧约0.05米，用条砖横向内收平砌；南壁较直，砌法与北壁同。四壁相接处砌砖相互叠压。顶部被毁。墓室南北最长2.53、东西最宽2.58米，四壁残高0.50米。棺床呈倒凹字形，与墓室四壁相接，未砌护壁，棺床面为黄砂土面，未铺砖。棺床高0.21米。中南部凹槽为墓室地面，连接甬道。

2. **遗物**　有瓷器、铜钱、铁带饰和墓砖。

瓷器　执壶1件。标本M79:1，釉灰黑色，瓷胎微夹细砂，灰黄色，轮制。敞口，卷沿，颈部较粗、较高，圆肩，斜腹，圈足。肩部和口沿间黏接一执把，把面中部为一浅槽，与其相对的肩部黏贴一喇叭状短流。圈足中部刻画较模糊的同心圆纹。腹下部和底部露胎，其余内、外壁均挂釉。口径7.2、底径10.7、高24.6厘米（图九三B；彩版二九，2）。

开元通宝　2枚。出土于棺床。标本M79:2-1，背面穿下部一新月纹。直径2.4、穿径0.6、廓宽0.2厘米，重3.5克（图九三B；彩版二九，3左）。标本M79:2-2，"开"字宽扁，二竖画外撇；"元"字上画短，次画略上挑；"通"字之"走"旁三逗点不相连，"甬"旁上笔开口略大；"宝"字下旁"贝"字宽扁，二横画与左右竖画不相连。有使用痕。直径2.4、穿径0.7、廓宽0.2厘米，重3.7克（图九三B；彩版二九，3右）。

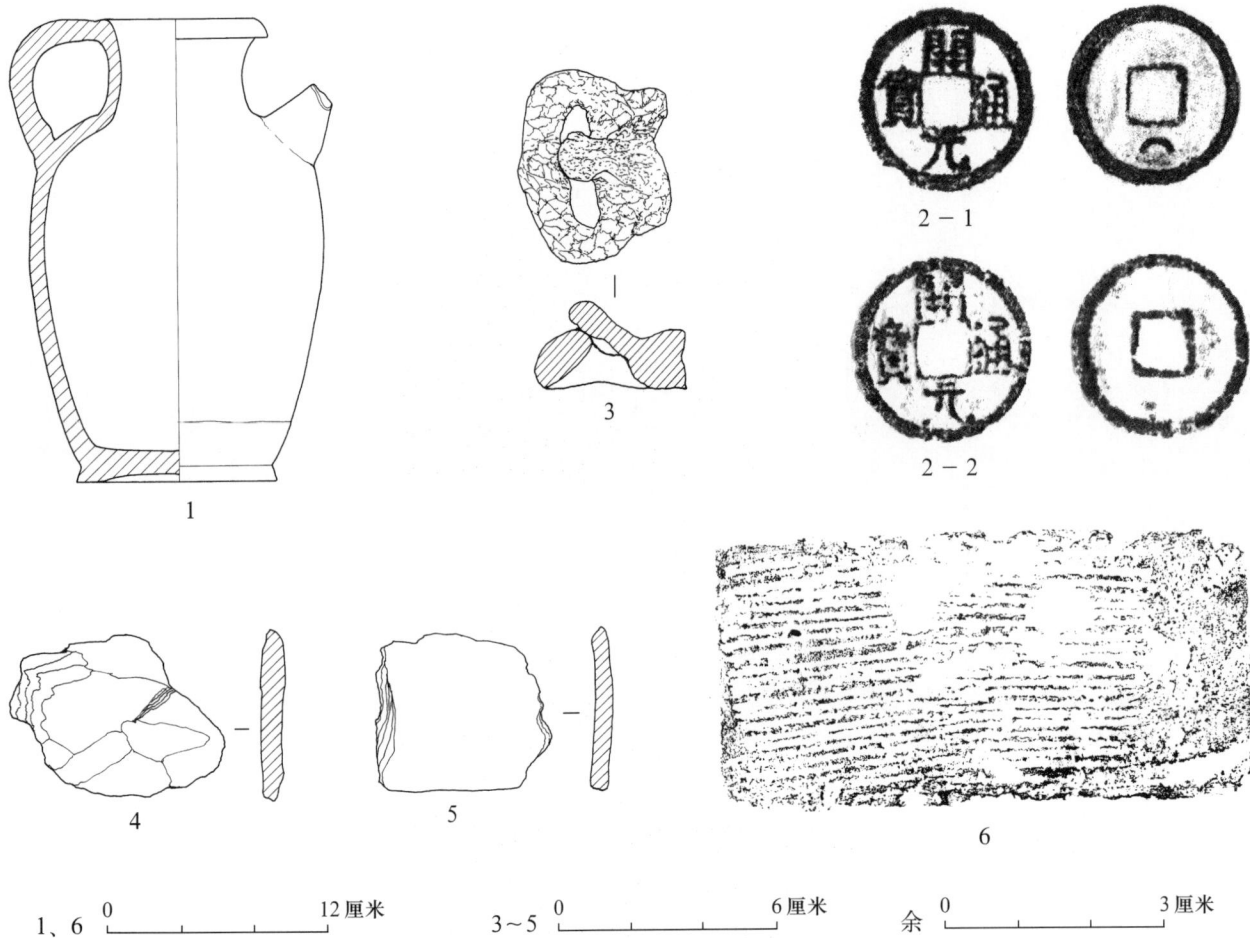

図九三 B　M79 出土遺物
1. 执壶　2-1、2-2. 开元通宝　3. 铁带扣　4、5. 半圆形铁铐饰

铁带饰　3件，有铁带扣和半圆形铁铐饰。

铁带扣　1件。标本M79：3，残存扣环和少许扣柄，并有一扣针，严重锈蚀。残长4.1、宽5.2厘米（图九三B；彩版二九，4左）。

半圆形铁铐饰　2件。标本M79：4，残存圆角端，严重锈蚀，剥离。残长5.8、宽4.2、厚0.6厘米（图九三B；彩版二九，4中）。标本M79：5，一侧残失；一端圆头，一端方角；严重锈蚀。一面黏连粗布纹，另一面黏连漆皮。长4.2、残宽4.8、厚0.5厘米（图九三B；彩版二九，4右）。

墓砖　为拉划纹条砖，模制较粗糙。拉划纹有细密和稀疏两种，大多分多次拉划布满砖面；规格相同。标本M79：6，长29、宽14.5、厚5厘米（图九三B）。

3．葬式　发现一具人体骸骨，被严重扰乱。经鉴定为年龄35～45岁，性别不详。未发现葬具。

七　M22、M35

M22、M25位于第七排，二者间距较大。M22与第六排的M23、M24较近；M25分布于北魏墓M39、M36之间。

M22

M22位于第七排西部，西北距M23约2.8米。发掘前墓葬已被破坏，原开口层位不详。修筑方法与M95同。

1. **形制** M22为倒凸字形单室砖室墓，南北向，方向201°。由墓道、甬道及墓室构成，墓室内砌棺床（图九四；图版四四，1）。

墓道 长方形斜坡底，位于墓室南部，与墓室南北在同一中轴线上。平面呈长方形，东、西壁为直壁；底为斜坡，坡度为26°。填土为黄土和红胶土混合成的花土。墓道长2.10、宽0.95、深0.95米。

甬道 底面呈长方形；东、西壁用条砖纵向逐层内收平砌，剖面呈梯形。但破坏较为严重，西壁尤甚，仅剩底部一层条砖。顶部被毁。甬道南北长0.35、东西宽0.91米，东壁残高0.60、西壁残高0.06米。

墓室 平面呈弧边方形，用条砖错缝平砌于挖掘的弧边方形土圹内，残存中下部。东、西壁外弧，用条砖纵向逐层内收平砌；北壁略外弧，条砖横向逐层内收平砌；南壁较直，砌法与北壁同。四壁相接初砌砖互相叠压。顶部被毁。墓室南北最长2.80、东西最宽3.03米。四壁残高0.95米。棺床呈倒凹字形，与墓室四壁相接，东、西、南侧壁用条砖平砌护壁，但东、西护壁未与墓室南壁砌砖相互叠压；棺床面为黄砂土，其上平铺一层厚0.01米的红胶土。棺床高0.15米。中南部凹槽为墓室地面，平面呈长方形，连通甬道，也在黄砂土上平铺一层厚0.01米的红胶土。凹槽南北长1.08米、东西宽0.90。墓

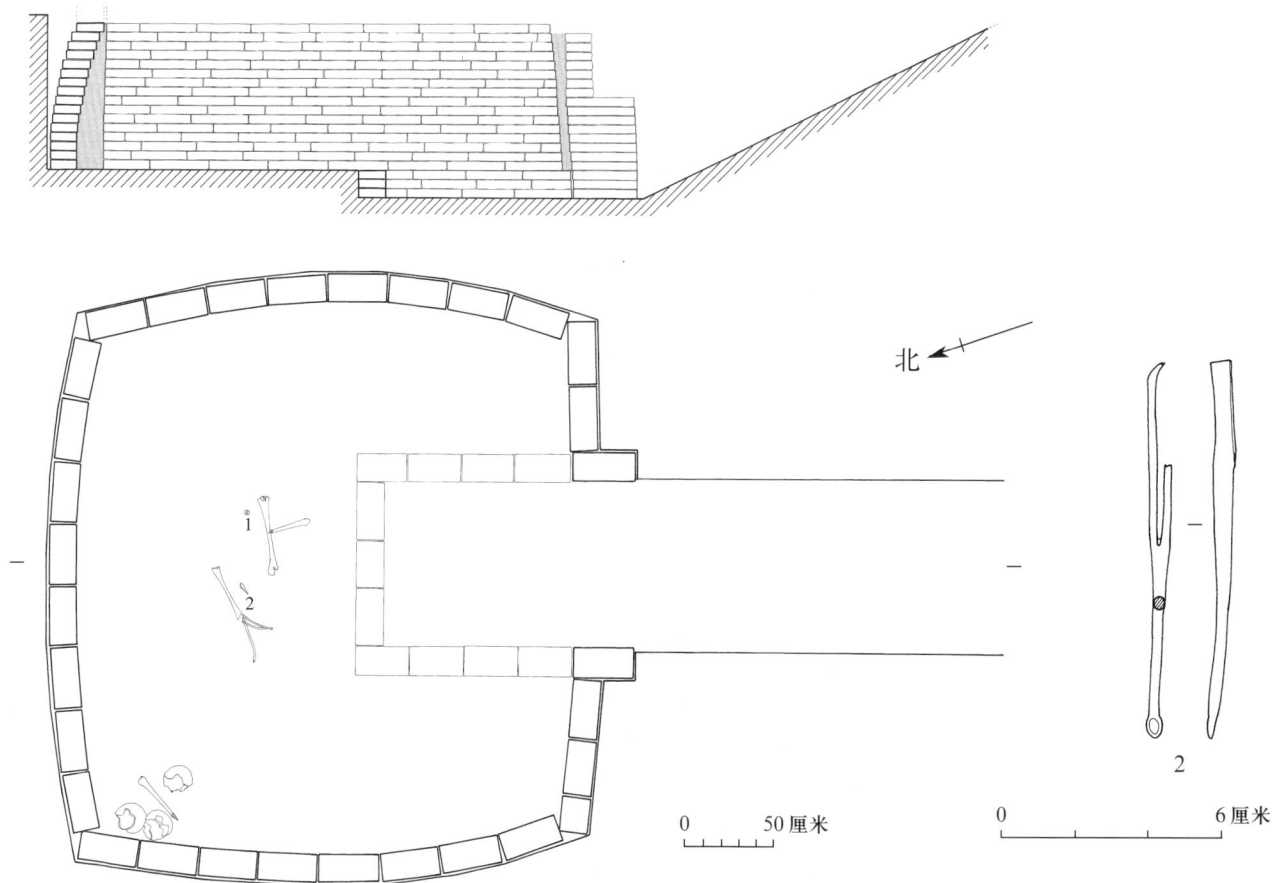

图九四 M22及出土遗物
1. 铜钱 2.铜耳勺

室内填土较杂，且含有大量的砖块，可能是墓葬被破坏后形成。

2．**遗物** 有铜耳勺、铜钱和墓砖。

铜耳勺 1件。标本M22：2，勺柄残，柄后段分叉。残长9.8厘米（图九四；图版四四，2）。

铜钱 1枚。标本M22：1，锈蚀严重，字迹不辨。

墓砖 墓转为拉划纹条砖，模制较粗糙。规格有长29、宽14、厚4.5厘米和长31、宽15.5、厚5厘米两种；拉划纹用梳齿状的工具多次拉划，疏密不一。

3．**葬式** 发现三具人体骸骨，被严重扰乱。经鉴定为年龄45～50岁的男性、年龄40～50岁的女性和15～18岁的女性。没有发现葬具。

M35

M35位于第七排东部，东、西分别为北魏M39和M36。东距M39约0.80米，西距M36约3.6米。发掘前墓葬的大部分已被破坏，仅剩墓室四壁底部二、三层砖及墓道底部。原开口层位不详。修筑方法与M95同。

1．**形制** M35为倒凸字形单室砖室墓，南北向，方向192°。由墓道、甬道及墓室构成，墓室内留置棺床（图九五；图版四四，3）。

墓道 位于墓室南中部偏东，为长方形斜坡底。残口平面呈长方形，东、西壁挖掘与红胶泥土层中，较为垂直。底斜坡，坡度为19°。填土为花土，疏松。墓道长1.13、宽0.87、深0.35米。

甬道 底部呈长方形；东、西壁用条砖纵向平砌，与墓室南壁砌砖相互叠压。顶部被毁。甬道南

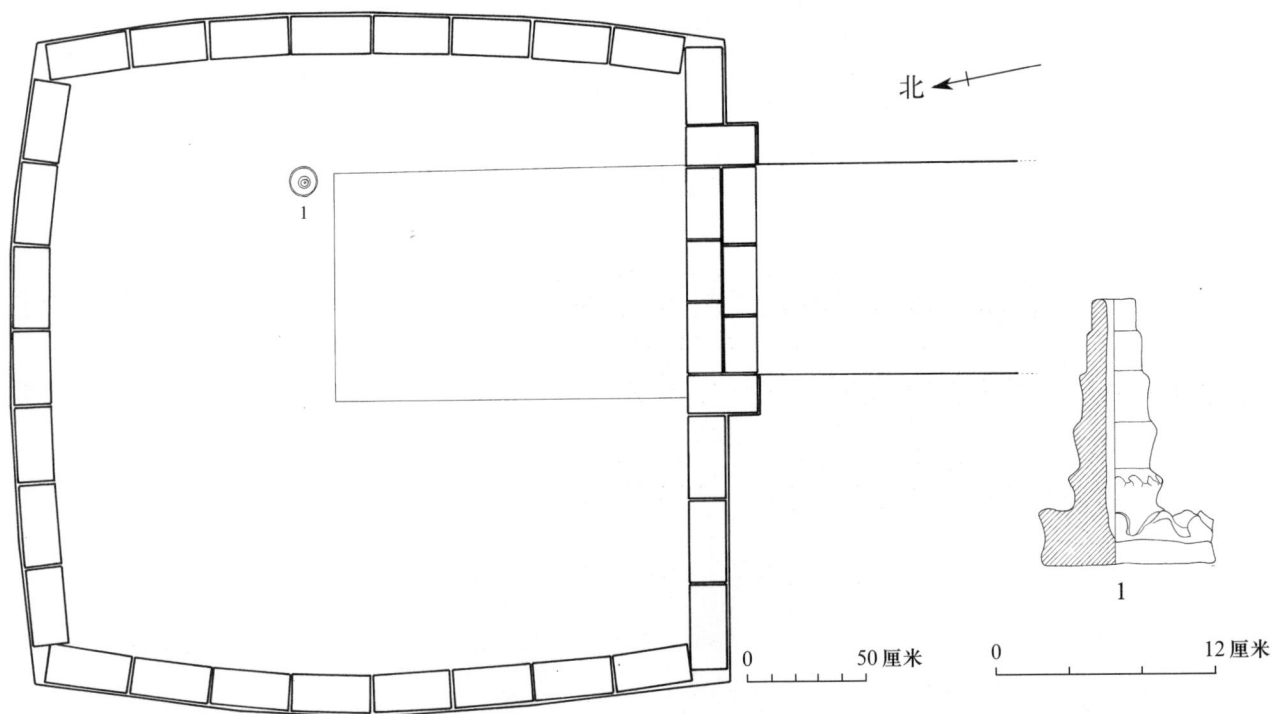

图九五　M35及出土盖纽

北长 0.30、东西宽 0.85 米，残高 0.32 米。从甬道北端封门，用条砖纵向侧立，残存下部。厚 0.30、残高 0.35 米。

墓室　平面呈弧边方形，用条砖错缝平砌于挖掘的圆角方形竖穴土圹内，残存底部。东、西壁明显外弧，用条砖纵向平砌；北壁略外弧，用条砖横向平砌；南壁较直，砌法与北壁同。四壁相接处砌砖相互叠压。顶部被毁。南北最长 2.72、东西宽 2.55 米，四壁残高 0.16 米。棺床呈倒凹字形，与墓室四壁相接，东部较窄，西部较宽，未砌护壁；棺床面为黄砂土，未铺砖。棺床高 0.20 米。中南部凹槽为墓室地面，平面呈长方形，较小，与甬道相连，为黄砂土层面。凹槽南北长 1.50、东西宽 0.95 米。

2．**遗物**　有陶器和墓砖。陶器仅存塔形罐盖纽。

盖纽　标本 M35：1，纽座底面内凹，黏连盖盘顶部；座上缘向上卷压成花瓣状，塔中空，五层，逐层窄小，顶部一直径 1.6 厘米的竖孔，可能插塔刹之用。塔体饰红彩，残存局部。底残径 9.4、残高 14 厘米（图九五）。

墓砖　均为拉划纹条砖，模制较粗糙，规格一致。拉划纹大多宽、疏，满布砖面。长 29.5、宽 14.5、厚 4.5 厘米。

3．**葬式**　发现一具人体骸骨，被严重扰乱，骨骼保存较差多呈粉末，葬式、性别和年龄不详。没有发现葬具。

八　M21

M21 位于丙区西南部，其南部为人工湖建设基坑边缘。墓葬在发掘前已被破坏，原开口层位不详。修筑方法与 M95 同。

1．**形制**　M21 为倒凸字形单室砖室墓，南北向，方向 188°。由墓道、甬道和墓室构成，墓室内砌棺床（图九六 A；图版四五，1、2）。

墓道　长方形斜坡底，位于墓室南部稍偏东。残口平面呈长方形，东、西壁较直；底部为斜坡，坡度为 19°。填土为褐色花土，土质较硬，且含有少量的砖渣等。墓道长 1.72、宽 0.84、深 0.59 米。

甬道　底部平面呈长方形，为黄色粉砂土，平底。东、西壁用条砖纵向平砌，残存壁面垂直；与墓室南壁砌砖相互叠压。顶部已被破坏。甬道底部南北长 0.32、东西宽 0.70、东西壁残高 0.52 米。封门位于甬道内，用条砖或横或顺平砌，局部用条砖侧立。封门厚 0.32、残高 0.51 米。

墓室　墓室平面呈弧边方形，用条砖错缝平砌于弧边方形竖穴土圹内，残存中下部。东、西壁明显外弧，用条砖纵向逐层内收平砌；北壁略外弧，条砖横向逐层内收平砌；南壁稍弧，砌法与北壁同。顶部被毁。墓室南北最长 2.60、东西最宽 2.75 米，四壁残高 0.20～0.52 米。棺床呈倒凹字形，与墓室四壁相接，未砌护壁棺床面为黄砂土面，其上平铺一层厚 0.01～0.02 米的红色黏土。棺床高 0.14 米墓室中南部凹槽平面呈长方形，为墓室地面，连接甬道，也在黄砂土面上平铺一层厚 0.01～0.02 米的红色黏土。凹槽南北长 1.50、东西宽 0.80 米。

2．**遗物**　遗物有陶器和骨钗。

陶器　均为泥质，红褐色，轮制。残碎，器形有双耳罐和一套塔形罐等，出土于棺床西南角。其中塔形罐之盖和罐仅存碎片，具体形制不详。

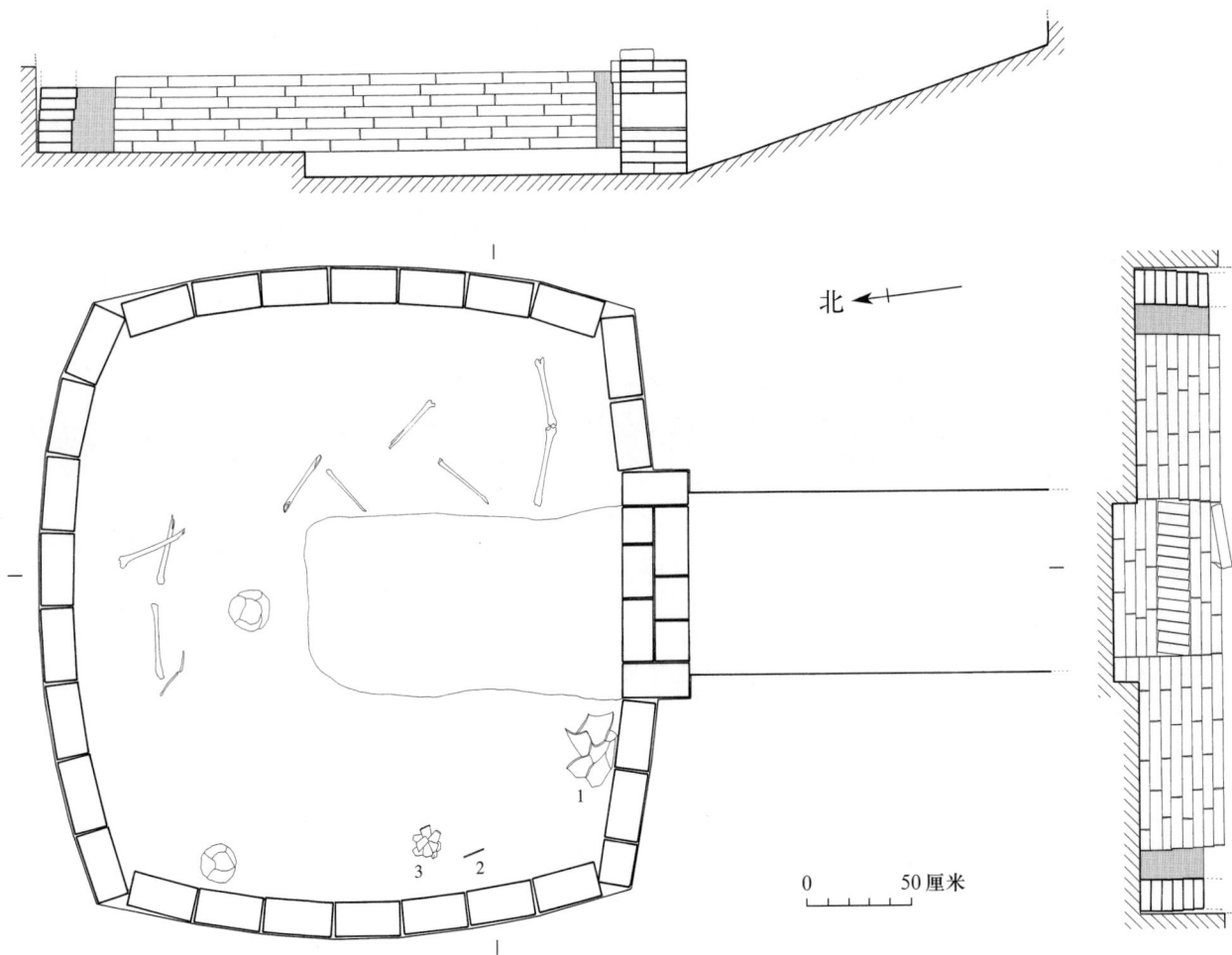

图九六 A　M21 平、剖面图
1. 双耳罐　2. 骨钗　3. 底座

　　双耳罐　1 件。标本 M21：1，微残，敞口，卷沿，矮领，腹上部圆鼓，下部斜收，小平底。口内壁饰一道阴弦纹，腹下部留存刮抹痕。肩部贴对称的双耳，残失；耳下器壁凹陷。底部有疏朗的弧圈纹。外壁饰一层灰白色陶衣，局部脱落。口径 18.4、底径 12、高 28.5 厘米（图九六 B；图版四五，3）。

　　底座　1 件。标本 M21：3，残，由上部和下部分件制作套接而成。下部覆盆状，轮制。敛口，卷平沿，腹微鼓，腹部较深，脱底。上部唾盂形，轮制，残存腹部。腹部圆鼓，其上压印 10 厘米宽的竖向凹槽。套接部束腰，器壁厚，内壁留存套接痕。底口径 24.4 厘米，残高 19.8 厘米（图九六 B；图版四五，4）。

　　骨钗　1 件，出土于人体骸骨下。标本 M21：2，残存两股，柄残失。钗股打磨光滑，断面略呈扁圆形。残长 11.5 厘米（图九六 B）。

　　墓砖　墓砖为拉划纹条砖，模制较粗糙。规格有长 29、宽 14、厚 4 厘米和长 30、宽 14.5、厚 4 厘米两种；拉划纹用梳齿状的工具多次拉划满布砖面。

　　3. 葬式　发现两具人体骸骨，扰乱严重。经鉴定分别为年龄 30～35 岁的男性和年龄 20 岁左右的女性。没有发现葬具，但是发现有少量的铁钉，属木箱、盒类用钉，可能用木箱、盒类随葬。

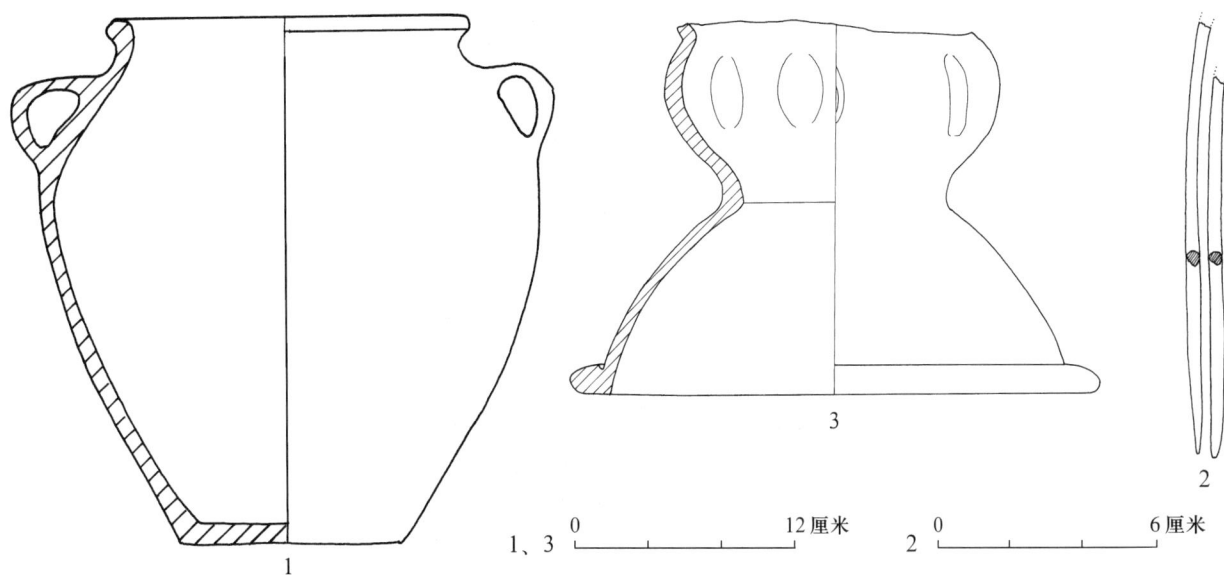

图九六 B　M21 出土遗物
1. 双耳罐　2. 骨钗　3. 底座

第五章 明珠公园丁区

第一节 概述

丁区位于明珠公园人工湖东部，共发现墓葬19座（图九七），分布相对分散。由于挖掘人工湖，墓葬上部地层堆积均被毁。坑壁的地层分为二层，第一层为近现带生活堆积，第二层为冲积沉积层，厚2米左右。墓葬残口为第二层所压。

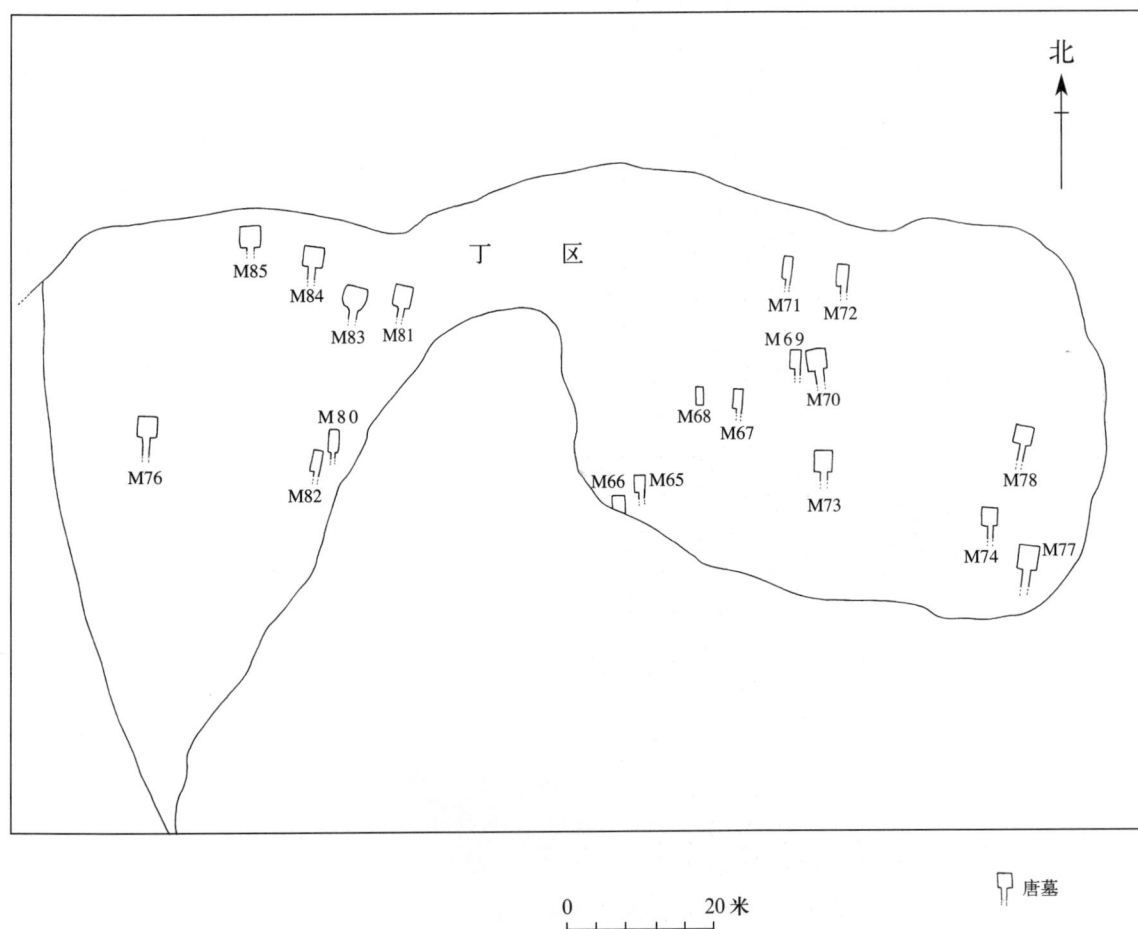

图九七 明珠公园丁区墓葬分布图

第二节　唐墓

丁区未发现北魏墓，均为唐墓。依墓葬的分布情况分为西部、中部和东部三小区。西部共发现唐代墓葬7座，分布较为分散，从北向南分为二排。第一排4座：M85、M84、M83、M81；第二排3座：M76、M82、M80。中部共发现唐代墓葬9座，分布较分散，除M73外，基本二座墓葬东西并列，从北向南分为五排。第一排：M71、M72；第二排：M69、M70；第三排：M68、M67；第四排：M73；第五排：M66、M65。东部共发现唐墓3座，三者相距较近，略呈三角形分布。从北向南分别为M78、M74、M77。

一　M85、M84、M83、M81

M85、M84、M83、M81位于第一排，呈西北——东南向排列，墓葬距离较近，分布较为集中。

M85

M85位于第一排东部，东距M84约5.80米。墓葬在发掘前已被盗和破坏。修筑方法与M95同。

1. **形制**　M85为倒凸字形单室砖室墓，南北向，方向182°。由墓道、甬道以及墓室构成，墓室内留置棺床（图九八A；图版四六，1）。

墓道　长方形斜坡底，大部分被现代坑所破坏。

甬道　平面呈长方形，底部为平底。东、西壁用条砖纵向平砌，与墓室南壁砌砖相互叠压，残存壁面垂直。顶部被完全破坏。甬道南北长0.34、东西宽0.95米，两壁残高1米。未发现封门，但在甬道填土中发现大量的条砖，可能已被破坏。

墓室　平面呈弧边方形，用条砖逐层内收平砌于挖掘的弧边方形土圹内，残存中下部。东、西壁外弧约0.07米，用条砖纵向平砌；北壁外弧较大，用条砖横向平砌；南壁较直，砌法与北壁同。顶部被完全破坏。墓室北最长2.70、东西最宽2.76米，南四壁残高0.65米。棺床呈倒凹字形，与墓室四壁相接，未砌护壁，棺床面为黄砂土，未铺砖。棺床高0.35米。中南部凹槽为墓室地面，平面呈长方形，连接甬道。凹槽南北长1.20、东西宽1.05米。墓室内填土为褐色花土，且含有大量的砖块，应为墓葬被破坏后形成。

2. **遗物**　有陶器、蚌壳和墓砖等。

陶器　均泥质，浅灰色，轮制。残碎，器形有一套塔形罐，由盖、罐和底座组成，主要出土于棺床东南部。

盖　1件。标本M85:3，盖纽残失。盖盘浅腹覆盘状。敞口，卷沿，浅腹，内底略平，外底假圈足状，中部留存盖纽脱落痕。外壁涂一层灰白色陶衣，内外壁用黑色、橘红色绘图案，模糊不清。盘口径17.6、残高4.5厘米（图九八B；图版四六，2上）。

罐　1件。标本M85:1，敛口，卷沿，矮领，肩部圆鼓，腹下部急收，平底。肩部等距离贴饰三个模制兽面，一个残失，留存直径9厘米的脱落痕。兽面模制，半圆球状，中间高突，周缘低平。兽面较为抽象，眉、鼻、眼、颧骨均高突，嘴扁月状，略低平，饰牙齿，獠牙不明显。外壁饰一层灰白色陶衣，腹下部和肩部有墨绘花纹痕。器形较粗矮，最大径在肩部。口径15.8、底径15.8、高30.4厘

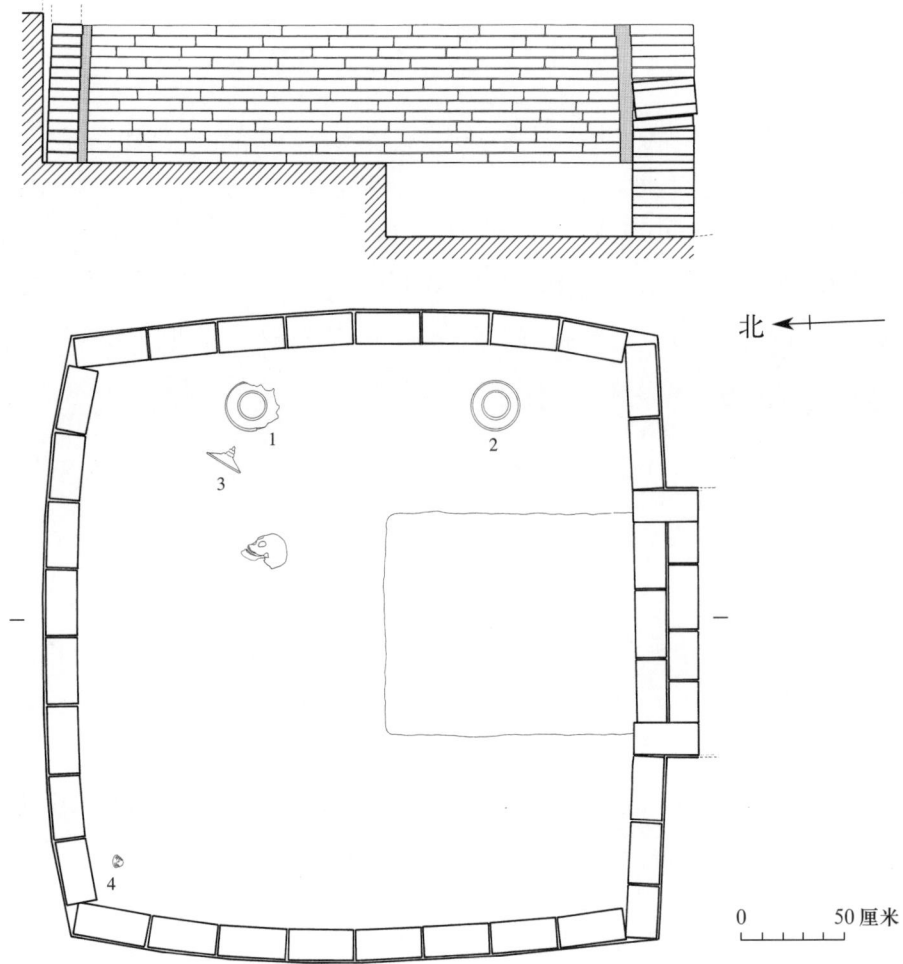

图九八 A　M85平、剖面图
1. 罐　2. 底座　3. 盖　4. 蚌壳

米（图九八 B；图版四六，2 中、3）。

　　底座　1 件。标本 M85：2，由上、下两部分件制作套接而成。下部覆盆状，轮制。敞口，卷平沿，脱底。上部浅盘状；敞口，斜沿，浅腹，脱底。套接部细颈，器壁较厚，内壁留存套接痕。外壁涂一层灰白色陶衣，其上用黑彩和橘红色绘图案，模糊不清。上口径 15.2、底口径 26.4 厘米，高 12.8 厘米（图九八 B；图版四六，2 下）。

　　塔形罐由底座、兽面罐、盖相叠而成，残高 48 厘米（图版四六，2）。

　　蚌壳　1 件。标本 M85：4，蚌壳出土于棺床西北部。天然贝壳一半，残，正面曾漆黑色颜料，局部脱落。残高 9.6、残宽 10.5 厘米（图九八 B；图版四六，4）。

　　墓砖　为拉划纹条砖，模制较粗糙，规格相同。拉划纹大多较模糊。长 30、宽 15、厚 4.5 厘米。

　　3. 葬式　发现一个人体头骨，位于棺床下凹槽东北角，保存状况较差，已朽为粉末状。经鉴定为年龄 20～25 岁的男性。属单人葬，具体葬式不详。未发现葬具。

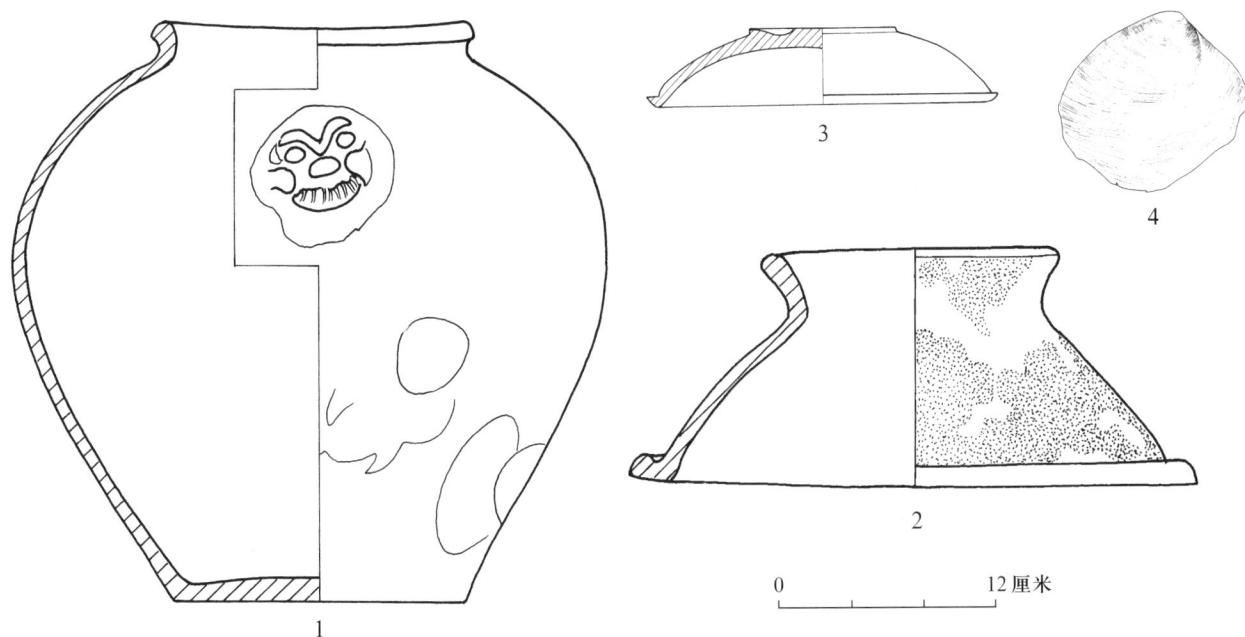

图九八B　M85 出土遗物
1. 罐　2. 底座　3. 盖　4. 蚌壳

M84

M84 位于第一排中部偏西，东距 M83 约 4 米。被盗和破坏，原开口层位不详。修筑方法与 M95 同。

1. 形制　M84 为倒凸字形单室砖室墓，南北向，方向 185°。由墓道、甬道以及墓室构成（图九九）。

墓道　被现代坑所破坏，形制不详。

甬道　平面呈长方形，底部为平底，东、西壁用条砖纵向平砌，与墓室南壁砌砖相互叠压，残存壁面垂直。顶部已被完全破坏。甬道南北长 0.98、东西宽 0.92 米，两壁残高 0.95 米。封门位于甬道内，顶部残。北部用条砖横向平砌，南部用条砖一层向左倾、一层向右倾侧立呈"人"字形，残存底部。封门厚 0.48、残高 0.86 米。

墓室　墓室平面呈弧边方形，用条砖逐层内收平砌于挖掘的弧边方形土圹内，残存中下部。东、西壁明显外弧，用两排条砖纵向平砌，每层间隔砌反方向的条砖以使内外壁相连；北壁也外弧，用两排条砖横向平砌，每层也间隔砌反方向的条砖；南壁较直，砌法与北壁同。顶部已被完全破坏。墓室南北长 2.52、东西宽 2.76 米，四壁残高 0.95 米。没有棺床。墓室底部为平底，对缝平铺一层 0.35×0.35−0.05 米的方砖。墓室内填土较杂，主要为褐色花土，且含有大量的砖块，可能为墓葬被破坏后形成。

2. 遗物　仅存墓砖。

墓砖　有拉划纹条砖、素面条砖和方砖。拉划纹条砖模制较粗糙；拉划纹有粗、疏两种，规格相同，主要用于砌墓室和封门。长 31、宽 15、厚 4.5 厘米。拉划纹方砖长 35、宽 35、厚 5 厘米，主要用于铺棺床。

3. 葬式　墓室发现少量的人体骸骨残片，骸骨数量、性别及年龄等不详。未发现葬具。

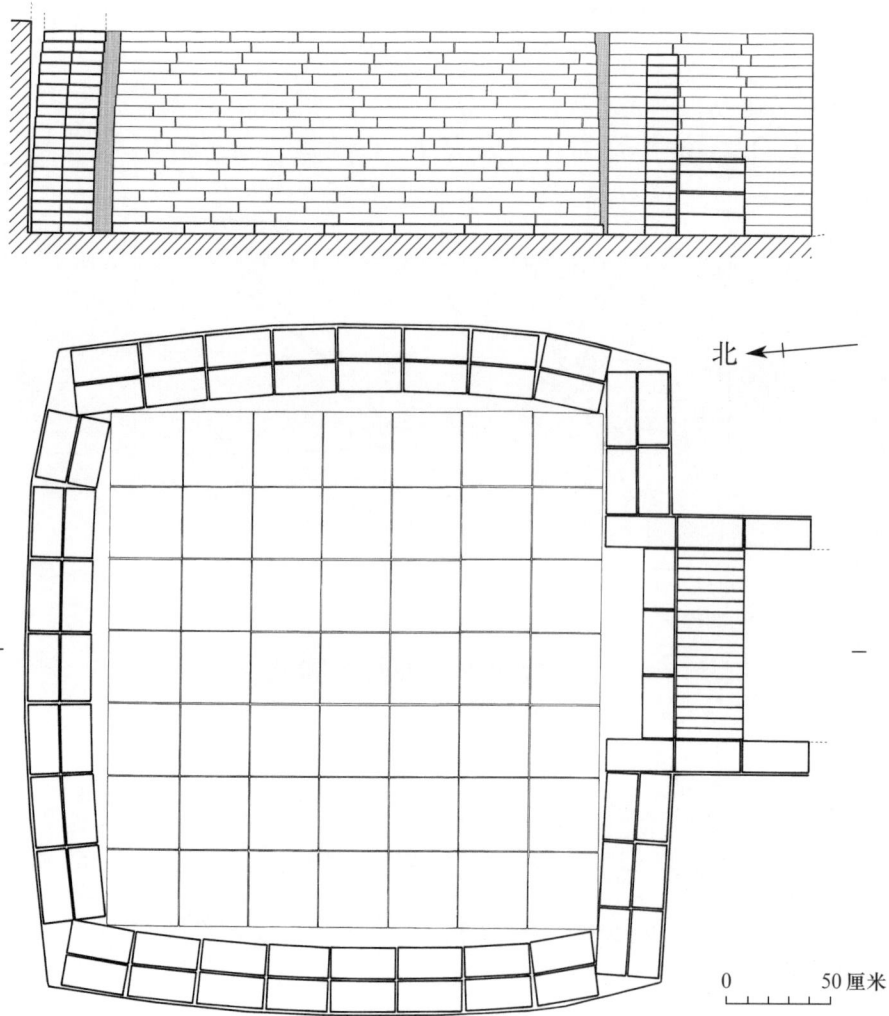

图九九　M84平、剖面图

M83

M83位于第一排中部偏东,东距M81约3.2米。被盗和破坏,原开口层位不详。修筑方法与M95同。

1. **形制**　M83为倒凸字形单室砖室墓,南北向,方向186°。由墓道、甬道、墓室构成;墓室内砌棺床(图一〇〇A)。

墓道　长方形斜坡底,位于墓室南部,与墓室南北在同一中轴线上。残口平面呈长方形,东、西壁为直壁,且修筑较为整齐;底部斜坡。填土为褐色花土,且含有大量的砖渣等。残长1.56、宽1.05、深0.97米。

甬道　平面呈长方形,底部为平底;东、西壁用条砖纵向平砌,与墓室南壁砌砖相互叠压;残存壁面垂直。顶部已被完全破坏。甬道南北长1.25、东西宽1.02米,两壁残高0.96米。封门位于甬道内,顶部被毁。共前后两排,其砌法相同,均用条砖一层左倾、一层向右倾呈"人"字形。封门厚0.65、残高0.65米。

　　墓室　平面呈弧边方形，四壁外弧较大，用条砖逐层内收平砌于挖掘的弧边方形竖穴土圹内，被严重破坏，仅墓室南部保存略好。东、西壁用两排条砖纵向平砌，每层间隔砌反方向的条砖，以连接内外砌砖；南、北壁用二排条砖横向平砌，每层也间隔砌反方向的条砖以连接内外砌砖。墓室顶部已被完全破坏。墓室南北长3.15、东西宽3.10米，四壁残高1.05米。棺床呈倒凹字形，与墓室四壁相接。东、南、西侧壁用条砖平砌护壁，其中南侧壁砌砖被毁，棺床面被挖成0.30米深的大坑；东、西护壁未与墓室南壁砌砖相互叠压；棺床面平铺条砖，残存东南和西南部。棺床高0.15米。中南部凹槽为墓室地面，平面呈长方形，较小，未铺砖。凹槽南北长1.25、东西宽1.01米。

　　2. **遗物**　有陶器、铜带饰和墓砖。

　　陶器　泥质，土红色，轮制。大多残碎，器形有壶、罐等，出土于棺床西南和东南。罐因残甚具体形制不详。

　　壶　3件，标本M83：1，敞口，平沿，略向下倾斜，颈部较高，圆肩，鼓腹，小平底。腹部留存清晰的轮圈痕，底部有疏淡的弧圈纹。口径4.8、底径5.1、高18.5厘米（图一○○B；图版四七，2）。标本M83：2，敞口，卷斜沿；细径，颈部较高；圆肩，斜腹，平底。内壁下部有轮圈痕；外壁腹下部

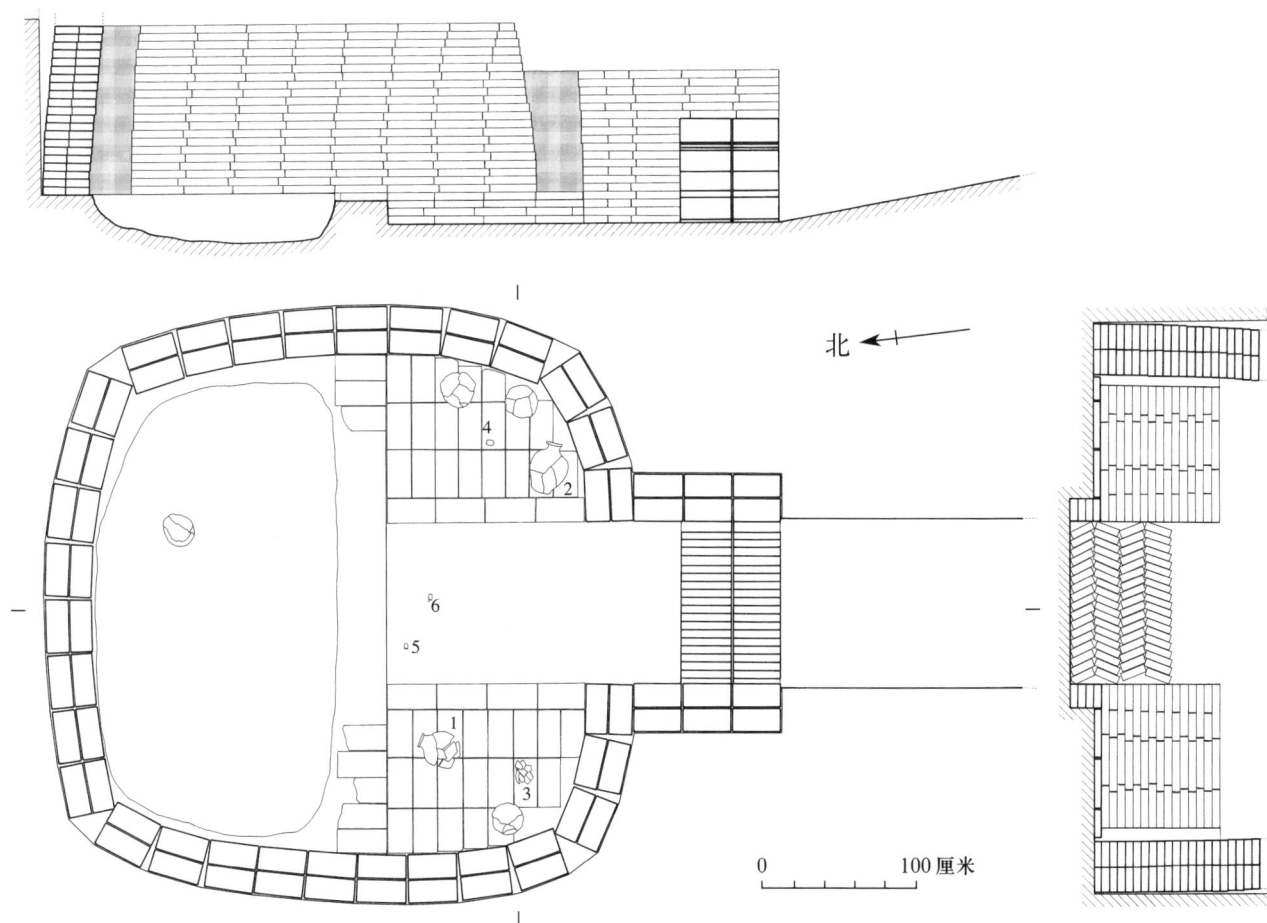

图一○○A　M83平、剖面图

1～3. 壶　4. 方形铜铐饰　5. 半圆形铜铐饰　6. 环状铜饰

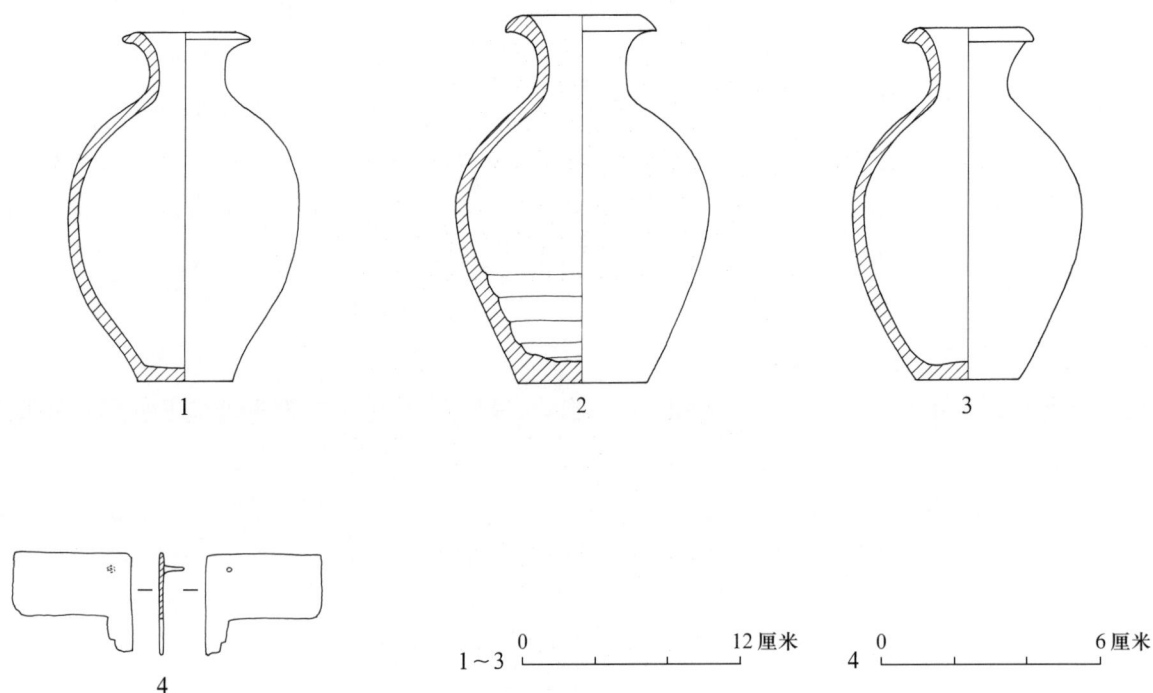

图一〇〇B M83出土遗物

1~3. 壶 4. 方形铜铐饰

有刮、抹痕。底部弧圈纹清晰、细密。外壁涂灰白色陶衣，大部脱落。口径5.8、底径7、高19.4厘米（图一〇〇B）。标本M83：3，敞口，卷沿，颈较高；溜肩，鼓腹，小平底。底略呈扁圆形，上有清晰的弧圈纹。口径4.8、底径5.4、高18.6厘米（图一〇〇B；图版四七，3）。

铜带饰 3件。有方形铜铐饰、半圆形铜铐饰和环状铜饰等，均残，出土于墓室地面。

方形铜铐饰 1件。标本M83：4，方形铜铐饰下部。薄铜片加工而成，长方形孔眼一侧残失。一方角有一直径0.2厘米的铆钉孔和一铁铆钉痕；另在孔眼侧残存一铜铆钉。长3.4、宽2.8厘米（图一〇〇B）。

半圆形铜铐饰 1件。标本M83：5，半圆形铜铐饰下部，残存一侧，长方形孔眼位于中部。残长2.2、宽2.6厘米。

环状铜饰 1件。标本M83：6，由薄铜片弯曲而成，两侧各一铜铆钉，似铆修革带所用。长2.2、宽0.8、厚0.4厘米。

墓砖 为素面条砖，模制，砖体较薄平面略成体型，规格相同。长28、宽12.5、厚4厘米。

3. **葬式** 发现四具人体骸骨，被严重扰乱。经鉴定一具为年龄40~50岁的男性，一具为年龄45~55岁的女性，一具为5~6岁的儿童，另一具为3岁左右的儿童。属四人合葬墓，具体葬式不明。未发现葬具。

M81

M81 位于第一排东部，西距 M83 约 3.2 米。被盗和破坏，原开口层位不详。修筑方法与 M95 同。

1. 形制　M81 为倒凸字形单室砖室墓，南北向，方向 190°。由墓道、甬道、墓室构成，墓室内砌棺床（图一〇一 A；图版四七，1）。

墓道　长方形斜坡底，位于墓室南部，与墓室南北在同一中轴线上。残口平面呈长方形，东、西壁为直壁；底为斜坡，坡度为 31°。填土较杂，为褐色五花土，土质较硬，可能在回填时夯实而造成填土内含有一些砖渣、石块等。墓道残长 1.20、宽 0.80、深 0.70 米。

甬道　底呈长方形，未铺砖；东、西壁用条砖纵向平砌，与墓室南壁砌砖相互叠压；残存壁面垂直。顶部被完全破坏。甬道南北长 0.70、东西宽 0.80 米，两壁残高 0.70 米。封门位于甬道内，残存中下部。用前、后两排条砖侧立呈"人"字形。封门厚 0.70、残高 0.60 米。

墓室　平面呈弧边方形，用条砖逐层内收平砌于挖掘的弧边方形竖穴土圹内，残存中下部。东、西壁均外弧，用条砖纵向平砌，北壁略弧，弧度较东、西壁小，用条砖横向平砌，南壁较直，砌法与北壁同。墓室顶部被完全破坏。墓室南北长 2.53、东西宽 2.55 米，四壁残高 0.55 米。棺床呈倒凹字形，与墓室四壁相接；东、南、西侧壁用条砖平砌护壁，但东、西护壁未与墓室南壁砌砖相互叠压；棺床

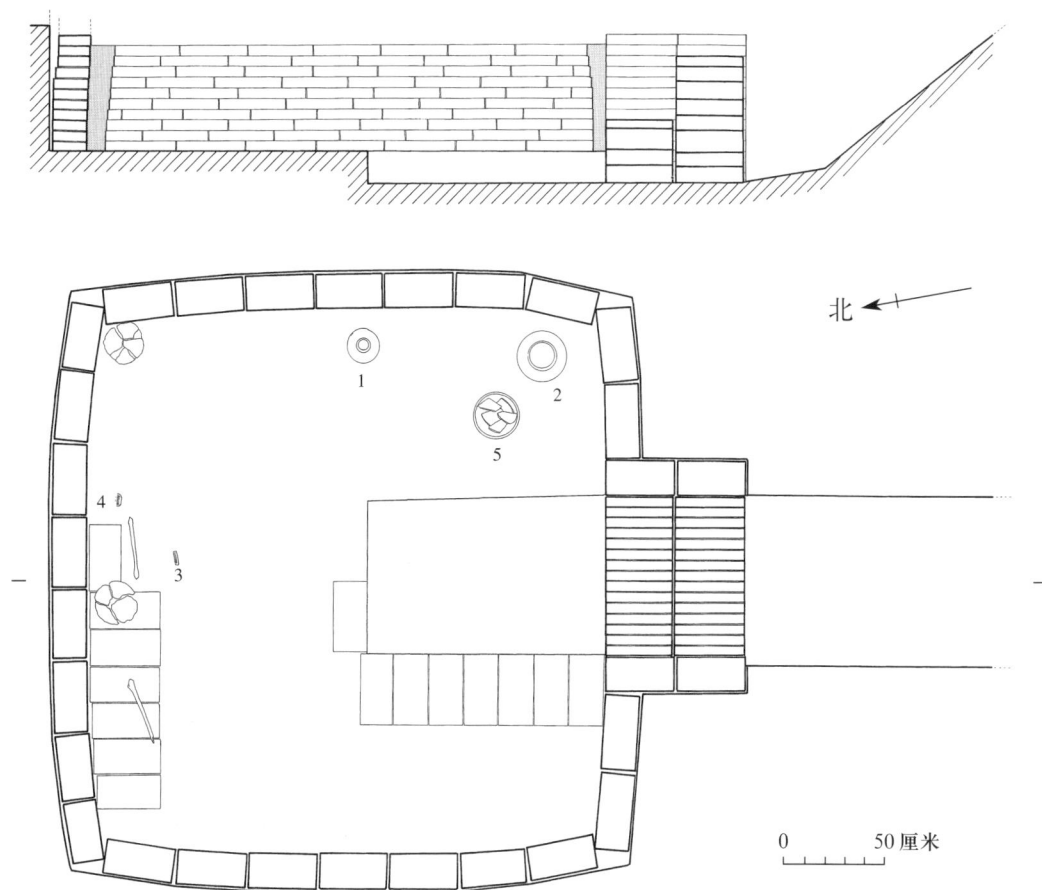

图一〇一 A　M81 平、剖面图
1. 壶　2. 罐　3、4. 骨梳　5. 双耳罐

面原用条砖平铺，因破坏仅存西南部。棺床高0.15米。中南部凹槽为墓室地面，连接甬道，未铺砖。凹槽南北长1.15米、东西宽0.74米。墓室内填土较杂，为五花土，且含有大量的条砖及残砖，可能为墓葬被破坏后形成。

2. **遗物**　有陶器、骨梳和墓砖等。

陶器　残碎，器形有双耳罐、壶、罐等，出土于棺床东南部、东部及西南部。

双耳罐　1件。标本M81：5，残，泥质，红色，轮制。敛口，卷沿，矮领，圆肩，鼓腹，平底。肩部和腹上部浑圆，最大径在腹上部。肩部黏接对称的双耳，耳部器壁凹陷；耳面两侧上卷，中部内凹。通体打磨光亮。口径9.4、底径7、高16.8厘米（图一〇一B；图版四七，4）。

壶　1件。标本M81：1，泥质，胎浅灰色；表面灰黑色，轮制。肩部和腹上部圆鼓，腹下部急收，小平底。肩部有表皮脱落痕；底部弧圈纹模糊。底径4.6、残高11.2厘米（图一〇一B）。

罐　1件。标本M81：2，残，泥质，红色，轮制。斜腹，小平底。底略扁，弧圈纹细密、较清晰。底径8.8～9.4、残高24厘米。

骨梳　2件，均残，出土于棺床北部人骨旁。标本M81：3，残存一侧，由薄骨片刮磨而成。梳齿方形，残存根部，一厘米宽有梳齿6根；梳柄较薄，圆角，一侧有四个铁铆钉痕。残长8.2、残宽3.2厘米（图一〇一B；图版四七，5）。标本M81：4，残存中部，由薄骨片刮磨而成。梳齿方形，一厘米宽存梳齿5根，存根部。梳薄，弯曲不平；一侧有2个铁铆钉痕。残长8.3、残宽3.5厘米（图一〇一B；图版四七，6）。

墓砖　为素面条砖，模制，砖体较薄，规格相同。长32.5、宽16、厚3.5厘米。

3. **葬式**　人体骸骨被严重扰乱。经鉴定有人体骸骨三具，一具为年龄45～50岁的男性、一具为年龄50～60岁的男性，另一具为年龄35～40岁的女性。属三人合葬，具体葬式不详。未发现葬具。

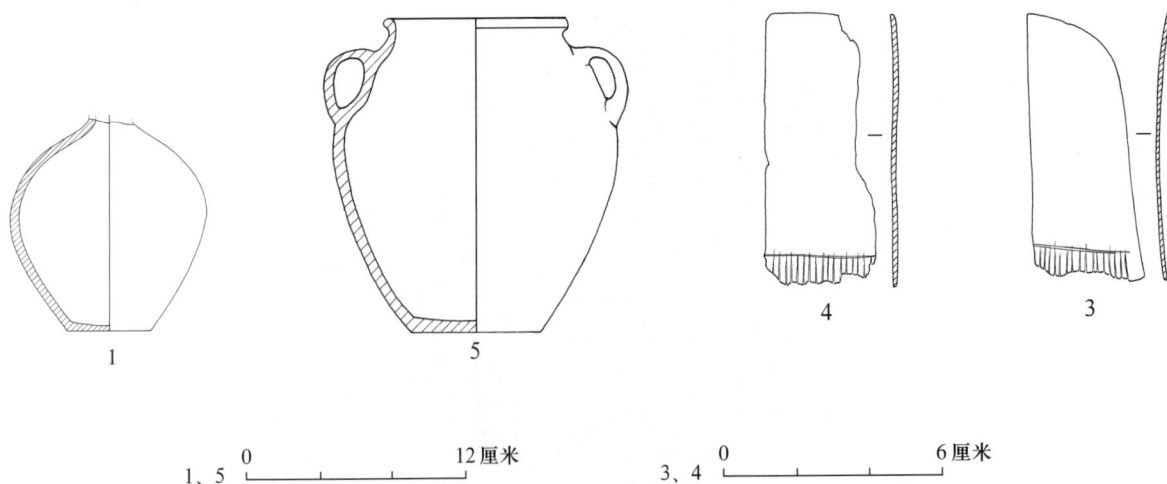

图一〇一B　M81出土遗物
1. 壶　3、4. 骨梳　5. 双耳罐

二　M76、M82、M80

M76、M72、M80位于第二排，与第一排间隔较大。M76位于第二排西部，M72、M80南北略错位，间距较近，位于第二排东部。

M76

M76位于第二排西部，距M82、M80较远。墓葬被盗和破坏，原开口层位不详。修筑方法与M95同。

1. 形制　M76为倒凸字形单室砖室墓，南北向，方向180°。由墓道、甬道和墓室构成，墓室内留置棺床（图一〇二A；彩版三〇，1）。

墓道　长方形斜坡底，位于墓室南部，与墓室南北在同一中轴线上。平面呈长方形；东、西壁为直壁；底呈斜坡。填土为褐色花土，内含大量的砖渣等。墓道长1.65、宽1、深0.72米。

甬道　平面呈长方形，底部为较平的黄砂土。东、西壁用条砖纵向平砌，与墓室南壁砌砖相互叠压。顶部被完全破坏。甬道底南北长0.68、东西宽1米，两壁残高0.70米。封门位于甬道内南端，用条砖横向平砌，残存中下部。封门厚0.15、残高0.65米。

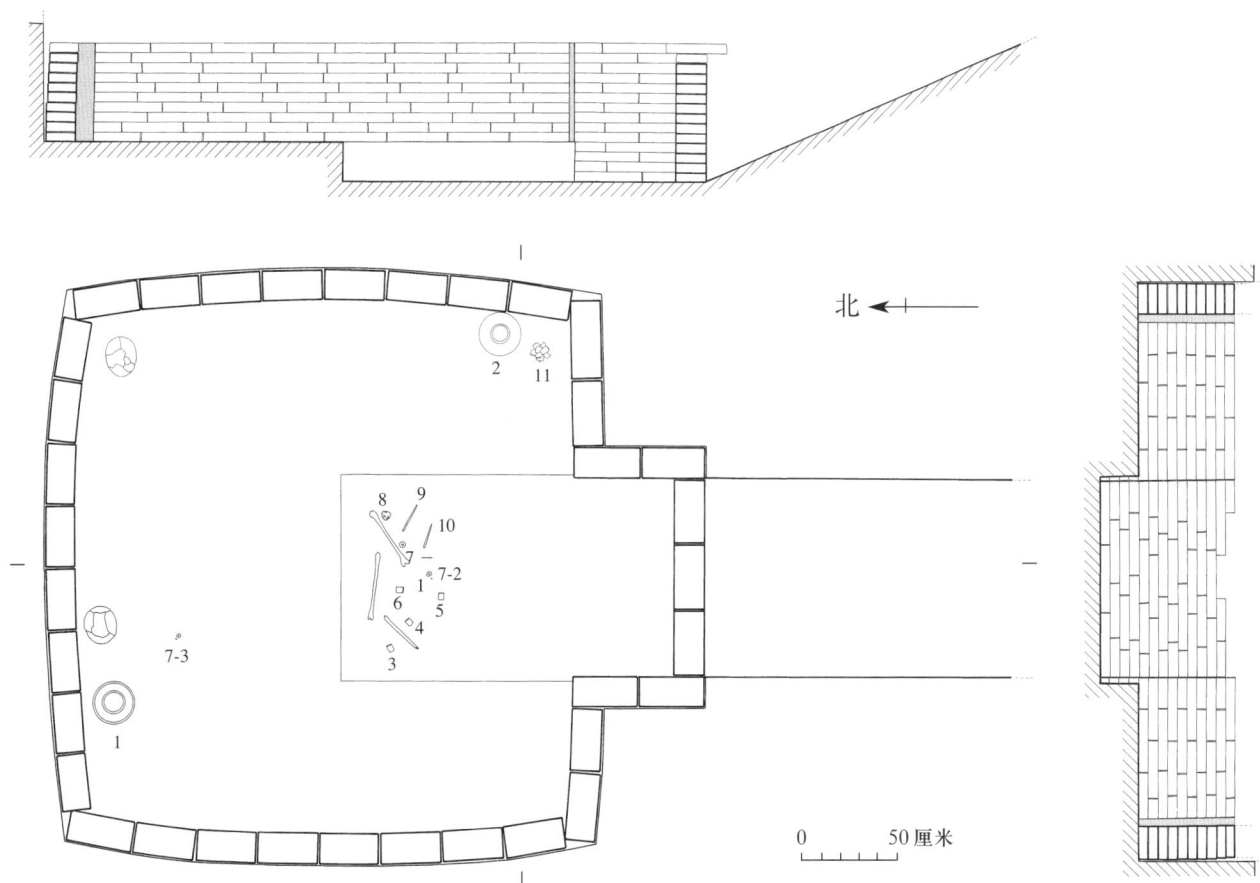

图一〇二A　M76平、剖面图

1. 底座　2. 罐　3~6. 铜合页　7-1、7-2. 开元通宝　7-3. 乾元重宝　8. 蚌壳　9、10. 骨钗　11. 盖

墓室　平面呈弧边方形，用条砖逐层内收平砌于挖掘的圆角方形竖穴土坑内，残存中下部。东、西壁外弧0.09米，用条砖纵向平砌；北壁略外弧，用条砖横向平砌；南壁较直，砌法与墓室北壁同。四壁相接处砌砖相互叠压。顶部被完全破坏。墓室南北最长2.65、东西最宽2.70米，四壁残高0.50米。棺床呈倒凹字形，与墓室四壁相接；未砌护壁，棺床面在黄砂土上平铺一层1～2厘米厚的红胶土。棺床高0.20米。中南部凹槽为墓室地面，平面呈长方形，连接甬道，平铺一层红胶土。凹槽南北长1.23、东西宽1.05米。

2.**遗物**　有陶器、铜饰、骨器、漆器、墓砖等。

陶器　均泥质，红褐色，轮制。残碎，器形有壶和一套塔形罐，出土于墓室东南角和北部。其中塔形罐之盖仅存残片，具体形制不详。

兽面罐　1件。标本M76：2，敛口，卷沿，矮领，圆肩，鼓腹，平底。肩部贴饰四个模制兽面，三个完整，一个残存中部，形制、造型基本相同。兽面张嘴，呈仰月状，未表现獠牙，颧骨小而低平，鼻侧翼三角形，略高，环眼，微凸睛，宽平眉，双角平伸，宽而略突，上饰骨节纹，双耳扁穴状，较大，双角之间饰以"王"字；双角上部和嘴下部饰卷毛纹；兽面周缘和器壁间有黏贴时的抹痕。外壁腹下部不规整。外壁涂一层灰白色陶衣，其上饰黑彩（兽面除外）。腹下部有刀削修理痕；底部有细密、较模糊的弧圈纹。口径18.4、底径14.4、高32厘米（图一〇二B；彩版三〇，2上）。

底座　1件。标本M76：1，由上部和下部分件制作套接而成。下部覆盆状，轮制。敛口，卷平沿，微鼓腹，腹部较深；脱底；外壁中部贴一周花瓣状的附加堆纹。上部唾盂形，轮制；敞口，内尖圆唇，外花唇；束颈，鼓腹，脱底。套接部束腰，较高，内壁有较明显的套接痕。内、外壁涂一层灰白色陶衣，外壁陶衣较内壁略厚，其上饰黑彩，大部脱落，残存局部。上口径16、底口径27.2、高22.8厘米（图一〇二B；彩版三〇，2下）。

壶　1件。标本M76：11。残，敞口，宽平沿，口沿部陶皮脱落，颈较低，圆肩，肩部以下残失。外壁涂一层灰白色陶衣，其中领部和肩部陶衣脱落。口径7.8、残高9厘米。

铜器　有铜合页和铜钱等，出土于墓室地面北部。

铜合页　4件。根据形制分为A、B两型。

A型　2件。飞蛾状。标本M76：5，左右两半相同，由铁轴相连。正面周缘略斜刹，底面平，二半中部各有两枚铜铆钉。长3.4厘米、宽2.5厘米（图一〇二B；彩版三〇，4左1）。标本M76：6，形制、大小与M76：5相同，似同一模具制作，左、右在同一平面上，用铁轴相连（图一〇二B；彩版三〇，4左2）。

B型　2件。蝴蝶形，形制相同，正面均因锈蚀黏合于一起。标本M76：3，铜质，有形制相同的两半由铁轴相连而成，因锈蚀正面黏合于一起。底面较平，中部各有三个三角形分布的铜铆钉。其中一侧二铜铆钉上黏一桃形铜垫伏。长3、宽3.7厘米（图一〇二B；彩版三〇，4右2）。标本M76：4的形制与M76：3同，正面也黏合于一起，似同一模制作用铁轴相连。唯桃形垫伏的肩部朝向身躯，其上并有一圆形铆钉孔。长3、宽3.7厘米（图一〇二B；彩版三〇，4右1）。

铜钱　3枚，有开元通宝和乾元重宝。

开元通宝　2枚。标本M76：7-1，"开"字二竖画明显外撇；"元"字上画长，次画左上挑；"通"字之走字旁三逗点相连，"甬"字旁上笔开口小；"宝"字下部"贝"字二横画与左右竖画相连。直径2.4、穿径0.7、廓宽0.2厘米，重3.8克（图一〇二C）。标本M76：7-2，字迹较模糊，背面穿上部一

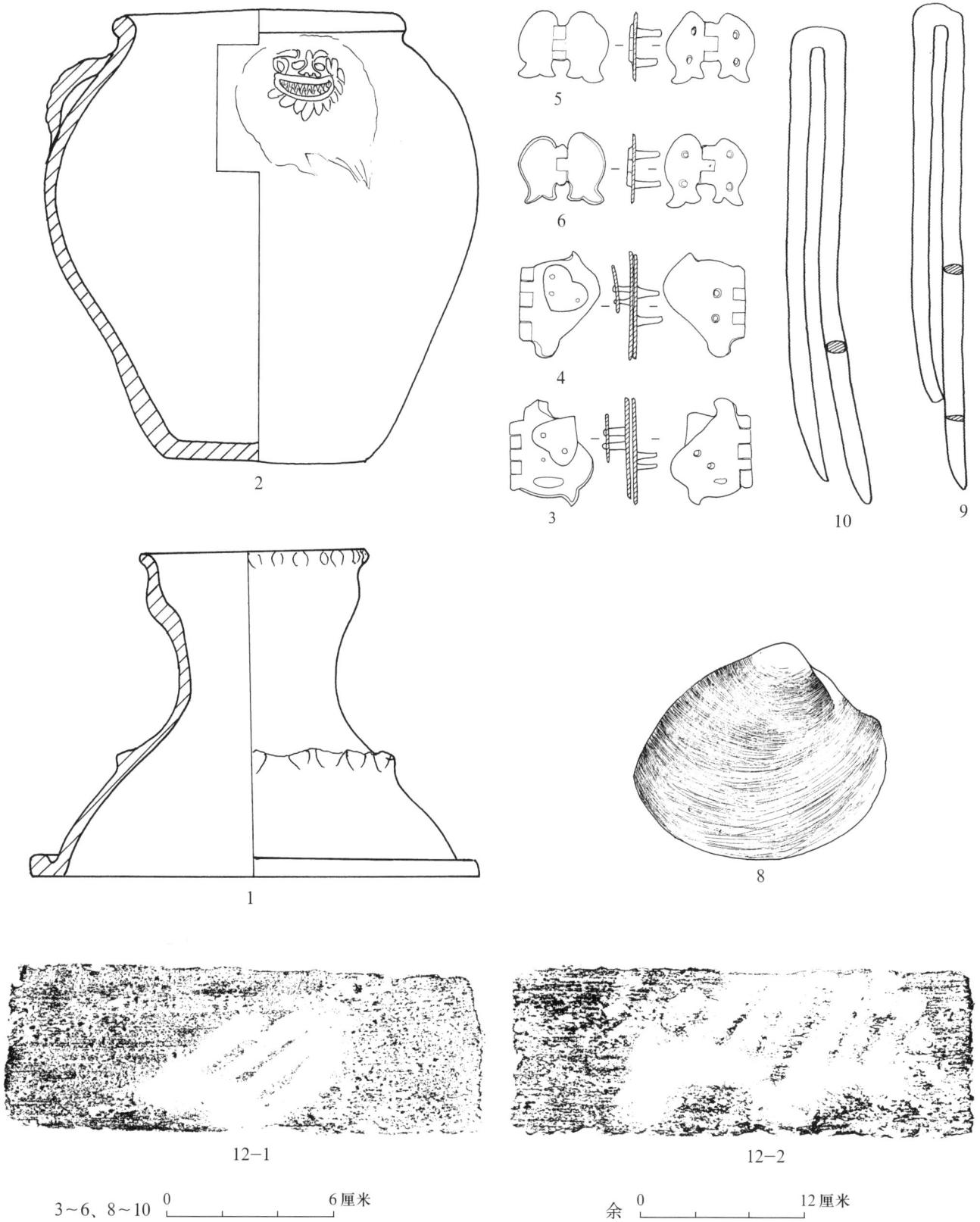

图一〇二 B　M76 出土遗物

1. 底座　2. 罐　3~6. 铜合页　8. 蚌壳　9、10. 骨钗　12-1、12-2. 墓砖拓片

新月纹。直径 2.4、穿径 0.7、廓宽 0.2 厘米，重 2.6 克（图一〇二 C；彩版三〇，3）。

乾元重宝　1 枚。标本 M76：7 - 3，"宝"字模糊。直径 2.4、穿径 0.7、廓宽 0.2 厘米，重 3.7 克（图一〇二 C；彩版三〇，5）。

蚌壳　1 件。标本 M76：8，天然贝壳的一半，一侧略残。正面有橘红色和黑色颜料。长 9.2、高 7.5 厘米（图一〇二 B；彩版三〇，4）。

骨钗　2 件。标本 M76：9，双股钗，由骨条切割加工而成；略残。钗骨打磨光滑，断面呈三角形。长 16.6 厘米（图一〇二 B；彩版三〇，6 左）。标本 M76：10，双骨钗，似由动物肋骨加工而成，略残。弯曲；钗股断面呈扁圆形。长 16.4 厘米（图一〇二 B；彩版三〇，6 右）。

漆器　出土于墓室地面南部，仅存漆皮残片，器型不辨。

墓砖　为素面和手印纹条砖，模制较粗糙。规格有两种。标本 M76：12 - 1，砖面中部印一左手印，拇指和掌部缺失。长 28.5、宽 14、厚 5 厘米（图一〇二 B）。标本 M76：12 - 2，砖面印二手印纹。长 27、宽 14、厚 4.5 厘米（图一〇二 B）。

3. **葬式**　发现两人体骸骨，被严重扰乱，葬式不详。经鉴定，一具为年龄 25～30 岁的男性，一具为年龄 20～35 岁的女性。没有发现葬具。

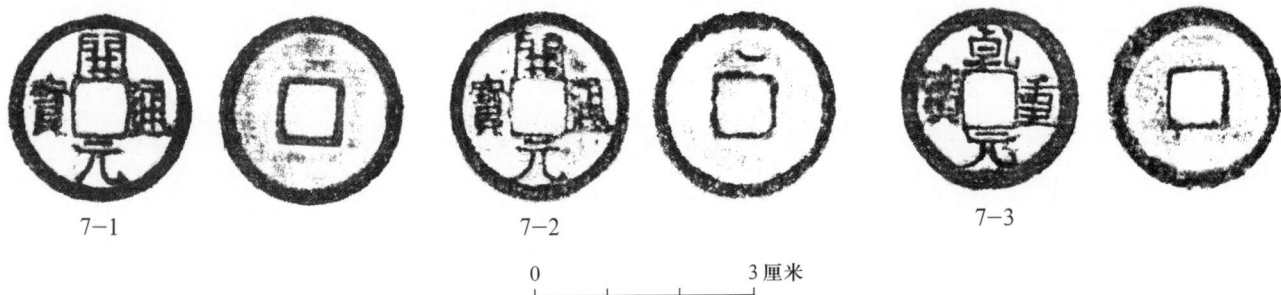

7-1　　　　　　　　　　　7-2　　　　　　　　　　　7-3

0　　　　　　　　3 厘米

图一〇二 C　M76 出土铜钱
7-1、7-2. 开元通宝　7-3. 乾元重宝

M82

M82 位于第二排东部，东距 M80 约 1 米。墓葬被盗和严重破坏，原开口层位不详。修筑方法与 M96 同。

1. **形制**　M82 为刀把形单室砖室墓，南北向，方向 185°。由墓道、甬道以及墓室构成（图一〇三；图版四八，1）。

墓道　长方形斜坡底，位于墓室南部偏东。大部分已被破坏，仅残留一段。平面呈长方形，底部为斜坡，坡度为 39°。填土为褐色花土。墓道残长 0.42、宽 0.86、深 0.32 米。

甬道　底部平面呈长方形，平底未铺砖。西壁用条砖顺纵向平砌，与墓室南壁砌砖相互叠压；东壁是墓室东壁的向南延伸。顶部已被完全破坏。封门被毁。甬道南北长 0.33、东西宽 0.86 米，残高 0.22 米。

墓室　平面呈弧长方形，用条砖逐层平砌于挖掘的长方形竖穴土圹内，残存下部。东、西壁外弧，其中西壁外弧较东壁略大，用条砖纵向平砌；北壁略弧，用条砖横向平砌；四壁相接处砌砖相互叠压；

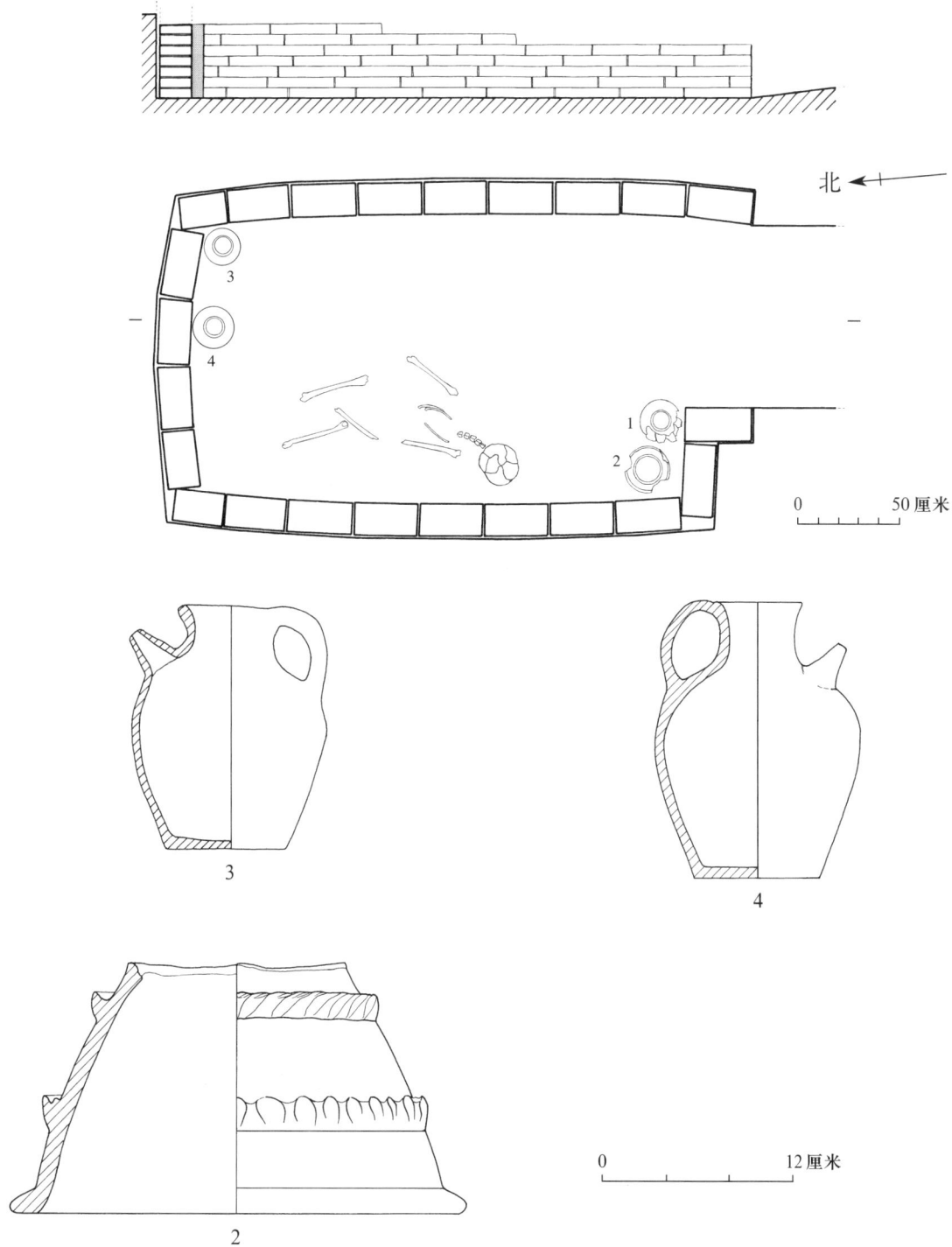

图一〇三　M82 及出土遗物
1. 罐　2. 底座　3、4. 执壶

残存壁面垂直。顶部已被完全破坏，结构不详。墓室南北最长 2.42、东西最宽 1.35 米，四壁残高 0.35米。墓室底部为黄砂土，未铺砖。

2. **遗物**　有陶器和墓砖。

陶器 均为残片，泥质，土黄色或土红色，轮制。器形有执壶、一套塔形罐和双耳罐等。双耳罐和底座出土于墓室西南角；执壶出土于墓室东北角。塔形罐之盖和兽面罐因残甚具体形制不详。

执壶 2件。标本 M82：3，残。泥质，红褐色，轮制。敞口，卷沿，颈较粗、较高，圆肩、斜腹，平底略扁。肩、口间黏贴把手，与其对应的肩部黏贴喇叭筒状溜。制作较为精细。口径5.6、底径7.4～8、高14.8厘米（图一○三；图版四八，3）。标本 M82：4，敞口，卷窄平沿，低矮领，圆肩，鼓腹，平底。肩部和口沿间黏贴一把手，把手中部一浅槽；与其相对的肩部黏贴流，残存根部。腹下部有刮、抹修理痕，制作较为精细。口径4.4、底径8、高16.6厘米（图一○三；图版四八，4）。

底座 1件。标本 M82：2，残。由上部和下部分件制作套接而成，上部残失，残存下部，覆盆状，轮制。敛口，卷宽平沿，微鼓腹，腹部较深，脱底。腹外壁贴二周泥条，向上卷压成花瓣状。外壁涂一层灰白色陶衣，其上饰黑彩，大部脱落，残存局部。残口径12.2、底口径25、残高15厘米（图一○三；图版四八，2）。

双耳罐 1件。标本 M82：1，残存腹底部。圆肩，斜腹，平底。肩部黏接双耳，残失，耳下器壁凹馅。底径9.6厘米，残高16厘米。

墓砖 为素面条砖，模制，砖体较薄，规格相同。长31.5、宽15、厚3.5厘米。

3. **葬式** 发现一具人体骸骨，位于墓室西侧，局部微有扰动。下肢微屈，整体上呈仰身直肢，头向南足向北，面向西。经鉴定可能为年龄12～13岁的女性。未发现葬具。

M80

M80位于第二排东部，与 M82 相邻。被盗和破坏，原开口层位不详。修筑方法与 M96 同。

1. **形制** M80为刀把形单室砖室墓，南北向，方向185°。由墓道、甬道门以及墓室三部分构成，墓室内砌棺床（图一○四 A；图版四九，1、2）。

墓道 长方形斜坡底，位于墓室南部，东壁与墓室东壁南北基本在同一直线上，东、西壁为直壁；底部呈斜坡，坡度约为21°。填土为褐色五花土，土质较硬，含有一些残砖块、陶片等。墓道残长0.78、宽0.62、深0.45米。

甬道 底部呈长方形，平地；东、西壁用条砖纵向平砌，残存壁面垂直。顶部被破坏。甬道南北长0.33、东西宽0.70米，残高0.60米。封门位于甬道内，共有南北两排。南排封门位于甬道与墓道间，用条砖横向平砌，北排紧靠南排，仅存其底部一层侧立砖。封门厚0.48米，北排残高0.15、南排残高0.65米。

墓室 平面呈弧边长方形，用条砖逐层内收平砌于挖掘的长方形竖穴土圹内，残存中下部。东、西壁明显外弧，用条砖纵向平砌；北壁较东、西壁弧度小，用条砖横向平砌；南壁较直，砌法与北壁同。四壁相接处砌砖相互叠压。顶部被毁。墓室南北长2.28、东西最宽1.32、残高0.60米。棺床呈反刀把形，与墓室四壁相接，东、南侧壁用条砖平砌护壁；棺床面平铺条砖，北部条砖纵向平铺，南部条砖横向平铺。棺床高0.15米。墓室东南部凹槽为墓室地面，平面呈梯形，连接甬道，未铺砖。

2. **遗物** 有陶器、铜带饰和墓砖。

陶器 泥质，红陶，轮制。残片，散置于棺床。器形为一套塔形罐，由盖、兽面罐和底座组成。

盖 1件。标本 M80：3，盖盘覆碗状，敛口，卷沿，腹部较深。内尖底，外底假圈足，周缘用手

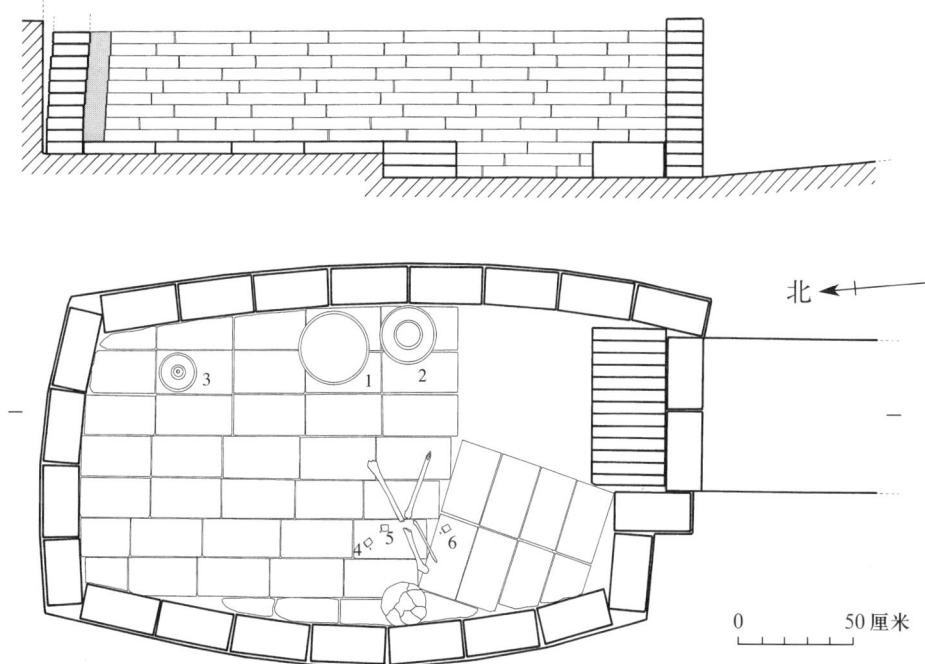

图一〇四 A　M80 平、剖面图

1. 罐　2. 底座　3. 盖　4~6. 方形铜铸饰

指向上摁压成花瓣状，中部竖一塔状纽，残存底部。内底戳一直径1.40厘米的穿孔，与塔状纽相通。外壁饰淡黑色，局部脱落。纽第二层饰红色。底盘径16.4、残高9.2厘米（图一〇四 B；图版四九，3）。

　　兽面罐　1件。标本M80∶1，残存腹部以下和肩部贴饰的两个兽面。腹上部较鼓，下部斜收，平底。外壁涂一层黑彩，局部脱落。兽面模制，形制相同。半圆球状，略残。兽面位于正中，所占面积较小，咧嘴；颧骨微凸，鼻呈尖锥型，较长，睛略凸，眉细、长；双角倒"八"字形，略凸。左耳浅穴状，右耳残失。周缘饰竖毛纹，较模糊。左上侧戳一0.6厘米穿孔，外表饰一层黑色。底径13.2、残高26厘米（图一〇四 B）。

　　底座　1件，残存下部。标本M80∶2，由上部、颈部和下部分件制作套接而成。下部覆盆状，轮制，敛口，宽平沿，略鼓腹，腹部较深，脱底。颈部圆筒状，轮制，上部唾盂形，敞口，花唇，束颈，鼓腹，脱底。套接部器壁略厚，内壁有套接痕。外壁涂一层灰白色陶衣，其上饰黑彩，局部脱落。上口径17.2、底口径23.6、高31厘米（图一〇四 B）。

　　方形铜铸饰　3件，均为方形铜铸饰下部，由薄铜片加工而成，大小、形制略有差异。标本M80∶4，平面呈方形，一角残失。孔眼呈圆角长方形，长1.9、宽0.7厘米，残存三方角各一直径0.2厘米的铆钉眼。长3、宽3.4厘米（图版四九，4左）。标本M80∶5，平面方形，一角残失。长方形孔眼窄、短，长1.6、宽0.3厘米。四角各一直径0.2厘米的铆钉眼。略不平。长3.2、宽3厘米（图一〇四 B；图版四九，4中）。标本M80∶6，平面方形，二方角残失。孔眼长1.7、宽0.3厘米；残存二方角和中部各一直径0.2厘米的铆钉孔。长3.2、宽3厘米（图一〇四 B；图版四九，4右）。

　　墓砖　为素面条砖，模制较薄，规格相同。长31.5、宽16、厚3.5厘米。

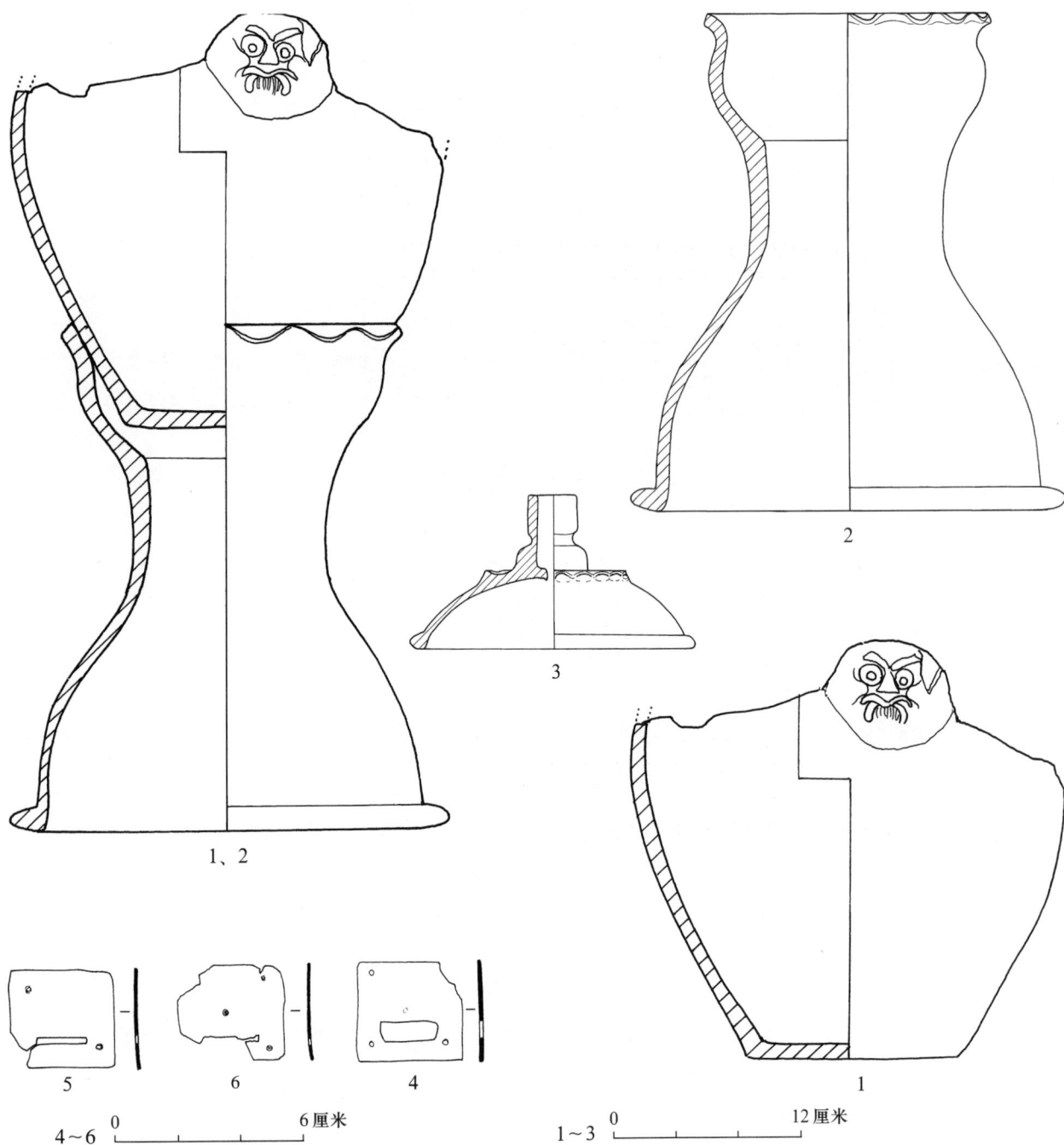

图一〇四 B　M80 出土遗物

1. 罐　2. 底座　3. 盖　4~6. 方形铜铐饰

3. 葬式　发现一具人体骸骨。颅骨被扰，上肢骨、肋骨以及脊椎骨局部扰动，呈仰身，头向朝南。经鉴定为 18~20 岁的男性。属单人葬，葬式可能为仰身，且头向南。未发现葬具。

三　M71、M72

M71、M72 位于丁区中部墓区第一排，二者东西并列，间距较大。

M71

M71位于第一排西部，东距M72约7.4米。被盗和破坏，原开口层位不详。修筑方法与M96同。

1. **形制**　M71为刀把形单室砖室墓，南北向，方向175°。由墓道、甬道、墓室构成，墓室内留置棺床（图一○五；彩版三一，1）。

墓道　长方形斜坡底，位于墓室南部偏东，东壁与墓室东壁南北基本在同一直线上。残口平面呈长方形；东、西壁为直壁；底部斜坡，坡度约为23°。填土为褐色五花土，土质较硬，颜色较深。残长1.06、宽0.92、深0.45米。

甬道　平面呈长方形。底部为黄砂土，平底。东、西壁用条砖纵向错缝平砌，与墓室南壁砌砖相互叠压；东壁是墓室东壁的向南延伸。残存壁面垂直。顶部被完全破坏。甬道底南北长0.45、东西宽0.90米，两壁残高0.38米。封门位于甬道南端，用条砖横向逐层错缝平砌，残存下部。封门厚0.17、残高0.45米。

墓室　平面呈弧边梯形，用条砖逐层错缝平砌于挖掘的长方形土圹中，残存中下部。东、西壁外弧，外弧约0.10米，其中西壁弧度较东壁略大，用条砖逐纵向内收平砌。北壁略弧，较窄，用条砖横向内收平砌。南壁较直，砌法与北壁同。顶部已被完全破坏。墓室南北最长2.30、北部东西宽1.10、南部东西宽1.20米，残高0.45米。棺床呈反刀把形，与墓室四壁相接，东、南侧壁未砌护壁，棺床面未铺砖。棺床高0.17米。东南部凹槽为墓室地面，平面呈长方形，连接甬道。凹槽南北长1.65米、东西宽0.45米。

2. **遗物**　有陶器、瓷器、方形铁铸饰和墓砖。

陶器　泥质，浅红色，轮制。器形为一套塔形罐，由盖、兽面罐、底座组成，出土于墓室东南部。

盖　1件。标本M71：2，盖盘覆碗状。敞口，尖圆唇，弧腹较深；外平底，中部贴一锥体形纽，顶部残失，露出一直径0.6厘米的竖孔。内外壁饰一层灰白色陶衣，盖盘外壁饰淡黑彩，保存局部。纽和外底饰红彩。底口径18.4、高12.6厘米（图一○五；彩版三一，2上）。

兽面罐　1件。标本M71：4，敛口，卷沿，矮领，圆肩，鼓腹，腹下部急收，小平底。肩部等距离贴饰三个模制兽面，其中一个残失，留存直径7.4厘米的脱落痕。兽面形制相同，呈扁圆球状，面部特征极度夸张。咧嘴，突出表现上唇和獠牙；双角呈倒"八"字形，高凸；眼部底凹，睛圆柱形，高凸，眉细低；鼻三角形，双翼突隆；颧骨低平；左耳圆丘形，高凸；无右耳。左、右部对穿一直径0.6厘米的穿孔。外壁腹部和肩部有按压、刮划的凹陷和凹槽。外壁涂一层灰白色陶衣，其上饰淡黑色，大部脱落。内底刻划一圆圈纹，外底有细密的弧圈纹。口径15.6、底径11.2、高27.6厘米（图一○五；彩版三一，2中）。

底座　1件。标本M71：3，由上、下部分件制作黏接而成。下部覆盆状。敞口，弧腹，腹部较深；卷平沿，脱底。上部浅盘形。敛口，圆唇，浅腹，脱底。套接部束腰，器壁较厚。内、外壁留存弧圈形的轮台纹。内外壁涂一层灰白色陶衣，外壁陶衣上饰黑彩，大部脱落。上口径17.6、底口径26.4、高13.6厘米（图一○五；彩版三一，2下）。

塔形罐由底座、兽面罐和盖相叠而成，通高51厘米（图一○五；彩版三一，2）。

瓷器　黑釉执壶1件，位于墓室东南部。标本M71：1，胎白乳，细腻；釉灰黑色；轮制。敞口，卷沿，颈较粗，较高；折肩，略垂腹，圈足。肩部和颈部间黏贴一执把，中间为一浅槽；与其相同的

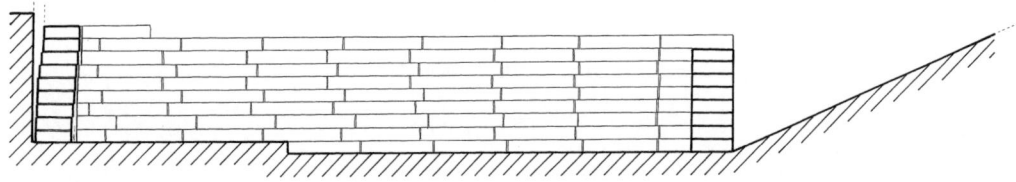

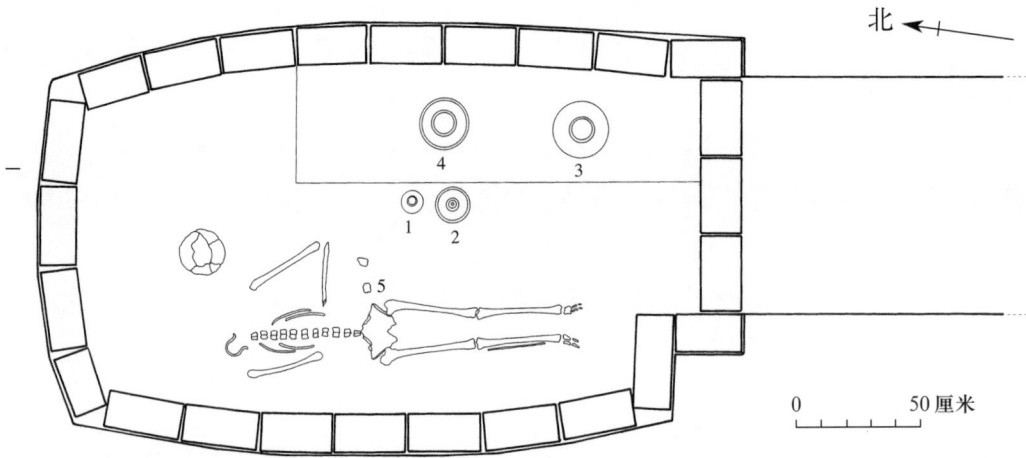

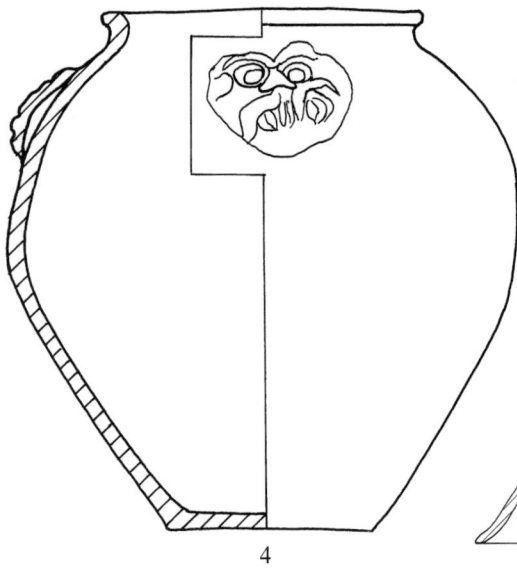

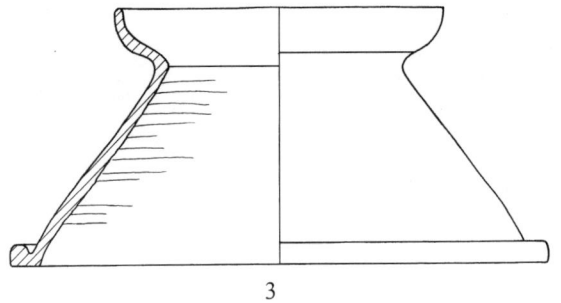

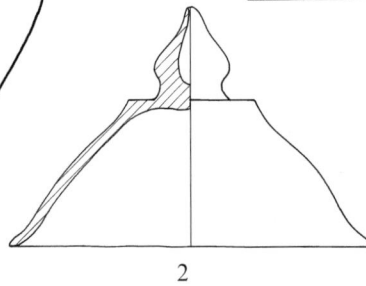

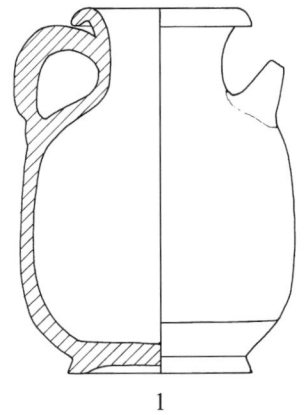

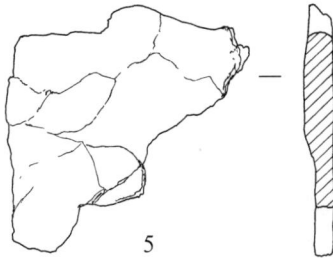

图一〇五　M71 及出土遗物

1. 黑釉执壶　2. 盖　3. 底座　4. 罐　5. 方形铁锛饰

一侧肩部黏接一较短的喇叭筒状流。底中心内凹，有拉划的同心圆圈纹；周缘有刀削修理痕。垂腹以下和足底露胎，其余器壁内外均挂釉。口径 7.2、足径 9.8、高 19.4 厘米（图一〇五；彩版三一，3）。

方形铁铐饰　1 件，出土于骸骨骨盆处。标本 M71：5，残存一半，生铁制作，锈蚀，一面黏连粗布纹。长 5.2、宽 6.5、厚 0.8 厘米（图一〇五；彩版三一，4）。

墓砖　为拉划纹条砖，模制较粗糙。拉划纹大多系多次拉划满布砖面。规格有长 29.5、宽 14、厚 5 厘米和长 18、宽 14、厚 5 厘米两种。

3.**葬式**　发现一具人体骸骨，位于棺床西部。头骨被扰至墓室北部，其他骨骼未扰动，呈仰身直肢，头向北。经鉴定，为年龄 18～22 岁的男性。没有发现葬具。

M72

M72 位于第一排东部，西距 M71 约 7.4 米，南距 M70 约 7 米。被盗和破坏，原开口层位不详。修筑方法与 M96 同。

1.**形制**　M72 为刀把形砖室单室墓，南北向，方向 177°。由墓道、甬道、封门以及墓室构成（图一〇六；图版五〇，1、2）。

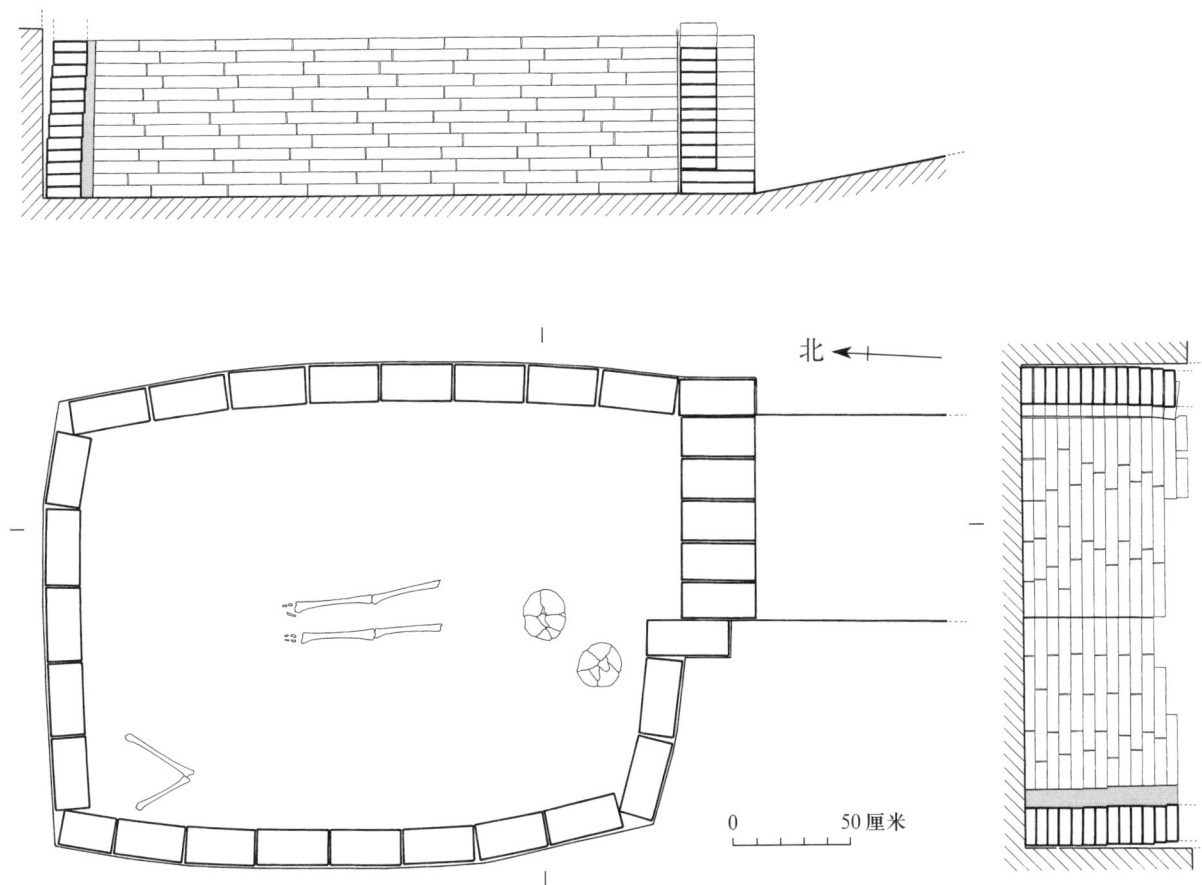

图一〇六　M72 平、剖面图

墓道　长方形斜坡底，位于墓室南部偏东，东壁与墓室东壁南北基本在同一直线上。残口平面呈长方形，东、西壁为直壁；底呈斜坡，坡度约为39°。填土为褐色花土，土质较硬。墓道长0.82、0.85米、深0.65米。

甬道　平面呈长方形，底部为黄砂土，平底。东壁是墓室东壁的向南伸；西壁用条砖纵向逐层错缝平砌，与墓室南壁砌砖逐层错缝叠压；残存壁面垂直。顶部残，但甬道东、西两壁0.48米高处起拱内收，推测顶部可能为拱形。甬道南北长0.34、东西宽0.85米，残高0.70米。封门位于甬道南端，顶部被毁。底部二层用条砖纵向平砌，其上均用条砖横向错缝平砌。封门厚0.32、残高0.60米。

墓室　平面弧边长方形，用条砖逐层错缝内收平砌于挖掘的长方形竖穴土圹内，残存中下部。墓室东、西壁明显外弧，外弧约0.12米，用条砖纵向内收平砌；北壁略弧，稍直，用条砖横向平砌；南壁较直，砌法与墓室北壁同。顶部已被完全破坏。墓室南北最长2.42、东西最宽1.76米，残高0.66米。

2．遗物　仅存墓砖。

墓砖　为拉划纹条砖，模制较粗糙。拉划纹大多稀疏布满砖面。长31、宽16、厚5厘米。

3．葬式　发现两具人体骸骨，头骨均被置于墓室西南部，其他骨骼散布于墓室。经鉴定，一具为年龄20～25岁的男性，一具为年龄大于50岁的女性，属二人合葬墓，葬式不明。没有发现葬具。

四　M69、M70

M69、M70位于丁区中部墓区第二排，二者相距很近。

M69

M69位于第二排西部，东距M70约0.50米。被盗和破坏，原开口层位不详。修筑方法与M96同。

1．形制　M69为刀把形单室砖室墓，南北向，方向172°。由墓道、甬道及墓室构成，墓室内留置棺床（图一〇七；图版五〇，3）。

墓道　位于墓室南端偏东，因故未清理。

甬道　平面呈长方形。底部为黄砂土，平底。西壁用条砖纵向平砌，与墓室南壁砌砖相互叠压；东壁是墓室东壁的向南延伸；残存壁面垂直。顶部已被完全破坏。甬道南北长0.34、东西宽0.84米，残高0.35米。封门位于甬道内南端，残存下部。用条砖横向错缝平砌。封门厚0.16、高0.35米。

墓室　平面呈弧边长方形，用条砖逐层错缝平砌于挖掘的弧边竖穴土圹内，残存底部。东、西壁明显外弧形，用条砖纵向错缝平砌，被严重破坏，其中东壁仅存南、北部。北壁略弧形，用条砖横向错缝平砌。南壁较直，砌法与北壁同。四壁相接处砌砖相互叠压。顶部被毁。墓室南北长2.42、东西最宽1.40米，残高0.25米。棺床呈反刀把形，与墓室四壁相接，东、南侧壁未砌护壁；棺床面为黄砂土，未铺砖。棺床高0.10米。东南部凹槽为墓室地面，平面呈长方形，连接甬道，为黄砂土。凹槽南北长0.23、东西宽0.90米。

2．遗物　有陶器、铜钱和墓砖。

陶器　泥质，土黄色，火候较低，轮制，出土于棺床东北部，器形为一套塔形罐，由盖、兽面罐和底座组成。盖和兽面罐因残甚形制不详。

底座　1件。标本M69：1，覆盆状。敛口，宽斜沿；腹上部微鼓，腹部较深；平底。内、外壁涂

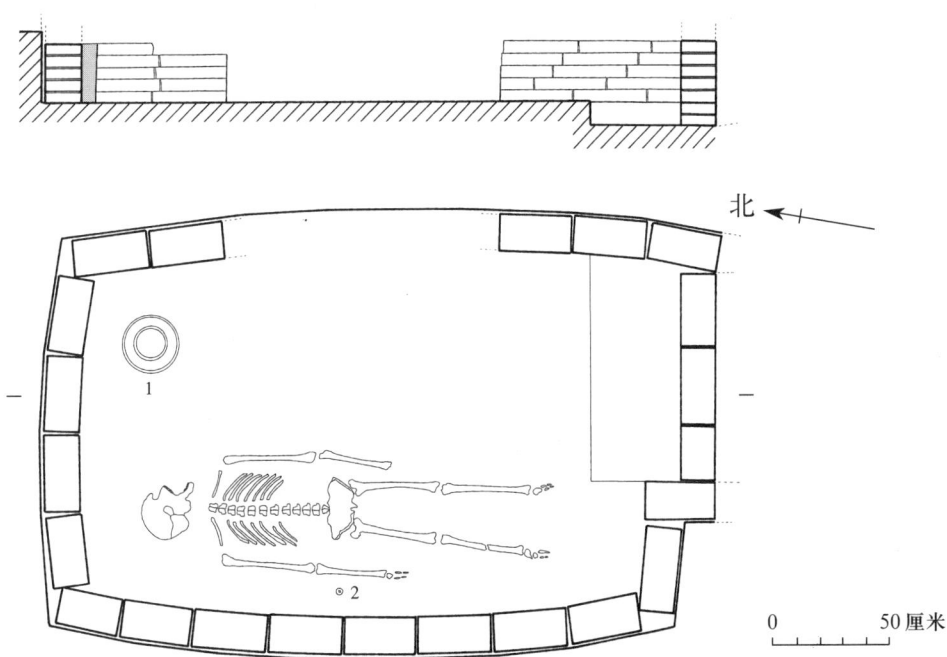

图一〇七　M69 及出土遗物
1. 底座　2. 铜钱

一层灰白色陶衣，外壁陶衣上饰黑彩或墨彩图案。口径 26.6、底径 13.8、高 9.6 厘米。

铜钱　1 枚，出土于人体骸骨下，锈蚀严重字迹不辨。

墓砖　为拉划纹条砖，模制较粗糙，规格相同。长 30、宽 15、厚 5 厘米。

3. **葬式**　发现一具人体骸骨。保存较好，呈仰身直肢，头向北，面向东。经鉴定是年龄 30～35 岁的男性。没有发现葬具。

M70

M70 位于第二排东部，西距 M69 约 0.5 米。被盗和破坏，原开口层位不详。修筑方法与 M95 同。

1. **形制**　M70 是倒凸字形单室砖室墓，南北向，方向 170°。由墓道、甬道以及墓室构成，墓室内砌棺床（图一〇八 A；彩版三二，1、2）。

墓道　长方形阶梯底，位于墓室南部偏东。残口平面呈长方形，东、西壁较直；底部残留有二个台阶，从南至北第一台阶宽 0.30、高 0.10 米，台面呈缓坡状；第二台面宽 0.40、高 0.26 米，台面较平。墓道内填土为褐色花土，土质较硬，且含有大量的砖块及黑木炭碎屑等。墓道长 1.15、宽 0.75、深 0.65 米。

甬道　平面呈长方形。底部为黄砂土；东、西壁用条砖纵向错缝平砌，与墓室南壁砌砖相互叠压；残存壁面垂直。顶部被毁。甬道南北长 0.66、东西宽 0.74 米，两壁残高 0.60 米。封门位于甬道南部，残存中下部，用条砖横向平砌。封门厚 0.16、残高 0.65 米。

墓室　平面呈弧边方形，用条砖逐层错缝平砌于挖掘的长方形土圹内，残存中下部。东、西壁略外弧，用条砖纵向内收平砌；北壁外弧较东、西壁小，用条砖横向内收平砌；南壁较直，砌法与北壁

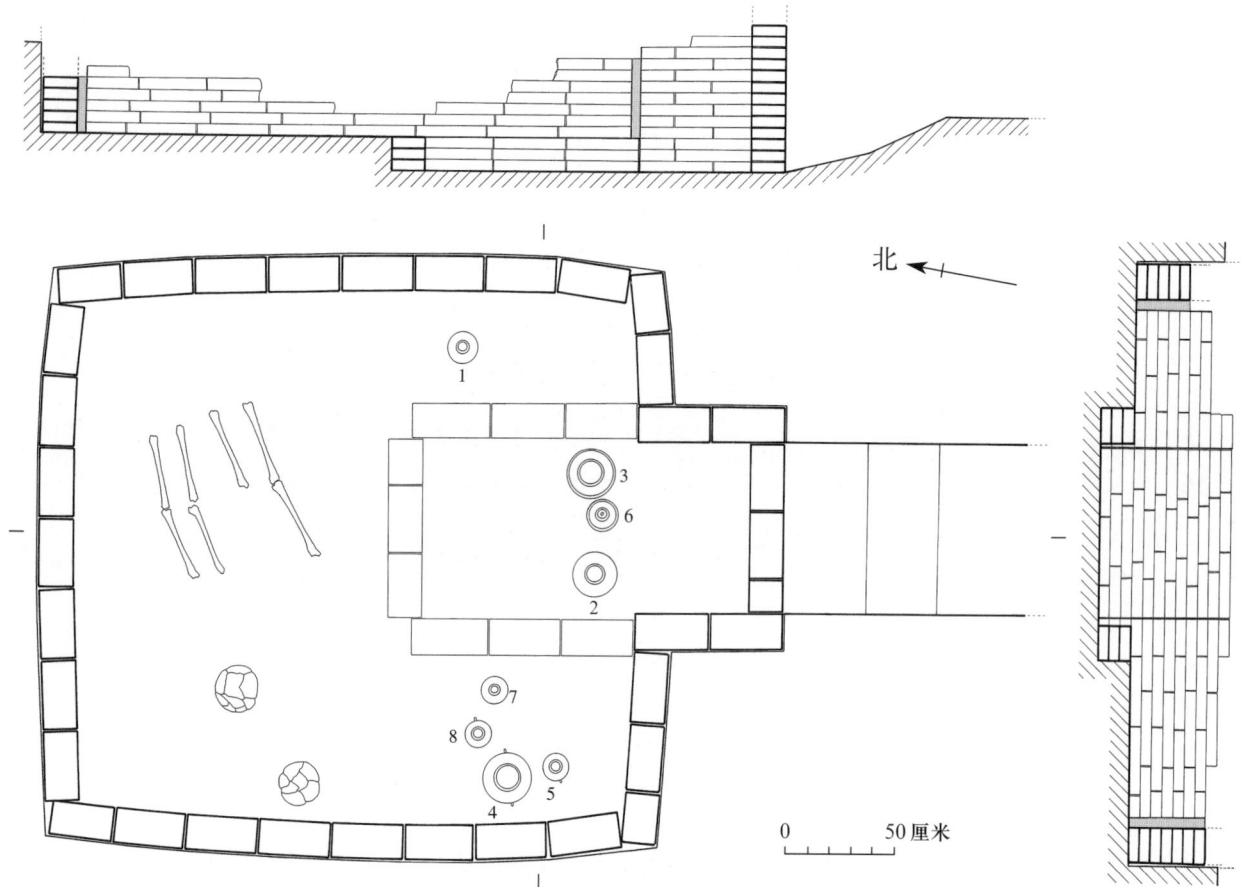

图一〇八 A　M70 平、剖面图

1、7. 壶　2. 罐　3. 底座　4. 双耳罐　5、8. 执壶　6. 盖

同。四壁相界处砌砖相互叠压。顶部已被完全破坏。墓室南北最长 2.56、东西宽 2.34 米，残高 0.66 米。棺床呈倒凹字形，与墓室四壁相接，东、南、西侧壁用条砖平砌护壁；棺床面为黄砂土，未铺砖。棺床高 0.17 米。中南部凹槽为墓室地面，较小，平面呈长方形，连接甬道，为黄砂土，未铺砖。凹槽南北长 1、东西宽 0.8 米。

2. **遗物**　有陶器和墓砖。

陶器　泥质，朱红色，轮制。残碎，主要出土于棺床东南部和西南部，另在棺床下凹槽内发现壶、盖等，系盗扰所致。器形有一套塔形罐、双耳罐、壶、执壶等。

盖　1 件。标本 M70∶6，盖盘覆碗状。敞口，微卷沿，弧腹；内尖底，中部一孔眼与盖纽相通。外底假圈足，周缘用手指向右按压成花瓣状，中部黏接盖纽。盖纽塔状，中空，逐层窄小，顶部残，为一扁圆形竖孔。内、外壁通体饰一层灰白色陶衣；外壁陶衣上饰黑彩，塔及纽及纽座上饰红彩，局部脱落。底口径 20.2、高 18.8 厘米（图一〇八 B；彩版三三，1 上）。

兽面罐　1 件。标本 M70∶2，敛口，卷沿，沿内侧饰一周阴弦纹；矮领，圆肩，鼓腹，平底。肩部贴饰四个模制兽面，形制、造型相同。兽面圆丘状，正面高突；张嘴，獠牙明显；颧骨略凸；鼻根低陷，鼻翼略高；环眼，细眉，均较低平；双角倒八字形，较凸；双耳浅穴状，位于角两侧。周围饰细毛纹；周缘和器壁之间留存黏贴时的抹痕。兽面下的器壁从外向内戳一直径 1.6 厘米的穿孔。外壁涂一层灰白色陶衣，其上饰黑彩或墨绘图案，大部脱落，残存局部。口径18.4、底径14.4、高34厘米（彩版三三，1中）。

底座　1件。标本M70：3，由上部和下部分件制作套接而成。下部腹盆状，轮制。敛口，卷平沿，微鼓腹，腹部较深，脱底。上部唾盂形，轮制。敞口，方唇，束颈，鼓腹，脱底；腹部等距离压印1.8厘米宽较深的竖槽。套接部束腰，器壁厚，内壁局部形成重叠的泥皮。外壁涂一层灰白色陶衣，其上饰黑彩或墨绘花纹，仅存局部。上口径16、底口径29.5、高26.6厘米（图一〇八B；彩版三三，1下）。

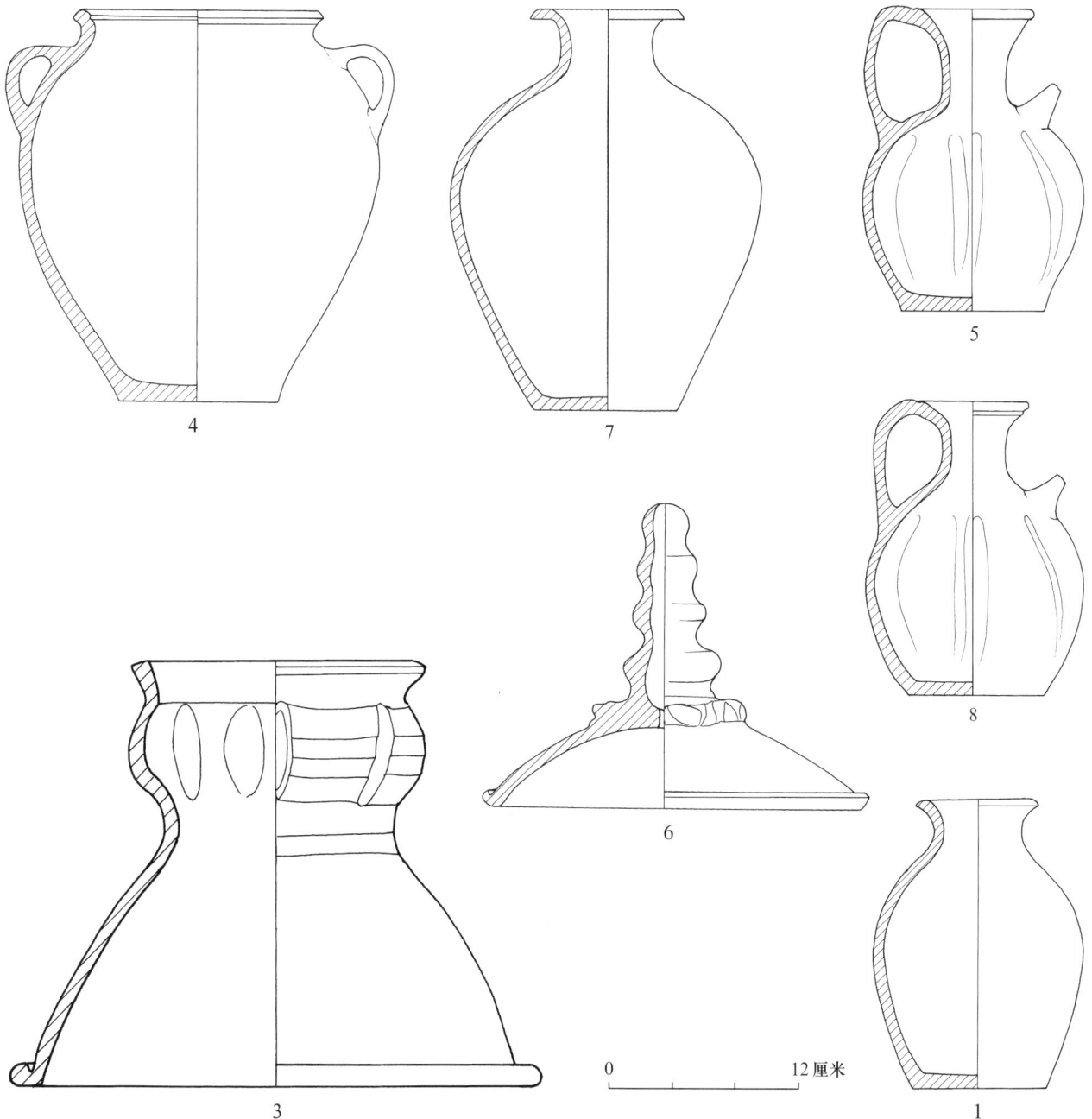

图一〇八B　M70出土遗物

1、7.壶　3.底座　4.双耳罐　5、8.执壶　6.盖

塔形罐由底座、兽面罐、塔状纽盖相叠而成，通高 76.4 厘米（图一〇八 B；彩版三三，1）。

壶　2 件。标本 M70：1，敞口，卷沿，颈部较高，肩部稍圆，斜腹，平底。腹部有轮圈痕，底部弧圈纹细密、清晰。口径 5.5、底径 8.4、高 17.8 厘米（图一〇八 B；彩版三三，2）。标本 M70：7，敞口，卷平沿，领部较高；圆肩，鼓腹，平底。腹、底之间有明显的黏接痕；底部弧圈纹细、清晰。外壁涂一层灰色陶衣，局部脱落。最大径在腹上部。口径 7.2、底径 8.8、高 24.6 厘米（图一〇八 B；彩版三三，3）。

执壶　2 件，形制相同。标本 M70：5，残复。敞口，卷沿，细颈，颈部较高，腹部呈蒜头状，系在肩、腹部压印六道间距不等的 1.60 厘米宽的竖槽而成，平底略扁。肩部黏接相对的把手和流，器壁打磨光滑，有细密的刀削修理痕。底部弧圈纹细密、较模糊。口径 6.2、底径 8.4~8.8、高 18.5 厘米（图一〇八 B；彩版三三，4）。标本 M70：8，残复。敞口，平沿，沿下部饰一周阴弦纹；细径较高；颈部以下呈蒜头状，系在肩、腹部压印六道间距不等的 1.6 厘米宽的竖槽而成。平底略残。肩部黏贴相对的把手和流；器壁留存细密的竖向刮、抹修理痕；制作较为精细；底部弧圈纹较模糊。口径 5.8、底径 8.2、高 18 厘米（图一〇八 B；彩版三三，5）。

双耳罐　1 件，标本 M70：4，残，敞口，圆唇，唇内侧饰一周阴弦纹；矮领，圆肩，平底。肩部黏贴对称的双耳。口径 14、底径 10、高 24 厘米（图一〇八 B；彩版三三，6）。

墓砖　为拉划纹条砖，制作较精细。拉划纹大多系多次拉划，清晰匀称，满布砖面。规格有长 30、宽 15、厚 4 厘米和长 33、宽 16.5、厚 4.5 厘米两种。

3. **葬式**　发现两具人体骸骨，骨盆以上被扰，骨盆及下肢骨尚未扰动，呈仰身直肢、头南足北。经鉴定，棺床南部骨骼为一成年女性，北部骨骼为一成年男性，属二人合葬墓。没有发现葬具。

五　M68、M67

M68、M67 位于丁区中部墓区第三排，二者东西并列，相距较近。

M68

M68 位于第三排西部，东距 M67 均 4 米。被盗和破坏，原开口层位不详。残口层位与 M1 同。

1. **形制**　M68 为竖穴砖室墓，南北向，方向 180°（图一〇九；图版五一，1）。

墓室　平面呈长方形。东壁用两排条砖纵向错缝平砌，南、北、西壁为生土墙，未砌砖墙；墓室地面为黄砂土；顶部被毁。填土为褐色花土，土质较硬，且含有大量的砖渣以及木炭颗粒等。墓室南北长 2.40、东西宽 0.58、残高 0.50 米。另外，在墓室南壁有一小龛。龛宽 0.27、进深 0.2、高 0.30 米，顶部较平。

2. **遗物**　有陶器、铜钱、漆器和墓砖。

陶器　残碎，主要出土于墓室南部，器形为一套塔形罐，由盖、罐和底座组成，残存盖和罐。另在罐内发现漆盒，仅剩漆皮，形制不详。

盖　1 件。标本 M68：1，泥质，淡灰色，由盖盘和盖纽分件制作黏贴而成。盖盘覆碗状，轮制。敞口，圆唇，腹部较深；内尖圆底，外底圈足，中部黏贴一覆钵式塔状纽，较低矮。盖盘外壁曾饰黑彩或墨彩图案，残存局部；塔状纽饰橘红色，残存局部。底口径 18、高 13.6 厘米（图一〇九；图版五一，2）。

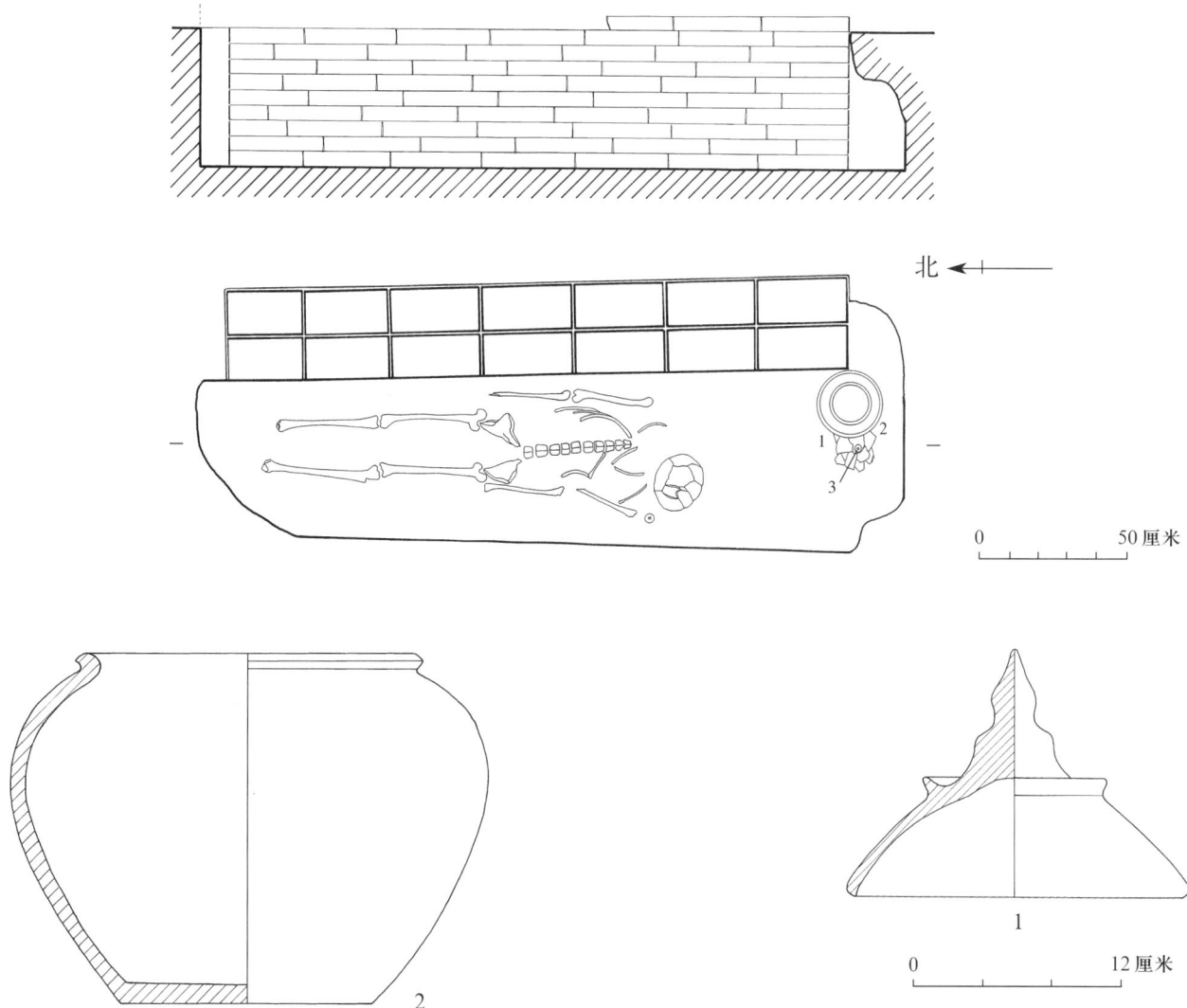

图一〇九　M68及出土遗物

1. 盖　2. 罐　3. 铜钱

罐　1件。标本M68：2，泥质，微夹细砂；红褐色，烧成温度较高，几近瓷胎；轮制。敛口，圆唇，圆肩，弧腹，平底。外壁原涂灰白色陶衣，大部脱落，残存局部。底部弧圈纹模糊。器形粗矮，制作较为精细，口径18、底径14.4、高19.6厘米（图一〇九；图版五一，3）。

铜钱　1枚，出土于人体骸骨口内，锈蚀严重字迹不辨。

墓砖　为素面和手印纹条砖，模制较规整，砖体较小，规格相同。标本M68：4－1，砖面印两个手印纹，其中一个残。长26、宽13、厚4厘米。标本M68：4－2，砖面一端印一右手印。长26、宽13、厚4厘米。

3. **葬式**　发现一具人体骸骨，仅肋骨及上肢骨略有扰动，呈仰身直肢，头向南，面向西。经鉴定可能为年龄16~18岁的女性。没有发现葬具。

M67

M67位于第三排东部，西距M68约4米。被盗和破坏，仅残存底部二、三层砖，原开口层位不详。修筑方法与M96同。

1. 形制　M67为刀把形单室砖室墓，南北向，方向190°。由墓道、甬道及墓室构成（图一一〇；图版五一，4）。

墓道　长方形斜坡底，位于墓室南部偏东，大部分已被破坏，仅存底部一小段。残口平面呈长方形，底呈斜坡，坡度14°。填土为五花土，土质稍硬，含有一些碎砖渣等。残口长0.40、宽0.73、残高0.14米。

甬道　底部为黄砂土，平底，平面呈长方形。东、西仅存底部。顶部结构不详。甬道南北长0.56、东西宽0.60米，残高0.14米。封门位于甬道内南端，但仅残存东端一块条砖。

墓室　平面呈梯形，用条砖平砌于挖掘的长方形的土圹内，残存底部。东、西壁外弧，用条砖纵向平砌，北壁略弧，条砖横向平砌，南壁被毁；顶部结构不详。墓室南北最长2.13、北部东西宽1、南部东西宽1.20、中部最宽1.26米。残高0.14米。没有棺床。墓室地面为黄砂土，未铺砖。

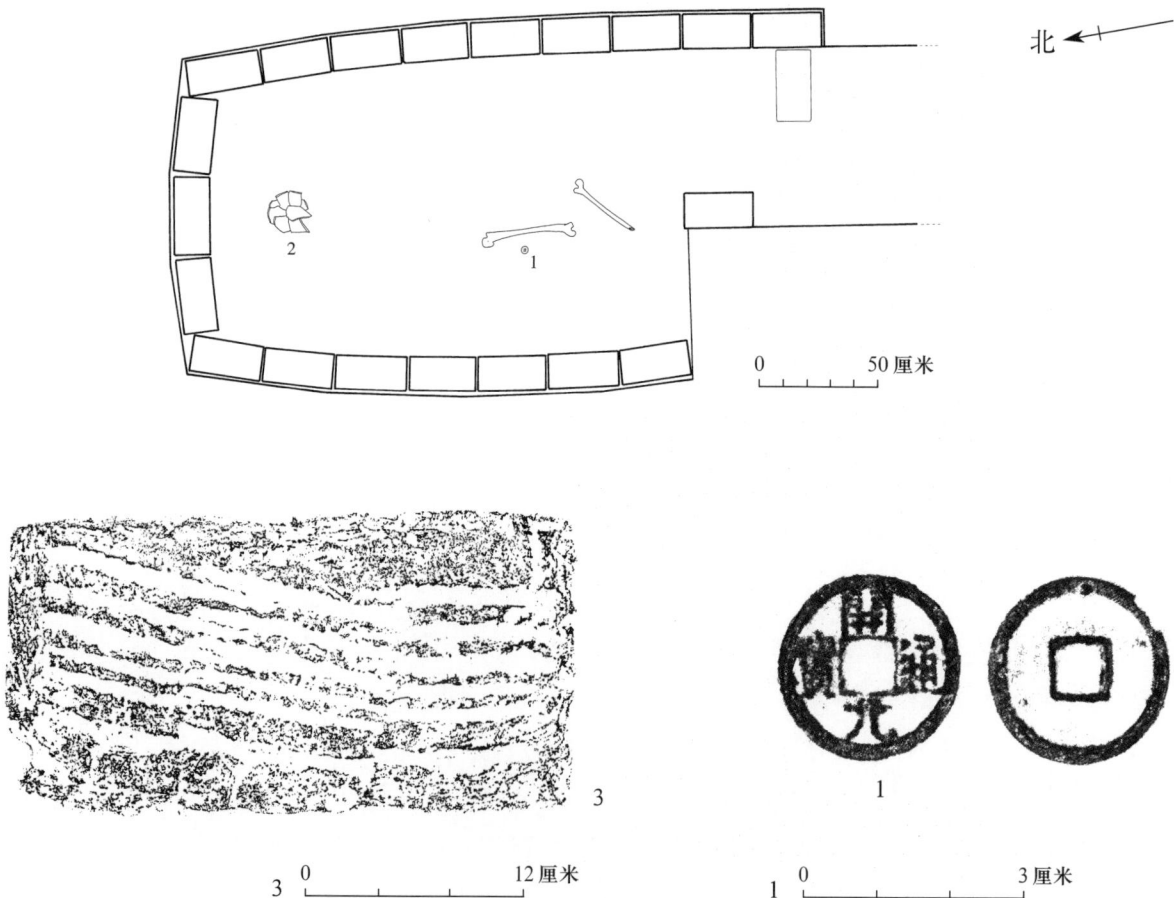

图一一〇　M67及出土遗物
1. 开元通宝　2. 罐　3. 墓砖拓片

2. **遗物**　有陶器、开元通宝铜钱和墓砖。

陶器　泥质，朱红色，轮制。残碎，出土于墓室北部，器形有盖、罐和底座组成的一套塔形罐。罐残存腹底部，盖和底座残其形制不详。

罐　1件。标本M67：2，残存腹底部，略鼓腹，腹下部斜收，平底，底部粗糙；腹、底之间有黏接痕。外壁涂一层灰白色陶衣。底颈10.4～11、残高15.2厘米。

开元通宝　1枚。位于墓室南部。标本M67：1，"开"字宽扁，二竖画外撇；"元"字上画短，次画平直；"通"字之"走"旁三逗点不相连，"甬"旁上笔开口略大；"宝"字模糊。有使用痕。直径2.4、穿径0.7、廓宽0.2厘米，重3.9克（图一一〇）。

墓砖　拉划纹条砖，模制，规格相同。拉划纹有的满布砖面，有的分布于砖面中部。标本M67：3，用9.8厘米宽的梳齿状工具三次拉划，纹饰分布于砖面的中部。长31、宽16、厚5厘米（图一一〇）。

3. **葬式**　仅在墓室西部发现部分骨盆及下肢骨，未见头骨。经鉴定为年龄15～16岁的个体，性别不详。没有发现葬具。

六　M73

M73单独成排，北距M70约8.60米。被盗和破坏，原开口层位不详。修筑方法与M95同。

1. **形制**　M73为倒凸字形单室砖室墓，南北向，方向182°。由墓道、甬道、以及墓室构成，墓室内留置棺床（图一一一A；彩版三四，1）。

墓道　长方形斜坡底，位于墓室南部，与墓室南北在同一中轴线上。残口平面呈长方形，东、西壁为直壁，底部为斜坡，坡度约为22°。填土为褐色花土，土质较硬，且含有大量砖渣、小石块等。墓道长1.52、宽0.90、深0.60米。

甬道　底部呈长方形，平底。东、西壁用条砖纵向错缝平砌，且与墓室南壁相接处砌砖相互叠压；残存壁面垂直。顶部已被完全破坏。甬道南北长0.32、东西宽0.80米，两壁残高0.60米。封门位于甬道内，底部用条砖纵向侧立一层、然后用条砖平砌五层、再侧立一层，其上被毁。封门厚0.32、残高0.58米。

墓室　平面呈弧边方形，用条砖逐层错缝内收平砌于挖掘的长2.80米圆角方形竖穴土圹内，残存中下部。东、西壁为弧形，外弧约0.15米，用条砖纵向平砌；北壁也为弧形，外弧约0.10米，用条砖横向平砌；南壁较直，砌法与墓室北壁同。四壁相接处砌砖相互叠压。顶部被完全破坏。墓室南北最长2.43、东西最宽2.60米，四壁残高0.40米。棺床呈倒凹字形，与墓室四壁相接，侧壁未砌护壁；棺床面为黄砂土，未铺砖。棺床高0.20米。中南部凹槽为墓室地面，平面呈长方形，连接甬道。凹槽南北长1.15、东西宽0.90米。

2. **遗物**　有陶器和墓砖。

陶器　均为泥质红陶残片，集中分布在棺床西南部。器形有盖、罐、底座组成的一套塔形罐和双耳罐等。其中塔形罐之罐仅存残片，形制不详。

盖　1件。标本M73：1，盖盘浅盘状。侈口，浅腹，内小平底，外底平，其上贴两层泥饼，向上卷捏成花瓣状，中部黏一塔状钮。钮二层，每层向上摁压成花棱，顶部一直径0.8厘米的扁圆形竖孔。外壁通体饰一层灰白色陶衣。底口径18.4、高12.3厘米（图一一一B；彩版三四，2）。

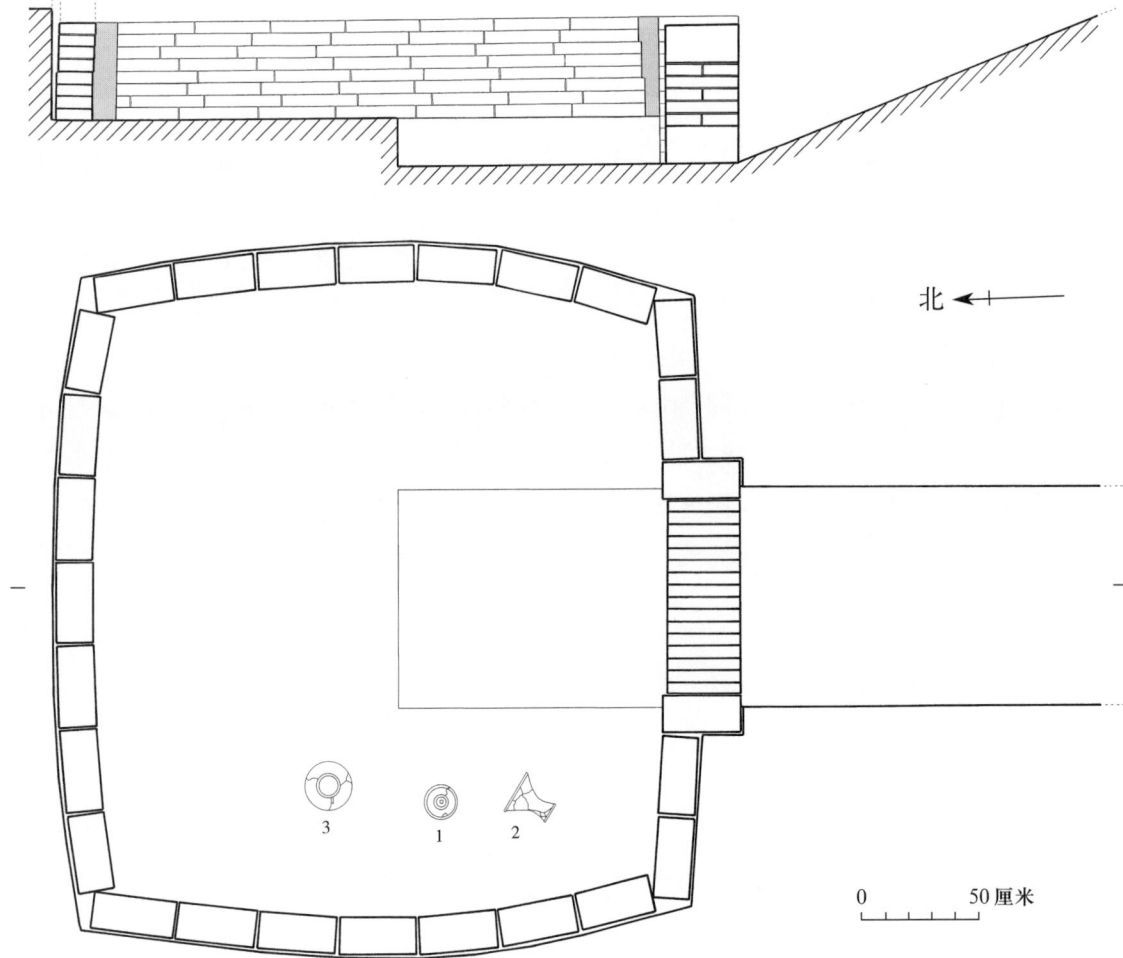

图一一一 A　M73 平、剖面图
1. 盖　2. 底座　3. 双耳罐

底座　1件。标本 M73∶2，由上部、颈部和下部分件制作套接而成。下部覆盆状，轮制，敛口，卷平沿，微鼓腹，脱底。颈部圆筒形，轮制，内壁有层叠轮台纹。上部唾盂形，轮制，侈口，圆唇，颈部较高，折肩，鼓腹，脱底，腹上部饰二周阴弦纹，压印成 1.5 厘米宽的八个凹槽。套接处器壁较厚，在内壁留存明晰的套接痕。覆盆外壁和颈部各贴一周泥条，用手指向上卷压成花瓣状，外壁通体涂一层灰白色陶衣，其上饰淡黑色，大部脱落。上口径 14.8、底口径 16.8、高 29.4 厘米（图一一一 B；彩版三四，4）。

双耳罐　1件。标本 M73∶3，残，敞口，圆唇，唇内侧饰一周阴弦纹；矮领，圆肩，鼓腹，平底。肩部贴对称的双耳，耳下器壁凹陷。外壁涂一层灰白色陶衣，局部脱落。口径 15.2、底径 24.8、高 21 厘米（图一一一 B；彩版三四，3）。

墓砖　均为素面条砖，模制较粗糙，规格相同。长 31、宽 15.5、厚 4.5 厘米。

3. **葬式**　人体骸骨已朽为粉末状，从其残存情况看，可能为一具，性别、年龄不辨；具体葬式不详。没有发现葬具。

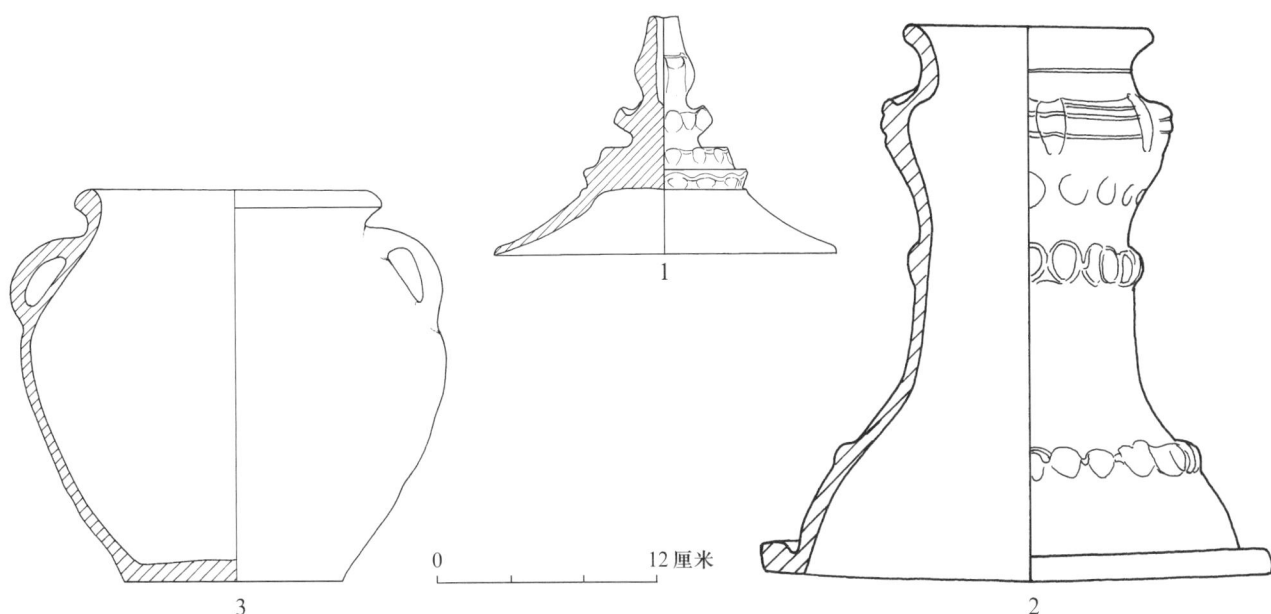

图一一一B　M73 出土遗物
1. 盖　2. 底座　3. 双耳罐

七　M66、M65

M66、M65 位于丁区中部墓区第五排，二者南北错位，相距很近。其南部为人工湖南壁。

M66

M66 位于第五排西部，东距 M65 约 1.2 米。被盗和破坏，原开口层位不明。修筑方法与 M95 同。

1. **形制**　M66 为刀把形单室砖室墓，南北向，方向 180°。由墓道、甬道、墓室构成，墓室内砌棺床（图一一二；图版五二，1）。

墓道　位于墓室南部偏东，因故未清理。

甬道　平面呈长方形，底部为黄砂土，平底。西壁用条砖纵向错缝平砌，与墓室南壁砌砖相互叠压；东壁是墓室东壁的向南延伸。残存壁面垂直。顶部被毁。甬道南北长 0.34、东西宽 0.80 米，残高 0.30 米。封门位于甬道内，残存下部。底层用条砖侧立，其上用条砖平砌。封门厚 0.32、残高 0.18 米。

墓室　平面呈弧边梯形，用条砖逐层错缝平砌于挖掘的弧边梯形竖穴土圹内，残存底部。东、西壁明显外弧，且西壁弧度较大，用条砖纵向内收平砌；北壁略弧，用条砖横向内收平砌；南壁较直，砌法与北壁同。顶部被毁。墓室南北最长 2.42、北部东西宽 1.08、南部东西宽 1.51、东西最宽 1.54 米，残高 0.30 米。棺床呈反刀把形，与墓室四壁相接。东、南侧壁用条砖平砌护壁；棺床面用条砖平铺。其北部条砖纵向平铺，西南部条砖横向平铺。棺床高 0.15 米。东南凹槽为墓室地面，较小，平面呈长方形，连接甬道，未铺砖。凹槽南北长 1.20、东西宽 0.80 米。

2. **遗物**　有陶器和墓砖。

陶器　均为泥质红陶片，轮制，出土于墓室东南部，器形有盖、罐和底座组成的一套塔形罐等。其中罐仅存残片形制不详。

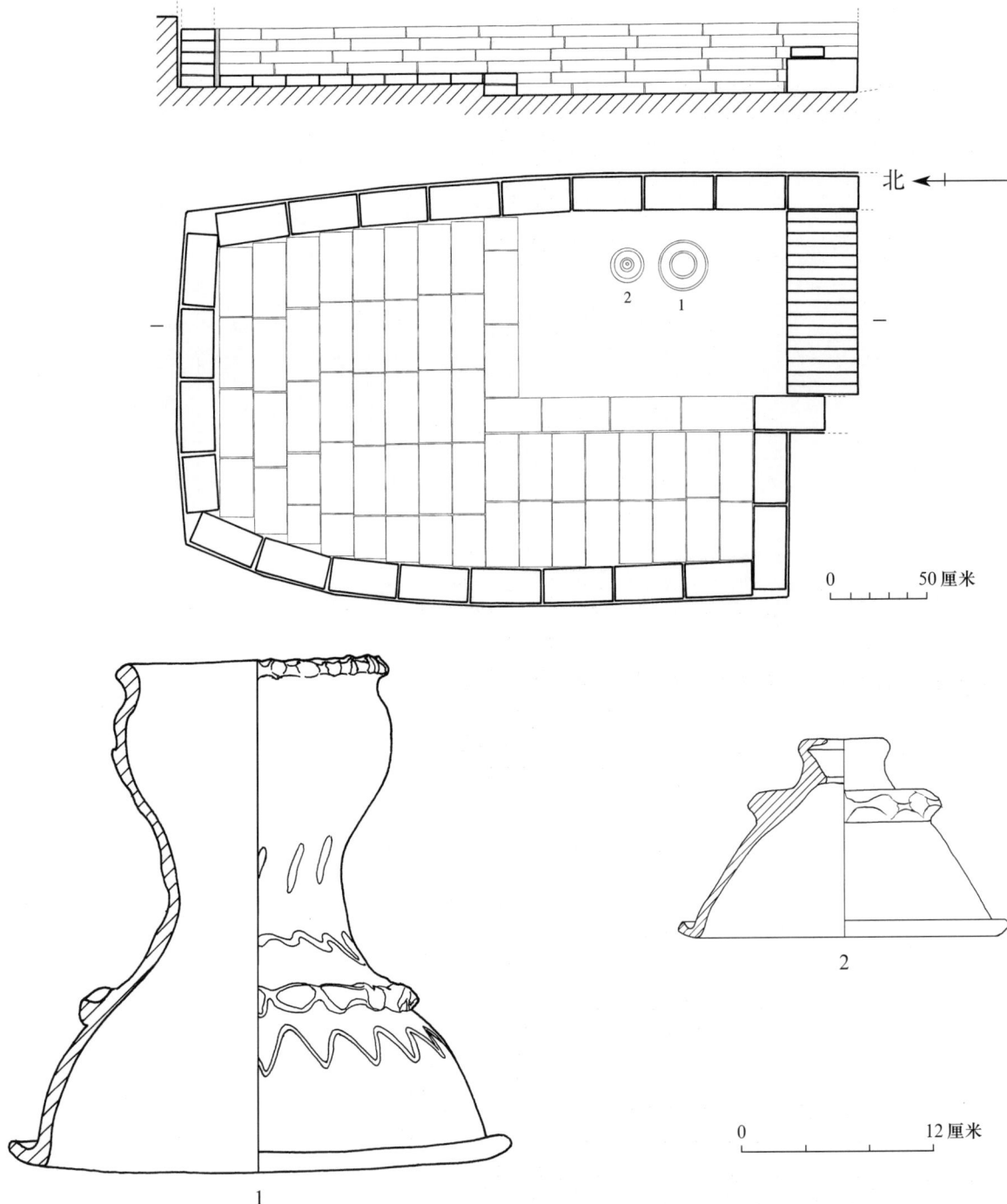

图一一二　M66 及出土遗物

1. 底座　2. 盖

　　盖　1件。标本 M66：2，由盖盘和盖纽分件制作黏接而成。盖盘覆碗状，轮制。敛口，卷宽沿，腹上部略鼓，腹部较深，内尖底，中部一竖孔与盖纽相通，外底假圈足，周缘黏贴一周较厚的泥条向左上摁压成花瓣状；中部黏贴盖纽，残存底部，呈亚腰形，残断面中部一直径2.2～2.4厘米的竖孔。外表通体可能饰黑彩，纽座周围、花瓣和腹上部残存墨片痕。底口径18、残高11.8厘米（图一一二；图版五二，2）。

底座　1件。标本M66：1，由上部和下部分件制作套接而成。下部覆盆状，轮制。敛口，卷宽平沿，微鼓腹，腹部较深，脱底；腹部贴一周泥条，向上卷压成花瓣状；其上、下各拉划一周水波纹。上部唾盂形，轮制。敞口，内方唇，外花唇；束颈，鼓腹，脱底。腹部刮划一周2.4厘米宽的浅"U"形槽。套接部束腰，器壁厚；外壁因摁压不平，上面随意拉一周间距不等的竖条纹；内壁留存明显的套接痕。外壁饰一层灰白色陶衣，其上饰黑彩或墨绘图案，残存局部。上口径16、底口径25.6、高31.4厘米（图一一二；图版五二，3）。

墓砖　为素面条砖，模制较为规整，规格相同。长32.5、宽15.5、厚4厘米。

3．**葬式**　仅在墓室地面发现右肩胛骨以及少量肋骨，经鉴定可能为一成年个体，性别、葬式不详。没有发现葬具。

M65

M65位于第五排东部，西距M66约1.2米。被盗和破坏，原开口层位不详。修筑方法与M96同。

1．**形制**　M65为刀把形单室砖室墓，南北向，方向185°。由墓道、甬道及封门以及墓室三部分构成，墓室内砌棺床（图一一三；图版五二，4）。

墓道　长方形斜坡底，位于墓室南部偏东。平面呈梯形，北端略宽；东、西壁为直壁，底呈斜坡，坡度24°。填土为褐色花土，土质较硬。墓道长0.72、宽1.04、深0.32米。

甬道　平面呈梯形，底部为黄砂土，未铺砖。东壁为墓室东壁的向南延伸，西壁用条砖纵向错缝平砌，与墓室南壁砌砖相互叠压；残存壁面垂直。顶部被毁。甬道南北长0.70、北部东西宽1.10、南

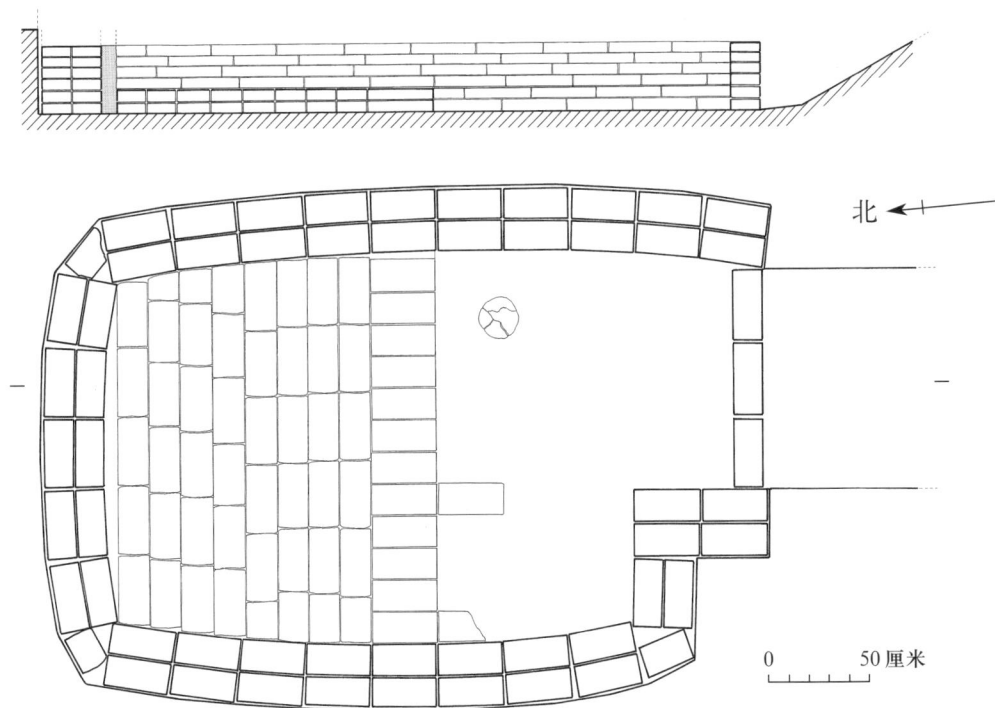

图一一三　M65平、剖面图

部东西宽 1.04 米，两壁残高 0.32 米。封门位于甬道内南端，残存下部。用条砖错缝横向平砌。封门厚 0.15、残高 0.32 米。

墓室 墓室平面略呈弧边长方形，用条砖砌于挖掘的长方形土圹内。东、西壁外弧，其中西壁外弧较东壁大，用两排条砖纵向错缝平砌，每层间隔砌反方向的条砖以牵引墓壁；北壁外弧，用两排条砖横向错缝平砌，每层也砌反方向的条砖以牵引墓壁；南壁较直，砌法与北壁同。四壁相接处砌砖相互叠压。顶部被毁。墓室南北最长 2.58、北部东西宽 1.60、南部东西宽 1.72、中部东西最宽 1.82 米，四壁残高 0.32 米。棺床呈反刀把形，与墓室四壁相接。东、南侧壁用条砖平砌护壁，其中东侧壁大部被毁；棺床面用条砖横向平铺。高 0.14 米。东南部凹槽为墓室地面，较小，未铺砖。

2．遗物 墓室被严重盗扰，遗物仅存墓砖。

墓砖 为拉划纹条砖，模制较粗糙，规格相同。拉划纹大多稀疏，用 0.6 厘米宽的片状工具拉划而成。长 30、宽 15、厚 4 厘米。

3．葬式 发现有一具人体骸骨，严重扰乱，年龄、性别不详。没有发现葬具。

八 M78、M74、M77

M78、M74、M77 位于丁区东部墓区，三者相距较近，略呈三角形分布。

M78

M78 位于丁区东部墓区的中部，南为 M77，西南为 M74。被盗和破坏，原开口层位不详。修筑方法与 M95 同。

1．形制 M78 为倒凸字形单室砖室墓，南北向，方向 185°。由墓道、甬道、墓室三部分构成，墓室内留置棺床（图一一四 A；图版五三，1）。

墓道 长方形斜坡底，位于墓室南部，与墓室南北在同一中轴线上。残口平面呈长方形，东、西壁为直壁；底部呈斜坡，坡度为 20°。填土为褐色花土，含大量的砖渣等。墓道残长 1.60、0.84、深 0.60 米。

甬道 底部为黄砂土，平面呈长方形。东、西用条砖纵向错缝平砌，与墓室南壁砌砖相互叠压；残存壁面垂直。顶部被毁。甬道南北长 0.34、东西宽 0.84 米，两壁残高 0.60 米。封门位于甬道南端，残存下部。用条砖横向平砌。封门厚 0.16、残高 0.32 米。

墓室 平面呈弧边方形，用条砖逐层内收平砌于挖掘的弧边方形竖穴土圹内，残存中下部。东、西壁为弧形，弧度较大，外弧约 0.20 米，用条砖纵向逐层内收平砌；南、北壁外弧较东、西壁小，用条砖横向逐层内收平砌；四壁相接处砌砖相互叠压。顶部已被完全破坏。墓室南北最长 2.46、东西宽 2.55 米，四壁残高 0.50 米。棺床呈倒凹字形，与墓室四壁相接，未砌侧壁，棺床面为黄砂土未铺砖。棺床高 0.10 米。中南部凹槽为墓室地面，平面呈长方形，连接甬道，为黄砂土面。凹槽南北长 1 米、东西宽 0.82 米。

2．遗物 有陶器和墓砖。

陶器 均为泥质灰陶片，分布于棺床西部，器形有盖、罐和底座组成的一套塔形罐等。其中底座

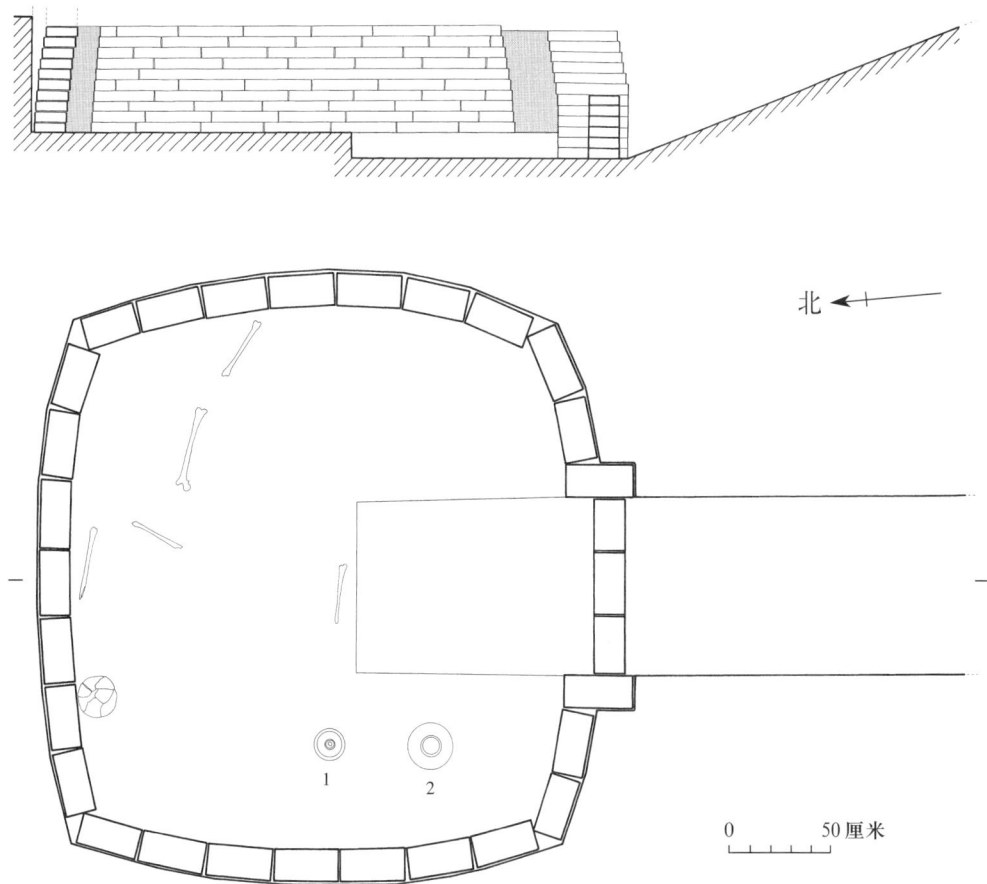

图一一四 A　M78 平、剖面图
1. 盖　2. 罐

残碎形制不详。

　　盖　1件。标本 M78∶1，盖盘覆盘状，侈口，圆唇，弧腹，腹部较浅，内尖底，外底假圈足，中部黏接盖纽。纽塔状，中空，三层，制作精细；顶部一扁圆形穿孔，可能系插塔刹之用。底口径18、高 10.4 厘米（图一一四 B；图版五三，2上）。

　　罐　1件。标本 M78∶2，敛口，卷沿，矮领，圆肩，深腹，平底。肩部和腹上部浑圆，器型粗矮，最大径在腹上部。口径 15.6、底径 12.8、高 26.6 厘米（图一一四 B；图版五三，2下）。

　　墓砖　为拉划纹条砖，模制较粗糙。规格有两种。标本 M78∶3－1，拉划纹体型砖，由拉划纹条砖打制而成，一侧面为原条砖的侧面。长 19.5～30.5、宽 15、厚 5 厘米。标本 M78∶3－2，拉划纹主要分布于砖面的中部，分两次拉划。长 32、宽 15.5、厚 5 厘米。

　　3. **葬式**　棺床发现两具人体骸骨。北部骨骼头骨、上肢骨、肋骨等均已扰乱，但整体上呈仰身，头西足东。另外一具位于其南，被严重扰乱，骨骼残存较少。经鉴定，前者是年龄 45～55 岁的男性，后者是成年女性。属二人合葬墓，葬式为仰身直肢，头西面东。未发现葬具。

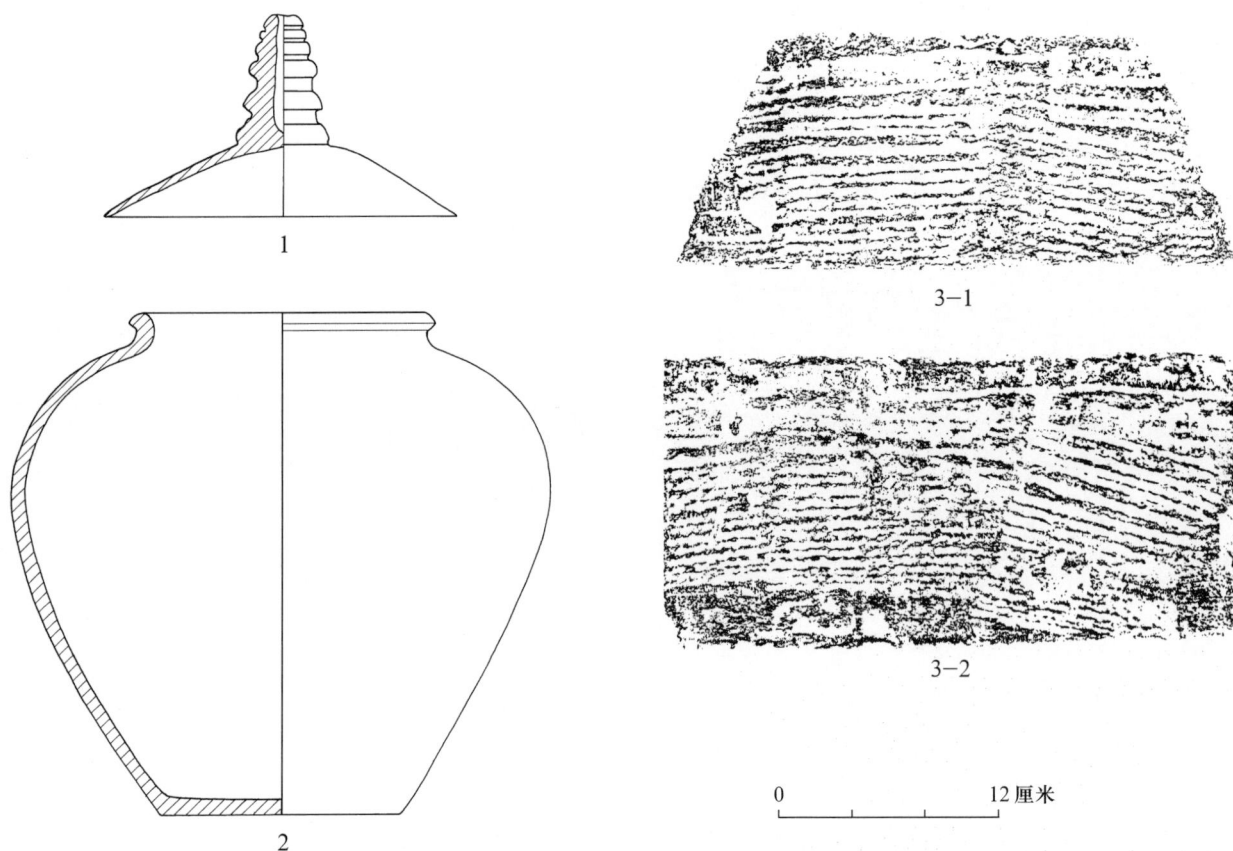

图一一四 B　M78 出土遗物
1. 盖　2. 罐　3-1、3-2. 墓砖拓片

M74

M74 位于丁区东部墓区的西南部，东南距 M77 约 3 米。被盗和破坏，原开口层位不详。修筑方法与 M95 同。

1. 形制　M74 为倒凸字形单室砖室墓，南北向，方向 185°。由墓道、甬道以及墓室构成，墓室内留置棺床（图一一五；图版五三，3）。

墓道　长方形斜坡底，位于墓室南部偏东。残口平面呈长方形，东、西壁为直壁，底部为斜坡，但南段坡度较大，北段略平缓。填土为褐色花土，土质较硬，且含有大量的砖渣、黑木炭颗粒等。墓道残长 1.68、宽 0.70、深 0.50 米。

甬道　平面呈长方形，底部为较平的黄砂土。东、西壁用条砖纵向平砌，与墓室南壁砌砖相互叠压；残存壁面垂直。甬道顶部已被完全破坏。甬道底南北长 0.35、东西宽 0.70、两壁残高 0.50 米。封门位于甬道内南端，残存底部。用条砖一层横向、一层纵向交替平砌。封门宽厚 0.32、残高 0.25 米。

墓室　平面呈弧边方形，用条砖逐层内收平砌于挖掘的弧边方形竖穴土圹内，残存底部。东、西壁外弧约 0.11 米，用条砖纵向错缝平砌；北壁略外弧，用条砖横向错缝平砌；南壁较直，砌法同北壁；

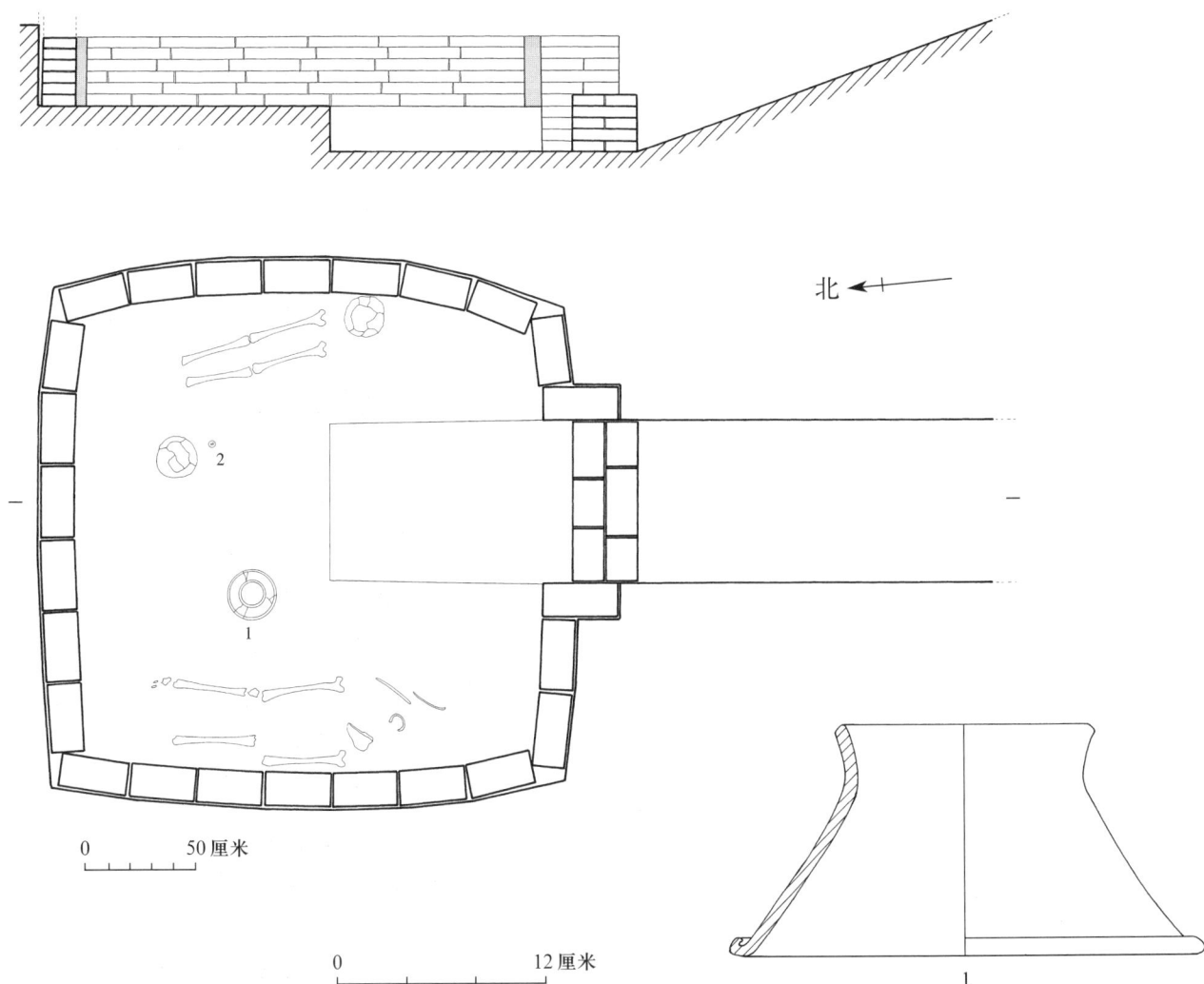

图一一五　M74 及出土遗物
1. 底座　2. 铜钱

四壁相接处砌砖相互叠压。顶部已被完全破坏。墓室南北最长 2.10、东西最宽 2.08 米，四壁残高 0.30 米。棺床呈倒凹字形，与墓室四壁相接，棺床面为黄砂土未铺砖，也未砌护壁。棺床高 0.20 米。中南部凹槽为墓室地面，连通甬道，地面为黄砂土。凹槽南北长 0.95、宽 0.70 米。

2. **遗物**　有陶器和墓砖。另出土铜钱 1 枚，锈蚀严重，字迹不辨。

陶器　出土于棺床中部，器形原为一套塔形罐，但塔形罐之盖和罐仅存残片，形制不详。

底座　1 件。标本 M74：1，残，由上部和下部分件制作套接而成，套接部束腰。下部覆盆状，轮制。敞口，卷平沿，深腹，脱底。上部钵状，轮制。敞口，尖唇，浅腹，脱底。外壁原涂一层灰白色陶衣，大部脱落，残存局部。上口径 14.4、底口径 24、高 13.4 厘米（图一一五）。

墓砖　为拉划纹和素面条砖，模制。拉划纹大多稀疏而随意。规格有长 28、宽 14.5、厚 4.5 厘米和长 30、宽 15、厚 5 厘米两种。

3. **葬式**　发现两具人体骸骨。头骨分别被扰于棺床北部及东部。但棺床西部的四肢骨、肋骨、脊椎骨、盆骨以及下颚骨局部被扰，从残存情况分析可能为仰身直肢，头向南。棺床东北部的一具人骨被严重扰乱。经鉴定，一具为年龄30～40的男性，一具为年龄30～40的女性。没有发现葬，但出土少量的铁钉，上附有朽木屑，可能有木箱或木棺类随葬。

M77

M77位于丁区西南部，西北距M74约3米。被盗和破坏，原开口层位不详。修筑方法与M95同。

1. 形制　M77为倒凸字形单室砖室墓，南北向，方向190°。由墓道、甬道以及墓室构成，墓室内留置棺床（图一一六；图版五四，1）。

墓道　长方形斜坡底，位于墓室南部。残口平面呈长方形，东、西壁为直壁，修砌齐整。底呈斜坡，坡度为26°。填土为褐色五花土，且含有一些砖渣、石块等。墓道长2.25、宽0.85、深1米。

甬道　残存底部。平面呈长方形，底部为黄砂土。东、西壁用条砖纵向错缝平砌。顶部已被完全破坏。甬道底北长0.34、东西宽0.85、残高0.25米。从甬道南部封门，用二排条砖横向平砌，残存下部。封门墙南北宽0.32、残高0.25米。

墓室　墓室平面呈弧边方形，用条砖错缝平砌于挖掘的边弧边方形竖穴土圹内，残存底部。东、西壁明显外弧，用条砖纵向平砌，残存底层。北壁略外弧，用条砖横向平砌，西北角已被完全破坏，仅存其东段。南壁较直，砌法与北壁同。顶部被完全破坏。墓室南北最长2.60、东西最宽2.72米，四壁残高0.25米。棺床呈倒凹字形，与墓室四壁相接，未砌护壁，棺床面为黄砂土，未铺砖。棺床高0.20米。中南部凹槽为墓室地面，平面呈长方形，连接甬道，未铺砖。凹槽南北长1.15米、东西宽0.95米。

2. 遗物　有陶器、铁饰、骨饰、墓砖等。

陶器　均泥质，土红色，轮制。器形为一套塔形罐，由盖、双耳罐、底座组成，出土于棺床西南部。

盖　1件。标本M77：3，覆碗状。敞口，卷沿，深腹，内尖圆底，外平底。外底周缘饰黑彩，腹部曾绘图案，模糊不清。底口径19.2、高6.8厘米（图一一六；图版五四，2）。

双耳罐　1件。标本M77：1敞口，斜方唇，沿内壁饰一周阴弦纹；束颈，圆肩，斜腹，平底。肩部黏贴对称的双耳，耳面双侧上卷，中部低凹，耳部器壁凹陷。外壁涂一层灰白色陶衣，其上局部饰黑彩或墨绘图案，仅存残迹。底部略扁，制作较粗糙。口径16.6、底径12～12.6、高26厘米（图一一六；图版五四，4）。

底座　1件。标本M77：2，覆碗状。敞口，卷沿，深腹；内尖底，外底假圈足，上有细密的弧圈纹。外壁饰一层灰白色陶衣，局部脱落。底口径20.8、底径8.2、高7.2厘米（图一一六；图版五四，3）。

铁条状饰　1件。标本M77：4，出土于墓室地面，长条状，断面呈扁圆形，两面均黏连部分布纹，锈蚀。长13.6、宽1.8厘米（图一一六；图版五四，5）。

骨器　出土骨钗1件，位于棺床北部南侧人骨头骨处。

骨钗　1件。标本M77：5，双股，由动物骨骼切割磨制而成。钗股前段光滑，后段粗糙，断面呈扁圆形。长12厘米（图一一六；图版五四，6）。

墓砖　为拉划纹条砖，模制较粗糙。拉划纹大多系多次拉划布满砖面。规格相同。长29、宽14.5、

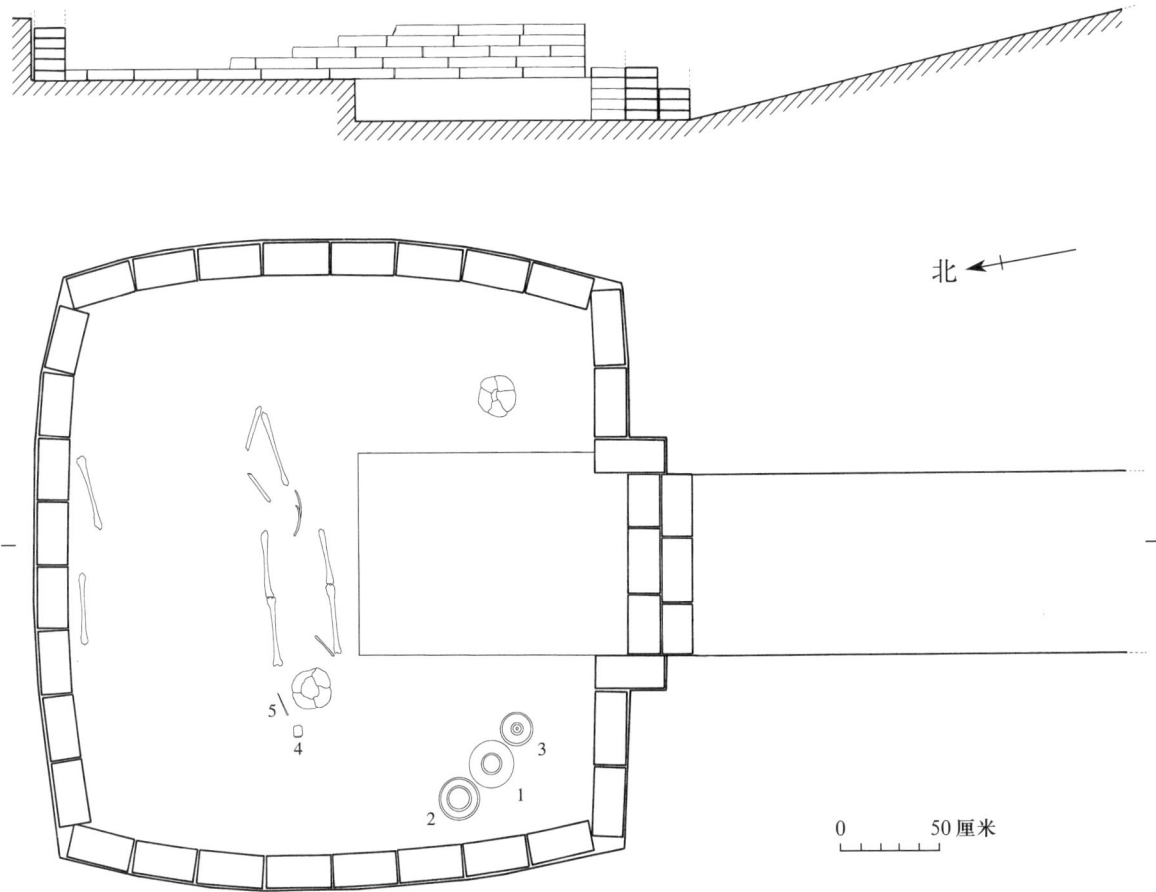

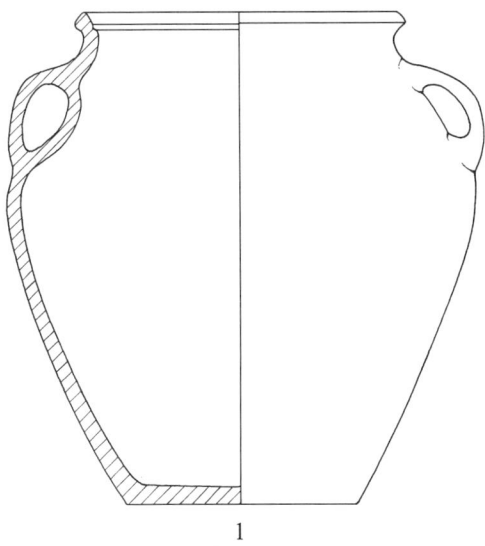

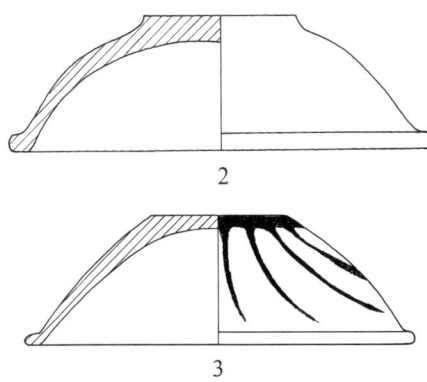

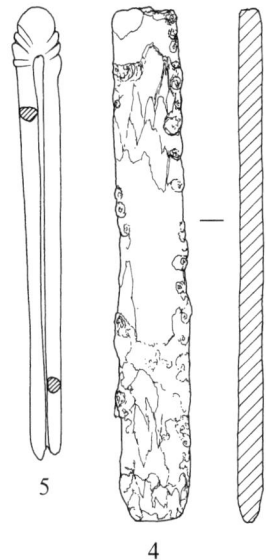

图一一六　M77 及出土遗物
1. 罐　2. 底座　3. 盖　4. 铁条状饰　5. 骨钗

厚 4.5 厘米。

3. **葬式** 发现两具人体骸骨，其中一具位于棺床北部靠南，局部已扰乱，但从整体上看，呈仰身直肢，头向西，面向南；在其北部发现了一些四肢骨及骨盆等，但均已扰乱，且未见头骨。从其保存状况分析，可能为头西足东；另外，在棺床下凹槽间发现一头骨，可能为棺床北端人头骨被扰至此。经鉴定，前者为 30～40 岁的女性，后者为成年男性。属二人合葬墓，葬式可能为仰身直肢，头西足东。未发现葬具。

第六章　明珠花园墓区

第一节　概述

明珠花园墓区位于明珠公园人工湖西部，在挖掘商住楼的建筑基坑内，发现了唐墓，分别被编号为 M110、M111（图一一七）。2006 年 10 月～11 月，在明珠花园西部修建文卫路安装下水道的沟槽中发现唐墓 12 座，分别编号 M112～M123，当月对其进行了清理。

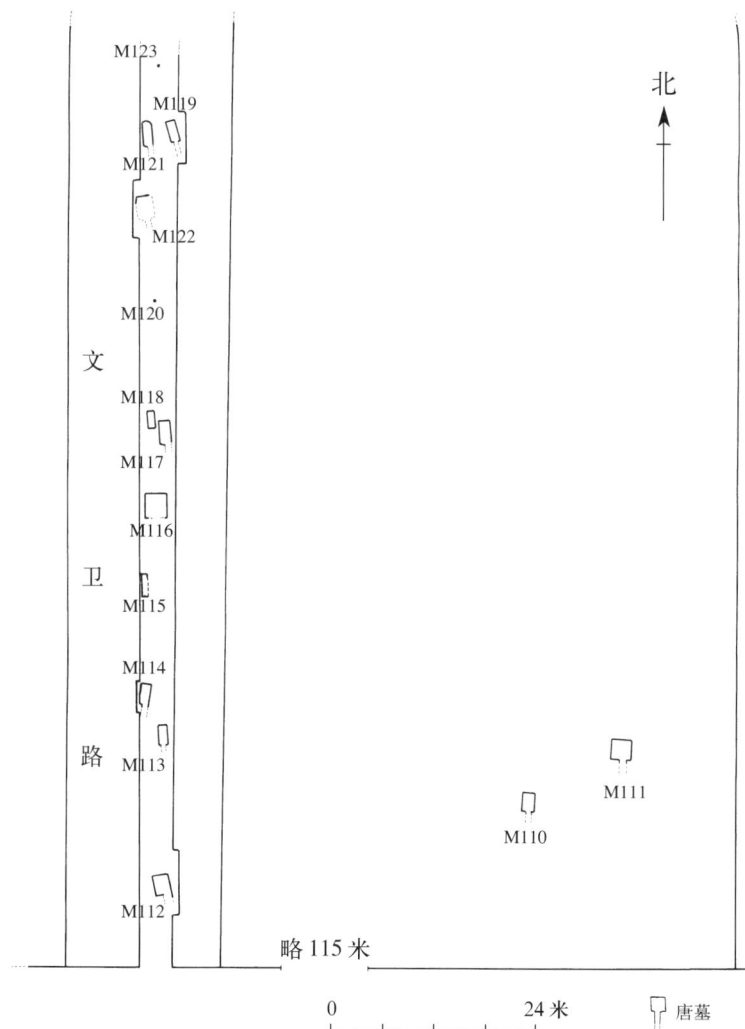

图一一七　明珠花园墓区墓葬分布图

第二节　唐墓

一　M110、M111

M110

M110位于明珠花园商住楼建筑基坑的东南部，基坑被挖掘2.50米深。从基坑和发掘的地层剖面观察，残口被厚2米左右的粘结层所压，系沉积形成。

1. **形制**　M110是一座倒凸字形的单室砖室墓，南北向，方向180°。由墓道、甬道和墓室组成，墓室内砌棺床。墓葬的修筑，先挖掘一倒凸字形的墓圹，在墓圹内砌甬道和墓室，砌砖之间用泥浆黏合，墓室砖墙和土圹间用土填充（图一一八 A；彩版三五，1）。

墓道　墓道位于墓室南部偏东，由于上部堆积大量的基坑挖掘土未清理。

甬道　底部为平底，平面呈长方形。东、西壁垂直，用条砖纵向错缝平砌，与墓室南壁砌砖相互叠压。小平顶，甬道东、西壁0.80米高处起拱内收四层条砖后，其上用条砖横向平压。南北长0.50、东西宽0.54、高1.10米。从甬道内封门。第一至第七层用条砖纵向和横向交替平砌，第八层用条砖纵向侧立，其上砌法与第一至第七层同。封门宽0.32、高1.10米。

墓室　平面呈方形，用条砖砌于长方形竖穴土坑内。东、西壁用条砖纵向错缝平砌，南、北壁用条砖横向错缝平砌，残存壁面垂直；四壁相接处砌砖相互叠压，但四壁未在同一水平面上，东壁和南、北壁东部底层砌砖与墓室地面平，西壁和南、北壁西部底层砌砖与棺床面平。顶部被毁，形制不详。南北长2.28、东西宽2.05、残高1.30米。棺床位于墓室西部，平面呈长方形，与墓室北、西、南三壁相接，系在留置的一生土台砌护壁、台面铺砖形成。护壁用条砖纵向错缝平砌，未与墓室南、北壁砌砖相互叠压；棺床面用条砖横向对缝平铺。南北长2.28、东西宽1.20、高0.40米。墓室地面为黄砂土，未铺砖。墓室内填土为黏结的淤积土。

2. **遗物**　有陶俑和墓砖。

陶俑　集中出土于墓室东部即墓门北部的墓室地面，有武士俑、镇墓兽、男立俑、牵马俑和马俑。武士俑和镇墓兽残存1件，其他均各2件。由于盗扰，原来的排列位置不详。另在马俑北部发现一长方形的红胶泥残迹，形制不辨，疑可能为车。均为泥质红陶，手制，外表饰一层灰白色陶衣，有的陶衣上绘其他彩。

武士俑　1件，残存腹部以下。标本M110：8，脚穿长靴，站于踏板之上。一腿直立，一腿斜直略撇。踏板略呈圆角长方形，较薄。残高0.50米（图一一八 B）。

镇墓兽　2件，其中一件仅存踏板。标本M110：6，兽形，蹲踞于一踏板上。兽巨嘴大张，双目圆睁，鬃毛直竖，双耳耸立，长尾贴于背部，形态狰狞恐怖。踏板呈圆角方形，较薄，周缘压印斜向浅槽。通高0.67米（图一一八 C；彩版三五，2~4）。

男立俑　2件。标本M110：2，头戴前倾幞头，内穿圆领窄袖内衣，其上套半袖，外穿翻领窄袖袍，袒右臂，腰束带，下着裤，穿长靴，双臂曲于胸前、双手握拳立于塌板之上，拳呈筒状原应握有

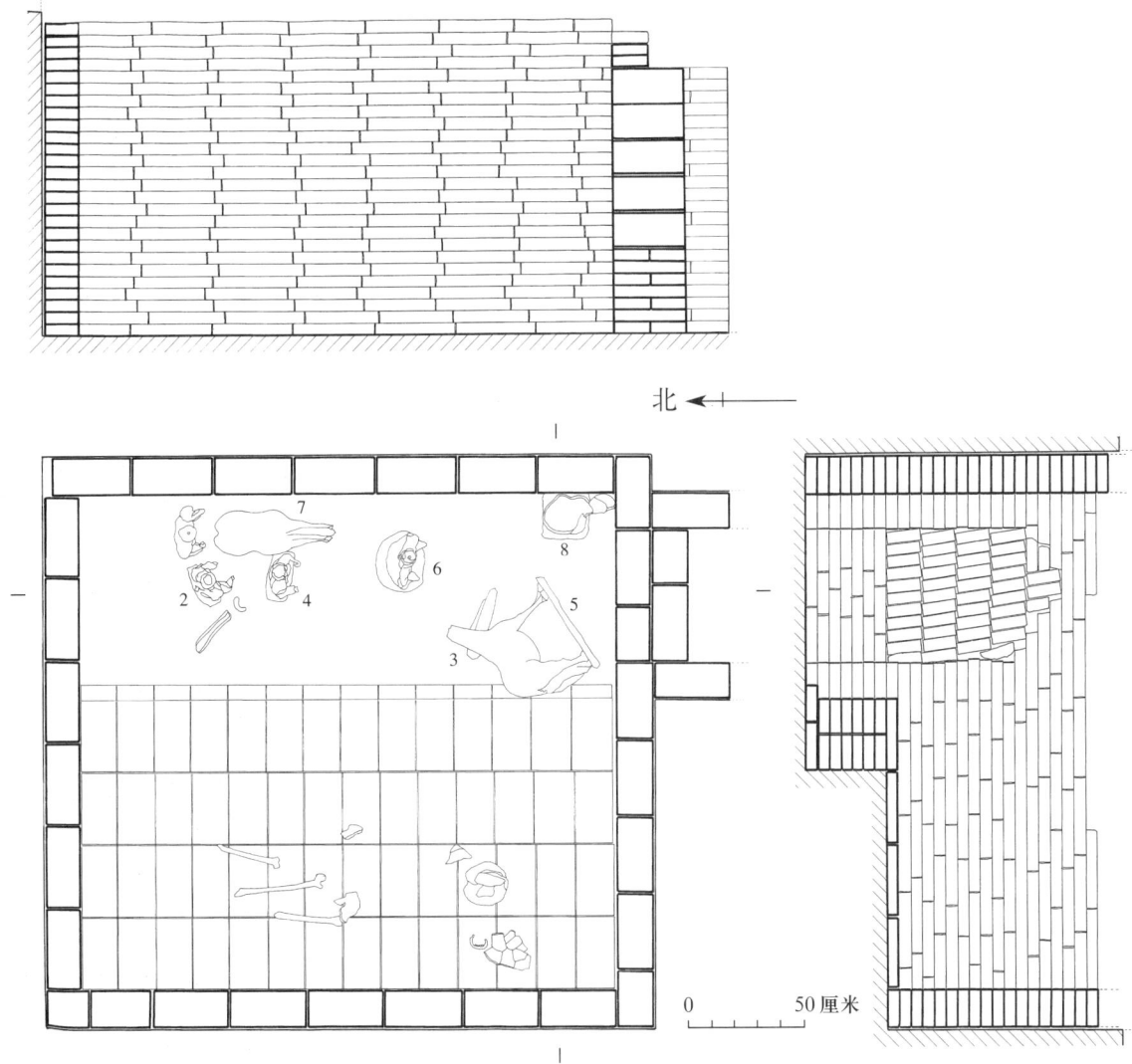

北 ←

图一一八 A　M110平、剖面图

1、3.牵马俑　2、4.男立俑　5、7.马俑　6.镇墓兽　8.武士俑

物体。踏板呈长方形，较薄。俑眉骨宽凸，鼻高直，目视前方。高0.64米（图一一八B；彩版三六，1~3）。标本M110：4，所穿衣服与标本M110：2同，但此俑头向右偏转，高鼻深目络缌胡。高0.64米（图一一八B；彩版三六，4~6）。

牵马俑　2件。标本M110：3，戴三角形巾，内穿圆领内衣，外穿翻领袍，腰束带，下着裤，穿长靴，左臂垂立，右臂上曲、右手握拳立于踏板之上。踏板长方形，较薄。俑辫发垂于脑后，头向左偏目视前方。高0.64米（图一一八B；彩版三七，1~3）。标本M110：1，头戴尖顶前倾帽，穿圆领窄袖长袍，腰束带，下着裤，穿长靴，左臂垂立，右臂上曲、右手握拳立于踏板之上。踏板长方形，较薄。俑眉骨宽突，目视前方。高0.64米（图一一八；彩版三七，4~6）。

马俑　2件。标本M110：5，头左顾，四腿直立于长方形踏板上。腹空，尾部一较深的圆穴，可能系插马尾之用。高0.67米（图一一八C；彩版三八，1~3）。标本M110：7，头右顾，四腿直立站于长方形的踏板上。腹部空，颈部一长凹槽、尾部一较深的圆穴，可能系插马鬃和马尾之用。马面部两侧

图一一八 B　M110 出土遗物

1、3. 牵马俑　2、4. 男立俑　8. 武士俑

6

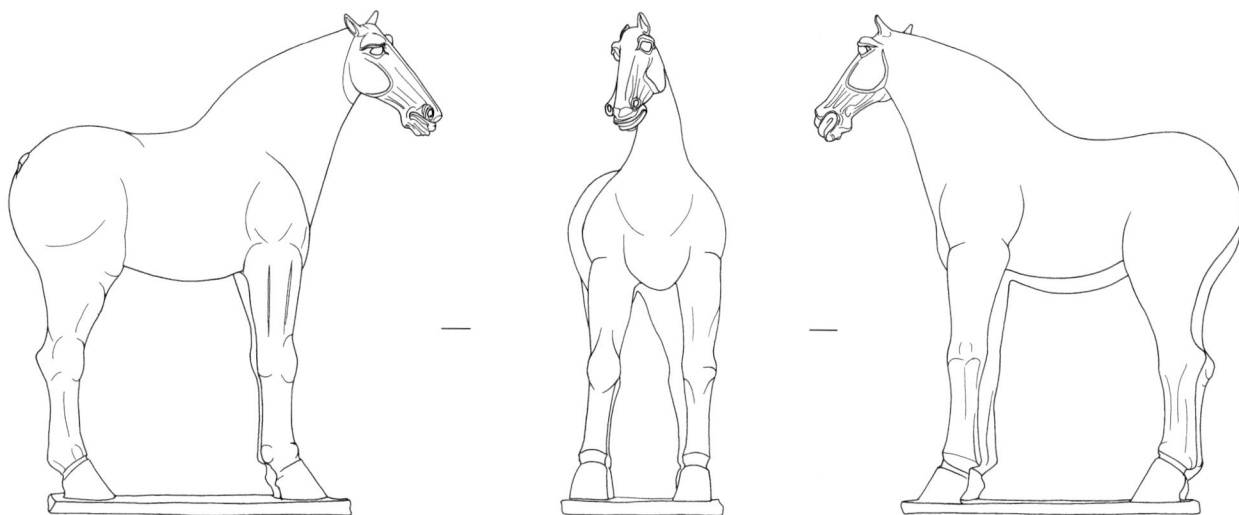

5

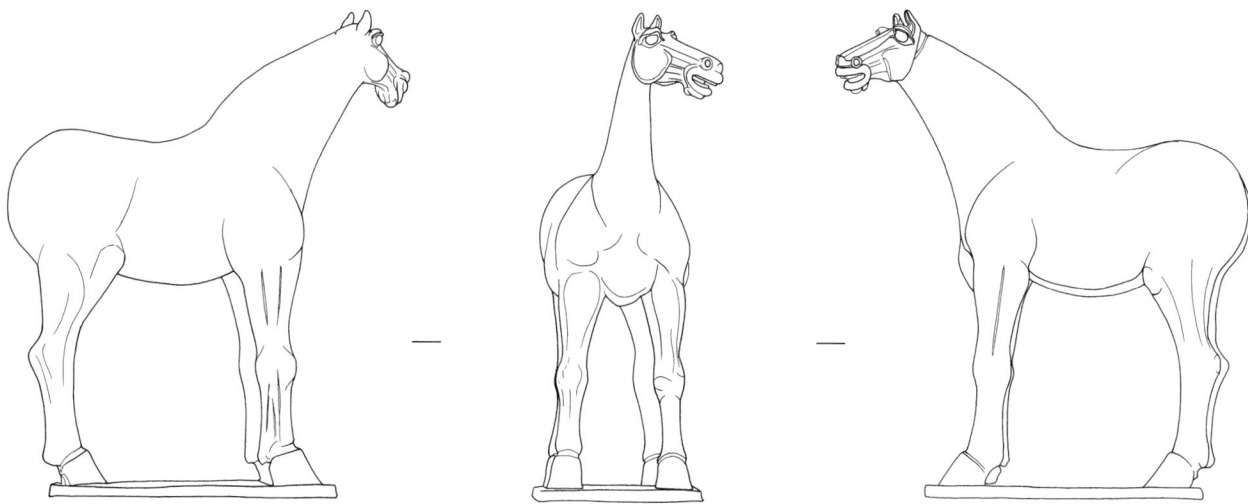

7

图一一八 C M110 出土遗物

5、7. 马俑 6. 镇墓兽

0 ____ 20厘米

和腹下部及腿部饰红彩。高0.67米（图一一八C；彩版三八，4~6）。

墓砖　均为拉划纹条砖，模制较粗糙。规格有长29、宽14、厚5厘米和长30.2、宽15.5、厚4.5厘米两种；拉划纹大多满布砖面，系用梳齿状的工具多次拉划。

3. **葬式**　棺床发现人体骨骸两具，被严重扰乱。从颅骨位于棺床南部、其他骨骼分布于棺床北部分析，可能头向南。经鉴定分别为一成年男性和成年女性。未发现葬具。

M111

M111位于明珠花园商住楼建筑基坑东南部，墓葬早年被破坏，原开口层位不详。修筑方法与M110同。

1. **形制**　M111是一座倒凸字形的单室砖室墓，南北向，方向180°。由墓道、甬道、墓室构成，墓室内砌棺床（图一一九A）。

墓道　位于墓室南部，东向偏离墓室中轴线，由于其上堆积大量的基坑挖掘土未清理。

甬道　底部为黄砂土平底，平面呈长方形。东、西壁垂直，用条砖纵向错缝平砌，与墓室南壁砌

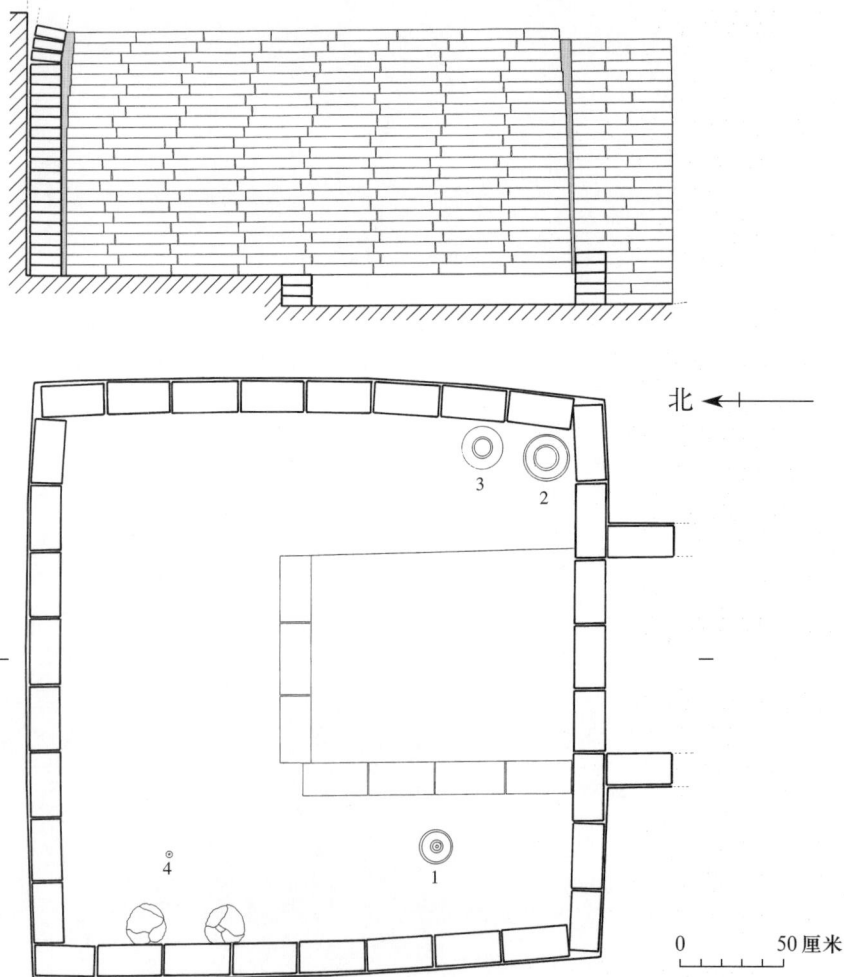

图一一九A　M111平、剖面图
1. 盖　2. 底座　3. 罐　4. 铜钱

砖相互叠压。拱形顶，残存南部。南北长 0.48、东西宽 0.94、高 1.26 米。从甬道北部封门，用条砖横向平砌，残存底部。

墓室　平面略呈弧边方形，用条砖逐层内收平砌于挖掘的弧边方形竖穴墓圹内。东、西壁外弧，用条砖纵向错缝平砌；北壁外弧略小于东、西壁，用条砖横向错缝平砌；南壁略弧，砌法与北壁同；四壁相接处砌砖相互叠压。南北长 2.51、东西最宽 2.50、残高 1.30 米。棺床呈倒凹字形，与墓室四壁相接，东、南、西侧壁未砌护壁，棺床面为黄砂土未铺砖。高 0.15 米。墓室中南部凹槽为墓室地面，平面呈长方形，与甬道连接，未铺砖。凹槽南北长 1.28、东西宽 1 米。

2. **遗物**　有陶器、铜钱和墓砖。

陶器　均为泥质，土红色，轮制。出土于棺床东南部和西南部，器形有盖、兽面罐、底座等。

盖　1 件。标本 M111：1，盖纽残失。盖盘覆盘状。侈口，圆唇，斜弧浅腹，内尖底，外底假圈足，留存盖纽脱落痕。腹部贴一周泥条用手指向上卷压成花瓣状。内、外壁涂一层灰白色陶衣，外壁陶衣上饰黑色。底口径 20.4、残高 4.8 厘米（图一一九 B；彩版三九，1 上）。

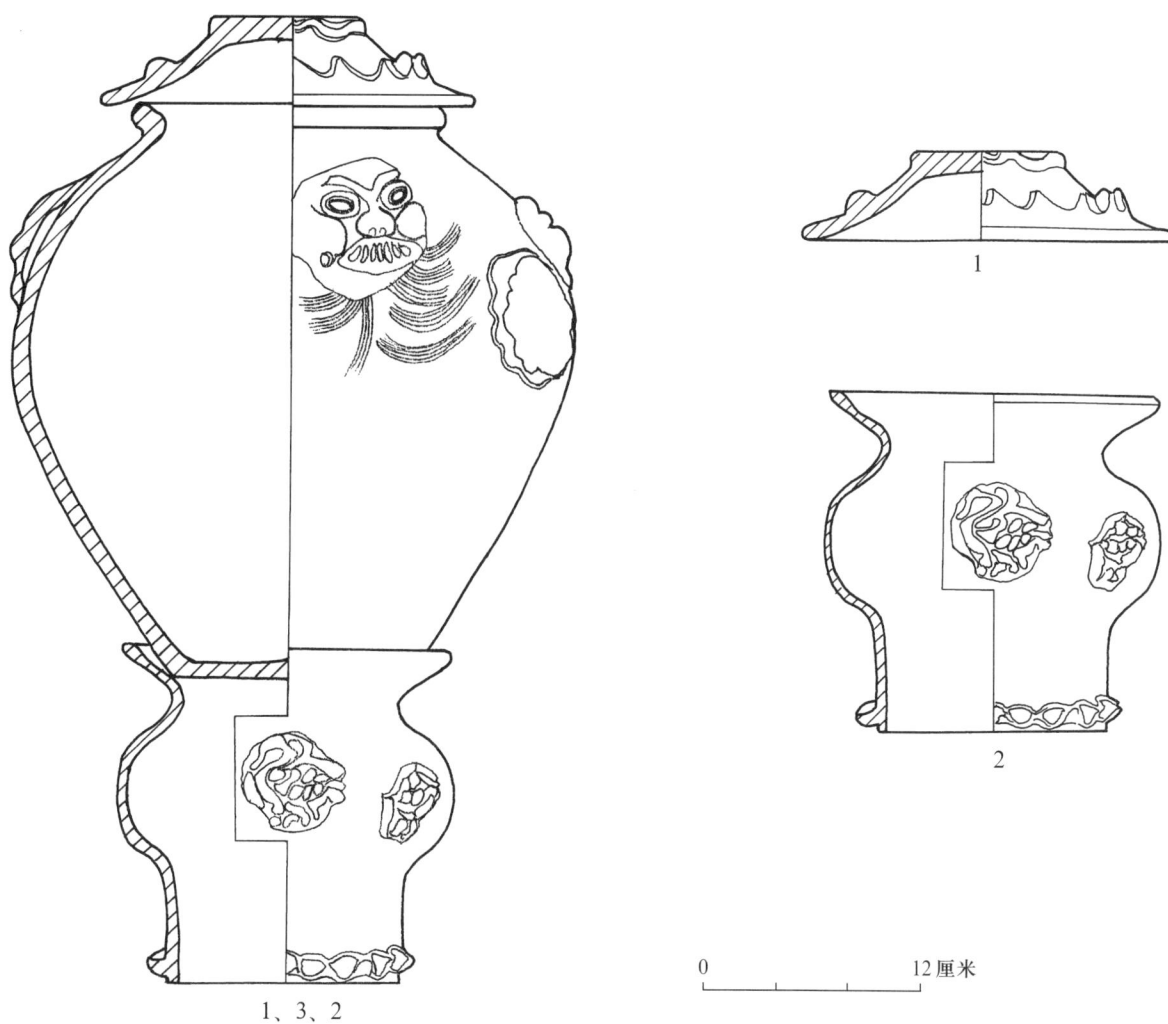

图一一九 B　M111 出土遗物
1. 盖　2. 底座　3. 罐

兽面罐　1件。标本M111：3，敛口；卷平沿，矮领，圆肩，腹上部圆鼓，小平底。肩部等距离贴饰四个模制兽面，形制相同。兽面之间略低贴饰四古圆饼状的图案，残存三个，纹饰相同。兽面半圆球形，突出表现面部眼、眉、鼻、颧骨和嘴。眉呈倒"八"字形，细窄，高凸，眼扁环状，睛凸，两颧骨和鼻呈圆丘状，嘴低平，扁月形；獠牙不明显。兽面周围及其器壁用梳齿状的工具拉划细密的毛纹。圆饼装饰件低平，似一兽面，其下的器壁拉划水波纹。外壁涂一层灰白色陶衣，上绘花纹，模糊不清。口径14、底径13、高30.5厘米（图一一九B；彩版三九，1中、2）。

底座　1件。标本M111：2，由上部和下部分件制作套接而成。下部圆筒状，腹下部贴一周泥条向上卷压成花瓣状。上部唾盂形。盘状口，圆唇，束颈，鼓腹，脱底。腹部压印1厘米宽的竖槽，将腹部分为相等的八等份，其上贴饰模制鸟纹，残存三个。套接部器壁较厚。外壁涂一层灰白色陶衣，上饰黑彩。上口径17.4、底口径9.6、高18厘米（图一一九B；彩版三九，1下、4）。

塔形罐由底座、兽面罐、底座相叠组成，通高51厘米（图一一九B；图版一；彩版三九，1）。

另出土铜钱1枚，锈蚀严重，字迹不辨。

墓砖　有素面和拉划纹条砖，以后者为主。规格有长30、宽15、厚5厘米和长32.2、宽15.5、厚5.5厘米两种；拉划纹大多系用梳齿状的工具多次拉划而成。

3．**葬式**　发现两具人体骨骸，被严重扰乱，葬式不详。经鉴定分别为年龄50～60岁的男性和女性。未发现葬具。

二　M112～M123

M112

M112位于吴忠市文卫路北段建筑基槽最南部，发掘前已被破坏，开口层位不详。

1．**形制**　M112为单室砖室墓，南北向，方向170°，由墓道、甬道及墓室构成，墓室内砌棺床。因甬道东壁被毁具体形制不详（图一二○）。

墓道　墓道被完全破坏，从甬道底部观察，应为斜坡式。

甬道　甬道位于墓室南部，平面呈长方形，东壁被破坏，残存西壁，用条砖纵向逐层错缝平砌。顶部被毁，结构不详。东西宽约0.80、南北进深0.47、残高0.50米。

墓室　平面呈方形，用条砖错缝平砌于方形竖穴土坑内。四壁平直，用条砖逐层错缝叠压平砌。顶部已被破坏，结构不详。墓室南北长2.10、东西宽1.90米，四壁残存高0.35～0.45米。棺床位于墓室西部，平面呈长方形，与墓室西、北、南壁相接，西侧壁用条砖纵向平砌护壁，棺床面用条砖平铺，其中南、北部铺砖被毁。棺床东西宽1.10、南北长2.10、高0.20米。

2．**遗物**　有陶器和墓砖。

陶器　泥质，灰陶，轮制。残碎，出土于墓室东南部，器形有双耳壶和罐等。

双耳壶　1件，双耳残失。标本M112：1，敞口，圆唇，颈部较高较直，溜肩，腹上部圆鼓，下部急收，小平底。肩部黏贴对称的双耳，残存局部；耳下器壁凹陷。口径6、底径6、高22.5厘米（图一二○）。

墓砖　为拉划纹和素面条砖，模制较粗糙。拉划纹大多粗疏。规格基本相同。长31.5、宽15.5、厚4.5厘米。

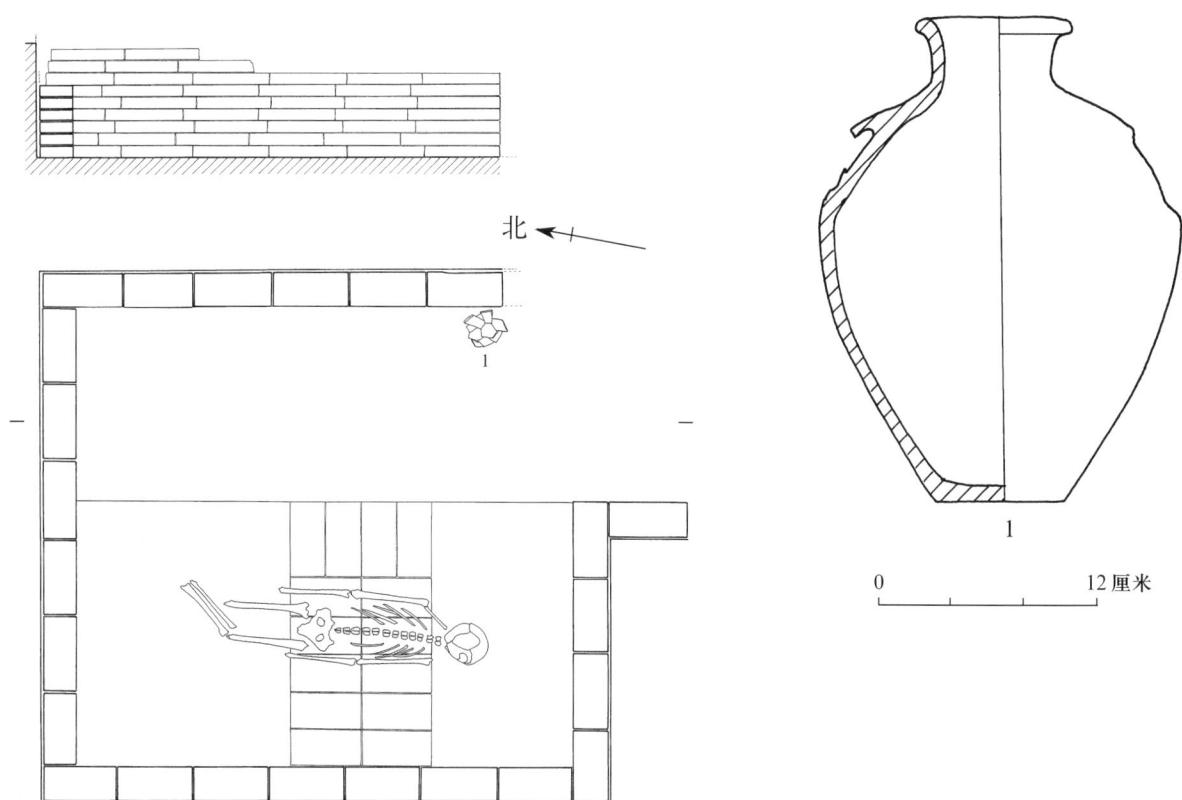

图一二〇　M112 及出土遗物
1. 双耳壶

3. **葬式**　棺床出土人体骸骨一具，保存较差，下肢骨被扰，但上肢骨、肋骨及头骨未扰动，整体呈仰身直肢，头向南，面向西。未发现葬具。

M113

M113 位于吴忠市文卫路北段建筑基槽南端，北距 M114 约 1.5 米。发掘前墓葬已被破坏，开口层位不明。

1. **形制**　M113 为倒凸字形单室砖室墓，南北向，方向 173°，由墓道、甬道及墓室构成（图一二一）。

墓道　被完全破坏。

甬道　位于墓室南部，平面呈长方形，东、西壁用条砖纵向平砌，残存壁面垂直。顶部完全被破坏，结构不详。东西宽 0.50、南北进深 0.34 米，残高 0.28 米。

墓室　平面呈长方形，单砖砌于长方形的竖穴土坑内，仅残存东壁部分墙体，残存壁面垂直。墓室南北长 2.20、东西宽 0.80 米，残高 0.45 米。

2. **遗物**　有陶器和墓砖。

陶器　泥质，红陶，残碎，可辨器形仅罐，出土于墓室西南部。

罐　1 件。标本 M113：1，敞口，圆唇，束颈，腹上部圆鼓，下部急收，小平底。口内侧饰一周阴弦纹；外壁涂一层灰白色陶衣，近底部一周露胎。口径 11.4、底径 7.6、高 16.2 厘米（图一二一；

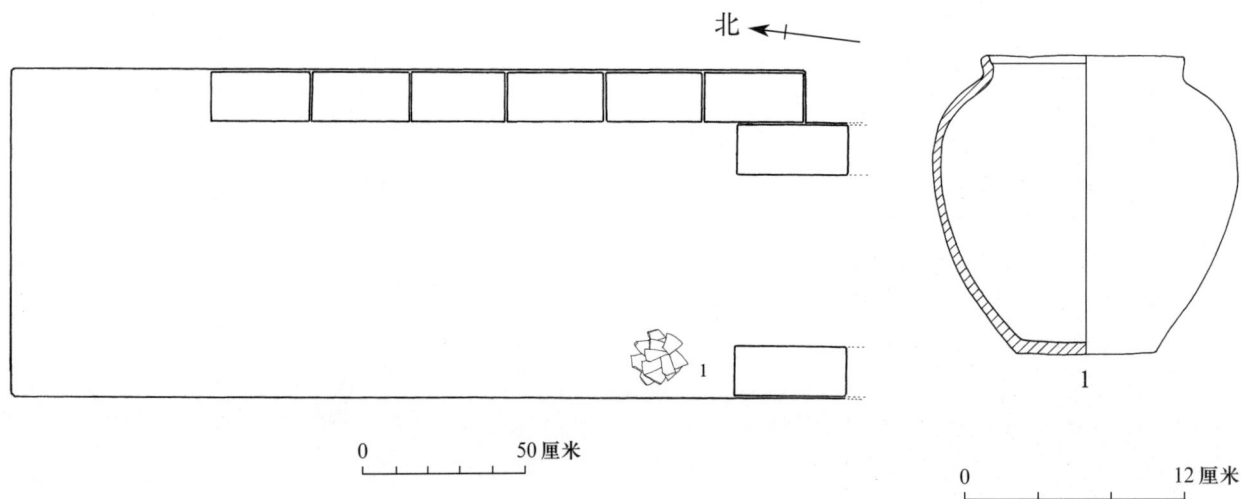

图一二一　M113及出土陶罐

图版五五，1）。

墓砖　均为拉划纹条砖，模制。拉划纹大多细而深，分多次拉划布满砖面。规格基本相同。长34、宽17、厚5厘米。

3．**葬式**　墓室人骨已被扰乱，混杂于填土之中，具体葬式不详。未发现葬具。

M114

M114位于吴忠市文卫路北段建筑基槽内南部，南距M113约为1.5米，北为M115。墓葬在发掘前已被破坏，开口层位不明。

1．**形制**　M114为刀把形砖室单室墓，南北向，方向192°，由墓道、甬道及封门以及墓室构成（图一二二）。

墓道　位于甬道南部，由于积压大量的堆积土未清理。经钻探，为长方形斜坡底。

甬道　平面呈长方形，东壁为墓室东壁的南伸。东西壁用条砖纵向错缝平砌，其中西壁砌砖与墓室南壁砌砖相互叠压。顶部被破坏，形制不详。东西宽0.70、南北进深0.45米，残高0.50米。从甬道内砌墙封门，封门墙南北二排，用条砖纵向平砌，顶部被毁。封门墙南北厚0.59、残高0.30米。

墓室　平面呈长方形，用条砖平砌于长方形的竖穴土坑内。四壁平直，但北壁和东、西两壁端被严重破坏。顶部被毁，形制不详。墓室南北长2.30、东西宽1.30米，残存高度0.50米。棺床位于墓室西部，呈长方形，宽0.70、长2.30、高0.23米。棺西侧壁用条砖侧立，床面用条砖平铺，仅存西侧一排。

2．**遗物**　遗物有铜带饰和墓砖。

铜带饰　2件，有方形铜铸饰和半圆形铜铸饰，出土于人骨旁。

方形铜铸饰　1件。标本M114：1，平面呈方形，由上、下部分件制作铆合，以夹革带，临长边一侧有一长1.5、宽0.6厘米的扁圆形孔眼。上部正面四周斜抹，底面四方角各一铜铆钉。下部平，底面四方角各一铆痕。长2.6、宽2.4、厚0.6厘米（图一二二；图版五五，3左）。

半圆形铜铸饰　1件。标本M114：2，平面略呈半圆形，由上、下部分件制作铆合。一侧有一长1.5、

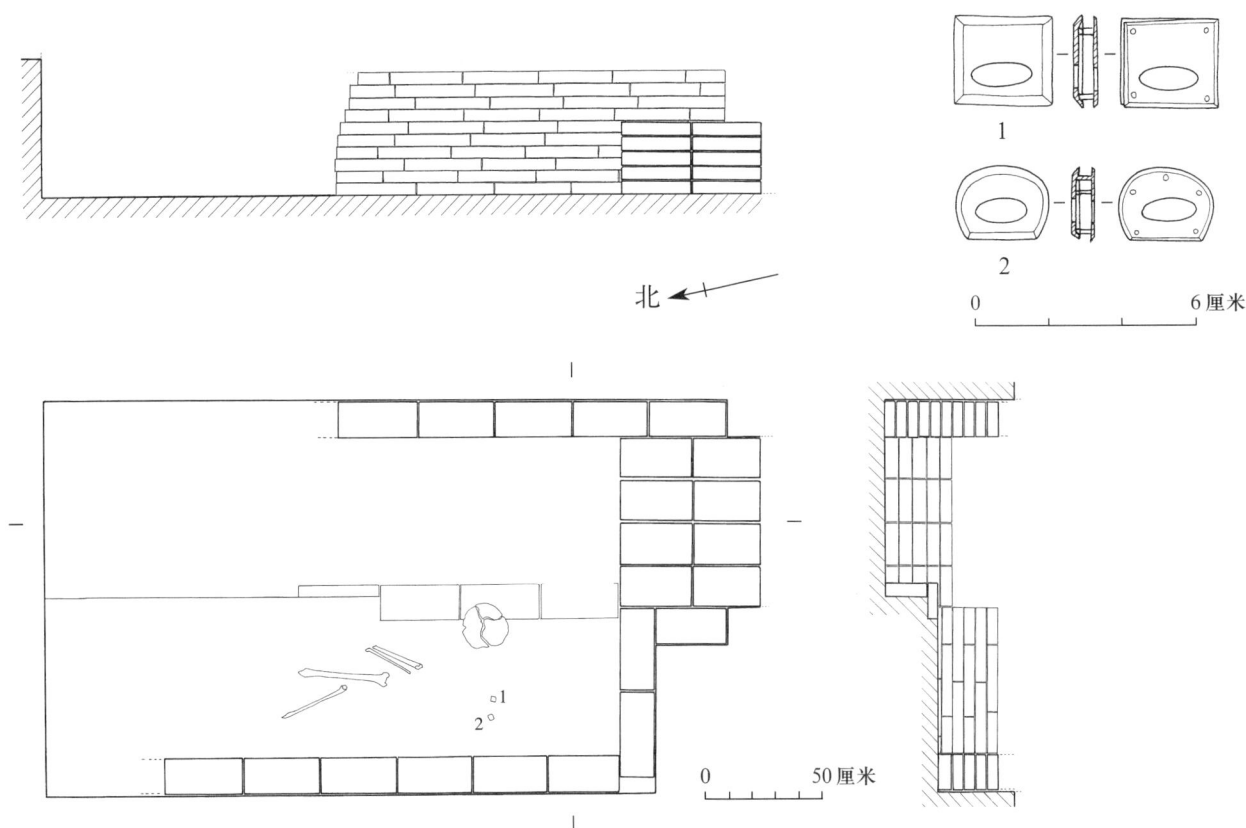

图一二二　M114 及出土遗物
1. 方形铜銙饰　2. 半圆形铜銙饰

宽 0.6 厘米的扁圆形孔眼。上部正面周围斜抹，底面平，孔眼两侧上下和圆头端各一铜铆钉。下部呈薄片，底面周围略斜抹，孔眼两侧上下和圆弧端各一铆痕。长 2.5、宽 2、厚 0.6 厘米（图一二二；图版五五，3 右）。

墓砖　均为拉划纹条砖，模制较粗糙，规格有长 29.4、宽 14、厚 4.4 厘米和长 31、宽 15.5、厚 5 厘米两种。拉划纹大多粗、疏，分布于砖面的中部或一端。

3. **葬式**　棺床发现人体骸骨一具，被严重扰乱，头骨置于棺床南部东沿，四肢股置于棺床北部。从其所处的位置来看，应为头南足北的葬式。未发现葬具。

M115

M115 位于吴忠市文卫路北段建筑基槽内中部，北距 M116 约为 6 米。墓葬在发掘前已被破坏，开口层位不明。

1. **形制**　M115 竖穴单室砖室墓葬，方向为 182°。由墓道及墓室构成，墓道由于积压挖掘土未清理。经钻探为长方形斜坡底（图一二三）。

墓室　平面呈弧长方形，条砖平砌于弧边长方形的竖穴土坑内。平底未铺砖，四壁中部略外弧。四壁均被破坏，其中东壁南部已被破坏到底。东、西壁用条砖纵向逐层内收平砌，南北壁用条砖横向逐层内收平砌，顶部被破坏，形制不详。墓室南北长 2.07、东西宽 0.59 米，残存高度 0.40 米。

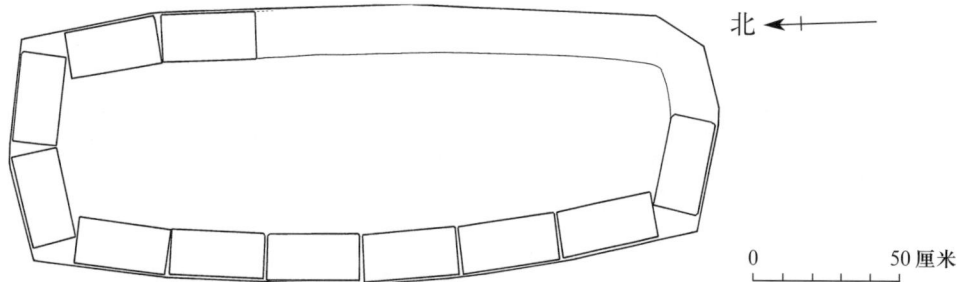

图一二三　　M115平面图

2.**遗物**　仅存墓砖。

墓砖　均为拉划纹条砖，模制较粗糙，规格有长30、宽15、厚4.4厘米和长31、宽15.5、厚5厘米两种。拉划纹大多粗、疏，分布于砖面的中部。

3.**葬式**　发现一具人体骸骨，被严重扰乱，人骨散置于墓室底部，具体葬式不详。未发现葬具。

M116

M116位于吴忠市文卫路北段建筑基槽内中部，北距M117约6.5米，南距M5约5.0米。墓葬在发掘前已被破坏，开口层位不明。

1.**形制**　M116为倒凸字形单室砖室墓，南北向，方向为180°。墓道和甬道被毁，仅存墓室（图一二四）。

墓室　平面呈方形，用条砖平砌于方形的竖穴土坑内。东、西壁用条砖纵向逐层错缝平砌，北壁用条砖横向逐层错缝平砌，残存壁面垂直，南壁被毁。顶部被破坏，结构不详。墓室南北长2.55、东西宽2.50米，四壁残高0.70~0.90米。棺床位于墓室北部，呈长方形，与墓室北、东、西壁相接。棺床南侧壁用条砖横向平砌护壁，床面铺砖，用条砖纵向平铺。棺床东西长2.55、南北宽1.20米，高0.20米。

2.**遗物**　有陶器、铜饰、铁带饰和墓砖。

陶器　泥质，红陶片，出土于墓室东南部，可辨器型有双耳壶和罐等，其中罐仅存残片，形制不详。

双耳壶　1件。标本M116：7，敞口，窄平沿，圆角方唇，颈部较低，圆肩，鼓腹，平底略扁。双耳残失，耳下器壁洼陷。外壁涂一层灰白色陶衣。口径8.2、底径9.6、高25.6厘米（图一二四；图版五五，2）。

铜饰　2件，出土于棺床扰土中，形制相同。标本M116：1，平面成圆头长方形，由上、下部分件制作铆合。上部呈圆头长方形，模制。圆头端中部一脊，底面略上翘；长方形断两侧歇抹，底面内凹，中部和二方角各一铜铆钉。下部由薄铜片加工而成，大小与上部长方形端同，底面中部和二方角各一铆痕。长3.2、宽1.1、厚0.9厘米（图一二四；图版五五，4左）。标本M116：2，出土时上、下部分离，形制、大小与标本M6：1同（图一二四；图版五五，4右）。

铁带饰　4件，有方形铁銙饰和半圆形铁銙饰，出土于棺床面。

方形铁銙饰　1件。标本M116：3，残存一方角和长方形孔眼的一角，锈蚀严重。残长3.1、残宽

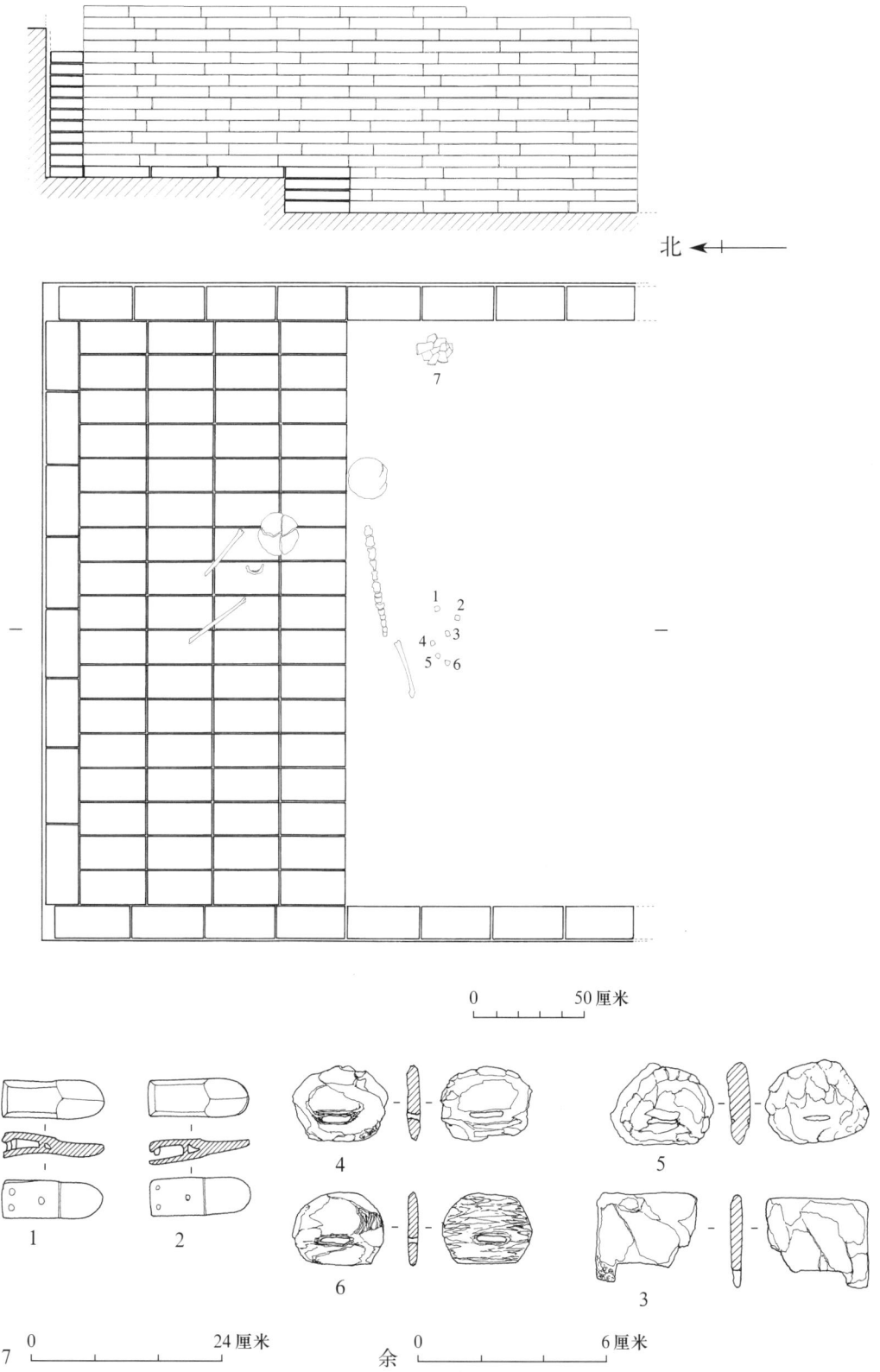

北 ←

图一二四　M116 及出土遗物

1、2. 铜饰　3. 方形铁铐饰　4~6. 半圆形铁铐饰　7. 双耳壶

2.7、厚0.4厘米（图版五五，5左1）。

半圆形铁铐饰　3件，平面呈半圆形，残存一面，锈蚀严重。标本M116：4，长方形孔眼因修饰几乎黏连与一起。长3、宽2.3、厚0.4厘米（图一二四；图版五五，5右2）。标本M116：5，长方形孔眼因锈蚀细窄。长3.3、宽2.5厘米（图一二四；图版五五，5左2）。标本M116：6，中部一长1、宽0.3厘米的长方形孔眼。长2.8、宽2.2、厚0.4厘米（图一二四；图版五五，5右1）。

墓砖　为拉划纹条砖，模制较粗糙。拉划纹大多系多次拉划布满砖面。规格相同。长31.5、宽15.5、厚4.5厘米。

3. **葬式**　棺床和墓室地面发现两具人体骸骨，均已被扰乱。其中一具位于棺床之上，头骨置于棺床东南，面朝下，其余四肢股位于其西侧，推测可能为头东脚西；另一具人骨位于棺床下，头东脚西，面朝下。未发现葬具。

M117

M117位于吴忠市文卫路北段建筑基槽内中部，南距M116约6.5米西与M118相邻，相距0.25米。墓葬在发掘前已被破坏，开口层位不明。

1. **形制**　M117为刀把形砖室单室墓，东西向，方向170°，由墓道、甬道及墓室组成，墓室内有棺床。墓道因堆积大量的挖掘土未做清理，经钻为长方形斜坡底（图一二五）。甬道已被破坏，仅存底部砖砌痕。

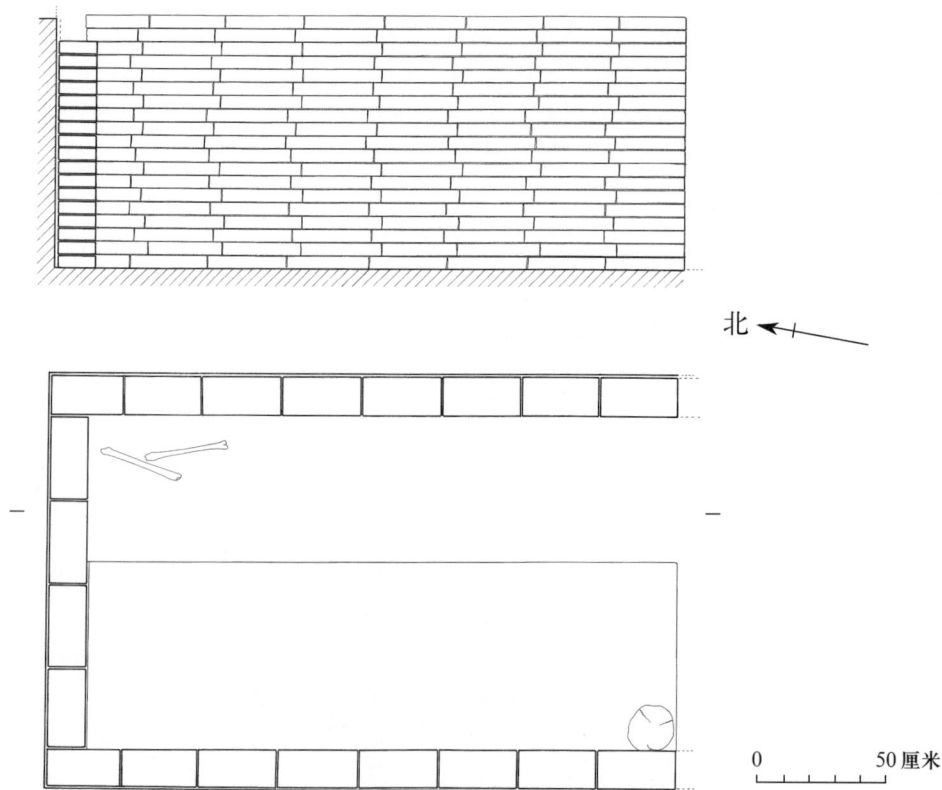

北 ←

0　　　　50厘米

图一二五　M117平、剖面图

墓室　被严重破坏,其中南壁已被破坏到底。平面呈长方形,条砖平砌于长方形的竖穴土坑内。东、西壁用条砖逐层纵向平砌,北壁用条砖横向错缝平砌,残存壁面垂直。顶部被完全破坏,形制不详。墓室南北长2.32、东西宽1.25米,四壁残高0.85～0.95米。棺床位于墓室西部,平面呈长方形,原铺砖,已被完全破坏。棺床南北长2.32、东西宽0.70米,高0.20米。

2.**遗物**　仅存墓砖。

墓砖　为拉划纹条砖,模制较粗糙。拉划纹大多系多次拉划布满砖面。规格相同。长30、宽15、厚4.5厘米。

3.**葬式**　棺床和墓室地面发现人体骸骨一具,被严重扰乱,头骨置于棺床上西南角,其北部发现有零星脊椎骨,下肢骨已被扰至棺床之下墓室东北角。从其残存情况分析,应为头南足北的葬式。未发现葬具。

M118

M118位于吴忠市文卫路北段建筑基槽内中部,东与M117相邻,相距0.20米,北为M119。墓葬在发掘前已被破坏,开口层位不明。

1.**形制**　M118为竖穴砖室墓,南北向,方向172°(图一二六)。

墓室　平面呈长方形,用条砖平砌于竖穴土坑内。平底铺砖,用条砖横向平铺,部分铺砖被破坏,残存东部两排。四壁平直,壁面整齐光滑。顶部被毁,形制不详。墓室南北长2.10、东西宽1.10米,四壁残高0.56米。

2.**遗物**　仅存墓砖。

墓砖　为拉划纹条砖,模制较粗糙。拉划纹大多系多次拉划布满砖面,规格相同。长32、宽16、厚5厘米。

3.**葬式**　发现两具人体骸骨,两个头骨被堆放于墓室东北角,其余人骨均锈蚀为粉末状,漫漶不清,葬式不详。未发现葬具。

北　←

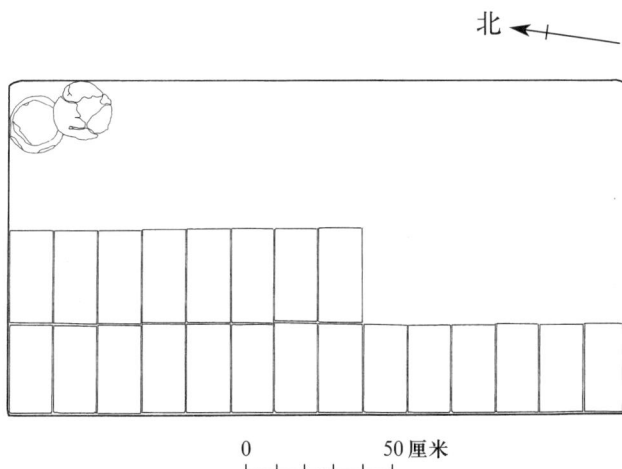

0　　　　　50厘米

图一二六　M118平面图

M119

M119位于吴忠市文卫路北段建筑基槽内最北端，与M121相邻，相距约1.50米。墓葬在发掘前已被破坏，开口层位不明。

1. **形制**　M119为倒凸字形砖室单室墓，南北向，方向173°，由墓道、甬道及墓室构成（图一二七A）。

墓道　位于墓室南部，平面呈长方形斜坡式，已被破坏。残口呈长方形，东、西壁平直，壁面整齐光滑，底为斜坡，坡度较平缓。残长0.80、宽0.65米。墓道内发现一具人体骸骨，头向南，整体向下，为俯身。

甬道　呈长方形。东、西壁用条砖纵向平砌，残存壁面垂直。顶部已被完全破坏，形制不详。甬道东西宽0.60、进深0.50米、残高0.38米。从甬道内北封门，用砖横向平砌，残存两层。南北厚0.16、残高0.10米。

墓室　墓室平面呈长方形，单砖砌于长方形的竖穴土坑内。平底，原用条砖横向平铺，被毁仅存东部一排。墓室四壁平直，东、西壁用条砖纵向逐层错缝平砌，南北壁用条砖横向逐层错缝平砌，残存壁面垂直。顶部被完全破坏，形制不详。墓室南北长2.20、东西宽1.05米，四壁残高0.35～0.40米。

2. **遗物**　有陶器、铜带饰和墓砖。陶器出土于墓室东北部，铜带饰出土于人体骸骨旁和墓室。

陶器　均为泥质，灰陶，轮制，大多为残片，可辨器形有盖、罐、底座组成的一套塔形罐和双耳罐与壶等。

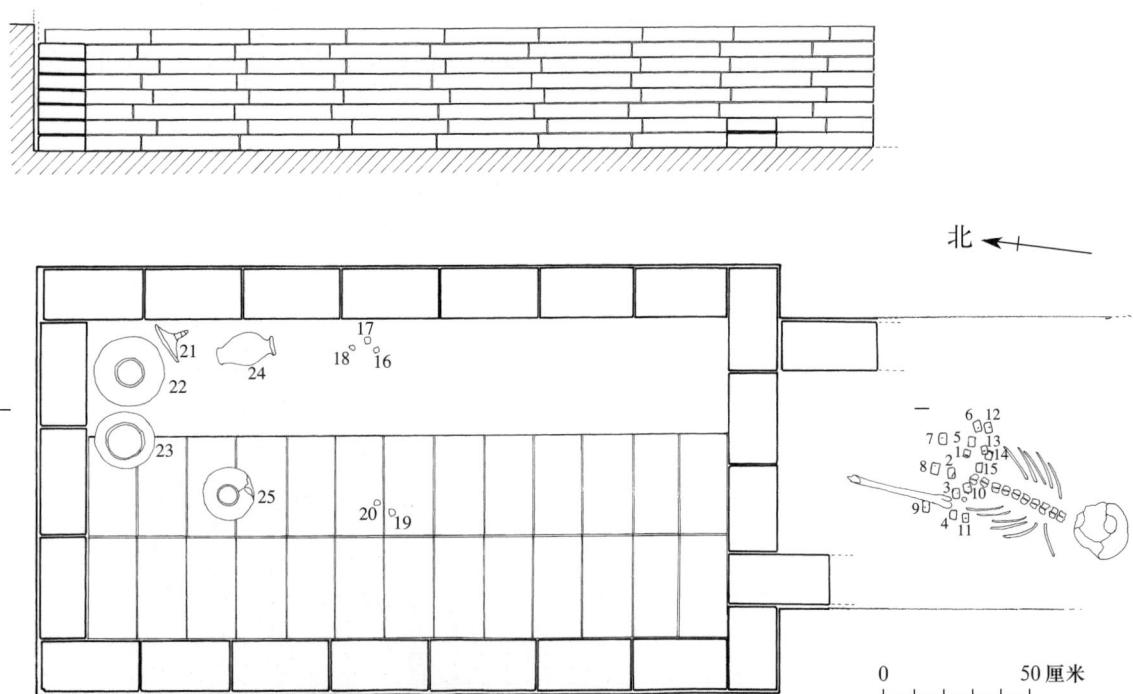

图一二七A　M119平、剖面图

1. 铜带扣　2～14. 方形铜铐饰　15. 铜铊尾　16～18. 方形铁铐饰　19～20. 半圆形铁铐饰　21. 盖
22、25. 罐　23. 底座　24. 执壶

盖 1件。标本M119:21，由盖盘和盖纽分件制作黏接而成。盖盘覆碗状，轮制。敞口，宽平沿，方唇，浅腹，内尖底并戳一圆孔与纽相通，外底黏接塔状纽。塔状纽手制，七层，中空，每层间隔向上摁压浅槽，顶部一圆空，可能系插塔刹之用。外壁涂黑，大部脱落。底盘径15.4、高14.8厘米（图一二七B；彩版四〇，1上）。

兽面罐 1件。标本M119:22，敛口、卷沿，矮领，溜肩，腹上部略鼓，下部斜收，小平底。肩部等距离贴饰三个模制兽面，其下器壁从内向外戳一直径5厘米的圆孔与兽面相通。兽面高突，极度抽象夸张。眼、鼻、嘴、颧骨、下颌、双角均用突起的圆丘表示，仅双耳扁圆环形，伏于双角两侧。兽面和器壁间有明显的抹压黏贴痕，外表（兽面除外）涂黑，大部脱落。口径15.8、底径13.6、高30.8厘米（图一二七B；彩版四〇，1中）。

底座 1件。标本M119:23，由上、下部分件制作套接而成。上部唾盂形，轮制。敞口，鼓腹，脱底。腹部向上摁压成宽16厘米的四个"U"槽，将腹部分为几乎相等的四部分。口外侧摁压间距不等的浅槽。下部覆盆状，轮制。敛口，宽平沿，圆角方唇，深腹，脱底。腹部贴饰一周附加堆纹，用手指摁压成花瓣状。从上向下套接，套接部束颈，内壁有明显的套接痕。外壁涂一层黑彩，残存局部。上口径12.8、底口径21.6、高24厘米（图一二七B；彩版四〇，1下）。

塔形罐由盖、兽面罐、底座相叠而成，通高69.6厘米（图一二七B；彩版四〇，1）。

执壶 1件。标本M119:24，敞口，圆唇，束颈，溜肩，鼓腹，平底。流喇叭筒状，手制，黏贴于肩部。手执黏贴于口沿与肩部，上、下饰一乳丁纹。口径8.4、底径8.2、高20厘米（图一二七B；彩版四〇，2）。

罐 1件。标本M119:25，敞口，圆唇，束颈，溜肩，肩腹间圆鼓，腹下部斜急收，小平底。器型较为低矮。口径11.2、底径9.2、高12.2厘米（图一二七B；彩版四〇，3）。

铜带饰 15件，有铜带扣、方形铜铧饰和铜铊尾，出土于人体骸骨腰部及周围。

铜带扣 1件。标本M119:1，由扣柄、扣环、扣针和扣轴组成。扣柄残断，正面两侧向下包合，底面内凹。扣环扁圆环形。扣针针头大而圆秃，贴伏于扣环。扣轴铁质，与扣环、扣针黏连于一起，因锈蚀难以转动。残长8、宽3.4~5.4厘米（图一二七C；彩版四〇，4左1）。

方形铜铧饰 13件，形制相同，底部由薄铜片加工而成，出土时大多残碎。标本M119:2，残存上部。平面呈方形，长边一侧有一长1.8、宽0.3厘米的长方形孔眼；正面周围向下包合，底面内凹，四角各一铜铆钉。长3.7、宽3.5、厚0.5厘米（图一二七C；彩版四〇，4左2）。标本M119:3~M119:14形制、大小与标本M119:2同，但M119:14仅残存一角，标本M119:2、M119:4、M119:5、M119:6、M119:10中部有一个修补的铆钉孔，标本M119:7右侧中部一个、M119:3左右侧中部各一个修补孔（图一二七C；彩版四〇，左3~右2）。

铜铊尾 1件，残存上部。标本M119:15，一端方角，一端圆头；正面周围向下包合，底面内凹，圆头端、上下两侧中部和二方角各一铜铆钉。长6.5、宽4、厚0.5厘米（图一二七C；彩版四〇，4右1）。

铁带饰 5件，有方形铁铧饰和半圆形铁铧饰，出土于墓室。

方形铁铧饰 3件，严重锈蚀。标本M119:16，平面呈方形，因锈蚀剥落。长5、宽4、厚1.1厘米（图一二七C；彩版四〇，5左3）。标本M119:17，平面略呈方形，一面黏连朽木。长4.7、宽4、

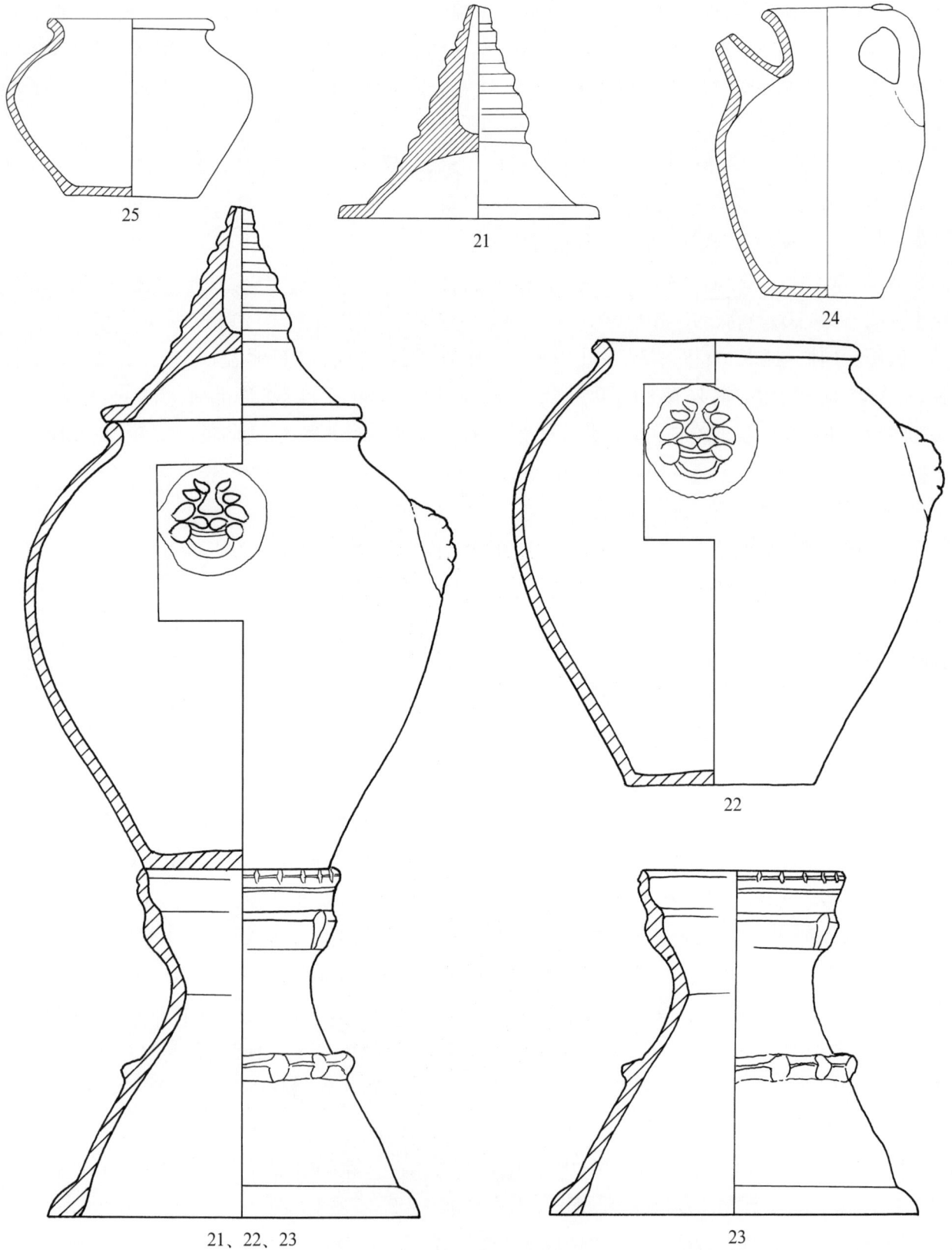

图一二七 B　　M119 出土遗物

21．盖　22、25．罐　23．底座　24．执壶

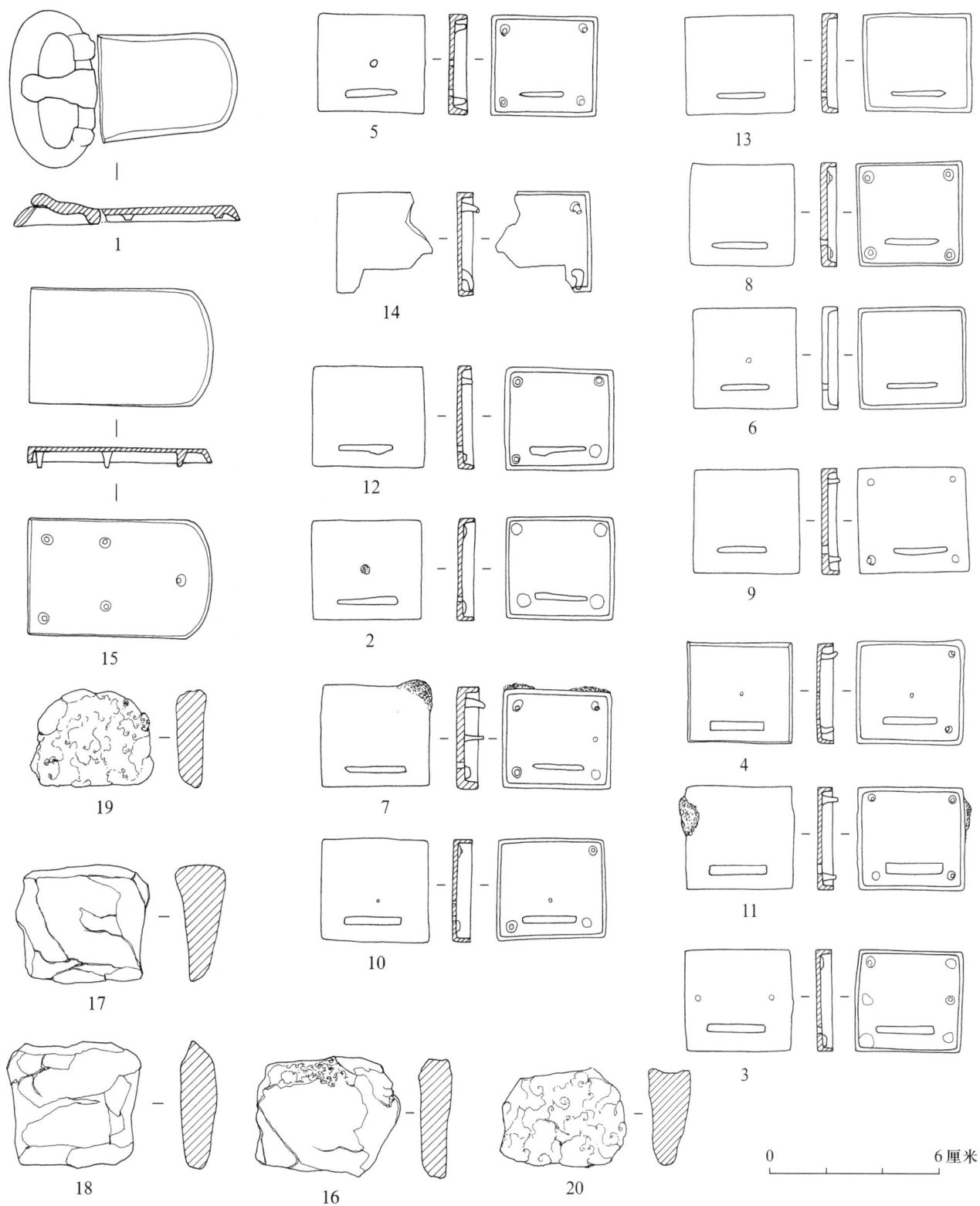

图一二七C　M119出土遗物

1. 铜带扣　2~14. 方形铜铐饰　15. 铜铊尾　16~18. 方形铁铐饰　19、20. 半圆形铁铐饰

厚1.1厘米（图一二七C；彩版四〇，5右2）。标本M119：18，平面呈方形，一面黏连朽木，一面剥落。长4.7、宽4.4、厚1.1厘米（图一二七C；彩版四〇，5右1）。

半圆形铁铐饰　2件，严重锈蚀。标本M119：19，平面呈半圆形，一面黏连朽木，一面剥落露出铜铆钉痕。长4.7、宽3.3、厚1厘米（图一二七C；彩版四〇，5左1）。标本M119：20，残，平面略呈半圆形。长4.3、宽3.2、厚1.5厘米（图一二七C；彩版四〇，5左2）。

墓砖　为拉划纹条砖，模制。规格有长29、宽14.5、厚5厘米和长31、宽14.5、厚5厘米两种。拉划纹用梳齿状的工具多次拉划满布砖面。

3. 葬式　发现一具人体骸骨，被移于墓道内。头向南，面朝下，呈俯身直肢。从发掘的情况判断，应为被盗墓者整体搬迁至墓道。未发现葬具。

M120

M120的墓葬形制被挖毁，仅存遗物。

遗物　遗物有陶器、铜带饰、铁带饰和墓砖。

陶器　泥质，红陶，轮制。残，残片出土于墓室西南部，器形为一套由盖、兽面罐、底座组成的塔形罐和执壶、罐。

双耳罐　1件。标本M120：9，敞口，圆角斜方唇，溜肩，鼓腹，小平底。肩部黏贴对称的手制双耳，耳面两侧上卷，耳下器壁凹陷。口内饰一周阴弦纹。口径15.2、底径9.2、高27厘米（图一二八；图版五六，1）。

铜带饰　8件，有铜铊尾、方形铜铐饰和半圆形铜铐饰，出土于人体骸骨附近，因盗扰具体排列方式不详。

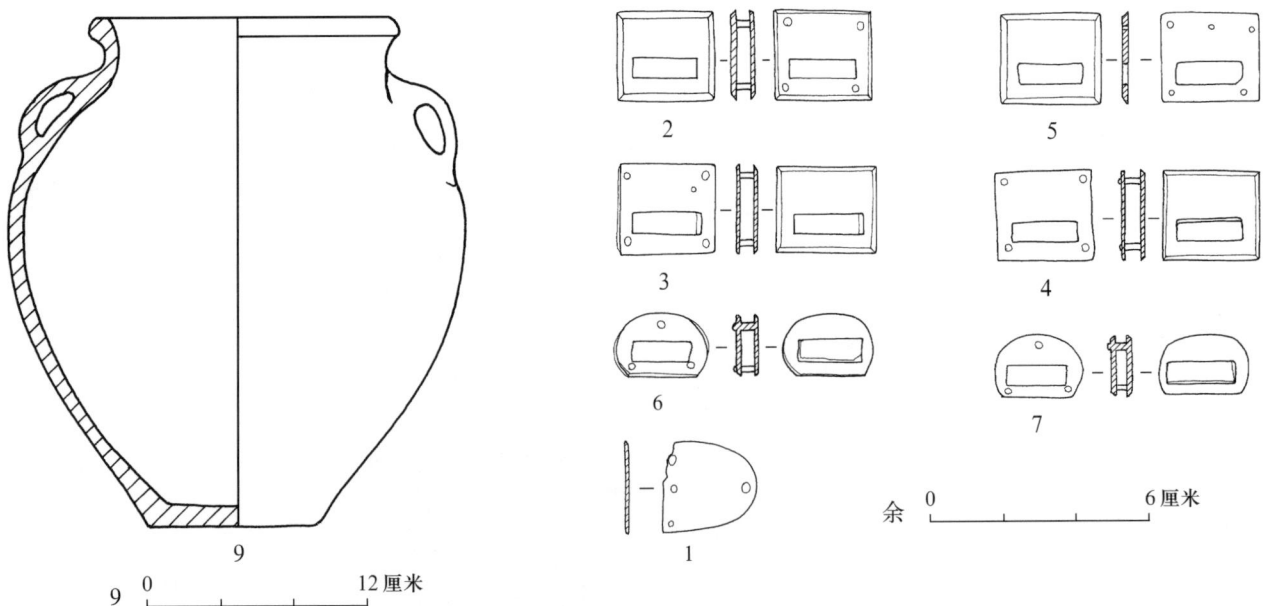

图一二八　M120出土遗物

1. 铜铊尾　2～5. 方形铜铐饰　6、7. 半圆形铜铐饰　9. 双耳罐

铜铊尾 1件，残存下部。标本M120：1，平面略成圆头长方形，平而薄。底面圆头端中部一直径0.2厘米的孔眼，两方角各一铆痕。但二方角中部一带钉帽的铆钉，系后来从底面向正面铆钉修理所为。长2.6、宽2.4厘米（图一二八；图版五六，3右1）。

方形铜铐饰 4件。标本M120：2，平面呈方形，模制，由上、下部铆合而成，长边一侧有一长1.9、宽0.6厘米的长方形孔眼。上部正面和下部底面周围略斜抹，上部底面四角各一铜铆钉，下部底面四角各一铆痕。长2.6、宽2.4、厚0.6厘米（图一二八；图版五六，3左1）。标本M120：3，上、下部铆合略错位，形制、大小和M120：2同（图一二八；图版五六，3左2）。标本M120：4，上、下部出土时分离。长边一侧有一长1.6、宽0.6厘米的长方形孔眼。上部正面平，四边斜抹，其两侧中部各一铁钉帽，系后来修理所为。底面内凹，长方形孔眼四周外凸，四方角各一铜铆钉。下部平而薄，底面四方角和两侧中部各一铆痕。长2.7、宽2.4、厚0.6厘米（图一二八；图版五六，3左3）。标本M120：5，方形铐饰下部，形制、大小与M120：2下部同（图一二八；图版五六，3左4）。

半圆形铜铐饰 3件。标本M120：6，平面呈半圆形，由上、下部分件制作铆合而成，中部一长1.6、宽0.5厘米的长方形孔眼，其中上部孔眼大于下部孔眼。上部正面略斜抹，底面平，圆头端和二方角各一铜铆钉。下部平而薄，底面圆头端和二方角各一铆痕。长2.6、宽1.7、厚0.6厘米（图一二八；图版五六，3右4）。标本M120：7形制、大小与标本M120：6同（图一二八；图版五六，3右3）；标本M120：8为半圆形铜铐饰下部，形制、大小与标本M120：6下部同（图一二八；图版五六，3右2）。

墓砖 为拉划纹条砖，模制。规格有长29、宽14.5、厚5厘米和长31、宽14.5厚5厘米两种。拉划纹用梳齿状的工具多次拉划满布砖面。

M121

M121位于吴忠市文卫路北段建筑基槽内北端，发掘前已被破坏，开口层位不明。

1. 形制 M121为刀把形砖室单室墓，南北向，方向166°，由墓道、甬道及墓室构成（图一二九）。

墓道 由于堆积大量的挖掘土未清理，经钻探为长方形斜坡底。

甬道 位于墓室南部，平面呈长方形，东、西壁被破坏，仅存底部砖砌痕。宽0.70、进深为0.40米。

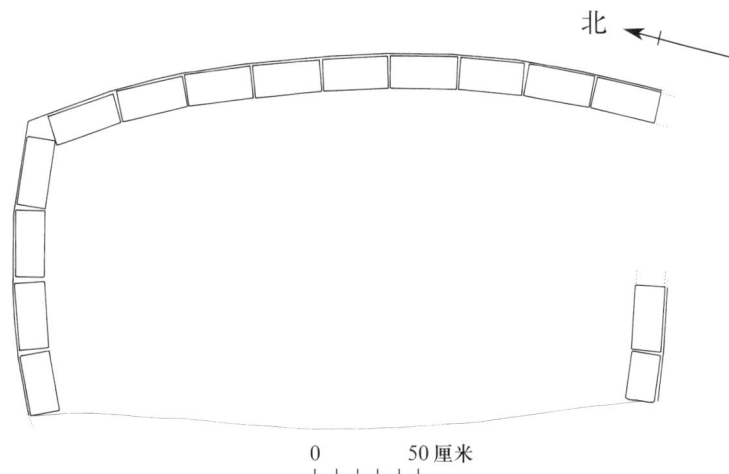

北 ←

0 50厘米

图一二九 M121平面图

墓室　平面呈弧长方形，单砖砌于长方形的竖穴土坑内。四壁均已破坏，其中西壁被破坏到底。四壁外弧，东壁用条砖纵向逐层错缝内收平砌，南、北壁用条砖横向逐层错缝内收平砌。顶部已被破坏，形制不详。墓室南北长2.80、东西宽1.60米，四壁残存高度0.25～0.35米。

2．**遗物**　仅存墓砖。

墓砖　均为拉划纹条砖，模制较粗糙，规格基本一致。拉划纹大多宽而密，多次拉划满布砖面。长29、宽15.5、厚5厘米。

3．**葬式**　该墓葬未发现葬具及人骨。

M122

M122位于吴忠市文卫路北段建筑基槽内北部，北距M120约9米。墓葬在发掘前已被破坏，开口层位不明。

1．**形制**　M122为倒凸字形单室砖室墓，南北向，方向198°。由墓道、甬道及墓室构成，但墓道和甬道被严重破坏，形制不详（图一三〇）。

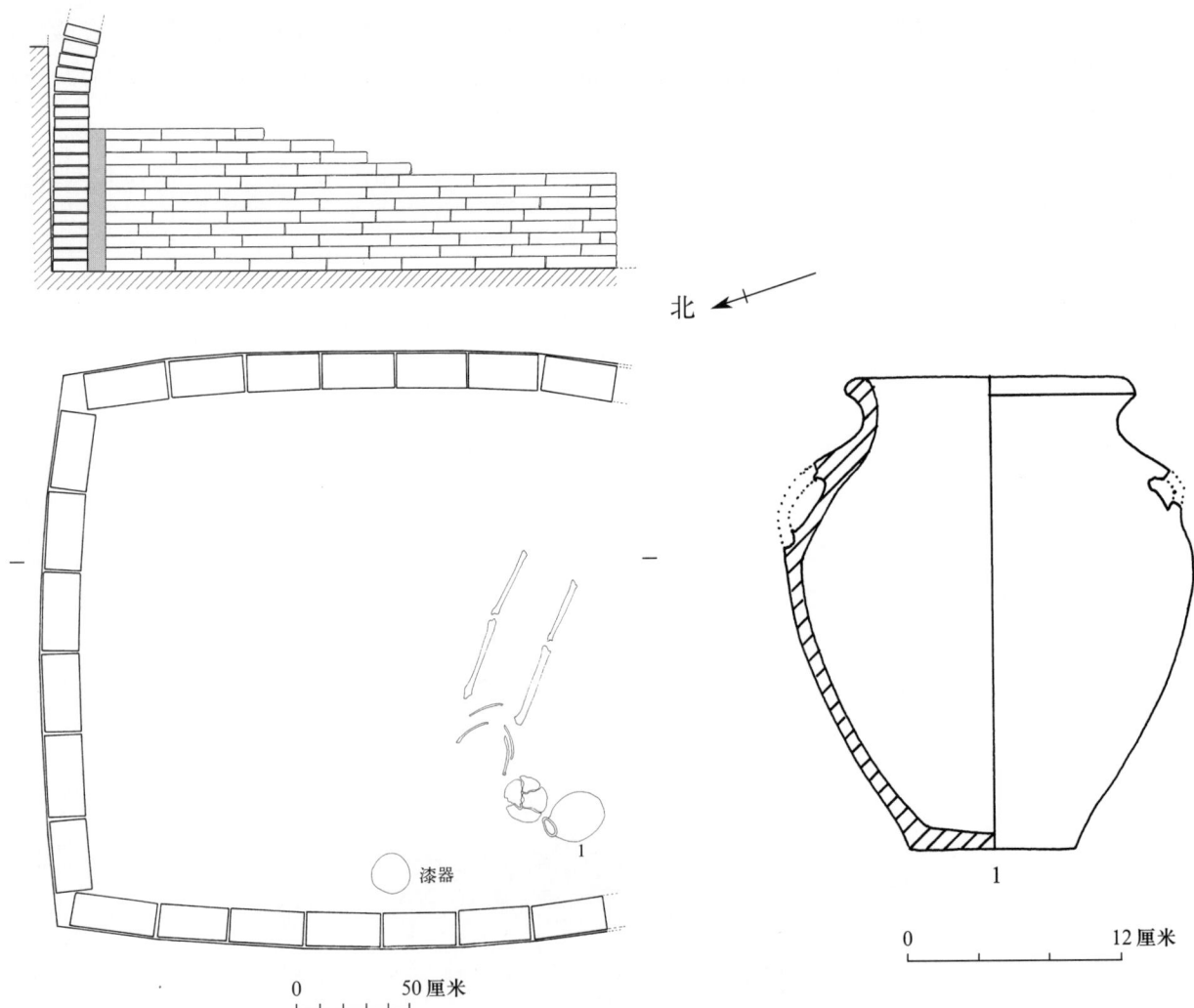

图一三〇　M122及出土陶罐

墓室 被严重破坏，其中南壁已被破坏到底。墓室平面呈方形，条砖平砌于弧方形的竖穴土坑内，平底未铺砖。墓室四壁略外弧，东、西壁用条砖纵向逐层错缝内收平砌，北壁用条砖逐层横向错缝内收平砌，四角砌砖逐层叠压。顶部已被完全破坏，形制不详。墓室南北长2.30、东西宽2.20米，四壁残高0.60~1.05米。

2. **遗物** 有陶双耳罐1件和墓砖。

双耳罐 1件。标本M122：1，敞口，圆角方唇，束颈，溜肩，鼓腹，平底。肩部黏贴对称的双耳，残存局部，耳下器壁凹陷。口内侧饰一周阴弦纹。口径14.4、底径9.2、高26.6厘米（图一三〇；图版五六，2）。

墓砖 均为拉划纹条砖，模制较粗糙，规格基本一致。拉划纹大多宽而密，多次拉划满布砖面。长31、宽15.5、厚5厘米。

3. **葬式** 在墓室南部发现一具人体骸骨，局部已被扰乱，头骨偏离身体，性别、年龄不详。

M123

M123位于文卫路下水道沟槽的北部，墓室彻底挖毁，形制不详。在挖掘现场，清理出铜带饰10件，有方形铜铸饰、半圆形铜铸饰和拱形凹边铜铸饰。

方形铜铸饰 2件，形制相同。标本M123：7，平面呈方形，由上、下部分件制作铆合，以夹革带，长边一侧有一长2、宽0.6厘米的长方形孔眼。上部正面周围斜抹，四边和长方形孔眼四周略突，底面平，四方角各一铜铆钉。下部平而薄，底面四方角各一铆痕。长3、宽2.6、厚0.7厘米（图一三一；图版五六，4左1）。标本M123：8上、下部分离，形制、大小与标本M123：7同（图一三一；图版五六，4左2）。

半圆形铜铸饰 6件，形制相同。标本M123：1，平面呈半圆形，由上、下部分件制作铆合，以夹革带，中部有一长1.9、宽0.6厘米的长方形孔眼。上部正面周围斜抹，四边和长方形孔眼四周略突，底

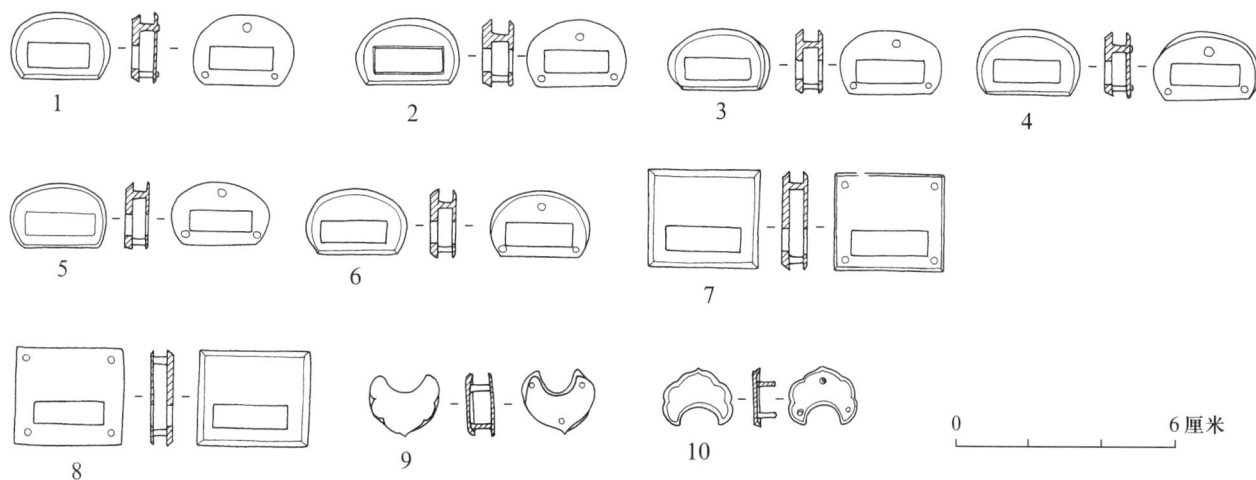

图一三一 M123出土遗物

1~6. 半圆形铜铸饰 7、8. 方形铜铸饰 9、10. 拱形凹边铜铸饰

面平，四方角各一铜铆钉。下部平而薄，底面四方角各一铆痕。长2.6、宽1.7、厚0.6厘米（图一三一；图版五六，4左3）。标本M123：2~6形制、大小与标本M123：1同（图一三一；图版五六，4左3~右3）。

拱形凹边铜铐饰　2件，形制相同。标本M123：9，平面呈半圆形，直径端内凹，由上、下部分件制作铆合，以夹革带。上部正面周围斜抹、底面圆弧端和方角端各一铜铆钉。下部平而薄，底面有三个铆钉痕。长1.9、宽1.5、厚0.6厘米（图一三一；图版五六，4右2）。标本M123：10的形制、大小与标本M123：9同（图一三一；图版五六，4右1）。

墓砖　拉划纹条砖，模制。规格有长29、宽14.5、厚5厘米和长32、宽15.5、厚5厘米两种。拉划纹用梳齿状的工具多次拉划满布砖面。

第七章 结 语

第一节 墓葬形制、随葬品、年代与葬俗

一 北魏墓

墓葬形制

根据墓葬的平面结构，将16座北魏墓葬分为A、B、C、D四型。A型：东西双室墓，1座。B型：南北双室墓，3座。C型：倒凸字形墓，11座。D型：竖穴砖室墓，1座。

A型 1座仅M28，墓道呈较长的斜坡状，墓室呈方形，东西并列，四角攒尖顶。墓室高大气魄，浑厚庄严。

B型 3座，分别为M40、M41、M42，属同圹异室墓。三座墓葬位于同一墓圹内，但有各自的墓道和墓室，形制基本相同。墓道均较短，呈阶梯式；墓室前后排列，平面呈梯形；拱形顶。墓室小而且低矮，形制与木棺相似。

C型 11座，呈倒凸字形，是北魏墓葬的主要形制，根据墓室的平面形制分为Ca、Cb两亚型。

Ca型 墓室平面呈方形，有5座，分别为M29、M37、M39、M38、M60。长墓道，以斜坡式为主，墓室平面呈方形，墓室地面用条砖平铺呈"人"字形；顶部根据残存情况分析均为四角攒尖顶。与A型墓同，墓葬显得高大气魄，浑厚庄严。但此型墓中出现了棺床（M38）和阶梯式墓道（M39）。

Cb型 墓室平面成纵长方形，有6座，分别为M109、M31、M36、M43、M47、M55。墓道有长斜坡和短斜坡。长斜坡墓道的墓4座，分别为M109、M36、M31、M55。墓室呈纵长方形，面积较大，底部用条砖平铺呈"人"字形；顶部从残存情况分析均为四角攒尖顶。与A型墓同，墓葬显得高大，气魄浑厚。短斜坡墓道的墓2座，分别为M43、M47。墓室呈纵长方形，面积较小，墓室地面用条砖平铺呈"人"字形，其中一座（M47）在墓室西部平砌略高于墓室地面的棺床；顶部均被毁，形制不详。墓葬与前面各型有明显的差别，但与唐代本区大多墓葬近似，小而粗疏，略带寒酸。

D型 仅M100一座，属竖穴式砖室墓，墓室较小，呈木棺状；顶部形制不详。

北魏墓除M100外，均由墓道、甬道、墓室等构成。墓道有长短之别，形制有斜坡和阶梯之分，位置（与墓室中轴线的关系）有偏东、偏西和中部之异；墓室有长方形和方形、顶部有四角攒尖顶和拱形等。为了了解北魏墓葬的形制特征，将各墓葬的详细情况统计如表一。

表一　北魏墓葬形制结构统计表

墓号	形制	墓道形制				墓道位置			甬道	墓室顶部形制	棺床
		长斜坡	短斜坡	长阶梯	短阶梯	西	中	东			
M28	A	✓					✓		✓	攒尖顶	
M29	Ca	✓					✓		✓	攒尖顶	
M31	Cb	✓				✓			✓	攒尖顶	
M36	Cb	✓					✓		✓	攒尖顶	
M37	Ca	✓					✓		✓	攒尖顶	西棺床
M38	Ca	✓					✓		✓	攒尖顶	
M39	Ca	✓						✓	✓	攒尖顶	
M40	B				✓		✓			拱形	
M41	B				✓		✓			拱形	
M42	B				✓		✓			拱形	
M43	Cb		✓				✓	✓			
M47	Cb		✓								西棺床
M55	Cb	✓							✓	攒尖顶	
M60	Cb	✓					✓		✓	攒尖顶	
M100	D										
M109	Cb	✓					✓		✓	攒尖顶	

注：M109 从甬道分析墓道居中；钻探所知为斜坡。

由表一所知，长斜坡墓道的墓 9 座，短斜坡墓道的墓 2 座，长阶梯墓道的墓 1 座，短阶梯墓道的墓 3 座。墓道居中的墓 11 座，偏西的 1 座，偏东的 3 座。有甬道的墓 12 座，无甬道的墓 4 座。四角攒尖顶的墓 10 座，拱形顶墓 3 座。有棺床的墓 2 座，无棺床的墓 14 座。说明北魏墓的墓道以长斜坡、位置居中为主；多数墓葬有甬道；顶部的形制以四角攒尖顶为主，拱形较少。这是北魏墓葬的普遍特征。为了更为直观、明显的反映墓葬形制与墓道、墓室位置的关系，根据表一将相关数据统计如表二：

表二　北魏墓形制与墓道形制、位置关系统计表

墓葬形制 ＼ 墓道形制		墓道形制				墓道位置		
		长斜坡	短斜坡	长阶梯	短阶梯	偏西	中部	偏东
A 型		1					1	
B 型					3			
C 型	Ca 型	4		1			4	1
	Cb	4	2			1	4	2
D 型								
总计		9	2	1	3	1	11	3

从表二可知，Ca 型和 Cb 型长斜坡墓道达 8 座，位置居中者 6 座，说明长斜坡墓道并居中主要与 C 型墓相关，短阶梯墓道主要与 B 型墓相关。墓道偏东者 3 座、偏西者 1 座，也与 C 型墓相关。短斜坡墓道 2 座，主要为 Cb 型墓。结合表一将北魏墓葬的形制特征总结如下：

首先，北魏墓以倒凸字形墓为主，双室墓和竖穴墓较少。墓道以长斜坡、居中为主，阶梯式和短斜坡较少。顶部以四角攒尖顶为主，拱形顶较少。大多数墓葬显得高大、气魄、浑厚。

其次，在墓葬形制方面出现了新的因素。墓道出现短斜坡、偏东和偏西及阶梯式墓道，墓室内出现了棺床。除阶梯式墓道外，短斜坡墓道和墓室内砌棺床是吴忠西郊和北郊唐墓的普遍特征，结合以倒凸字形为主的墓葬结构，或许说明吴忠西郊和北郊唐墓是承北魏的墓葬形制发展演化而来。

遗物

吴忠北郊 16 座北魏墓中，除 M28、M29、M31、M37、M55 被盗未见随葬品外，其他各墓均有随葬品出土。随葬品较少，有陶器、铜器和铁器，以陶器为主，铁器次之，铜器仅见铜铸饰 1 件。

陶器 陶器为泥质灰陶，除灯碗外均轮制，以素面为主，部分器形肩部饰凹弦纹或模印弦纹带，器形有壶、罐和灯碗，共 13 件。

壶 4 件，均口沿残失，残存颈部以下。颈部较高，呈喇叭筒状，溜肩，鼓腹，平底。

罐 9 件，根据器型分为 A、B、C 三型。

A 型 4 件，平沿。标本 M41：1、M41：2、M42：1、M42：2。根据颈部的高低分为两式。

A 型 I 式 1 件，颈部较低。标本 M42：1。

A 型 II 式 3 件，颈部较高。标本 M41：1、M41：2、M42：2。

B 型 2 件，盘口。标本 M60：1、M100：1。

C 型 3 件，侈口。标本 M43：1、M47：3、M109：1。

铜器 仅出土铜铸饰 1 件。

铁器 有铁斧、铁锛、铁锥、棺钉和棺环等。铁斧、铁锛、铁锥各 1 件，为生活用具，出土于 2 座墓中；铁棺钉和棺环是木棺组件，出土于 6 座墓中。

墓砖 墓砖均为条砖，以素面条砖为主，拉划纹条砖较少；规格以长 32、宽 16、厚 5 厘米左右为主，制作较为规整。

时代与族属

吴忠北郊共发现北魏墓葬 16 座，其中 5 座由于被盗未见随葬品，另 11 座尽管有少量的随葬品出土，但未出土墓志或有关时代记述的文字题记，这对确定这批墓葬的具体时代增加了一定的困难。但是，近 30 年来，北魏墓葬在我国北方和中原地区多有发现，已取得了一定的研究成果，比较重要的墓葬有宁夏固原北魏墓[①]、宁夏新集北魏墓[②]、内蒙古呼和浩特美岱村北魏墓[③]、呼和浩特北魏墓[④]、包头

[①] 宁夏固原博物馆：《固原北魏漆棺画墓》，宁夏人民出版社，1988 年。

[②] 宁夏固原博物馆：《宁夏新集北魏墓》，《文物》1988 年第 9 期。

[③] 内蒙古文物工作队：《内蒙古呼和浩特美岱村北魏墓》，《考古》1962 年第 6 期。

[④] 内蒙古博物馆：《内蒙古呼和浩特北魏墓》，《文物》1977 年第 5 期。

市北魏姚齐姬墓①、包头市固阳县北魏墓群②、内蒙古和林格尔西沟子北魏墓③、山西大同北魏宋绍祖墓④、大同石家寨北魏司马金龙墓⑤、大同方山北魏永固陵⑥、大同市小站村花屹塔台北魏墓⑦、大同东郊北魏元淑墓⑧、大同南郊北魏墓群⑨、河南洛阳北魏宣武帝景陵⑩、河南偃师杏圆村北魏墓⑪、河南洛阳北魏元邵墓⑫等，通过与这些墓葬资料的比较，对我们认识吴忠北郊北魏墓的时代有所帮助。

吴忠北郊北魏墓随葬品中，比较重要且常见的随葬品是陶器，除被盗者外，几乎各墓均出土，器形有壶、平沿罐、盘口罐和侈口罐。壶的口沿部均残失，仅存颈部以下，典型的特征为颈部较细高，溜肩，鼓腹，这种特征与包头市固阳县北魏墓群M1出土的陶壶⑬、包头市北魏姚齐姬墓出土的陶壶⑭、和林格尔西沟子村北魏M1出土的陶壶⑮、呼和浩特美岱村北魏墓出土的陶壶⑯、大同南郊北魏墓群A型I式陶壶⑰的形制基本相同。姚齐姬墓出土了"廉凉州妻姚齐姬墓"、"太和二三年岁次己卯七月二八日记"的墓志砖，应是对墓主人的亡期或葬期的记载，"太和二三年"为公元498年。大同南较北魏墓群A型I式壶依墓葬分期自第一段一直流行到第三段，即自迁都平城之前一直延续到太和初年（公元368～475年左右）⑱，那么吴忠北郊出土与其形制相近陶壶的M36、M38、M39、M43的时代大致与其相当。A型平沿罐出土于M41和M42。M41出土的A型平沿罐与大同南郊北魏墓群D型I式罐、M42出土的A型平沿罐与大同南郊北魏墓群A型I式罐的形制相近⑲，A型I式和D型I式罐主要流行于墓葬分期中的第二段即迁都平城至太武帝统一黄河流域前（公元368～439年）⑳，那么，M41、M42的时代当与其大致相当。B型盘口罐出土于M60、M100，形制相同，均盘口，颈部较高，溜肩，肩腹间圆鼓，平底。这种特点与大同南郊北魏墓群中A型III式罐的形制同，A型III式罐依墓葬分期流行于第四段即太和初至迁都洛阳前（公元496年前）㉑，M60、M100的时代大致与其相当。C型侈口罐分别出土于M43、M47、M109中，其中M43、M47出土的侈口罐与大同南郊北魏墓群II式矮领罐的形制相近，M109出土的侈口罐口略直，颈中部外突，但腹部的形制与其相近。依墓葬分期II式矮领罐流行于第二段即平城初期至太武帝统一黄河流域前（公元368～439年）㉒，那么，M43、M47、M109的时代大致与其相当。

① 郑隆：《内蒙古包头市北魏姚齐姬墓》，《考古》1988年第9期。
② 包头市文物管理处：《包头固阳发现北魏墓群》，《考古》1987年第1期。
③ 乌兰查布盟工作站、和林格尔县文物管理所：《内蒙古和林格尔西沟子村北魏墓》，《文物》1992年第8期。
④ 山西省考古所、大同市考古所：《大同市北魏宋绍祖墓发掘简报》，《文物》2001年第7期。
⑤ 山西大同市博物馆、山西省文物工作委员会：《山西大同石家寨北魏司马金龙墓》，《文物》1972年第3期。
⑥ 大同市博物馆、山西省文物工作委员会：《大同方山北魏永固陵》，《文物》1978年第7期。
⑦ 大同市博物馆：《大同市小站村花屹塔台北魏墓清理简报》，《文物》1983年第8期。
⑧ 大同市博物馆：《大同东郊北魏元淑墓》，《文物》1989年第8期。
⑨ 山西大学历史文化学院、山西省考古所等：《大同南郊北魏墓群》，科学出版社，2001年。
⑩ 中国社会科学院洛阳汉魏城队等：《北魏宣武帝景陵发掘报告》，《考古》1994年第9期。
⑪ 中国社会科学院考古研究所河南二队：《河南偃师杏园村的四座北魏墓》，《考古》1991年第9期。
⑫ 洛阳博物馆：《河南洛阳北魏元绍墓》，《考古》1973年第4期。
⑬ 包头市文物管理处：《包头固阳发现北魏墓群》第39页图三，2、7，《考古》1987年第1期。
⑭ 郑隆：《内蒙古包头市北魏姚齐姬墓》，《考古》1988年第9期。
⑮ 乌兰查布盟工作站、和林格尔县文物管理所：《内蒙古和林格尔西沟子村北魏墓》图二，2；图三，4，《文物》1992年第8期。
⑯ 内蒙古文物工作队：《内蒙古呼和浩特美岱村北魏墓》第87页图四，1，《考古》1962年第6期。
⑰ 山西大学历史文化学院、山西省考古所等：《大同南郊北魏墓群》图一六三，科学出版社，2001年。
⑱ 山西大学历史文化学院、山西省考古所等：《大同南郊北魏墓群》第472页，图一六三，科学出版社，2001年。
⑲ 山西大学历史文化学院、山西省考古所等：《大同南郊北魏墓群》图一六三，科学出版社，2001年。
⑳ 山西大学历史文化学院、山西省考古所等：《大同南郊北魏墓群》第472页，图一六三，科学出版社，2001年。
㉑ 山西大学历史文化学院、山西省考古所等：《大同南郊北魏墓群》第472页，图一六三，科学出版社，2001年。
㉒ 山西大学历史文化学院、山西省考古所等：《大同南郊北魏墓群》第472页，图一六三，科学出版社，2001年。

墓葬形制方面，吴忠北郊北魏墓有东西双室、南北双室、倒凸字形和竖穴墓，均为砖室，主要采用"丁—顺"砌，墓道朝南，墓室地面铺砖，以长斜坡墓道的倒凸字形墓为主。这种特点与已发现的北魏墓同。如北魏宣武帝景陵，平面呈倒凸字形，墓道朝南，用"丁—顺"砌①，大同小站村花屹塔台北魏墓，长斜坡墓道朝南，墓室用"丁—顺"砌，墓室地面铺砖②，大同石家寨北魏司马金龙墓、大同方山永固陵等均有这种特点，可以说长斜坡墓道朝南、墓室采用"丁—顺"砌是北魏砖室墓的典型特征。因此，尽管 M28、M29、M31、M37、M55 未见随葬品出土，但墓葬形制和砌筑方法与已发现的北魏墓同，将它们归于北魏时期是无疑的。

北魏在今吴忠地区的历史建制始于薄骨律镇的设置。《魏书·地形志》卷一六上载："灵州，太延二年（公元436年）置薄骨律镇，孝中改。"③孝昌二年（公元526年）改为灵州。综合墓葬形制、随葬品的比较和历史记载，并考虑到陶器的形制可能在较长的一段时期内延续，将吴忠北郊北魏墓葬的时代上限定在薄骨律镇设置以后，其下限至北魏晚期。

吴忠北郊北魏墓没有出土表明墓主族属的文字题记、壁画或随葬品，确定墓主族属具有一定的困难。但陶器的形制与已发现属北魏墓的形制相同，这些墓葬被认定为北魏鲜卑人的墓葬，如大同南郊北魏墓群④、内蒙古和林格尔西沟子村北魏墓⑤、呼和浩特美岱村北魏墓⑥等。大头小尾式木棺，是鲜卑族木棺的典型特征，如元淑墓的木棺⑦、宁夏固原漆棺画墓的木棺⑧、大同南郊北魏墓群的木棺⑨等。吴忠北郊北魏墓不但出现大头小尾式木棺，而且 B 型南北双室墓和 D 型竖穴墓的平面形制也呈大头小尾的木棺形。墓葬形制和砌建方法也与北魏墓相同。因此，吴忠北郊北魏墓可能是鲜卑人的墓葬。

葬俗

1. **葬式和葬具** 北魏16座墓葬中，大多数人体骸骨因盗扰头的朝向、葬式难以判断，能判明头向、葬式的仅10具，均为仰身直肢，头向南（见表三）。尽管10具骸骨还不到所发现北魏人体骸骨总数的二分之一，但由于未发现其他头向和葬式，至少反映出仰身直肢、头向朝南是北魏墓的主要葬式。由于严重盗扰和在潮湿环境中的长期腐蚀，16座墓葬中未发现较完整的葬具。但个别墓室中发现木棺的朽痕和棺环、棺钉。这里我们判断有无木棺葬具的标准是有无木棺的残朽痕迹和棺环、棺钉（由于北魏墓葬中出土的铁钉大而长，有的与铁环相连，应是棺钉，与唐墓中出土的小而短的铁钉不同，后者主要由于木箱、木盒类）。据统计，有木棺残朽痕迹和出土棺钉、棺环的墓葬6座，占墓葬总数的三分之一。虽然不排除盗掘时将木棺整体抬出墓室的可能性，但从封门的残存高度分析这种可能性很小。

① 中国社会科学院洛阳汉魏城队等：《北魏宣武帝景陵发掘报告》，《考古》1994年第9期。
② 大同市博物馆：《大同市小站村花屹塔台北魏墓清理简报》，《文物》1983年第8期。
③ 《魏书·地形志上》，2504页，中华书局标点本。
④ 山西大学历史文化学院、山西省考古所等：《大同南郊北魏墓群》第498～503页，科学出版社，2001年。
⑤ 乌兰查布盟工作站、和林格尔县文物管理所：《内蒙古和林格尔西沟子村北魏墓》，《文物》1992年第8期。
⑥ 内蒙古文物工作队：《内蒙古呼和浩特美岱村北魏墓》，《考古》1962年第6期。
⑦ 大同市博物馆：《大同东郊北魏元淑墓》，《文物》1989年第8期。
⑧ 宁夏固原博物馆：《固原北魏漆棺画墓》第15页，宁夏人民出版社，1988年。
⑨ 山西大学历史文化学院、山西省考古所等：《大同南郊北魏墓群》附表"葬具"，科学出版社，2001年。

表三　吴忠西北郊北魏墓人体骨骼、年龄、葬式统计表

墓号	个体	性别	年龄（岁）	头向	葬 式	位 置	备 注
M28	5	女	50~60				
		?	未成年				
		男	40±				
		男	25~30				
		男	40~45				
M29							未见骸骨
M31							未见骸骨
M36	2	男	35~45	南	仰身直肢		
		女	30~40	南	仰身直肢		
M37	2	男	成年		严重扰乱		骸骨残碎
		女	25~35				
M38	3	男	25~45	南	仰身直肢	棺床	另一具骸骨严重扰乱
		女	大于50?	南	仰身直肢	棺床	
		女?	成年				
M39							骸骨残碎
M40	3	男	中老年				骨骼被严重扰乱
		?	6~8				
		?	12~13				
M41	2	女	37~50	南	仰身直肢	前室	从部分未扰骨骼判断
		女?	12~14	南	仰身直肢	后室	
M42	2	女	45~55	南	仰身直肢	前室	
		女?	18±	南	仰身直肢	后室	
M43	1	女?	18~20				严重扰乱
M47	2	男	25~30	南	仰身直肢	棺床西部	
		女	25~30				不详
M55	1	女?	30~35				严重扰乱
M60							骨骼残碎
M100	1	女	35±	南	仰身直肢	墓室	
M109	1	男	35~45				严重扰乱

注：表中人骨年龄、性别为中国社会科学院考古研究所韩康信先生鉴定。

而且，即使墓室被盗扰和木棺残朽，但棺钉一般是遗留在墓室中的。因此，有木棺葬具的墓6座应为当时的实际情况。如果这样的分析不误，那么，北魏的墓葬大多数不用葬具，用木棺的占少数。棺的形制，从残朽痕分析，一端大，一端小，呈大头小尾式，与已发现的北魏木棺的形制相同。

2. **葬俗** 根据表三，北魏16座墓葬中，难以确定人体骸骨数量和性别、年龄的墓葬有3座，单人葬4座，2人葬和二人以上墓葬9座。其中5人葬1座，3人葬2座，2人葬6座。说明北魏流行2人葬，2人以上的多人葬也较普遍。5座2人葬墓中，性别为一男一女者3座，均为女性者2座，其中一位女性年龄分别18岁左右和12～14岁，另一座仅能确定男性，另一个体性别、年龄不详。3人葬中，一男性和二女性葬者1座，一中老年男性和二儿童葬者1座。5人葬中，男性三人、女性一人、未成年者一人。如果说二人葬年龄相仿的一男性和一女性，与一夫一妻制的婚姻相对应，属于夫妇合葬与实情相符，那么二人均为女性和三人以上的葬俗如何理解呢？我们认为这应属于一墓多次葬，即同一座墓因需要可多次葬人体骸骨。

首先，3人和5人葬中人体骸骨的性别、年龄排除了属于夫妇的可能性。

5人葬中，女性的年龄为50～60岁，是整个墓地中北魏人体骸骨中年龄最长者；3男性的年龄分别是40岁左右、40～5岁和25～30岁，如果从婚姻关系的角度解释只能是一女三夫，这与当时的婚姻习俗相左。当然也有男性先后死亡而女性分别再婚的可能性，但其中的两位男性年龄相仿而且还有一未成年人同葬，尤其是男性分别入赘，这更增加了从婚姻关系解释的难度。3人葬中，一座为1男性和2女性共葬，可以理解为一夫二妇的婚姻形态，但男性的年龄是25～45岁，二女性的年龄分别是大于50岁和成年，除非男性早亡，二女性守寡直到死亡，否则难以解释。但是，5人葬中的女性如果从婚姻关系解释可以先后和三位男性结婚，为何她们不再婚呢？因此，这三座墓葬的葬俗难以从婚姻关系给予合理的解释。

其次，一老年男性和二儿童共葬、二成年女性分别和18岁以下的女性共葬一墓为多次葬提供了证据。

两座均为女性的2人葬中，成年女性分别和一位年龄18岁左右、12～14岁的女性共葬，年龄小者葬于后室，成年女性葬于前室。由于葬于B型墓中，此型墓较小，墓室低矮，如果排除是同时死亡这一因素，先葬于前室后室将再难以利用。这意味着年轻的先死亡葬于后室，年长者死亡后再葬于前室。前后室都有封门更证明了此点。一位中老年男性和二位年龄分别为6～8岁、12～13岁的儿童共葬，也是如此，先死亡的先葬，后亡者继续在同一墓葬埋葬。

上述分析是建立在没有共同死亡这一基础之上的。从墓地的成排布局、较为集中的分布和墓室的高大、气魄、厚实等因素分析，排除了因某种灾难同时死亡的可能性。据此，北魏墓的葬俗除单人葬和夫妇合葬外，流行一墓多次葬，由于夫妇同时死亡的可能性很小，部分夫妇二人合葬也属于一墓多次葬。而一墓多次葬在已发现的北魏墓中少见，是吴忠地区北魏葬俗的典型特征，具有一定的地域性。

3. **墓葬分布和墓地性质** 吴忠北郊明珠公园人工湖共发现北魏墓葬16座，主要分布于人工湖中南部。除个别墓葬分布分散外，大多数较为集中，东西成排。根据墓葬的分布特点，将北魏墓从北向南分为四排：

第一排：5座，自西向东分别为M109、M55、M28、M29、M43。东西基本呈排状，南北落错位。M109分布最西，与M55的距离较大。M55、M28、M29分布较集中，但M55较M28、M29北移一个墓室的距离。M43 位于东部，与 M29 的距离稍大。

第二排：3 座，自西向东分别为 M60、M31、M47。东西基本呈一排，但间距较大。M60 位于西部，与 M109 较近；M31 位于第二排中部，与第三排的 M37 邻近；M47 位于第二排东部，与其较近的墓葬有 M43。

第三排：4 座，自西向东分别为 M40、M41、M42、M37。M40、M41、M42 为同圹异室墓，三座墓葬位于同一墓圹但各自有自己的墓道和墓室，与其较近的墓葬有 M28、M29，其中距 M28 的墓道仅 2 米多。M37 位于东部，与其较近的有第二排的 M31 和第四排的 M36，三者南北排列距离较近，东西略错半个墓室。

第四排：3 座，自东向西分别为 M36、M39、M38。

第五排：1 座，仅 M100，与同期其他墓葬的距离较远。

墓葬东西呈排状分布，可能意味着统一的规划，南北向的排列可能意味着辈分之间的差别。从墓地东西成排、南北错位集中分布分析，这处墓地可能是某一家族的墓地，而一座墓葬有的可能属单个家庭。

二　唐墓

墓葬形制

吴忠北郊共发现唐墓 107 座，尽管墓葬的上部均被毁，但其形制还是得以保留。根据墓葬形制，将吴忠北郊唐墓分为 A、B、C、D 四型。A 型为倒凸字形墓，B 型为准刀把形墓，C 型为刀把形墓，D 型为竖穴墓。另有 3 座墓因残毁形制不详。

A 型　共 64 座（参见附表《吴忠北郊北魏唐墓墓葬形制和随葬品统计表》，下同），墓道较短，底面有斜坡和阶梯式，以斜坡为主；墓室面积较小，大多数墓室内砌棺床或留置棺床，并有短甬道。依墓室形制，分为 Aa、Ab、Ac、Ad、Ae 五亚型。

Aa 型　墓室呈方型，共 18 座。此型墓墓室四壁垂直，四壁的夹角呈直角；墓道位于墓室南部，与墓室中轴线的关系有中部 3 座，偏东二种，未发现偏西者；棺床有北棺床、西棺床、倒凹字形棺床和反刀把形棺床四种。为了更直观地了解 Aa 型墓墓道在墓室南部的位置和墓棺床的形制，现将墓道和棺床统计如表四：

根据表四，Aa 型墓墓道位于中部者 9 座，偏东者 5 座，偏西者 1 座，另 3 座因被毁位置不详；北棺床者 9 座，西棺床 3 座，倒凹字形者 4 座，反刀把形棺床者 2 座。说明此型墓墓道以位于中部者为主，北棺床是此型墓的主要棺床。

Ab 型　墓室呈弧方形，共 38 座。此型墓墓室四壁内收，四壁间的夹角呈弧角或略呈弧角；墓道位于墓室南部，与墓室中轴线的关系有偏西、中部和偏东三种；棺床有北棺床和倒凹字形棺床，未见西棺床和反刀把形棺床。现将 Ab 型墓的墓道位置和棺床统计如表五：

根据表五，Ab 型墓墓道位于中部者 21 座，东向偏离中轴线者 12 座，西向偏离中轴线者仅 1 座，另 4 座因被毁位置不详；倒凹字形棺床者 31 座，北棺床仅 2 座，未见西棺床。说明此型墓以墓道居中为

表四　Aa型墓墓道位置和棺床统计表

墓号	墓　道			棺　床			
	中部	偏东	偏西	北棺床	西棺床	倒凹字形棺床	反刀把形棺床
M2		✓					✓
M3		✓				✓	
M6				✓			
M7	✓			✓			
M10	✓				✓		
M19				✓			
M24						✓	
M25	✓					✓	
M56		✓		✓			
M57	✓			✓			
M59			✓	✓			
M62	✓			✓			
M63		✓			✓		
M89	✓					✓	
M90	✓			✓			
M92	✓						✓
M110		✓			✓		
M116	✓			✓			
总计	9	5	1	9	3	4	2

主，东向偏离中轴线者次之，倒凹字形棺床是此型墓的主要棺床。

Ac型　墓室呈倒梯形，仅1座，M16。墓道居中，棺床呈倒凹字形。

Ad型　墓室呈长方形，共6座。墓道有居中和东向偏离墓室中轴线；棺床有西棺床和反倒把形棺床，未见倒凹字形棺床。现将Ad型墓的墓道位置和棺床形制统计如表六：

根据表六，Ad型墓墓道居中和东向偏离墓室中轴线者各2座，另2座因墓道被毁位置不详；西棺床者3座，反刀把形者1座。说明此型墓墓道以居中和东向偏离中轴线为主，西棺床是主要棺床。

Ae型　墓室呈弧长方形，仅1座，M48。墓道东向偏离墓室中轴线，没有棺床。

B型　为准刀把形，2座，分别M17、M58。墓道偏向东部，墓道东壁和墓室东壁南北略错位；墓室呈长方形，四壁垂直，四壁夹角呈直角；棺床位于墓室西部。

表五　Ab 型墓墓道位置和棺床统计表

墓号	墓　道			棺　床		墓号	墓　道			棺　床	
	偏西	中部	偏东	北棺床	倒凹字形棺床		偏西	中部	偏东	北棺床	倒凹字形棺床
M1		✓		✓		M75			✓		✓
M8		✓			✓	M76		✓			✓
M15			✓		✓	M77		✓			✓
M21			✓		✓	M78		✓			✓
M22		✓			✓	M79		✓			✓
M23		✓			✓	M81		✓			✓
M30		✓			✓	M83		✓			✓
M33		✓			✓	M84					
M35			✓		✓	M85					✓
M44					✓	M87		✓			✓
M45		✓			✓	M99		✓			✓
M46		✓			✓	M103		✓			✓
M50			✓		✓	M105		✓			✓
M51		✓				M106		✓			✓
M52		✓				M107	✓				✓
M54		✓				M108		✓		✓	
M61		✓			✓	M111			✓		✓
M70		✓			✓	M122					
M73		✓			✓	总计	1	21	12	2	31
M74			✓		✓						

表六　Ad 型墓墓道位置和棺床形制统计表

墓号	墓　道		棺　床	
	中部	偏东	西棺床	反刀把形棺床
M64		✓	✓	
M96		✓	✓	
M98	✓		✓	
M104	✓			✓
M113				
M119				

C 型 为刀把型墓，共 27 座，短斜坡墓道，墓道东壁与墓室东壁南北几乎在同一直线上；墓室有长方形、弧长方形、梯形和弧梯形，依墓室形制，将 C 型墓分为 Ca、Cb、Cc、Cd 四亚型。

Ca 型 墓室呈长方形，共 13 座。此型墓四壁较直，四壁夹角呈直角；大部分墓室砌棺床或留置棺床，有西棺床和反刀把形棺床两种，未见北棺床和倒凹字形棺床。现将此型墓葬及其棺床性质统计如表七：

Ca 型墓墓室有西棺床者 9 座，反刀把形棺床者 2 座，另有 2 座内无棺床，说明西棺床是此型墓的主要棺床。

Cb 型 墓室呈弧长方形，共 9 座。此型墓墓室四壁外弧，四壁的夹角。棺床有西棺床和反刀把形棺床。现将 Cb 型墓及其棺床统计如表八：

表七 Ca 型墓棺床统计表

墓号	棺　床	
	西棺床	反刀把形棺床
M9		
M11	✓	
M12	✓	
M13	✓	
M26		✓
M32		✓
M88	✓	
M91	✓	
M94	✓	
M102	✓	
M114	✓	
M117	✓	
M121		
总计	9	2

表八 Cb 型墓棺床统计表

墓号	棺　床	
	西棺床	反刀把形棺床
M49		
M65		
M69		✓
M72		
M80		✓
M82		
M93		✓
M95	✓	
M97		
总计	1	3

根据表八，Cb 型有棺床的墓仅 4 座，其中反刀把形棺床的墓 3 座，西棺床者 1 座无棺床的墓有 5 座。说明 Cb 型墓无棺床者较多，反刀把形棺床是此型墓的主要棺床。

Cc 型 墓室呈梯形，仅 1 座，M18。墓室内没有棺床。

Cd 型 墓室呈弧梯形，共 4 座，分别为 M66、M67、M71、M86。其中 M66、M71 的棺床为反刀把形，M86 为北棺床，M67 没有棺床。

D 型 为竖穴砖室墓，共 10 座，分别为 M4、M5、M14、M20、M34、M53、M68、M101、M115、M118。墓室形制有长方形、弧长方形、方形和梯形，以长方形为主，弧长方形、方形和梯形各发现 1

座,分别为 M115、M20、M101,除 M20 方形墓室面积较大,墓室内砌北棺床外,其余各墓墓室面积均小,墓室内没有棺床。

根据上述分析,吴忠北郊唐墓的形制特点总结为以下三点:

墓葬形制 以 A 型倒凸字形墓为主,C 型刀把形墓次之,D 型竖穴和 B 型准刀把形墓较少。

墓道 除 D 型竖穴墓外,A、B、C 三型均有墓道。墓道位于墓室南部,以短斜坡墓道为主,阶梯式较少。墓道与墓室中轴线的关系有偏西、中部、偏东、东部四种。偏西的仅 1(见表九)座,中部者 33 座,偏东者 22 座,东部者 29 座,前三者主要与 A 型墓相关,后者与 C 型墓相关。说明吴忠北郊唐墓的墓道位置主要以居中和东向偏离墓室中轴线为主,偏西的仅见 1 座。

棺床 吴忠北郊唐墓的棺床有西棺床、北棺床、倒凹字形棺床和反刀把形棺床。西棺床位于墓室西部,与墓室西、北和南壁相接;北棺床位于墓室北部,与墓室北、东和西壁相接;倒凹字形棺床和反刀把形棺床与墓室四壁相接,仅在甬道或墓门北部形成低与于棺床面的凹槽,这二种棺床的主要功能是增大了棺床面积。依表八,西棺床共 16 座,与 Ca、Aa、Ad、Cb 型墓相关,即墓室平面呈长方形和方形墓相关;北棺床 12 座,主要与 Aa 型墓相关;倒凹字形棺床 38 座,主要与 Ab 型墓相关;反刀把形墓 10 座,主要与刀把形墓相关。由于倒凹字形棺床不见于其他地区已发掘的唐墓,说明倒凹字形棺床是吴忠北郊唐墓的新形制。

表九 吴忠北郊唐墓墓葬形制和墓道位置、棺床形制统计表

形 制 \ 位 置		墓道位置				棺 床			
		偏西	中部	偏东	东部	西棺床	北棺床	倒凹字棺床	反刀把形棺床
A 型	Aa	1	9	5		3	9	4	2
	Ab	1	21	12			2	31	
	Ac		1					1	
	Ad		2	2		3			1
	Ae			1					
B 型				2				2	
C 型	Ca				13	9			2
	Cb				9	1			3
	Cc				1				
	Cd				4	1			2

遗物

吴忠北郊唐墓随葬品以陶器为主,其次有陶俑、瓷器、铜镜、带饰、铜钱、铜合页、铁剪、铁刀、骨梳、骨饰件、漆器等。其中漆器均残朽,仅存残迹。

陶俑 复原完整者 7 件,出土于 1 座墓中(M110),有马俑、牵马俑和男侍俑,有的绘彩绘,大部

因颜料脱落纹样不详。

陶器　陶器均泥质，有红陶和灰陶两种，以红陶为主。器形以塔形罐为主，次有罐、双耳罐、壶、执壶、小碗、砚等。陶器外壁大多饰一层灰白色陶衣，其中塔形罐陶衣上大多饰黑彩或绘图案，因颜料脱落大多模糊不清。由于墓葬曾遭严重的盗掘，陶器几乎均残破，完整者很少。

塔形罐　塔形罐由盖、兽面罐或罐、底座组成，出土时大多数残碎分离，成套者较少。据统计，出土塔形罐的墓有50座（一座墓中出土盖、兽面罐和底座之1件者视为曾用一套塔形罐随葬），成套者仅10套，分别为M8（M8∶3、4、2）、M15（M15∶5、4、8）、M25（M25∶1、2、4；M25∶5、3、7）、M50（M50∶9、14、8）、M53（M53∶1、3、2）、M71（M71∶2、4、3）、M75（M75∶5、7、6）、M80（M80∶3、1、2）、M119（M119∶21、22、23）。

盖　复原完整者计30件，由盖盘和盖纽分件制作黏接而成，盖纽周围多饰花瓣状的附加堆纹。依盖盘和盖纽的形制特点，将盖盘分为A、B两型。

A型　盖盘呈覆碗状，盖纽圆球状，中空，计9件，分别为标本M7∶2、M8∶3、M25∶1、M25∶5、M25∶8、M50∶9、M53∶1、M66∶2、M107∶1。

B型　盖盘呈覆碗状，盖纽塔状，中空，尖锥形，计14件。分别为标本M12∶1、M15∶5、M18∶2、M45∶2、M61∶12、M68∶2、M70∶6、M73∶1、M75∶5、M78∶1、M80∶3、M87∶2、M93∶2、M119∶21。

另有8件盖纽残失，仅存盖盘，分别为标本M2∶1、M24∶5、M44∶3、M52∶1、M77∶3、M85∶3、M103∶3、M104∶2。

兽面罐和罐　复原完整者25件，兽面罐肩上部或腹部贴饰三个或四个模制兽面。兽面底面内凹，正面高凸，以贴在腹上部为主，部分贴于腹部。兽面上部或两侧、黏贴兽面的器壁大多戳一通气的孔眼，以防止烧制时空气膨胀而爆裂；器壁大多饰黑彩或绘图案，因脱落模糊不清。罐的形制与兽面罐基本相同，也是塔形罐的组成部分之一，仅未帖兽面。依罐的形制，分为A、B、C三型。

A型　1件。圆肩，平底。器型低矮，浑圆，为标本M23∶1。

B型　24件，腹上部圆鼓，下部斜收，平底；器型较高，分别为标本M2∶3、M7∶4、M8∶2、M15∶5、M16∶2、M18∶11、M25∶3、M25∶8、M30∶1、M33∶3、M50∶14、M53∶3、M61∶10、M70∶2、M75∶7、M76∶2、M78∶2、M85∶1、M99∶2、M103∶1、M106∶1、M107∶2、M108∶2、M119∶22。

底座　复原完整者计30件，根据形制分为A、B、C、D四型。

A型　6件，呈覆盆状。敞口，平卷沿，大多腹部较深。分别为标本M30∶2、M53∶2、M77∶2、M86∶1、M108∶1、M108∶3。

B型　14件，由底口部和上口部分件制作黏接而成，束腰，器型高。底口部覆盆状，上口部唾盂形；套接黏接处较细，内壁有明显的黏接痕。底口部外壁流行贴饰一周花瓣状的附加堆纹；上口部有花唇和花腹，个别的双腹。分别为标本M15∶4、M21∶3、M25∶7、M51∶1、M61∶11、M66∶1、M70∶3、M73∶2、M76∶1、M80∶2、M87∶3、M103∶2、M106∶1、M119∶23。

C型　9件，与B型同，由底口部和上口部分件制作黏接而成，器型高。底口部覆盆状，上口部敞口钵形；黏接处细颈，内壁有黏接痕。分别为标本M7∶3、M8∶4、M16∶1、M18∶3、M25∶4、M50∶8、

M74：1、M75：6、M85：2。

D型　1件，略呈唾盂形，脱底，为标本M2：2。

大口罐　4件，分别为标本M56：5、M68：1、M113：1、M119：25。

双耳罐　13件（难以复原者未计），肩上部黏对称的双竖耳，耳下器壁凹陷。依形制分为A、B两型。

A型　3件，大口，卷沿，矮领，腹上部较鼓，器形较矮，分别为标本M73：3、M97：2、M101：1。

B型　10件，口沿和腹上部与A型同，腹下部斜收，器形较高。分别为标本M6：1、M6：2、M7：1、M11：3、M22：1、M70：4、M77：1、M81：5、M104：1、M120：9、M122：1。

双耳壶　5件，小口，形制与B型双耳罐同，分别为标本M10：1、M90：4、M91：6、M112：1、M116：7。

壶　14件（难以复原者未计），根据形制分为A、B、C三型。

A型　2件。平沿，腹上部圆鼓，器型较高，分别为标本M17：1、M83：1。

B型　10件，卷沿或卷平沿，腹上部圆鼓，器型较矮，分别为标本M15：3、M15：6、M15：7、M61：7、M61：8、M61：13、M70：1、M70：7、M83：3、M97：1。

C型　2件。卷沿，垂腹，分别为标本M25：6、M12：3。

执壶　6件，分为A、B两型。

A型　4件，颈部低矮，斜腹，分别为标本M24：6、M82：3、M82：4、M87：1、M119：24。

B型　2件，颈部较纵长，腹部蒜头状，分别为标本M70：5、M70：8。

其他器形有灯碗、三足鼎、豆等，数量较少。

瓷器　出土较少，完整者4件，器型有执壶、罐和瓷盘。

执壶　2件，均黑釉，胎较粗糙，外壁挂半釉，分别为标本M71：1和M79：1，二者形制略有不同。标本M79：1器型较高，腹下部斜收；标本M71：1器型较矮，垂腹。

罐　1件，为青釉小瓷罐，标本M86：1，青釉较薄，挂半釉，局部有黑釉斑点纹，器型与兽面罐的形制相近。

瓷盘　1件，标本M62：16，圆角方唇，浅腹，平底。腹外侧饰多足，部分残失。胎白色，较细腻，黄绿色釉，内底露胎。内壁、底部残留绿色颜料。

另出土三彩壶盖1件，即标本57：2。

铜镜　铜镜出土较少，仅6枚，出土于5座墓中。完整者4枚，1枚残。形制有圆形、圆角方形和方形四种。圆形4枚，分别为十二生肖镜（M62：7）、四神镜（M56：4）、飞鸟花枝镜（M98：1）、素面（M57：1）。圆角方形镜1枚，为M61：15，素面。方形镜1枚，为M49：6，残存一半。

带饰　带饰有带扣、铊尾、半圆形铸饰和方形铸饰，出土于33座（参见表一〇）墓中。由于墓葬严重盗扰，少者仅出土1件，多者出土15件，但每一组的具体数目、排列方式不详。质地有铜、铁、铜与铁三种。单独出土铜带饰的墓21座，单独出土铁带饰的墓2座，出土铜带饰和铁带饰的墓10座。有的带饰正面是铜质，底面是铁质。

铁带饰由于严重锈蚀，上、下半面均黏合于一起，仅能分辨形制。铜带饰的形制基本一致，由上、下半面分件制作铆合而成。铊头的平面形制呈圆头长方形，半圆形铸饰和方形铸饰一边有一长方形的

表一〇　吴忠北郊北魏唐墓出土带饰统计表

墓号	铜质				铁质				时代	备　注
	带扣	铊尾	半圆形铐饰	方形铐饰	带扣	铊尾	半圆形铐饰	方形铐饰		
M2		1	3	1						
M3		2								铜带环1
M13		1	2							
M15	1	2	1	3						大、小两套
M20	1		4	4						
M23		1		2						
M26			3	2			2	3		
M32		1		1				1		
M33				1		1	1	1		
M45				1						
M48	1	2	4	4						
M49		1								
M57	1		4	2				1		
M58		1								
M59	1			2						
M61			1							
M62	3	3	5	2						铜带环4；大小两套
M71								1		
M79					1		2			
M80				3						
M83			1	1						环饰1
M90	1			4						
M91	1	2								带环1
M94		1	2			1				
M95			5	4						
M96		1	3	2						
M101						1	1			
M102		2	1	1						带环1
M114			1	1						
M116							3	1		带饰2
M119		1		13			2	3		
M120	1	1	3	4						
M123			6	2						凹边拱形　2

孔眼；上半面周缘向下包合，下半面平。

铜钱 共出土57枚（完整者），有开元通宝、乾元重宝、五铢等，出土于28座墓中，少者1枚，多者5枚。

开元通宝 51枚，出土于28座墓中，最多者5枚，最少者仅1枚。依字体、笔画特征，将开元通宝分为A、B两型。

A型 "开"字宽扁，"元"字上画短，次画左上挑，"通"字之走旁三点不相连，甬旁上笔开口略大，"宝"字下部贝字二横画居中，与左右竖画不相连。共出土于14座墓中。

B型 "开"字宽扁，"元"字上画加长，"通"字之走旁三点相连，甬旁开口小，"宝"字下部贝字二横画与左右竖画相连。

单独出土A型开元通宝的墓15座，分别为M1、M4、M5、M7、M10、M11、M12、M13、M20、M49、M59、M63、M64、M87、M94，分别为M1、M4、M5、M7、M10、M11、M12、M13、M49、M59、M63、M64、M87、M94；出土B型开元通宝的墓4座，分别为M34、M48、M76、M98；既出土A型也出土B型开元通宝的墓5座，分别为M2、M8、M15、M79、M90。

乾元重宝 4枚，锈蚀，字迹较模糊，分别出土于M15、M76、M87、M92四座墓中。

五铢 2枚，出土于M56、M96。

墓砖 墓砖有条砖和方砖两种，以条砖为主，方砖仅在个别墓室中用于平铺棺床。条砖均模制，有灰色和土红色，用于砌墓室、棺床、铺棺床以及封门。条砖的规格大小不一，即使同一座墓葬的条砖规格也略有差异。依据纹饰，将条砖分为三种：第一种，素面砖，数量较少。第二种，拉划纹条砖，即用梳齿状的工具在条砖的正面拉划凹槽，有的细密，有的粗疏，是唐墓条砖的主要纹饰。第三种，手印纹条砖，在条砖正面饰一手印，数量较少。从对墓室四壁拆解所知，有纹饰的一面几乎全部朝下，素面朝上，这说明条砖上的拉划纹和手印纹主要是为了增强砌砖与泥浆的黏合。由于制作拉划纹比较费工、费时，因此，出现了当砖坯还在模具中直接印一手印的手印纹条砖。

随葬品位置 由于墓葬均被盗，大多数墓葬随葬品的数量和位置难以确定。随葬品以陶器为主，塔形罐为主要器型。据统计，近二分之一的墓随葬塔形罐（出土塔形罐残片者均统计在内），与其组合随葬的器型有双耳罐、壶等。从少量完整器的出土位置和陶器碎片集中出土的位置分析，壶多放置于墓室的四角；倒凹字形棺床和有东、西矮平台的墓，塔形罐多放置于墓室的西南部；部分墓葬随葬品的位置与墓主人的头向相关，即头朝西者塔形罐放置于棺床西部，头朝北者塔形罐放置棺床北部；个别墓塔形罐放置于墓道中。

分期

吴忠北郊唐墓以小型墓为主，无纪年墓少；均被盗，随葬品单一，流行一墓多葬，即利用同一墓穴多次葬人和放置随葬品；这些因素的存在使墓葬的分期变得非常困难。但北郊唐墓存在打破关系，陶器的形制存在着差异，开元通宝铜钱也存在着字体笔画方面的变化，这意味着北郊唐墓经历了一段较长的历史时期。根据墓葬形制和主要随葬品形制分为两期（参见表一一）。

第一期：初唐～盛唐时期，墓葬形制主要有Aa、Ab、Ad、Ca、Cb、D型，以Aa、Ab型墓为主，

表一一　吴忠北郊唐墓形制与主要随葬品形制统计表

墓号	墓葬形制	塔形罐			双耳罐	执壶	壶	开元通宝			其他随葬品	期别
		盖	罐	座				A	A、B	B		
M1	Ab		B					√				
M2	Aa								√			
M3	Aa											
M4	D							√				
M5	D							√				
M6	Aa				B							
M7	Aa	A	B	C	B			√				
M8	Ab	A	B	C					√			
M9	Ca											
M10	Aa				B			√			双耳壶	
M11	Ca							√				
M12	Ca		B				C	√				
M13	Ca							√				
M14	D											
M15	Ab	B	B	B		B		√			乾元重宝	
M16	Ac		B	C								
M17	Ca					A						
M18	Cc	B	B	C								
M19	Aa											
M20	D							√				
M21	Ab		B									
M22	Ab				B							
M23	Ab		A									
M24	Aa					A						
M25	Aa	A	A	BC			C					
M26	Ca											
M27	Ca											
M30	Ab		B	A								
M32	Ca											
M33	Ab		B									
M34	D									√		

续表一一

墓号	墓葬形制	塔形罐			双耳罐	执壶	壶	开元通宝			其他随葬品	期别
		盖	罐	座				A	A、B	B		
M35	Ab											
M44	Ab											
M45	Ab	B										
M46	Ab											
M48	Ae									✓		
M49	Cb							✓			方形铜镜	
M50	Ab	A	B	C								
M51	Ab			B								
M52	Ab											
M53	D	A	B	A								
M54	Ab											
M56	Aa										四神镜	
M57	Aa											
M58	B											
M59	Aa							✓				
M61	Ab	B	B	B				B			素面铜镜	
M62	Aa										十二生肖镜	
M63	Aa							✓				
M64	Ad							✓				
M65	Cb											
M66	Cd	A		B								
M67	Cd											
M68	D	B										
M69	Cb											
M70	Ab	B	B	B	B		B					
M71	Cd	A		C							黑釉执壶	
M72	Cb											
M73	Ab	B	B	A								
M74	Ab			C								
M75	Ab	B	B	C								
M76	Ab		B	B						✓	乾元重宝	

续表一一

墓号	墓葬形制	塔形罐			双耳罐	执壶	壶	开元通宝			其他随葬品	期别
		盖	罐	座				A	A、B	B		
M77	Ab			A								
M78	Ab	B	B									
M79	Ab								✓		黑釉执壶	
M80	Cb	B		B								
M81	Ab				B							
M82	Cb					A						
M83	Ab					A、B						
M84	Ab											
M85	Ab		B	C								
M86	Cd			A								
M87	Ab	B		B		A		✓			乾元重宝	
M88	Ca											
M89	Aa											
M90	Aa								✓		双耳壶	
M91	Ca											
M92	Aa	B									乾元重宝	
M93	Cb											
M94	Ca							✓				
M95	Cb											
M96	Ad											
M97	Cb				A		B					
M98	Ad									✓	飞鸟花枝镜	
M99	Ab		B									
M101	D				A							
M102	Ca											
M103	Ab		B	B								
M104	Ad				B							
M105	Ab											
M106	Ab		B	B								
M107	Ab		B	A								
M108	Ab		B	A								

续表一一

墓号	墓葬形制	塔形罐			双耳罐	执壶	壶	开元通宝			其他随葬品	期别
		盖	罐	座				A	A、B	B		
M110	Aa											
M111	Ab											
M112	Ca										双耳壶	
M113	Ad											
M114	Ca											
M115	D											
M116	Aa										双耳壶	
M117	Ca											
M118	D											
M119	Ad											
M120		B	B	B		A						
M121	Ca											
M122	Ab				B							
M123												

随葬 A 型开元通宝铜钱，塔形罐均残碎，具体形制不详；兽面罐为花唇圆肩，低矮、浑圆；个别的墓随葬陶俑和四神镜、四神十二生肖镜。

Aa、Ab、Ca 型墓墓室平面为方形、弧边方形和直背刀把形墓，这种形制在洛阳、西安地区流行于隋至盛唐时期[1]；A 型开元通宝流行于高祖武德四年（公元 621 年）至玄宗开元中期[2]。镇墓兽凶猛，头肩部加饰的火焰状竖毛多而长，这种特征与洛阳地区盛唐墓葬出土的镇墓兽造型相同[3]。圆形四神十二生肖镜主要流行于初唐时期[4]，圆形四神镜的时代与四神十二生肖镜的时代基本相当。A 型兽面罐肩部较圆，器型低矮，与洛阳地区隋至处唐时期罐的形制接近[5]。因此，将出土 A 型开元通宝、A 型兽面罐、陶俑、四神镜、四神十二生肖镜的墓葬归于第一期，代表性的墓葬有 M1、M4、M5、M7、M11、M12、M13、M23、M49、M56、M59、M62、M64、M87、M94、M110 等。

第二期：中、晚唐时期，墓葬形制除延续第一期的形制外，另有 Cb、Cc、Cd 墓，随葬 B 型或 A、B 型开元通宝，B 型兽面罐或罐组成的塔形罐，A、B 型双耳罐、A、B 型执壶、和 A、B、C 型壶，素面铜镜等。

① 中国科学院考古研究所：《西安郊区隋唐墓》，科学出版社，1966 年。徐殿魁：《洛阳地区隋唐墓的分期》，《考古学报》1989 年第 3 期。
② 徐殿魁：《试论开元通宝的分期》，《考古》1991 年第 6 期。
③ 徐殿魁：《洛阳地区隋唐墓的分期》图八，8，《考古学报》1989 年第 3 期。
④ 徐殿魁：《唐镜分期的考古学探讨》，《考古学报》1994 年第 3 期。
⑤ 徐殿魁：《洛阳地区隋唐墓的分期》图九，1，《考古学报》1989 年第 3 期。

　　Cb、Cc、Cd 型墓在洛阳地区流行于中、晚唐[①]；B 型开元通宝从玄宗开元晚期始，一直到唐末都使用[②]；塔形罐中，B 型兽面罐、罐近肩部圆鼓，器型较高，这种形制和特征的罐在洛阳地区出土于中、晚唐墓中[③]，也与西安地区中晚唐墓罐的形制相近[④]；雀绕花枝镜初见于盛唐墓葬中，在中唐墓葬中常见。A 型执壶与洛阳地区晚唐墓出土执壶的形制相同[⑤]。我们将 Cb、Cc、Cd 型墓和出土上述器型的墓定为唐中晚，代表性的墓葬有 M2、M8、M15、M34、M48、M76、M79、M90、M98、M87 等。

　　由于流行一墓多次合葬的葬俗，早期墓可能在晚期也放置尸骸和随葬品，对具体的某一座墓进行分期确实存在着较大的难度。但通过对吴忠北郊唐墓的分期，大致可知初唐和盛唐期墓葬形制以 Aa、Ab 型方形和弧方形墓室为主，由于在被毁的墓中发现后者打破前者的现象，方形墓室的墓在吴忠地区可能早于弧方形的墓。

葬俗

　　葬式和葬具　吴忠北郊 107 座唐墓中，对人体骨骼进行年龄、性别鉴定的有 95 座（参见表一二），能辨别出或推断出头朝向的骸骨有 51 例，有朝南、朝西、朝北三种。其中朝南的有 28 例，占 54.9%；朝西的 12 例，占 23.5%；朝北的 11 例，占 21.6%。能辨别出或推断出葬式的有 49 例，有仰身直肢、侧身和仰身曲肢三种。其中仰身直肢 47 例，将近占 96%，侧身和仰身曲肢各 1 例。由于墓室被严重盗扰，尽管能辨别出或能推断出头的朝向和葬式的仅占少数，但从统计学的角度分析具有随机抽样的性质，这些数据应该反映着当时的真实情况。说明北郊唐墓葬式以仰身直肢葬为主，侧身葬和仰身曲肢葬处于次要地位。头的朝向以向南为主，朝西和朝北次之，未见朝东。

　　唐墓中发现用木棺葬具者仅 1 座（M49），大多数未发现木棺葬具的痕迹，也未发现棺钉。虽然在一些墓葬中发现了铁钉，但这些铁钉短小、部分与铜合页一起出土，应是木箱、木盒类的用钉。这说明绝大多数唐墓不用木棺葬具。另外，从在较小的墓室内葬 2～5 人的角度分析，在较小的棺床上难以放置 2～5 具木棺。因此，北郊唐墓很少用木棺葬具。

　　葬俗　吴忠北郊唐墓共 95 座，其中人体数量不详者 7 座，能鉴别人体数量、性别、年龄者 88 座。墓葬中人体骸骨的数量有单人、二人、三人、四人和五人葬五种，根据表一二，将每种葬法的数量统计如下表：

　　从表一三可知，单人葬 34 座，占 88 座能鉴别骸骨数量墓葬的 38.6%，二人葬 39 座，占 44.3%。三人葬 10 座，占 11.4%，四人葬 2 座，占 2.3%，五人葬 3 座，占 3.4%。说明北郊唐墓以二人葬为主，其次为单人葬，三人以上的多人葬较少。

　　34 座单人葬中，能鉴定出年龄的 32 座，其中葬年龄 25 岁以下骸骨的墓 17 座，占 53%，葬年龄 25～60 岁骸骨的墓葬 15 座，占 47%。说明单人葬可能主要是用来葬年轻者的墓葬。

①　徐殿魁：《洛阳地区隋唐墓的分期》，《考古学报》1989 年第 3 期。

②　徐殿魁：《试论开元通宝的分期》，《考古》1991 年第 6 期。

③　徐殿魁：《洛阳地区隋唐墓的分期》图九，6、8，《考古学报》1989 年第 3 期。

④　中国科学院考古研究所：《西安郊区隋唐墓》第 57 页图二九，2，科学出版社，1966 年。

⑤　徐殿魁：《洛阳地区隋唐墓的分期》图一〇，18，《考古学报》1989 年第 3 期。

表一二　吴忠北郊唐墓人体骨骼年龄与墓葬形制统计表

墓号	个体	性别	年龄（岁）	头向	葬式	墓葬形制	备　　　注
M1	2	男	30~35	西？		倒凸字形	颅骨在棺床西部，其他骨骼分布于东部，
		女	大于35	西？			
M2	2	男	老年			倒凸字形	从下肢骨的置向判断
		女	老年				
M3	2	男	30~35			倒凸字形	
		女	成年	南	仰身直肢		
M4	1		3±	南	仰身直肢	竖穴墓	
M5	2	男	16~18	南	仰身直肢	竖穴墓	
		女	16~18	南	仰身直肢		
M6	1		成年			倒凸字形	骨骼腐朽
M7	2					倒凸字形	根据骨骼的置向判断
		女？	25~30	西	仰身直肢		
M8	2	男	40~50			倒凸字形	
		女	成年				
M9	5	男	40~50			刀	严重扰乱
		女	30~50				
		女	成年				
		男	40~50				
		男？	20~25				
M10	2	男	40~50			倒凸字形	严重扰乱
		女	45~55				
M11	1	女	20~22	北	仰身直肢	刀	
M12	1	女	18~22	南	仰身直肢	刀	
M13	3	男	20~25			刀	严重扰乱
		男	35~45				
		女	大于40				
M14	1	男	45~60	南	仰身直肢	竖穴墓	
M15	1	男	30~35	西	仰身直肢	倒凸字形	根据骨骼的置向判断
M16	3	男	20~30	南	仰身直肢	倒凸字形	根据骨骼的置向判断
		女	25~18	南	仰身直肢		
			26~20	南	仰身直肢		
M17	2	男	40~50	南	仰身直肢	刀	
		女	40~50	南	侧身直肢		
M18	2	男	25~30	南	仰身直肢	刀	根据棺床东部骨骼置向判断
		女	30±	南	侧身		
M19	1		成年			倒凸字形	骨骼残碎
M20	3	男	35~45			倒凸字形	严重扰乱
		女	大于45				
		女	大于30				

续表一二

墓号	个体	性别	年龄（岁）	头向	葬式	墓葬形制	备　　注
M21	2	男	30～35			倒凸字形	严重扰乱
		女	20±				
M22	3	男	45～50			倒凸字形	严重扰乱
		女	40～50				
		女	15～18				
M23	2	男	40～45			倒凸字形	严重扰乱
		女	40～45				
M24	2	男	50～55			倒凸字形	严重扰乱
		女	50～55				
M25	2	男？	成年			倒凸字形	严重扰乱，骨骼残碎
		女？	成年				
M26						刀	骨骼残碎
M27						倒凸字形	骨骼残碎
M30	1	女？	大于35			倒凸字形	严重扰乱
M32	2	女？	成年			刀	骨骼残碎
		成年					
M33	2	男	成年			倒凸字形	骨骼严重扰乱
		女	成年				
M34	1	男	17～20	北	仰身直肢	竖穴墓	
M35						倒凸字形	骨骼残碎
M44	1	？	成年			倒凸字形	骨骼残碎
M45	2	男	30～40	北		倒凸字形	根据棺床东部下肢的置向判断
		女	25～30	北			
M46	2	男	35～45			倒凸字形	严重扰乱
		女	40～50				
M47	2	男	25～30	南	仰身直肢	倒凸字形	
		女	25～30				严重扰乱
M48	2	男	20～30	北	仰身直肢	倒凸字形	
		男	成年	南	仰身直肢		
M49	2	女	20～22	？	仰身直肢	刀	根据肢骨的置向判断
		婴儿			侧身屈肢		骨骼残碎
M50	1	女	30～40	北	仰身直肢	倒凸字形	
M51	2	男	25～30	北	仰身直肢	倒凸字形	根据尚未扰动的骨骼判断
		女	40～45	北	仰身直肢		
M52	3	男	35～45			倒凸字形	严重扰乱
		女	20±				
		女？	13～14				
M53	1	男？	30～35	北	仰身直肢	竖穴墓	

续表一二

墓号	个体	性别	年龄（岁）	头向	葬式	墓葬形制	备　　注
M54	1	男	45～50	西	仰身直肢	倒凸字形	根据部分骨骼的置向判断
M57	5	男	20～30			倒凸字形	严重扰乱
		女	30～40				
		男	25±				
		男	14～18				
		儿童					
M58	2	男	30～35	南	仰身直肢	倒凸字形	根据骨骼的置向判断
		女	20～25	南	仰身直肢		
M59	3	男	35～45			倒凸字形	严重扰乱
		男	45～55				
		女	45～55				
M61	3	男	30～35			倒凸字形	严重扰乱
		女	成年				
			小于4				
M62	4	男	35～45			倒凸字形	严重扰乱
		女	成年				
		女	成年				
			成年				
M63	3	男	25～30			倒凸字形	除一具判断头向南外，其余骨骼严重扰乱
		男	16～18				
		女	小于18				
M64	1	男	35～40		仰身直肢	倒凸字形	根据骨骼置向判断
M65	1					刀	骨骼残碎
M66	1		成年			刀	骨骼残碎
M67	1	?	15～16			刀	严重扰乱
M68	1	女?	16～18	南	仰身直肢	竖穴墓	
M69	1	男	30～35	北	仰身直肢	刀	
M70	2	男	成年		仰身直肢	倒凸字形	根据骨盆及下肢骨的置向判断
		女	成年		仰身直肢		
M71	1	男	18～22	北	仰身直肢	刀	
M72	2	男	20～25			刀	严重扰乱
		女	大于50				
M73						倒凸字形	骨骼残碎
M74	2	男	30～40	南	仰身直肢	倒凸字形	根据部分未被扰骨骼的置向判断
		女	30～40	南	仰身直肢		
M75	2	男	成年			倒凸字形	严重扰乱
		女	25～30				
M76	2	男	25～35			倒凸字形	严重扰乱
		女	20～35				

续表一二

墓号	个体	性别	年龄（岁）	头向	葬式	墓葬形制	备　注
M77	2	男	成年	西	仰身直肢	倒凸字形	根据部分未扰和骨骼的分布、置向判断
		女	20～35	西	仰身直肢		
M78	2	男	45～55	西	仰身直肢	倒凸字形	根据部分未扰和骨骼的分布、置向判断
		女	成年	西	仰身直肢		
M79	1	?	35～45			倒凸字形	骨骼残碎
M80	1	男	18～20	南	仰身直肢	刀	
M81	3	男	40～50			倒凸字形	严重扰乱
		男	50～60				
		女	35～40				
M82	1	女?	12～13	南	仰身直肢	刀	根据未扰骨骼置向判断
M83	4	男	40～50			倒凸字形	严重扰乱
		女	45～55				
		s?	5～6				
		?	3±				
M84						倒凸字形	未见骨骸
M85	1	女	20～25			倒凸字形	残碎
M86	1	男?	13±			刀	严重扰乱
M87	1	男	18～22			倒凸字形	严重扰乱
M88	1	男	20～25			刀	严重扰乱
M89	1	女	15～25	西	仰身直肢	倒凸字形	根据未扰骨骼置向判断
M90	1	男?	30～35			倒凸字形	严重扰乱
M91	2	男	20～22			刀	严重扰乱
		女	18～22				
M92	2	男	30～40			倒凸字形	严重扰乱
		女	35～45				
M93	1	女	20～25	南	仰身直肢	刀	
M94	3	男	45～55			刀	严重扰乱
		女	大于25			刀	根据未扰骨骼置向判断
		女	25～30				
M95	5	男	成年			刀	严重扰乱
		女	大于40	南	仰身直肢		
M96	2	男	成年			刀	严重扰乱
		女	成年				
M97	2	男	30～35			刀	严重扰乱
		女	老年			倒凸字形	严重扰乱，骨骼残碎
M98	2	女	18～20			倒凸字形	残存骨骼置向判断
M99	1	女	18～20	西			
M101	1	男	16～18	北	仰身直肢	竖穴墓	

续表一二

墓号	个体	性别	年龄（岁）	头向	葬式	墓葬形制	备　　注
M102	2	男	成年			刀	严重扰乱
		女?	成年				
M103						倒凸字形	骨骼残朽
M104	1	男	35～45			倒凸字形	严重扰乱
M105	2	男	40～45	南	仰身直肢	倒凸字形	根据未扰骨骼判断
							骨骼少而残碎
M106						倒凸字形	未见骨骼
M107						倒凸字形	骨骼少而残碎
M108	1					倒凸字形	不详
M110	2	男	成年	南		倒凸字形	从被扰骨骼置位判断
		女	成年	南			
M111	2	男	50～60			倒凸字形	严重扰乱
		女	50～60				

注：表中人骨年龄、性别为中国社会科学院考古研究所韩康信先生鉴定。

表一三　吴忠北郊唐墓葬法统计表

葬法　　数量	单人葬	二人葬	三人葬	四人葬	五人葬
量　数	34	39	10	2	3
百分比	38.6%	44.3%	11.4%	2.3%	3.4%

　　39座二人葬中，7座仅能鉴别一具骸骨的性别，年龄、性别均能鉴别者32座。有同性和异性两种。年龄以25岁以上的成年人为主。为了进一步了解二人葬的具体葬俗，根据《吴忠北郊唐墓人体骨骼年龄与墓葬形制统计表》将相关信息统计如表一四：

　　从表一四可知，同性葬者2例，占5.9%，异性葬者32例，占94.1%。异性双方年龄均在25岁以下者2例，占6.2%，年龄在25岁以上者30例，占93.8%。2例同性葬中，1例是年龄20～30岁的男性与成年男性同葬，1例是20～22岁的女性和婴儿同葬，属同葬中的孤例。因此，二人葬中以异性、双方年龄在25岁以上者为主，是二人葬中的主要葬法，这与一夫一妻制的婚姻形态相符，应为夫妇合葬，而且主要用来葬25岁以上的成年夫妇。

　　三人葬、四人葬和五人葬中，除一座四人葬为男女性与二个儿童同葬可解释为夫妇与孩子因某种灾难同时死亡合葬、三人葬中一男性与二女性同葬可解释为一夫二妻制合葬外，其他的很难用婚姻关

表一四 二人葬性别、年龄统计表

	性　别		年　龄	
	同 性	异 性	25 岁以下	25 岁以上
数　量	2	32	2	30
百分比	5.9%	94.1%	6.2%	93.8%

注：表中年龄指异性双方年龄；有一方超过 25 岁者归于 25 岁以上。

系来解释。这种情况可能是北魏时流行的一墓多次葬丧葬习俗的一种延续。

另外，唐代重视对婴儿和儿童的埋葬。吴忠北郊明珠公园人工湖墓地出土 12 岁以下人体骸骨 5 具，一具为婴儿，与女性同葬（M49）；一具为 3 岁左右的儿童，单独葬（M4），一具为小于 4 岁的儿童，与成年男女同葬；另二具分别为 3 岁左右和 5～6 岁的儿童，与一对成年男女同葬（M83）。婴儿和儿童与成年男女的同葬应是父母与子女的合葬；单独葬儿童葬于成人墓地反映出对生命的重视。这种情况在唐人的有关记载中也有反映。

……今吾仲姊，返葬有期，随迁尔灵，来复先域。……荥水之上，坛山之侧，汝乃曾乃祖，行；伯姑仲姑，冢坟相接。汝往来与此，勿怖勿惊。华彩衣裳，甘香饮食，汝来受此，无少无多……①。

这是李商隐《祭小侄女寄寄》一文中反映儿童丧葬习俗的资料，传递着如下的信息。首先，儿童可以葬入祖先的墓地即家族墓地，与她的曾祖父曾祖母葬于同一墓地；其次，对儿童如同对大人一样进行衣食方面的祭祀活动。深刻反映出唐朝对儿童生命的重视，吴忠北郊唐墓中婴儿和儿童墓葬的出现和与成年人合葬，应是这种情况真实再现。

唐墓人骨年龄、性别问题

由于墓葬被严重盗扰，人体骸骨能鉴别出年龄者 155 具，最小者为婴儿，最长者年龄 50～60 岁；能鉴别出性别者 141 具。为了了解当时人的年龄状况和性别比例，根据表一二《吴忠北郊唐墓人体骨骼年龄与墓葬形制统计表》将年龄划分为 12 岁以下、12～25 岁、25～50 岁和 50～60 岁几段，将相关信息统计如表一五：

从表一五可知，12 岁以下死亡者 5 例，占 3.2%，如果排除其他如对死亡儿童扔掉等因素，说明当时儿童的死亡率比较低。12～25 岁的青年人死亡者 34 例，占 21.9%，说明当时青年人的死亡率较高。50～60 岁刚步如老年死亡者 14 例，占 9.1%，说明当时人的寿命普遍较低。而 25～50 岁的成年人死亡者 102 例，占 65.8%，进一步证明当时人的寿命不高。这种情况可能与当时从事生产劳动和其他繁重的体力劳动相关。为了能有所比较，选择《唐文选》②中作者的年龄作为比较点，现将相关人物及寿命统计如表一六：

---

① 高文、何法周主编：《唐文选》第 805 页，人民文学出版社，1997 年。
② 见高文、何法周主编的《唐文选》对作者生平的介绍，人民文学出版社，1997 年。

表一五　吴忠北郊唐墓人体骸骨年龄和性别统计表

	年　　　龄				性　　别	
	12 岁以下	12～25 岁	25～50 岁	50～60 岁	男性	女性
数　量	5	34	102	14	74	67
百分比	3.2%	21.9%	65.8%	9.1%	52.5%	47.5%

注：统计时取年龄最大值。如 20～30 岁者则归于 25～50 岁。

表一六　《唐文选》中有生卒年月作者寿命统计表

姓　名	生、卒年	年龄	资料来源	姓　名	生、卒年	年龄	资料来源
李世民	公元 598～649	51	1 页	元　结	公元 719～772	53	337 页
魏　徵	公元 580～643	63	22 页	孤独及	公元 725～777	52	353 页
王　勃	公元 650～676	26	41 页	陆　羽	公元 733～804	71	371 页
杨　炯	公元 650～693	43	58 页	陆　势	公元 754～805	51	380 页
李　善	公元 630～689	59	108 也	权德舆	公元 759～818	59	396 页
朱敬则	公元 634～709	75	119 页	梁　肃	公元 753～793	40	418 页
陈子昂	公元 661～721	61	130 页	韩　愈	公元 768～824	56	423 页
刘知己	公元 661～721	61	146 页	柳宗元	公元 773～819	46	561 页
姚元崇	公元 650～721	71	179 页	吕　温	公元 771～811	40	628 页
宋　璟	公元 663～737	74	184 页	刘禹锡	公元 772～842	70	648 页
张　说	公元 667～730	63	194 页	李　翱	公元 772～844	72	675 页
张嘉贞	公元 666～729	63	206 页	张　籍	公元 765～830	65	683 页
张九龄	公元 673～740	67	228 页	元　稹	公元 779～831	52	712 页
王　维	公元 701～761	60	244 页	白居易	公元 772～846	74	723 页
李　白	公元 701～762	61	261 页	令狐楚	公元 766～837	71	759 页
高　适	公元 702～765	63	283 页	杜　牧	公元 803～852	49	774 页
萧颖士	公元 709～764	55	297 页	李商隐	公元 813～858	45	799 页
李　华	公元 715～766	51	306 页	罗　隐	公元 833～909	76	845 页
欧阳炯	公元 896～971	75	871 页				

注：本表是将《唐文选》中有生卒年月的作者做了统计，表中页码指《唐文选》页码。

从表一六可以看出，年龄最大者76岁，最小者26岁。寿命在25～50岁者仅7人，占18.9％，寿命在50岁以上者30人，占81.1％。尽管选择的人数比较少，但它是从《唐文选》中将有生、卒年龄的作者都做统计，并未刻意选择，还是具有一定的代表性。他们25～50岁刚步入老年者的死亡率仅占18.9％，和吴忠北郊唐中墓中青年人的死亡率21.9％相当；而50岁以上的老年人的死亡达到81.1％，说明寿命长的人比吴忠唐墓中人的多近9倍。这种情况或许反映出唐代吴忠地区人们生活的艰辛。

男性、女性的百分比分别为52.5％和47.5％，男性比女性多5％，此或许反映出灵州作为军事重镇的一面。

第二节 北魏唐墓反映的相关问题

吴忠北郊北魏和唐墓集中分布在同一墓地内，在墓葬形制、葬俗等方面表现出某种近似关系。下面就墓葬形制、丧葬习俗、墓葬地层所反映的气候地理信息及北魏薄骨律镇到唐灵州的具体位置做一分析。

一 墓葬形制

根据第一节对北魏和唐墓形制的分析，将北魏墓和唐墓的共性和个性总结如下：

1. **共性** 均以倒凸字形单室砖室墓为主，朝向均以南北向为主，墓道均有斜坡和阶梯式，墓道的位置有中部、偏东、偏西三种；墓室的平面形制均有方形和长方形；墓室内均存在棺床。

2. **个性** 在砌筑方法和规模方面，北魏墓室的砌筑四壁较厚，以四角攒尖顶为主；唐墓的砌筑四壁较薄，顶部形制不详；北魏墓大多数显得高大、气魄、厚实，唐墓大多数显得低矮、较小、粗疏。在墓道方面，北魏墓以长斜坡为主，短阶梯、短斜坡较少；唐墓葬以短斜坡为主，长斜坡和短阶梯很少；墓道的位置北魏以中部为主，偏东和偏西较少；唐墓也以中部为多，但偏东占有相当大的比例。甬道方面，北魏为长甬道；唐墓大多数仅为象征性的短甬道。在墓葬形制方面，北魏有双室墓；墓室四壁平面为直壁，壁面均垂直；唐墓虽然有四壁平面平直、壁面垂直者，但弧方形和弧长方形是其主要特征，四壁逐层内收者占有相当大的比例，未见双室墓，但刀把形墓是唐墓的重要形制。墓室设置方面，北魏墓以平底为主，墓室地面较大，均用条砖平铺成"人"字形，设置棺床的墓较少，仅2座，平面呈长方形，位于墓室西部，其中1座仅在墓室地面上平铺一层条砖而成；唐墓大多数墓墓室地面很小，墓室内大多数设置棺床，平面形制有长方形、倒凹字形、反刀把形、梯形等，在墓室的位置有西部、北部和东、西、北部，并且以倒凹字形为主。

北魏和唐墓的共性和共性之中存在的个性，反映出墓葬在形制方面的传承、发展、演变的特性。北魏墓葬形制高大、气魄、厚实的风格，与东汉墓葬的形制特征相似，应是承东汉墓葬的风格而来。阶梯式墓道和墓道位置的偏东、偏西及墓室内设置棺床是北魏墓葬中出现的新因素，这一因素被唐墓所继承并发展。即北魏倒凸字形的平面形制，斜坡状墓道及位置的居中和偏东、偏西，墓室内设置棺床的特征为唐墓所继承并发展之，长斜坡墓道发展为短斜坡墓道，墓道偏东和偏西由少数发展到唐墓占较多的比例，棺床由长方形西棺床演化为唐墓长方形北棺床、倒凹字形棺床、反刀把形棺床等，以致倒凹字形棺床仅见于吴忠地区成为吴忠地区唐墓的主要特色，墓室平面形制由方形、长方形演化为弧方形和弧长方形，四壁由壁面垂直演化为壁面逐层内收等。当然，墓室平面形制呈弧方形和弧长方形、刀把形墓是唐墓的主要特征，具有一定的普遍性，但就吴忠北郊同一墓地内的北魏和唐墓形制的比较而知，它们间的演变轨迹还是明显存在的。

北魏墓葬高大、气魄、厚实而且普遍较深，而唐墓普遍较小、粗疏和较浅，这可能和一定的经济能力相关，也和当时的地下的水位关系和墓地地层的土质相关。

二　葬式、葬具和葬俗

1．**葬式**　北魏墓葬的葬式能辨明者均为仰身直肢，头向朝南。唐墓能辨明葬式者以仰身直肢为主，次有侧身屈肢；头向以朝南为主，次有朝西和朝北，在葬式方面唐墓延续了北魏墓葬的葬式并有所发展，出现了侧身屈肢和头向朝西、朝北。

2．**葬具**　北魏16座墓葬有葬具的墓占百分之三十，无葬具的墓占百分之七十，流行不用木棺葬具。唐墓中，仅发现1座（M49）用木棺葬具，其他均未发现。尽管一些墓葬中出土了黏带朽木的铁钉，由于铁钉短小，且有的和铜合页共存，应是木箱、木盒类所用铁钉，非木棺用钉（《吴忠西郊唐墓》中将此类铁钉归为棺钉并推断了棺板的厚度，实误）。因此，吴忠北郊唐墓中不用木棺葬具，将骸骨直接放置于棺床上。这一习俗与北魏大多数墓不用木棺的葬俗一致，具有一定的相沿性。

3．**葬俗**　北魏墓葬中，除因严重盗扰骸骨不全难以鉴定骸骨数量、性别和年龄的3座墓外，有单人葬、夫妇二人合葬、一墓二次葬和一墓多次葬，其中单人葬4座，夫妇合葬4座，一墓二次葬和一墓多次葬5座，说明单人葬、夫妇二人合葬、一墓二次和多次葬并存，而一墓二次和多次葬在本地区是一种新的丧葬习俗。唐墓中，这种情况同时并存。说明在丧葬习俗方面北魏和唐墓具有相传性，尤其一墓二次和多次放置尸骸，应是延续北魏的丧葬习俗。

三　墓地地层所反映的水文情况和对唐墓的影响

吴忠西郊唐墓大多数墓葬建在黄河冲积沉积砂层上，而且在墓地内发现了汉代的水井和灰坑，据此作者判断黄河东枝的西移在吴忠城区段应发生在汉代以前。吴忠北郊北魏和唐墓也建在黄河冲积沉积的黄砂上，印证了黄河东枝西移的正确性，说明吕氏夫人墓志铭中记载的"回乐东原"系黄河故道由黄河冲击沉积所形成，形成的时间不晚于汉代。而对墓地地层的了解，同时反映出北魏和唐代的某些水文气候信息。

1．**相关的地层资料**　北魏墓葬大多数较深，墓室底部距现地表5.30米左右。现依M27墓道西壁北部2米宽的地层剖面为例将墓地的地层情况做一介绍。依土质和土色，可将地层剖面从上到下分为四层：

第一层：红胶泥土层，土质坚硬。厚0.20～0.30米。

第二层：黄色粉砂层，松软，土质较纯、较厚。厚0.60～0.80米。

第三层：红色黏土层，土质黏结。厚0.30～0.40米。

第四层：黄砂土层，内含一薄不连贯的黄土夹层，直向下延伸，具体厚度不详。

第一层以上挖湖时被挖掉，但从湖壁剖面观察有2～2.50米厚的灰褐色黏结层，唐墓的残口即被此层所压。而这一大层的形成，从土质观察和黄河的冲积、沉积不无关系。

2. 北魏墓葬所反映的相关情况　　北魏墓葬普遍较深，距现地表5.30米左右。而现在这样的深度地下水已上渗，至七、八月地下水位上涨之时，用水泵抽水也难以清理。由于这批北魏墓葬大多数属于一墓二次和多次葬，一座墓葬在不同的时期埋葬骸骨，排除了在冬季水位低时埋葬的可能性。这说明北魏时当时的地下水位较低。而造成这种情况的原因可能与气候相关。据研究，公元初～6世纪中叶，宁夏和整个西北地区处于温暖期向寒冷期的重大转折。公元155年后，年平均气温大致低于当今1℃，直到公元589年为止，是新冰后期[1]。我国的气候进入寒冷干燥期，冬季寒冷，夏季炎热干燥，这可能是造成地下水位较低的原因。唐墓普遍较浅，墓葬较为简陋，距现地面3.50米左右。这也可能与地下水位的上升、地下水位较高相关。因为隋唐时期今宁夏地区又处于小温暖期，年平均气温较今高0.5℃～1℃[2]，气候又进入温暖湿润期，而且唐代开渠引黄河水灌溉，发展灌溉农业，使今吴忠一带的宁夏平原有"塞北江南"的美誉。气候温暖湿润和引黄灌溉这二个因素促使了地下水位相应的上升。在唐墓上的反映则是墓葬距地表较浅，墓室较为低矮。当然，并不排除是平民墓葬因经济原因而造成的墓室低矮、距地表较浅这一因素，但当时水位比北魏时期高应是肯定的。

3. 地层情况对唐墓的影响　　不论是吴忠西郊唐墓还是北郊唐墓，其普遍的特点是：墓室葬距现地表较低；不论墓室大小均为砖室墓，甚至非常简陋的竖穴墓也是砖室墓。对墓室的清理和对墓室用砖的统计所知，大多数墓葬的用砖规格不一，部分墓葬的用砖甚至是从其他建筑上拆迁搬运而来，这说明当时建造一座与汉魏时期的墓葬相较非常简陋的墓葬但对当时人来说也是相当的不易。那么，为什么不用土洞墓呢？在中原地区土洞墓甚至葬有品阶的朝廷官员，对墓地内的平民墓主人来说竖穴土洞墓也是可选择的较为经济的墓葬形制。这与当地地层的土质相关。上文已叙述，唐墓大多数建在黄砂层上，砂细而且松软，不易挖掘竖穴土洞墓和竖穴墓，这可能是吴忠地区哪怕是最简陋的墓葬都用砖砌的根本原因。而在西郊和北郊较大的挖掘范围内没有发现带天井的大中型墓葬，也可能与这里的地层土质不易挖掘天井相关，同时也与唐朝这里的地下水位较高不易挖掘较深的大、中型墓室相关。而由于这一原因，小型的平民墓葬只能建的低矮、距地表较浅。

四　唐墓建筑方法的缺陷

吴忠西郊和北郊唐墓已清理200余座，未发现一座完整的墓葬。尽管盗掘造成了部分墓葬顶部毁坏、甚至墓室四壁的坍塌，不排除盗掘和后期的破坏这一因素。但同一墓地内的北魏墓葬尽管也均被盗掘，但部分墓葬的顶部形制还完整的保存着，部分顶部残缺者也可通过较高的残存情况推断出顶部的具体形制。因此，吴忠西郊和北郊唐墓的毁坏，应还有其他的原因，这是墓葬结构方面的固有缺陷。

吴忠西郊和北郊唐墓的平面形制以倒凸字形为主，这种墓葬墓室内均砌或留置棺床。棺床有长方形、梯形、倒凹字形和反刀把形，位置有西部、北部和墓室四周三种。前两种棺床的存在使砌墓室四壁的砌砖未在同一受力平面上，即棺床部分的墓室砌砖高于墓室地面部分的砌砖；倒凹字形棺床尽管墓室四壁大部砌于棺床上，但甬道东、西两侧南壁砌砖未在同一受力面上，棺床部分较高，墓室地面

① 汪一鸣：《宁夏人地关系演化研究》第19页，宁夏人民出版社，2005年。
② 汪一鸣：《宁夏人地关系演化研究》第19页，宁夏人民出版社，2005年。

部分较低，也产生受力的不均。而且这种棺床大多与四壁内收的墓葬相关，其顶部形制存在着明显的缺陷。有棺床的刀把形墓也存在着与其相同的情况。由于本地唐墓大多建在松软的砂土层上。在受压而受力不均的情况下，墓室尤其是顶部容易倾斜、倒塌。墓室的顶部，从残存情况分析，除四壁垂直的墓可能为穹隆顶外，四壁内收的墓顶部形制与甬道的顶部形制相同，有拱形和拱形—小平顶两种，而且顶部较为低平、拱砖的倾斜角较大。这种倾角较大的顶部本身存在着坍塌的危险，在墓室四壁受力不均的情况下，更易倒塌。

除个别的墓葬墓室四壁和甬道的砌筑时挖掘较深的墙基槽从基槽内砌筑外（仅见于西郊唐墓），大多数墓葬是直接建在砂土层上。墓室的四壁大多数较薄，厚度仅为一条砖的宽度；少数墓葬的四壁用两排条砖同向平砌，尽管墙体的厚度是两个条砖的宽度，但由于是同向砌筑，每层仅平砌反方向的条砖以牵连墙体的内外壁，这使内外壁容易失取连接从而造成倒塌。可以说，本墓地的唐墓和北魏墓相较，在砌筑方法上唐墓是严重的倒退。

上述两个原因，可能也是造成唐墓残缺不全的原因之一。

五　北魏薄骨律镇和唐灵州的位置

北魏孝昌二年（公元526年）以薄骨律镇改置灵州，西魏因之，北周仍为灵州，并置总管府，领普乐、怀远、历城、临郡，并置迴乐县。隋大业元年（公元605年）罢府，仍为灵州，三年（公元607年）改灵州，统迴乐等六县，灵武郡治迴乐县。唐武德元年（公元618年）改灵州，后几经改名，至乾元年（公元750年）复为灵州，旧领回乐等五县，后领回乐等六县，灵州治于迴乐县。这里的问题是北魏灵州至唐灵州，是同一城地还是另有城址？

据《北齐书·神武帝纪》卷二载，东魏和西魏为了争夺灵州，于太平三年（公元536年）大战，西魏放黄河水灌灵州城，被毁；西魏又于大统六年（公元540年）复筑灵州城，此灵州城与隋灵州、唐灵州系同一州治，但与薄骨律镇是否同址？据《元和郡县图志》卷四载："灵州……其城赫连勃勃所置果园，今桃李千余株，郁然犹在。"《元和郡县图志》系唐李吉甫所撰，在唐代，果城的桃李郁然犹在，证明自北魏到唐朝，灵州城的位置一直未变。在吴忠北郊发现了北魏墓葬和唐墓分布与同一墓地，更说明北魏薄骨律镇城、灵州城和唐灵州城同址。而唐灵州的位置，作者依据吴忠西郊唐墓资料和吕氏夫人墓志铭的记载，推定在今吴忠古城湾一带①。

---

① 宁夏文物考古研究所等：《吴忠西郊唐墓》第315页，文物出版社，2006年。

附表　吴忠北郊北魏、唐墓墓葬形制和随葬品统计表（方位：度，长度单位：米）

墓号	方位	形制	墓道 位置	墓道 长×宽×深（残）	墓道 形制	甬道 长×宽×高（残）	甬道 形制	墓室 长×宽×高（残）	墓室 形制	棺床 形制	棺床 位置	随葬品	时代
M1	180	倒凸字形	中部	6.50×0.80-0.84		0.83×0.74-0.78		2.92×2.90-0.86	弧方形	梯形	墓室	陶碗1、开元通宝1、铁钉1	唐
M2	171	倒凸字形	偏东	4.64×0.74-1.85		1.70×0.73-1.50	小平顶	3.05×3.05-1.85	方形	反刀把形	墓室	铜带饰5、铜纽扣1、开元通宝2	唐
M3	190	倒凸字形	偏东	2.60×0.90-1.04		0.73×0.63-1.04	拱形；残	2.32×2.32-1.08	方形	倒回字形	墓室	铜带饰2、铜带环1、铁钉1	唐
M4	198	竖穴						2.45×0.68-0.10	长方形			开元通宝2	唐
M5	184	竖穴						2.02×1.01-0.44	长方形			开元通宝1、贝壳1	唐
M6	178	倒凸字形				1.40×0.60-1.38	拱形；残	3×3-1.20	方形	长方形	墓室北部	双耳罐2	唐
M7	190	倒凸字形	中部	2.40×0.77-0.77		1.45×0.77-1.20	拱形；残	2.70×3-0.75	方形	长方形	墓室北部	陶双耳罐1、铜带饰2、开元通宝1	唐
M8	180	倒凸字形	中部	2.80×1.05-0.90		0.32×0.80-0.95	拱形；残	2.45×2.60-0.70	弧方形	倒回字形	墓室	陶塔形罐1套、开元通宝4	唐
M9	175	刀把形	东部	1.96×0.83-0.80		0.34×0.58-0.80	拱形；残	2.20×1.20-0.86	长方形	无			唐
M10	177	倒凸字形	中部	2.80×0.65-1.50		1.20×0.65-0.80	拱形	2.52×2.55-1.50	方形	长方形	墓室西部	陶双耳壶1、开元通宝2、石器1	唐
M11	170	刀把形	东部	2.65×0.55-1.12		0.67×0.55-0.84	小平顶	2.10×1.40-0.95	长方形	长方形	墓室西部	陶双耳罐1、豆1、罐1、开元通宝3	唐
M12	174	刀把形	东部					19.0×1.25-1.05	长方形	长方形	墓室西部	陶壶1、罐1、开元通宝2	唐
M13	175	刀把形	东部	2.60×0.90-1.30		1×0.55-0.95	拱形	2.35×1.75-0.75	长方形	长方形	墓室西部	铜带饰3、开元通宝2	唐
M14	173	竖穴						1.88×0.95-0.77	长方形				唐
M15	180	倒凸字形	偏东	1.70×1-1		1.15×0.90-1.75	拱形；残	2.60×2.70-1.70	弧方形	倒回字形	墓室	陶塔形罐1套、壶3、铜饰7、开元通宝5、乾元重宝1、铁带饰7	唐
M16	184	倒凸字形	中部	2.69×0.90-1.18		0.31×1.05-0.42	拱形；残	2.70×（1.95~2.40）-0.40	倒梯形	倒回字形	墓室	陶罐1、底座1、铜合页1、贝壳1	唐
M17	184	准刀把形	东部	2.05×0.80-1.23		0.34×0.66-0.85	尖顶	2.35×1.90-1	长方形	长方形	墓室西部	陶壶1	唐
M18	176	刀把形	东部	1.50×0.75-0.65		0.32×0.75-0.50	拱形	2.30×（0.70~1.20）-0.65	梯形		墓室西部	陶塔形罐1套、铜钱1	唐

续附表

墓号	方位	墓道 形制	墓道 位置	墓道 长宽深（残）	甬道 形制	甬道 长宽高（残）	墓室 形制	墓室 长宽高（残）	棺 形制	床 位置	随葬品	时代
M19	170	倒凸字形		2.70×0.78-1.05		0.60×0.65-1.05	方形	2.35×2.30-1	长方形	墓室北部	陶碗1、铁盖1	唐
M20	185						方形	2.10×2.20-1.10	长方形	墓室北部	铜带饰6、开元通宝1	唐
M21	188	倒凸字形	偏东	1.72×0.84-0.59		0.32×0.70-0.52	弧方形	2.75×2.60-0.52	倒回字形	墓室	陶双耳罐1、底座1、骨钗1	唐
M22	201	倒凸字形	中部	2.10×0.95-0.95		0.35×0.91-0.60	弧方形	2.80×3.03-0.95	倒回字形	墓室	铜钱1、铜耳勺1	唐
M23	169	倒凸字形	中部	0.74×0.96-0.45		0.62×0.91-0.60	方形	2.50×2.62-0.90	倒回字形	墓室	陶罐1、盖纽1、铜带饰3	唐
M24	178	倒凸字形	中部	2×0.80-0.95		0.60×0.75-0.82	方形	2.08×2.15-0.95	倒回字形	墓室	陶执壶1、盖1、罐1、开元通宝1	唐
M25	185	倒凸字形	中部	1.20×0.85-0.75		0.55×0.85-0.70	方形	2.60×2.63-0.45	倒回字形	墓室	陶塔形罐2套、壶1、盖1	唐
M26	188	刀把形	东部	1.35×0.65-0.60			长方形	2×1.30-0.50	反刀把形	墓室	铜带饰3、铁带饰5、铁环1	唐
M27												唐
M28	161	双室	正室 中部	8.10×（1.20-1.50）-2.80	拱形顶	1.65×1.12-1.35	方形	2.60×2.57-2.30 2.60×2.55-2.10				北魏
M29	174	倒凸字形	中部	6.85×0.97-3.10	拱形顶	1.70×0.88-1.52	方形	2.72×2.80-2×2.15				北魏
M30	172	倒凸字形	中部	2.01×0.85-0.45		0.48×0.81-0.45	弧方形	2.20×2.43-0.45	倒回字形	墓室	陶罐1、底座1	唐
M31	180	刀把形	偏西	6.90×0.85-1.50	拱形	1×1-1.50	方形	2.90×2.90-1.60				北魏
M32	192	倒凸字形	东部	0.40×0.65-0.32		0.32×0.63-0.71	长方形	2.66×1.35-0.20	反刀把形	墓室	陶盖1、铜带饰2、铁带饰1	唐
M33	192	倒凸字形	中部	1.84×0.80-0.42		0.65×0.80-0.51	弧方形	2.53×2.48-0.33	倒回字形	墓室	陶兽面罐1、青釉瓷罐1、铜带饰1、铁带饰3、骨饰1	唐
M34	9	竖穴					长方形	2.25×0.50-0.35			陶双耳罐1、开元通宝3、铁剪1（残）	唐
M35	192	倒凸字形	偏东	1.13×0.87-0.35		0.30×0.85-0.32	弧方形	2.72×2.55-0.16	倒回字形	墓室	陶盖纽1	唐

续附表

墓号	方位	形制	墓道位置	墓道长宽深（残）	墓道形制	甬道形制	甬道长宽高（残）	墓室形制	墓室长宽高（残）	棺床形制	棺床位置	随葬品	时代
M36	182	倒凸字形	中部	5×(1.10~1.20)-1.70		拱形	1.60×1.05-1.25	方形	2.70×2.60-1.75			陶壶1、铁斧1、铧1、环1	北魏
M37	180	倒凸字形	中部	5.04×0.85-1.45		拱形	1.35 0.85-1.36	方形	2.90×2.90-1.45				北魏
M38	188	倒凸字形	中部	5.60×1.10-2.45		拱形	1.88×1.10-1.32	方形	2.90×2.90-2.40			陶壶1	北魏
M39	192	倒凸字形	中部	3×1-1.46		拱形	1×0.90-1.32	方形	2.50×2.50-1.35			铜带饰1	北魏
M40	162	前后双室	中部	2.88×1.15-1				梯形	前室：2.65×(0.88~1.15)-1.05　后室：1.75×(0.50~0.84)-0.90			陶壶1、铁棺环1、棺钉2	北魏
M41	162	前后双室	中部	2.60×1.05-0.95				梯形	前室：2.75×(0.80~1.05)-1.15　后室：1.95×(0.50~0.75)-1.05			陶高领罐2、铁棺环1、棺钉2	北魏
M42	162	前后双室	中部	2.70×1-1.05				梯形	前室：2.56×(0.93~1.05)-1.10　后室：2.24×(0.65~0.90)-0.95			陶罐2、铁棺环1、棺钉2	北魏
M43	180	倒凸字形	偏东	1.95×0.80-0.95		拱形	0.35×0.80-0.80	长方形	2.60×1.05-1			陶罐1、壶1	北魏
M44	193	倒凸字形						弧方形	270×2.77-0.80	倒凹字形	墓室	盖1（残）、铜合页1、垫伏1、铁剪1（残）、铁钉4	唐

续附表

墓号	方位	形制	墓道位置	墓道长宽深(残)	甬道形制	甬道长宽高(残)	墓室形制	墓室长宽高(残)	棺形制	床位置	随葬品	时代
M45	188	倒凸字形	中部	1.10×0.92-0.80		1.05×0.90-0.60	弧形	2.70×2.58-0.60	倒回字形	墓室	陶盖1，底座1，铜带饰1	唐
M46	174	倒凸字形	中部	1.35×0.80-0.65		0.65×0.80-0.25	弧方形	2.52×2.60-0.50	倒回字形	墓室		唐
M47	185	倒凸字形	偏东	2.70×0.65-1.20	拱形；残	0.70×0.65-1	长方形	1.95×1.45-1.10		墓室西部	陶罐1，铁锥1，环1	北魏
M48	185	倒凸字形	偏东	1.18×0.62-0.30	拱形；残	0.34×0.32-0.40	弧长方形	1.88×0.95-0.30			铜带饰11，开元通宝2	唐
M49	180	刀把形	东部	1.29×0.90-0.95		0.34×0.90-0.65	弧长方形	2.52×1.60-0.80			陶罐1，铜镜1，铜带饰1，开元通宝1（残），铁剪1，骨梳2	唐
M50	189	倒凸字形	偏东	2×1-0.95	拱形；残	0.32×0.80-0.90	弧方形	2.40×2.45-0.80	倒回字形	墓室	塔形罐1套，铜合页3，开元通宝1，铁剪1，骨梳1（残），蚌壳3	唐
M51	177	倒凸字形	偏东	1.94×1.10-0.88	拱形；残	0.34×0.80-0.88	弧方形	2.43×2.40-0.85			盖纽1，底座1，骨器1	唐
M52	180	倒凸字形	偏东	0.84×0.95-0.36		0.80×0.95-0.36	弧方形	2.66×2.68-0.36			陶盖1	唐
M53	183	竖穴	偏东				长方形	2.24×0.82-0.15			陶塔形罐1套，开元通宝2	唐
M54	177	倒凸字形	偏东	0.89×1.05-0.95	拱形；残	0.98×1-0.96	弧方形	2.96×2.90-1.20			无	唐
M55	180	倒凸字形	偏东	6.70×(0.90~1.20)-1.95	拱形	1.96×0.88-1.55	长方形	2.42×2.80-2.30			无	北魏
M56	185	倒凸字形	偏东	1.40×0.95-0.60		0.85×0.72-0.10	方形	2.70×2.70-0.50	长方形	墓室北部	陶罐1，碗3，铜镜1，五铢1	唐
M57	170	倒凸字形	中部	2.72×0.71-1.46	拱形	0.64×0.70-1.30	方形	2.45×2.60-1.24	长方形	墓室北部	三彩盖1，铜镜1，铜盘1，铜带饰7，开元通宝1，铁带饰1，蚌壳1	唐
M58	182	准刀把形	偏东	0.46×0.63-0.30		0.32×0.63-0.35	长方形	2×1.60-0.30	长方形	墓室西部	铜带饰1，开元通宝1（残），铁器1（残），砺石2	唐

续附表

墓号	方位	形制	墓道		甬道		墓室		棺床		随葬品	时代
			位置	长宽深（残）	形制	长宽高（残）	形制	长宽高（残）	形制	位置		
M59	182	倒凸字形	偏西	0.99×0.55-0.75	小平顶	0.66×0.55-0.85	方形	1.90×1.95-0.95	长方形	墓室北部	陶双耳罐1，铜带饰3，垫伏1，开元通宝1	唐
M60	153	倒凸字形	中部	4.90×（0.82~1.13）-1.83	拱形	0.85×0.80-1.40	方形	2.60×2.60-1.55		陶罐1		北魏
M61	172	倒凸字形	偏东	3.40×0.95-1	拱形；残	1.34×0.92-1	弧方形	2.85×3-1	倒回字形	墓室	陶塔形罐1套，壶4，铜镜1，铜带饰1，开元通宝2，铁刀残段1，玛瑙珠2，骨珠1，骨梳1	唐
M62	171	倒凸字形	中部	2.10×0.66-1		0.96×0.66-1	方形	2.35×2.35-1	长方形	墓室北部	陶鼎1，瓷盘1，铜镜1，铜带饰13，铜带环4，铜钗1，铜饰1，海螺1	唐
M63	167	倒凸字形	偏东	2.50×0.77-1.10	小平顶	1.20×0.75-1.25	方形	2.70×2.55-1.30	长方形	墓室西部	石器1，开元通宝2	唐
M64	178	倒凸字形	偏东	2.15-0.60-1.10	南小平顶北尖顶	0.64×0.60-0.90	长方形	2.10×1.65-1.13	长方形	墓室西部	开元通宝1	唐
M65	185	刀把形	东部	0.72×1.04-0.32		0.70×（1.04~1.10）-0.32	弧长方形	2.58×（1.60~1.72）-0.32				唐
M66	180	刀把形	东部			0.34×0.80-0.30	弧梯形	2.42×（1.08~1.51）-0.30	反刀把形	墓室	陶盖1，底座1	唐
M67	190	刀把形	东部	0.40×0.73-0.14		0.56×0.60-0.14	弧梯形	2.13×（1~1.20）-0.14			陶罐1（残），开元通宝1	唐
M68	180	竖穴					长方形	2.40×0.58-0.50			陶盖1，罐1，铜钱1	唐
M69	172	刀把形	东部			0.34×0.84-0.35	弧长方形	2.42×1.40-0.25	反刀把形	墓室	陶底座1，铜钱1	唐
M70	170	倒凸字形	偏东	1.15×0.75-0.65		0.66×0.74-0.65	弧方形	2.56×2.34-0.66	倒回字形	墓室	塔形罐1套，壶2，执壶2，双耳罐1	唐

续附表

墓号	方位	墓道			甬道		墓室		棺床		随葬品	时代
		形制	位置	长宽深(残)	形制	长宽高(残)	形制	长宽高(残)	形制	位置		
M71	175	刀把形	东部	1.06×0.92-0.45		0.45×0.90-0.38	弧梯形	2.30×(1.10～1.20)-0.45	反刀把形	墓室	塔形罐1套、黑釉执壶1、铁带饰1	唐
M72	177	刀把形	东部	0.82×0.85-0.65	拱形;残	0.34×0.85-0.70	弧长方形	2.42×1.76-0.66				唐
M73	182	倒凸字形	中部	1.52×0.90-0.60		0.32×0.80-0.60	弧方形	2.43×2.60-0.40	倒凹字形	墓室	陶盖1、底座1、双耳罐1	唐
M74	185	倒凸字形	偏东	1.68×0.70-0.50		0.35×0.70-0.50	弧方形	2.10×2.08-0.30	倒凹字形	偏东	陶底座1、铜钱1	唐
M75	185	倒凸字形	偏东	1.56×0.93-0.45		0.63×0.90-0.30	弧方形	2.65×2.65-0.35	倒凹字形	墓室	盖1、陶兽面罐1、底座1、铜手镯1、开元通宝1、铁剪2(残)	唐
M76	180	倒凸字形	中部	1.65×1-0.72		0.68×1-0.70	弧方形	2.65×2.70-0.50	倒凹字形	墓室	陶罐1、底座1、壶1、铜合页4、开元通宝2、乾元重宝2、骨钗2、蚌壳1	唐
M77	190	倒凸字形	中部	2.25×0.85-1		0.34×0.85-0.25	弧方形	2.60×2.72-0.25	倒凹字形	墓室	陶盖1、底座1、双耳罐1、铁器1、骨器1、骨钗1	唐
M78	185	倒凸字形	中部	1.60×0.84-0.60		0.34×0.84-0.60	弧方形	2.46×2.55-0.50	倒凹字形	墓室	陶盖1、罐1	唐
M79	190	倒凸字形	中部	1.50×1-0.70		0.34×1-0.71	弧方形	2.53×2.58-0.50	倒凹字形	墓室	黑釉执壶1、开元通宝2、铁带饰3	唐
M80	185	刀把形	东部	0.78×062-0.45		0.33×0.70-0.60	弧长方形	2.28×1.32-0.60	反刀把形	墓室	陶塔形罐1套、铜带饰3	唐
M81	190	倒凸字形	中部	1.20×0.80-0.70		0.70×0.80-0.70	弧方形	2.53×2.55-0.55	倒凹字形	墓室	陶双耳罐1、壶1、兽面罐1(残)、骨梳2	唐
M82	185	刀把形	东部	0.42×0.86-0.32		0.33×0.86-0.22	弧长方形	2.42×1.35-0.35				唐
M83	186	倒凸字形	中部	1.56×1.05-0.97		1.25×1.02-0.96	弧方形	3.15×3.10-1.05	倒凹字形	墓室	陶壶3、铜带饰3	唐
M84	185	倒凸字形				0.98×0.92-0.95	弧方形	2.52×2.76-0.95				唐
M85	182	倒凸字形				0.34×0.95-1	弧方形	2.70×2.76-0.65	倒凹字形	墓室	塔形罐1套、贝壳1	唐

续附表

墓号	方位	形制	墓道		甬道		墓室		棺床		随葬品	时代
			位置	长宽深（残）	形制	长宽高（残）	形制	长宽高（残）	形制	位置		
M86	180	刀把形	东部	1.95×0.73-0.70	拱形	0.33×0.72-0.71	弧梯形	2.20×1.40-0.75	长方形	墓室北部	陶底座1	唐
M87	174	倒凹字形	中部	2.10×0.90-1	拱形	0.33×0.90-0.80	弧方形	2.60×2.57-0.85	倒回字形	墓室	陶盖1，底座1，执壶1，开元通宝1，乾元重宝1	唐
M88	185	刀把形	东部			0.35×0.85-0.90	长方形	2.05×1.75-0.50	长方形	墓室西部		唐
M89	180	倒凸字形	中部	1.30×（0.40~0.90）-0.70		0.32×0.72-0.85	方形	2.10×2.10-0.98	倒回字形	墓室		唐
M90	168	倒凸字形	中部	1.85×（0.62~0.90）-0.86	拱形；残	0.58×0.50-0.86	方形	2.58×2.62-1	长方形	墓室北部	盖1，双耳壶1，铜带饰5，开元通宝1，铜钗1，开元重宝2	唐
M91	172	刀把形	东部			0.32×0.52-0.76	长方形	1.95×1.40-0.65	长方形	墓室西部	陶双耳罐2，铜带饰4	唐
M92	176	倒凹字形	中部		尖顶	0.48×0.60-0.80	方形	2.50×2.60-1.20	刀把形	墓室西部	乾元重宝1	唐
M93	172	刀把形	东部			0.34×0.75-0.50	弧长方形	2.46×1.25-0.65	反刀把形	墓室	盖1，贝壳1	唐
M94	176	刀把形	东部		尖顶	0.35×0.56-0.88	长方形	1.95×1.20-0.95	长方形	墓室西部	铜带饰3，铜合页1，开元通宝1，铁带饰1	唐
M95	176	刀把形	东部		拱形	0.35×0.80-0.80	弧长方形	2.35×2.05-1.10	长方形	墓室西部	陶兽面1，铜带饰9	唐
M96	172	倒凹字形	东部		小平顶	0.35×0.60-1.20	长方形	2.35×2.17-1.60	长方形	墓室西部	铜带饰6，五铢1	唐
M97	182	刀把形	东部	1.20×0.80-0.35		0.48×0.80-0.35	弧长方形	2.22×1.35-0.45			陶壶2，双耳罐1	唐
M98	178	倒凹字形	中部				长方形	1.60×2.45-1.08	长方形	墓室	铜镜1，开元通宝1	唐
M99	174	倒凹字形	中部		拱形；残	0.34×0.90-0.96	弧方形	2.32×2.35-0.60	倒回字形	墓室	陶罐1，盖组1	唐
M100	182	竖穴					梯形	1.62×（0.40~0.50）-0.40			陶罐1	北魏

续附表

墓号	方位	形制	墓道		甬道		墓室		棺床		随葬品	时代
			位置	长 宽 深（残）	形制	长 宽 高（残）	形制	长 宽 高（残）	形制	位置		
M101	5	竖穴	东部				梯形	1.90×（0.50～0.66）-0.15			陶双耳罐1、铁带饰2	唐
M102	180	刀把形				0.35×0.58-0.40	长方形	2.15×1.36-0.40	长方形	墓室西部	铜带饰5、铜带环1	唐
M103	178	倒凸字形	中部			0.34×0.85-0.50	弧方形	2.52×2.47-0.55	倒凹字形	墓室	陶塔形罐1套	唐
M104	175	倒凸字形	中部	1.65×0.65-0.80		0.53×0.65-0.80	长方形	2.01×2.30-0.75	刀把形	墓室	陶盖1、双耳罐1	唐
M105	176	倒凸字形	中部		拱形；残	0.33×0.80-0.85	弧方形	2.40×2.60-0.80	倒凹字形	墓室	陶底座1	唐
M106	172	倒凸字形	中部		拱形；残	0.32×0.95-0.95	弧方形	2.42×2.50-1	倒凹字形	墓室	陶盖1、底座1、兽面2	唐
M107	178	倒凸字形	偏西		拱形；残	0.35×0.75-0.98	弧方形	2.78×2.75-1.05	倒凹字形	墓室	陶罐1、盖1、灯台1	唐
M108	180	倒凸字形	中部			0.32×0.64-1.12	弧方形	2.25×（2.25～2.10）-0.93	长方形	墓室北部	陶底座2、罐1、铜钱1	唐
M109	147	倒凸字形	中部		拱形	1.70×1.05-1.40	长方形	2.35×2.05-1.50			陶罐1、灯碗4	北魏
M110	180	倒凸字形	偏东		小平顶	0.50×0.54-1.10	方形	2.28×2.05-1.30	长方形	墓室西部	陶俑7	唐
M111	180	倒凸字形	偏东		拱形；残	0.48×0.94-1.26	弧方形	2.51×2.50-1.30	倒凹字形	墓室	塔形罐1套、铜钱1	唐
M112	170					0.47×0.85-0.50	方形	2.10×1.90-0.45	长方形	墓室西部	双耳壶1	唐
M113	173	倒凸字形				0.34×0.50-0.28	长方形	2.20×0.80-0.45			陶罐1	唐
M114	192	刀把形	东部			0.45×0.70-0.50	长方形	2.30×1.30-0.50	长方形	墓室西部	铜带饰2	唐
M115	182	竖穴					弧长方形	2.07×0.59-0.40				唐
M116	180	倒凸字形					方形	2.55×2.50-0.90	长方形	墓室北部	陶双耳壶1、铜饰2、铁带饰4	唐
M117	170	刀把形	东部				长方形	2.32×1.25-0.95				唐

续附表

墓号	方位	形制	墓道			甬道			墓室			棺床		随葬品	时代
			位置	长 宽 深（残）	形制	形制	长 宽 高（残）	形制	形制	长 宽 高（残）	形制	位置			
M118	172	竖穴							长方形	2.10 × 1.10-0.56					唐
M119	173	倒凸字形					0.50 × 0.60-0.38		长方形	2.20 × 1.05-0.40				陶塔形罐 1 套、执壶 1、罐 1、铜带饰 15、铁带饰 5	唐
M120	193													陶双耳罐 1、铜带饰 8	唐
M121	166	刀把形	东部				0.40 × 0.70		长方形	2.80 × 1.60-0.35					唐
M122	198	倒凸字形							弧方形	2.30 × 2.20-1.05				陶双耳罐 1	唐
M123														铜带饰 8	唐

后 记

吴忠北郊北魏唐墓位于吴忠市北部明珠公园人工湖和民族花园商住楼建筑工地,它与2003年发掘的西郊唐墓相邻,是迄今为止在宁夏北部地区发现的最大的一处唐代墓地,其中墓地内的北魏墓在宁夏北部地区属首次发现。2005年5月至2006年11月,共清理北魏唐墓123座。这次发掘工作由朱存世主持,前后参加这项工作的有高雷、童文成、雷昊明、车建华、陈安位、任淑芳、张璟、马海涛、陈海英、吕建平等。

本报告的编写由朱存世、雷昊明、童文成、高雷、边东冬、任淑芳共同执笔,其中朱存世负责第一、四、七章和第三章第一、二节、第六章M110、M111的编写;童文成负责第二章的编写;雷昊明负责第三章第三节的编写;高雷、边东冬负责第五章的编写;任淑芳负责第六章M112至M123的编写。墓葬图由雷昊明绘制,器物图由高雷绘制,照片由边东冬拍摄,文物修复、拓片由陈安位、吕建平承担。

在吴忠北郊北魏唐墓的发掘与整理过程中,得到国家文物局文物保护司、宁夏回族自治区文化厅、宁夏回族自治区文物局、吴忠市人民政府、吴忠市文体局及吴忠市文物管理所的大力支持与帮助。宁夏文物考古研究所罗丰所长、宁夏回族自治区文物局卫忠副局长和沈自龙副局长、宁夏博物馆原馆长钟侃先生在墓地发掘和报告编写过程中给予悉心的指导。中国社会科学院考古研究所韩康信先生在百忙之中对墓地出土的人骨做了鉴定。中央民族大学黄义军女士翻译了本报告的英文提要。谨在此一并致谢!

由于我们的水平和经验有限,难免存在诸多不足之处,诚望各位同行和读者提出批评与建议。

编 者

2008 年 3 月

Abstract

In 2005 and 2006 sixteen Northern Wei tombs and one hundred and seven Tang tombs were exhumed at the northern outskirts of Wuzhong City.

According to the plan, the sixteen Northern Wei tombs fall into four types. Type A (including one tomb) has long ramp, double chambers in square shape arranged from east to west and a pyramidal roof. The chamber of this type looks tall and solemn.

The three tombs of type B were built in one tomb pit with separate short stair-like ramps; tandem arranged double trapezoid chambers and vault roof. The tomb chambers of this type look small and low, similar to wooden coffins.

The eleven tombs of type C represent the major category of tombs of Western Wei. The only one tomb of type D was built with bricks in an erect pit. In a shape of wooden coffin, the chamber is much smaller and the structure of the roof remains unknown.

Less in amount, burial offerings from tombs of Western Wei have pottery, bronze and iron categories. Most of them are grey clay pottery such as jars accompanied with pots and bowl-shaped lamps. Iron items comes second including ax, chisel, prick, coffin nails and loop-shaped coffin handles.

Most of the sixteen tombs of Northern Wei were distributed in cluster, oriented east and west. They are assumed to be a kind of family cemetery, and some single burial tombs among them could belong to a single family. Probably pertain to Xianbei people, these tombs are dated from the time of the establishment of Baogulv Township to the late period of Northern Wei.

As for the Tang tombs, they are divided into four types (A-C) on the basis of tomb structure. Type A has a shape of invert character "凸", the shape of type B is similar to the knife handle, and type C exactly shows a shape of knife handle and type D has a erect earth pit. In additional, there are three tombs whose structures remain unknown.

The sixty-four tombs of type A have slope or stair-shape short ramps and the latter cover the majority. The tomb chamber of this type is small in size and most of them have brick-built coffin beds and short corridors.

The two tombs of type B have ramps to the east unparallel to the east wall of the tomb. The bottom of tomb chamber displays a square plan with four upright walls and the coffin bed was found in the western part of the chamber.

The twenty-seven tombs of type C have short slope ramps on a straight line with the east tomb wall. They have chamber categories of rectangle, rectangle with curved sides, trapezoid and trapezoid with curved sides.

The ten tombs of type D have small chambers with shapes of rectangle, rectangle with curved sides and square and the rectangle ones take the lead. There is no coffin bed in the chamber.

The burial offerings from Tang tombs consist of pottery vessels, pottery figures, porcelain items, bronze mirrors, belt decorations, copper coins and hinge, iron scissor and knife, bone comb and decoration, lacquers and so forth. Among them the pottery covers the majority and pagoda-shaped jar is the most popular vessel which was found in nearly half of the tombs going together with two-eared jar and pot and some other items.

The pots are often found at the four corners of the chamber. In the chambers with a shape of invert character "凹" or that with low platform oriented east and west, pagoda-shaped jar are mostly put to the south west of the chamber. The position of burial goods relates partially to the head-orientation of the tomb occupants. In other words, if the deceased lies to the west the jar would be put to the west of the coffin bed and the deceased lies to the north, the jar the north. Infrequently pagoda-shaped jars are also seen along the tomb ramps.

Porcelains are less unearthed and only four unbroken ewer, jar and face-painting plate are included. Six bronze mirrors were found in five tombs. The belt decoration from thirty three tombs consists of belt button, belt end, arched adornment and square plaque on the belt. Fifty seven copper coins were found from twenty eight tombs with one to five pieces in each tomb including Kaiyuantongbao, Qianyuanzhongbao, and Wuzhu and so on.

The deceased lies to south, west or north and mostly to the south, secondly to the west and the north. None of them lies to the east. The postures of occupants of forty nine tombs can be recognized and most of them lie in an extended supine position and others on one side or with their legs bent. Burial furniture such as wooden coffin was not found except one tomb (Tomb No.49). The skeletons remained in each tomb vary in quality from one to five. Among them, joint burial of two persons constitutes a substantial mass then comes the single burial and joint burial three or over persons were seldom seen.

On the basis of the type of tomb structure and burial offerings, the Tang tombs at the north outskirt of Wuzhong City fall into two phase. The first phase is dated from the early period to the glorious period of Tang Dynasty and the second phase is dated to the middle and late Tang Dynasty. With the help of grave and cemetery data, Baogulv Township of Northern Wei and Linzhou of Tang are deemed to be located around Guchengwan in Wuzhong City.

1. M98

2. 铜镜（M98：1）

3. 开元通宝（M98：2）

4. M108

5. 罐（M108：2）

彩版一　M98、M108 及出土遗物

1. M94（南—北）

2. M94 封门（南—北）

3. 铜带饰、合页（M94：2、3、4、5）

4. 铁铊尾（M94：6）

5. 开元通宝（M94：1）

彩版二　M94 及出土遗物

1. M57（南—北）

2. M56（南—北）

3. M57墓室（南—北）

4. 三彩器盖（M57：12）

5. 三彩器盖（M57：12）

彩版三　M57、M56及出土遗物

1. 铜镜（M57：1）

2. 铜盘（M57：2）

3. 铜带饰（M57：3、4、6、7）

4. 五铢（M56：3）

5. 蚌壳（M57：9）

6. 小陶碗（M56：2）

7. 罐（M56：5）

8. 铜镜（M56：4）

彩版四　M57、M56 出土遗物

1. M109（北—南）

4. M60（南—北）

2. 罐（M109：1）

3. 灯碗（M109：2～5）

5. M60 封门（南—北）

彩版五　M109、M60 及出土遗物

1. M63（南—北）

3. M62（南—北）

2. 石器（M63∶2）

4. M62墓室（北—南）

彩版六　M63、M62 及出土遗物

1. 三足鼎（M62：19）

2. 瓷盘（M62：16）

3. 瓷盘底部（M62：16）

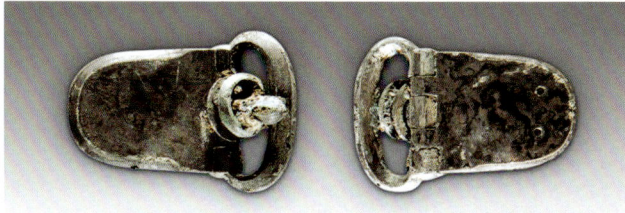
4. 铜带扣正、背面（M62：21）

5. 铜带扣（M62：11、12）

6. 铜铊尾（M62：3、10）

7. 铜带饰（M62：6、9、1、4、5、7、8、2）

8. 铜镜（M62：17）

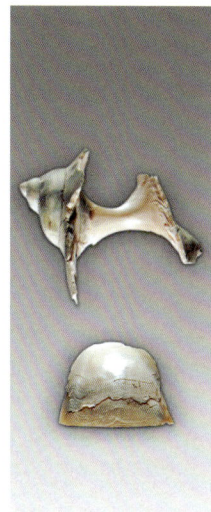
9. 海螺（M62：20）

10. 铜钗
（M62：15）

11. 铜饰
（M62：18）

12. 铜带环（M62：14、23）

13. 铜带环（M62：22、13）

1. M2 与 M109（南—北；上为 M2，下为 M109）

2. M2（南—北）

3. M2 甬道及小龛（北—南）

4. M2 甬道顶部（西—东）

彩版八　M2 与 M109

1. M2棺床

2. M2棺床侧面

4. 铜纽扣（M2：2）

5. 开元通宝（M2：1-1）

3. 铜带饰（M2：5、3、4、6、7）

彩版九　M2及出土遗物

1. M15（南—北）

2. M15墓室（北—南）

3. 乾元重宝（M15：2）

4. 开元通宝（M15：1-5）

彩版一〇　M15 及出土遗物

1. 塔形罐（M15：5、8、4）

2. 壶（M15：3）

3. 壶（M15：6）

4. 大型铜铊尾（M15：13）

5. 中型铜带饰（M15：10、9、15、12）

6. 小型铜带饰（M15：14、11）

7. 铁带饰（M15：17~22、16）

彩版一一　M15 出土遗物

1. 塔形罐（M61：12、10、11）

3. 壶（M61：7）

4. 半圆形铜铸饰（M61：3）

5. 铁剑（M61：6）

2. 铜镜（M61：15）

6. 骨珠、玛瑙珠（M61：14、1-1、1-2）

彩版一二　M61 出土遗物

1. M29（东—西）

2. M29（西北—东南）

彩版一三　M29 墓室顶部

1. M43（南—北）

2. M43 墓室（北—南）

3. 罐（M43：1）

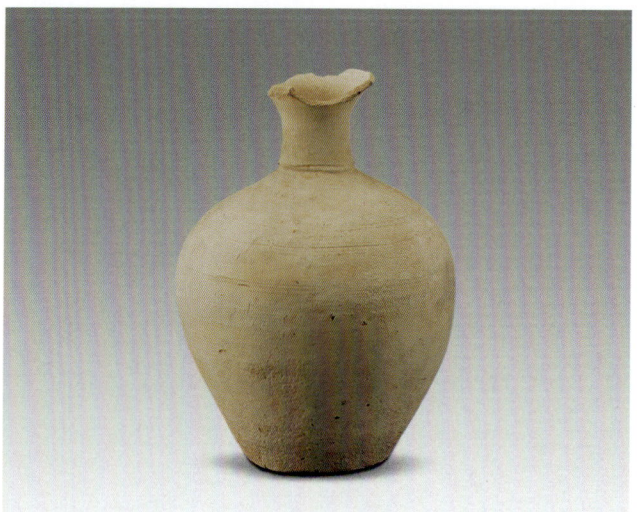

4. 壶（M43：2）

彩版一四　M43 及出土遗物

1．M31（南—北）

2．M31墓门（北—南）

1. M40、M41、M42（南—北）

2. M40（北—南）

彩版一六　M40、M41、M42

1. M41（南—北）

2. M41（北—南）

3. 罐（M41：1）

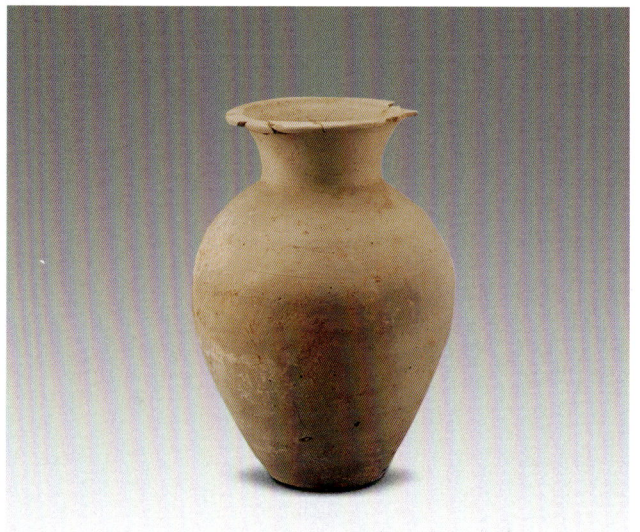

4. 罐（M41：2）

彩版一七　M41 及出土遗物

1. M41 前室（北—南）

2. M41 后室（北—南）

3. 铁棺环（M41：3）

4. 铁棺钉（M41：4、5）

彩版一八　M41 及出土遗物

1. M37（南—北）

2. M37 墓室（北—南）

1. M39（南—北）

3. 方型铜銙饰（M39：1）

2. M39墓室（北—南）

彩版二〇　M39及出土遗物

1. M38墓室顶部（西北—东南）

2. 壶（M38：1）

3. M38棺床

4. M38墓门、封门（北—南）

1. M50头骨（南—北）

2. 铜合页（M50：10、1）

3. 铜合页（M50：4）

4. 骨梳（M50：5）

5. 蚌壳（M50：11）

6. 蚌壳（M50：12）

7. 蚌壳（M50：13）

彩版二二　M50及出土遗物

1. M49（南—北）

2. M49墓室（北—南）

3. 铜镜（M49:6）

4. 铁剪刀（M49:7）

彩版二三　M49及出土遗物

1. 塔形罐（M103：3、1、2）

2. 罐肩部兽面（M103：1）

3. 底座上腹兽面（M103：2）

4. M34（南—北）

5. 双耳罐（M34：1）

彩版二四　M103、M34 及出土遗物

1. M48 东侧骸骨腰部带饰（南—北）

2. M48 东侧骸骨下带饰（南—北）

3. 开元通宝（M48：1-1）

4. 开元通宝（M48：1-2）

5. 铜带饰（上排 M48：3、5、6、12、9、4；下排 M48：11、10、7、8、2）

1. 罐（M33：3）

2. 瓷罐（M33：1）

3. 方型铜铐饰（M33：5）

4. 铁带饰（M33：2、7、6）

5. 骨饰（M33：4）

彩版二六　M33 出土遗物

1. M45（南—北）

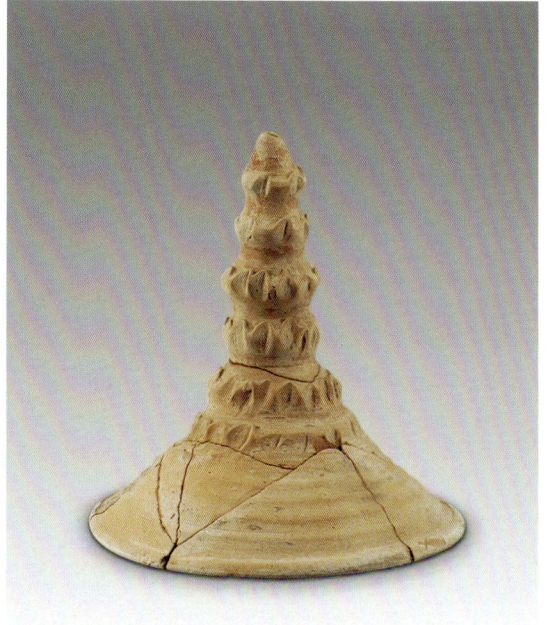

3. 盖（M45：2）

2. M45墓室（北—南）

彩版二七　M45及出土遗物

1. M25（南—北）

2. M25（北—南）

3. 塔形罐（M25：1、3、7）

4. 塔形罐（M25：8、2、4）

彩版二八　M25 及出土遗物

1. M79（南—北）

2. 黑釉执壶（M79：1）

3. 开元通宝（M79：2-1、2-2）

4. 铁带饰（M79：3、4、5）

彩版二九　M79 及出土遗物

1. M76（南—北）

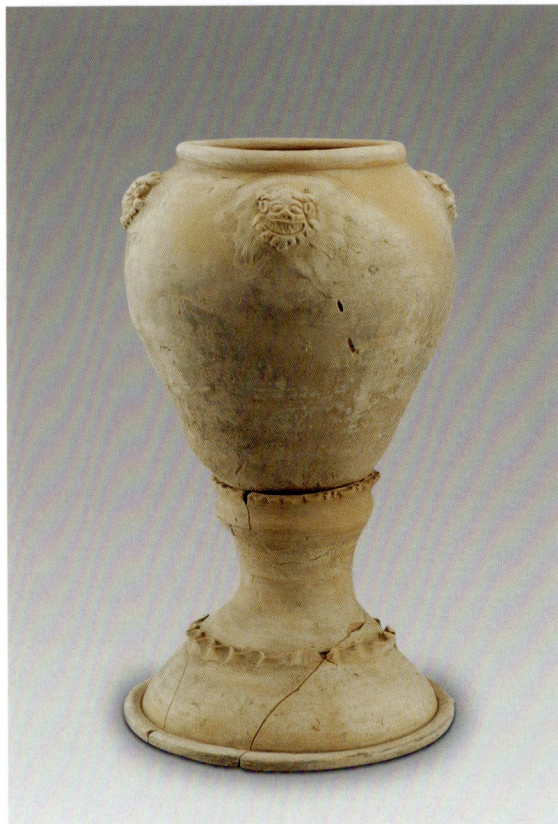
2. 罐和底座（M76：2、1）

3. 铜合页（M76：5、6、3、4）

4. 蚌壳（M76：8）

5. 乾元重宝（M76：7-3）

6. 骨钗（M76：9、10）

彩版三〇　M76及出土遗物

1. M71（南—北）

2. 塔形罐（M71：2、4、3）

3. 黑釉执壶（M71：1）

4. 方形铁铐饰（M71：5）

彩版三一　M71 及出土遗物

1. M70（南—北）

2. M70（南—北）

彩版三二　M70

1. 塔形罐（M70：6、2、3）

4. 执壶（M70：5）

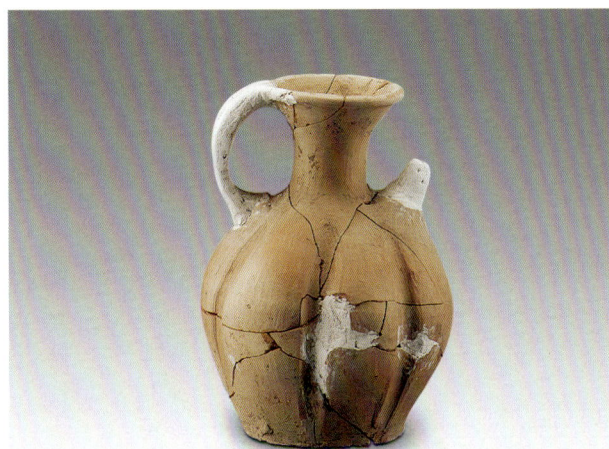

5. 执壶（M70：8）

2. 壶（M70：1）

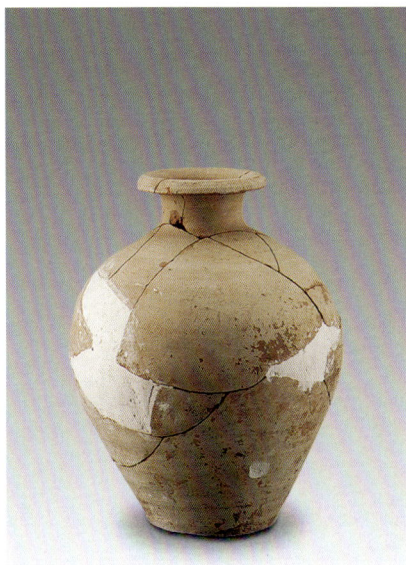

3. 壶（M70：7）

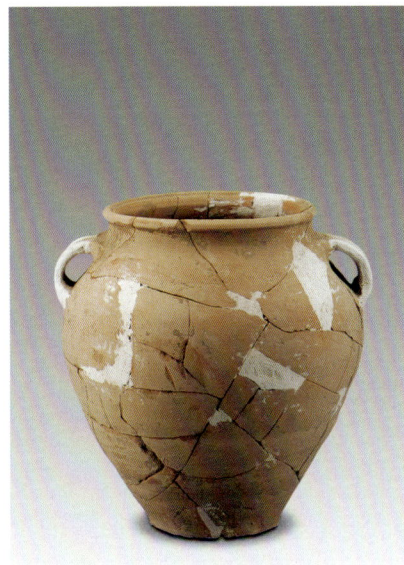

6. 双耳罐（M70：4）

彩版三三　M70 出土遗物

1. M73（南—北）

2. 盖（M73：1）

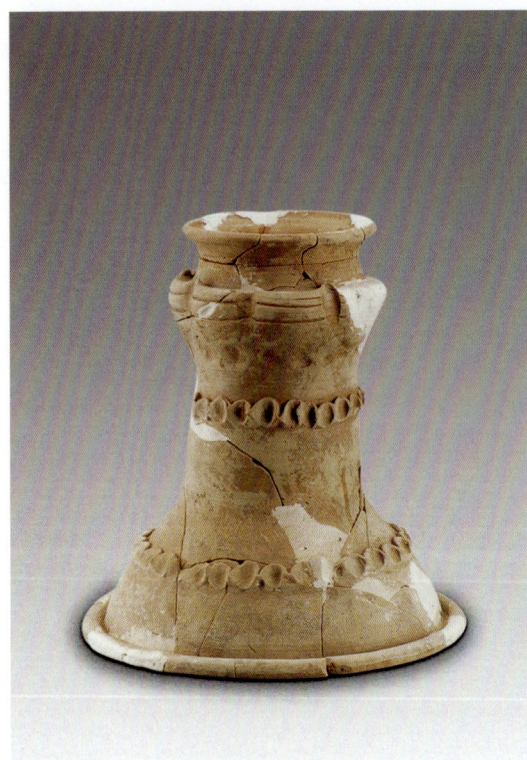
4. 底座（M73：2）

3. 双耳罐（M73：3）

彩版三四　M73及出土遗物

1. M110（西—东）

2. 镇墓兽正面（M110：6）

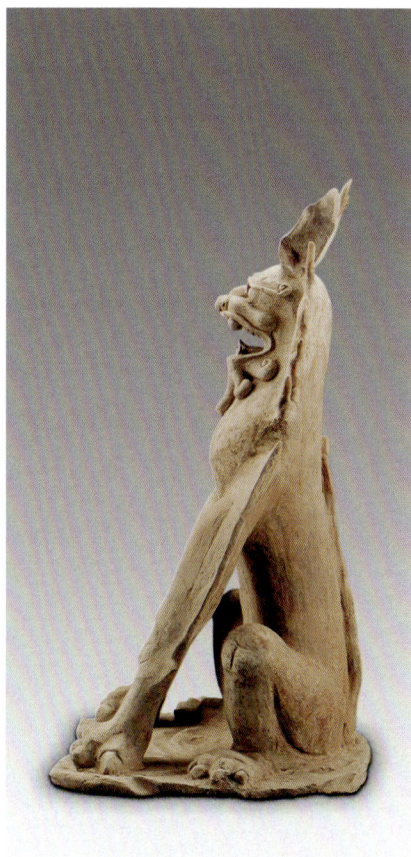

3. 镇墓兽侧面（M110：6）

4. 镇墓兽背面（M110：6）

彩版三五　M110 及出土镇墓兽

1. 正面（M110：2）

2. 侧面（M110：2）

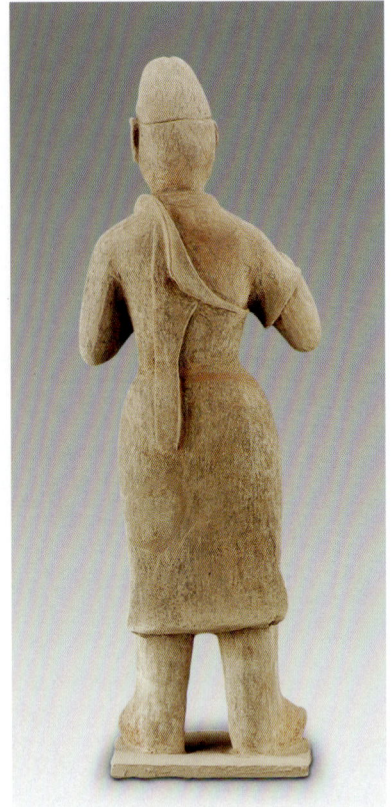

3. 背面（M110：2）

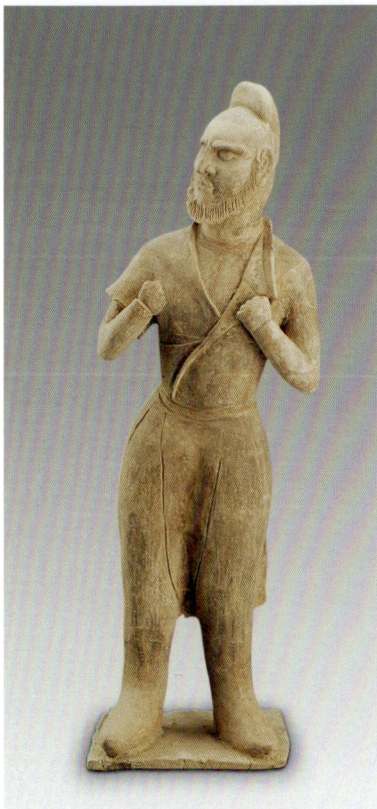

4. 正面（M110：4）

5. 正面（M110：4）

6. 背面（M110：4）

彩版三六 M110 出土男立俑

1. 正面（M110:3）

2. 头部（M110:3）

3. 背面（M110:3）

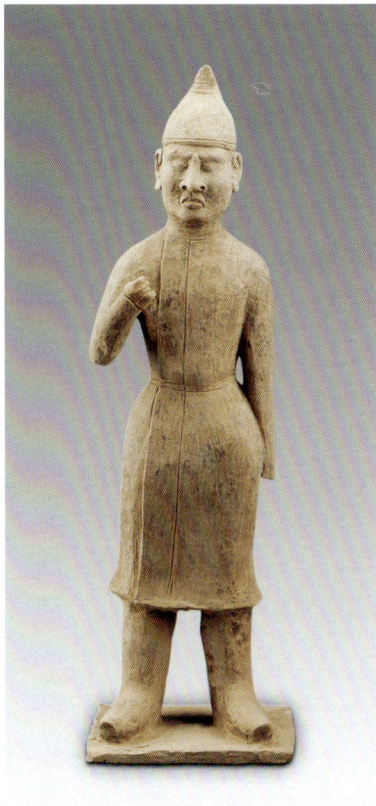

4. 正面（M110:1）

5. 头部（M110:1）

6. 背面（M110:1）

彩版三七　M110 出土牵马俑

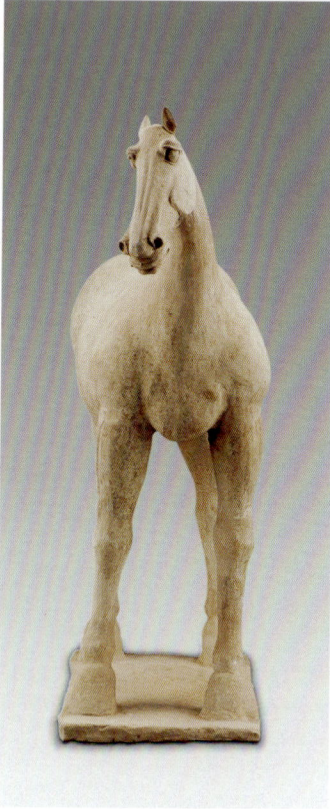

1. 正面（M110：5）

2. 右侧面（M110：5）

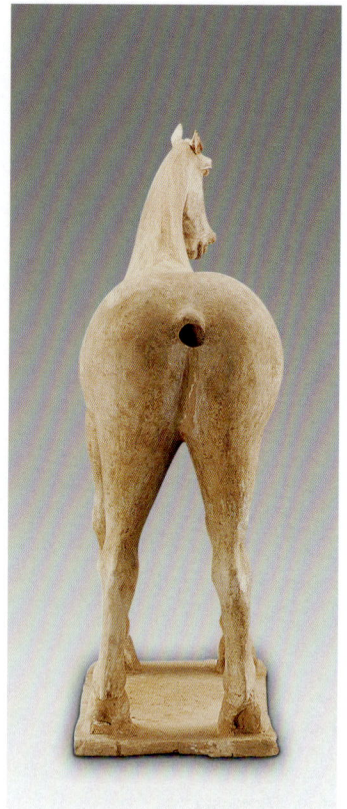

3. 尾部（M110：5）

4. 正面（M110：7）

5. 右侧面（M110：7）

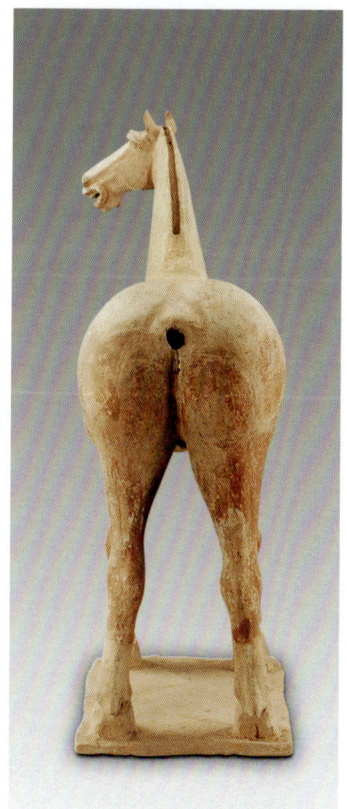

6. 尾部（M110：7）

彩版三八　M110 出土马俑

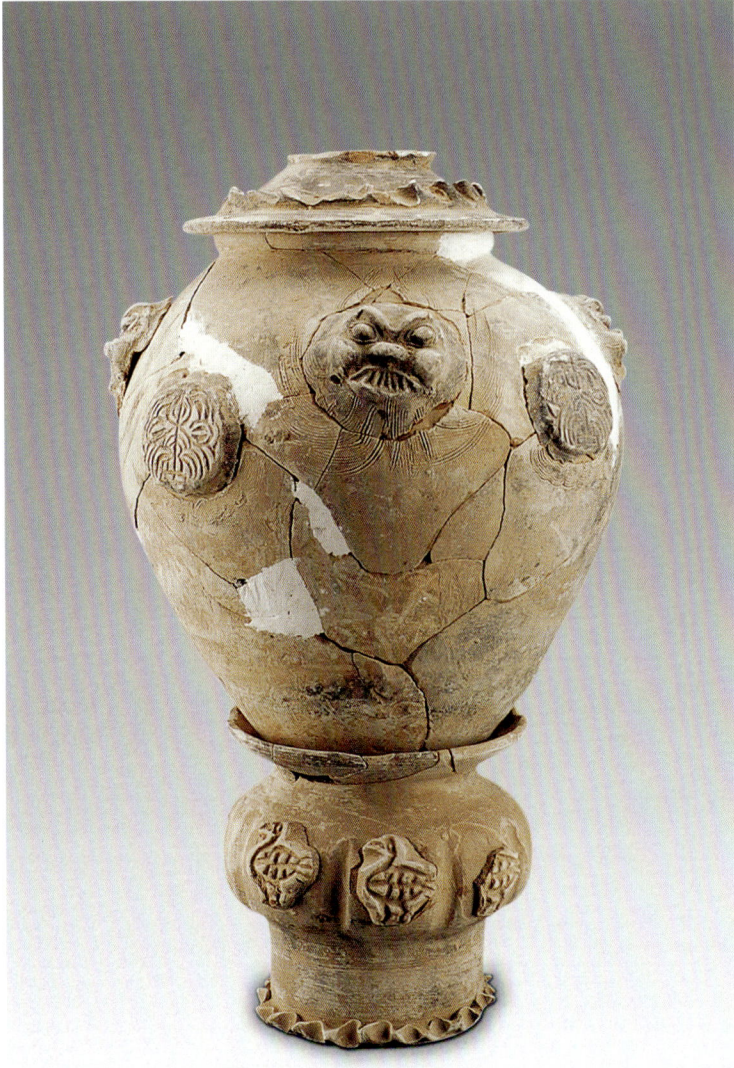

1. 塔形罐（M111：1、3、2）

2. 罐肩部兽面

3. 罐腹部贴饰

4. 底座腹部鸟纹贴饰

彩版三九　M111 出土遗物

1. 塔形罐（M119：21、22、23）

2. 执壶（M119：24）

3. 罐（M119：25）

4. 铜带饰（M119：1～3、5～14、4、15）

5. 铁带饰（M119：19、20、16～18）

彩版四〇　M119 出土遗物

1. M95（南—北）

2. 铜带饰（M96：2~7）

3. 五铢（M96：1）

4. 铜带饰（M95：1~6、8~10）

图版一　M96、M95 及出土遗物

1. M97（南—北）

2. 壶（M97∶1）

3. 双耳罐（M97∶2）

4. M104（南—北）

5. 盖（M104∶2）

图版二　M97、M104 及出土遗物

1. M107 墓室

3. 灯台（M107：3）

2. 盖（M107：1）

4. 灯台底面（M107：3）

5. M106 墓室

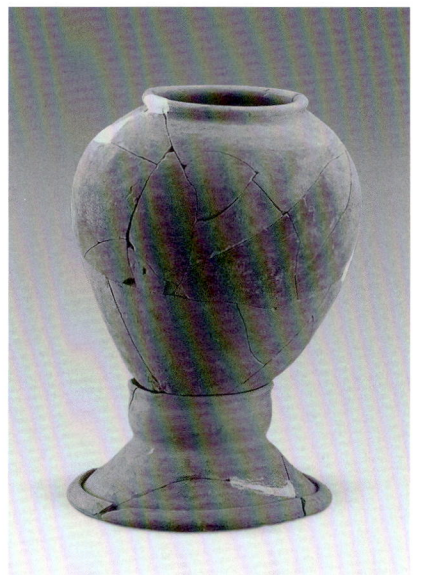

6. 罐和底座（M106：2、1）

图版三　M107、M106 及出土遗物

1. M99（北—南）

2. M92（北—南）

3. M93（南—北）

4. 蚌壳（M93∶1）

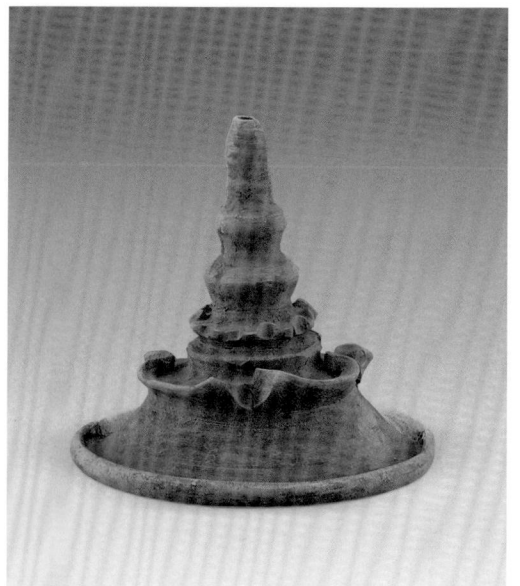

5. 盖（M93∶2）

图版四　M99、M92、M93 及出土遗物

1. M87（北—南）

4. 开元通宝（M87：4）

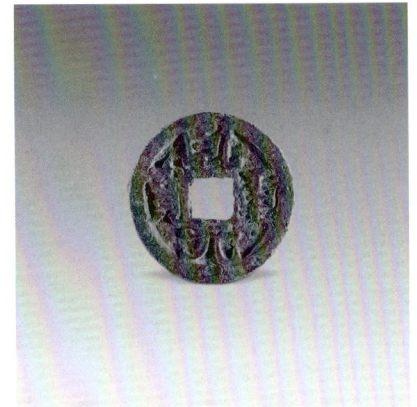

5. 乾元重宝（M87：5）

2. 盖（M87：2）

3. 底座（M87：3）

6. 执壶（M87：1）

图版五　M87及出土遗物

1. M86（南—北）

2. M86（西—东）

图版六　M86

1. M91（西—东）

2. M88（北—南）

图版七　M91 与 M88

1. M90（北—南）

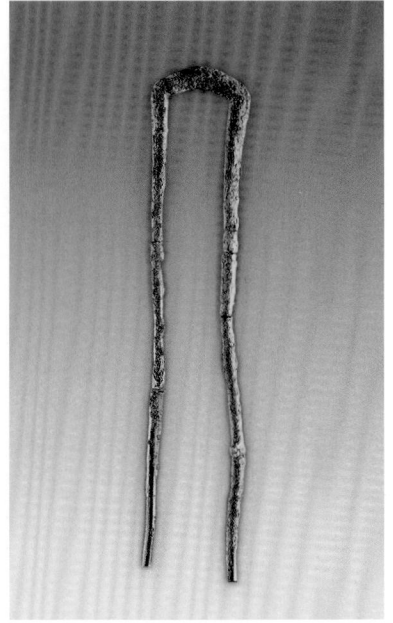
3. 铜钗（M90∶5）

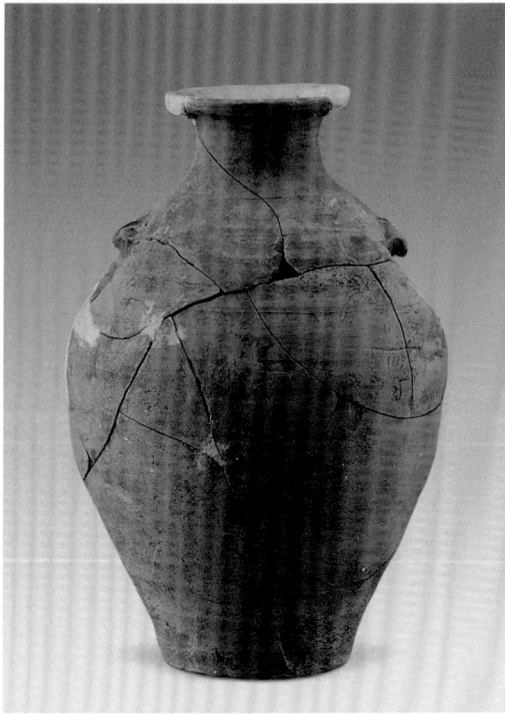
2. 双耳壶（M90∶4）

4. 开元通宝（M90∶1-1）

5. 开元通宝（M90∶2）

6. 盖（M90∶6）

7. 铜带饰（M90∶2、3、7~9）

图版八　M90 及出土遗物

1. M64（南—北）

2. M64 墓室（北—南）

3. 开元通宝（M64：1）

图版九　M64 及出土遗物

1. M102（北—南）

2. M3（南—北）

3. M3棺床（南—北）

4. 铜带饰（M102：1、2、4）

5. 铜带饰（M102：5、3）

6. 铜带饰（M3：2、3、1）

图版一〇　M102、M3 及出土遗物

1. M13（南—北）

3. 壶（M12∶3）

2. M12（南—北）

4. M12墓室（南—北）

图版一一 M13、M12及出土遗物

1. M11（南—北）

3. 双耳罐（M11：3）

4. 豆（M11：1）

2. M11墓室（东—西）

图版一二　M11及出土遗物

1. M4（北—南）

4. M5（北—南）

2. 开元通宝（M4：1-1）

3. 开元通宝（M4：1-2）

5. 蚌壳（M5：2）

图版一三　M4、M5 及出土遗物

1. M6（南—北）

2. 双耳罐（M6：1）

3. 双耳罐（M6：2）

4. M20（南—北）

5. 铜带饰（M20：1～5、7）

图版一四　M6、M20 及出土遗物

1. M58 墓室（东—西）

2. 砺石（M58：5）

3. 砺石（M58：2）

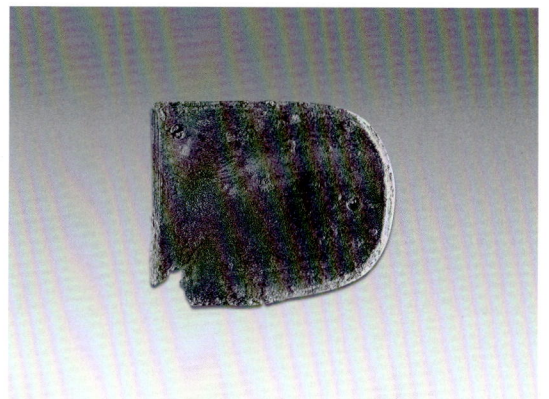

4. 铜铊尾（M58：4）

图版一五　M58 及出土遗物

1. M16 墓室（南—北）

2. 罐和底座（M16：1、2）

3. 铜合页（M16：4）

4. 蚌壳（M16：30）

图版一六　M16 及出土遗物

1. M7（南—北）

3. 双耳罐（M7：1）

4. 铜带饰（M7：3、4）

2. M7墓室（北—南）

图版一七　M7 及出土遗物

1. M59（南—北）

3. 铜带饰（M59：2～5）

2. M59墓室（北—南）

图版一八　M59 及出土遗物

1. M19墓室（北—南）

2. M9（南—北）

3. M9墓室（南—北）

图版一九　M19 与 M9

1. M10（南—北）

3. 双耳壶（M10:1）

2. M10墓室（东—西）

4. 石器（M10:3）

图版二〇　M10及出土遗物

1. M18（南—北）

2. 塔形罐（M18：2、1、3）

3. 罐肩部兽面

图版二一　M18 及出土遗物

1. M8（南—北）

2. M8墓室（南—北）

3. 塔形罐（M8∶3、2、4）

图版二二　M8 及出土遗物

1. M61（南—北）

2. M61 墓室（南—北）

3. M61 甬道与封门（北—南）

1. M14（北—南）

2. M17（南—北）

图版二四　M14 与 M17

1. M17墓室（北—南）

2. M17人体骸骨（北—南）

3. 壶（M17：1）

图版二五　M17及出土遗物

1. M55（南—北）

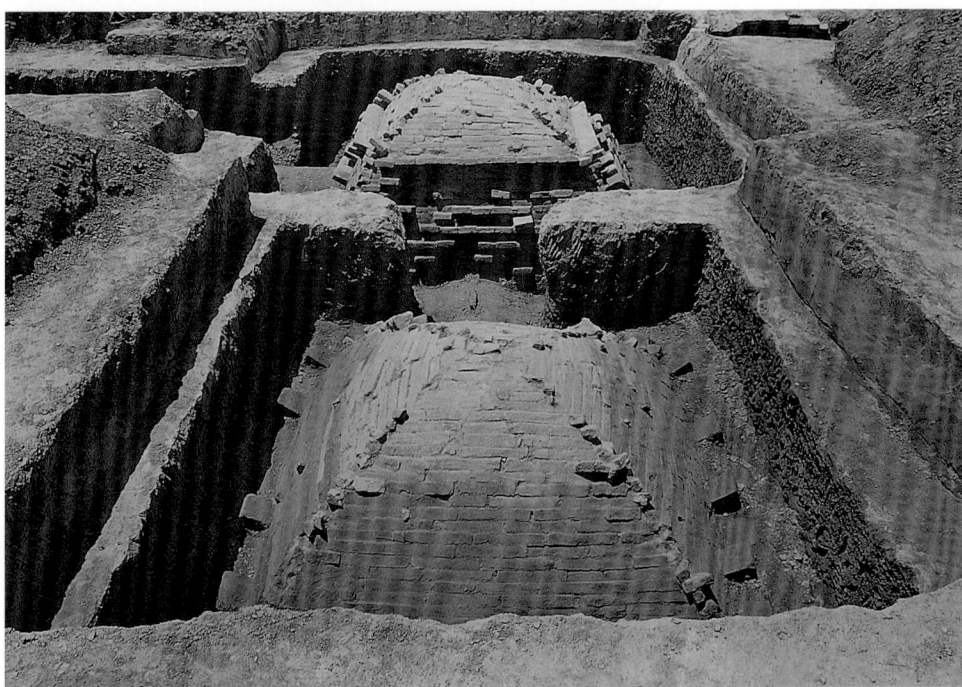

2. M28（东—西）

图版二六　M55 与 M28

1. M28 西室顶（南—北）

2. M28 西室顶（东南—西北）

图版二七　M28

1. M47（南—北；上为 M46）

2. 罐（M47：3）

3. 铁环（M47：2）

4. 铁环（M40：2）

5. M40（北—南）

图版二八　M47、M40 及出土遗物

1. M42（南—北）

2. M42（北—南）

3. 罐（M42：1）

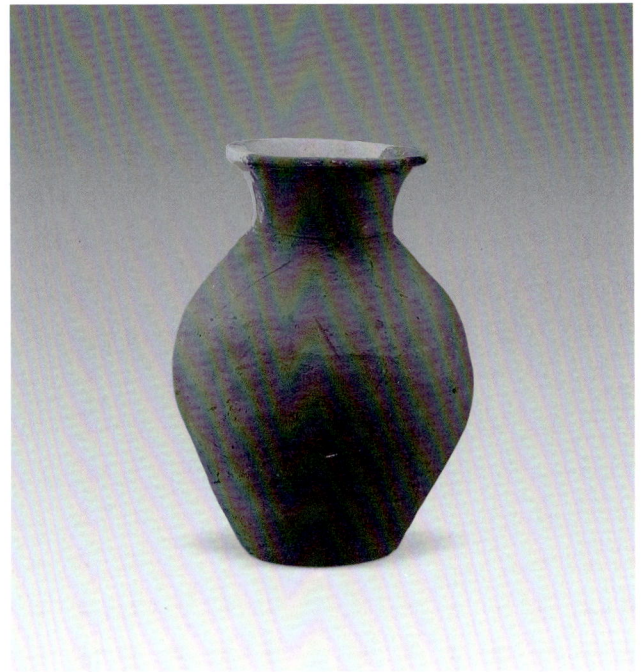

4. 罐（M42：2）

图版二九　M42 及出土遗物

1. M42前室（西—东）

2. M42后室（北—南）

3. 铁棺环（M42：3）

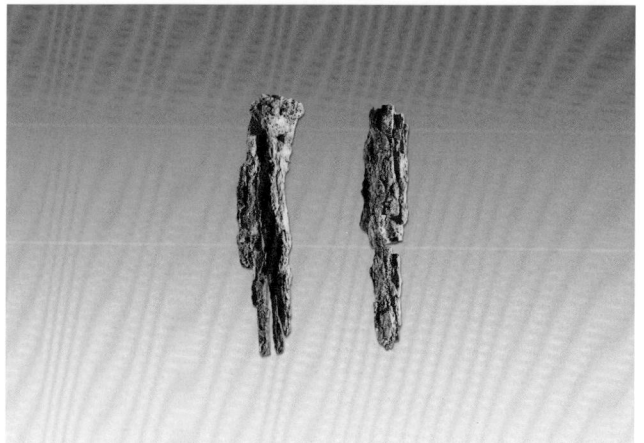

4. 铁棺钉（M42：4、5）

图版三〇　M42及出土遗物

1. M36（南—北）

2. M36甬道（东—西）

图版三一　M36

1. M36 人体骸骨（北—南）

3. 铁斧（M36：1）

2. 壶（M34：4）

4. 铁斧侧面（M36：1）

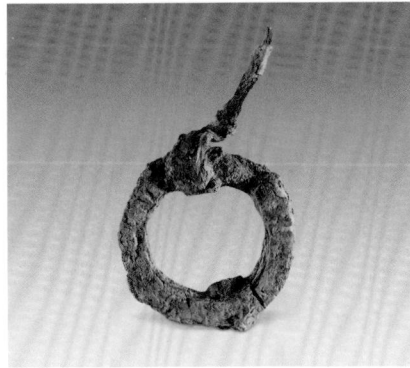

5. 铁棺环（M36：3）

6. 铁锛（M36：2）

图版三二　M36 及出土遗物

1. M53、M54（南—北；上 M54、下 M53）

3. 开元通宝（M53：4-1、4-2）

2. 塔形罐（M53：1、3、2）

4. M54（南—北）

图版三三　M53、M54 及出土遗物

1. M51（南—北）

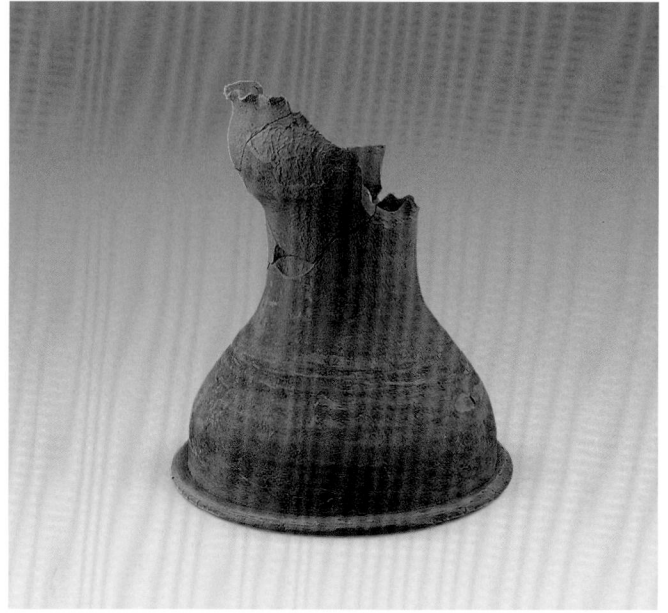

2. M51墓室（北—南）

3. 底座（M51：1）

4. 骨器（M51：3）

图版三四　M51 及出土遗物

1. M50（南—北）

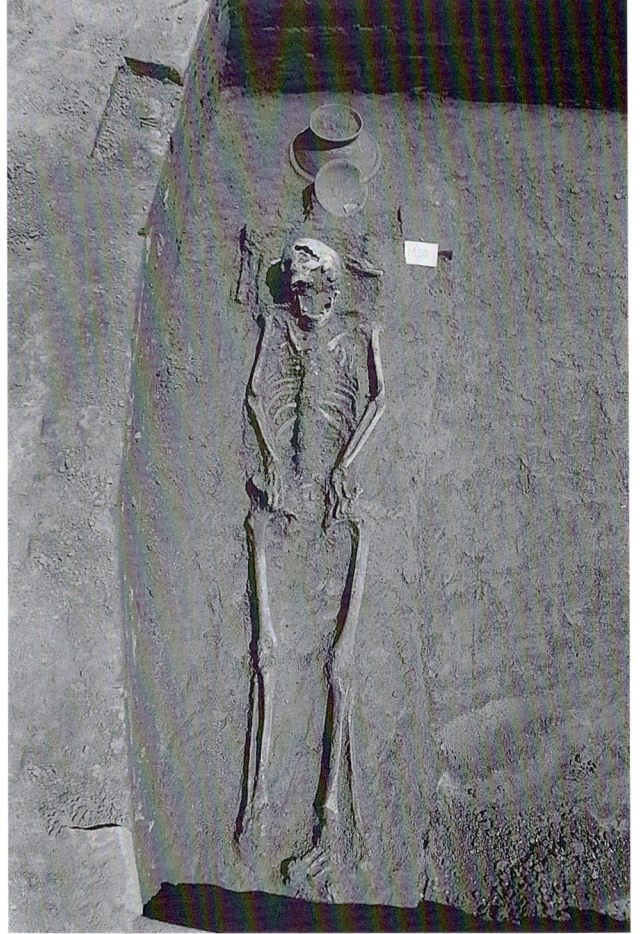

2. M50 人体骸骨（南—北）

3. 盖（M50:9）

4. 底座（M50:8）

5. 罐（M50:14）

图版三五　M50 及出土遗物

1. M48（南—北）

2. M48墓室（北—南）

图版三六　M48

1. M75（南—北）

2. 塔形罐（M75：5、7、6）

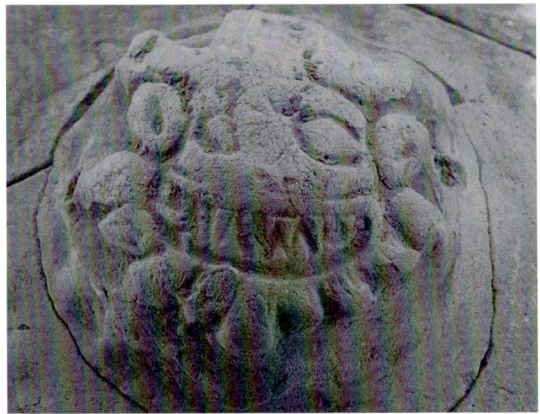

3. 罐肩部兽面（M75：7）

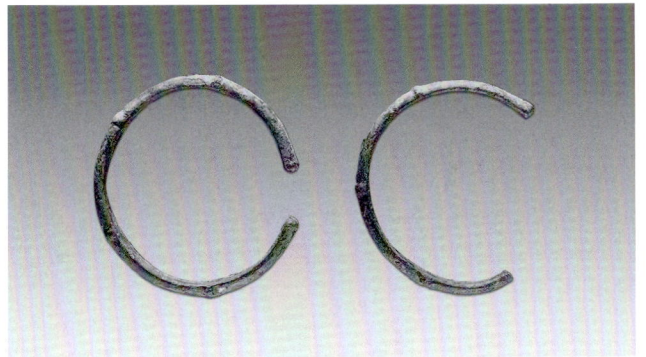

4. 铜手镯（M75：2、1）

图版三七　M75 及出土遗物

1. M52（南—北）

3. M33（南—北）

2. 盖（M52：1）

图版三八　　M52、M33 及出土遗物

1. M26（南—北）

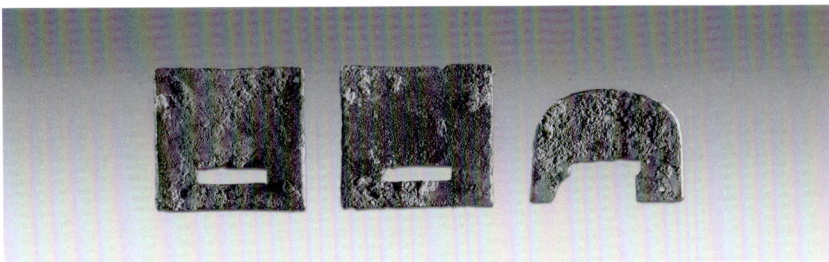

2. 铜带饰（M26：6、7、8）

4. 铁环（M26：9）

3. 铁带饰（M26：4、1、2、3、5）

图版三九　M26 及出土遗物

1. M32（南—北）

2. M46（南—北）

3. 铜带饰（M32∶3、2）

4. 方形铁带饰（M32∶1）

图版四○　M32、M46 及出土遗物

1. M30（南—北）

2. 罐与底座（M30：1、2）

3. 铜合页（M44：1—2、1）

4. 盖（M44：3）

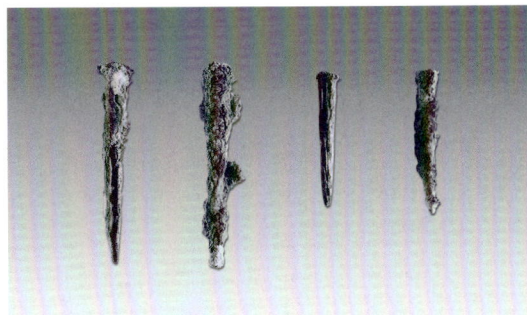
5. 铁钉（M44：1、2、3、4）

图版四一　M30、M44 及出土遗物

1. M23（南—北）

3. 罐（M23：1）

4. 罐肩部兽面（M23：1）

2. 铜带饰（M23：3、4、5）

图版四二　M23 及出土遗物

1. M24（南—北）

3. 执壶（M24：4）

2. M24（北—南）

图版四三　M24 及出土遗物

1. M22（南—北）

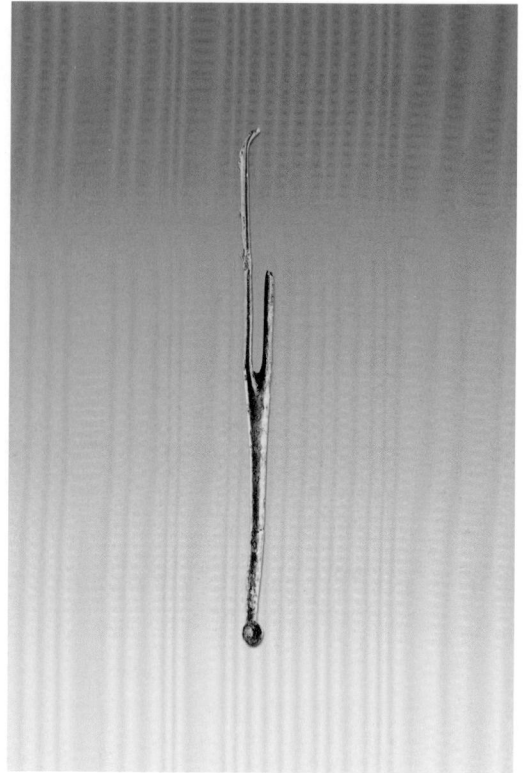

2. 铜耳勺（M22：1）

3. M35（南—北）

图版四四　M22、M35 及出土遗物

1. M21（南—北）

2. M21（北—南）

3. 双耳罐（M21：1）

4. 底座（M21：3）

图版四五　M21 及出土遗物

1. M85（北—南）

2. 塔形罐（M85：3、1、2）

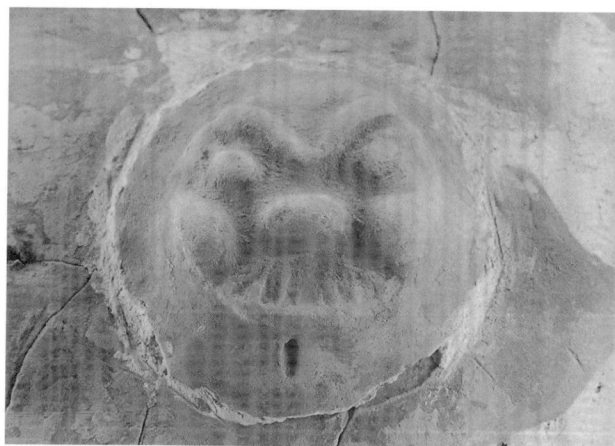
3. 罐肩部兽面

4. 蚌壳（M85：4）

图版四六　M85 及出土遗物

1. M81（南—北）

2. 壶（M83：1）

3. 壶（M83：3）

4. 双耳罐（M81：5）

5. 骨梳（M81：3）

6. 骨梳（M81：4）

图版四七　M83、M81及出土遗物

1. M82（南—北）

2. 底座（M82：2）

3. 执壶（M82：3）

4. 执壶（M82：4）

图版四八　M82 及出土遗物

1. M80（北—南）

2. M80（西—东）

3. 盖（M80：3）

4. 铜带饰（M80：4、5、6）

图版四九　M80 及出土遗物

1. M72（南—北）

2. M72（北—南）

3. M69（南—北）

图版五〇　M72 与 M69

1. M68（南—北）

2. 盖（M68：1）

3. 罐（M68：2）

4. M67（南—北）

图版五一　M68、M67及出土遗物

1. M66（南—北）

2. 盖（M66：2）

3. 底座（M66：1）

4. M65（南—北）

图版五二　M66、M65 及出土遗物

1. M78（南—北）

2. 盖、罐（M78：1、2）

3. M74（东—西）

图版五三　M78、M74 及出土遗物

1. M77（南—北）

2. 盖（M77：3）

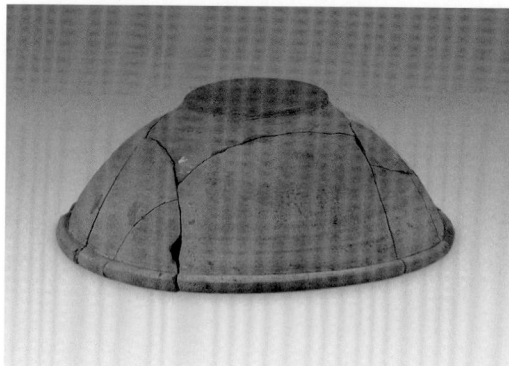

3. 底座（M77：2）

4. 双耳罐（M77：1）

5. 铁条状饰
（M77：4）

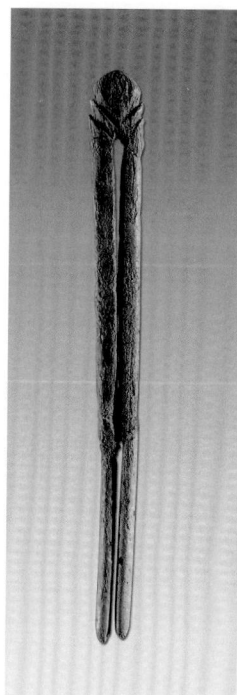

6. 骨钗
（M77：5）

图版五四　M77 及出土遗物

1. 罐（M113：1）

2. 双耳罐（M116：7）

3. 铜带饰（M114：1、2）

4. 铜饰件（M116：1、2）

5. 铁带饰（M116：3、5、4、6）

图版五五　M113、M114、M116 出土遗物

1. 双耳罐（M120：9）

2. 双耳罐（M122：1）

3. 铜带饰（M120：2~8、1）

4. 铜带饰（M123：7、8、1~6、9、10）

图版五六　M120、M122、M123 出土遗物